클로즈업

도쿄

해리포터 테마파크 | 도쿄 디즈니 리조트
요코하마 | 하코네 | 닛코 | 카마쿠라

에디터 editor

유재우 · 손미경 지음

KB105434

TOKYO

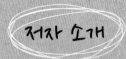

저자 소개

My Story

또다시 《클로즈업 도쿄》의 개정 작업을 하는 사이 한 해의 절반이 훌쩍 지나가
버렸습니다. 해마다 느끼는 것이지만 어찌 이리 시간은 빨리 가는 것인지….
올해 역시 '눈물로 글을 써도 모자랄' 취재 에피소드는 태산처럼 많기만 합니다.
하지만 지면 관계상 이 자리에 그 모든 사연을 털어 놓을 수는 없겠죠 ^^;;;
전 세계가 코로나 19로 신음하던 지난 3년 동안 익숙한 식당과 숍들이 사라지고
그 자리에 새로운 다크호스들이 등장했습니다. 그 많은 곳들을 저와 손미경
저자 둘이 확인하고, 맛보고, 사진 찍느라 얼마나 많은 시간과 정성을 들였는지
모릅니다.

유재우 Yu Jae Woo

더구나 이번 개정판에는 독자 여러분들이 더욱 편하게 도쿄 여행을 즐기실 수 있도록 모든 명소 · 식당 · 숍의
QR 코드 좌표를 입력하는 작업을 병행하느라 그 어느 때보다 많은 수고가 뒤따랐습니다. 두루뭉술하게 위치를
표시하는 기존 여행 책자의 GPS 좌표와 달리, 명소 · 식당 · 숍을 바로 찾아갈 수 있도록 정확하게 해당 명소 ·
숍의 입구를 표시하는 '초정밀 QR 코드 좌표'를 한 땀 한 땀 정성껏 실었으니 스마트폰 · 태블릿을 가지고
여행하실 분들은 꼭 이용해보시길!
아무쪼록 저희들의 피땀 어린 고생과 많은 분들의 노고가 한데 어우러진 이 책이 도쿄 여행을 떠날 독자님들의
든든한 동반자가 되기를 진심으로 기원합니다. 더불어 개정 작업을 끝내자마자 어김없이 도쿄에서 달고 온
살들에게 이별을 고하고자 무더위 속에 고군분투하고 있는 마눌님도 파이팅!

About Him

도라란 애칭으로 통하는 프로젝트 부부의 남편군. 대학 시절 '커피 한잔'이란 달콤한 유혹에 빠져 배낭여행
동아리 세계로 가는 기차에 가입한 뒤 일명 '잘 나가는 아이'로 대변신했다. 특기는 아무 말 없이 집 나가기.
한창 '잘 나갈' 때는 "잠깐 나갔다 올게요"란 말만 남긴 채 가출(?), 인천에서 유럽까지 8개월에 걸친 실크로드
육로 횡단 여행을 하기도 했다. 1992년 생애 첫 해외여행지로 일본을 선택한 이래 지금까지 여행한 나라는 총
45개국, 500여 개 도시. 목표는 언제나 나잇수와 동일한 국가 수를 채우며 여행하는 것이다.
대한민국 여행 문화에 한 획을 그은 《해외여행 100배 즐기기》 시리즈를 탄생시키고 이끌어온 주역으로도
유명한데, 십수 년에 걸쳐 가이드북을 만들며 느낀 문제점과 단점을 보완하고자 《해외여행 100배 즐기기》
의 완전 절판을 선언하고, 대한민국 출판계에 신선한 바람을 몰고 온 《클로즈업 시리즈》를 탄생시켰다. 2006
년에는 한일 관광교류 확대에 기여한 공로를 인정받아 한국 문화관광부와 일본 국토교통성이 수여하는
한일관광 교류대상 일본 국제관광진흥회 이사장상을 수여했다.
저서로는 《배낭여행 길라잡이-일본》 · 《유럽 100배 즐기기》 · 《일본 100배 즐기기》 · 《동남아 100배
즐기기》 · 《호주 · 뉴질랜드 100배 즐기기》 · 《캐나다 100배 즐기기》 · 《도쿄 100배 즐기기》 · 《홍콩 100
배 즐기기》(1995~2007), 《클로즈업 홍콩》 · 《클로즈업 일본》 · 《클로즈업 오사카》 · 《클로즈업 Top City》 ·
《클로즈업 후쿠오카》(2007~현재) 등이 있다.

My Story

올해 제 여행의 화두는 단연 '커피 투어'였습니다. 일본은 잘 알려진 대로 세계 유수의 커피 로스팅 대회와 바리스타 대회에서 다수의 우승자를 배출한 커피 강국이죠. 더구나 최근 몇 년 사이 도쿄에는 전 세계의 내로라하는 유명 커피숍이 지점을 속속 오픈하고 있어 커피 애호가인 저로는 꼭 한 번 누려보고 싶은 호사 가운데 하나였거든요 ^^.

손미경 Son Mi Kyung

사실 이번 커피 투어는 제가 도쿄에서 가장 사랑하던 커피숍인 오모테산도 커피가 폐점하면서 계획한 것이기도 합니다. 반드시! 꼭!! 그보다 맛있는 커피를 찾으리라는 일념하에 내디딘 발길은 Toranomon Koffee, No.8 Bear Pond, 마루야마 커피 丸山珈琲, Café Bach 등 장인정신이 돋보이는 일본 커피 전문점을 시작으로 1855년에 문을 연 이탈리아의 커피숍 Bondolfi Boncaffe, 미국 샌프란시스코에서 시작된 블루 보틀 커피, 미국 캘리포니아 산타 크루즈에 본점을 둔 Verve Coffee Roasters, 뉴욕 브루클린의 명소 Gorilla Coffee 등 해외 유명 커피숍의 도쿄 지점을 섭렵하며 마무리됐죠. 각기 다른 풍미를 자랑하는 개성파 커피숍을 찾아다니는 재미가 어찌나 쏠쏠했던지 지금도 그날, 그 시각의 맛과 향기가 잊혀 지질 않네요. 다만 안타깝게도 지면의 한계와 불편한 접근성 때문에 이 책에 제가 사랑하는 커피숍 전부를 소개할 수 없다는 사실이 무척 가슴 아픕니다.

그럼에도 불구하고! 제가 꼭 알려드리고 싶은 커피숍 몇 곳을 이번 개정판에 소개했으니 시간이 된다면 한 번쯤 가보시길~. 좋은 건 늘 함께 해야 하는 거잖아요 ^^.

About Her

프로젝트가 생겨야만 남편군과 함께(!) 생활하는 '프로젝트 부부'의 마눌님. 이화여대에서 영문학을 전공하고 대한민국의 무궁한 발전을 위해 훌륭한 교육자가 되고자 했으나 여행의 길로 '발을 헛디딤'과 동시에 여행작가란 유별난 명함을 갖게 됐다. 깐깐해 보이는 외모와 달리 낯가림 지수는 제로! 처음 만난 사람도 10년지기 친구처럼 완벽하게 포섭하는 환상의 재주를 가졌다. 강력한 친화력을 무기로 취재 기간 동안 막대한 분량의 인터뷰를 소화해냈다. 취미는 전 세계 아웃렛 가격 비교 & 콘서트 관람이며 지금도 취재를 빙자해(!) 지구촌 어딘가를 헤매고 있다.

저서로는 《캐나다 100배 즐기기》·《홍콩 100배 즐기기》(2000~2007), 《클로즈업 홍콩》·《클로즈업 일본》·《클로즈업 오사카》·《클로즈업 Top City》·《클로즈업 후쿠오카》(2007~현재) 등이 있다.

Special Thanks to

《클로즈업 도쿄》 제작에 도움을 아끼지 않은 일본 정부 관광국(JNTO) 서울 사무소의 구마노 노부히코 소장님, 츠지 치하루 차장님, 이주현 팀장님, 유진 과장님, 도쿄에서의 소중한 시간을 함께 하며 음식 문화 섭렵(?)에 일조한 친구 인선, 510여 페이지에 달하는 두툼한 책을 편집하고 지도까지 꼼꼼하게 다듬어주신 장수비님께 진심으로 감사드립니다. 더불어 마지막 편집 작업을 멋지게 마무리해주신 에디터의 승영란 대표님, 김태진 대표님. 감미로운 목소리로 피곤에 지친 영혼을 달래준 가수 이승환님, 그리고 이 책을 구입해주신 모든 독자 여러분께 킹왕짱 감사드려요!

CONTENTS

Must in Tokyo 도쿄에서 반드시 해야 할 것들

CONTENTS

카마쿠라 鎌倉 Kamakura

Travel Q&A

색인 Index

클로즈업 도쿄 일러두기

전철, 지하철 역의 출구를 나왔을 때 보이는 거리의 모습을 담은 파노라마 사진

코스에 소개된 명소의 위치와 이동 루트를 표시하는 지도

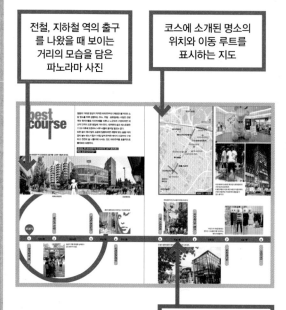

명소간의 이동 교통 수단 및 소요 시간을 알려주는 코스

1 각 도시 및 지역의 첫 페이지에는 해당 지역과 연결되는 가장 편리한 전철·지하철·버스 노선이 자세히 소개돼 있습니다.

2 각 지역의 맨 앞에 위치한 퀵 가이드에서는 해당 지역의 주요 볼거리·먹거리·쇼핑 정보를 요약해서 보여드립니다. 또한 주요 포인트별 정보를 자세히 소개하므로 퀵 가이드를 통해 해당 지역의 전반적인 여행 정보를 한눈에 파악할 수 있습니다.

3 베스트 코스에서는 해당 지역을 가장 효율적으로 여행할 수 있는 최적의 코스를 제안합니다. 여행의 출발점이 되는 전철·지하철역의 출구가 꼼꼼히 표시돼 있으며, 출구를 나오자마자 보이는 건물과 도로의 파노라마 사진, 그리고 주요 명소의 방향이 상세히 실려 있습니다.

4 저자가 추천하는 최고의 맛집에는 '강추' 표시가 붙어 있습니다. 현지어에 익숙하지 않아도 쉽게 주문할 수 있도록 추천 메뉴에는 일본어·영어가 병기돼 있습니다.

5 본문에 사용한 한자 지명·인명·업소명은 외래어 표기법에 맞춰 수록했습니다. 단, 일본어 회화 및 관광 명소의 발음은 현지에서의 편의를 고려해 최대한 일본어 발음에 가깝게 표기함을 원칙으로 했습니다.

6 클로즈업 도쿄에 실린 정보는 현지에서 수집된 최신 정보입니다. 단, 교통 요금·숙박비·음식값 등은 예고 없이 수시로 변동되니 주의하시기 바랍니다. 변경된 현지 정보와 개정 데이터는 클로즈업 도쿄 홈페이지를 통해 정기적으로 제공됩니다.

Bonus Tip ▶ 구글맵 QR 코드

이 책에 실린 모든 명소·숍·레스토랑에는 QR 코드가 기재돼 있습니다. 스마트폰으로 QR 코드를 찍거나(종이책), 손가락으로 누르면(e-북) 해당 명소·숍·레스토랑의 정확한 위치가 지도상에 표시됩니다.

지도 사용 기호

- • 관광 명소
- ℝ 레스토랑·카페
- ⑤ 숍·쇼핑몰·백화점
- ⒣ 호텔·숙소
- ❶ 관광 인포메이션 센터
- Ⓑ 은행
- ⓝ 클럽·유흥업소

- ↘ 출구 번호 및 방향
- ✉ 우체국
- 🏫 학교
- 卍 절
- ⛩ 신사
- ♀ 버스정류장·터미널
- ♨ 온천

클로즈업 도쿄
www.clzup.com

Must in TOKYO

도쿄에서 반드시 해야 할 것들

매력 만점 여행지 도쿄 & 도쿄 근교

must Know 01

일본의 경제·문화 중심지인 도쿄와 주변 도시는 풍부한 볼거리로 가득하다. 아시아의 유행을 선도하는 패션 타운, 초고층 빌딩이 즐비한 현대적인 거리, 19세기 말의 모습을 간직한 이국적 풍경, 느긋하게 휴식을 취할 수 있는 온천 등 다채로운 매력에 푹 빠져보자.

도쿄

1,200만 명의 인구를 거느린 대도시 도쿄는 일본의 수도이자 정치·경제·문화의 중심지다. 1603년 에도 바쿠후의 수립과 더불어 도시화가 진행됐고, 1868년 일본의 수도로 지정되면서 지금과 같은 대도시로 변모했다. 일본 제일의 규모를 자랑하는 도시답게 볼거리도 풍부한데, 일왕이 거주하는 왕궁은 물론 1,400여 년의 역사를 간직한 유서 깊은 사찰과 세련된 현대적 건물 등 과거에서 현대로 이어지는 온갖 명소가 여행자의 호기심을 자극한다. 일본 전통요리에서 아기자기한 디저트에 이르기까지 눈과 혀를 즐겁게 하는 다채로운 먹거리, 그리고 유행을 선도하는 패션·인테리어 등의 쇼핑 아이템도 놓치기 힘든 매력이다.

볼거리 ★★★★★
먹거리 ★★★★★
쇼 핑 ★★★★★
유 흥 ★★★★★

세련된 쇼핑몰과 흥미로운 볼거리가 집중된 오다이바

도쿄 시내에는 이 도시의 과거를 보여주는 유적이 고스란히 남아 있다

요코하마

한 세기 전과 현대의 모습이 공존하는 이국적인 도시 요코하마는 도쿄 일대 최대의 항구다. 과거에는 대송(對宋) 무역의 거점으로 번영을 누렸으며, 19세기 말에는 개항과 더불어 서구식 문물이 범람하는 국제적인 도시로 거듭났다. 나지막한 언덕을 따라 각양각색의 외관을 뽐내는 서양식 건물이 즐비하며, 한가로이 산책을 즐기기에 좋은 해변 공원, 일본 속의 작은 중국을 경험할 수 있는 차이나타운, 그리고 화려한 야경 등이 재미난 볼거리를 선사한다. 본고장의 맛을 유감없이 재현하는 차이나타운의 정통 중화요리와 100년 전에 지어진 고풍스러운 건물에서 맛보는 커피·디저트도 색다른 경험이다.

볼거리 ★★★★★
먹거리 ★★★★☆
쇼 핑 ★★☆☆☆
유 흥 ★★☆☆☆

일본 속의 작은 중국으로 불리는 요코하마의 차이나타운

로맨틱한 야경은 요코하마에서 절대 놓쳐서는 안 될 볼거리다

하코네

수십만 년에 걸쳐 형성된 독특한 지형과 청정자연을 체험할 수 있다. 짙은 유황 냄새와 함께 지표면을 뚫고 올라오는 뜨거운 증기가 이곳이 활화산의 한가운데임을 실감케 한다. 공중에 대롱대롱 매달린 채 아찔한 협곡을 오가는 로프웨이, 형형색색의 꽃들로 가득한 산기슭을 오르내리는 등산열차, 후지 산을 배경으로 수정처럼 맑은 물이 가득한 산정호수 등 도심에서 경험하기 힘든 천혜의 비경이 펼쳐진다. 도쿄 일대에서 손꼽히는 온천 휴양지라 여행에 지친 심신을 달래기에도 더할 나위 없이 좋다. 일본 최대의 아웃렛인 고텐바 프리미엄 아웃렛에서 즐기는 실속 만점 쇼핑도 절대 놓칠 수 없을 듯!

볼거리 ★★★★★
먹거리 ☆☆☆☆☆
쇼　핑 ★★☆☆☆
유　흥 ☆☆☆☆☆

닛코

1,200년의 유서 깊은 역사와 때 묻지 않은 자연이 어우러진 여행지. 울창한 원시림 속에 자리한 사찰과 신사는 모두 유네스코 세계문화유산으로 지정된 역사적 명소다. 8세기 경 쇼도 쇼닌이란 승려에 의해 창건된 사찰은 오랜 세월 바쿠후의 비호를 받으며 산악 불교의 중심지로 위세를 떨쳤다. 더구나 토쿠가와 이에야스를 신으로 모시는 사당인 토쇼구가 조성되며 닛코의 명성은 더욱 높아졌는데, 인간의 솜씨라고는 믿기지 않을 만큼 섬세하고 장엄한 건축물과 조각들이 감탄의 감탄을 자아내게 한다. 이와 함께 해맑은 자연과 아늑한 온천이란 매력적 요소가 더해져 여행자의 발길이 끊이지 않는다.

볼거리 ★★★★★
먹거리 ☆☆☆☆☆
쇼　핑 ☆☆☆☆☆
유　흥 ☆☆☆☆☆

로프웨이 너머로 웅장하게 솟아오른 후지 산이 바라보인다

때 묻지 않은 청정자연을 자랑하는 닛코

화려한 조각 예술의 극치를 보여주는 토쇼구

도쿄 여행 베스트 일정 짜기

도쿄는 주변에 여러 도시와 명소를 거느리고 있다. 이 안에는 수를 헤아리기 힘든 다양한 볼거리·먹거리·쇼핑 아이템이 가득하다. 따라서 도쿄의 진면목을 제대로 즐기려면 효율적인 일정 짜기가 필수! 여행의 즐거움을 100배로 '업'시켜주는 일정 짜기 노하우를 알아보자.

Step 1
테마 & 목적지 결정

기억에 남는 즐거운 여행을 위해서는 여행의 테마부터 정하는 게 우선이다. 일단 테마를 정하면 목적지와 전체적인 일정을 잡기도 한결 수월하다. 인기 있는 여행의 테마로는 역사 기행·건축 기행·식도락 기행·휴양·쇼핑 등을 꼽을 수 있다.

역사 기행 추천 명소 마루노우치·우에노·아사쿠사·요코하마·닛코·카마쿠라

건축 기행 추천 명소 하라쥬쿠·오다이바·시오도메·신쥬쿠·다이칸야마·긴자·롯폰기

식도락 기행 추천 명소 하라쥬쿠·시부야·에비스·다이칸야마·긴자·토요스·우에노·아사쿠사·롯폰기

휴양 추천 명소 하코네·닛코

쇼핑 추천 명소 시부야·신쥬쿠·다이칸야마·지유가오카

Step 2
여행 일수 계산

도쿄의 주요 명소는 오른쪽 페이지에서 볼 수 있는 것처럼 26개 지역으로 압축된다. 이 가운데 하라쥬쿠·시부야·오다이바·마루노우치·롯폰기·신쥬쿠·에비스·키치죠지·요코하마·하코네·닛코·키누가와온센·카마쿠라의 14개 지역은 여행에 각각 하루씩 걸리며, 나머지 지역은 반나절씩의 시간이 필요하다. 이를 기준으로 가고자 하는 지역을 돌아보는 데 필요한 일수를 계산하면 기본적인 여행 일정이 나온다.

주의사항 한국~도쿄를 오가는 날은 적어도 반나절을 길에서 보내기 때문에 실제로 여행할 수 있는 시간이 상당히 줄어든다. 시간을 넉넉히 활용하려면 한국에서는 아침 일찍, 도쿄에서는 오후 늦게 출발하는 항공편을 이용하는 게 좋다.

Step 3
숙소 선택 요령

도쿄 일대는 도쿄를 중심으로 요코하마·하코네·닛코·카마쿠라 등의 도시가 넓게 흩어져 있다. 대부분의 도시는 전철로 30분~2시간 거리에 있기 때문에 도쿄에 숙소를 정해 놓고 당일치기로 여행하는 게 효율적이다. 도시를 옮길 때마다 숙소까지 옮기면 그에 따른 시간과 비용 손실이 커지니 주의하자.

단, 하코네·닛코에서 느긋하게 온천을 즐기려면 해당 도시에서 1박 이상 하는 게 좋다.

숙소 추천 지역 한인민박은 신쥬쿠 인근의 신오쿠보, 초저가 비즈니스 호텔은 미나미센쥬, 교통이 편리하고 깔끔한 비즈니스 호텔은 신쥬쿠·이케부쿠로·우에노·시부야에 모여 있다.

도쿄에서 근교 도시로 가는 교통편

도쿄→나리타 국제공항
케이세이 전철 1시간 20분

도쿄→하네다 국제공항
도쿄 모노레일 18분

도쿄→요코하마
토큐토요코 선 45분

도쿄→카마쿠라
오다큐 선 1시간 12분

도쿄→하코네
오다큐 선 1시간 25분

도쿄→닛코
토부닛코 선 2시간 10분

✪닛코

✪도쿄
하네다 국제공항 ●
● 나리타 국제공항
✪요코하마
✪카마쿠라
✪하코네

도쿄 및 근교 도시, 지역별 테마와 특징

구분	지역	테마	특징	소요시간
도쿄	하라쥬쿠	관광 · 건축 · 식도락 · 쇼핑	다양한 개성이 공존하는 젊음의 거리. 최고급 명품, 최신 유행의 스트리트 패션 숍, 아름다운 현대 건축물 등 풍부한 볼거리로 가득하다.	1일
	시부야	식도락 · 쇼핑 · 유흥	일본 유행의 1번지로 통하는 패션타운. 최신 유행을 실시간으로 반영하는 숍과 백화점, 쇼핑센터를 돌아보는 재미가 쏠쏠하다.	1일
	오다이바	관광 · 건축 · 쇼핑	커플 · 가족 단위 여행자를 위한 여행지. 한적한 인공해변과 함께 대형쇼핑몰과 쇼룸 등의 볼거리가 모여 있다.	1일
	시오도메	관광 · 건축	마천루의 숲이 펼쳐지는 오피스 타운. 유명 건축가들이 설계한 초고층 빌딩은 건축 전공자라면 놓치기 힘든 볼거리다.	½일
	마루노우치 · 긴자	관광 · 역사 · 건축 · 식도락 · 쇼핑	일본 정치의 중심지. 일왕의 거처인 코쿄를 비롯한 역사적 볼거리와 명품쇼핑, 오랜 역사를 자랑하는 맛집이 즐비하다.	1일
	토요스	관광 · 식도락	도쿄 시민의 부엌으로 통하는 일본 최대의 수산시장. 활기찬 분위기가 매력이며, 싱싱한 초밥을 맛볼 수 있어 인기가 높다.	½일
	롯폰기	건축 · 식도락 · 쇼핑 · 유흥	도쿄에서도 손꼽히는 고급 쇼핑가. 유명 건축가들이 설계한 고층 빌딩과 미술관이 모여 있다. 유흥가로도 명성이 자자하다.	1일
	신쥬쿠	관광 · 건축 · 식도락 · 쇼핑 · 유흥	고층 빌딩이 밀집한 오피스 타운과 일본 최대의 유흥가가 공존하는 지역. 쇼핑의 명소로도 유명해 여행자의 발길이 끊이지 않는다.	1일
	시모키타자와	쇼핑 · 유흥	인디밴드의 산실로 잘 알려진 거리. 골목마다 아기자기한 인테리어 · 패션 숍이 가득해 산책하는 기분으로 돌아다니기에 좋다.	½일
	에비스 · 다이칸야마	관광 · 건축 · 식도락 · 쇼핑	하라쥬쿠의 뒤를 잇는 젊음과 패션의 거리. 유명 건축가가 설계한 현대 건축물을 돌아보는 재미도 놓칠 수 없다.	1일
	지유가오카	쇼핑 · 식도락	일본에서도 손꼽히는 부촌. 차분한 거리를 따라 고급 인테리어 숍과 패션 부티크, 디저트 숍이 즐비하다.	½일
	키치죠지	관광	지브리 애니의 팬이라면 절대 놓칠 수 없는 곳. 미야자키 하야오 감독이 디자인한 지브리 미술관과 드넓은 공원이 핵심 명소다.	1일
	나카노	쇼핑	오타쿠의 3대 성지 가운데 하나로 꼽힌다. 만화 · 애니 · 게임 · 프라모델 전문점 수십 개가 모여 대형상가를 이루고 있다.	½일
	우에노	관광 · 역사 · 식도락 · 쇼핑	한적한 공원과 대형 박물관, 활기찬 재래시장이 공존하는 곳. 서민적인 분위기를 담뿍 맛볼 수 있는 지역이다.	1일
	야네센	관광	도쿄 시민들의 산책 코스로 사랑 받는 서민가. 예스러운 건물이 이어지는 한적한 주택가와 재래시장을 구경하는 재미가 남다르다.	½일
	아사쿠사	관광 · 역사 · 식도락 · 쇼핑	도쿄에서 가장 오랜 역사를 자랑하는 지역. 1,400년의 역사를 간직한 사찰과 일본풍 기념품을 취급하는 상점가가 볼만하다.	½일
	도쿄 스카이트리	관광	하늘을 찌를 듯 높이 솟은 거대한 탑이 눈길을 사로잡는다. 일본에서 가장 높은 전망탑과 함께 대형쇼핑가가 형성돼 있다.	½일
	아키하바라	쇼핑	일본 오타쿠의 성지로 명성이 자자한 만화와 애니의 거리. 수백 개의 숍들이 모여 거대한 전문상가를 이루고 있다.	½일
	도쿄 돔 시티	관광	신나는 놀이기구와 쇼핑가가 모여 있는 도심 속 유원지. 특별한 볼거리는 없지만 심심풀이로 돌아보기에 적당하다.	½일
	이케부쿠로	쇼핑	오피스 빌딩이 밀집한 도쿄의 부도심. 하지만 이보다는 만화 · 애니 · 동인지 전문점이 모인 여성 오타쿠의 거리로 더욱 유명하다.	½일
요코하마	요코하마	관광 · 역사	도쿄 일대에서 손꼽히는 항구도시. 한 세기 전에 지어진 서양식 건물과 일본 최대의 차이나타운 등 이국적인 볼거리로 가득하다.	1일
하코네	하코네	관광 · 온천 · 휴양 · 쇼핑	아름다운 자연과 온천을 만끽하기에 좋다. 등산열차 · 케이블카 · 유람선으로 편히 돌아볼 수 있어 당일치기여행 코스로 인기가 높다.	1일
	센고쿠하라	관광 · 휴양	고급 별장과 호텔이 모여 있는 하코네의 휴양지. 큰 볼거리는 없지만 잠시 쉬어가기에 적당하다.	½일
닛코	닛코	관광 · 역사 · 온천 · 휴양	유네스코 세계문화유산으로 지정된 사찰과 신사가 유명. 인간의 손길을 거부하는 울창한 원시림 등 자연을 즐기기에도 좋다.	1일
	키누가와온센	관광 · 온천 · 휴양	닛코와 함께 묶어서 돌아보기에 좋은 온천 휴양지. 온천 여관 · 호텔과 함께 테마파크가 있다.	1일
카마쿠라	카마쿠라	관광 · 역사 · 휴양	리틀 교토란 애칭처럼 오랜 역사를 자랑하는 도시. 유서 깊은 사찰과 신사, 물놀이를 즐기기에 좋은 해변 휴양지로 유명하다.	1일

model Course 01

촉집게 알짜 여행 2박 3일

가볍게 주말 여행을 떠나려는 직장인에게 적합한 일정이다. 일본 유행의 일번지로 통하는 하라쥬쿠, 세련된 쇼핑몰이 밀집한 오다이바, 유흥의 메카 신쥬쿠, 전통과 역사의 거리 아사쿠사 등 핵심 명소를 모두 돌아볼 수 있어 도쿄 여행의 하이라이트 코스라 할 수 있다. 이 일정을 소화하려면 우리나라에서 08:00~10:00, 도쿄에서는 17:00~20:00에 출발하는 항공편을 타야 한다. 시내에서 가까운 하네다 국제공항행(p.128) 항공편을 이용하는 것도 요령이다.

DATA

준비물 도쿄 왕복 항공권
숙박 도쿄 2박

기본 경비
숙박비 2박×5,000엔=10,000엔
(한인민박 기준)
생활비 3일×7,000엔=21,000엔
교통비 7,000엔
항공권 40만 원~
Total 38,000엔 + 40만 원~

DAY 1 ▶ 한국→도쿄, 하라쥬쿠

최신 유행의 숍이 가득

공항에서 시내로 들어갈 때는 요금이 조금 비싸더라도 속도가 빠른 케이세이 스카이라이너를 이용해 이동 시간을 절약한다. 숙소에 도착하면 체크인을 하거나 짐을 맡기고 생기발랄한 젊음의 거리 하라쥬쿠로 간다. 주요 명소와 쇼핑 포인트를 느긋하게 둘러보고 저녁 식사와 야경을 즐긴 뒤 하루를 마감한다.

Best Course

11:00 나리타 국제공항 도착
13:00 숙소 체크인 또는 짐 맡기기
14:00 하라쥬쿠역·메이지신궁
15:30 타케시타도리
16:20 디자인페스타 갤러리
17:00 우라하라쥬쿠
18:00 오모테산도·오모테산도 힐즈

DAY 2 ▶ 츠키지·오다이바·신쥬쿠

아침 일찍 츠키지로 간다. 장외시장에 들러 가볍게 아침 식사를 해결한 다음 활기찬 시장을 구경한다. 여기서 10~15분쯤 걸어가면 오다이바 행 전철이 출발하는 신바시 역이 있다.
오다이바의 주요 명소를 구경하다보면 금세 시간이 간다. 너무 늦기 전에 도쿄 테레포트 역으로 가서 린카이 선을 타고 신쥬쿠로 이동한다. 도쿄 도청의 무료 전망대에서 도쿄 시내의 전경을 감상하고 저렴한 식당과 선술집이 모인 오모이데요코쵸로 가서 저녁을 먹는다. 그리고 일본 최대의 유흥가인 카부키쵸를 구경한다.

인기 데이트 코스 오다이바

Best Course

08:30 츠키지
11:00 오다이바해변공원
11:30 다이바잇쵸메 상점가
12:10 아쿠아시티 오다이바·점심식사
13:30 자유의여신상·후지TV
15:00 다이버시티도쿄플라자
17:30 오다이바→신쥬쿠
18:10 도쿄도청
19:00 오모이데요코쵸·저녁식사
20:00 카부키쵸

DAY 3 ▶ 아사쿠사·우에노, 도쿄→한국

체크아웃을 하고 공항행 전철이 출발하는 케이세이 우에노 역의 코인로커에 짐을 보관한다. 아사쿠사로 가서 카미나리몬 등의 명소를 살펴본 다음 우에노로 돌아가 아메요코 시장을 구경한다. 점심을 먹고 남는 시간 동안 우에노 공원을 돌아본 뒤 늦지 않게 나리타 국제공항으로 향한다.

유서 깊은 사찰 센소지

Best Course

09:00 숙소 체크아웃
09:30 카미나리몬·센소지
12:00 아메요코 시장·점심식사
14:00 우에노공원
15:00 나리타 국제공항으로 출발

model Course 02

인기 쇼핑가 일주 2박 3일

알찬 쇼핑이 목적인 트렌드세터를 위한 스페셜 일정. 도쿄의 유행 흐름이 한눈에 들어오는 쇼핑 명소를 콕콕 짚어 돌아본다. 일본 유행의 일번지로 통하는 시부야·하라쥬쿠와 더불어 최신 유행의 명품 숍이 즐비한 아오야마·롯폰기, 젊은 감각이 반짝이는 다이칸야마의 숍들이 두 눈을 즐겁게 한다. 이 일정을 제대로 소화하려면 우리나라에서 08:00~10:00, 도쿄에서는 18:00~20:00에 출발하는 항공편 이용이 필수다.

DATA

준비물 도쿄 왕복 항공권
숙박 도쿄 2박

기본 경비
숙박비 2박×1만 엔=2만 엔
(비즈니스 호텔 기준)
생활비 3일×7,000엔=21,000엔
교통비 7,000엔
항공권 40만 원~
Total 48,000엔+40만 원~

DAY 1 ▶ 한국→도쿄, 지유가오카·시부야

시내로 들어갈 때는 시간 절약을 위해 속도가 빠른 케이세이 스카이라이너 또는 JR 나리타 익스프레스를 이용한다. 숙소 체크인 또는 짐 맡기기를 끝내고 지유가오카로 간다. 아기자기한 인테리어 잡화, 패션 아이템을 구경하는 재미가 쏠쏠하다. 그리고 시부야로 가 패션 관련 숍이 집중

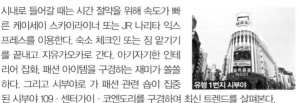
유행 1번지 시부야

된 시부야 109·센터가이·코엔도리를 구경하며 최신 트렌드를 살펴본다.

Best course

11:00 나리타 국제공항도착
13:00 숙소 체크인 또는 짐 맡기기
14:00 지유가오카
17:30 시부야109
18:30 센터가이·스페인자카
19:00 코엔도리·저녁식사

DAY 2 ▶ 하라쥬쿠·아오야마

트렌디한 숍이 많다

도쿄의 또 다른 패션 타운인 하라쥬쿠로 간다. 대부분의 숍이 11:00 이후에 오픈하므로 너무 서둘러 움직일 필요는 없다. 개성 만점의 스트리트 패션을 선보이는 라포레 하라쥬쿠·우라하라쥬쿠·캣 스트리트를 보고, 오모테산도로 이동

해 럭셔리한 명품 숍을 구경한다. 그리고 도쿄의 청담동으로 통하는 아오야마에서 느긋하게 산책을 즐기며 요새 핫하게 뜨는 브랜드를 찾아본다. 지하철을 타고 롯폰기로 이동해 고급 쇼핑몰로 명성이 자자한 도쿄 미드타운과 롯폰기 힐즈를 구경하며 최신 트렌드를 체험한다.

Best course

10:00 하라쥬쿠역·메이지신궁
11:00 라포레하라쥬쿠
12:00 우라하라쥬쿠·점심식사
13:30 캣스트리트
15:00 오모테산도·오모테산도 힐즈
16:30 아오야마
18:00 도쿄 미드타운
19:00 롯폰기힐즈·저녁식사

DAY 3 ▶ 다이칸야마, 도쿄→한국

체크아웃을 하고 숙소 또는 공항으로 돌아갈 때 이용할 역의 코인로커에 짐을 보관한다. 쇼핑가로 인기가 높은 다이칸야마의 큐야마테도리로 가 다양한 숍을 구경한다. 개성 만점의 서적·음반을 취급하는 다이칸야마 티 사이트, 인테리어와 패션 숍이 밀집한 힐사이드 테라스·

세련된 인테리어 숍

하치만도리·캐슬 스트리트를 돌아보고 짐을 찾아 공항으로 향한다.

Best course

10:00 큐야마테도리
10:30 다이칸야마티사이트
12:00 힐사이드테라스·점심식사
14:00 하치만도리·캐슬스트리트
16:00 나리타 국제공항으로 출발

오감 만족 도쿄 4박 5일

앞서 소개한 2박 3일 일정보다 심도 깊게 도쿄를 돌아보는 일정이다. 날짜가 늘어난 만큼 좀더 여유롭게 여행을 즐길 수 있는 것은 물론 식도락·쇼핑 등 즐길거리도 대폭 늘어난다. 도쿄의 경제 부도심이자 일본 최대의 유흥가로 명성이 자자한 신쥬쿠, 패션의 메카 하라쥬쿠·시부야, 싱싱한 초밥을 맛볼 수 있는 토요스, 세련된 쇼핑몰이 밀집한 인공섬 오다이바, 그리고 유서 깊은 역사를 자랑하는 아사쿠사·우에노가 다채로운 볼거리로 여행자의 발길을 재촉한다.

DATA

준비물 도쿄 왕복 항공권
숙박 도쿄 4박

기본 경비
숙박비 4박×5,000엔=20,000엔
(한인민박 기준)
생활비 5일×7,000엔=35,000엔
교통비 1만 엔
항공권 40만 원~
Total 65,000엔 + 40만 원~

DAY 1 ▶ 한국→도쿄, 신쥬쿠

여러 백화점이 모여 있다

번화한 신쥬쿠의 쇼핑가

나리타 국제공항에서 시내로 들어갈 때는 교통비가 저렴한 케이세이 전철을 이용한다. 비용보다 시간을 절약하려면 속도가 빠른 케이세이 스카이라이너·JR 나리타 익스프레스를 타고 가도 된다. 숙소 체크인 또는 짐 맡기기를 끝내고 도쿄의 부도심인 신쥬쿠로 간다. 하늘을 찌를 듯 높이 솟은 마천루의 숲과 대형 백화점·가전양판점이 모인 쇼핑가가 흥미롭다. 해가 지면 더욱 활기를 띠는 카부키쵸에서 저녁 식사를 하고, 도쿄 도청의 무료 전망대에 올라가 화려한 야경을 즐긴다.

Best course

12:00 나리타 국제공항 도착
14:00 숙소 체크인 또는 짐 맡기기
15:00 니시신쥬쿠 고층 빌딩가
15:30 도쿄 도청
16:30 츄오도리 가전제품 할인상가
17:00 오모이데요코쵸
17:30 신쥬쿠도리 쇼핑가
19:00 카부키쵸·저녁 식사
21:00 도쿄 도청 야경 감상

DAY 2 ▶ 하라쥬쿠·시부야

고즈넉한 메이지 신궁부터 돌아본다. 사사철 짙은 녹음으로 가득한 공간이라 맑은 공기를 마시며 산책을 즐기기에 좋다. 11:00가 넘으면 숍들이 슬슬 오픈하기 시작하니 타케시타도리로 이동해 본격적인 쇼핑가 산책을 즐긴다. 타케시타도리에는 10~20대를 대상으로 한 펑키한 숍, 우라하라쥬쿠·캣 스트리트에는 20~30대가 타깃인 스트리트 패션 숍, 오모테산도에는 세계적 명성의 럭셔리 명품 숍이 모여 있다. 하라쥬쿠를 충분히 구경한 뒤에는 캣 스트리트의 서쪽 지역을 거쳐 시부야로 이동한다. 최신 유행 상품이 가득한 숍과 백화점을 구경하고 저녁 식사를 마친 뒤, 젊은이들의 놀이터인 센터가이와 클럽에서 신나는 밤을 보낸다.

Best course

09:30 하라쥬쿠역
10:00 메이지신궁
11:00 타케시타도리
12:00 우라하라쥬쿠·점심 식사
14:00 캣스트리트(동쪽 지역)
15:00 오모테산도·오모테산도 힐즈
16:30 캣스트리트(서쪽 지역)
17:40 코엔도리
19:30 센터가이·저녁 식사
21:00 시부야의 클럽

최신 유행을 실시간으로 반영한다   쇼핑가 한복판에 고즈넉한 신사도 있다

DAY 3 ▶ 시오도메 · 토요스 · 오다이바

생동감 넘치는 수산시장과 모던한 도쿄의 면모를 두루 살펴보는 날이다. 아침 일찍 일어나 시오도메로 간다. 니혼 TV 건물과 미야자키 하야오 감독이 디자인한 시계탑을 구경한 뒤 유리카모메 신바시 역으로 가서 유리카모메 1일권

아름다운 오다이바의 야경

을 구매한다. 유리카모메를 타고 토요스 역으로 간다. 토요스 수산시장과 토요스 천객만래를 구경하고 신선한 초밥으로 점심을 해결한다. 전망 좋은 무료 족탕에서 잠시 쉬어가도 좋다. 오다이바로 가서 세련된 쇼핑센터와 실물 크기의 유니콘 건담을 보고, 도쿄의 스카이라인이 근사하게 펼쳐진 해변공원을 산책하며 시간을 보낸다. 그리고 해질 무렵 자유의 여신상 앞으로 가 화려한 야경을 감상한다.

Best course

08:00 시오도메
10:00 토요스 수산시장
11:00 토요스 천객만래
12:00 점심식사
13:30 다이버시티도쿄 플라자
15:00 유니콘 건담
16:00 후지TV
17:00 다이바잇쵸메 상점가
18:00 오다이바 해변공원
19:00 자유의 여신상 야경 감상 ·
　　　 저녁식사

DAY 4 ▶ 마루노우치 · 긴자

마루노우치 최대의 명소인 히가시교엔은 개관 일시가 제한적이니 반드시 날짜를 확인하고 가야 한다. 더구나 면적이 워낙 넓어 구경하는 데 만만치 않은 시간이 걸린다는 사실도 잊지 말자. 일왕의 거처인 코쿄와 예스러운 모습의 메가네바시 · 사쿠라다몬 등을 구경하고 긴자로 이동한다. 모던한 외관이 인상적인 도쿄 국제 포럼, 소니의 최신 가전제품을 홍보하는 쇼룸인 소니 빌딩, 일본 제일의 번화가이자 명품 쇼핑가로 명성이 자자한 츄오도리 · 나미키도리를 차례로 구경하다보면 어느새 해가 진다. 어둠이 깔린 뒤에는 화려한 밤의 옷으로 갈아입은 긴자의 야경을 감상하자.

Best course

10:00 도쿄역
11:00 히가시교엔
12:30 코쿄 · 메가네바시
13:00 사쿠라다몬
13:30 히비야공원 · 점심식사
15:00 도쿄국제포럼
15:30 유라쿠쵸 마리온
16:00 소니빌딩
17:00 츄오도리 · 나미키도리

한 세기 전에 세워진 도쿄 역 ／ 도쿄 제일의 번화가 긴자

DAY 5 ▶ 우에노 · 아사쿠사, 도쿄→한국

한적한 우에노 공원

오전에 일찌감치 체크아웃을 하고 우에노로 이동한다. 짐은 케이세이 우에노 역의 코인로커에 보관하고 홀가분한 몸으로 돌아다닌다. 한적한 우에노 공원부터 푸른 물결이 일렁이는 시노바즈 연못까지 구경하고, 지하철을 이용해 아사쿠사의 전통 쇼핑가인 나카미세로 간다. 아기자기한 숍이 많으니 찬찬히 구경하며 기념품도 장만하자. 점심을 먹은 다음 우에노 역으로 돌아가 케이세이 전철을 타고 늦지 않게 공항으로 간다.

Best course

08:00 우에노공원
09:00 우에노 토쇼구
09:40 시노바즈 연못
10:30 카미나리몬 · 나카미세
12:00 센소지 · 점심식사
14:00 나리타 국제공항으로 출발

model Course 04

여유만만 온천 & 휴양 4박 5일

휴식과 더불어 도시 여행의 즐거움을 만끽하려는 이에게 어울리는 일정. 도쿄의 명소를 두루 돌아본 뒤 온천 휴양지로 유명한 하코네와 이국적 감성이 충만한 항구도시 요코하마에서 차분한 휴식의 시간을 가진다. 단, 주말·공휴일·연휴 기간은 반드시 피해야 함을 잊지 말자. 엄청난 인파로 붐벼 여행이 아닌 고행이 될 가능성이 높다! 숙소는 교통이 편리한 도쿄 시내에 잡고 당일치기로 여행하는 게 효율적이다.

DATA

준비물 도쿄 왕복 항공권.
숙박 도쿄 4박

기본 경비
숙박비 4박×1만 엔=4만 엔
(비즈니스 호텔 기준)
생활비 5일×7,000엔=35,000엔
교통비 2만 엔
항공권 40만 원~
Total 95,000엔 + 40만 원~

DAY 1 ▶ 한국→도쿄, 하라쥬쿠

시내로 들어갈 때는 경제적인 케이세이 전철 또는 속도가 빠른 케이세이 스카이라이너를 이용한다. 숙소 체크인 또는 짐 맡기기를 끝낸 뒤에는 세련된 멋과 활기찬 기운이 공존하는 거리 하라쥬쿠로 간다. 우라하라쥬쿠·캣 스트리트에서는 최신 유행 패션을 살펴보고, 오모테산도에서는 럭셔리 명품 숍과 아름다운 현대 건축물을 구경한다. 해가 진 뒤에는 느긋하게 야경을 즐기며 하루를 마감한다.

Best course

11:00 나리타국제공항도착
13:00 숙소체크인또는짐맡기기
14:00 하라쥬쿠역·메이지신궁
15:30 타케시타도리
16:20 우라하라쥬쿠
17:00 캣스트리트
18:00 오모테산도·오모테산도힐즈

발랄한 분위기의 하라쥬쿠 | 아웃도어 매장도 있다

DAY 2 ▶ 마루노우치·오다이바

도쿄의 과거와 현재를 두루 살펴보자. 한 세기 전에 지어진 고풍스러운 외관의 도쿄 역부터 구경한다. 그리고 왕실 정원인 히가시교엔, 일왕의 거처인 코쿄, 19세기 말의 모습을 고스란히 간직한 메가네바시와 사쿠라다몬을 차례로 본다. 점심은 도쿄 역 주변에서 해결한다. 쇼핑몰과 도쿄 역 지하에 맛집이 모여 있어 선택의 폭이 넓다. JR 야마노테 선과 사철 유리카모메를 이용해 오다이바로 넘어간다. 쾌적한 쇼핑센터와 호젓한 해변공원을 구경하며 느긋하게 시간을 보내다 저녁을 먹는다. 그리고 해질 무렵 자유의 여신상으로 가서 도쿄 만을 색색으로 물들이는 화려한 야경을 감상한다.

Best course

09:30 도쿄역
10:00 히가시교엔
11:30 코쿄·메가네바시
12:00 사쿠라다몬
13:00 점심식사
14:30 오다이바해변공원
15:30 다이바잇쵸메상점가
16:30 후지TV
17:30 다이버시티도쿄플라자
19:00 저녁식사
20:00 자유의여신상·야경감상

일왕의 거처인 코쿄

DAY 3 ▶ 하코네

수려한 자연과 온천을 통해 진정한 여행의 묘미를 만끽하는 날이다. 도쿄에서 하코네까지는 전철로 1시간 30분 정도 걸리며 교통비도 무척 비싸다. 따라서 철도 패스인 '하코네 프리패스'를 구매해 경비를 절약하는 게 현명하다. 아침 일찍 신쥬쿠에서 하코네 프리패스를 구매한 다음, 사철 오다큐 선을 타고 하코네로 향한다. 등산열차 · 케이블카 · 유람선 등 다양한 교통편을 이용해 하코네의 절경을 감상하노라면 어느덧 하루 해가 저문다. 너무 늦기 전에 온천 타운인 하코네유모토 또는 온천 테마파크인 유넷산으로 가서 느긋하게 온천을 즐기고 도쿄로 돌아간다.

아시 호수와 후지 산
안락한 노천온천

Best course

07:00 신쥬쿠→하코네
09:00 등산열차
10:00 조각의숲미술관
11:30 케이블카 · 로프웨이
12:10 오와쿠다니자연연구로,
　　　 점심식사
13:50 로프웨이
14:20 아시호수 · 유람선
15:20 온시하코네공원
16:20 삼나무가로수길
16:50 모토하코네
17:30 온천즐기기,하코네→신쥬쿠

DAY 4 ▶ 요코하마

시부야 역으로 가서 사철 토큐토요코 선을 타고 요코하마로 간다. 철도 패스인 미나토미라이 티켓을 구매하면 좀더 경제적으로 이용할 수 있다. 우선 요코하마 일대가 내려다보이는 미나토노미에루오카 공원으로 간다. 그리고 한 세기 전에 지어진 여러 서양식 건물을 구경한다. 대부분 무료 개방해 자유로이 돌아볼 수 있다. 요코하마의 번화가인 모토마치에서 가볍게 점심을 먹고, 차이나타운으로 가서 일본 속의 작은 중국을 경험한다. 그리고 야마시타 공원 · 오산바시 국제여객 터미널 · 아카렌가 창고를 돌아보노라면 슬슬 어둠이 깔리기 시작한다. 닛폰마루 메모리얼 파크 또는 오산바시 국제여객 터미널에서 아름다운 야경을 감상하고 도쿄로 돌아간다.

Best course

08:00 시부야→요코하마
09:00 미나토노미에루오카공원
09:30 야마테111번관 · 영국관
10:30 요코하마외국인묘지
11:00 에리스만저택 · 베릭홀
12:30 이탈리아산정원
13:30 모토마치,점심식사
15:00 차이나타운
16:00 야마시타공원
17:00 오산바시국제여객터미널
18:00 아카렌가창고,저녁식사
20:00 닛폰마루메모리얼파크,
　　　 야경감상

세련된 멋의 요코하마

로맨틱한 야경 포인트도 있다

DAY 5 ▶ 아사쿠사 · 우에노, 도쿄→한국

예스러운 멋의 아사쿠사

숙소 체크아웃을 하고 공항행 전철이 출발하는 케이세이 우에노 역의 코인로커에 짐을 보관한다. 아사쿠사로 가서 카미나리몬 · 나카미세 · 센소지 등의 명소를 구경한다. 그리고 우에노로 돌아가 아메요코 시장과 우에노 공원을 살펴본 뒤 늦지 않게 나리타 국제공항으로 향한다.

Best course

09:00 숙소체크아웃
09:30 카미나리몬 · 나카미세
10:30 센소지
12:00 아메요코시장 · 점심식사
14:00 우에노공원
15:00 나리타국제공항으로출발

놓치면 후회! 도쿄의 강추 명소 Best 10

도쿄에는 수많은 볼거리가 있다. 단순히 관광명소만 나열해도 수백, 수천 곳을 헤아릴
정도라 어디서 무엇을 봐야 할지 고민스럽기까지 하다. 도쿄 여행의 진수를 만끽할 수
있는 절대 강추 명소 10곳을 알아보자.

오모테산도

느티나무 가로수와 유럽풍 노천 카페,
럭셔리 명품 숍이 즐비한 거리. 도쿄
쇼핑의 메카로도 명성이 자자하다.
area 하라쥬쿠 p.151

히가시교엔

일왕의 거처인 코쿄와 이어진 왕실 정
원. 에도 성의 유적과 함께 녹지가 정비
돼 있어 산책 코스로 인기가 높다.
area 마루노우치 · 긴자 p.217

나카메구로

도쿄에서도 손꼽히는 카페의 거리. 색다른 커피 · 음식을 맛보는 재
미가 쏠쏠하다. 일본 최대의 스타벅스 매장과 벚꽃 명소로도 인기!
area 다이칸야마 p.300

지브리 미술관

애니 속 세계가 현실로 펼쳐지는 곳. 미야자키 하야오
감독이 직접 디자인한 미술관으로도 유명하다.
area 키치죠지 p.321

TOKYO

센소지

1,400년의 역사를 뽐내는 유서 깊은 사찰. 오랜 동안 서민 신앙의 중심지였던 곳이라 지금도 참배자의 행렬이 끊이지 않는다.

area 아사쿠사 p.357

HAKONE

토쇼구

섬세한 조각과 화려한 색채가 눈길을 사로잡는 사당. 유네스코 세계 문화유산으로 등재된 닛코 제일의 볼거리다.

area 닛코 p.455

NIKKO

하코네 로프웨이

3,000년 전 화산 폭발로 만들어진 거대한 협곡을 가로지르는 로프웨이. 짜릿한 스릴을 맛볼 수 있다.

area 하코네 p.429

이탈리아 산 정원

요코하마 시내가 한눈에 내려다보이는 정원. 19~20세기의 모습을 고스란히 간직한 서양식 건물이 로맨틱한 멋을 더한다.

area 요코하마 p.403

YOKOHAMA

HAKONE

아시 호수

울창한 숲과 높은 산에 둘러싸인 천혜의 비경을 자랑한다. 사시사철 모습을 달리하는 아름다운 풍경을 놓치지 말자.

area 하코네 p.431

에노시마

유서 깊은 신사와 아름다운 바다를 감상할 수 있는 곳. 검은 모래의 해변은 서핑의 명소로도 인기가 높다.

area 카마쿠라 p.480

KAMAKURA

로맨틱 야경 & 전망 포인트 Best 10

하늘을 나는 듯한 기분의 전망대와 보석처럼 화려하게 빛나는 야경은 도쿄 여행이 선사하는 또 하나의 즐거움이다. 밤낮으로 모습을 달리하는 도쿄의 다채로운 풍경을 감상하며 이 도시의 추억을 더해보자.

도쿄 도청
현대 건축의 거장 탄게 겐조가 설계한 초고층 빌딩. 45층 전망대에서 도쿄의 전경과 야경을 두루 감상할 수 있다.
area 신쥬쿠 p.270

오다이바 해변 공원
도쿄 제일의 야경 감상 포인트. 검푸른 바다 위로 어른대는 마천루의 화려한 불빛은 오다이바의 특급 볼거리다. **area** 오다이바 p.199

오모테산도
일본 최고의 명품 쇼핑가. 세계적 명성의 건축가들이 디자인한 빌딩과 숍들이 밤낮으로 아름다운 멋을 뽐낸다.
area 하라쥬쿠 p.151

츄오도리
전통과 역사를 자랑하는 번화가. 줄줄이 늘어선 멋진 건물과 화사한 밤의 옷으로 갈아입는 야경이 아름답다.
area 긴자 p.225

TOKYO

도쿄 스카이트리
2012년 완공된 일본에서 가장 높은 전망탑. 해발 340m의 전망대에 서면 도쿄 일대가 한눈에 내려다보인다.
area 도쿄 스카이트리 p.364

YOKOHAMA

오산바시 국제여객 터미널
일본에서 열 손가락 안에 꼽히는 야경의 명소. 옥상 전망대에 오르면 화려한 야경이 SF 영화의 한 장면처럼 펼쳐진다.
area 요코하마 p.408

TOKYO

아오야마
오모테산도와 나란히 이어진 럭셔리 쇼핑가. 한적한 도로를 따라 세련된 건물이 줄지어 있다. **area** 하라쥬쿠 p.150

TOKYO

도쿄 시티 뷰
도쿄의 전경과 야경을 두루 감상할 수 있는 전망대. 통유리 너머로 시원스레 펼쳐지는 풍경이 무척 아름답다. **area** 롯폰기 p.253

YOKOHAMA

차이나타운
일본 속의 작은 중국을 실감케 하는 거리. 높이 솟은 패루와 밤거리를 색색으로 물들이는 등롱의 불빛이 이국적 분위기를 더한다. **area** 요코하마 p.404

TOKYO

시부야 스카이
도쿄가 한눈에 내려다보이는 특급 전망대(230m). 인생사진 포인트로 명성이 자자하다.
area 시부야 p.177

영화가 현실로! 메이킹 오브 해리포터

바로 눈앞에서 펼쳐지는 해리포터의 마법세계! 런던에 이어 두 번째로 오픈한 해리포터 테마파크로 세계 최대 규모를 자랑한다. 영화 속 장면을 완벽히 재현한 공간과 영화에 사용된 의상·소도구 등 신기한 볼거리가 시종일관 두 눈을 즐겁게 한다.

테마파크는 실제로 영화 촬영이 이루어지는 스튜디오를 콘셉트로 제작됐다. '로비·기념품점→대연회장→프로덕션 디자인→움직이는 계단→호그와트 기숙사→의상·소도구→호그와트 레슨→금지된 숲→해그리드의 오두막→야외 스튜디오→9와 ¾ 플랫폼→마법정부→마법 빗자루 체험→다이애건 앨리→호그와트 모형'의 15개 코너로 이루어져 있으며, 한 방향으로 이동하면서 돌아본다.

로비~금지된 숲

입장객이 모이면 스튜디오 투어의 간략한 오리엔테이션을 한 뒤 호그와트 마법학교의 대연회장으로 들어간다. 당일 생일을 맞은 입장객에게는 대연회장의 문을 여는 '특권'이 주어진다. 실제 스튜디오와 동일하게 제작된 대연회장에는 기숙사별 식탁과 호그와트 교수진의 마네킹이 놓여 있다. 특히 대연회장 정문이 인증샷 포인트로 인기가 높다.

움직이는 계단 코너에서는 기숙사를 오가는 계단과 초상화가 실제로 움직이는 신기한 광경이 펼쳐진다. 자신이 직접 초상화의 주인공이 될 수 있으니 꼭 도전해보자.

호그와트 기숙사 코너에는 영화 속 장면을 완벽히 재현해 놓았으며, 사소한 소품과 의상 하나하나까지 디테일하게 묘사해 보는 이의 호기심을 자극한다. 자신이 직접 퀴디치 게임의 관객으로 참석해 영화를 찍는 흥미로운 코너도 운영한다. 마법학교의 연구실이 재현된 호그와트 레슨에서는 직접 마법 수업에 참여해 마법을 배우거나 마법책이 가득한 도서관에서 멋진 인증샷을 찍을 수 있다.

대연회장을 본떠 만든 푸드코트, 촛불이 공중에 둥둥 떠있다

스튜디오 투어의 출발점인 대연회장

움직이는 계단

소망의 거울

덤블도어 교수

나이트 버스

해리포터의 집

버터 비어

해그리드의 오두막~야외 스튜디오

스튜디오 투어의 중간 부분에 해당한다. 해그리드의 오두막, 프리벳가 4번지에 있는 해리포터의 집, 마법 체스판, 호그와트 다리, 3층 나이트 버스가 전시돼 있다. 특히 인기가 높은 것은 매점에서 파는 달콤한 버터 비어(1,100엔)다. 컵은 기념품으로 가져갈 수 있다.

9와 ¾ 플랫폼~호그와트 모형

절대 놓쳐선 안 될 핵심 코너! 9와 ¾ 플랫폼과 호그와트 행 열차가 전시돼 있으며 바로 옆의 기념품점에서는 마법학교 입학증도 판매한다. 웅장하게 재현된 마법정부 구역을 지나면 마법 빗자루를 타고 하늘을 나는 재미난 체험 코너가 나타난다. 마법도구 상점이 즐비한 다이애건 앨리 역시 인증샷 포인트로 각광받고 있다. 스튜디오 투어의 피날레는 초대형 호그와트 모형이 장식한다. 입이 떡 벌어질 만큼 거대한 규모와 영화 속 에피소드를 세세히 담은 디테일한 묘사가 압권이다.

마법도구 상점이 즐비한 다이애건 앨리

런던 마법정부

호그와트 행 특급열차

메이킹 오브 해리포터 꿀팁

❶ 관람에 최소 3시간, 꼼꼼히 보려면 꼬박 하루가 걸린다. 입장 시각이 09:00~16:30의 매시 정각과 30분으로 정해져 있으니 여유 있게 보려면 최대한 이른 시각을 선택하자.

❷ 입장권은 홈페이지와 우리나라의 인터넷 쇼핑몰·여행사에서 판매한다. 인터넷 쇼핑몰·여행사에서 판매하는 티켓이 훨씬 저렴하며, 도쿄 지하철 1일권과 묶음 구매도 가능하다.

❸ 인증샷 포인트가 무척 많다. 망토와 마법 지팡이를 가져가면 재미난 사진을 원 없이 찍을 수 있다. 로비 옆의 기념품점에서 망토(1만 3,000엔)와 마법 지팡이(4,600엔)를 판매한다. 우리나라의 인터넷 쇼핑몰에서 저렴한 망토와 마법 지팡이를 구매해 가도 된다.

❹ 영화의 장면과 스토리를 알아야 더욱 흥미롭다. 적어도

《해리포터》 시리즈 1~4편과 《신비한 동물사전》 복습은 필수!

❺ 테마 파크 내부는 핸드폰 전파가 약해 인터넷 연결이 어렵다. 테마파크 자체 무료 와이파이가 훨씬 빠르고 안정적이다.

개관 08:30~20:30, 토·일요일 08:30~22:00
요금 6,500엔, 중학생·고등학생 5,400엔, 4세 이상 3,900엔
홈페이지 www.wbstudiotour.jp
교통 지하철 토에이오에도 선의 토시마엔 豊島園 역(E36) 하차, A2번 출구를 나와 왼쪽으로 도보 8분. 또는 이케부쿠로 池袋(p.386, MAP 20-E2)에서 사철 세이부이케부쿠로 선 西武池袋線을 타고 토시마엔 豊島園 역(SI39) 하차(15분, 190엔), 도보 6분.
구글맵 페이지 하단 QR 코드 스캔

꿈과 환상의 세계, 도쿄 디즈니 리조트

must See 04

디즈니 리조트는 디즈니랜드와 디즈니 시, 두 개의 테마파크로 이루어진 도쿄 최대의 놀이동산이다. 51만㎡의 광활한 부지에는 동화 속 세계가 완벽히 재현돼 있으며 디즈니 캐릭터들이 선보이는 다채로운 어트랙션과 볼거리들이 잊지 못할 추억을 안겨준다.

디즈니랜드 Disneyland

1983년 개장 이래 끊임없는 인기를 구가해온 디즈니 리조트의 대표주자. 클래식한 디즈니 팬이라면 디즈니 시보다 이곳을 추천한다. 현관에 해당하는 쇼핑 아케이드, 월드 바자르를 지나면 월트 디즈니와 미키 마우스의 동상이 보인다. 그 너머로는 디즈니랜드의 상징 신데렐라 성이 우뚝 솟아 있다. 이 앞에서 밤낮으로 펼쳐지는 화려한 퍼레이드와 쇼는 디즈니랜드 최대의 볼거리다.

©Disney
매일 밤 아름다운 불꽃놀이가 펼쳐지는 신데렐라 성

월드 바자르 WORLD BAZAAR

빅토리안 양식의 중후한 건물로 가득한 1900년대 미국의 거리. 깜찍한 캐릭터 상품이 넘쳐나는 쇼핑가다. 볼거리는 클래식한 게임 시설을 갖춘 페니 아케이드 Penny Arcade, 클래식 카를 타고 월드 바자르를 돌아보는 옴니버스 Omnibus가 있다. 나란히 이어지는 숍에서는 도쿄 디즈니 리조트 한정판 아이템도 취급한다.

빅토리안 스타일로 꾸민 월드 바자르

웨스턴 랜드 WESTERN LAND

19세기 서부 개척 시대의 광산 마을을 재현한 이곳에는 16마리의 곰이 컨트리 송을 들려주는 컨트리 베어 시어터 Country Bear Theater, 호수를 유람하며 인디언 마을을 구경하는 증기선 마크 트웨인 호 Mark Twain Riverboat, 톰 소여의 섬 Tom Sawyer Island Rafts, 공기총 사격장 Westernland Shootin' Gallery 등의 어트랙션이 있다.

증기선을 타고 선상 유람을 즐기자
©Disney

강추

빅 선더 마운틴 Big Thunder Mountain
220초 동안 짜릿한 스릴을 맛볼 수 있는 쾌속 질주 롤러코스터.

어드벤처 랜드 ADVENTURE LAND

정글 분위기로 가득한 테마 랜드, 조그만 배를 타고 해적 소굴을 돌아보는 카리브의 해적 Pirates of the Caribbean, 어드벤처 랜드에서 크리터 컨트리까지 증기를 뿜으며 달리는 웨스턴 리버 철도 Western River Railroad, 무인도의 오두막을 실감나게 재현한 스위스 패밀리 트리 하우스 Swiss Family Treehouse, 열대의 새들이 펼치는 흥겨운 뮤지컬 쇼 매혹의 티키 룸 The Enchanted Tiki Room, 배를 타고 아프리카와 아시아의 정글을 탐험하는 정글 크루즈 Jungle Cruise가 메인 어트랙션이다.

보트를 타고 떠나는 정글 탐험

크리터 컨트리 CRITTER COUNTRY

짜릿한 롤러코스터 스플래시 마운틴

디즈니랜드에서 제일 작은 테마 랜드. 물속으로 텀벙 뛰어드는 롤러코스터 스플래시 마운틴 Splash Mountain 이 인기가 높다. 날씨가 좋을 때는 비버 브러더스의 카누 탐험 Beaver Brothers Explorer Canoes에 도전해보자.

툰타운 TOONTOWN

미키 · 미니 · 도날드 · 구피 등 디즈니 만화의 주인공들이 뛰어다니는 깜찍한 만화의 세계. 인기 어트랙션은 빙글빙글 회전하는 자동차를 타고 정신없이 질주하는 로저 래빗의 카툰 스핀 Roger Rabbit's Car Toon Spin, 어린이를 위한 롤러코스터 가젯츠 고 코스터 Gadget's Go Coaster, 미니와 함께 기념

아기자기한 볼거리가 많은 툰타운

사진을 찍을 수 있는 미니의 집 Minnie's House 등이다.

판타지 랜드 FANTASY LAND

동화 속 세계가 펼쳐지는 백설공주와 일곱 난쟁이

동화의 세계가 현실로 펼쳐지는 공간. 조그만 놀이기구를 타고 동화의 스토리를 따라 여행을 떠나는 피터팬의 하늘 여행, 백설공주와 일곱 난쟁이, 3D 영화 미키의 필하매직, 피노키오의 모험 등이 아이들(!)에게 인기 만점이다. 빙글빙글 도는 꿀단지를 타고 꿀을 따라 떠나는 푸의 꿀 사냥 Pooh's Hunny Hunt 도 재미있다.

> *강추*
>
> ### 혼티드 맨션 Haunted Mansion
> 99명의 유령이 100번째 손님을 기다리는 오싹오싹 유령의 집.

투머로우 랜드 TOMORROW LAND

디즈니랜드에서 유일하게 성인을 위한 스릴 만점 어트랙션이 있는 곳으로 우주 여행을 테마로 꾸민 독특한 건물이 가득하다. 스타워즈의 우주선과 캐릭터가 등장하는 우주 여행 시뮬레이터 스타 투어스 Star Tours, 놀이기구를 타고 〈몬스터 주식회사〉의 캐릭터들을 찾아내는 몬스터스 라이드 앤드 고 시크 Monsters, Inc. Ride & Go Seek!, 장난꾸러기 스티치와 만나는 Stitch Encounter, 베이 맥스가 모는 미니카 The Happy Ride with Baymax 등의 어트랙션이 있다.

신나는 우주 모험, 버즈 라이트 이어 아스트로 블래스터

> *강추*
>
> ### 스페이스 마운틴 Space Mountain
> 스릴 만점 롤러코스터. 별빛이 반짝이는 칠흑 같은 어둠 속을 질주하며 짜릿한 쾌감을 맛보자.
>
> ### 버즈 라이트 이어 아스트로 블래스터 Buzz Lightyear's Astro Blasters
> 우주선을 타고 악의 제왕 저그를 무찌르는 체험형 어트랙션. 어린 시절 오락실의 추억이 새록새록 떠오를 듯!

디즈니 시 Disney SEA

이름 그대로 '바다'를 테마로 한 디즈니의 테마파크. 거대한 지구본이 회전하는 정문을 통과하면 호수 뒤로 중세의 성과 불을 뿜는 화산이 떡 하니 버티고 있다. 아름다운 동화 속 세계를 묘사한 디즈니랜드와 달리 판타지의 이미지를 추가해 성인이 즐길 수 있는 테마파크로 개발한 게 디즈니 시의 매력이다.

거대한 지구의가 관람객을 맞는 디즈니 시의 입구

©Disney

항구에 정박 중인 호화 여객선 콜롬비아 호

아메리칸 워터프런트 AMERICAN WATERFRONT

1900년대 초 뉴욕의 거리를 재현해 놓았다. 부둣가에는 호화 여객선 콜롬비아 호가 정박해 있고, 이 배의 처녀항해를 기념하는 이벤트가 열린다. 눈에 띄는 어트랙션은 1900년대 스타일의 클래식카 빅 시티 비이클 Big City Vehicles, 포트 디스커버리까지 운행하는 전차 디즈니시 일렉트릭 레일웨이 DisneySea Electric Railway, 〈토이 스토리〉의 캐릭터들과 게임을 즐기는 토이 스토리 마니아 Toy Story Mania! 등이다.

타워 오브 테러 Tower of Terror 강추
디즈니 시 최고의 어트랙션. 건물 꼭대기에서 뚝 떨어지는 엘리베이터의 짜릿한 스릴을 맛보자.

메디터레이니언 하버 MEDITERRANEAN HARBOUR

호수를 무대로 멋진 쇼가 펼쳐진다
©Disney

대항해 시대, 지중해의 풍경을 재현한 테마 랜드. 유럽 냄새가 물씬 풍기는 웅장한 건물이 가득하며 바로 앞에는 다이내믹한 수상 쇼가 펼쳐지는 인공 호수가 있다. 밤마다 화산을 배경으로 화려한 '불 쇼'를 선보이니 쇼 시간부터 확인하자. 호수 위를 가르는 증기선 디즈니시 트랜싯 스티머 라인 DisneySea Transit Steamer Line, 각양각색의 항해·탐험 도구가 가득한 성채 포트리스 익스플로레이션 Fortress Explorations 등의 어트랙션도 있다.

베네치안 곤돌라 Venetian Gondolas 강추
분위기 만점의 곤돌라. 뱃사공의 어눌한 노래 솜씨마저 감미롭다.

빌리브! 시 오브 드림즈 Believe! Sea of Dreams
놓치면 후회! 디즈니 스토리를 화려하게 풀어내는 멋진 수상 쇼.

로스트 리버 델타 LOST RIVER DELTA

흥미진진한 모험이 펼쳐지는 로스트 리버 델타
©Disney

중앙 아메리카의 울창한 정글 속에 미스터리한 신전이 숨겨져 있다. 360도 회전하는 롤러코스터 레이징 스피리츠 Raging Spirits. 강물에 몸을 맡긴 채 메디터레이니언 하버까지 유람을 즐기는 증기선 디즈니시 트랜싯 스티머 라인 DisneySea Transit Steamer Line을 놓치지 말자.

인디애나 존스 어드벤처 강추
Indiana Jones Adventure
지프를 타고 고대 신전의 미로 속을 질주한다.

미스터리어스 아일랜드 MYSTERIOUS ISLAND

간헐적으로 솟구쳐 오르는 물기둥과 요란한 울림 등이 활화산의 한가운데 있음을 실감케 한다. SF의 고전 《해저 2만리》를 테마로 한 곳이라 어둡고 괴기스러운 분위기가 철철 흘러 넘친다. 바다 속 모습을 재현한 해저 2만 마일 20,000 Leagues Under the Sea 가 대표 어트랙션이다.

ⓒ Disney
요란한 굉음과 함께 물기둥이 솟구쳐 오른다

센터 오브 디 어스
Journey to the Center of the Earth
강추

칠흑 같은 어둠 속을 쾌속 질주하는 롤러코스터. 거대한 버섯과 반짝이는 수정으로 가득한 지하세계를 탐험하다 뚝 떨어지는 짜릿함이 압권이다.

장난꾸러기 지니의 마술쇼

아라비안 코스트 ARABIAN COAST

디즈니 애니메이션 《알라딘》의 주인공, 램프의 요정 지니의 세계. 육중한 성벽 너머에는 술탄의 궁전이 있으며 울긋불긋 화려한 아랍풍 건물로 치장돼 있다. 인기 어트랙션은 지니가 선보이는 3D 입체 마술쇼, 매직 램프 시어터 The Magic Lamp Theater, 사람처럼 움직이는 깜찍한 로봇들이 등장하는 신드바드의 여행 Sindbad's Storybook Voyage, 신나는 회전목마 캐러밴 카루젤 Caravan Carousel, 하늘을 나는 양탄자 재스민스 플라잉 카펫 Jasmine's Flying Carpets 등이다.

머메이드 라군 MERMAID LAGOON

디즈니 시에서 가장 유아틱한 공간이다. 애니메이션 《인어공주》의 주인공 에이리얼의 놀이터가 테마인데, 짙푸른 바다 속에서 형형색색의 해파리가 너풀거리는 모습이 이색적이다. 놀이기구도 자극적인 것보다 귀엽고 깜찍한 것 위주로 꾸며 놓았다. 《인어공주》의 하이라이트 장면만 모은 뮤지컬 '머메이드 라군 시어터 Mermaid Lagoon Theater'도 재미있다.

아이들에게 인기가 높은 머메이드 라군
ⓒ Disney

포트 디스커버리 PORT DISCOVERY

독특한 모양의 건물로 가득한 기지에서 괴학자 구피의 퍼포먼스가 벌어진다. 호수 위를 미친 듯이 헤집고 돌아다니는 놀이기구 아쿠아토피아 Aquatopia, 물고기 니모와 그의 친구들을 만나는 Nemo & Friends SeaRider 등이 흥미롭다.

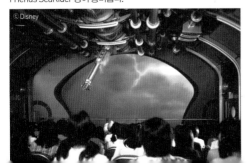
ⓒ Disney

디즈니 시에 부속된 새로운 테마 랜드. 《겨울왕국》의 무대 아렌델 왕국을 실감나게 재현한 안나와 엘사의 프로즌 저니, 동화 속 세상이 현실로 구현된 피터팬의 네버랜드 어드벤처. 라푼젤의 랜턴 페스티벌. 요정 팅커벨의 비지 버기 등 4개 어트랙션이 있다.

도쿄 디즈니랜드 앱으로 스탠바이 패스(무료)를 받거나, 디즈니 프리미어 액세스(어트랙션 1회당 2,000엔)를 구매해야 입장 가능하다.

디즈니리조트 완전 공략 포인트

디즈니랜드와 디즈니 시를 보는 데 각각 하루씩은 걸리기 때문에 하루에 두 곳을 모두 보기란 불가능하다. 취향에 맞는 쪽을 선택해서 보거나 이틀 이상의 일정을 잡는 게 현명하다.

주말·공휴일은 평일과 비교도 안 될 만큼 붐빈다. 매표소부터 긴 줄을 서야 함은 물론, 불과 2분짜리 어트랙션을 타려고 한두 시간씩 기다려야 한다. 어쩔 수 없이 주말·공휴일에 간다면 도쿄 시내의 디즈니 스토어 또는 홈페이지에서 입장권을 사전 구매하고, 어트랙션 우선 입장권인 디즈니 프리미어 액세스(유료)를 적극 활용해 기다리는 시간을 줄이자.

아침 일찍 서둘러 가는 것도 필수! 개장과 동시에 입장하면 비교적 여유롭게 어트랙션을 이용할 수 있다. 주말·공휴일은 개장 후 1시간이 지날 무렵, 평일은 점심 무렵부터 본격적으로 붐비기 시작한다. 매표소 또는 입구에서 안내 팸플릿 챙기기도 잊지 말자. 팸플릿에 전체 지도는 물론 어트랙션의 위치, 쇼·퍼레이드 시간이 자세히 실려 있어 그 자체로 충실한 가이드북 역할을 한다. 물론 한국어판도 있다.

디즈니 프리미어 액세스

디즈니 프리미어 액세스 Disney Premier Access(DPA)는 디즈니랜드와 디즈니 시의 어트랙션에서 사용 가능한 우선 입장권이다. 1개의 어트랙션·퍼레이드·쇼 이용시 1인당 1장의 디즈니 프리미어 액세스가 필요하다. 구매는 홈페이지 또는 디즈니랜드 앱, 현장 매표소에서 가능하다.

요금 1회 1,500~2,500엔

디즈니랜드 사용 가능 어트랙션·쇼

스플래시 마운틴, 미녀와 야수의 마법 이야기, 더 해피 라이드 위드 베이맥스, 디즈니 하모니 인 컬러, 도쿄 디즈니랜드 일렉트리컬 퍼레이드 드림 라이츠, 캐슬 프로젝션

디즈니 시 사용 가능 어트랙션·쇼

센터 오브 디 어스, 타워 오브 테러, 토이 스토리 마니아, 판타스틱 플라이트, 안나와 엘사의 프로즌 저니, 라푼젤의 랜턴 페스티벌, 피터팬의 네버랜드 어드벤처, 빌리브! 시 오브 드림즈

도쿄 디즈니 리조트 교통편

JR 가장 빠르고 편리한 교통편은 JR 케이요 선 京葉線과 무사시노 선 武蔵野線이다. 무조건 도쿄 東京 역으로 가서 케이요 선 표지판을 따라 한참(정말 한참) 걸어가면 플랫폼이 나온다. 케이요 선과 무사시노 선은 여기가 종점이라 앉아서 갈 수 있는 가능성도 높다. 내리는 곳은 마이하마 舞浜 역(JE07)이다.

마이하마 역에서 내려 남쪽 출구 南口로 나가면 디즈니 리조트다. 여기서 오른쪽으로 5분쯤 걸어가면 디즈니랜드, 왼쪽으로 20분쯤 걸어가면 디즈니 시다. 걷기 싫다면 마이하마 역 왼쪽에서 출발하는 모노레일(1회 300엔, 1일권 700엔)을 이용한다. 모노레일은 '마이하마→디즈니랜드→베이사이드 스테이션→디즈니 시→마이하마'의 5km 노선을 순환 운행한다. 고가(高架) 레일을 따라 움직이기 때문에 이동하는 동안 디즈니 리조트 일대가 한눈에 들어온다.

도쿄 역→마이하마 역
JR 쾌속열차 14분, 230엔   JR 보통열차 17분, 230엔

지하철 유라쿠쵸 선 有楽町線의 종점인 신키바 新木場 역(Y24)에서 JR 케이요 선·무사시노 선으로 갈아타고 간다.

입장권 및 개관 시간

입장권은 디즈니랜드와 디즈니 시 입구의 매표소 또는 시내의 디즈니 스토어에서 판매한다. 조금이라도 싸게 입장권을 구매하려면 도쿄 시내 곳곳에 있는 할인 티켓 전문점을 이용하자. 가격이 공식 매표소보다 100~300엔 저렴하다.

짧은 시간 안에 최대한 저렴하게 즐기려면 야간 할인권인 얼리 이브닝 패스포트나 애프터 식스 패스포트를 구매하는 것도 요령. 입장 시간이 15:00~18:00 이후로 제한되지만(이용할 수 있는 날은 해마다 변경되므로 홈페이지에서 확인할 것) 맛보기로 즐기기에는 적당하다. 야간 할인권을 구매한 다음 입장 시간 전까지 도쿄 시내를 구경하고 오는 것도 짧은 시간을 효율적으로 활용하는 방법이다.

개관 09:00~21:00 ※개관 시간은 월별·요일별로 변동이 심하다. 정확한 사항은 홈페이지에서 확인할 수 있다.
홈피 www.tokyodisneyresort.jp

도쿄 디즈니 리조트 입장권 종류 및 가격

※ 입장권은 요일마다 가격이 다름. 자세한 가격은 홈페이지 참조.

종류	가격	내용
1일권 1デーパスポート	18세 이상 7,900~1만 900엔 12~17세 6,600~9,000엔 4~11세 4,700~5,600엔	디즈니랜드 또는 디즈니 시 가운데 한쪽만 선택해서 들어갈 수 있다. 자유이용권이라 놀이기구를 비롯한 모든 시설을 마음대로 이용할 수 있다.
얼리 이브닝 패스포트 アーリーイブニングパスポート	18세 이상 6,500~8,700엔 12~17세 5,300~7,200엔 4~11세 3,800~4,400엔	이용법은 1일권과 같다. 일·공휴일의 15:00 이후에만 이용할 수 있다.
평일 야간 이용권 ウィークナイトパスポート	전연령 4,500~6,200엔	이용법은 1일권과 같다. 평일 17:00 이후에만 이용할 수 있다.

구글맵

전통의 멋, 도쿄의 축제를 즐기자

must See 05

사시사철 흥겨운 축제가 끊이지 않는 도쿄. 수백 년을 이어온 역사의 도시답게 오랜 전통을 간직한 축제들이 다채로운 볼거리를 선사한다. 일본의 문화가 오롯이 녹아든 축제, 생동감 넘치는 도심 속의 이벤트를 온몸으로 즐기자.

※일부 축제는 날짜가 변경될 수 있으니 주의하자.

도쿄의 축제 東京の祭

1월 1일 간지츠 元日 아사쿠사의 센소지, 하라쥬쿠의 메이지 신궁, 마루노우치의 야스쿠니 신사 등으로 새해 소원을 빌러간다.

1월 6일 데조메시키 出初式 에도 시대 복장의 소방수들이 하루미 晴海 부두에서 대나무 사다리를 이용해 옛 소방기술을 선보인다.

1월 둘째 일요일 성인의 날 成年の日 20세 되는 것을 기념하는 날로 기모노를 입은 사람을 많이 볼 수 있다.

2월 3·4일 세츠분 節分 복을 비는 뜻에서 콩 뿌리기를 하는 날. 도쿄 타워 옆 대본산 조죠지(p.261)가 유명하다.

5월 15일에 가까운 주말 칸다마츠리 神田祭 칸다에서 열리는 도쿄의 3대 축제 가운데 하나. 홀수 해에 열린다.

6월 9일에 가까운 일요일 토리고에 신사 마츠리 鳥越神社祭 아사쿠사 근처에서 70여 대의 가마 행렬이 이어진다.

7월 중순~8월 중순 우에노 여름 축제 夏祭 우에노 공원의 여름 축제. 음악회·야시장 등이 열린다.

8월 27·28일 아와오도리 阿波踊り JR 코엔지 高円寺 역에서 4,000여 명이 한데 모여 춤추는 모습을 볼 수 있다.

10월 1일~11월 초 신쥬쿠 축제 新宿祭 도쿄의 번화가 가운데 하나인 신쥬쿠에서 열리는 활기찬 가을 축제.

요코하마의 축제 横浜の祭

1월 1일(음력) 춘절 春節 우리나라의 음력설에 해당하는 차이나타운 최대의 축제다. 요란한 폭죽 소리와 함께 흥겨운 사자춤 공연을 볼 수 있다.

5월 3일 요코하마 퍼레이드 ザ よこはまパレード 요코하마 최대의 축제로 매년 30만 명 이상이 참여한다. 용춤·사자춤 등 화려한 가장행렬이 볼만하다.

6월 초 요코하마 개항제 横浜開港際 미나토미라이 21 지구와 린코 파크에서 불꽃놀이·콘서트가 열린다.

7월 중순 요코하마 스파클링 트와일라이트 Yokohama Sprakling Twilight 밤하늘을 화려하게 수놓는 불꽃놀이. 야마시타 공원에서 열린다.

9월 중순 오산노미야 가을 축제 お三の宮 秋祭り 가을 최대의 축제. 신위를 모신 가마를 짊어지고 거리를 행진한다.

10월 1~10일 국경절·쌍십절 国慶節·双十節 용춤·사자춤과 함께 요란한 폭죽놀이가 어우러지는 차이나타운 특유의 축제다.

하코네의 축제 箱根の祭

1월 5일 아시노코코스이비라키 芦ノ湖湖水開き 하코네 신사의 신관이 수상스키를 타고 기원제를 드린다.

2월 3일 세츠분마츠리 節分祭 하코네 신사와 아시 호수에서 귀신을 쫓는 콩 뿌리기를 한다.

7월 31일 아시노코스이마츠리 芦ノ湖水祭 아시 호수의 주인 쿠쥬류묘진 九頭竜明神에게 제물을 바친다. 수천 개의 등불과 불꽃놀이가 하이라이트이며 하코네 신사에서 열린다.

8월 5일 토리이야키마츠리 鳥居焼祭 여행자의 무사·안전을 기원하는 축제. 하코네 신사 앞의 헤이와토리이에 불을 밝힌다.

8월 16일 다이몬지야키 大文字焼 하코네의 산신령을 위한 것으로 묘조가다케 明星ヶ岳의 정상에 커다란 '大'자 모양의 불을 밝힌다. 등산철도 고라 역 주변에서 볼 수 있다.

11월 3일 하코네다이묘교레츠 箱根大名行列 하코네유모토에서 옛 일본 무사의 행렬을 재현한다.

닛코의 축제 日光の祭

4월 2일 고한시키 強飯式 린노지에서 에도 시대의 공양의식을 재현한다.

4월 13~17일 야요이마츠리 弥生祭 봄의 시작을 알리는 축제. 후타라산 신사에서 신위를 모신 가마 행렬이 이어진다.

5월 18일·10월 17일 센닌무샤교레츠 千人武者行列 옛 갑옷을 입은 1,000명의 무사가 토쇼구부터 신교 근처까지 1km의 거리를 행진한다. 토쇼구에 보관된 화려한 가마가 등장해 멋진 볼거리를 선사한다.

카마쿠라의 축제 鎌倉の祭

1월 4일 죠마신지 徐魔神事 악귀의 침입을 막는 츠루가오카 하치만구의 새해낮이 행사다.

4월 2·3주 일요일 카마쿠라마츠리 鎌倉祭り 카마쿠라 시내의 사찰과 신사에서 다채로운 행사가 열린다.

8월 7~9일 본보리마츠리 ぼんぼり祭 해진 뒤에 400여 개의 등롱에 불을 밝히는 츠루가오카하치만구의 여름 맞이 행사다.

8월 10일 카마쿠라 불꽃놀이 鎌倉花火大会 카마쿠라 앞 바다에서 2,800발의 불꽃을 쏘아올린다.

9월 18일 멘카케 행렬 めんかけ行列 가면을 쓴 사람들이 시내를 돌아다니며 풍년과 풍어를 기원한다.

12월 18일 토시노이치 歳の市 하세데라에서 열리는 새해맞이 행사다.

일본을 대표하는 간판 요리, 초밥

초밥은 일본의 음식 문화를 상징하는 대표적인 요리다. 우리에게도 친숙한 참치는 물론, 바다향이 물씬 풍기는 성게, 달콤한 새우, 입에 착착 감기는 오징어 등 버라이어티한 맛의 향연이 펼쳐진다. 일본에서만 경험할 수 있는 본고장의 초밥을 원 없이 맛보자.

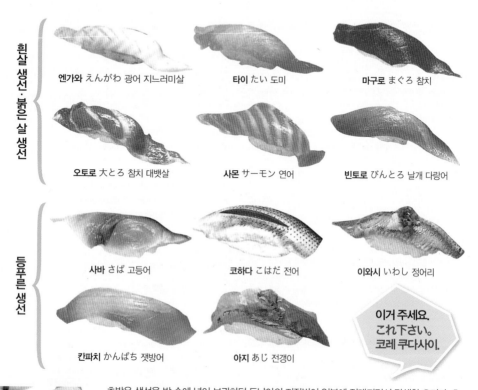

흰살 생선·붉은 살 생선

엔가와 えんがわ 광어 지느러미살   **타이** たい 도미   **마구로** まぐろ 참치

오토로 大とろ 참치 대뱃살   **사몬** サーモン 연어   **빈토로** びんとろ 날개 다랑어

등푸른 생선

사바 さば 고등어   **코하다** こはだ 전어   **이와시** いわし 정어리

칸파치 かんぱち 잿방어   **아지** あじ 전갱이

이거 주세요.
これ下さい.
코레 쿠다사이.

초밥은 생선을 밥 속에 넣어 보관하던 동남아의 저장법이 일본에 전래되면서 탄생한 요리다. 초기에는 생선 뱃속에 밥을 넣어서 삭혀 먹었지만 점차 식초와 소금으로 간하는 기술이 발달하며 지금과 같은 형태의 요리로 완성됐다.

초밥을 가장 맛있게 먹는 비결은 '담백한 흰살 생선→붉은 살 생선→기름진 등푸른 생선'의 순으로 먹으며 서서히 미각을 자극하는 것이다. 간장을 찍을 때는 초밥을 눕혀서 생선살 부분만 살짝 적시는 게 요령. 그래야 밥이 부서지지 않는다.

간간이 녹차로 입을 헹구면서 초밥을 먹으면 좀 더 산뜻한 맛을 즐길 수 있다. 함께 제공되는 생강 초절임 紅しょうが 역시 입안을 개운하게 해주는 역할을 한다.

일본의 전통요리 초밥   모던한 초밥 레스토랑

추천! 초밥 레스토랑

다이와 스시 p.240, 스시 도쿄 텐 p.180, 스시다이 p.240
스시마루 신쥬쿠 p.277, 우메가오카스시 미도리 p.180·230

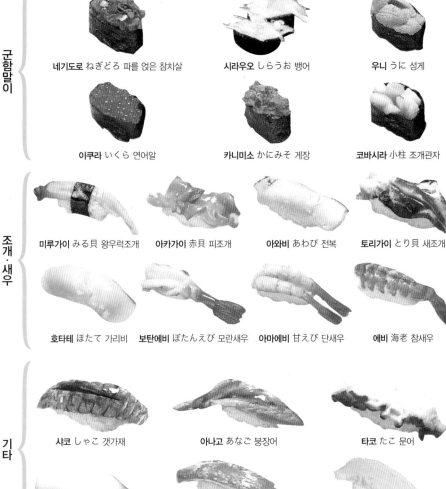

군함말이

네기도로 ねぎどろ 파를 얹은 참치살

시라우오 しらうお 뱅어

우니 うに 성게

이쿠라 いくら 연어알

카니미소 かにみそ 게장

코바시라 小柱 조개관자

조개·새우

미루가이 みる貝 왕우럭조개

아카가이 赤貝 피조개

아와비 あわび 전복

토리가이 とり貝 새조개

호타테 ほたて 가리비

보탄에비 ぼたんえび 모란새우

아마에비 甘えび 단새우

에비 海老 참새우

기타

샤코 しゃこ 갯가재

아나고 あなご 붕장어

타코 たこ 문어

이카 いか 오징어

즈와이가니 ズワイガニ 대게

타마고 玉子 계란

맛있고 저렴한 회전초밥 이용하기

주머니가 가벼울 때는 저렴한 회전초밥집을 이용하자. 값은 한 접시에 110~500엔 수준이며 초밥이 담긴 접시의 색과 무늬로 가격을 구분한다. 도심의 상점가나 유흥가에는 한 접시에 무조건 110~330엔인 초저가 회전초밥집도 있으니 두 눈 크게 뜨고 찾아보자. 초밥은 컨베이어 벨트 위에 놓인 것 가운데 마음에 드는 것을 골라 먹는다. 따로 원하는 메뉴가 있을 때는 주방장에게 주문해서 먹어도 된다. 다 먹은 초밥 접시는 한쪽에 차곡차곡 쌓아두면 자리에서 일어날 때 점원이 접시의 숫자를 센 다음 음식 값을 계산해 준다. **추천 회전초밥** 쿠라 스시 p.161, 마와루간소즈시 p.378

진~한 국물이 끝내주는 일본 라면

must Eat 02

저렴한 가격과 푸짐한 양이 매력인 라면은 어디서나 부담 없이 즐길 수 있는 서민 메뉴다. 식당들이 저마다의 비법으로 정성껏 우려낸 국물과 쫄깃한 생면은 맛도 가지각색이라 식도락 메뉴의 하나로 손색이 없다.

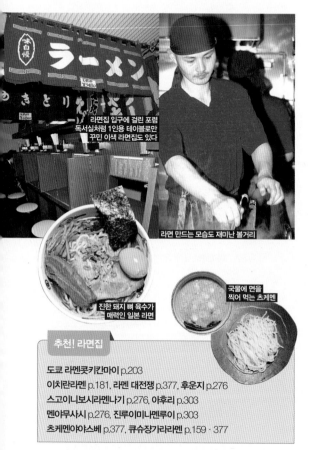

라면집 입구에 걸린 포렴
독서실처럼 1인용 테이블로만
꾸민 이색 라면집도 있다

라면 만드는 모습도 재미난 볼거리

진한 돼지 뼈 육수가
매력인 일본 라면

국물에 면을
찍어 먹는 츠케멘

추천! 라면집

도쿄 라멘콧키카마이 p.203
이치란라멘 p.181, 라멘 대전쟁 p.377, 후운지 p.276
스고이니보시라멘나기 p.276, 야후리 p.303
멘야무사시 p.276, 진루이미나멘루이 p.303
츠케멘야야스베 p.377, 큐슈장가라라멘 p.159 · 377

일본 라면의 종류와 특징 ラーメン

라면 국물은 사용하는 재료와 우려내는 방식에 따라 맛이 천양지차다. 가장 보편적인 방식은 돼지 뼈로 국물을 내는 톤코츠 豚骨 · とんこつ 라면인데 우리나라의 사골 국물처럼 유백색을 띠며 진한 맛이 특징이다. 단, 돼지 누린내 때문에 입에 맞지 않을 수도 있으니 주의! 식당에 따라서는 닭고기 · 닭 뼈로 우려낸 맑은 국물의 라면 또는 돼지 뼈 · 닭 뼈에 건어물을 섞어 감칠맛을 살린 국물의 라면을 선보이기도 한다.

국물은 간을 어떻게 하느냐에 따라 다양한 맛이 나는데, 된장 味噌(みそ) · 간장 醬油(しょうゆ) · 소금 塩(しお)이 기본이다. 우리 입에는 구수한 된장과 깔끔한 간장 국물이 잘 맞는다. 주의할 점은 반찬 없이 먹는 일본 라면의 특성상 국물이 은근히 짜다는 것이다. 입에 맞지 않을 때는 국물을 추가해서 살짝 희석시켜 먹는 것도 요령이다.

라면 위에는 각종 고명을 얹어주며 이에 따라 값이 달라진다. 일반적으로 별도의 고명을 추가하지 않으면 파와 숙주, 그리고 차슈 チャーシュー(두툼하게 썬 돼지고기)를 두세 점 얹어준다. 가격은 한 그릇에 800~2,000엔이다.

요새는 국물에 면을 찍어 먹는 츠케멘 つけ麺의 인기가 높은데, 국물과 면이 따로 나오기 때문에 면이 쉽게 붇지 않아 쫄깃한 식감을 즐기기에 좋다. 가격은 일반적인 라면과 비슷하거나 조금 비싼 수준이다.

찰떡궁합 라면의 사이드 메뉴 サイドメニュー

양이 부족할 때는 사리 · 군만두 · 공기밥 · 볶음밥을 추가해도 좋다. 사리는 일본어로 타마 玉라고 하며 100~200엔이다. 군만두, 즉 교자 餃子 · ギョウザ는 1인분에 500~800엔이다. 직접 만두를 빚는 곳도 있지만 대부분 인스턴트 제품을 사용하며 맛은 우리나라의 냉동만두와 비슷하다. 라면과 군만두를 세트로 파는 식당도 많다. 공기밥은 고향 ご飯 또는 라이스 ライス라고 하며 150~300엔이다. 볶음밥은 챠항 チャーハン이라고 하는데 공기밥과 양이 비슷하다. 가격은 400~700엔 수준이며 라면과 세트로 팔기도 한다.

육즙이 가득한 맛난 군만두

라면의 베스트 파트너 볶음밥

본고장의 맛을 즐기자! 도쿄의 소바·우동

일본에서 라면 못지않게 대중적인 면 음식은 바로 소바와 우동이다. 도쿄를 중심으로 한 칸토 지역의 소바·우동은 진하면서도 달작지근한 국물이 특징이며, 우리 입에도 제법 잘 어울려 부담없이 즐길 수 있다.

소바는 양이 적어 튀김 등을 곁들여 먹는 게 좋다

텐푸라 우동

추천! 소바·우동집

멘치라시 p.161
신 p.277
오와리야 p.361
츠루톤탄 p.182
칸다마츠야 p.379
칸다야부소바 p.379

시치미 七味란?

일본의 식당이라면 어디서나 식탁 위에 놓인 조그만 시치미 병이나 통을 볼 수 있다. 시치미는 고춧가루·깨 등 7가지 재료를 섞은 매콤한 조미료인데, 느끼한 일본 음식에 질렸을 때 듬뿍 뿌려 먹으면 좋다.

소바 VS 우동 そば vs うどん

소바 そば는 가느다란 메밀국수, 우동 うどん은 우리 입에도 익숙한 도톰한 밀가루 국수를 뜻한다. 흥미로운 사실은 기질적으로 정반대의 모습을 보이는 칸토 関東(도쿄)와 칸사이 関西(오사카)의 지역색을 보여주듯 소바는 칸토, 우동은 칸사이에서 인기가 높다는 것이다. 칸토 지역 소바·우동 국물의 재료로는 간장·다시마·가다랭이포 등이 사용되며 묵직한 감칠맛과 달콤함이 특징이다. 소바·우동집은 역 구내나 상점가·유흥가에서 쉽게 찾아볼 수 있으며 한 그릇에 600~2,500엔 수준이다. 저렴한 식당으로는 체인점인 하나마루 우동 하나마루うどん이 유명하다. 대부분 자판기에서 식권을 구매해 주방에 갖다주면 주문이 끝나지만 일본어를 모르면 자판기 이용이 어려울 수도 있다. 자판기를 이용할 때는 아래의 소바·우동 이름을 참고로 메뉴를 선택하자.

우동·소바의 종류 うどん·そば

카레 우동

카케소바·우동
かけそば·うどん
가다랭이포로 우려낸 국물에 면을 말아주는 가장 기본적인 메뉴. 맛은 우리나라와 비슷하다. 단, 식당에 따라 단맛이 조금 강한 경우도 있다.

키츠네소바·우동
きつねそば·うどん
달콤하게 간을 한 유부를 고명으로 얹어준다. 키츠네는 일본어로 여우란 뜻인데, 유부 색이 여우의 털색과 비슷하다고 해서 지금의 이름이 붙었다.

카레우동 カレーうどん
일본에서만 맛볼 수 있는 독특한 메뉴. 매콤한 카레 국물과 쫄깃한 우동 면이 의외로 잘 어울린다.

텐푸라소바·우동
天ぷらそば·うどん
각종 튀김을 고명으로 얹어준다. 먹음직스런 왕새우부터 채소 튀김까지 다양한 재료가 올라간다.

자루소바·우동
ざるそば·うどん
특히 여름에 인기가 높은 메뉴. 파와 겨자를 넣은 차가운 양념장국에 면을 적셔 먹는다. 양념장국이 은근히 짜니 가볍게 적셔 먹자.

츠키미소바·우동
月見そば·うどん
날달걀이 고명으로 올라간다. 그 모습이 둥근 달이 떠오른 것 같다고 해서 '츠키미(달맞이)'라고 부른다. 출출할 때 간식으로 좋다.

타누키소바·우동
たぬきそば·うどん
튀긴 빵가루·파·미역이 고명으로 올라간다. 빠진 고명이 많다는 뜻의 '타네누키 たねぬき'란 이름이 와전돼 타누키라고 불리게 됐다.

텐푸라소바

고소한 맛의 향연 돈가스 · 튀김

돈가스와 튀김은 우리에게는 물론 일본에서도 너무나 친숙한 대중적인 요리다. 식당마다 저마다의 비법으로 만든 특제 기름을 사용해 노릇노릇하게 튀긴 먹음직스러운 고기와 바삭한 채소가 눈은 물론 혀까지 즐겁게 한다.

돈가스 · 카츠동 豚カツ · カツ丼

돈가스는 서양 요리인 포크 커틀릿 Pork Cutlet이 일본식으로 변형된 것. 때문에 이름도 '돈 豚(Pork 돼지) 가스 카츠(커틀릿의 일본식 발음)로 붙여졌다. 일본식 돈가스의 특징은 고기가 두툼해 식감이 좋다는 것이다. 사용하는 고기에 따라 히레 ヒレ(안심)와 로스 ロース(등심)로 나뉘는데, 부드러운 육질을 선호하면 히레, 씹는 감촉을 좋아하면 로스를 선택하자. 가격은 히레가 로스보다 조금 비싸다.

돈가스 소스는 단맛이 강한 아마구치 甘口와 살짝 강렬한 맛의 카라구치 辛口, 두 개 소스가 기본으로 제공되는데 그 식당만의 비법으로 만든 것을 사용하기도 한다.

점심에는 양배추 샐러드와 밥이 포함된 푸짐한 돈가스 정식 豚カツ定食도 선보인다. 돈가스 단품은 1,500~2,500엔, 돈가스 정식은 1,800~3,500엔 선이다.

카츠동 カツ丼은 양파 · 달걀과 함께 익힌 돈가스를 얹은 덮밥이다. 바삭한 맛은 없지만 촉촉하면서도 달콤한 소스의 맛이 일품이다. 가격은 1,500~2,500엔 수준이다.

지글지글 튀김 소리가 입맛을 자극한다

튀김 · 텐동 天ぷら · 天丼

튀김, 즉 텐푸라 天ぷら는 1543년 일본에 표류한 포르투갈인에 의해 전래된 음식이다. 초기에는 일본 서부에서만 먹는 지방 요리였으나 지금은 일본을 대표하는 음식으로 자리잡았다. 튀김 전문점은 고유의 비법으로 만든 전용 기름을 사용해 독특한 향과 맛을 즐길 수 있다. 튀김 종류가 무척 다양하니 일본어에 자신이 없다면 모둠 메뉴 '모리아와세 盛り合わせ'를 주문하는 게 요령이다. 가격은 모둠 세트 기준 1인당 3,000~7,000엔이다. 술 손님을 받는 저녁에는 튀김 가격도 올라간다.

텐동 天丼은 새우 · 채소 등의 다양한 튀김을 얹고 소스로 간을 한 덮밥이다. 역시 식당마다 튀김 기술과 소스의 맛이 다르다. 가격은 1,000~3,000엔 수준이다.

입에서 스르르 녹는 부드러운 육질의 돈가스

쿠시카츠 串カツ

쿠시카츠는 오사카 大阪에서 탄생한 꼬치 튀김 요리다. 도쿄에서는 식사에 곁들인 반찬 또는 주점에서 가벼운 안주로 제공되는 경우가 많다. 고기 · 새우 · 소시지 · 채소 등을 꼬치로 만들어 튀기는데 고소한 맛과 바삭한 질감이 훌륭하다. 가격도 1개 150~400엔 수준으로 저렴해 부담없이 맛볼 수 있다.

빵돌이·빵순이를 위한 최고의 베이커리

아시아 제일의 맛과 기술을 뽐내는 일본의 베이커리. 특히 도쿄에는 내로라하는 솜씨의 스타 베이커리가 도처에 포진해 있다. 빵이라면 사족을 못쓰는 이들이라면 베이커리 투어만으로도 신나는 시간을 보낼 수 있을 듯!

소금빵
塩パン ★★★
바삭 쫄깃한 식감과 짭짤하면서 고소한 풍미가 일품인 원조 소금빵.
shop 시오팡야 팡 메종 p.234 · 363

트러플 계란 샌드위치
黒トリュフのタマゴサンド ★★★
은은한 트러플 향이 미각을 자극하는 담백 고소한 맛이 훌륭.
shop 트러플 베이커리 p.187 · 365

프레츨 크루아상
Pretzel Croissant ★★★
짭짤한 프레츨과 고소한 크루아상이 멋진 조화를 이룬 감동의 맛.
shop 더 시티 베이커리 p.233

숯불구이 토스트
炭焼きトースト ★★★
숯불에 정성껏 구운 두툼한 식빵, 겉바속촉의 정석.
shop 펠리칸 카페 p.260 · 363

카쿠쇼쿠팡
角食パン ★★★
촉촉하면서도 쫄깃한 식감이 매력인 최고급 식빵.
shop 센터 더 베이커리 p.233

무
ムー ★★
고소한 버터의 풍미와 쫄깃한 식감이 매력인 식빵.
shop 팡토에스프레소토 p.162

신쥬쿠 카레빵
新宿カリーパン ★★
110년 전통의 카레빵, 스파이시한 향과 맛이 매력!
shop 신쥬쿠나카무라야 만나 p.278

쇼콜라
ショコラ ★
쫄깃한 빵 속에 달콤한 초코 칩이 듬뿍 담긴 색다른 초코 빵.
shop 블랑제리 보뇌르 p.187

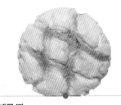

메론 빵
メロンパン ★
겉은 바삭, 속은 촉촉, 그리고 혀끝으로 녹아드는 달콤함이 매력.
shop 팡야노팡구완 p.187

스위트, 그 달콤한 유혹의 세계!

뛰어난 맛은 물론 시각적인 아름다움까지 겸비한 스위트는 도쿄 미식 여행이 선사하는 또 하나의 즐거움. 유럽의 제과기술을 바탕으로 더욱 세련되게 다듬어진 스위트가 군침 돌게 만든다. 절대 놓쳐서는 안 될 베스트 아이템을 꼽아보자.

과일 타르트
Tart 970엔
촉촉한 파이와 프레시한
과일이 맛있는 타르트.
shop 킬페봉 아오야마 p.158

토토로 슈크림빵
シュークリーム 600엔~
딸기 · 밤 · 맛챠 · 망고 등 계절별로
다른 9가지 맛.
shop 시로히게 슈크림 공방 p.288 · 325

마카롱
Macaron 378엔~
기분 좋은 단맛과 깊은 풍미가
느껴지는 명품 마카롱.
shop 피에르 에르메 p.163

구아야킬
グアヤキル 794엔
강렬한 카카오 향이 입안 가득
퍼지는 초콜릿 케이크.
shop 장 폴 에방 p.164

세라비
セラヴィ 820엔
촉촉한 화이트 초콜릿과
새콤한 산딸기의 조화가 훌륭!
shop 몽상클레어 p.310

도지마 롤
堂島ロール 1,680엔
입안 가득 진한 우유향이 퍼지는
고소한 생크림 롤 케이크.
shop 파티스리 몬 셰르 p.279

카페로 갈까, 커피 전문점으로 갈까?

세련된 스타일의 카페는 패션과 유행의 거리인 오모테산도(p.151) · 아오야마(p.150) · 다이칸야마(p.290) · 지유가오카 (p.308)에 모여 있다. 멋진 인테리어와 함께 우리나라에서 구하기 힘든 다양한 커피를 맛볼 수 있는 것도 놓치기 힘든 매력. 가격은 커피 한 잔에 400~800엔 수준이며, 오전에는 간단한 토스트, 점심에는 샌드위치 · 파스타 등의 식사 메뉴를 적당한 가격에 내놓기도 한다. 주말 · 공휴일에는 상당히 붐비니 느긋하게 이용하려면 평일에 가는 게 좋다. 거리에서는 '스타바'란 애칭으로 통하는 스타벅스 커피와 도토루 Doutor, 엑셀시오르 카페 Excelsior Caffé 등의 커피 전문점을 쉽게 볼 수 있다. 푹푹 찌는 한여름의 더위와 차가운 겨울 바람을 피해 간간이 이용하면 편리하다. 커피 값은 400~800 엔 수준이다.

일본 전통 과자 가운데 달콤한 닝교야키 人形焼(p.362)·당고 だんご(p.279)·도라야키 どらやき (p.345)는 간식으로도 인기가 높다. 닝교야키는 동물·사물의 모양을 본뜬 카스텔라 빵에 팥소를 넣은 것인데 쌉싸름한 녹차와 함께 먹으면 더욱 맛있다. 닝교야키와 모양은 다르지만 도라야키도 맛과 스타일이 비슷하다. 당고는 떡 꼬치의 일종으로 겉에 조청·팥소를 입혀서 먹는다. 이 셋은 전통의 거리인 아사쿠사(p.355)에서 손쉽게 맛볼 수 있다.

방울 모나카
鈴乃最中 119엔
바삭하게 구운 방울 모양 찹쌀 과자 안에 팥소가 듬뿍 담긴 전통과자.
shop 스즈카케 p.260

아이스크림
アイス 500엔~
생과일·우유·녹차 등 원재료의 맛을 응축시킨 환상의 아이스크림.
shop 재패니즈 아이스 오우카 p.304

프레시 후르츠 케이크
Fresh Fruits Cake 1,000엔
포근한 생크림과 신선한 계절 과일의 맛이 끝내주는 케이크.
shop 하브스 p.255

루즈
ルージュ 880엔
초콜릿 무스에 새콤한 산딸기를 더한 상큼한 쇼트 케이크.
shop 라 부티크 드 조엘 로뷔숑 p.257

장 피엘
ジャン·ピエール 730엔
피스타치오 크렘브륄레의 고소함이 매력인 초콜릿 무스 케이크.
shop 토시 요로이즈카 p.257

닝교야키
人形焼 600엔
고급진 단맛이 매력인 재미난 모양의 일본식 단팥빵
shop 키무라야닝교야키 p.362

사우어 크림 애플 파이
Sour Cream Apple Pie 683엔
겉은 바삭하고 속은 아삭아삭한 정통 미국식 애플 파이.
shop 마츠노스케 N.Y. p.304

단팥빵
小倉 200엔
쌀과 누룩으로 반죽한 빵에 달콤한 팥소를 넣은 전통의 맛.
shop 키무라야소혼텐 p.233

아사쿠사 실크 푸딩
浅草シルクプリン 550엔
비단처럼 매끄러운 식감과 농후한 단맛이 매력.
shop 아사쿠사 실크 푸딩 p.362

취향저격, 도쿄 베스트 커피숍 12

수십 년 로스팅 외길을 걸어온 장인과 섬세한 손길로 최고의 맛을 뽑아내는 바리스타의
커피를 마시며 이제껏 경험하지 못한 풍부한 맛의 스펙트럼을 즐기자. 도쿄에서 태어난
토종 카페는 물론 해외에서 건너온 유명 커피숍까지 선택지는 무궁무진하다.

블루 보틀 커피
캘리포니아에서 건너온 '커피계의 애
플'. 로스팅한지 48시간 이내의 원두만
사용해 신선한 커피를 내린다. **area** p.165

라테
657엔

커피 마메야
일본·홍콩의 유명 업체에서 로스팅한 최
상품 원두만 취급하며, 그중 일부를 테이
크아웃 커피로 맛볼 수 있다. **area** p.165

아이스 커피
650엔

카페 드 람브르
80년 전의 모습을 간직한 예스러운 카
페. 융드립으로 정성껏 내린 커피는 모던
하면서도 깔끔한 맛이다. **area** p.235

블렌드 커피
900엔

스트리머 커피 컴퍼니
전미(全美) 라테 아트 챔피언이 운영
하는 곳으로 시애틀 스타일의 부드러운
커피를 맛볼 수 있다. **area** p.166

리볼버 라테
880엔

랄프스 커피
미국의 스페셜티 커피 전문점 라 콜롬
브에서 특별 블렌딩한 원두를 사용해
쓴맛을 살렸다. **area** p.165

플랫 화이트
Flat White(748엔)

카페 파울리스타
1910년 창업한 일본에서 두 번째로
오래된 카페. 100년 전통을 이어온
맛의 커피를 음미할 수 있다. **area** p.235

모리노커피
850엔

도쿄의 카페 거리

가장 핫한 곳은 20~30대가 선호하는 감성 카페가 밀집한 나카메구로(p.300)다. 개성 강한 카페는 몬젠나카쵸(p.365)와 산겐쟈야(p.186), 100년 전후의 전통을 자랑하는 노포 커피숍은 긴자의 츄오도리(p.225), 차분한 분위기의 카페는 고급 쇼핑가인 오모테산도(p.151)와 아오야마(p.150), 지유가오카(p.308), 롯폰기(p.244)에 모여 있다.

오니버스 커피
인스타 감성이 충만한 고민가(古民家) 카페. 스페셜티 커피 전문점다운 빼어난 맛도 놓치기 힘든 매력이다. **area p.301**

라테
638엔~

아라비카 도쿄
'응' 커피란 애칭의 인기 카페. 대표 메뉴인 카페 라테는 따뜻하게 마셔야 풍미를 온전히 즐길 수 있다. **area p.260**

카페 라테
600엔~

베어폰드 에스프레소
강렬한 향과 맛의 에스프레소로 유명하다. 에스프레소는 주인이 있을 때만 내려준다는 사실에 유의하자. **area p.289**

에스프레소
500엔

버브 커피 로스터스
미국식 커피를 선보인다. 은은한 과일향의 핸드 드립 또는 부드러운 니트로 콜드 브루가 맛있다. **area p.280**

라테
630엔

커피 마메야 카케루
스페셜티 커피로 인기가 높은 커피 마메야의 자매점. 다양한 스타일로 내려주는 커피를 맛보는 오마카세 코스를 운영한다. **area p.365**

커피 코스
3,000엔~

스타벅스 리저브 로스터리 도쿄
일본 최대의 스타벅스 리저브. 전망 좋은 야외 테라스석에서 야경과 벚꽃놀이를 즐길 수 있다. **area p.300**

커피
750엔~

일본식 패스트푸드 & 서양식 패스트푸드

일식·양식·중식 등 다양한 음식 문화를 접할 수 있는 곳이 도쿄다. 그러나 의외로 입에 맞지 않는 음식 때문에 고생할 수도 있다. 이때는 자기 입에 익숙한 패스트푸드로 잃어버린 입맛을 되찾는 것도 좋은 방법이다.

마츠야

스키야

소고기 덮밥 규동

일본식 패스트푸드 日本スタイルのファストフード

'밥'을 전문으로 파는 패스트푸드점 스타일의 식당이 많다. 역이나 상점가·유흥가 주변에 모여 있으며 대표적인 체인점은 요시노야 吉野家·마츠야 松屋·스키야 すき家·메시야동 めしや丼 등이다. 24시간 영업하는데다가 값도 저렴해 현지인에게 인기가 높다. 주 메뉴는 규동 牛丼, 즉 소고기 덮밥(500~1,000엔)이지만 카레(600~900엔) 등의 단품 메뉴와 밥·고기·샐러드가 세트로 묶인 다양한 정식(600~1,000엔)도 취급한다. 우리 입에도 잘 맞는 편이며 김치가 포함된 메뉴를 파는 곳도 있다.

요시노야

음식 이름을 몰라도 주문할 수 있도록 대부분의 패스트푸드점에는 가격이 적힌 음식 사진·모형이 입구에 놓여 있다. 또한 자판기에서 구매한 식권을 점원에게 넘겨주는 것으로 주문이 끝나기 때문에 일본어를 몰라도 전혀 문제가 없다. 예외적으로 요시노야는 점원에게 직접 주문해야 하는데, 음식 이름을 모를 때는 벽에 걸린 사진을 가리키며 주문해도 된다.

식사 전문점의 내부

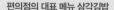

일본 편의점 제대로 이용법

흔히 콘비니 コンビニ·CVS(Convenience Store)라고 부르는 일본의 편의점은 대도시는 물론 시골구석에서도 쉽게 찾을 수 있을 만큼 방대한 체인망을 구축하고 있다. 주요 업체는 우리에게도 익숙한 패밀리마트·로손·세븐일레븐 등이며 취급 품목은 삼각김밥·주먹밥·도시락·샌드위치·컵라면·음료수 등으로 크게 다를 바가 없다. 특히 삼각김밥·도시락 종류가 다양해 골라먹는 재미가 있으며, 푸딩·쇼트케이크 등의 디저트도 판매한다. 매장내 취식이 가능한 곳에는 입구에 '이트 인 Eat in イートイン' 표시가 붙어 있다.

삼각김밥과 주먹밥

편의점의 대표 메뉴 삼각김밥

간단한 아침 식사나 간식으로 제격이다. 단, 이름이 온통 일본어투성이라 내용물을 파악하기 힘드니 다음의 9개 메뉴는 기억해 두는 게 좋다.

우메(보시) 梅(干し) 시큼한 매실절임, **사케** さけ 연어, **카츠오** かつお 가다랭이, **멘타이코** 明太子 명란젓, **시치킨·츠나** シーチキン·ツナ 참치, **콘부** 昆布 다시마, **타라코** たらこ 대구알, **오카카** おかか 가다랭이포, **마요네즈** マヨネーズ 마요네즈

도시락 お弁当

일본에서 판매되는 도시락은 그 종류만도 2,000여 종이 넘을 만큼 대중적인 인기를 누리고 있다. 내용물도 제법 충실한데 700엔 전후의 도시락에는 한 공기 분량의 밥과 서너 가지 반찬이 담겨 있다. 슈퍼마켓과 편의점에서는 이미 만들어 놓은 도시락을 500~1,000엔에 팔며, 도시락 전문점에서는 즉석에서 만든 도시락을 600~1,500엔에 판다. 당연한 얘기지만 편의점보다는 도시락 전문점의 도시락이 훨씬 맛있다. 편의점에서 도시락을 구매할 때는 점원에게 부탁하면 전자레인지로 따뜻하게 데워준다.

슈퍼마켓과 백화점의 식료품 매장에서 파는 도시락은 유통기한이 정해져 있어 영업 종료 시간(슈퍼마켓 22:00, 백화점 20:00 전후)이 다가오면 파격적인 '떨이 세일'을 한다. 보통 폐점 시각 30분 전쯤부터 점원이 도시락 곁에 할인 스티커를 붙이는데, 폐점 시각에 임박할수록 할인율이 높아진다. 심한 경우 반액 할인의 초특가 상품도 등장하곤 한다.

도시락 데워주세요.
오벤또 아따따메떼 구다사이.
お弁当温めてください。

50엔 할인
表示価格より
50円
引き

반액 할인
表示価格より
半額
引き

슈퍼마켓·백화점 식품 코너에서
판매하는 푸짐한 도시락

양질의 재료를 사용한 맛난 햄버거도 식도락 메뉴 가운데 하나

일본 토종 햄버거 브랜드인 프레시니스 버거

서양식 패스트푸드 洋式ファストフード

맥도날드·KFC·롯데리아·버거킹 등 다국적 패스트푸드는 우리에게도 익숙한 맛이라 적어도 입에 맞지 않아 고생할 걱정이 없다. 200엔 전후의 저렴한 햄버거 메뉴를 내놓는 곳도 있지만 어느 정도 배를 채우려면 700~1,000엔짜리 세트 메뉴는 먹어야 한다.

양보다 맛을 중시한다면 모스 버거 MOS Burger, 프레시니스 버거 Freshness Burger, 퍼스트 키친 ファースト·キッチン 등의 일본 토종 브랜드에 주목하자. 브랜드마다 차별화된 맛으로 인기가 높은데 모스 버거는 양질의 재료를 사용한 햄버거와 라이스 버거, 그리고 다양한 수프가 맛있다. 프레시니스 버거는 주문과 동시에 즉석에서 만들어주는 햄버거와 핫도그가 추천 메뉴, 퍼스트 키친은 다채로운 향과 맛의 감자튀김이 일품이다. 시즌마다 독특한 맛의 한정 상품을 내놓기도 하니 별미로 맛보는 것도 좋을 듯. 가격은 맥도날드·KFC 등과 비슷하지만 양은 살짝 적은 편이다.

우리나라에도 진출한 도넛 전문점 미스터 도넛 mister donut은 달콤 쫄깃한 도넛 메뉴가 간식으로 제격이며 수프가 포함된 간단한 아침 식사도 취급한다.

물·음료수 어디서 살까?

일본에서는 수돗물을 바로 식수로 사용한다. 공원이나 역 주변에 음수대가 많으니 작은 물통을 갖고 다니면 음료수 값을 아낄 수 있다. 수돗물이 입에 맞지 않으면 슈퍼마켓·편의점·100엔 숍·드러그 스토어 등에서 생수·청량음료·녹차를 사먹는다. 가격은 350~500㎖짜리가 100~200엔 수준이다. 차 종류가 무척 다양해 골라 먹는 재미가 있다. 자판기를 이용할 때는 따뜻한 음료 아따따까이(아타타카이)와 찬 음료 쯔메따이(츠메타이)를 구별해서 사자.

한여름에 도저히 갈증이 풀리지 않는다면 시원한 보리차인 무기차 麦茶를 마셔보자. 정말 환상적이다. 500㎖·1ℓ짜리 종이팩(100~180엔)은 편의점, 2ℓ짜리 PET 병(200~300엔)은 편의점·슈퍼마켓·드러그 스토어에서 판다.

편의점에 다양한
음료에 도전해 보자

천가지 맛의 향연, 일본 술

길을 걷다 마주치는 조그만 선술집에 들러 일본의 정취에 취해보자. 가벼운 술 한잔은 현지의 문화를 이해하는 데도 도움을 준다. 서민들이 즐겨 마시는 대중적인 술은 맥주 · 핫포슈 · 츄하이 · 니혼슈 · 쇼츄 등이다.

맥주 ビール

맥주는 일본인이 즐겨 마시는 가장 보편적인 술이다. 생맥주가 주종을 이루기 때문에 캔 제품도 '나마비루 生ビール(생맥주)'란 이름을 걸고 판매한다. 주요 브랜드는 삿포로 Sapporo · 아사히 Asahi · 키린 Kirin · 선토리 Suntory · 에비스 Yebisu 등이며 저마다 다양한 맥주를 내놓아 선택의 폭이 넓다.

깊은 맛으로는 에비스, 부드러운 목 넘김으로는 삿포로, 상쾌한 향으로는 아사히, 깔끔한 맛으로는 키린이 인기가 높다. 좀 더 쌉쌀한 맛을 원하면 어느 브랜드건 '카라구치 辛口'라고 표기된 것을 고르면 된다.

주점 · 식당에서는 500㎖ 1잔에 500~800엔, 주류 전문점 · 슈퍼마켓 · 편의점 등에서 파는 캔 맥주는 330㎖ 1캔에 250~350엔 수준이다. 캔 맥주는 차갑게 식힌 잔에 거품이 생기도록 따라서 마시면 더욱 맛있다는 사실도 알아두자.

맥주 박물관 투어

도쿄에는 일본 제일의 맥주로 명성이 자자한 에비스 맥주의 박물관이 있다. 1887년 탄생한 에비스 맥주의 역사를 살펴볼 수 있는 것은 물론, 가이드 투어(1,800엔)에 참가하면 에비스의 대표 맥주도 맛볼 수 있다. 누구나 자유로이 이용 가능한 시음장도 운영하는데, 에비스 맥주의 자존심으로 통하는 네 가지 맥주를 맛볼 수 있으니 한 번 이용해보자. 공장에서 갓 뽑은 생맥주라 시중에서 파는 맥주로는 경험하기 힘든 풍부한 향과 맛, 그리고 크리미한 맥주 거품을 즐길 수 있다. 맥주는 한 잔에 1,100~1,200엔(380cc)이다. 기타 자세한 내용은 p.297를 참조하자.

거품이 가득한 생맥주

핫포슈 発泡酒

원료로 50% 이상의 맥아를 사용하는 진짜 맥주와 달리 콩 · 밀가루 · 옥수수에서 추출한 알코올에 맥주 향을 가미한 짝퉁 맥주다. 진짜 맥주보다 맛과 향은 떨어지지만 알코올 도수는 맥주와 동일하면서도 값은 20~40% 싸기 때문에 주머니가 가벼운 이들이 선호한다. 캔 하단부에 '핫포슈 発泡酒' 또는 '핫포세이 発泡性'라고 표시돼 있어 진짜 맥주와 쉽게 구별되며 주류 전문점 · 슈퍼마켓 · 편의점에서 판다.

대표적인 핫포슈 브랜드로는 삿포로의 Draft One · Slims · W-Dry · 우마이나마 うまい生, 키린의 노도고시나마 のどごし〈生〉 · 료시츠소자이 良質素材, 아사히의 구비나마 ぐびなま · 고쿠우마 極旨, 선토리의 킨무기 金麦 등이 있다. 가격은 330㎖ 1캔에 120~200엔 수준이다.

츄하이 チューハイ

소주에 과즙과 소다수를 섞어서 만든 일종의 칵테일. 알코올 도수는 5~6%로 맥주와 비슷하지만 소주를 베이스로 하기 때문에 끝 맛이 살짝 강하다. 레몬·그레이프 후르츠·사과·파인애플 등 종류가 다양하며 전반적으로 달콤한 느낌이라 가볍게 마시기 좋다. 단, 숙취가 심하니 과음하지 않게 주의! 주점·식당에서는 300㎖ 1잔에 400~500엔, 주류 전문점·슈퍼마켓·편의점 등에서 파는 캔 제품은 330㎖ 1캔에 150~300엔 수준이다.

니혼슈 日本酒

니혼슈는 쌀로 빚은 일본의 전통주다. 양조장마다 개성이 풍부한 술을 생산하기 때문에 다양한 맛과 향을 즐길 수 있는 게 최대의 매력이다. 니혼슈는 쌀의 도정 비율에 따라 크게 음양주 吟醸酒와 대음양주 大吟醸酒로 구분되며 60% 이상 도정한 쌀이 사용되는 대음양주가 고급술에 속한다. 알코올 도수는 보통 14~19도이며 우리 입에는 조금 무겁게 느껴지기도 한다. 주점에서는 길이 한 뼘 정도의 도자기 병(톳쿠리 とっくり)에 담아서 파는데, 차갑게 식히거나 따뜻하게 데워서 마신다. 슈퍼마켓·편의점에서도 팔지만 좀 더 다양한 종류의 니혼슈를 구매하려면 주류 전문점을 이용하는 게 좋다.

쇼츄 焼酒

우리나라의 소주와 같은 증류주를 말한다. 재료로는 보리·쌀·고구마를 이용한다. 알코올 도수는 25도 정도. 스트레이트로 마시는 경우는 거의 없고 얼음이나 토닉 워터를 섞은 오미즈와리 お水割り, 또는 미지근한 물을 섞은 오유와리 お湯割り 등의 방식으로 희석시켜 마신다. 역시 주류 판매점·슈퍼마켓·편의점에서 손쉽게 구할 수 있다.

일본의 주점, 어떤 게 있을까?

현지인이 즐겨 찾는 술집은 꼬치구이 전문의 야키도리야 やきとり屋와 우리나라의 주점에 해당하는 이자카야 居酒屋다. 저렴한 곳은 주로 역 주변·상점가·유흥가에 모여 있으며 대표적인 술집 거리로는 긴자의 유라쿠쵸가도시타, 신쥬쿠의 오모이데요코쵸(p.273) 등을 꼽을 수 있다. 식당과 마찬가지로 입구에 가격이 적힌 술·안주 모형이 비치돼 있으니 그것을 보고 들어가면 된다. 술과 간단한 안주를 포함해 1인당 2,000~3,000엔에 먹을 수 있어 싼 곳이다.
대표적인 이자카야 체인점으로는 시로키야 白木屋·와라와라 笑笑·츠보하치 つぼ八·와타미 和民 등을 꼽을 수 있다. 메뉴판에 음식의 영어명과 함께 사진이 실려 있어 주문하기 쉬운 게 장점이다. 보통 1인당 2,000엔 정도면 적당히 먹을 수 있다. 유흥가에서는 뷔페처럼 일정액을 내면 정해진 시간 동안(보통 90분) 무제한 술을 마실 수 있는 노미호다이 飲み放題 주점도 쉽게 볼 수 있다. 가격은 1인당 2,000~3,000엔 수준이지만 별도의 추가요금이 붙거나 마실 수 있는 술의 종류가 제한되는 경우가 많아 들어가기 전에 꼼꼼한 확인은 필수다.

꼬치구이집에는 선명한 색의 붉은 등이 걸려 있어 금방 눈에 띈다

맥주와 찰떡 궁합인 꼬치구이

도쿄의 유행 패션 & 명품

다양한 스타일과 강렬한 개성, 그리고 한 발 앞선 유행 감각을 자랑하는 일본의 패션 산업. 도쿄의 패션 메카로는 하라쥬쿠 · 시부야 · 신쥬쿠 · 긴자가 손꼽힌다. 대표적인 브랜드와 쇼핑 스팟을 꼼꼼히 살펴보자.

일본 디자이너스 브랜드 デザイナースブランド

요지 야마모토 · 리미 푸 · 츠모리 치사토 · 꼼 데 가르송 등 독창적인 감각과 아방가르드한 스타일로 세계 패션계를 주름 잡는 일본의 디자이너스 브랜드는 유행에 민감한 패셔니스타 라면 놓치지 말아야 할 쇼핑 아이템이다. 고가의 브랜드는 물론 합리적인 가격의 세컨드 브랜드나 스포츠 메이커 합작 브랜드 등 다양한 스타일이 공존해 디자인 · 가격 모든 면에서 선택의 폭이 넓다. 숍은 주로 긴자(p.236) · 신쥬쿠(p.262) · 시부야(p.170)의 유명 백화점에 입점해 있다. 하라쥬쿠의 오

모테산도(p.151) · 아 오야마(p.150)에 집중 된 플래그십 스토어에 서는 유행을 선도하는 참신한 아이템을 만날 수 있다.

츠모리 치사토

해외 명품 일본 라이센스 브랜드 ライセンスブランド

일본인 체형에 맞춘 디자인의 랑방 콜렉션

비비안 웨스트우드 · 랑방 · 매킨토시처 럼 인기가 높은 해 외 명품의 라이센스 를 들여와 일본에서 직접 생산하는 브랜 드도 강추 아이템. 사이즈와 스타일을 일본인의 체형에 맞 춘 것이라 우리가 입어도 무난히 소화할 수 있다. 일본에서 만 생산 · 소비되는 상품이기에 희소성이 높으며, 고가의 해 외 명품 브랜드와 달리 경제적인 가격도 큰 메리트다. 대표 적인 브랜드로는 Vivienne Westwood Red Label · Lanvin Collection · Mackintosh Philosophy 등이 꼽힌다. 매장은 하라쥬쿠의 캣 스트리트(p.147)와 아오야마(p.150), 그리고 대형 백화점 · 쇼핑몰 등에서 쉽게 찾아볼 수 있다.

스트리트 패션 ストリートファッション

인기 숍은 하라쥬쿠에 많다

슬림한 몸매를 선호하는 일본인의 취향에 맞춰 오버 사이즈보다는 몸 에 꼭 맞는 피트된 스타일이 주를 이 룬다. 스트리트 패션 숍은 하라쥬 쿠(p.140)와 시부야(p.170)에 밀집 해 있다. 특히 시부야에 집중된 셀렉 트 숍에는 유행을 선도하는 개성 만 점의 아이템이 풍부하다. 시간이 없 다면 핵심 브랜드만 모아놓은 시부 야 파르코(p.185)와 긴자의 도버 스트리트 마켓(p.238)을 집 중공략하자. 대표 브랜드는 휴먼 메이드 Human Made · 베 이프 Bape · 언더커버 Undercover · 미하라 야스히로 Mi-hara Yasuhiro · TK · 레이지블루 Rageblue · 하레 Hare · 빔즈 Beams · 유나이티드 애로우즈 United Arrows · 저널 스탠더 드 Journal Standard 등이며 구매 대행 사이트보다 저렴하다.

구제의류 古着

일본은 구제의류 스타일링에 있어 세계에서 둘째가라면 서러 워할 만큼 풍부한 스타일을 자랑한다. 빈티지부터 명품까지 일본 국내는 물론 전 세계에서 공수해온 다양한 스타일이 총 망라돼 있으며 가격도 저렴하다. 남다른 개성을 뽐낼 수 있는 보석 같은 아이템이 무궁무진한 것도 놓치기 힘든 매력이다. 구제의류 숍은 도쿄 멋쟁이들의 집합소인 하라쥬쿠(p.140)와 시모키타자와(p.286)에 모여 있다.

구제 의류 전문점 WEGO

도쿄 명품 쇼핑 도쿄 명품 쇼핑의 매력은 우리나라보다 풍부한 디자인, 그리고 아시아에서 가장 먼저 선보이는 최신 상품이다. 명품 숍은 하라쥬쿠의 오모테산도(p.151)와 긴자의 츄오도리(p.225)에 집중돼 있으며, 국내 면세점에 입점하지 않은 브랜드는 우리 나라보다 저렴하게 구매할 수 있다. 세련된 디스플레이와 최신 상품을 구경하는 재미는 덤! 명품 브랜드가 다수 입점한 아웃렛으로 는 고텐바 프리미엄 아웃렛(p.440)이 유명하다.

놓치면 후회! 도쿄의 4대 쇼핑 명소

도쿄의 쇼핑 메카는 하라쥬쿠와 시부야 · 신주쿠 · 긴자다. 엄청난 수와 규모의 백화점 · 쇼핑센터가 모여 있어 어디서 무엇을 사야 할까 망설여질 정도! 짧은 시간 알차게 쇼핑할 수 있는 초특급 명소를 콕콕 짚어보자.

이세탄 백화점 伊勢丹百貨店　　　　**p.282**

최고 브랜드만 엄선한 일본 제일의 명품 백화점. 고가의 해외 명품과 유명 디자이너 브랜드를 한자리에 모아 놓아 명품 마니아에게 인기가 높다. 20~30대를 위한 상품은 물론 중 · 장년층을 위한 품격 있는 패션 아이템도 풍부하다.

시부야 파르코 渋谷 PARCO　　　　**p.185**

세련된 스타일을 추구하는 20~30대 패션 리더가 타깃인 백화점. 젊은 취향의 스타일리시한 패션 아이템이 풍부하며 특히 요새 핫한 인기 브랜드가 많다. 해외 명품부터 중저가 로컬 브랜드에 이르기까지 취급 브랜드가 다양하다.

롯폰기 힐즈 六本六木ヒルズ　　　　**p.258 · 259**

20~30대 여성이 선호하는 쇼핑 명소. 현대미술로 유명한 모리 미술관과 럭셔리 쇼핑몰이 함께 있어 문화생활과 쇼핑을 동시에 즐길 수 있다. 고급 주택가와 연결된 케야키자카에서 일본 상류층의 삶을 엿보는 재미는 보너스!

긴자 식스 Ginza Six　　　　**p.237**

긴자 최대 규모를 자랑하는 복합 쇼핑몰. 인기 디자이너 브랜드의 플래그십 스토어는 물론 유명 맛집까지 희소성 높은 숍이 풍부하다. 시즌마다 최신 아이템을 가장 먼저 선보이니 유행에 민감한 트렌드세터라면 절대 놓치지 말아야 할 듯!

알면 대박! 도쿄 쇼핑 TIP　　면세 쇼핑 요령 면세점(Japan. Tax-free Shop)으로 등록된 숍 · 백화점에서는 일정 금액 이상 물건을 구매할 경우 10%의 소비세를 환급해준다. 식품 · 음료 · 약품 · 화장품 등의 소모품은 5,000~50만 엔 범위, 가전제품 · 의류 · 가방 등의 일반 물품은 5,000엔 이상 구매했을 때 소비세 환급 대상이 된다. 단, 여권 지참이 필수이며 같은 날 동일한 숍에서 구매한 물품에 한해서만 소비세가 환급된다.
도쿄의 세일 기간 3대 세일 시즌은 '연말연시 · 4월 말의 골든 위크 · 여름휴가가 시작되는 7월'이다. 세일 기간은 2~3주일이며 세일 폭은 5~40% 수준. 세일 막바지에 다다를수록 할인율은 더욱 높아진다. 단, 인기 상품은 세일 초기에 품절되기 십상이다.

드러그 스토어 인기 아이템 16

다양한 타입의 기능성 화장품과 의약품은 인기 쇼핑 아이템. 이들을 가장 저렴하게 파는 곳은 드러그 스토어 Drug Store, 즉 약국이다. 상점가에서 마츠모토 키요시·코쿠민·다이코쿠 드러그 등의 유명 드러그 스토어 체인점을 쉽게 찾아볼 수 있다.

손바유 마유 ソンバーユ
尊馬油 70g 2,300엔
피부를 촉촉하게 지켜주는 미용 오일. 얼굴·모발·피부에 두루 사용 가능.

시세이도 뷰러
資生堂ビューラー 890엔
속눈썹을 확실하게 올려 크고 선명한 눈매로 만들어 주는 최고의 뷰러.

카네보 세안 파우더
Kanebo Suisai Beauty
Clear Powder 2,160엔
각질·피지 제거에 탁월한 효능을 지닌 세안 파우더.

Kracie 마스크 팩
うるおい浸透マスク 798엔
보송보송한 아기 피부로 만들어준다. 형태에 맞춰 팩을 붙인 뒤 5~15분 후에 떼면 된다.

키스 미 마스카라
Kiss Me Heroine Long &
Curl Mascara 1,320엔
길고 깔끔한 속눈썹을 연출할 수 있다. 쉽게 번지지 않아 안심하고 사용할 수 있다.

비오레 코팩
Bioré 毛穴すっきりパック
522엔
블랙 헤드를 깔끔히 제거해준다. 모공을 연 다음 사용하면 더욱 효과가 좋다.

비오레 사라사라 파우더 시트
Bioré さらさら
パウダーシート 300엔
끈적끈적한 피부를 보송보송하게 닦아준다. 특히 한여름에 유용한 여성들의 필수품!

데오내추레 소프트 스톤 W
デオナチュレ
ソフトストン W 1,080엔
딱풀 타입의 데오드란트. 바른 다음 바로 옷을 입어도 묻지 않아 편리하다.

중저가 화장품

중저가 기초·색조 화장품과 미용용품은 드러그 스토어 Drug Store(약국)에서 판다. 드러그 스토어에는 커다랗게 '약 藥'이란 간판이 붙어 있어 금방 눈에 띈다. 또한 핸즈·로프트의 화장품 코너와 수입 잡화 체인점 플라자 Plaza에도 쓸 만한 아이템이 많다.
대표적인 드러그 스토어 체인점인 마츠모토 키요시 マツモトキヨシ, 코쿠민 Kokumin, 다이코쿠 드러그 ダイコクドラッグ에서는 카네보·시세이도·고세 등 일본 로컬 브랜드 화장품을 10~30% 할인 판매한다. 같은 이름의 체인점이라도 숍마다 가격이 다르니 주의하자. 추천 아이템은 클렌징·헤어케어·데오드란트·색조 화장품이며 상품이 다양해 선택의 폭이 넓다. 대부분 로컬 브랜드라 가격 부담이 적은 것도 매력. 우리나라의 인터넷 쇼핑몰에서 인기 아이템을 미리 체크해 가는 것도 성공 쇼핑의 비결이다.

드러그 스토어
마츠모토 키요시

비오레 선블록 로션
BioréUV Aqua Rich
Watery Essence SPF 50
PA++++ 880엔
산뜻한 느낌의 에센스 타입
선블록. 빠르게 스며들고 바
른 후에도 가볍게 밀착된다.

SANA 두유 이소플라본
함유 클렌징 폼
SANA 豆乳 イソプラボン
含有 洗顔 756엔
수분감이 풍부해 당김이 적
고 피부를 환하게 해준다.

태양의 알로에 히알루론산
太陽のアロエ ヒアルロン酸
(10㎖) 540엔
세럼·크림에 한두 방울씩
섞어서 사용하면 건조한 피
부가 촉촉이 되살아난다.

비오레 클렌징 오일
비오레메이크 落とし
퍼펙트오일 1,380엔
일반 클렌징 오일과 달리 젖
은 손이나 얼굴에도 사용할
수 있어 편리하다.

시세이도 퍼펙트 휩
Shiseido Perfect Whip
560엔
조금만 사용해도 풍부한 거
품을 만들 수 있는 클렌징
폼. 피부 자극도 적다.

구내염 전용 반창고
口内炎パッチ大正 A 980엔
조그만 스티커 타입의 반창
고. 입안의 상처를 덧나지 않
게 보호하고 치료해 준다. 휴
대도 간편하다.

아이봉
アイボン 798엔
눈 속의 이물질을 시원하게
제거하는 안구 세정제. 황사
나 꽃가루가 심하게 날리는
봄에 유용하다.

유스킨 A 핸드크림
Yuskin A 1,300엔
강력한 보습력을 자랑하는
핸드크림. 건조한 피부로 고
생하는 가정주부나 악건성
에게 강추!

고급 화장품

고급 화장품은 우리나라와 마찬가지로 대형 백화점 1층에서 취급한다. 루나솔·SK-2·시세
이도 등 우리나라의 면세점에 입점한 일본 화장품은 우리나라가 가장 저렴하므로 아나스타샤
비벌리 힐즈 Anastasia Beverly Hills, 사봉 Sabon, 소니아 리키엘 Sonia Rykiel 또는 고급
화장용 브러시 하쿠호도 白鳳堂처럼 우리나라의 면세점에 없는 브랜드를 집중공략하자.
나리타 국제공항·하네다 국제공항의 면세점은 시내 매장과 가격 차이가 크지 않고 상품 종류
도 빈약하므로 쇼핑을 자제하는 게 좋다. 고급 핸드메이드 비누의 대명사인 LUSH는 일본에서
자체 생산하기 때문에 우리나라보다 20~30% 저렴하다. 단, 우리나라에서 파는 것과 성분은
같아도 상품명은 조금 다르니 주의하자.

must BUY 04

색다른 재미 슈퍼마켓 쇼핑

다채로운 상품이 넘쳐나는 슈퍼마켓 역시 인기 쇼핑 명소. 일본 전통 소스와 향신료, 그리고 일본식 인스턴트 식품처럼 우리나라에 없는 아이템을 집중 공략하자. 여행의 추억을 되새길 수 있는 멋진 기념품이 되는 것은 물론 선물로도 좋다.

주의하세요 음료수 · 주류 · 액상 소스 등의 액체류는 기내 반입이 불가능하다. 이때는 깨지지 않게 꼼꼼히 포장해서 큰 짐에 넣은 다음 수하물 탁송을 하면 된다.

후르체 딸기 디저트
フルーチェ イチゴ
214엔
우유만 붓고 저으면 끝!

우마이봉(30개입)
うまい棒 400엔
인기 절정! 다양한 맛의 바삭한 일본식 과자.

츠지리 쿄라테
辻利京ラテ 270엔
뜨거운 물만 부으면 되는 인스턴트 맛차 라테.

블렌디 드립 팩 모카 커피
Blendy ドリップパック
クモカ · コーヒー 395엔
드립백 타입이라 편리.

로열 밀크티
Royal Milk Tea 538엔
진한 향과 맛의 밀크티.
뜨거운 물만 부으면 OK!

시치미
七味唐からし 140엔
우동과 덮밥에 뿌려 먹는 일본식 고춧가루.

★ 채소 미소시루
7種の野菜 160엔
숙취 해소, 간편식으로 좋은 개운한 된장국.

4가지 맛 모둠 오차즈케
お茶漬亭 270엔
밥 위에 뿌리면 손쉽게 녹차말이 밥 완성!

반 호우텐 코코아
Van Houten Cocoa
462엔(100g)
고급 코코아 파우더.

★ 잇푸도 컵라면
一風堂 322엔
돈코츠 라멘의 명가 잇푸도의 맛을 완벽 재현!

도쿄의 주요 슈퍼마켓

★ 표시 상품은 이토 요카도 한정판매.

이토 요카도 Ito Yokado

일본 제일의 규모를 자랑하는 종합 슈퍼마켓. 저렴한 가격이 매력이며, 일반 식료품은 물론 한정판 PB 상품과 선도 높은 신선식품이 풍부하다. 패션 · 잡화 · 반려동물 용품도 취급하며 면세도 된다. 📧 www.itoyokado.co.jp

돈키호테 ドン・キホーテ

잡화점의 성격이 강한 대형 슈퍼마켓. 식료품은 신선식품보다 공산품이 주를 이룬다. 일용 잡화 · 패션 · 가전 등 온갖 상품을 취급해 간단한 쇼핑을 즐기기에 좋다. 24시간 영업한다. 📧 www.donki.com

푸린엘
プリンエル 160엔
누구나 간편하게 만들
수 있는 초간단 푸딩.

가루녹차 맛 킷캣
抹茶 Kit Kat 545엔
가벼운 녹차 향이
감도는 초콜릿 쿠키.

★ 몽고탕멘나카모토
蒙古タンメン 240엔
얼큰한 맛이 입맛을 당
기는 컵라면.

골든 커리
S&B Golden Curry 322엔
일본식 카레를 만들 수 있
는 바 타입의 카레.

잇페이챵 인스턴트
야키소바 一平ちゃん
夜店の焼そば 184엔
뜨거운 물에 3분!

튜브식 버터
明治チューブでバタ
ー⅓ 290엔 빵에 발라
먹기 편한 고소한 버터.

튜브식 단팥
井村屋つぶあんトッピ
ング 322엔
빵에 발라 먹는 단팥.

머그 누들
マグヌードル 211엔
간식으로 좋은 미니 컵라
면. 팬더 머리가 들어 있다.

노리타마 달걀 후리카케
のりたま 218엔
입맛 없을 때 밥 위에
뿌려 먹는 밥 친구.

유바리 멜론 젤리
とろける夕張メロン
ゼリー 187엔
멜론의 향과 맛이 그대로.

멜론빵 스프레드
ぬって焼いたらメロ
ンパン 332엔
식빵으로 만드는 멜론빵.

슈가 토스트 스프레드
塗って焼くだけシュガ
ートースト 204엔
빵에 발라 구우면 완성.

카레빵 스프레드
ぬって焼いたらカレ
ーパン 332엔
식빵으로 만드는 카레빵.

선토리 위스키 카쿠빈
サントリーウイスキ
ー角瓶 630엔 누구나
만드는 간편 하이볼.

카우 브랜드 세안 비누
カウブランド 赤箱
110엔 쫀쫀한 거품과 탁
월한 세정력.

세이조이시이 成城石井
일본산은 물론 다양한 수입
식료품도 취급하는 슈퍼마
켓. 신선식품과 살짝 고급스
러운 식료품이 쇼핑 포인트
다. 규모는 작지만 JR 역·
쇼핑센터·백화점 등 곳곳
에 입점해 있어 이용하기 편리하다. www.seijoishii.co.jp

칼디 커피 팜 Kaldi Coffee Farm
커피 및 수입식료품 전문
점. 쉽게 접하기 힘든 수입
과자·음료·조미료·향
신료가 풍부하며, 시즌마
다 신제품을 선보인다. 독
특한 개성의 커피 원두도
저렴하게 판매한다. www.kaldi.co.jp

매력 만점 인테리어 & 주방용품

세련된 인테리어 소품과 주방용품도 놓치기 아쉬운 쇼핑 아이템이다. 베이직한 스타일은 물론 일본색을 가미한 전통 스타일, 유럽·미주에서 수입한 개성 만점 스타일 등 종류와 디자인도 풍부하다. 평범한 일상을 화사하게 변신시켜줄 멋진 물건을 골라 보자.

집안 분위기를 확 바꿔주는 멋진 인테리어 아이템을 골라 보자

신쥬쿠(p.281)·시부야(p.183)·오다이바(p.205)의 백화점과 쇼핑센터에는 온갖 인테리어 숍이 입점해 있어 다양한 상품을 한 자리에서 비교해볼 수 있으며, 다이칸야마(p.298)·지유가오카(p.308)·시모키타자와(p.286)에는 인테리어 및 주방용품을 취급하는 전문 숍이 모여 있어 개성 만점의 아이템을 구매하기에 좋다.

또한 하코네 인근의 대형 아웃렛인 고텐바 프리미엄 아웃렛(p.448)에서는 인테리어 용품을 20~50% 할인 판매한다. 저가형 인테리어·잡화 전문점 니코 앤드(p.168)·쓰리 코인즈(p.168·205)·세리아(p.284)도 놓치지 말자. 일본색이 강한 전통적인 아이템을 찾는다면 아사쿠사(p.355)의 숍을 찾아보는 것도 좋다.

인테리어 소품 전문점 BEST 5

핸즈 Hands DIY·인테리어 잡화에 있어 일본 톱을 자랑한다. 심플하면서도 실용적인 생활용품이 주력 아이템. 단, 디자인보다 기능성을 강조한 제품 위주이며 남성 취향의 상품이 많다. **area p.185·284**

로프트 Loft DIY 관련 상품과 인테리어·문구·생활잡화가 메인 아이템이다. 스타일과 상품은 토큐 핸즈와 비슷하지만 색상과 디자인이 훨씬 뛰어나 여성에게 인기가 높다. **area p.185**

무지루시료힌 MUJI 인테리어·패션·잡화·가구 전문점. 모노톤에 가까운 단조로운 색상과 심플한 디자인이 특징이며 가격 부담도 적다. **area p.239**

프랑프랑 Francfranc 도시적인 감각의 세련된 인테리어 소품점. 화사한 색과 섬세한 디자인 등 여성의 눈길을 사로잡는 상품이 풍부하다. **area p.284**

애프터눈 티 리빙 Afternoon Tea Living 여성 취향의 아기자기한 소품이 메인 아이템. 찻잔·티메져·차 거름망 등 홍차 관련 상품도 풍부하다. 웹 www.afternoon-tea.net/living

주방용품 キッチンウェア

다양한 기능과 산뜻한 디자인의 주방용품은 싱글족과 주부들이 선호하는 쇼핑 아이템. 일본 브랜드는 물론 미국·유럽의 수입 주방용품도 우리나라에서 파는 것보다 10~40% 저렴하다. 전문상가로는 아사쿠사의 캇파바시도구가이 상점가(p.359)가 유명하며, 디자인이 뛰어난 수입품을 구매할 수 있는 곳으로는 롯폰기의 도쿄 미드 타운 갤러리아(p.258)와 지유가오카(p.308)가 인기 높다. 시간이 부족할 때는 최신 인기 아이템을 모아 놓은 백화점·핸즈·로프트의 주방용품 코너를 돌아보는 것도 요령이다.

핸즈   로프트

디자인은 물론 기능성이 뛰어난 주방용품도 풍부하다

알뜰살뜰 최신 전자제품 쇼핑하기

일본에서는 다양한 기능과 세련된 스타일을 뽐내는 전자제품을 구매할 수 있다. 특히 도쿄는 최신 가전제품의 본고장이자 각축장으로도 유명하다. 베스트 쇼핑 플레이스와 저렴한 쇼핑 요령을 꼼꼼히 살펴보자.

전자제품 구매는 가전 양판점에서 家電量販店

전자제품을 편하고 저렴하게 구매하려면 빅쿠 카메라 ビックカメラ · 요도바시 카메라 ヨドバシカメラ · 야마다 라비 Yamada LABI 등의 가전 양판점을 찾아가자. 신쥬쿠 · 이케부쿠로 · 긴자 · 아키하바라 등 도쿄 시내의 주요 쇼핑가마다 지점이 있어 이용하기 편리하다. 저렴한 중고품을 찾는다면 신쥬쿠 · 아키하바라의 소프맙 Sofmap을 이용하는 것도 좋다.

일본 최대의 전자상가인 아키하바라는 돌아보기도 불편할뿐더러 흔히 알려진 바와 달리 가격이나 상품 종류에서 큰 메리트가 없으니 너무 기대하지 않는게 좋다.

요도바시 카메라

빅쿠 카메라

추천! 가전 양판점

빅쿠 카메라 www.biccamera.co.jp p.282 · 381
요도바시 카메라 www.yodobashi.com p.282 · 381
야마다 라비 www.yamadalabi.com
소프맙 www.sofmap.co.jp

가전 양판점에서는 최신형 디지털 카메라도 자유로이 조작해 볼 수 있다

요도바시 카메라(좌)와 빅쿠 카메라(우)의 포인트 카드 포인트가 쌓이면 현금처럼 쓸 수 있다

저렴한 전자제품 쇼핑 요령 ショッピングノーハウ

한 푼이라도 싸게 전자제품을 구매하려면 우리나라에서 파는 가격부터 확인하자. 그리고 빅쿠 카메라 · 요도바시 카메라 · 야마다 라비 등 가전 양판점의 홈페이지에서 같은 물건의 가격을 알아본다. 일본어 홈페이지라도 주요 포털 사이트의 일본어 번역 서비스를 이용하면 한글로도 볼 수 있다.

구매를 결정했다면 빅쿠 카메라 · 요도바시 카메라 · 야마다 라비 등에서 포인트 카드를 만들고 원하는 물건을 산다. 보통 구매 가격외 5~25%를 포인트로 적립시켜 주며 이를 현금처럼 사용할 수 있다. 예를 들어 10만 엔짜리 물건을 구매할 때 20%를 포인트로 적립시켜 준다면, 그 포인트를 이용해 2만 엔짜리 물건을 살 수 있는 것. 즉 2만 엔의 할인 혜택을 받는 셈이다. 디지털 카메라 구매시 필터 · 삼각대 등 액세서리를 포인트로 사는 것도 요령!

단, 포인트 카드를 처음 만든 날은 포인트 적립은 돼도 포인트 사용은 다음 날부터 가능한 가전 양판점도 있으니 주의하자. 면세가 가능한 가전 양판점도 있는데 면세를 받을 경우 포인트 적립이 안 된다는 사실을 명심하자. 포인트가 10% 이상 적립될 경우 면세보다 포인트를 받는 게 훨씬 이득이다.

어머, 이건 사야 해! 아이디어 상품 & 문구

깜짝 놀랄 만큼 신기한 아이디어 상품과 깜찍한 디자인의 문구 역시 놓치기 힘든 쇼핑 아이템이다. 시즌마다 기발한 신상품이 쏟아져 나오니 도쿄 시내의 잡화점을 돌아다니며 신나는 쇼핑 타임을 즐겨도 좋을 듯!

만년 스테이플러 Kokuyo
ハリナックスコンパクトα 648엔
누르기만 하면 심 없이 종이가 철해진다. 얇은 종이 5장까지만 사용 가능.
shop 로프트 p.185
핸즈 p.185 · 284

지워지는 형광펜
Frixion 消える蛍光ぺん 110엔
실수해도 걱정 없다. 펜 뒷부분으로 쓱쓱 문질러주면 칠한 색이 감쪽같이 지워진다. **shop** 로프트 p.185
핸즈 p.185 · 284

세우는 칫솔 커버 立つおさかな歯
ブラシカバー 518엔
칫솔 머리에 씌우는 휴대용 커버. 거꾸로 꽂으면 칫솔을 세워서 보관할 수 있어 편리하다.
shop 핸즈 p.185 · 284

동물 모양 식물 재배 키트
Chuppon 950엔
물이 담긴 컵에 살짝 걸쳐 놓으면 식물이 자란다. 인테리어 소품으로도 좋다.
shop 로프트 p.185
핸즈 p.185 · 284

클립 패밀리
Clip family 540엔
사람 · 동물 등 재미난 모양의 클립. 책갈피처럼 사용 가능하며 포즈를 바꿀수도 있다. **shop** 로프트 p.185
핸즈 p.185 · 284

케이블 바이트
Cable Bite 734엔
아이폰 충전 케이블 단선 방지용 액세서리. 안드로이드 충전 케이블에도 사용 가능. **shop** 로프트 p.185
핸즈 p.185 · 284

찍찍이 후크
便利キャッチフック 300엔
수세미 · 행주 · 수건을 자유로이 붙였다 뗄 수 있는 벨크로 타입 후크. 주방 · 욕실에서 활용도가 높다.
shop 니토리 p.206 · 283

실리카겔 제습제
Zoo シリカゲル乾燥剤 350엔
통 속에 넣으면 국수나 파스타를 항상 뽀송뽀송한 상태로 유지시켜준다. 깜찍한 모양은 덤! **shop** 로프트 p.185
핸즈 p.185 · 284

강낭콩 모양 병 세척 스폰지
ペットボトル洗い Beans 410엔
물과 함께 병 속에 집어넣고 흔들면 병이 깔끔하게 씻긴다. 세제는 필요 없다.
shop 핸즈 p.185 · 284

100엔 숍에서도 다양한 기능의 잡화·문구·주방용품을 판다. 대형 잡화점에 비해 디자인과 품질이 떨어지지만, 고작 100엔(세금 포함 110엔)이면 충분한 엄청난 가성비가 매력이다. 로프트·핸즈부터 돌아본 뒤, 100엔 숍에서 비슷한 물건을 찾는 것도 알뜰 쇼핑의 비결. 최근에는 세리아 Seria처럼 양질의 아이템을 취급하는 100엔 숍도 늘어나고 있다.

미키마우스 접시
Disney メラミンセパレート
プレート 822엔
플라스틱 재질이라 가볍다. 음식이나
다과를 내놓을 때 사용하면 편리하다.
shop 프랑프랑 p.284

초밥 지우개 iwako
おもしろけしごむお寿司 378엔
진짜 초밥과 똑같이 생긴 먹음직스러
운(?) 지우개. 장식용으로도 손색이
없다. **shop** 로프트 p.185
핸즈 p.185·284

마스킹 테이프
Masking Tape 110엔
디자인이 무척 다양하다. 일본 전통
문양, 동화 캐릭터는 물론 벚꽃처럼
시즌 아이템이 그려진 것도 있다.
shop 세리아 p.284

푸쉬형 세제 용기
Kitinto Dishwashing Liquid 330엔
뚜껑을 살짝 누르면 용기에 담긴 세제
가 위로 올라와 묻는다. 싱크대·세면대
에 놓고 사용하면 편리하다.
shop 쓰리 코인즈 p.168·205

아플리케
アップリケ 110엔
동물·자동차 등 모양과 디자인이 다
양하다. 다리미로 다리기만 하면 바로
붙어 편리하다. 찢어진 옷을 수선할
때도 요긴하다. **shop** 세리아 p.284

겨땀 제거 패드
汗とりパッド 110엔
셔츠 안쪽에 붙이면 줄줄 흐르는
겨드랑이 땀을 감쪽같이 흡수한다.
한여름에 유용한 매너 아이템이다.
shop 세리아 p.284

뚜껑 회전형 오일 용기
Kitinto Oil Bottle 330엔
용기 뚜껑을 회전시켜 토출구 부분을
가릴 수 있다. 깨끗하고 위생적으로 오
일·소스를 사용할 수 있다.
shop 쓰리 코인즈 p.168·205

릴 타입 스마트폰 충전 케이블
充電リールケーブル 110엔
길이 조절이 자유로운 릴 타입 충전
케이블. 최대 50cm까지 늘어나며 여
행시 유용하다.
shop 세리아 p.284

탄산음료 김 빠짐 방지 캡
炭酸キ～プキャップ 110엔
탄산음료 병에 캡을 끼운 뒤 펌프를
누르면 공기가 주입돼 탄산이 빠지는
것을 막아준다.
shop 세리아 p.284

마니아의 완소 쇼핑 아이템 만화 & 애니

만화의 본고장답게 우리나라에서 구하기 힘든 온갖 레어 아이템을 찾아볼 수 있는 게 매력이다. 더구나 가격도 한국보다 훨씬 착하다! 만화·애니 관련 숍은 오타쿠의 거리로 통하는 아키하바라·이케부쿠로·나카노에 모여 있다.

마니아의 천국 일본의 만화 전문 서점

만화책 コミックス

만화책은 키노쿠니야·쥰쿠도 등 대형 서점의 만화 코믹스 코너 또는 아키하바라(p.380)·이케부쿠로(p.388)의 만화 전문 서점에서 구매할 수 있다. 책 종류가 워낙 많으니 사려는 책의 일본어 제목·작가·출판사 등을 미리 확인해 가는 센스는 필수! 만화책을 저렴하게 구매하려면 헌책방을 이용하는 것도 방법이다. 새책 같은 헌책을 5~70% 할인해서 판다. 대표적인 헌책방 체인은 북 오프 Book Off·만다라케 まんだらけ·K-Books 등이다. 특히 만다라케와 K-Books에서는 일반 만화는 물론 다양한 동인지도 취급한다. 남성 취향의 동인지는 아키하바라, 여성 취향의 동인지는 이케부쿠로에서 주로 판다는 사실도 알아두면 좋을 듯.

추천! 만화 전문 서점

만다라케 p.185·327·382
쥰쿠도 p.387, 키노쿠니야 p.285
토라노아나 p.388, K-Books p.388·380

애니·프라모델·게임 アニメ·プラモデル·ゲーム

애니 DVD·CD·캐릭터 상품 전문점 역시 아키하바라와 이케부쿠로에 모여 있다. 특히 유명한 곳은 전국적인 체인망을 갖춘 아니메이트 アニメイト. 최신 상품을 가장 먼저 선보이는 곳이라 우리나라는 물론 일본의 마니아 사이에서도 인기가 높다. 신품 애니 DVD·블루레이는 가격이 상당히 비싼데 조금이라도 저렴하게 구매하려면 아키하바라·이케부쿠로의 중고 매장을 이용하자. 원하는 상품을 찾기는 조금 어렵지만 가격은 신품보다 5~30% 저렴하다.

프라모델·피규어·게임을 구매하려면 아키하바라로 가는 게 필수. 신품은 물론 중고·레어 아이템을 취급하는 숍이 많아 선택의 폭이 넓다. 동일한 물건이라도 매장마다 가격이 다르니 적어도 서너 군데는 돌아보고 구매해야 조금이라도 저렴하게 구매할 수 있다.

규모는 조금 작지만 빅쿠 카메라·요도바시 카메라 등의 대형 가전 양판점에서도 프라모델·게임 코너를 운영하며 정가의 5~20%를 할인 판매한다. 아키하바라·이케부쿠로의 전문점을 찾아갈 시간이 없을 때 이용하면 편리하다.

추천! 애니·프라모델·게임 숍

게이머즈 p.380, 라디오 회관 p.380
라신반 p.327·388, 리버티 p.383
만다라케 p.185·327·382, 아니메이트 p.381·388
K-Books p.388·380

풍부한 아이템을 원한다면 전문 숍을 이용하자

아키하바라의 애니·게임 전문 숍

도쿄에서 살 수 있는 또 다른 쇼핑 아이템

must Buy 09

지금까지 살펴본 것 외에도 여행자의 지갑을 유혹하는 쇼핑 품목은 무궁무진하다. 일본색 짙은 기념품, 다양한 장르의 서적, 우리나라에서 찾아보기 힘든 희귀 음반, 저렴한 유아 및 아동용품 등 놓치기 아까운 쇼핑 아이템을 살펴보자.

기념품 お土産

일본 냄새가 물씬 풍기는 물건은 기념품으로 안성맞춤! 화려한 문양의 손수건, 깜찍한 전통 인형, 열쇠고리, 일본 도기(陶器), 찻잔 등이 기념품으로 인기가 높다. 손쉽게 살 수 있는 곳은 백화점이나 쇼핑센터의 기념품·잡화 코너 또는 공항 면세점이다. 하지만 상품이 적고 비싼 게 흠. 비교적 저렴한 가격에 일본색 짙은 물건을 사려면 아사쿠사의 나카미세(p.355)로 가보자. 수십 개의 점포가 모여 있어 취향대로 고를 수 있다.

일본색 짙은 기념품 구매은 전통의 거리 아사쿠사에서

서적 本

일본과 영미권의 다양한 전문 서적, 그리고 양씬 퀄리티를 자랑하는 사진집·일러스트 북 등은 한 번쯤 탐나는 아이템이다. 이런 책은 대형 서점에서 쉽게 구할 수 있다. 도쿄에서 손꼽히는 대형 서점은 이케부쿠로의 쥰쿠도(p.387), 신주쿠의 키노쿠니야(p.285) 등이다. 특히 이케부쿠로의 쥰쿠도는 단일 매장으로는 도쿄 최대 규모를 자랑하는데, 일본에서 출판되는 거의 모든 서적을 구할 수 있을 정도다.

우리나라에서 구하기 힘든 희귀 서적을 찾아보는 재미도 쏠쏠하다

CD·DVD 音盤

최신 CD·DVD를 취급하는 매장은 시부야·신주쿠·이케부쿠로의 대형 백화점 또는 쇼핑센터에 입점해 있는 경우가 많다. 상품이 가장 풍부한 곳은 일본 최대 규모를 자랑하는 음반 전문 매장인 타워 레코드(p.184)다. 일본 현지는 물론 전 세계에서 수입한 온갖 장르의 음반이 매장을 가득 메우고 있다. 영화·드라마·공연·다큐멘터리·애니 DVD도 다양하게 취급한다. 저렴한 중고 음반·DVD는 아키바라라의 전문점 또는 헌책방 북 오프 Book Off에서 구매할 수 있다.

다양한 장르의 CD를 취급하는 일본의 음반 매장

아동용품 こども用品

우리나라에 비하면 '껌 값'이란 생각이 들 만큼 아동복·신발·장난감이 저렴하다. 물론 하나같이 이름만 들어도 아는 브랜드! 여러 상품을 비교해보고 구매하려면 대형 백화점의 아동복 코너를 이용하는 게 좋다. 자라·꼼사 스타일 등의 패션 매장에서도 깜찍한 아동복을 저렴하게 판다. 여유가 되면 아까짱혼포와 고텐바 프리미엄 아웃렛(p.440)도 놓치지 말자.

깜찍한 아동복

아까짱혼포 アカチャンホンポ

우리나라에도 익히 알려진 유아용품 전문점. 한국 아기에게도 잘 맞는 양질의 제품을 취급한다. 유모차·젖병·이유식 등이 우리나라보다 20~50% 저렴하다.

영업 10:00~21:00　홈피 www.akachan.jp
교통 JR 소부 선의 킨시쵸 錦糸町 역(JB22) 하차, 도보 1분.

must Do 01

일본 여행의 낭만이 가득한 온천

피로에 찌든 몸은 여행 최대의 적! 뜨끈한 온천에서 가뿐하게 몸을 풀고 신나는 여행을 즐기자. 도쿄 도심은 물론 하코네 · 닛코 등 곳곳에 온천이 산재해 있어 온천 여행의 즐거움을 만끽하기에도 부족함이 없다.

도심 속의 안락한 휴식처 스파 라쿠아

도쿄 東京

스파 라쿠아 Spa LaQua
안락한 리조트를 테마로 꾸민 도심 온천. 창밖으로 펼쳐지는 도쿄의 풍경을 감상하며 온천과 휴식을 즐길 수 있다. 온천수는 미용과 피로회복에 효험이 있다. 여성 전용 휴게실도 갖췄다. **area 도쿄 돔 시티 p.385**

영업 11:00~09:00 **요금** 기본요금 3,230엔, **추가요금** 토 · 일 · 공휴일 990엔, 힐링 바덴 1,100엔, **심야할증료**(01:00~06:00) 2,420엔 **홈피** www.laqua.jp/spa
교통 JR 소부 선의 스이도바시 水道橋 역(JB17) 하차. 동쪽 출구 東口를 나와 왼쪽으로 도보 8분. 라쿠아 6층에 있다.

마츠리유 まつり湯
노천온천 · 폭포탕 · 대욕탕 등 11종류의 욕탕과 세 종류의 사우나 시설을 갖춘 대형 온천. 노천온천에서는 도쿄 스카이트리를 바라보며 온천욕을 즐길 수 있다.

영업 10:30~09:00, 일요일 10:30~23:00 **요금** 2,750엔, **심야할증료**(24:00~05:00) 30분당 275엔 **홈피** www.matsuri-yu.com
교통 지하철 긴자 선의 타와라마치 田原町 역(G18) 하차, 3번 출구를 나와 정면으로 도보 6분. ROX 7층에 있다.

하코네 箱根

하코네유모토 箱根湯本
60여 개의 온천 · 호텔 · 여관이 모여 있는 온천 여행의 중심지. 하코네의 청정 자연 속에서 온천욕을 즐길 수 있다. 온천수는 신경통 · 피로회복 등에 효험이 있다. **area p.438**

유넷산 ユネッサン
하코네를 대표하는 초대형 온천 테마 파크. 수영복을 입고 들어가는 26개의 온천 시설과 알몸으로 이용하는 일본풍의 노천온천인 모리노유로 이루어져 있다. **area p.439**

닛코 日光

야시오노유 やしおの湯
닛코 시내에 위치한 온천. 규모는 작지만 노천온천과 사우나 등의 편의시설이 잘 갖춰져 있다. **area p.468**

키누가와온센 鬼怒川温泉
닛코에서 기차로 30분 거리에 위치한 온천 휴양지. 하코네와 더불어 도쿄 근교의 온천 명소로 잘 알려져 있다. 강가를 따라 수많은 호텔 · 여관이 모여 있어 1박하며 느긋하게 쉬어가기에 좋다. **area p.469**

자연과 하나 되는 기쁨의 노천온천

여행의 피로를 풀기에 좋은 닛코의 온천

TOKYO
東京 도쿄

ACCESS

인천 ➔ 도쿄
비행기 2시간~2시간 30분

부산 ➔ 도쿄
비행기 2시간

제주 ➔ 도쿄
비행기 2시간 10분

도쿄
퀵 가이드

도쿄는 일본 정치·외교의 중심지이자 산업과 문화가 집중된 이 나라의 수도다. 전후 70년에 걸쳐 깔끔하게 정비된 도시에는 다채로운 볼거리와 즐길거리가 가득하다. 특히 고층빌딩과 화려한 쇼핑가로 대변되는 현대적인 면모, 그리고 오랜 역사를 자랑하는 전통의 맛집들이 모여 여행의 즐거움을 한껏 더해준다.

도쿄 요점 정리

여행 포인트

패션·인테리어·현대건축 등 도시적인 볼거리가 핵심이다. 물론 식도락의 즐거움도 놓칠 수 없다.

여행 기간

일본 최대의 도시라 핵심 명소 위주로만 본다면 3~4일, 도쿄 전체를 보려면 적어도 1주일 이상의 시간이 필요하다.

베스트 시즌

벚꽃이 만발하는 3~4월, 화창한 날이 이어지는 5월과 10~11월이 여행의 최적기다.

고층 빌딩이 즐비한 도쿄의 거리

관동 대지진

1923년 9월 1일 11시 58분에 발생했으며 진도 7을 기록했다. 사망자는 9만 9,331명. 민심 수습을 위해 일본 정부가 '조선인이 폭동을 일으킨다'는 유언비어를 유포해 조선인 학살, 즉 관동 대학살이 벌어졌다. 정확한 집계는 없지만 일본 측에서는 2,534명, 우리 측에서는 6,066명이 살해당한 것으로 보고 있다.

도쿄는 어떤 곳?

도쿄는 혼슈 本州 중앙에 해당하는 칸토 関東 지방의 남부 평야에 위치한다. 도시로서의 역사는 5~6세기까지 거슬러 올라가지만 일본 중세사에서 과거의 도쿄, 즉 에도 江戸는 단지 조그만 어촌에 불과했다. 그러던 중 토요토미 히데요시 豊臣秀吉 사후 정권을 장악한 토쿠가 이에야스 德川家安가 1603년, 근거지를 교토 京都에서 에도로 옮겨 에도 바쿠후 江戸幕府를 세우면서 적극적인 개발이 이루어졌다. 드디어 에도가 정치와 대규모 소비도시로 변모할 태세를 갖춘 것이다. 하지만 700년 가까이 정치 중심지는 교토, 경제 중심지는 오사카 大阪란 인식이 뿌리 깊이 박혀 있던 탓에 이 도시의 성장은 무척 더디기만 했다.

다시 오랜 세월이 흘러 근대화 초기, 왕정복고와 함께 시작된 메이지 유신 明治維新은 구 바쿠후 세력을 타파하고 낡은 정치체제를 일신한다는 의미로 천년 고도(千年古都) 교토를 버리고 에도로 수도를 옮기는 과감한 모험을 단행했다. 그때가 지금부터 150여 년 전인 1868년! 이와 동시에 에도란 이름도 '교토의 동쪽(東)에 위치한 수도(京)'를 뜻하는 도쿄 東京로 탈바꿈했다.

동시에 수도로 집중된 인구는 도쿄의 범위를 차츰 넓혀 나갔다. 하지만 1923년 관동 대지진과 1945년 도쿄 대공습이란 전대미문의 참화를 겪으며 도시의 절반 이상이 파괴되는 아픔을 겪었다. 그 뒤 대대적 재개발 과정에서 주택지의 교외 확장이 더욱 가속화해 지금의 23개 특별구를 지닌 거대한 도쿄의 위용을 갖추게 됐다. 현재 도쿄의 인구는 약 1,200만 명이며, 면적은 2,183㎢로 서울의 3배, 인구밀도는 5,482명/㎢으로 일본 최고를 자랑한다.

도쿄 즐기기

볼거리 일본 제일의 규모를 뽐내는 도시답게 도쿄에는 다양한 볼거리가 넘쳐난다. 일본인의 정신적 지주이자 국가의 상징인 일왕이 거주하는 왕궁, 1,400여 년의 역사를 간직한 센소지, 한 세기 전 피비린내 나는 내전의 현장이 된 우에노 공원과 같은 역사적 유물이 고스란히 남아 있는가 하면, 거리 한편에는 19~20세기 서구화의 물결 속에서 탄생한 유러피언 양식의 고풍스러운 석조건물들이 이채로운 볼거리를 선사한다. 또한 세련된 면모를 뽐내는 초고층 빌딩과 현대건축의 거장들이 설계한 아름다운 건축물, 그리고 이 도시의 문화와 예술적 감성으로 충만한 다채로운 박물관·미술관·공연장도 여행자의 발길을 재촉한다.

먹거리 도쿄 여행이 선사하는 또 하나의 즐거움은 먹거리다. 세계 최대의 어시장인 토요스 수산시장에서 맛보는 싱싱한 조밥, 100년 님게 옛 밋을 고스란히 유지해온 전통의 소바, 짧은 역사에도 불구하고 진한 맛으로 세계인의 입맛을 사로잡은 일본식 라면 등 다채로운 음식이 여행자의 손길을 유혹한다. 이와 함께 일류 파티셰와 제빵 명장들이 빚어내는 디저트·빵·과자, 장인의 경지에 오른 바리스타들이 내려주는 향긋한 커피도 뿌리치기 힘든 유혹이다.

쇼핑 일본의 유행을 선도하는 도시답게 다양한 숍들이 있다. 패션·잡화·인테리어 등 젊은 감성에 어필하는 숍이 많아 이를 찾아보는 재미가 무척 쏠쏠하다. 굳이 거창한 명품이 아니어도 쇼핑의 기쁨을 더해주는 상품은 무궁무진하니 쇼핑가를 돌아보며 자기만의 아이템을 찾아내는 즐거움을 놓치지 말자.

TRAVEL TIP 도쿄 여행은 야마노테 선으로!

서울의 3배나 되는 면적을 자랑하는 도쿄. 이 드넓은 도시를 여행하기에 딱 맞는 교통수단은
바로 JR 야마노테 선 山手線(p.132)이다. 서울의 지하철 2호선과 같은 환상선(環狀線)이며,
도쿄 시내의 주요 명소를 빠짐없이 연결한다. 이 노선상에 위치한 명소와 특징은 다음과 같다.

01 키치죠지 ★☆☆
도쿄 시민의 휴식처이자 젊은이들의
쇼핑 명소. 바로 옆에 지브리 미술관
이 있다. p.314

02 신오쿠보 ☆☆☆
도쿄 최대의 코리아타운. 저렴한 한
인민박과 한식당 · 한류 상품 전문점
이 가득하다.

03 신쥬쿠 ★★★
초고층 빌딩이 밀집한 도쿄의 부도심.
백화점과 숍이 모인 쇼핑의 중심지이
자 도쿄 제일의 유흥가다. p.262

04 시모키타자와 ★☆☆
수수한 분위기가 매력인 쇼핑가. 개성
만점의 숍이 많아 젊은이들이 즐겨 찾
는다. p.286

05 하라쥬쿠 ★★★
언제나 활기찬 기운으로 가득한 패션
과 쇼핑의 중심지. 수많은 숍과 맛집
이 모여 있다. p.140

06 시부야 ★★★
일본 유행의 원점으로 통하는 패션 타
운. 생기발랄한 기운이 넘쳐나는 젊음
의 거리다. p.170

> 휘황찬란한 불빛이
> 이어지는 신쥬쿠의 밤거리

07 롯폰기 ★★☆
도쿄 미드 타운과 롯폰기 힐즈로 유명
한 고급 쇼핑가. 밤이면 화려한 유흥
가로 변신한다. p.244

08 지유가오카 ★☆☆
도쿄에서도 손꼽히는 부촌이다. 고급

JR 야마노테 선 & 도쿄의 주요 명소

■ JR 야마노테 선
■ JR 츄오 · 소부 선
▮ JR
━ 사철 · 지하철
4 역간 소요시간
(단위 : 분)

타카다노바바 高田馬場
메지로 目白
10 이케부쿠로 池袋
오츠카 大塚

02 신오쿠보 新大久保

미타카 三鷹
01 키치죠지 吉祥寺
03 신쥬쿠 新宿

하코네 · 카마쿠라 행
오다큐 선 타는 곳

04 시모키타자와 下北沢
요요기 代々木

센다가야 千駄ヶ谷
시나노마치 信濃町
요츠야 四ツ谷

05 하라쥬쿠 原宿

요코하마 행
토큐토요코 선 타는 곳

06 시부야 渋谷
07 롯폰기 六本木
고탄다 五反田
오사키 大崎

08 지유가오카 自由が丘
09 에비스 恵比寿
메구로 目黒

쇼핑가로 명성이 자자해 데이트 코스로 인기가 높다. p.308

⑨ 에비스 · 다이칸야마 ★★☆
일본 제일의 맥주를 맛볼 수 있는 에비스 브루어리 도쿄와 젊음의 쇼핑가 다이칸야마를 놓치지 말자. p.290

⑩ 이케부쿠로 ★☆☆
백화점과 오피스가 밀집한 다운타운. 만화 · 애니 전문점이 가득한 오타쿠의 성지이기도 하다. p.386

⑪ 미나미센쥬 ☆☆☆
1박 4,000엔부터 시작하는 초저가 비즈니스 호텔 밀집 지역. 여행자의 거리로 변모하고 있다.

⑫ 야네센 ★☆☆
소박한 거리와 재래시장의 모습이 펼쳐지는 정겨운 서민가. 느긋하게 산책을 즐기기에 좋다. p.346

⑬ 우에노 ★★☆
도쿄의 대표적인 서민가다. 서울의 남

대문 시장에 견주어지는 활기찬 아메요코 시장이 있다. p.328

⑭ 아사쿠사 ★★★
1,400여 년의 역사를 자랑하는 전통의 거리다. 일본색 짙은 풍경을 감상할 수 있다. p.348

⑮ 칸다 ★☆☆
일본 제일의 고서점 거리로 명성이 자자하다. 주변에 악기 · 스포츠 용품 상가가 형성돼 있다. p.374

⑯ 아키하바라 ★☆☆
전 세계 오타쿠의 성지로 일컬어지는 곳. 수백 개의 게임 · 만화 · 애니 관련 전문점이 모여 있다. p.366

⑰ 마루노우치 ★★★
명실상부한 도쿄의 심장부. 일왕의 거처인 코쿄와 함께 여러 관공서가 밀집해 있다. p.210

⑱ 긴자 ★★★
밤낮으로 화려한 멋을 뽐내는 일본 최

에도 성의 흔적이 남겨진 마루노우치

대의 번화가. 쇼룸 · 쇼핑가 산책을 즐기기에 좋다. p.224

⑲ 토요스 ★☆☆
일본 최대의 수산시장. 활기찬 시장 구경과 더불어 싱싱한 초밥도 맛볼 수 있다. p.240

⑳ 시오도메 ★☆☆
도쿄의 신흥 오피스 타운. 하늘을 찌를 듯 높이 솟은 고층빌딩의 숲이 펼쳐진다. p.208

㉑ 오다이바 ★★★
대형 쇼핑몰과 위락시설이 모인 데이트의 메카! 싱그러운 해변과 도쿄의 야경을 즐기기에 좋다. p.188

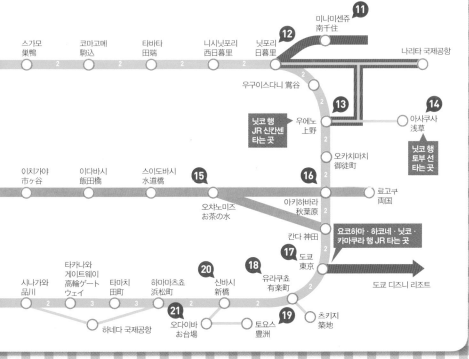

한국에서 도쿄로

우리나라에서 도쿄로 가는 가장 편리한 교통편은 비행기다. 도쿄 행 항공편이 취항하는 공항은 인천 · 김포 · 김해(부산) · 대구 · 청주 · 제주국제공항의 여섯 곳. 각각의 공항은 규모만 다를 뿐 '탑승 수속 · 출국 심사 · 비행기 탑승'의 순으로 이어지는 출국 절차는 모두 동일하다. 공항 이용시 주의할 점은 테러 관련 보안검색 때문에 은근히 많은 시간이 걸린다는 것이다. 비행기 출발 2~3시간 전까지는 공항에 도착해야 무리 없이 출국 절차를 밟을 수 있다.

출국 절차 요점 정리

공항 도착	탑승 수속	출국 심사	면세점 이용	비행기 탑승
비행기 출발 2~3시간 전까지 공항으로 간다.	항공사의 체크인 카운터에서 비행기 탑승권을 받는다.	여권과 탑승권을 제시하고 출국 스탬프를 받는다.	비행기 탑승 시각 전까지 쇼핑 또는 휴식을 취한다.	지정된 자리에 앉으면 도쿄로 떠날 준비 완료!

인천국제공항

인천국제공항에서는 도쿄 행 항공편이 매일 30회 이상 출발한다. 공항 건물은 제1여객 터미널과 제2여객 터미널의 두 개로 이루어져 있다. 제2여객 터미널은 대한항공을 비롯한 스카이팀 소속의 8개 항공사만 이용하며, 나머지 항공사는 모두 제1여객 터미널을 이용하니 자신이 이용할 터미널을 꼼꼼히 확인해두자. 터미널을 잘못 찾아갔을 때는 제1여객 터미널~제2여객 터미널을 순환 운행하는 무료 셔틀버스를 이용한다(20분 소요).

두 터미널 모두 입국장은 1층, 출국장은 3층이다. 각 층에는 은행 · 환전소 · 약국 · 식당 · 서점 · 핸드폰 로밍 센터 등의 편의시설이 갖춰져 있다. 출국장에는 여러 개의 체크인 카운터가 있는데 자신이 이용할 항공사의 카운터 위치를 미리 알아두면 걷는 수고를 조금이라도 덜 수 있다.

다양한 항공 노선이 취항하는 인천국제공항

인천국제공항

🌐 www.airport.kr
제2여객 터미널 이용 항공사
대한항공 · 가루다인도네시아
델타항공 · 샤먼항공 · 진에어
에어프랑스 · 중화항공 · KLM

리무진 버스

💰 1만 6,000~1만 7,000원
🌐 www.airportlimousine.co.kr

KAL 리무진 버스

💰 1만 8,000원
🌐 www.kallimousine.com

1 공항 도착

인천국제공항은 리무진 버스와 공항철도로 연결된다. 노선이 가장 다양한 교통편은 서울 시내에서 출발하는 14개 노선의 리무진 버스이며 공항까지 1~2시간 걸린다. 자세한 경유지와 요금은 홈페이지를 참조하자. 서울 시내의 주요 호텔과 서울역 · 코엑스에서는 KAL 리무진 버스도 운행하며 공항까지의 소요시간은 1시간 정도도. 리무진 버스가 도착하는 곳은 3층의 출국장 바로 앞이라 체크인 카운터를 찾아가기가 무척 편하다.

항상 수많은 여행객으로 북적이는 3층의 출국장

🔲 😊 구글맵

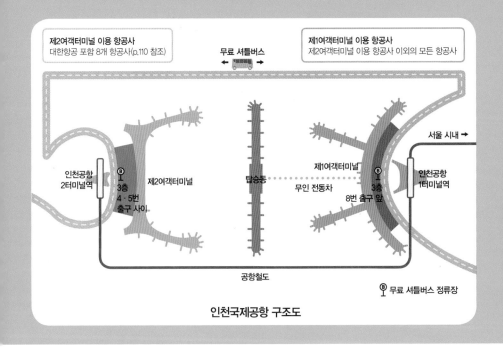

제2여객터미널 이용 항공사
대한항공 포함 8개 항공사(p.110 참조)

무료 셔틀버스
← →

제1여객터미널 이용 항공사
제2여객터미널 이용 항공사 이외의 모든 항공사

서울 시내 →

인천공항
2터미널역

Ⓑ 3층
4 · 5번
출구 사이

제2여객터미널

탑승동

무인 전동차

제1여객터미널

Ⓑ 3층
8번 출구 앞

인천공항
1터미널역

공항철도

Ⓑ 무료 셔틀버스 정류장

인천국제공항 구조도

공항철도는 서울역 · 공덕역 · 홍대입구역 · 디지털미디어시티역 · 마곡나루 역 · 김포공항역(서울 시내), 계양역 · 검암역 · 운서역(인천) 등에서 탈 수 있다. 열차는 서울역~인천국제공항을 단번에 연결하는 직통열차(30분 간격 운행)와 모든 역에 정차하는 일반열차(12분 간격 운행)가 있다. 자세한 운행시각 · 요금은 공항철도 홈페이지를 참조하자. 내리는 곳은 인천공항1터미널 또는 인천공항2터미널역이며, 표지판을 따라가면 3층의 출국장으로 연결된다.

공항철도

🌐 www.arex.or.kr

서울역→인천공항1터미널
🚇 일반 59분 4,450원
　　직통 43분 1만 1,000원

서울역→인천공항2터미널
🚇 일반 66분 5,050원
　　직통 51분 1만 1,000원

2 탑승 수속

3층의 출국장에 설치된 안내 모니터에서 자신이 이용할 항공사의 체크인 카운터를 확인하고 그곳으로 가서 여권과 항공권을 제시한 뒤 좌석을 배정받는다. 이때 창가 Window · 통로 Aisle 자리 가운데 원하는 좌석을 선택할 수 있다. 동시에 기내 반입이 불가능한 짐을 맡기고(수하물 탁송), 탑승권을 받으면 탑승 수속이 끝난다.

수하물 탁송시 주의할 점은 칼 · 가위 · 라이터 등의 위험물과 100㎖ 이상의 화장품을 포함한 액체류 · 젤(공항 면세점 구매품 제외)은 기내 반입이 불가능하다는 것이다. 해당 물품은 반드시 큰 짐에 넣어 수하물 탁송을 해야만 비행기를 탈 수 있다. 앞서 말한 물품이 하나도 없을 때는 수하물 탁송을 하지 말고 짐을 직접 갖고 타자.

탑승 수속을 하는 항공사의 체크인 카운터

10kg 이내의 작은 짐(가로 · 세로 · 높이 3면의 합이 115cm 이하)은 기내 반입이 가능하다. 이렇게 하면 도쿄에 도착해 짐을 찾느라 시간을 허비하지 않아도 된다.

액체류 기내 반입

용기에 담긴 100㎖ 미만의 액체 및 젤류(화장품 · 약품 등)는 투명한 지퍼백에 넣을 경우 기내 반입이 허용된다. 용량은 잔여량에 관계없이 용기에 표시된 것을 기준으로 하며 지퍼백은 1개(총 1ℓ 이내)만 반입할 수 있다. 투명 지퍼백은 공항 3층의 편의점에서 판매한다.

배터리 수하물 탁송 불가

원칙적으로 모든 종류의 배터리는 수하물 탁송이 불가능하다. 기내 반입만 허용되므로 큰짐에 넣어서 맡기지 않도록 주의하자.

도심공항터미널

서울역 인근 및 지방 거주자는 서울역의 도심공항터미널을 이용해도 좋다. 도심공항터미널에서는 비행기 탑승 수속 · 수하물 탁송 · 출국 심사 등의 기본적인 출국 수속을 미리 밟을 수 있으며, 출국 수속을 마친 뒤에는 직통열차를 타고 인천국제공항으로 이동한다. 공항에서도 전용 통로를 이용해 탑승동으로 들어가기 때문에 혼잡한 공항에서 버리는 시간을 대폭 절약할 수 있다.
단, 인천공항 제1여객터미널은 비행기 출발 시각 기준 3시간 전, 제2여객터미널은 비행기 출발 시각 기준 3시간 20분 전까지 수속을 완료해야 이용 가능하다.

서울역 도심공항터미널
대한항공 · 아시아나항공 · 제주항공 · 티웨이항공 · 에어서울 · 에어부산 · 이스타항공 · 진에어 이용 가능
🕐 05:20~19:00
🚇 지하철 1 · 4호선 또는 KTX · 경의선 서울역 하차
🌐 www.arex.or.kr

탑승 수속을 마친 뒤에는 출국장으로 이동한다

출국 심사에는 여권과 탑승권이 필요하다

3 출국 심사

여권과 탑승권을 제시하고 출국장으로 들어가면 간단한 세관 · 보안 검색을 한다. 고가의 귀금속 · 카메라 · 전자제품은 여기서 미리 신고해야 귀국시 불이익을 당하지 않는다. 세관 출국 신고대는 출국장에 들어가자마자 있다.
보안 검색을 하는 X-레이 검색대를 통과하면 바로 앞에 출국 심사대가 보인다. 출국 심사대는 자동 심사대와 유인 심사대로 나뉘어 있다. 자동 심사대는 여권 판독기로 여권을 확인하고, 지문과 사진 촬영으로 본인 확인을 마치면 모든 출국 심사가 완료되기 때문에 빠르고 편리하다. 따라서 특별히 유인 심사대를 이용해야 할 경우가 아니라면 자동 심사대 쪽에 줄을 서는 게 현명하다. 물론 눈치껏 사람이 적은 쪽으로 가야 줄서서 기다리는 수고를 덜 수 있다는 사실도 잊지 말자.

> **자동 출입국 심사 등록** 만 19세 이상의 국민은 별도의 등록 절차 없이 자동 출입국 심사대를 이용할 수 있다. 그러나 만 7~18세의 어린이, 개명 · 생년월일 변경 등으로 인적사항이 변경된 경우, 주민등록 발급이 30년을 경과한 경우에는 자동 출입국 심사 등록을 해야 자동 출입국 심사대를 이용할 수 있다. 등록 센터는 공항 3층에 있다(운영 07:00~19:00, 전화 032-740-7400~1).

4 면세점 · 휴게실 이용

출국 심사를 마친 뒤에는 탑승권에 표시된 비행기 탑승 시각 전까지 면세점 · 휴게실을 이용하며 시간을 보낸다. 곳곳에 인터넷을 사용할 수 있는 PC와 Wi-Fi 존. 레스토랑 등의 편의시설도 마련돼 있다.
시내 면세점 또는 인터넷 면세점에서 상품을 구매한 경우에는 면세품 인도장에서 물건부터 찾는 게 순서다. 특히 여행 성수기에는 면세품 인도장이 북새통을 이루니 최대한 서둘러 가는 게 좋다. 탑승 항공편에 따라 이용하는 면세품 인도장의 위치가 다르니 상품 주문시 받은 면세품 수령 장소 안내문을 꼼꼼히 살펴보는 것도 잊어서는 안 된다.
출국장에는 주요 항공사의 공항 라운지가 있는데, 멤버십 카드 소지자에 한해 음료 · 간식 · 휴게실 이용 · 인터넷 서비스가 무료로 제공된다.

시내 면세점 또는 인터넷 면세점을 이용한 경우 면세품 인도장에서 물건을 찾는다

5 탑승

탑승은 보통 비행기 출발 시각 30~40분 전부터 시작된다. 그 시간 전에 탑승권에 찍힌 탑승구 Gate 번호를 확인하고 비행기를 타러 간다. 주의할 점은 제1여객터미널의 경우 1~50번 탑승구는 출국 심사대와 같은 건물에 있지만, 101~270번 탑승구는 1km쯤 떨어진 별도의 탑승동에 있다는 것이다.

탑승동의 위치를 알려주는 표지판

탑승동으로 갈 때는 28번 탑승구 맞은편에 있는 에스컬레이터를 타고 아래층으로 내려가 무인 전동차를 이용한다. 소요시간은 2~3분 정도지만 전동차를 기다리는 시간과 탑승구를 찾아가는 데 은근히 시간이 걸리니 101~270번 탑승구를 이용할 때는 여유를 넉넉히 두고 움직이는 게 좋다.

비행기를 탈 때는 입구에 놓인 잡지·신문부터 챙긴다. 그리고 탑승권에 찍힌 좌석 번호를 보고 자기 자리를 찾아가 캐비닛에 짐을 넣는다. 카메라 등 파손 우려가 있는 물건은 좌석 밑의 빈 공간에 넣어 두는 게 안전하다.

탑승구로 이어지는 통로. 항공편의 출발 시각 안내 전광판이 보인다

쇼핑의 달인이 들려주는 면세점 200% 활용 비법

공항 면세점보다 시내 면세점과 인터넷 면세점을 적극 활용하자. 시내·인터넷 면세점은 공항 면세점보다 느긋하게 쇼핑을 즐길 수 있는 것은 물론 가격도 훨씬 저렴하다. 이용시 필요한 것은 여권과 항공권(또는 이용할 항공편명)뿐. 구매한 상품은 출국 당일 공항의 면세품 인도장에서 찾는다. 주의할 점은 시내·인터넷 면세점에는 판매 마감 시간이 있다는 것이다. 인천·김포국제공항 이용자는 비행기 출발 5시간 전까지, 김해국제공항 이용자는 비행기 출발 24시간 전까지, 제주국제공항 이용자는 비행기 출발 48시간 전까지 상품을 구매해야 한다.

시내 면세점 알뜰하게 이용하기

시내 면세점을 알뜰하게 이용하려면 해당 면세점의 회원 가입부터 한다. 회원가는 정상가보다 3~20% 저렴하며 할인 쿠폰(일정 금액 이상 구매시 적용)을 활용하면 가격이 더욱 내려간다. 회원 가입에 앞서 해당 면세점의 입점 브랜드를 미리 체크해 보는 센스는 필수!
직접 확인이 필요한 의류·가방·선글라스 등의 상품은 반드시 시내 면세점에서 구매한다. 특히 샤넬·루이뷔통 등 명품 브랜드는 시내 면세점에서만 취급한다는 사실을 잊지 말자.
백화점에서 구매할 상품의 디자인·가격을 미리 확인해 두는 것도 쇼핑 효율을 '200% UP' 시키는 비결이다.

인터넷 면세점 편리하게 이용하기

인터넷 면세점은 편하고 저렴한 게 장점!

인터넷 면세점은 클릭 몇 번이면 상품 선택부터 결제까지 원스톱으로 해결된다. 또한 시간 손실이 적고 오프라인 매장보다 할인율이 높은 것도 매력이다. 단, 직접 상품 확인이 불가능하니 향수·화장품 위주로 구매하는 게 좋다. 브랜드 화장품은 일본보다 훨씬 저렴하다.
인터넷 면세점 역시 사용할 수 있는 쿠폰이 다양하며 각각의 인터넷 면세점마다 판매하는 상품과 가격이 천차만별이라 꼼꼼한 비교가 필수다. 또한 시즌에 따라 깜짝 세일 또는 스페셜 쿠폰을 제공하는 곳도 있으니 수시로 홈페이지를 들락거리는 수고도 잊어서는 안 된다.

롯데 인터넷 면세점 https://kor.lottedfs.com/kr 신라 인터넷 면세점 www.shilladfs.com
신세계 인터넷 면세점 www.ssgdfs.com

김포국제공항

🌐 www.airport.co.kr/gimpo

김포국제공항행 교통편

시내버스
601 · 605 · 651 · 6629 · 6632번
김포공항 하차.
💰 1,500원

지하철
💰 1,500원~
🌐 www.seoulmetro.co.kr

공항철도
💰 1,500원~
🌐 www.arex.or.kr

김포국제공항

김포국제공항에서는 매일 12편의 비행기가 도쿄로 떠난다. 이 공항은 인천국제공항보다 서울 시내에서 가까워 교통이 편하고 이동 시간도 훨씬 적게 걸린다. 대신 공항이 작아 면세점 · 공항 라운지 등의 편의시설이 부족한 게 흠이다. 특히 면세점의 취급 상품이 인천국제공항에 비해 무척 한정적이니 쇼핑에 관심 있다면 시내 면세점 또는 인터넷 면세점(p.113)을 적극 활용하는 게 좋다.

김포국제공항은 국제선 청사와 국내선 청사의 두 건물로 나뉘어 있다. 도쿄 행 항공편이 출발하는 국제선 청사는 총 4개 층으로 이루어져 있으며 1층은 입국장, 3층이 출국장이다. 규모는 작지만 각층에는 은행 · 환전소 · 식당 · 약국 · 편의점 · 핸드폰 로밍 서비스 센터 등의 편의시설이 갖춰져 있다.

1 공항 도착

김포국제공항은 버스 · 지하철 · 공항철도로 연결되며 서울 시내에서의 소요시간은 30분~1시간 정도다. 버스는 국제선 청사→국내선 청사의 순으로 정차하니 안내 방송을 잘 듣고 있다가 반드시 국제선 청사에서 내리자. 만약 국내선 청사에서 내렸다면 1층에서 출발하는 무료 셔틀버스를 타고 국제선 청사로 간다. 지하철 5 · 9호선과 공항철도는 김포공항역에서 내려 표지판을 따라 가면 국제선 청사로 이어진다.

2 탑승 수속

탑승 수속은 국제선 청사 2층에서 한다. 항공사 체크인 카운터가 많지 않아 이용에 큰 어려움은 없다. 기본적인 탑승 수속 요령은 인천국제공항과 동일하니 자세한 내용은 p.110를 참조하자.

김포국제공항 국제선 2층의 항공사 체크인 카운터

3 출국 심사

탑승 수속을 마친 뒤에는 3층으로 올라가 출국 심사를 받는다. 여권과 탑승권을 제시하고 출국장으로 들어가 간단한 세관 · 보안 검색을 마친 뒤, 출국 심사대에서 다시 한 번 여권과 탑승권을 제시하고 출국 스탬프를 받으면 된다.

4 면세점 · 휴게실 이용 및 탑승

출국 심사를 마치고 나오면 바로 앞에 휴게실과 면세점이 있다. 면세품 인도장은 출국 심사대를 등지고 오른쪽, 38번 탑승구 옆에 있으니 시내 · 인터넷 면세점에서 상품을 구매한 경우 여기서 물건을 찾는다. 그리고 느긋하게 시간을 보내다 출발 30~40분 전에 탑승구를 찾아가 비행기에 오른다.

이륙 준비를 하는 비행기와 활주로 / 기내에 오르면 좌석 위의 캐비닛에 짐을 넣는다

김해국제공항

김해국제공항에서는 도쿄 행 비행기가 매일 5회 출발한다. 공항 건물은 국내선 청사와 국제선 청사로 나뉜다. 국제선 청사는 3개 층으로 이루어져 있으며 1층은 입국장, 2층이 출국장이다. 공항이 작아 면세점 시설이 부족하니 쇼핑을 원한다면 부산 시내의 면세점 또는 인터넷 면세점(p.113)을 이용하는 게 좋다.

1 공항 도착

공항은 부산 시내에서 17km 정도 떨어져 있으며 시내버스 · 리무진 버스 · 경전철로 연결된다. 그리 먼 거리는 아니지만 공항까지 이어지는 도로는 상습 정체 구간으로 악명 높으니 버스를 이용할 때는 이동 시간을 넉넉히 잡고 움직이는 게 좋다. 길이 막히지 않으면 시내에서 30~40분으로 충분하지만 러시아워 때는 1시간 이상 예상해야 한다.

2 탑승 수속 · 출국 심사

탑승 수속은 국제선 청사 2층의 항공사 체크인 카운터에서 한다. 기본적인 탑승 수속 요령은 인천국제공항과 동일하니 자세한 내용은 p.110를 참조하자. 탑승 수속을 마친 뒤에는 같은 층의 출국장으로 가서 세관 · 보안 검색과 함께 간단한 출국 심사를 받는다.

3 면세점 · 휴게실 이용 및 탑승

출국 심사까지 마친 뒤에는 면세점 · 휴게실을 이용한다. 면세품 인도장은 출국 심사대를 지나 안쪽에 있다. 그리고 비행기 출발 30~40분 전에 탑승구를 찾아가 비행기에 오르면 된다.

김해국제공항

🌐 www.airport.co.kr/gimhae

김해국제공항행 교통편

좌석버스
307번 김해공항 하차.
🚍 1,700원

리무진 버스
BEXCO · 해운대 · 파라다이스호텔 · 동백섬 입구 · 한화리조트에서 타고 김해공항 하차.
🚍 1만 원

지하철
부산—김해 경전철 공항역 하차.
🚍 1,600원~

제주국제공항

제주국제공항에서는 도쿄 행 항공편이 주 3회 운항한다. 공항은 'ㄱ'자 모양으로 꺾인 하나의 건물로 이루어져 있으며 왼쪽이 국제선, 오른쪽이 국내선 청사다. 공항이 작고 국제선 승객도 많지 않아 이용에 어려움은 없다. 역시 면세점과 편의 시설이 부족하니 면세품 쇼핑은 시내 또는 인터넷 면세점(p.113)을 이용하자.

1 공항 도착

공항은 제주시에 있으며 일반 · 급행버스와 리무진 버스로 연결된다. 시내에서 공항까지는 버스로 30분 정도를 예상하면 된다.

2 탑승 수속 · 출국 심사

탑승 수속은 국제선 청사 3층의 항공사 체크인 카운터에서 하며 기본적인 절차는 인천국제공항과 동일하다(p.110). 탑승 수속을 마친 뒤 같은 층의 출국장으로 들어가 세관 · 보안 검색 및 출국 심사를 받는다.

3 면세점 · 휴게실 이용 및 탑승

출국 심사를 마치고 나오면 바로 앞에 면세점 · 휴게실 · 면세품 인도장 등의 편의시설이 있다. 여기서 시간을 보내다 출발 시각 30~40분 전에 탑승구를 찾아가 비행기를 타면 된다.

제주국제공항

🌐 www.airport.co.kr/jeju

제주국제공항행 교통편

일반버스
315 · 316 · 325 · 326 · 331 · 332 · 365 · 465 · 466번 제주공항 하차.
🚍 1,200원~

리무진 버스
600번 제주공항 하차.
🚍 3,500~5,500원

일본입국 요령

우리나라에서 비행기를 타고 도쿄로 가는 데 걸리는 시간은 2시간~ 2시간 30분 정도. 도착하는 곳은 도쿄 동쪽의 나리타 국제공항 또는 남쪽의 하네다 국제공항이다. 도착과 동시에 일본 입국 절차를 밟게 된다. 일본 공항 특유의 까칠한(?) 분위기 탓에 입국 절차가 살짝 부담스럽게 다가오는 것도 사실이지만, 그렇다고 너무 겁먹을 필요는 없다. 간단한 입국 심사를 거쳐 짐을 찾고, 세관 검사를 받은 뒤 공항을 빠져 나오면 모든 입국 절차가 끝나니까.

일본 입국 절차 요점 정리

입국 카드 작성
Visit Japan Web 또는 수기로 작성한다.

→

입국 심사대 통과
여권을 제시하고 일본 입국 스티커를 받는다.

→

수하물 찾기
자신이 타고 온 비행기의 편명을 확인하고 짐을 찾는다.

→

세관 통과
세관 검사대에서 간단한 짐 검사를 받는다.

→

일본 입국 완료
드디어 도쿄 도착! 이제 시내로 들어가자.

Visit Japan Web

www.vjw.digital.go.jp

1 Visit Japan Web 사전 등록

미리 Visit Japan Web 등록부터 한다. 일본 입국에 앞서 여권 · 체류지 · 세관 정보를 사전 등록하는 것인데, 은근히 시간이 걸리고 인터넷 연결이 필요해 공항에 가서 하려면 번거롭기 짝이 없다. 늦어도 출발 3~4일 전까지는 등록을 마치는 게 좋다. 자세한 이용법은 페이지 하단의 QR 코드에서 확인할 수 있다.

2 일본 입국 카드 · 휴대품 신고서 작성

비행기가 도쿄에 도착할 즈음이면 승무원이 일본 입국 카드와 휴대품 신고서를 나눠준다. Visit Japan Web을 등록한 경우 작성할 필요가 없으니 받지 않아도 된다. 단, 미등록자는 입국시 반드시 필요한 서류이므로 받아서 꼼꼼히 내용을 기입한다. 자세한 작성 요령은 p.118을 참고하자. 미등록자의 경우 일본에 도착해서 Visit Japan Web 등록을 시도하는 것보다 입국 카드와 휴대품 신고서를 직접 손으로 써서 제출하는 게 훨씬 빠르고 간편하다.

3 입국 심사대 찾아가기

비행기에서 내려 도착 '到着 Arrivals' 표지판을 따라가면 입국심사대 入国審査 Immigration에 다다른다. 입국심사대는 일본인과 외국인용으로 줄이 나뉘어 있으니 표지판을 잘 보고 '외국여권 外国旅券 Visitors' 쪽에 줄을 선다.

4 입국 심사대 통과하기

여권과 Visit Japan Web의 '입국심사용 QR 코드' 또는 기내에서 작성한 일본

일본 입국 절차

비행기에서 내린다.

도착 표지판을 따라간다.

입국 심사 표지판이 보인다.

수하물 수취소의 번호를 확인한다.

수하물 수취소 표지판을 따라간다.

입국 심사대에서 줄을 서서 기다린다.

지정된 수하물 수취소에서 짐을 찾는다.

세관 검사대를 통과한다.

드디어 도쿄 도착!

입국 카드를 입국심사대에 제시한다. 그리고 지문 날인과 사진 촬영을 마치면 간단한 확인을 거쳐 90일간의 체류 허가 스티커를 여권에 붙여준다.

가끔 질문을 던지기도 하는데 물어보는 내용은 대개 여행 목적과 여행 일수다. 여행 목적은 '관광 Sightseeing', 여행 일수는 1주일 정도라고 하면 된다. 질문이나 대답은 영어·일본어 가운데 자신 있는 언어로 한다.

5 수하물 찾기

입국심사대를 빠져 나오면 '수하물 수취소 手荷物受取所 Baggage Claim' 표지판이 보인다. 이것을 따라가면 짐 찾는 곳이 나온다. 전광판에 비행기의 편명과 짐 찾는 곳의 번호가 표시돼 있을테니 그곳으로 가서 짐을 찾는다.

6 세관 통과하기

짐을 찾은 뒤에는 바로 앞의 '세관 검사대 税関 Customs'로 간다. Visit Japan Web 등록자는 전자 신고용 검색대에서 여권과 입국심사용 QR 코드, 얼굴 사진을 등록하고 통과한다.

수기 신고용 검색대에서는 신고 물품이 없다는 뜻인 녹색의 '면세 免税 Duty Free' 쪽으로 가서 세관원에게 여권과 휴대품 신고서를 제시하고 통과한다.

7 일본 입국 완료

세관 검사대 앞의 출구를 나가면 드디어 도쿄 도착이다. 나리타 국제공항은 p.122, 하네다 국제공항은 p.129의 교통편을 이용해 시내로 이동한다.

여행자수표 환전

나리타 국제공항·하네다 국제공항 모두 입국장 양옆에 여행자수표를 환전할 수 있는 은행이 있다. 시내의 은행보다 이용하기 편리하니 적극 활용하자.

TRAVEL TIP 일본 입국 카드 & 휴대품 신고서 작성

일본 입국시 반드시 필요한 '공식 서류'는 여권 · 입국 카드 · 휴대품 신고서다. 입국 카드와 휴대품 신고서는 항공기 기내 또는 나리타 · 하네다 국제공항의 입국장 · 세관에서 제공되며, 한국어 · 영어 · 일본어 가운데 선택해서 이용할 수 있다.

입국 카드에 기입할 내용은 간단한 신상 정보와 여행 일정인데, 한자 · 영문으로 적어야 하며 절대로 빈칸을 남기지 않는 게 포인트다. 특히 주의를 기울여야 할 사항은 숙소와 관련된 내용이다. 딱히 정해진 곳이 없더라도 어디든 숙소 이름을 적어 놓아야 입국 심사시 문제가 발생하지 않는다. 입국 심사대에서 집중적으로 확인하는 사항이 숙소와 여행기간이란 사실을 꼭 기억하자. 숙소 예약을 하지 않았을 때는 인터넷 · 구글맵에서 적당한 곳을 골라 숙소명 · 주소 · 전화번호를 적어 넣으면 된다.

휴대품 신고서에는 기초적인 신상 정보와 휴대품 내역을 한자 · 영문으로 기입한 뒤 나리타 · 하네다 국제공항에서 세관을 통과할 때 제출한다.

> Visit Japan Web 등록시 작성하지 않아도 됨

일본 입국 카드 작성 요령

① 영문 성 ② 영문 이름 ③ 생년월일 ④ 우리나라의 거주지 주소 ⑤ 일본 방문 목적
⑥ 일본으로 갈 때 이용한 비행기 편명 ⑦ 일본 체류 예정일 ⑧ 일본의 숙소와 전화번호
⑨ '1 일본에서의 강제퇴거 이력 · 상륙거부 이력, 2 유죄판결의 유무, 3 규제약물 · 총포 · 도검류 ·
화약류의 소지' 항목은 특별한 이상이 없는 한 모두 '아니오 No'에 체크하면 된다.

휴대품 신고서 작성 요령

(A面)

日本国税関
税関様式C第5360号

携帯品・別送品申告書

下記及び裏面の事項について記入し、税関職員へ提出してください。
家族が同時に検査を受ける場合は、代表者が１枚提出してください。

搭乗機（船舶）名・出発地	KE 008	（出発地 SEOUL　　）

入国日 **A** ２,０,２,５ 年 ０,８ 月 １,５ 日

氏　名 フリガナ
B YU DORA

住　所
（日本での
滞在先） **C** TOKYO KOKUSAI HOTEL

電話 ｜,０,３,（,１,２,３,４,）,５,６,７,８

職　業 **D** STUDENT

生年月日 **E** ２,０,０,４ 年 １,２ 月 １,９ 日

旅券番号 **F** A,B,1,2,3,4,5,6,7

同伴家族	２０歳以上	名	６歳以上２０歳未満	名	６歳未満	名

※ 以下の質問について、該当する□に"✓"でチェックしてください。

		はい	いいえ
G. 下記に掲げるものを持っていますか？			
①	日本への持込みが禁止又は制限されているもの（B面を参照）	☐	✓
②	免税範囲（B面を参照）を超える購入品・お土産品・贈答品など	☐	✓
③	商業貨物・商品サンプル	☐	✓
④	他人から預かったもの	☐	✓

＊上記のいずれかで「はい」を選択した方は、B面に入国時に携帯して持ち込むものを記入してください。

	はい	いいえ
H. 100万円相当額を超える現金又は有価証券などを持っていますか？	☐	✓

＊「はい」を選択した方は、別途「支払手段等の携帯輸出・輸入申告書」の提出が必要です。

I. 別送品 入国の際に携帯せず、郵送などの方法により別に送った荷物（引越物物を含む。）がありますか？

☐ はい　（　　　　個） ✓ いいえ

＊「はい」を選択した方は、入国時に携帯して持ち込むものをB面に記載したこの申告書を２部、税関に提出して、税関の確認を受けてください。
税関の確認を受けた申告書は、別送品を通関する際に必要となりますので大切に保管してください。

《注意事項》
海外で購入したもの、預かってきたものなど日本に持ち込む携帯品・別送品については、税関に申告し、必要な検査を受ける必要があります。申告漏れ、偽りの申告などの不正な行為がありますと、処罰されることがありますので注意してください。

この申告書に記載したとおりである旨申告します。

署　名 **J** 사　인

A 일본 입국 일자

B 영문 이름

C 일본의 숙소와 전화번호

D 직업

E 생년월일

F 여권번호

G 다음과 같은 물건을 가지고 있습니까?

① 일본으로 반입이 금지되어 있는 물품
　또는 제한되어 있는 물품.

② 면세 허용 범위를 초과한 물품·토산품·
　선물 등 물품.

③ 상업성 화물·상품 견본.

④ 남의 부탁으로 대리 운반하는 물품.

H 100만 엔 상당액을 초과하는 현금 또는 유가증권 등을 가지고 있습니까?

I 별송품

J 사인

G~**I**의 항목에는 특별한 이상이 없는 한
'아니오 이니에'에 체크하면 된다.

※ **직업** 학생 Student　직장인 Employee
주부 Housewife　기술자 Engineer
교사 Teacher　기자 Journalist
의사 Doctor　예술가 Artist
개인사업 Businessman　요리사 Chef
운동선수 Athlete　회계사 Accountant
운전사 Driver　연예인 Entertainer
탐험가 Explorer　디자이너 Designer
공무원 Goverment Servant(Public Employee)

나리타 국제공항

인천~나리타, 김해~나리타, 제주~나리타 노선을 이용할 경우 가장 먼저 마주하게 되는 일본의 모습은 바로 나리타 국제공항 成田国際空港이다. 공항이 제1터미널·제2터미널·제3터미널 등 여러 개의 건물로 나뉘어 있으며, 층마다 이용할 수 있는 시설이 다르니 주의하자. 더구나 도쿄 여행을 마치고 우리나라로 돌아올 때 한 번 더 이용하게 되므로 공항 안에서 헤매지 않으려면 특징과 이용법을 꼼꼼히 확인해둬야 한다.

나리타 국제공항 요점 정리

제1터미널
한일 노선을 운항하는 대부분의 항공편이 출발·도착한다. 입국장은 1층, 출국장은 4층에 있다.

제2터미널
이스타항공·티웨이항공·일본항공이 이용한다. 입국장은 1층, 출국장은 3층에 있다.

제3터미널
저가항공사 전용 터미널이며 제주항공이 이용한다. 입국장과 출국장은 2층에 있다.

나리타 국제공항 제1터미널

나리타 국제공항

📶 www.narita-airport.jp

제1터미널 이용 항공사

북쪽 윙
대한항공·진에어

남쪽 윙
아시아나항공·에어부산·에어 서울
전일본공수

제2터미널 이용 항공사

티웨이항공·일본항공
이스타항공·에어프레미아

나리타 국제공항 成田国際空港

나리타 국제공항은 매일 수백 편의 항공기가 뜨고 내리는 일본 최대의 공항이다. 건물은 제1터미널·제2터미널·제3터미널의 세 개로 나뉘어 있는데, 제2터미널과 제3터미널은 전용 통로(도보 15분)로 이어져 있는 반면, 따로 떨어진 제1터미널은 무료 셔틀버스로만 연결된다.

제1터미널 第1ターミナル

한일 노선을 운항하는 거의 모든 항공편이 이용하는 제1터미널은 1층 국제선 입국장 및 국내선 출발·도착, 4층 국제선 출국장, 5층 레스토랑·기념품점·전망대로 이루어져 있다. 건물 밖으로 나가면 리무진 버스·택시 승강장이 있으며, 지하에는 도쿄 시내를 연결하는 열차의 역이 있다(자세한 이용법은 p.124~127 참조). 특이한 점은 건물이 남쪽 윙 南ウイング과 북쪽 윙 北ウイング으로 구분된다는 것이다. 두 건물은 연결 통로로 이어져 있지만, 이용하는 항공사가 각기 다르니 헷갈리지 않도록 주의해야 한다.

제2터미널 第2ターミナル

티웨이항공·일본항공이 발착하는 제2터미널은 1층 국제선 입국장, 2층 국내선 출발·도착, 3층 국제선 출국장, 4층 레스토랑·기념품점·전망대로 이루어져 있다. 건물 밖으로 나가면 리무진 버스·택시 승강장이 있으며, 지하에는 도쿄 시내를 연결하는 열차의 역이 있다(자세한 이용법은 p.124~127 참조).

구글맵

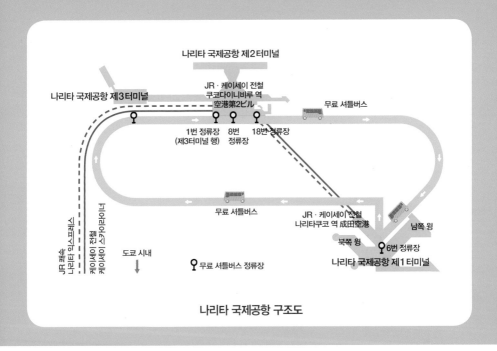

나리타 국제공항 구조도

제3터미널 第3ターミナル

저가항공사 전용인 제3터미널은 2층 국제선 입국·출국장 및 푸드코트로 이루어져 있다. 건물 밖으로 나와 연결통로를 따라가면 리무진 버스·택시 승강장이 있다. 도쿄 시내로 들어가는 열차를 타려면 제2터미널로 가야 한다(도보 15분, 무료 셔틀버스 5분).

출국시 나리타 국제공항 이용법

나리타 국제공항은 시내에서 거리가 멀다는 사실을 잊지 말자. 숙소에서 공항까지 2시간은 예상하고 출발하는 게 안전하다. 나리타 국제공항 이용시 가장 주의할 점은 공항이 3개의 터미널로 나뉘어 있다는 것. 자신이 탈 비행기가 어느 티미널에서 출발하는지부터 확인하고 가자.

나리타 국제공항행 열차는 모두 '제2터미널→제1터미널(종점)'의 순으로 성차하니 내리는 역을 헷갈리지 않게 주의해야 한다. 열차에서 내려 개찰구 쪽으로 가면 큰짐을 실을 수 있는 카트가 비치돼 있다. 무거운 짐은 여기 싣고 공항으로 들어가는 게 편하다.

리무진 버스는 '제3터미널→제2터미널→제1터미널'의 순으로 정차한다. 전철과 달리 출국장 바로 앞에 정차하기 때문에 항공사 카운터로 직행할 수 있어 편리하다. 엉뚱한 터미널에서 내렸을 때는 각각의 터미널 1층에서 출발하는 무료 셔틀버스를 타고 자신이 이용할 터미널로 가면 된다. 교통 카드인 스이카 Suica(p.136) 소지자는 제1터미널 또는 제2터미널 지하의 JR 역에서 스이카를 반납하고 보증금을 환불 받는다.

제3터미널 이용 항공사

제주항공·에어로 K

주의하세요

이용자가 몰리는 성수기에는 출국 수속에 상당한 시간이 걸리니 최대한 서둘러 가는 게 안전하다.

출국장 찾아가는 법

어느 터미널이건 공항 곳곳에 설치된 '국제선 출발 国際線出発 International Departures' 표지판만 따라가면 손쉽게 출국장을 찾을 수 있다.

나리타 국제공항에서 시내로

나리타 국제공항은 도쿄 시내에서 65km나 떨어져 있어 시내로 들어가는 데한두 시간은 족히 걸린다. 공항과 시내를 연결하는 교통편은 케이세이 전철과JR의 철도, 그리고 리무진 버스·택시 등이 있으며 시내까지는 1~2시간이걸린다. 이용하는 교통편에 따라 요금이 천차만별인 것은 물론 각각의 장단점이다르니 이어지는 내용을 잘 살펴보고 선택하자. 참고로 여행자에게 인기가 높은것은 요금이 저렴한 케이세이 전철이다.

시내행 교통편 요점 정리

케이세이 전철
저렴한 요금 때문에 여행자에게인기가 높다. 속도가 빠른케이세이 전철 특급 강추!

JR
케이세이 전철에 비해 요금이조금 비싸지만, JR 도쿄 역이나특정 지역으로 갈 때 이용하면편리하다.

리무진 버스
열차보다 비싸고 느리다.그러나 호텔이나 특정 목적지의바로 앞에 내려주는 게장점이다.

리무진 버스

홈피 www.limousinebus.co.jp
요금 도쿄 시내 3,600엔

주요 행선지별 리무진 버스 정류장

제1터미널
3번 이케부쿠로·시부야·
　　토요스 수산시장
7번 도쿄 역·긴자
10번 도쿄 역·신쥬쿠·이케부쿠로·
　　긴자·시부야·아사쿠사·
　　오다이바·롯폰기
11번 신쥬쿠

제2터미널
6번 도쿄 역·긴자
7번 이케부쿠로·시부야
16번 신쥬쿠
17번 도쿄 역·신쥬쿠·이케부쿠로·
　　긴자·시부야·아사쿠사·
　　오다이바·롯폰기

제3터미널
4번 도쿄 역·긴자
6번 이케부쿠로·시부야
8번 신쥬쿠
9번 도쿄 역·신쥬쿠·이케부쿠로·
　　긴자·시부야·아사쿠사·
　　오다이바·롯폰기

리무진 버스　リムジンバス

리무진 버스는 호텔이나 역 등 주요 지점의 바로 앞에 내려주기 때문에 특정 목적지를 찾아갈 때는 대단히 편리하다. 하지만 도로 사정에 영향을 많이 받아 도착 시각을 가늠하기 힘들다는 단점이 있다. 특히 출퇴근 시간에 걸리면 그야말로속수무책! 교통체증이 비교적 덜한 낮 시간이나 밤 늦게 이용하는 게 안전하다.

실전! 리무진 버스 이용하기

리무진 버스 정류장은 모든 터미널의 1층에 있으며 입국장에서 '버스 バスBus' 표지판을 따라 밖으로 나가면 금방 눈에 띈다. 우선 입국장 안의 매표소에서 티켓을 구매하자. 어느 버스를 타야할지 모를 때는 가고자하는 목적지의지명이나 호텔명을 말하면 직원이 알아서 티켓을 끊어준다.
버스 정류장은 제1터미널 15개, 제2터미널 20개, 제3터미널 10개로 나뉘어있다. 정류장 표지판에 버스의 행선지가 영어·일본어로 자세히 적혀 있으니그것을 보고 자신이 타야 할 버스가 서는 곳에서 기다리면 된다. 종점에서 내릴때는 상관없지만 도중에 내려야 할 때는 안내방송(일본어·영어)에 귀를 기울이자. 내리는 정류장을 잘모를 때는 운전사에게 가고자 하는 지명을 한자나 영어로 적어서 보여주고 내릴곳을 알려달라고 부탁하는게 안전하다.

도쿄 시내를 오가는 리무진 버스

구글맵

택시 タクシー

편하기로는 제일이지만 눈이 핑핑 돌 만큼 비싼 요금 때문에 이용이 꺼려지는 교통편이다. 도쿄 시내까지 들어가는 데 필요한 요금은 2만 엔 수준. 우리 돈 18만 원에 육박하니 어지간히 간이 크지 않고서는 엄두조차 내기 힘들다.

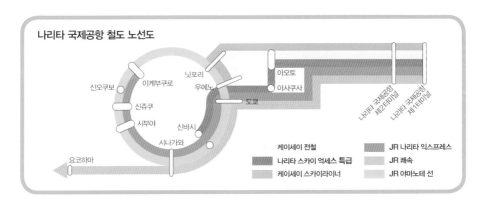

편하지만 요금이 비싼 택시

실전! 택시 이용하기

제1터미널은 공항 1층의 9번 버스 정류장 건너편에 있는 15번 택시 승강장, 제2터미널은 공항 1층의 11번 버스 정류장 건너편에 있는 30번 택시 승강장, 제3터미널은 공항 1층 1번 버스 정류장 근처의 택시 승강장에서 탄다. 공항 곳곳에 '택시 タクシー Taxi' 표지판이 붙어 있어 찾기는 어렵지 않다.
택시의 문은 운전석에서 자동으로 열리고 닫히도록 조작하니 자신이 직접 문을 여닫을 필요는 없다. 택시를 탈 때 주의할 점은 목적지를 정확히 알려줘야 한다는 것이다. 영어가 잘 통하지 않아 목적지명을 한자나 일본어로 적어서 보여주는 게 안전하다. 요금은 미터제이다. 자세한 택시 이용법은 p.135를 참조하자.

나리타 국제공항 철도 노선도

닛포리
이케부쿠로
아오토
신오쿠보
우에노
아사쿠사
신쥬쿠
도쿄
나리타 국제공항 제2터미널
나리타 국제공항 제1터미널
시부야
신바시
시나가와
요코하마

케이세이 전철
JR 나리타 익스프레스
나리타 스카이 억세스 특급
JR 쾌속
케이세이 스카이라이너
JR 야마노테 선

나리타 국제공항에서 도쿄 시내로 가는 교통편

교통편	행선지	소요시간	요금
케이세이 전철 특급	닛포리 역	1시간 15분	1,060엔
	우에노 역	1시간 20분	1,060엔
케이세이 나리타 스카이 억세스 특급	닛포리 역	1시간 5분	1,280엔
	우에노 역	1시간 10분	1,280엔
케이세이 스카이라이너	닛포리 역	40분	2,580엔
	우에노 역	45분	2,580엔
JR 쾌속	도쿄 역	1시간 30분	1,340엔
JR 나리타 익스프레스	도쿄 역	1시간 5분	3,070엔
	신쥬쿠 역	1시간 30분	3,250엔
	시부야 역	1시간 20분	3,250엔
리무진 버스	긴자	1시간 20분~2시간	1,300~3,600엔
	이케부쿠로	2시간	3,600엔
	신쥬쿠	2시간	3,600엔
택시	도쿄 시내	1시간 30분~2시간	2만 엔~

저렴한 요금의 케이세이 전철

케이세이 전철

🌐 www.keisei.co.jp
나리타쿠코 역→우에노 역
특급열차 1시간 20분 1,060엔
쾌속열차 1시간 40분 1,060엔
보통열차 2시간 1,060엔

나리타 스카이 억세스 특급
成田スカイアクセス特急

케이세이 전철 특급과는 경유지가 다른 특급열차. 우에노 직행은 케이세이 전철 특급보다 10분 정도 빠르지만, 경유편은 도중의 아오토 青砥 역에서 열차를 갈아타야 해 불편하고 시간도 오래 걸린다. 즉, 우에노 직행이 아니라면 굳이 비싼 요금 내고 탈 필요가 없다는 뜻!
나리타쿠코 역→우에노 역
1시간 10분 1,280엔

케이세이 전철 京成電鉄

나리타 국제공항과 도쿄 시내를 연결하는 교통편 가운데 요금이 가장 저렴하고 편리해 대부분의 여행자가 이용하는 노선이다. 종점은 도쿄 시내 한복판의 우에노 上野 역(KS01)이며, 도중에 JR 야마노테 선 山手線(p.132)으로 갈아타기 편리한 닛포리 日暮里 역(KS02)에도 정차한다. 이 노선에는 특급 特急 · 쾌속 快速 · 보통 普通 등 세 종류의 열차가 운행되는데, 요금은 모두 동일하니 무조건 속도가 빠른 특급열차를 탄다(20~30분 간격 운행).

1 역 찾아가기

케이세이 전철의 역은 공항 지하에 있다. 제1 · 2터미널에서는 입국장을 나와 주변을 둘러보면 '철도 鉄道 Railways · Train' 표지판이 보인다. 그 표지판을 따라 지하로 내려가면 파란색의 케이세이 전철 매표소와 개찰구가 있다. 제3터미널에서는 연결통로를 따라 제2터미널로 간 다음(도보 15분 또는 무료 셔틀버스 5분), 철도 표지판을 따라 지하로 내려간다.

2 티켓 구매

티켓은 개찰구 옆의 매표소에서 취급하는데, 특급 · 쾌속 · 보통 열차와 나리타 스카이 억세스 특급의 티켓은 자판기, 케이세이 스카이라이너(p.125)의 티켓은 자판기 옆의 유인 매표소에서 판다.
특급열차의 티켓을 구매할 때는 모니터에서 닛포리 역까지의 요금인 '1,060엔'이 표시된 버튼을 누르고, 돈을 넣으면 티켓이 나온다. 자세한 자판기 이용법은 오른쪽 페이지 하단부를 참고하자.

케이세이 전철 이용법(제1 · 2터미널 기준)

철도 표지판을 따라 지하로 내려간다.

매표소에서 티켓을 구매한다.

케이세이 전철의 개찰구를 통과한다.

JR 선 환승 표지판을 따라간다.

안내방송을 듣고 닛포리 역 하차.

행선지를 확인한 뒤 열차에 오른다.

개찰구에서 JR 티켓을 새로 구매한다.

| JY **11** 山手線(内回り)
Yamanote Line |
| JK **12** 京浜東北線
Keihin-Tōhoku Line |

야마노테 선의 플랫폼을 찾는다.

야마노테 선을 타고 최종 목적지로!

구글맵

3 열차 탑승

이제 바로 옆의 케이세이 전철 개찰구로 간다. 그리고 구매한 티켓 또는 교통카드인 스이카를 이용해 개찰구를 통과한 다음, 한 층 아래로 내려가면 열차 플랫폼이다. 참고로 나리타쿠코 成田空港 역(제1터미널)은 2 · 3번 플랫폼, 쿠코다이니비루 空港第2ビル 역(제2터미널)은 3번 플랫폼에서 우에노 행 특급열차가 출발한다. 같은 플랫폼에서 행선지가 다른 열차도 출발하니 타기 전에 최종 행선지가 '우에노 上野'가 맞나 꼼꼼히 확인하자.

4 닛포리 역 하차

약 1시간 15분 뒤 열차가 닛포리 역(KS02)에 도착하면 내린다. 그리고 'Ⓑ JR선 · JR線 · JR Line' 표지판을 따라 윗층으로 올라간다. 케이세이 전철과 JR은 운영 회사가 서로 달라 갈아타려면 티켓을 새로 구매해야 한다. 환승 전용 개찰구 옆에 JR 매표소가 있으니 거기서 케이세이 전철의 티켓을 반납하고 가고자하는 목적지까지의 JR 티켓을 구매한다. 예를 들어 신쥬쿠로 간다면 JR 신쥬쿠 역까지의 티켓을 새로 사는 것이다. 스이카 소지자는 따로 티켓을 살 필요 없이 개찰구에 카드를 찍고 통과하면 된다.

5 JR 갈아타기

새로 구매한 티켓 또는 스이카를 이용해 JR 환승 개찰구를 통과하면 곳곳에 플랫폼 안내 표지판이 붙어 있다. 이것을 보고 원하는 목적지의 열차가 출발하는 플랫폼을 찾아간다. 예를 들어 야마노테 선 山手線을 타고 이케부쿠로 · 신쥬쿠 · 신오쿠보 · 시부야 방면으로 가려면 11번 플랫폼에서 열차를 탄다.

스이카 구매

교통카드인 스이카를 구매하면 일일이 티켓을 살 필요가 없어 편리하다. 구매는 케이세이 전철 매표소 옆의 JR 매표소에서 한다. 자세한 이용법은 p.136 참조.

케이세이 스카이라이너 京成スカイライナ

케이세이 전철과 같은 회사에서 운영하는 고급 열차. 노선은 케이세이 전철과 같지만, 주요 역만 정차하기 때문에 속도가 빠르고 편하다. 안락한 좌석이 제공되며 모든 좌석이 지정석이라 공항 1층, 또는 지하 1층의 유인 매표소에서 티켓을 구매해야 한다. 기타 이용법은 케이세이 전철과 동일하다.

나리타쿠코 역→우에노 역
45분 2,580엔

케이세이 스카이라이너 할인권

우리나라의 인터넷 쇼핑몰과 케이세이 전철 홈페이지에서 판매한다.
요금 편도 2,310엔, 왕복 4,500엔

케이세이 전철 티켓 자판기 이용법　※동영상은 페이지 하단 QR 코드 스캔 · 클릭

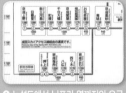
❶ 노선도에서 닛포리 역까지의 요금을 확인한다.

❷ 여러 요금 버튼 가운데 1,060엔이라고 표시된 버튼을 누른다.

❸ 지폐 또는 동전 투입구에 닛포리 역까지의 요금인 1,060엔을 넣는다.

❹ 케이세이 전철의 티켓이 나온다. 함께 나오는 거스름돈도 잊지 말자.

JR

웹 www.jreast.co.jp
나리타쿠코 역→도쿄 역
쾌속열차 1시간 30분 1,340엔
보통열차 2시간 1,340엔

스이카 구매

교통카드인 스이카를 구매하면
일일이 티켓을 살 필요가 없어
편리하다. 구매은 JR 유인 매표소
또는 티켓 자판기에서 한다. 자세한
이용법은 p.136 참조.

제이알 JR

JR은 케이세이 전철에 비해 시간이 오래 걸리고 요금도 비싸다. 그러나 닛포리 · 우에노 역까지만 운행하는 케이세이 전철과 달리 도쿄 시내를 순환 운행하는 JR 야마노테 선 山手線(p.108)과 바로 연결되기 때문에 이 노선상에 있는 숙소 · 목적지를 찾아갈 때 편리하다는 장점이 있다. 즉 경우에 따라서는 JR을 이용하는 게 케이세이 전철보다 편할 수도 있다는 뜻. 열차의 종류는 지하철 수준의 보통열차, 속도가 조금 빠른 쾌속열차, 비싸지만 안락한 시설의 특급열차인 나리타 익스프레스 成田エクスプレス N'EX가 있다. 쾌속 · 보통 열차는 요금이 동일하니 무조건 속도가 빠른 쾌속열차를 이용하는 게 현명하다.

1 역 찾아가기

JR의 역은 공항 지하에 있다. 제1 · 2터미널에서는 입국장을 나와 주변을 둘러보면 '철도 鉄道 Railways · Train' 표지판이 보인다. 그 표지판을 따라 지하로 내려가면 빨간색의 JR 매표소와 개찰구가 있다. 제3터미널에서는 연결통로를 따라 제2터미널로 간 다음(도보 15분 또는 무료 셔틀버스 5분), 철도 표지판을 따라 지하로 내려간다.

2 티켓 구매

티켓은 개찰구 옆의 매표소에서 취급하는데, 쾌속 · 보통 열차의 티켓은 자판기, 나리타 익스프레스(p.127)의 티켓은 전용 자판기 또는 유인 매표소에서 판다. 쾌속 · 보통 열차의 티켓을 구매할 때는 먼저 자판기 위의 노선도에서 가고자 하는 목적지까지의 요금을 확인한다. 그리고 모니터에서 '티켓 きっぷ' 버튼

JR 이용법(제1 · 2터미널 기준)

철도 표지판을 따라 지하로 내려간다. → JR 매표소에서 티켓을 구매한다. → JR의 개찰구를 통과한다.

야마노테 선 환승 표지판을 따라간다. ← 안내방송을 듣고 도쿄 역 하차. ← 행선지를 확인한 뒤 열차에 오른다.

야마노테 선의 플랫폼을 찾는다. → 야마노테 선으로 갈아탄다. → 최종 목적지 도착!

구글맵

과 방금 전에 확인한 요금의 버튼을 차례로 누르고 돈을 넣으면 티켓이 나온다. 자세한 이용법은 페이지 아랫부분을 참고하자.

3 열차 탑승

매표소 바로 옆의 JR 개찰구로 간다. 그리고 개찰구를 통과해 에스컬레이터를 타고 한 층 아래로 내려가면 플랫폼이 나타난다. 플랫폼 위에 설치된 전광판에서 출발하는 열차의 종류와 행선지 등을 확인한 뒤 열차에 오르면 된다. 열차의 안내방송은 기본적으로 일본어와 영어가 함께 나온다. 공항에서 출발하는 열차는 도쿄 역을 지나 요코하마 横浜 인근까지 운행하니 안내방송에 귀를 기울이며 도쿄 역을 지나치지 않게 주의하자.

4 도쿄 시내 도착

약 1시간 30분 뒤 열차가 도쿄 역에 도착하면 내린다. 그리고 녹색의 '야마노테 선 山手線 · Yamanote Line' 표지판을 따라 윗층으로 올라간다. 우에노 上野 · 이케부쿠로 池袋 방면으로 갈 때는 4번 플랫폼에서 야마노테 선 내선순환 열차, 신쥬쿠 新宿 방면으로 갈 때는 1 · 2번 플랫폼에서 츄오 선 中央線 열차, 하마마츠쵸 浜松町 · 시나가와 品川 · 시부야 渋谷 방면으로 갈 때는 5번 플랫폼에서 야마노테 선 외선순환 열차로 갈아타면 된다.

공항에서 출발한 쾌속열차는 도쿄 역을 지나 시나가와 品川 역에도 정차하므로 시나가와 · 시부야 방면으로 갈 때는 시나가와 역에서 내려도 된다. 시나가와 역은 도쿄 역보다 구조가 단순해 시부야 방면 야마노테 선(2번 플랫폼)을 갈아타기가 한결 수월하다.

JR 나리타 익스프레스

나리타 익스프레스

도쿄 시내를 가장 빠르고 편하게 연결하는 교통편이다. 특히 도쿄 · 신쥬쿠 · 시부야 역까지 바로 가려는 여행자에게 유리하다. 전좌석 지정석이라 매표소에서 예약해야만 탈 수 있다.

나리타쿠코 역→도쿄 역
1시간 5분 3,070엔

나리타쿠코 역→시부야 역
1시간 20분 3,250엔

나리타쿠코 역→신쥬쿠 역
1시간 30분 3,250엔

나리타 익스프레스 할인권

우리나라의 인터넷 쇼핑몰과 JR 홈페이지에서 판매한다.
📷 왕복 5,000엔
🌐 www.jreast.co.jp

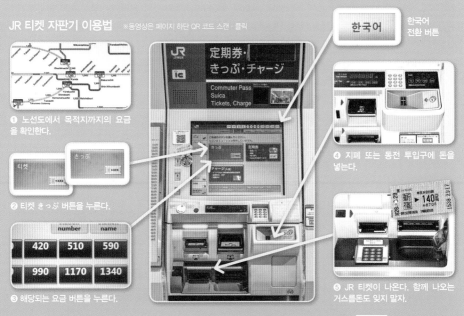

JR 티켓 자판기 이용법 ※동영상은 페이지 하단 QR 코드 스캔 · 클릭

한국어 한국어 전환 버튼

定期券·
きっぷ·チャージ

Commuter Pass
Suica
Tickets, Charge

① 노선도에서 목적지까지의 요금을 확인한다.

티켓   きっぷ

② 티켓 きっぷ 버튼을 누른다.

number	name	
420	510	590
990	1170	1340

③ 해당되는 요금 버튼을 누른다.

④ 지폐 또는 동전 투입구에 돈을 넣는다.

⑤ JR 티켓이 나온다. 함께 나오는 거스름돈도 잊지 말자.

하네다 국제공항

김포~하네다 노선을 이용할 때는 도쿄 남부에 위치한 하네다 국제공항 羽田国際空港에 도착한다. 여러 개의 터미널로 복잡하게 구성된 나리타 국제공항과 달리 이곳은 국제선 터미널(제3터미널)이 하나밖에 없어 이용하기가 한결 수월하다. 더구나 최근에 지어진 까닭에 시설이 쾌적하고 편의시설이 잘 갖춰진 것도 놓치기 힘든 매력이다. 우리나라로 돌아올 때 다시 이용하게 되니 공항의 특징을 잘 기억해두자.

하네다 국제공항 요점 정리

입국장
제3터미널 2층에 있다. 같은 층에 도쿄 시내로 들어가는 모노레일과 사철 역이 있어 편리하다.

출국장
제3터미널 3층에 있다. 공항 어디서나 출발 出発 Departures 표지판만 따라가면 쉽게 찾을 수 있다.

편의시설
4 · 5층에 식당 · 기념품점이 모여 있다. 도쿄의 옛 거리를 재현한 쇼핑가 에도 마켓 플레이스가 볼만하다.

하네다 국제공항

하네다 국제공항

🌐 www.tokyo-airport-bldg.co.jp

하네다 국제공항 羽田国際空港

하네다 국제공항은 주요 국제선과 일본 국내선 중심의 도심공항이다. 건물은 국제선이 운항하는 제3터미널과 국내선이 운항하는 제1 · 2터미널의 세 개로 나뉘어 있다. 도쿄만 여행할 경우 일본 국내선을 이용할 일은 없으므로 제3터미널 이용법만 알아두면 충분하다.

입국장 到着ロビー

하네다 국제공항의 입국장은 2층에 있다. 입국장을 나오자마자 바로 왼쪽에 은행 출장소, 오른쪽에 현금 자동지급기와 편의점이 있으며, 정면으로 가면 도쿄 시내를 연결하는 모노레일과 사철 케이큐 선의 역이 있다. 1층으로 내려가면 도심으로 들어가는 리무진 버스와 택시를 이용할 수 있다.

출국장 出発ロビー

출국장은 3층이며 공항 어디서나 '출발 出発 Departures' 표지판만 따라가면 손쉽게 출국장을 찾을 수 있다. 4 · 5층에는 레스토랑 · 기념품점 등의 편의시설이 모여 있어 탑승 수속을 마친 뒤 시간이 남을 때는 여기서 시간을 보내도 좋다. 4층에는 18세기 도쿄의 거리를 재현한 에도 마켓 플레이스 Edo Market Place란 쇼핑가가 있어 재미난 눈요깃거리도 제공한다.

하네다 국제공항의 출국장

🔲 구글맵

하네다 국제공항에서 시내로

하네다 국제공항은 도심에서 불과 16㎞밖에 안 떨어져 있다. 교통이 편리한 것은 물론 시내까지의 거리가 짧아 이동시간이 적게 걸리고 교통비도 저렴하다. 연결 노선은 전철과 버스가 있는데 편리함이나 이동시간 면에서는 전철이 훨씬 유리하다. 전철은 도쿄 모노레일과 사철 케이큐 선이 운행된다. 최대한 편리한 쪽을 원하면 도쿄 모노레일, 요금이 저렴한 쪽을 원하면 케이큐 선을 이용하는 게 좋다.

시내행 교통편 요점 정리

도쿄 모노레일
노선이 단순해 이용하기 쉬우며 이동시간이 적게 걸린다. 도심까지의 소요시간은 불과 13~18분!

케이큐 선
도심까지의 소요시간은 12~20분 정도. 요금은 도쿄 모노레일보다 저렴하지만 이용하기가 조금 까다롭다.

리무진 버스
전철보다 느리고 비싸다. 그러나 호텔이나 특정 목적지의 바로 앞에 내려줘 편리하다.

리무진 버스 リムジンバス

리무진 버스는 호텔 등 주요 지점의 바로 앞에 내려줘 특정 목적지를 찾아갈 때 이용하면 편리하다. 소요시간은 35~50분이지만 출퇴근 시간에 걸리면 도착 시각을 가늠하기 힘드니 교통체증이 덜한 시간대에 이용하는 게 좋다. 리무진 버스 정류장은 1층에 있으며 입국장에서 '버스 バス Bus' 표지판을 따라가면 금방 찾을 수 있다. 매표소는 입국장을 나오자마자 정면 왼쪽, 그리고 버스 정류장 앞에 있다. 정류장 표지판에 버스의 행선지가 영어 · 일본어로 자세히 적혀 있으니 그것을 보고 자신이 타야 할 버스가 서는 곳에서 기다리면 된다. 종점에서 내릴 때는 상관없지만 도중에 내려야 할 때는 안내방송(일본어 · 영어)에 귀를 기울이자. 내리는 정류장을 모를 때는 운전사에게 가고자 하는 지명을 한자나 영어로 적어서 보여주고 내릴 곳을 알려달라고 부탁하면 된다.

리무진 버스 정류장

리무진 버스
www.limousinebus.co.jp
요금 도쿄 역 1,000엔
　　 신주쿠 1,400엔
　　 오다이바 800엔
　　 아사쿠사 1,200엔
　　 이케부쿠로 1,400엔

택시 タクシー

편하기로는 제일이지만 비싼 요금 때문에 이용이 조금 부담스럽다. 도쿄 시내까지의 소요시간은 30~50분, 요금은 6,000~1만 엔 수준이다. 택시 정류장은 1층에 있으며 '택시 タクシー Taxi' 표지판만 따라가면 쉽게 찾아진다. 정류장은 21번과 22번 두 개가 있는데, 도쿄 도심으로 들어가는 택시는 22번 정류장에서 탄다. 자세한 택시 이용법은 p.135를 참조하자.

비싸지만 편리한 택시

도쿄 모노레일

🌐 www.tokyo-monorail.co.jp
하네다 국제공항 제3터미널→
하마마츠쵸
보통열차 18분 520엔
쾌속열차 13분 520엔

스이카 구매

교통카드인 스이카를 구매하면
일일이 티켓을 살 필요가 없어
편리하다. 도쿄 모노레일의 티켓
자판기 또는 개찰구 옆의 JR 유인
매표소에서 구매한다. 자세한
이용법은 p.136 참조.

**하네다 국제공항
철도 노선도**

이케부쿠로   우에노
신오쿠보
신쥬쿠   도쿄

시나가와
하마마츠쵸
하네다 국제공항 제3터미널

■ JR 야마노테 선
■ 도쿄 모노레일
■ 케이큐 전철

도쿄 모노레일 東京モノレール

하네다 국제공항과 도쿄 시내 남쪽의 하마마츠쵸 浜松町를 오가는 모노레일.
노선이 단순해 이용하기 쉬운 게 장점이다. 종점인 하마마츠쵸 역(MO01)은
JR 하마마츠쵸 역과 나란히 이어져 있으며, 여기서 야마노테 선山手線으로 갈
아타면 도쿄 시내 어디로든 편하게 갈 수 있다.

도쿄 모노레일 이용법

하네다 국제공항의 입국장을 나와 정면으로 40m쯤 가면 왼쪽에 '모노레일
モノレール' 표지판과 함께 매표소·개찰구가 있다. 티켓은 자판기에서
구매한다. 우선 자판기의 모니터에서 '모노레일 티켓 モノレールきっぷ·
Monorail Ticket' 버튼을 누르고, '모노레일 하마마츠쵸 モノレール浜松町·
Hamamatsucho 520엔' 버튼을 선택한 뒤 돈을 넣으면 티켓이 나온다.

종점인 하마마츠쵸 역(MO01)에 도착하
면 '중앙 출구 中央口' 표지판을 따라 한
층 아래로 내려간다. 개찰구를 나와 'JR
線·Yamanote Line' 표지판을 따라가
면 JR 하마마츠쵸 역이 나온다. 여기서
최종 목적지까지의 티켓을 산 다음 야마
노테 선을 타면 된다. 참고로 시부야·
신쥬쿠·신오쿠보 방면 열차는 3번 플랫
폼, 도쿄 역·우에노 방면 열차는 2번 플
랫폼에서 탄다.

도쿄 모노레일 이용법

모노레일 표지판을 따라간다.

매표소에서 티켓을 구매한다.

바로 옆의 개찰구를 통과한다.

JR 표지판을 따라간다.

모노레일을 타고 종점에서 내린다.

2번 플랫폼을 찾아간다.

JR 하마마츠쵸 역 도착.

야마노테 선 표지판을 따라간다.

야마노테 선을 타고 최종 목적지로!

구글맵

케이큐 선 京急線

하네다 국제공항과 JR 시나가와 品川 역(KK01)을 연결하는 노선이다. 도쿄 모노레일보다 요금이 저렴하고, 시부야·신쥬쿠·신오쿠보 방면으로 갈 때 이용하면 편리하다. 흠이라면 열차 이용법이 조금 까다로워 일본어에 익숙하지 않은 이는 이용하기가 약간 불편할 수도 있다는 것이다.

케이큐 선 이용법

하네다 국제공항의 입국장을 나와 정면으로 40m쯤 가면 오른쪽에 매표소와 개찰구가 있다. 티켓은 자판기에서 구매한다. 자판기의 모니터에서 '티켓 きっぷ · Ticket' 버튼을 누르고, 왼쪽 상단의 '케이큐 선 京急線 · Keikyu Line' 버튼을 선택한 다음, 시나가와 역까지의 요금인 330엔 버튼을 누른 뒤 돈을 넣으면 티켓이 나온다.

매표소 옆의 개찰구를 통과해 지하로 내려가려면 플랫폼이 있다. 같은 플랫폼에서 행선지가 다른 열차도 출발하니 반드시 '시나가와 品川' 행이 맞나 확인하고 타야 한다. 시나가와 역에서 내려 'JR 선 환승 JR線のりかえ · Transfer to JR Line' 표지판을 따라가면 개찰구를 통과하기 직전에 JR 매표소가 보인다. 여기서 케이큐 선의 티켓을 반납하고 최종 목적지까지의 티켓을 새로 구매한다. 예를 들어 신쥬쿠 新宿로 간다면 신쥬쿠까지의 JR 티켓을 구매하는 것이다. 새 티켓을 가지고 JR 개찰구를 통과한 다음 역 구내의 표지판을 보고 야마노테 선 山手線 열차가 출발하는 플랫폼을 찾아간다. 예를 들어 시부야·신쥬쿠·신오쿠보·이케부쿠로 방면은 2번 플랫폼, 도쿄 역·아키하바라·우에노방면은 1번 플랫폼에서 탄다.

케이큐 선

📮 www.keikyu.co.jp
하네다 국제공항 제3터미널→
시나가와
쾌속특급 12분 330엔
급행열차 20분 330엔

스이카 구매

교통카드인 스이카를 구매하면 일일이 티켓을 살 필요가 없어 편리하다. 케이큐 선 매표소 맞은편에 위치한 도쿄 모노레일의 매표소 또는 그 옆의 JR 유인 매표소에서 구매한다. 자세한 이용법은 p.136 참조.

케이큐 선 이용법

케이큐 선 표지판을 따라간다.

매표소에서 티켓을 구매한다.

바로 옆의 개찰구를 통과한다.

JR 선 환승 표지판을 따라간다.

열차를 타고 시나가와 역에서 내린다.

지하의 플랫폼으로 내려간다.

매표소에서 JR 티켓을 새로 구매한다.

야마노테 선 플랫폼을 찾아간다.

야마노테 선을 타고 최종 목적지로!

도쿄 시내 교통

이용 가능한 대중교통은 JR · 지하철 · 사철 私鉄 · 시내버스 · 전차 · 택시 등이 있다. 이 가운데 가장 편리한 교통수단은 시내 전역을 거미줄처럼 촘촘히 연결하는 JR · 지하철 · 사철의 전철 삼총사다. 특히 JR의 야마노테 선 山手線은 도쿄 여행의 '황금 노선'으로 일컬어질 만큼 활용도가 높다. 다양한 노선의 시내버스도 있지만 환상적인(?) 교통체증과 복잡한 도로 사정이 인내심을 시험하는 좋은 기회만 제공할 뿐이란 사실을 잊지 말자.

도쿄 시내 교통 요점 정리

JR
도쿄 시내와 근교를 그물망처럼 연결하는 전철. 주요 명소를 찾아가기 편리한 야마노테 선에 주목하자!

지하철
JR로 연결되지 않는 도심의 특정 지역을 찾아갈 때 유용하다. 저렴한 1일권을 활용해도 좋다.

스이카
대중교통을 편히 이용하려면 교통카드인 스이카를 구매하자. 잔돈을 준비할 필요가 없으며 요금 할인도 된다.

JR

운행 04:30~00:30(노선에 따라 다름)
홈피 www.jreast.co.jp

역 번호
도쿄 시내의 모든 JR 역에는 알파벳과 숫자로 표시된 역 번호가 붙어 있다. 초행자는 역 이름보다 번호로 역을 찾는 게 훨씬 쉽다.
야마노테 선 JY 01~30
소부 선 JB 01~39
츄오 선 JC 01~24

제이알 JR

JR은 Japan Railway에서 운영하는 전철로 도쿄 시내와 근교를 빠짐없이 연결한다. 실제로 JR만 이용해도 주요 명소의 대부분을 소화할 수 있을 만큼 노선이 충실하다. 이용 빈도가 높은 것은 야마노테 선 · 소부 선 · 츄오 선의 3개 노선이다. 각 노선은 차량에 노선명이 붙어 있고 색깔로도 구별된다. 야마노테 선은 연두색, 소부 선은 노란색, 츄오 선은 주황색이다.

야마노테 선 山手線 도쿄 시내의 주요 명소가 대부분 이 노선상에 위치한다. 서울의 지하철 2호선과 같은 순환선으로 시내를 한 바퀴 도는 데 1시간 정도 걸린다. 자세한 내용은 p.108를 참고하자.

JR 야마노테 선

소부 선 総武線 야마노테 선의 중앙부를 '一'자로 관통하는 노선. 츄오 · 소부 선 中央 · 総武線이라고도 부른다. 신쥬쿠 · 아키하바라 秋葉原 등을 경유하며, 야마노테 선으로 연결되지 않는 료고쿠 両国 방면의 볼거리와 도쿄 시내 중앙부의 숙소 · 명소를 찾아갈 때 유용하다.

츄오 선 中央線 소부 선과 거의 동일한 노선을 운행하는 급행 노선이다. 주요 역만 정차해 소부 선보다 속도가 훨씬 빠르다. 도쿄 역에서 신쥬쿠로 직행하거나, 나카노 中野 · 키치죠지 吉祥寺 방면으로 갈 때 이용하면 편리하다.

속도가 빠른 JR 츄오 선

모든 역에 정차하는 JR 소부 선

JR 티켓 자판기 이용법 ※동영상은 페이지 하단 QR 코드 스캔 · 클릭

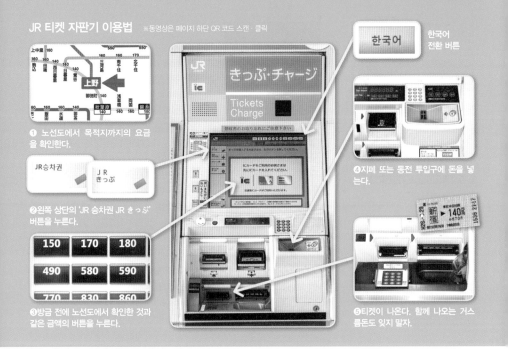

한국어
전환 버튼

한국어

① 노선도에서 목적지까지의 요금을 확인한다.

JR승차권

JR
きっぷ

②왼쪽 상단의 'JR 승차권 JR きっぷ' 버튼을 누른다.

150	170	180
490	580	590
770	830	860

③방금 전에 노선도에서 확인한 것과 같은 금액의 버튼을 누른다.

④지폐 또는 동전 투입구에 돈을 넣는다.

⑤티켓이 나온다. 함께 나오는 거스름돈도 잊지 말자.

요금 및 운행 시간

요금은 거리에 비례해 올라간다. 시내 구간의 경우 1~3정거장 150엔, 4~6정거장 170엔, 7~9정거장 180엔, 10~15정거장 210엔 수준이다. 역간 소요시간은 야마노테 선 · 소부 선은 2~3분, 츄오 선은 3~5분이다.

실전! JR 타기

교통카드인 스이카 Suica(p.136) 소지자는 바로 개찰구를 통과할 수 있다. 스이카가 없을 때는 상단의 자판기 이용법을 참고해 매표소에서 티켓을 구매한다. 기본적인 승하차 요령은 우리나라의 지하철과 동일하다. 개찰구를 통과하면 노선별 플랫폼 안내판이 보이는데 이것을 참고해 플랫폼을 찾아간다. 안내판은 일본어 · 영어 · 한국어로 적혀 있으며, 차량의 안내방송은 일본어 · 영어로 나온다. 차량의 출입구 위에 노선도가 붙어 있으니 안내방송과 노선도를 확인하고 목적지에서 내린다. 열차에서 내리면 역의 출구 위치가 표시된 노란색 안내판을 보고 방향을 잡는다. 출구 쪽에는 역을 중심으로 주요 건물과 명소의 위치를 알려주는 지도가 있는데, 이것을 보고 이동하면 길 찾기가 한결 수월하다. 열차를 갈아탈 때는 '환승 のりかえ Transfer' 표지판을 따라가면 된다.

역의 출구 위치를 알려주는 표지판

JR 이용시 주의사항

출퇴근 시간대에는 이용을 피하는 게 상책이다. 서울의 지옥철보다 심하면 심했지 결코 덜하지 않다. 출퇴근 시간은 평일 07:30~09:00, 18:00~20:00다. 굳이 이 시간대에 타려면 비교적 승객이 적은 맨 앞이나 맨 뒷칸을 이용하자.

도쿄 메트로(좌), 토에이(우)의 로고

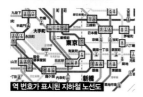

역 번호가 표시된 지하철 노선도

도쿄 메트로

노선 긴자 선 · 난보쿠 선 ·
마루노우치 선 · 유라쿠쵸 선 ·
치요다 선 · 토자이 선 · 한조몬 선 ·
후쿠토신 선 · 히비야 선
🌐 www.tokyometro.jp

토에이

노선 미타 선 · 신쥬쿠 선 ·
아사쿠사 선 · 오에도 선
🌐 www.kotsu.metro.tokyo.jp

지하철

🕐 04:30~00:30(노선에 따라 다름)

전차

도쿄 사쿠라 트램
💴 1회 170엔
🕐 06:00~23:04
🌐 www.kotsu.metro.tokyo.jp/toden

도덴 1일 승차권 都電一日乗車券
전차를 하루종일 맘대로 탈 수 있다.
전차에서 판매한다.
💴 400엔

도에이 마루고토 티켓
都営まるごときっぷ
전차 · 토에이 지하철 · 토에이 버스 ·
닛포리 · 도네리 라이너를 자유로이
이용할 수 있는 1일권. 토에이
지하철역 또는 전차 · 버스에서
판매한다.
💴 700엔

도쿄 사쿠라 트램

 구글맵

도쿄 시내의 지하철역

지하철 地下鉄

도쿄 시내의 13개 지하철 노선은 도쿄 메트로 東京メトロ(9개 노선)와 토에이 都営(4개 노선)의 두 회사에서 운영한다. 지하철은 JR로 연결되지 않는 도심의 특정 지역을 찾아갈 때 유용하다. 복잡한 노선 때문에 초행자가 이용하기 부담스러운 면도 있으니 노선도를 꼼꼼히 확인하고 이용하자. 안내판 · 표지판은 한국어 · 일본어 · 영어가 병기돼 있다.

지하철 노선도에서 원 안에 알파벳과 숫자로 표시된 것은 역의 고유 번호다. 예를 들어 '도쿄 東京(M17)'라고 쓰인 것은 이 역이 마루노우치 선(M)의 17번째 역임을 뜻하며, 실제 지하철역에도 같은 번호가 표시돼 있다. 초행자는 역 이름보다 고유 번호로 역을 찾는 게 훨씬 쉽다는 사실을 기억하자.

요금 및 운행 시간

요금은 거리에 비례해 올라간다. 도쿄 메트로의 요금은 1~6정거장 180엔, 7~10정거장 210엔, 11정거장 이상 260엔 정도다. 토에이의 요금은 1~4정거장 180엔, 5~8정거장 220엔, 9~13정거장 280엔, 14~19정거장 330엔, 20정거장 이상 380엔으로 도쿄 메트로보다 조금 비싸다. 지하철을 자주 이용할 때는 p.139의 24시간 승차권 · 1일권을 구매하는 게 경제적이다.

실전! 지하철 타기

JR처럼 스이카를 이용할 수 있다. 스이카가 없을 때는 매표소의 티켓 자판기에서 티켓을 구매한다. 자판기 위의 노선도를 보고 가려는 역까지의 요금을 확인한 뒤 자판기에 돈을 넣고, 모니터에 표시된 요금 버튼을 누르면 티켓이 나온다. 기본적인 이용법은 우리나라의 지하철과 비슷하다. 갈아탈 때는 노선 · 행선지명이 적힌 '환승 のりかえ' 표지판을 따라간다.

지하철 이용시 주의사항

같은 회사에 소속된 노선끼리는 티켓 한 장으로 자유로이 갈아탈 수 있지만, 소속이 다른 회사의 노선으로 갈아탈 때는 티켓을 새로 사야 한다. 예를 들어 도쿄 메트로 소속의 지하철을 타고 가다가 토에이 소속의 지하철로 갈아타거나 그 반대의 경우로 갈아탈 때가 이에 해당한다. 즉 갈아타는 횟수가 늘어날수록 추가요금을 낼 가능성도 높아지니 주의하자.

전차 電車

도쿄의 역사가 깃들어 있는 낭만적인 교통수단이다. 도쿄 시내의 유일한 전차 노선인 도쿄 사쿠라 트램 東京さくらトラム(도덴아라카와 선 都電荒川線)은 1911년 운행을 개시했으며, 도쿄 북부를 동서로 가로지르는 12.2km 구간(와세다 早稲田~미노와바시 三ノ輪橋)을 운행한다. 전차를 타고 가다보면 유서 깊은 대학가와 예스러운 사찰, 활기찬 상점가 등 여러 명소를 들를 수 있어 흥미롭다. 전 구간 단일 요금제이며 요금은 앞문으로 탈 때 낸다. 현금은 물론 스이카 Suica 등의 교통카드도 사용할 수 있어 편리하다.

사철 私鉄

JR · 지하철과는 다른 별개의 사업자가 운영하는 전철이다. 주로 교외와 공항을 연결하기 때문에 도쿄 시내에서는 이용 가능성이 적다. 대표적인 노선으로는 오다큐 선 小田急線, 토큐토요코 선 東急東横線, 케이오 선 京王線, 케이세이 선 京成線 등을 꼽을 수 있다. 주로 장거리 노선을 운행해 열차 종류가 보통 普通 · 쾌속 快速 · 급행 急行으로 세분화돼 있다. 등급만 다를 뿐 요금은 동일하니 속도가 빠른 쾌속 · 급행 위주로 이용하는 게 좋다.

요금은 JR · 지하철과 마찬가지로 거리에 비례해 올라가며 스이카를 사용할 수 있다. 기본적인 이용법은 JR · 지하철과 같다. 단, 운영 회사가 서로 달라 JR · 지하철 등 다른 노선으로 갈아탈 때는 새로 티켓을 끊어야 하니 주의!

도쿄 근교를 연결하는 사철

사철

🕐 05:00~00:00(노선에 따라 다름)

시내버스 市内バス

시내버스는 여러 회사에서 운영한다. 가장 활용도가 높은 것은 다양한 노선의 토에이 버스 都営バス다. 버스의 장점은 전철로 연결되지 않는 지역까지 운행하며, 창밖으로 펼쳐지는 도쿄의 일상을 감상하면서 느긋하

토에이 버스 이용법은 우리나라와 비슷하다

게 여행을 즐길 수 있다는 것이다. 버스는 앞문으로 타고 뒷문으로 내리며, 요금은 탈 때 현금 또는 스이카로 낸다. 토에이 버스는 전 구간 단일 요금제인 반면, 일부 회사에서 운영하는 버스는 운행 거리에 비례해 요금을 받는 경우도 있다. 우리나라와 달리 환승 할인은 적용되지 않으니 주의하자.

토에이 버스는 차내에서 무료 WiFi를 사용할 수 있다. 스마트폰의 지도 앱으로 정류장 위치나 이동 루트를 확인하면 버스 이용이 한결 수월해진다.

시내버스

💰 1회 210엔~
🕐 05:30~23:30(노선에 따라 다름)
🌐 www.kotsu.metro.tokyo.jp/bus
토에이 버스 1일 승차권
都バス一日乗車券
시내버스 가운데 토에이 버스 都営バ스를 자주 탈 때 유용하다. 단, 다른 회사의 버스는 이용할 수 없다.
💰 500엔

택시 タクシー

택시는 주정차 금지구역이 아닌 곳 또는 역 주변의 택시 승강장에서 잡는다. 요금은 시간 · 거리 병산제에 심야할증까지 있어 결코 싸지 않다. 지하철로 두 정거장쯤의 거리를 달리면 1,000엔 정도. 거리가 짧을 때에 한해 서너 명이 함께 타면 지하철 요금과 비슷하게 이용할 수 있다. 택시 문은 자동으로 열리고 닫히도록 운전석에서 조작하므로 자신이 직접 여닫을 필요가 없다.

택시

일본어 외의 언어는 잘 통하지 않는다. 운전사에게 목적지의 이름을 일본어 · 한자로 적어서 보여주는 게 상책이다.
💰 기본요금 1,096m까지 500엔
　　추가요금 255m당 100엔
　　1분 35초당 100엔
　　심야할증 22:00~05:00 20%

일본의 독특한 버스 이용법

시내버스는 전 구간 요금이 동일한 선불제이지만, 교외를 운행하는 버스는 거리에 비례해 요금이 올라가는 후불제다. 버스를 탈 때 문 옆을 보면 은행의 대기자 번호표 발행기와 비슷한 기계가 있다. 거기서 번호가 적힌 세리켄 整理券을 뽑는다. 버스가 목적지에 다다를 즈음이면 운전석 왼쪽 위에 설치된 번호판에서 세리켄과 같은 번호가 적힌 칸의 숫자를 확인한다. 그 숫자가 바로 버스 요금이다. 버스가 정차하면 세리켄과 요금을 운전석 옆의 요금함에 넣고 내리면 된다. 잔돈이 없을 때는 요금함에 달린 동전 교환기를 이용한다. 500엔 동전이나 1,000엔 지폐를 넣으면 10 · 100엔 동전이 교환돼 나온다. 단, 스이카 소지자는 버스를 탈 때와 내릴 때 카드를 찍으면 요금이 자동 정산되기 때문에 세리켄을 뽑을 필요가 없다.

운전석 옆의 요금 확인 번호판

TRAVEL TIP 만능 교통카드, 스이카

스이카 Suica는 JR에서 판매하는 교통카드다. 이 카드 한 장으로 JR은 물론 도쿄 시내에서 운행하는 모든 대중교통을 자유로이 이용할 수 있다. 필요한 금액만큼 충전시켜 놓고 사용하기 때문에 대중교통을 이용할 때마다 티켓을 사거나 요금을 내기 위해 잔돈을 준비하는 번거로움이 없는 게 빼놓을 수 없는 매력이다.

모바일 스이카

반도체 부족으로 인해 스이카 판매가 잠정 중지됐다. 대신 스마트폰에 모바일 스이카를 설치해 사용 가능하다.
🌐 www.jreast.co.jp/mobilesuica

스이카 구매 및 충전

스이카는 도쿄 시내에 있는 모든 JR 역의 유인 매표소(미도리노마도구치 みどりの窓口) 또는 매표소에 설치된 티켓 자판기에서 구매한다. 최초 구매액은 1,000엔이며 카드 보증금 500엔과 사용 가능 금액 500엔이 포함돼 있다.

요금이 부족하면 충전해서 사용한다. 충전은 JR 역의 티켓 자판기 · 정산기에서 할 수 있다. 충전 단위는 500 · 1,000 · 2,000 · 3,000 · 5,000 · 1만 엔이며, 최대 충전 가능 금액은 2만 엔까지다. 지하철역에서도 요금 충전이 가능한데, JR 역의 티켓 자판기와 달리 지하철역의 티켓 자판기에서는 10엔 단위로도 충전할 수 있어 소액을 충전할 때 이용하면 편리하다.

스이카 구매하기(구형 자판기 기준)

신형 자판기는 화면 구성과 버튼의 위치가 조금 다를뿐 기본적인 사용법은 동일하다.

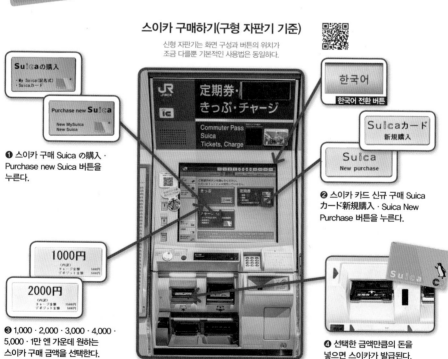

❶ 스이카 구매 Suica の購入 · Purchase new Suica 버튼을 누른다.

❷ 스이카 카드 신규 구매 Suica カード新規購入 · Suica New Purchase 버튼을 누른다.

❸ 1,000 · 2,000 · 3,000 · 4,000 · 5,000 · 1만 엔 가운데 원하는 스이카 구매 금액을 선택한다.

❹ 선택한 금액만큼의 돈을 넣으면 스이카가 발급된다.

스이카 사용하기

스이카가 가진 또 하나의 장점은 교통요금 할인 혜택이 있다는 것이다. 전철·버스 이용시 일반 티켓보다 2% 정도 싼 요금이 적용돼 사용하면 사용할수록 이득이다. 스이카 사용법은 우리나라의 교통카드와 동일하다. JR·지하철·사철에서는 개찰구의 단말기에 스이카를 갖다대면 카드 잔액이 표시되며 개찰구가 열린다. 버스·전차를 탈 때도 요금함 옆의 단말기에 카드를 갖다대면 자동으로 요금이 결제된다. 편의점·슈퍼마켓·숍·레스토랑·음료 자판기에서도 스이카를 사용할 수 있는데, 결제시 단말기에 카드를 갖다대기만 하면 된다.

자판기의 스이카 단말기

스이카 환불 방법

스이카의 유효기간은 마지막 사용일로부터 10년이며, JR 역의 유인 매표소에서 보증금과 카드 잔액을 돌려받을 수 있다. 환불을 신청하면 카드 잔액에서 환불 수수료 220엔을 공제하고 남은 돈과 보증금을 돌려준다.

단, 잔액이 220엔 미만일 때는 보증금 500엔만 환불된다. 따라서 잔액을 '0엔'이 되도록 사용한 다음 환불 신청을 하면 환불 수수료를 전혀 물지 않아도 된다. 왼쪽 페이지에서 설명한 것처럼 지하철역의 티켓 자판기에서는 요금을 10엔 단위로 충전할 수 있으니 마지막으로 스이카를 사용할 때 정확히 필요한 금액만큼만 충전시켜서 남은 금액을 '0엔'에 가깝도록 소진한 다음 환불받는 것도 요령이다.

스이카 충전하기(구형 자판기 기준)

신형 자판기는 화면 구성과 버튼의 위치가
조금 다를뿐 기본적인 사용법은 동일하다.

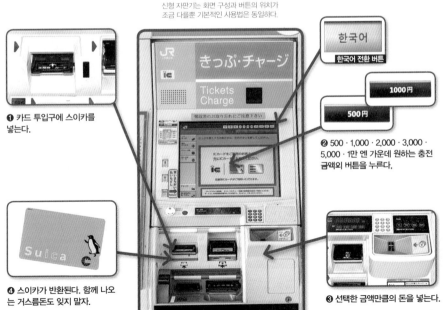

❶ 카드 투입구에 스이카를 넣는다.

한국어 전환 버튼

❷ 500·1,000·2,000·3,000·5,000·1만 엔 가운데 원하는 충전 금액외 버튼을 누른다.

❹ 스이카가 반환된다. 함께 나오는 거스름돈도 잊지 말자.

❸ 선택한 금액만큼의 돈을 넣는다.

TRAVEL TIP 도쿄 여행, 교통비를 아껴라!

편리한 도쿄의 JR과 지하철. 그러나 문제는 '착하지 않은' 요금이다. 여기저기 돌아다니는 사이 만만치 않은 돈이 교통비로 사라져 버리니 한 푼이라도 절약하려면 할인권 구매는 필수다. 대표적인 할인권은 토쿠나이 패스 · 도쿄 메트로 24시간 승차권 등이다.

토쿠나이 패스

요금 760엔

토쿠나이 패스

토쿠나이 패스 都区内パス

도쿄 도심의 JR을 하루종일 맘대로 이용할 수 있는 1일권이다. 하룻동안 도쿄 시내를 샅샅이 훑고 다닐 요량이라면 이만큼 경제적인 티켓도 없다. JR을 5회만 이용해도 본전은 충분히 빠진다.

토쿠나이 패스는 JR 역의 티켓 자판기에서 구매한다. 우선 모니터의 왼쪽 중간쯤에 있는 '경제적인 티켓 おトクなきっぷ' 버튼을 누르고, '승차권 きっぷ→Tokyo Metropolitan District Pass 都区内パス 760엔'의 순서로 버튼을 누른 뒤 돈을 넣으면 패스가 나온다. 일본어를 모를 때는 모니터 오른쪽 상단의 '한국어' 버튼을 누르면 메뉴가 한국어로 바뀐다. 돈 대신 스이카를 넣으면 해당 금액이 자동으로 차감된다.

토쿠나이 패스 구매하기(구형 자판기 기준)

신형 자판기는 화면 구성과 버튼의 위치가 조금 다를뿐 기본적인 사용법은 동일하다.

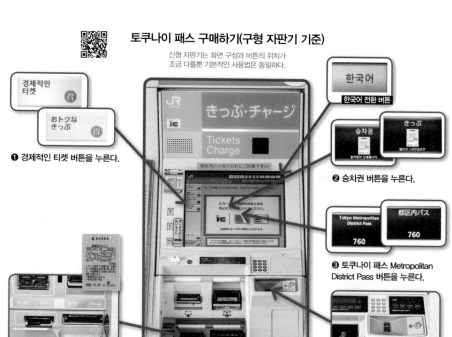

경제적인 티켓

おトクな きっぷ

❶ 경제적인 티켓 버튼을 누른다.

한국어
한국어 전환 버튼

승차권
승차권의 진행됩니다.

きっぷ
都区のきっぷ이됩니다

❷ 승차권 버튼을 누른다.

Tokyo Metropolitan District Pass
760

都区内パス
760

❸ 토쿠나이 패스 Metropolitan District Pass 버튼을 누른다.

❺ 토쿠나이 패스가 나온다.

❹ 돈 또는 스이카를 넣는다.

토쿠나이 패스는 일반 티켓과 사용법이 동일하다. 개찰기에 패스를 넣으면 구멍이 뚫리며 사용이 개시된다. 패스 사용 가능 구간을 벗어난 경우 역 구내의 정산기에 티켓과 추가요금을 넣으면 개찰구를 통과할 수 있는 별도의 티켓이 나온다. 아니면 역무원에게 패스를 보여주고 추가요금을 낸 다음 개찰구를 통과해도 된다.

도쿄 메트로 24시간 승차권 東京メトロ24時間券

도쿄 메트로 소속의 9개 노선을 24시간 마음대로 타고 내릴 수 있는 프리패스. 24시간 동안 도쿄 시내를 부지런히 여행할 이에게 어울리는 티켓이며 4~5회만 이용해도 본전이 빠진다. 도쿄 메트로 24시간 승차권은 지하철역의 티켓 자판기에서 구매한다. 모니터 오른쪽 상단의 '저렴하고 편리한 승차권 おトクな乗車券' 버튼을 누르고, '티켓으로 이용하실 고객님 きっぷで利用するお客様' 버튼을 누르면 구매 가능한 승차권의 종류가 표시된다. 그 가운데 왼쪽 상단에 있는 '도쿄 메트로 24시간 승차권 東京メトロ24時間券 600엔'을 선택하고 지불 방법을 고른 뒤, 현금 또는 신용카드·스이카를 넣으면 승차권이 나온다. 일본어를 모를 때는 모니터 왼쪽 중간의 '한국어' 버튼을 누르면 메뉴가 한국어로 바뀐다.

도쿄 메트로 24시간 승차권을 개찰기에 넣으면 최종 사용 시각이 승차권에 찍히며 사용이 개시된다. 나머지 이용법은 일반 티켓과 동일하다.

도쿄 메트로 24시간 승차권
圖 600엔

Tokyo Subway Ticket

도쿄 메트로·토에이 전 노선을 자유로이 이용 가능한 프리패스. 한국의 인터넷 쇼핑몰, 도쿄 지하철 홈페이지에서 판매.
圖 24시간권 800엔, 48시간권 1,200엔, 72시간권 1,500엔

공통 1일 승차권
共通一日乗車券

도쿄 메트로·토에이 전 노선을 자유로이 이용 가능한 프리패스.
圖 900엔

도쿄 프리 킷푸
東京フリーきっぷ

JR·도쿄 메트로·토에이 전 노선을 자유로이 이용 가능한 프리패스.
圖 1,600엔

도쿄 메트로 1일 승차권 구매하기(구형 자판기 기준)

신형 자판기는 화면 구성과 버튼의 위치가 조금 다를뿐 기본적인 사용법은 동일하다.

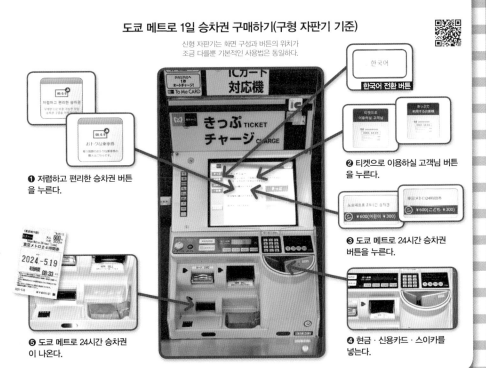

❶ 저렴하고 편리한 승차권 버튼을 누른다.

❷ 티켓으로 이용하실 고객님 버튼을 누른다.

❸ 도쿄 메트로 24시간 승차권 버튼을 누른다.

❹ 현금·신용카드·스이카를 넣는다.

❺ 도쿄 메트로 24시간 승차권이 나온다.

한국어 전환 버튼

하라쥬쿠 原宿

볼거리 ★★★★☆
먹거리 ★★★★☆
쇼 핑 ★★★★★
유 흥 ★★☆☆☆

때로는 파리, 때로는 뉴욕, 때로는 홍대 분위기가 절묘하게 오버랩되는 하라쥬쿠.
지난 50여 년간 일본 마이너 패션계의 산실 역할을 해온 곳이다. 치렁치렁한 드레스
차림으로 거리를 활보하는 소녀, 자유분방한 포스로 충만한 스트리트 패션의 청년,
세련된 멋을 뽐내는 커리어 우먼 등 이 거리에 들어서는 순간 온갖 개성이 난무하는
화려한 패션의 물결과 마주하게 된다.

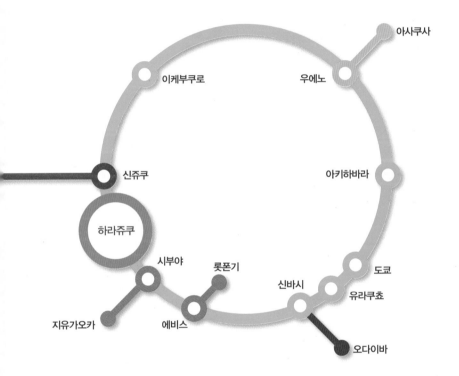

하라쥬쿠로 가는 방법

JR 야마노테 선 山手線의 하라쥬쿠 原宿 역(JY19) 하차

하라쥬쿠의 대표적 명소인 오모테산도·메이지 신궁으로 가려면 서쪽 출구 西口.
메인 쇼핑가인 타케시타도리로 가려면 타케시타 출구 竹下口로 나간다.

지하철 치요다 선 千代田線·후쿠토신 선 副都心線의 메이지진구마에 明治神宮前 역(C03·F15) 하차

2번 출구를 나오면 바로 앞에 JR 하라쥬쿠 역이 있다. 4·5·6번 출구는 메인 쇼핑가인 오모테산도와 연결된다.

harajuku
quick guide

S How to See
쇼핑가를 중심으로 여행

은근히 범위가 넓고 골목골목 숨겨진 명소가 많아 발품이 많이 든다. 서부에는 한적한 공원·신사와 10대들의 놀이터이자 쇼핑가인 타케시타도리, 중심부·동부에는 20~30대를 위한 패션 타운과 세련된 스타일의 럭셔리 쇼핑가가 있다. 전체를 빠짐없이 돌아보려면 JR 하라쥬쿠역→메이지 신궁→타케시타도리→오모테산도→아오야마의 순으로 움직이는 게 효율적이다.

▍박물관·전시관 ★★☆
▍건축물·공원 ★★★
▍유적·사적지 ★☆☆

E Where to Eat
다채로운 먹거리의 보고

지역별로 먹거리가 다르다. 10대들의 집합소인 타케시타도리 주변에는 크레이프·스위트 등 군것질거리와 저렴한 먹거리를 파는 식당, 오모테산도의 골목 안쪽에는 라멘·돈가스 등 여러 맛집이 모여 있다. 오모테산도 동쪽과 아오야마에는 근사한 레스토랑이 많아 식사를 즐기며 조용히 휴식을 취하기에 좋다. 아오야마 인근에는 맛난 디저트를 선보이는 베이커리와 카페가 많다.

▍일식·라면 ★★☆
▍양식·기타 ★★☆
▍카페·디저트 ★★★

B What to Buy
풍부한 아이템의 패션 타운

구제 의류부터 최고급 명품과 인테리어 소품에 이르기까지 온갖 브랜드가 총망라된 유행의 1번지다. 타케시타도리에는 10대를 위한 저렴한 패션 아이템, 우라하라쥬쿠와 캣 스트리트에는 20대를 위한 스트리트 패션, 오모테산도와 아오야마에는 트렌드세터라면 놓치지 말아야 할 명품 디자이너 브랜드 숍이 모여 있다. 쾌적하게 쇼핑을 즐기려면 손님이 적은 평일에 가는 게 좋다.

▍패션 ★★★
▍인테리어 ★★☆
▍토이·잡화 ★★☆

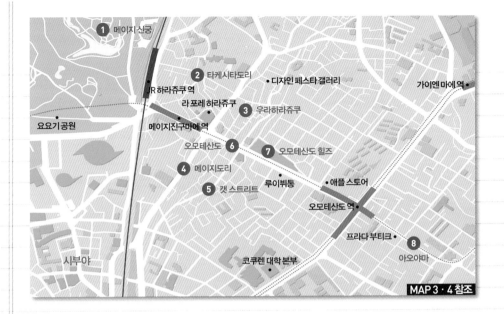

❶ 메이지 신궁   p.154

거대한 녹지를 거느린 도쿄 최대의 신사. 고즈넉한 분위기가
감도는 가운데 일본의 전통문화를 엿볼 수 있다. 공휴일에는
전통혼례가 열리는 모습도 흥미롭다.

볼거리 ★★☆   먹거리 ☆☆☆   쇼핑 ☆☆☆

❷ 타케시타도리   p.146

하라쥬쿠의 상징과도 같은 생기발랄한 쇼핑가. 좁은 도로 양
쪽을 의류·팬시 숍이 가득 메우고 있다. 특히 중고생 취향에
맞춘 펑키한 스타일의 패션 소품이 풍부하다.

볼거리 ★☆☆   먹거리 ★☆☆   쇼핑 ★★☆

❸ 우라하라쥬쿠   p.147

흔히 일본 스트리트 패션의 시발점으로 불리는 곳이다. 골목
마다 부티크와 미용실이 빼곡이 모여 있으며, 강렬한 개성의
의류와 패션 소품을 장만하기에 좋다.

볼거리 ☆☆☆   먹거리 ★☆☆   쇼핑 ★★★

❹ 메이지도리

하라쥬쿠에서 시부야까지 이어지는 쇼핑가. 특별한 볼거리
는 없지만 일본 로컬 브랜드와 해외 라이센스 브랜드의 숍이
모여 있어 쇼핑을 목적으로 찾는 이가 많다.

볼거리 ☆☆☆   먹거리 ★☆☆   쇼핑 ★★★

❺ 캣 스트리트   p.147

패셔너블한 쇼핑가. 느긋하게 산책과 쇼핑을 즐기기에 좋다.
해외 명품의 세컨드 브랜드 숍이 모여 있어 유행에 민감한 현
지인과 여행자들이 즐겨 찾는다.

볼거리 ★☆☆   먹거리 ★☆☆   쇼핑 ★★★

❻ 오모테산도   p.151

울창한 느티나무 가로수와 노천 카페가 로맨틱한 분위기를
연출한다. 명품 쇼핑가로 명성이 자자하며 현대 건축의 걸작
으로 꼽히는 멋진 건물들이 모여 있다.

볼거리 ★★★   먹거리 ★★★   쇼핑 ★★★

❼ 오모테산도 힐스   p.151

일본 최고의 현대 건축가 안도 타다오가 설계한 럭셔리 쇼핑
몰. 최고급 명품과 맛난 먹거리가 가득해 쇼핑과 식도락이란
두 마리 토끼를 잡기에 더할 나위 없이 좋다.

볼거리 ★★★   먹거리 ★★★   쇼핑 ★★★

❽ 아오야마   p.150

오모테산도와 더불어 도쿄의 유행을 선도하는 지역. 고급 주
택가와 이어지는 지역이라 차분한 분위기가 매력이다. 최근
핫하게 떠오르는 패션 부티크가 많이 모여 있다.

볼거리 ★☆☆   먹거리 ★★☆   쇼핑 ★★★

best course

젊음의 거리로 명성이 자자한 하라쥬쿠의 다채로운 볼거리와 쇼핑 명소를 두루 섭렵하는 코스. 주말·공휴일에는 수많은 관광객과 현지인들로 인산인해를 이루니 느긋하게 구경하려면 비교적 인적이 드문 평일에 가야 한다. 대부분의 숍과 레스토랑은 11:00 이후에 오픈하니 너무 서둘러 움직일 필요는 없다.

또한 숍이 워낙 많아 쇼핑에 집중하려면 취향에 맞는 숍을 미리 골라 놓는 센스가 필수! 아침 일찍 한적한 메이지 신궁부터 구경하고 찬찬히 숍 나들이에 나서는 것도 하라쥬쿠를 효율적으로 돌아보는 요령이다.

출발점 JR 하라쥬쿠 역 동쪽 출구 東口
예상 소요시간 8시간~

▼ JR 하라쥬쿠 역 동쪽 출구를 나오면 이렇게 보여요.

마츠모토 키요시

타케시타도리　　　　　　　　　　　　　　　　　오모테산도

패셔너블한 숍이 모여 있는 우라하라쥬쿠.

메이지 신궁　　　　　　　　　　타케시타도리

start

① 　도보 2분　 ② 　도보 6분　 ③ 　도보 2분　 ④ 　도보 3분

하라쥬쿠 역

일본의 전통 문화를 살펴볼 수 있는 메이지 신궁.

우라하라쥬쿠

1 하라쥬쿠의 새로운 랜드마크 토큐 플라자 오모테산도 하라쥬쿠.
2 젊은이들의 선호 패션 브랜드가 풍부하다.
3 멋진 건물 역시 하라쥬쿠의 빼놓을 수 없는 볼거리!

지도 라벨:
- 시부야
- 요요기 공원
- ② 메이지 신궁
- 메이지도리
- ① 하라쥬쿠 역
- 메이지진구마에 역
- ③ 타케시타도리
- 라포레 하라쥬쿠
- 우라하라쥬쿠
- ④
- ⑦ 오모테산도
- ⑥
- ⑤ 캣 스트리트
- 오모테산도 힐즈
- 루이뷔통
- 애플 스토어
- 오모테산도 역
- ⑧ 아오야마
- 프라다 부티크
- 네즈 미술관

MAP 3 · 4 참조

하라쥬쿠의 인기 쇼핑가 타케시타도리.

캣 스트리트

오모테산도 힐즈

저마다의 개성을 뽐내는 윈도우 디스플레이를 구경하는 재미가 쏠쏠하다.

| **5** | 도보 1분 | **6** | 바로 앞 | **7** | 도보 1분 | **8** |

오모테산도

아오야마

도쿄의 젊은이들이 즐겨 찾는 쇼핑가 캣 스트리트.

SIGHTSEEING

한적한 공원에 자리한 예스러운 신사는 물론 세련된 명품 숍까지 다채로운 볼거리로 가득하다. 도쿄를 대표하는 쇼핑가인 캣 스트리트와 오모테산도에서는 개성만점의 패션 감각을 뽐내는 훈남훈녀들과 최신 유행 아이템을 구경하는 재미도 놓칠 수 없다.

Best Spot in Harajuku

★★★★★ 오모테산도, 오모테산도 힐스
　　　　　우라하라쥬쿠, 캣 스트리트
★★★★☆ 타케시타도리
★★★☆☆ 디자인 페스타 갤러리
　　　　　메이지 신궁, 아오야마
★★☆☆☆ 요요기 공원, 아오야마 공동묘지
　　　　　은행나무 가로수길
★☆☆☆☆ 토고 신사

竹 ★★★★☆
下通り 타케시타도리

발음 타케시따도-리　영업 10:00~20:00　지도 MAP 3-C1
교통 JR 야마노테 선의 하라쥬쿠 原宿 역(JY19) 하차, 타케시타 출구 竹下口 바로 앞에 있다. 또는 지하철 치요다 선·후쿠토신 선의 메이지진구마에 明治神宮前 역(C03·F15) 하차, 2번 출구를 나와 정면으로 도보 3분.
구글맵 페이지 하단 QR 코드 스캔·클릭

하라쥬쿠 최대의 인구밀도(?)를 자랑하는 상점가.
1980~1990년대에는 아이돌 사진 판매점으로 호황을 누렸으며, 지금은 10~20대가 열광하는 의류·잡화·화장품 숍이 그 인기를 이어가고 있다.
일본 중고생의 수학여행 필수 코스로도 인기가 높아 1년 365일 쉴새 없이 붐빈다. 더구나 주말이면 전 세계에서 몰려든 관광객까지 가세해 정말 한 걸음 내딛기도 힘들 만큼 북새통을 이룬다.
타케시타도리의 쇼핑 아이템은 중고생 눈높이에 맞춘 아기자기한 캐주얼 의류와 패션 소품이다. 거센 한류 열풍 덕분에 K-pop 아이돌 굿즈 매장도 심심찮게 눈에 띈다.
여행자에게는 캐릭터 굿즈와 깜찍한 양말, 캡슐 토이 등의 인기가 높다. 50년 전통을 이어온 타케시타도리의 명물 크레이프(p.163)를 맛보며 숍을 돌아보는 것도 이 거리를 더욱 재미있게 구경하는 요령이다.

1 타케시타도리의 입구.
2 10~20대 취향의 패션 잡화가 주력 아이템이다.
3 1년 내내 수많은 관광객으로 북적인다.

★★★★★
キャットストリート 캣 스트리트

발음 캿또스뜨리─또 **개관** 11:00~20:00(숍마다 다름)
지도 MAP 3-D4 **구글맵** 페이지 하단 QR 코드 스캔·클릭
교통 JR 야마노테 선의 하라쥬쿠 原宿 역(JY19) 하차, 동쪽 출구 東口에서
도보 8분. 출구를 나와 바로 앞의 횡단보도를 건넌 뒤 오른쪽으로 간다. 또는
지하철 치요다 선·후쿠토신 선의 메이지진구마에 明治神宮前 역(C03·F15)
하차, 5번 출구를 나온 다음 오른쪽 뒤로 돌아 도보 4분.

우라하라쥬쿠와 더불어 하라쥬쿠 패션계의 양대 산맥을 이루는 쇼핑가.
'건물에서 거리가 태어난다'는 콘셉트로 조성된 캣 스트리트는
보행자의 시선이 자연스럽게 이어지도록 도로가 완만한 곡선을 그리며
흘러간다. 도로변의 건물이 저층 위주인 것도 그 때문.
숍은 우라하라쥬쿠보다 한 단계 업그레이드된 브랜드의 비중이 높다.
캣 스트리트 한복판을 관통하는 오모테산도 表参道를 중심으로 도로
양쪽의 분위기가 확연히 달라지는 것도 흥미로운데, 우라하라쥬쿠와
연계된 동쪽은 스트리트 패션 숍, 시부야와 연결된 서쪽은 중·고급
패션 브랜드와 인테리어·액세서리 숍이 주를 이룬다. 인기 숍은
당연히 서쪽에 모여 있다.

★★★★★
裏原宿 우라하라쥬쿠

발음 우라하라쥬꾸 **영업** 11:00~20:00(숍마다 다름) **지도** MAP 3-D2
구글맵 페이지 하단 QR 코드 스캔·클릭 **교통** JR 야마노테 선의 하라쥬쿠 原宿 역
(JY19) 하차, 타케시타 출구 竹下口를 나와 정면으로 도보 8분.
또는 지하철 치요다 선·후쿠토신 선의 메이지진구마에 明治神宮前 역
(C03·F15) 하차, 5번 출구를 나온 다음 오른쪽 뒤로 돌아 도보 2분.

일본 스트리트 패션의 본고장으로 유명한 거리. 타케시타도리의
어수선함과는 사뭇 대조적인 분위기가 인상적이며, 곳곳에 마이너
브랜드의 부티크와 미용실이 빼곡히 들어서 있다. 이 동네의 패션과
헤어스타일을 즐기는 남자를 흔히 우라하라쥬쿠계(系), 줄여서
우라하라계라고 부르는데, 이에 부응해 남성용 숍이 많은 게 눈에
띄는 특징이다. 스트리트 패션에 관심 있다면 이곳과 캣 스트리트에
주목하자. 일본은 물론 우리나라의 연예인이 애용하는 의류·신발·
레어 상품 숍이 가득하다.

패션타운 하라쥬쿠의 탄생

하라쥬쿠를 일본 제일의 패션 타운으로 변
모시킨 일등공신은 유명 패션지 〈앙앙〉과
〈노노〉다. 1970년대 초반 두 잡지를 통해
하라쥬쿠의 숍들이 집중 조명되면서 패션
에 민감한 10~20대들이 몰려들기 시작한
것. 여기 힘입어 1978년에는 패션 백화점
라포레 하라쥬쿠(p.168)가 오픈하며 본격
적인 쇼핑가로 발돋움했다.
그리고 1990년대 들어 선보이기 시작한
오모테산도의 명품 숍과 우라하라쥬쿠 일
대의 트렌디한 숍들이 어우러져 메이저와
마이너 패션이 공존하는 지금의 패션 타운
하라쥬쿠를 완성시켰다.

1·2·3 강렬한
개성의 숍이 풍부한
우라하라쥬쿠.
느긋하게 거닐며
윈도 쇼핑을
즐기기에도 좋다.

메이지도리

살로몬 **1**

2
하쿠산안경점

파타고니아　　화이트 아틀리에 바이
　　　　　　 컨버스 하라쥬쿠
　　4　**5**　**6** 사이코 버니

캣 스트리트(서쪽)

3 이요시 콜라　　　　　**7** **8**　　　**9**　　　　　**10** **11** **12** **13**　®
　　　　　　　　　　　　　 Ragtag　　　　　　　　　Nu
　　　　　　　　　　　　　　　　　　　　　　　　　Sug

Cat Street Perfect Guide

❶ 살로몬
Salomon
프리미엄 스포츠웨어. 아웃도
어 의류를 일상복으로 끌어낸
고프코어룩의 대표 브랜드다.
트레일 러닝화를 중심으로 의
류 · 배낭 · 액세서리 등 풍부한
상품을 자랑한다.

❷ 하쿠산 안경점
白山眼鏡店
1883년 창업한 유서 깊은 안
경 숍. 프리미엄 핸드메이드 안
경을 고집하는 곳으로 고급스
러우면서도 강렬한 디자인이
많아 안경 마니아에게 인기가
높다. 비틀즈의 존 레논도 단골
이었다고. 가수 이승환과 빅뱅
의 탑이 착용해 국내에서도 유
명세를 얻었다.

❸ 이요시 콜라
伊良コーラ
세계 유일의 수제 콜라 숍. 한
방 장인의 손자가 할아버지의
비법과 공방을 물려받아 창업
했다. 콜라나무 열매에 20여
가지 한약재와 향신료를 첨가
해 기존 콜라와는 다른 독특한
맛을 만들어낸다.

❹ 파타고니아
Patagonia
등산장비에서 시작한 미국의
아웃도어 브랜드. 일본 최대 규
모의 매장으로 등산용품 외에
서핑 · 스키 · 스노우보드용 의
류와 가방 · 모자 등의 패션 아
이템을 취급한다. 환경 친화적
인 소재를 사용하는 브랜드로
도 유명하다.

**❺ 화이트 아틀리에 바이
컨버스 하라쥬쿠**
특별한 쇼핑이 가능한 컨버스
매장. 여타 매장에서 구하기
힘든 레어템과 하라쥬쿠 한정
판도 취급한다. 지하 1층에는
자신이 직접 고른 디자인의 컨
버스를 즉석에서 만들어주는
(2~3시간 소요) 커스텀 매장
도 있다.

❻ 사이코 버니
Psycho Bunny
뉴욕발 남성 패션 브랜드. '클
래식에 유머를 더한 디자인'을
모토로 폴로셔츠 중심의 남성
복과 캐시미어 스카프 · 양말 ·
넥타이를 선보인다. 100% 피
마면의 폴로셔츠와 핸드메이
드 넥타이가 대표 아이템이다.

❼ 저널 스탠더드
Journal Standard
빈티지하면서도 세련된 감성을
뽐내는 셀렉트 숍. 자체 상품과
셀렉트 상품을 모두 취급하는
데 남다른 개성을 표현하기에
좋은 내추럴한 스타일의 아이
템이 풍부하다. 전반적으로 남
성복의 비중이 높다.

❽ 더 로스터리 바이 노지 커피
The Roastery by Nozy Coffee
일본의 유명 로스팅 전문점
Nozy Coffee의 커피를 맛보
자. 메뉴는 두 종류의 싱글 오
리진으로 뽑은 에스프레소 · 아
메리카노 · 라떼 세 개뿐이다.
원두는 매일 다른 종류를 사용
해 언제나 신선한 향과 맛을 즐
길 수 있다.

하쿠산 안경점

이요시 콜라

컨버스 하라쥬쿠

더 로스터리 바이 노지 커피

구글맵

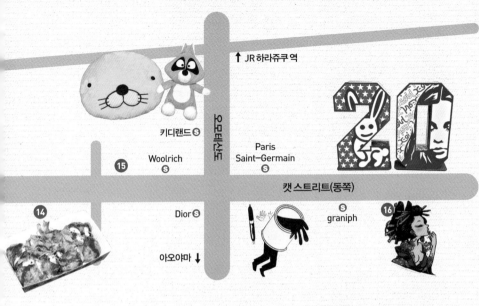

↑ JR 하라쥬쿠 역

키디랜드 Ⓢ

15 Woolrich Ⓢ

오모테산도

Paris Saint-Germain Ⓢ

캣 스트리트(동쪽)

14

Dior Ⓢ

Ⓢ graniph **16**

아오야마 ↓

우라하라쥬쿠와 더불어 스트리트 패션의 양대 산맥을 이루는 캣 스트리트, 최근 해외 브랜드의 각축장으로 변모하며 새로운 쇼핑 지형도를 만들어내고 있다. 주축이 되는 것은 트렌드를 선도하는 유명 셀렉트 숍이며, 핫하게 뜨는 브랜드의 매장도 우후죽순 생겨나고 있다.

9 래그태그
Ragtag

명품 중고 의류와 가방 · 액세서리를 취급하는 구제 전문점. A.P.C · 프라다 · 꼼 데 가르송 · 요지 야마모토 등 핫한 디자이너 브랜드를 다수 보유하고 있다. 상태가 좋은 A급 상품이 풍부하고, 정가 대비 50~80% 가량 저렴하다.

10 PS 폴 스미스
PS Paul Smith

위트 넘치는 패션 스타일로 유명한 폴 스미스의 세컨드 브랜드. 청바지를 중심으로 한 남성 캐주얼웨어를 선보인다. 세심한 디테일과 생동감 있는 색채로 자신만의 독특한 개성을 드러내기에 좋다.

11 온 도쿄
On Tokyo

인기 급상승중인 러닝화. 전설적인 트라이애슬론 선수 올리버 버나드가 창업한 브랜드로 벌집 구조의 아웃솔이 특징이다. 가볍지만 짱짱한 쿠션, 뛰어난 내구성으로 인기가 높다. 오픈런하지 않으면 1~2시간 대기는 기본이란 사실에 주의!

12 버튼 플래그십 스토어
Burton Flagship Store

세계적인 스노우보드 전문 브랜드. 초보에서 프로까지 모든 레벨의 스노우보드를 제작하는 탁월한 기술력으로 유명하다. 스노우보드 전문 장비부터 의류 · 배낭 · 액세서리까지 다채로운 라인업을 뽐낸다.

13 아디다스 오리지널
adidas Original

패션에 특화된 아디다스 오리지널의 플래그십 스토어. 3층으로 구성된 일본 최대의 매장이다. 타 브랜드와의 콜라보 제품, 플래그십 독점 아이템, 우리나라에서 구하기 힘든 레어템을 득템하는 재미가 쏠쏠하다.

14 와라타코
笑たこ

캣 스트리트 한복판에 위치한 타코야키 전문점. 기본에 충실한 타코야키 たこ焼き(580엔)는 물론 대파 · 명란젓 · 마요네즈 등 8가지 맛의 타코야키(580~680엔)를 선보이며, 출출할 때 간식으로 딱이다.

15 랑방 콜렉션
Lanvin Collection

프랑스 명품 브랜드 랑방 Lanvin의 일본 라이센스 브랜드. 디자인과 제작은 일본에서 하는데 오리지널 랑방의 우아한 콘셉트에 일본인이 선호하는 귀여운 이미지를 가미해 색다른 스타일을 완성했다.

16 비사이드 레이블
B-Side Label

재미난 디자인의 팝아트 스티커 전문점. 손바닥만한 매장에는 유머 · 엽기 · 섹시 코드의 개성만점 스티커가 가득하다. 방수 처리된 스티커라 어디든 맘대로 붙여 개성 만점 코디를 완성할 수 있다.

래그태그

버튼 플래그십 스토어

아디다스 오리지널

랑방 콜렉션

デ ★★★☆☆
ザインフェスタギャラリ 디자인 페스타 갤러리

발음 데자인훼스타갸라리 **개관** 11:00~20:00 **휴관** 디자인 페스타 개최일(홈페이지 참조) **요금** 무료 **홈피** www.designfestagallery.com **지도** MAP 4-E2
교통 JR 야마노테 선의 하라쥬쿠 原宿 역(JY19) 하차, 타케시타 출구 竹下口를 나와 정면으로 도보 11분. 또는 지하철 치요다 선 · 후쿠토신 선의 메이지진구마에 明治神宮前 역(C03 · F15) 하차, 5번 출구를 나온 다음 오른쪽 뒤로 돌아 도보 8분. 길이 복잡하니 주의!
구글맵 페이지 하단 QR 코드 스캔 · 클릭

하라쥬쿠의 숨은 명소이자 햇병아리 아티스트의 등용문으로 유명한 아트 갤러리. 건물 앞을 어지러이 장식한 파이프 오브제가 단번에 눈길을 사로잡는다. '표현하고자 하는 모든 이들을 위해 열린 공간'이란 취지에 걸맞게 국적과 전공을 불문하고 도쿄에서 활약하는 전 세계의 신예 아티스트들이 한자리에 모여 저마다의 끼와 기발한 상상력을 한껏 뽐낸다. 건물은 서관 West과 동관 East으로 나뉘어 있으며, 24개의 크고 작은 전시실에서는 매주 새로운 작품을 선보여 언제 가더라도 신선한 예술적 감성에 흠뻑 취해볼 수 있다. 자세한 전시 일정은 홈페이지를 참조하자.
서관과 동관을 연결하는 통로에는 선술집 분위기가 물씬 풍기는 오코노미야키 · 몬쟈야키 전문점 사쿠라테이 さくら亭와 펑키한 스타일의 카페 Design Festa Cafe & Bar가 있다.

1 풋풋한 예술의 향기를 체험할 수 있는 디자인 페스타 갤러리.
2 건물 벽과 통로 곳곳을 장식한 재미난 벽화. 시즌마다 새로운 그림들이 등장한다.

青 ★★★☆☆
山 아오야마

발음 아오야마 **개관** 11:00~20:00 (숍마다 다름) **지도** MAP 4-H4
교통 JR 야마노테 선의 하라쥬쿠 原宿 역(JY19) 하차, 동쪽 출구 東口에서 도보 20분. 출구를 나와 바로 앞의 횡단보도를 건넌 뒤 오른쪽으로 간다. 또는 지하철 한조몬 선 · 긴자 선 · 치요다 선의 오모테산도 表参道 역(Z02 · G02 · C04) 하차, A5번 출구를 나와 오른쪽으로 도보 1분. **구글맵** 페이지 하단 QR 코드 스캔 · 클릭

도쿄의 청담동으로 일컬어지는 럭셔리 쇼핑가. 오모테산도와 더불어 도쿄의 유행을 선도하는 곳으로 유명하며 일본에서 인기가 높은 해외 · 로컬 브랜드의 부티크가 모여 있다. 고급 주택가 사이사이에 숨겨진 숍을 돌아보는 재미가 쏠쏠하거니와 인적이 드문 거리를 거닐며 한가로이 쇼핑을 즐길 수 있는 것도 매력이다. 굳이 쇼핑이 아니어도 패셔너블한 건물이 많아 가볍게 산책을 즐기기에도 좋다. 특히 눈여겨볼 건물은 기발한 외관이 눈길을 끄는 프라다 부티크 Prada Boutique, 기하학적 형태의 건물 구조가 매력적인 La Perla, 안도 타다오의 독창적인 설계가 인상적인 콜레지오네 Collezione 등이다. 자세한 정보는 p.152를 참조하자.

1 차분하게 쇼핑을 즐기기에 좋은 아오야마의 쇼핑가.
2 시크하면서도 세련된 도시적인 멋의 숍이 모여 있다.

表★★★★★
参道 오모테산도

발음 오모떼산도- **지도** MAP 4-E3 **구글맵** 페이지 하단 QR 코드 스캔·클릭
교통 JR 야마노테 선의 하라쥬쿠 原宿 역(JY19) 하차, 동쪽 출구 東口에서 도보 1분. 또는 지하철 치요다 선·후쿠토신 선의 메이지진구마에 明治神宮前 역(C03·F15) 4·5번 출구, 한조몬 선 半蔵門線·치요다 선·긴자 선 銀座線의 오모테산도 表参道 역(Z02·G02·C04) A1·A2번 출구 바로 앞에 있다.

'도쿄의 샹젤리제'로 통할 만큼 근사한 분위기가 매력인 쇼핑가. 무성한 가지를 늘어뜨린 느티나무 가로수와 유럽풍 노천카페, 그리고 줄줄이 이어진 세계적 명성의 럭셔리 명품 숍들이 풍성한 볼거리를 제공한다. 특히 신록에 물드는 봄과 낙엽 지는 가을이면 로맨틱한 멋이 한층 더해진다. 이 도로는 원래 메이지 신궁까지 이어지는 참배로의 일부였는데, 이토록 거대한 도로가 메이지 신궁까지 이어져 있었다는 사실만으로도 불과 100여 년 전 신으로 떠받들어지던 일왕의 권위가 어떠했나 충분히 짐작 가고도 남을 듯! 오모테산도의 관전(?) 포인트는 명품 숍과 현대 건축의 교과서로 통하는 세련된 건물이다. 이 둘을 제대로 즐기려면 시간대를 달리해 두 번 이상 가보는 게 필수! 낮에는 숍, 밤에는 화려하게 변신한 건물의 야경(p.152)을 즐기자.

오모테산도의 주말과 공휴일은 혼잡의 극치를 이룬다. 한가로이 돌아보려면 평일에 가는 게 좋다.

表★★★★★
参道ヒルズ 오모테산도 힐즈

발음 오모떼산도-히루즈 **개관** 숍 11:00~20:00
레스토랑 11:00~22:30, 금·토요일 11:00~23:00
휴관 부정기적 **홈피** www.omotesandohills.com **지도** MAP 4-E3
교통 JR 야마노테 선의 하라쥬쿠 原宿 역(JY19) 하차, 동쪽 출구 東口에서 도보 9분. 출구를 나와 바로 앞의 횡단보도를 건넌 뒤 오른쪽으로 간다. 또는 지하철 한조몬 선·치요다 선·긴자 선의 오모테산도 表参道 역(Z02·G02·C04) 하차. A2번 출구를 나와 정면으로 도보 3분.
구글맵 페이지 하단 QR 코드 스캔·클릭

일본 제일이라는 수식어가 전혀 아깝지 않은 럭셔리 쇼핑몰. 내로라하는 럭셔리 브랜드가 총망라돼 있어 언제나 수많은 쇼핑객으로 북적인다. 이 건물은 일본 최고의 현대 건축가 안도 타다오 安藤忠雄가 설계한 것으로 더욱 유명하다. 원래 이곳에 있던 일본 최초의 공동 주택 도쥰카이 아오야마 아파트(1927년)의 역사성을 보존하면서도 현대적인 오모테산도의 모습을 연출하고자 한 게 기본 설계 콘셉트. 홀을 중심으로 나선형의 슬로프식 통로가 건물 전체를 연결하는데, 오모테산도의 언덕과 비슷한 경사를 이룬 슬로프는 외부 환경을 실내로 끌어들이려한 작가의 의도다. 건물 옆을 흐르는 조그만 인공 개울은 원래 이곳을 흐르던 하천을 재현한 것. 주변 경관을 해치지 않으면서도 건물 면적을 넉넉히 확보할 수 있도록 지하 공간 활용을 극대화시킨 점도 눈길을 끈다. 자세한 쇼핑 정보는 p.167를 참조하자.

1 주변 경관과 멋진 조화를 이루는 오모테산도 힐즈.
2 완만한 슬로프식 통로를 따라 걸으며 쇼핑몰 내부를 돌아볼 수 있다.

← JR 하라쥬쿠 역

ⓢ Ralph Lauren

오모테산도 힐즈
ⓢ

Ⓐ 오모테산도 힐즈

오모테산도

ⓢ 키디랜드

캣 스트리트(서쪽)

❶

❷ Tokyo Union Church

ⓢ Burberry

❸ ❹

디올 오모테산도 빌딩

루이뷔통 오모테산도 빌딩

휴고 보스

Omotesando & Aoyama
Perfect Guide

❶ 디올 오모테산도
Dior 表参道
세지마 카즈요 妹島和世의 2003년 작품. 건물 전체를 디올의 기본 색상인 흰색으로 통일시켜 브랜드 이미지를 극대화시켰다. 순백으로 빛나며 도시적인 멋을 한껏 발산하는 낮의 모습과 타오르는 양초처럼 주위를 환하게 비추는 야경은 오모테산도의 명물로 유명하다.

❷ 루이뷔통 오모테산도 빌딩
ルイ・ヴィトン表参道ビル
아오키 쥰 青木淳의 2002년 작품. 루이뷔통의 100년 전통과 아오키 쥰의 기발한 상상력이 결합된 감각적 디자인이 돋보인다. 건물 크기의 제약을 극복하고자 루이뷔통의 간판 상품인 트렁크의 이미지를 살려 설계했다.

❸ 보테가 베네타
Vottega Veneta
이토 토요 伊東豊雄의 2004년 작품. 그의 자연친화 철학이 그대로 녹아 있다. 불규칙하게 뻗은 느티나무 가지의 실루엣을 본뜬 외벽은 콘크리트와 유리라 차가운 도시적 소재를 생명감 넘치는 자연의 이미지로 승화시켰다는 점에서 극찬 받고 있다.

❹ 보스
Boss
단 노리히코 團紀彦의 2013년 작품. 추상회화의 선구자 몬드리안에게서 영감을 받아 디자인했다. 거대한 한 그루의 나무를 연상시키는 외관은 오모테산도의 가로수와 자연스럽게 어우러지도록 설계된 것이다. 야경도 멋스럽다.

❺ 원 오모테산도
One 表参道
쿠마 켄고 隈研吾의 2003년 작품. 일명 '프랑스 명품 제국'으로 통하는 LVMH 그룹이 직영하는 대형 패션 빌딩이다. 연속적인 패턴을 이룬 외벽의 목재 장식이 오모테산도의 울창한 가로수와 부드러운 조화를 이룬다.

❻ 스파이럴
Spiral
마키 후미히코 槇文彦의 1985년 작품. 일본 포스트 모던 건축의 대표작으로 꼽힌다. 복잡한 형태의 상층부는 혼란한 도시의 이미지, 안쪽에 위치한 나선형 슬로프의 아트리움은 절대적 존재를 추구하는 인간의 내면을 상징한다. 내부는 갤러리·카페 등의 문화공간이다.

❼ 프라다 부티크
Prada Boutique
헤르조크 앤 드 외론 Herzog & de Meuron의 2003년 작품. 뉴욕에 이어 세계에서 두 번째로 오픈한 프라다의 플래그십 스토어다. 거대한 빙산을 옮겨다 놓은 듯한 마름모꼴의 건물은 외벽이 수백 개의 다이아몬드 형 투명 유리로 감싸여 있다.

❽ 젠틀 몬스터
Gentle Monster
브루노 모아나드 Bruno Moinard의 2005년 작품. 브릴리언 컷 스타일의 다이아몬드 모양 건물은 원래 보석 브랜드 까르띠에를 위해 디자인된 것이다. 건물을 뒤덮은 투명 유리와 그 위에 덧붙인 홀로그램이 환상적인 분위기를 연출한다.

루이뷔통 오모테산도 빌딩

보스

원 오모테산도

젠틀 몬스터

🔗 구글맵

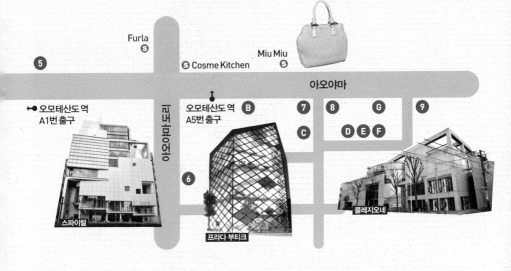

Furla Ⓢ

Ⓢ Cosme Kitchen

Miu Miu Ⓢ

5

아오야마

오모테산도 역
A1번 출구

오모테산도 역
A5번 출구 Ⓑ

Ⓒ

7

8

G

9

Ⓓ Ⓔ Ⓕ

콜레지오네

6

스파이럴

프라다 부티크

오모테산도에서 아오야마에 이르는 길은 한 권의 건축도감을 방불케 한다. 이유는 럭셔리 명품 숍이 위치한 건물 모두가 내로라하는 거장들의 작품이기 때문. 더구나 아오야마에는 유명 디자이너의 부티크가 모여 있어 패셔니스타들의 산책 코스로도 인기가 높다.

9 콜레지오네
Collezione
안도 타다오 安藤忠雄의 1989년 작품. 원통 구조를 활용해 다이내믹한 공간을 연출한 주상 복합 건물이다. 중심 구조물과 외벽 사이로 이어지는 좁은 나선형 계단은 미로처럼 얽혀 마치 놀이터에 온 듯한 착각을 불러일으킨다.

A 델보
Delvaux Tokyo
Omotesando
벨기에 럭셔리 가방 브랜드 델보의 플래그십 스토어. 1829년에 창업한 최고급 피혁 제품 전문점이자 벨기에 왕실 용품 공식 공급 업체다. 대표작은 1958년 이래 사랑받아온 핸드백 르 브리앙 Le Brillant이다.
영업 11:00~20:00

B 꼼 데 가르송
Comme Des Garçons
전위적인 디자인으로 유명한 일본 디자이너 브랜드. 파격적인 디자인이 많아 개성파에게 인기 만점이다. 준야 와타나베부터 플레이 꼼 데 가르송까지 꼼 데 가르송의 전 라인을 살펴볼 수 있다.
영업 11:00~20:00

C 골든 구스
Golden Goose
별 모양의 로고가 트레이드마크인 패션 브랜드, 빛바랜 질감의 빈티지 스타일 프리미엄 스니커즈로 유명하다. 스니커즈 외에 티셔츠·재킷·핸드백 등 다양한 패션 아이템과 맞춤 의류를 취급한다.
영업 11:00~20:00

D 언더커버
Undercover
타카하시 쥰 高橋盾이 만든 일본 스트리트 패션의 대표 브랜드. 해마다 파리에서 컬렉션 쇼를 개최하는 하이엔드 패션 브랜드이기도 하다. 펑크 기반의 스트리트 패션과 럭셔리 패션이 어우러진 스타일을 선보인다.
영업 11:00~20:00

E 톰 브라운
Thom Browne
뉴욕에 이어 세계에서 두 번째로 오픈한 톰 브라운의 단독 매장. 빅뱅의 지드래곤을 비롯한 유명 연예인들의 폭발적인 지지를 받고 있는 패션 브랜드다. 9부 재킷과 9부 바지의 수트가 시그니처 스타일이다.
영업 11:00~20:00

F 아크네 스튜디오
Acne Studios
핫하게 떠오르는 스웨덴 패션 브랜드. 아시아의 첫 플래그십 스토어다. 미니멀하고 박시한 스타일의 딱 떨어지는 라인과 북유럽 브랜드답게 실용성에 초점을 맞춘 디자인이 특징이다.
영업 11:00~20:00

6 요지 야마모토
Yohji Yamamoto
일본 아방가르드 패션의 선두주자로 꼽히는 디자이너 브랜드. 편안히면서도 ▲타일리시한 디자인으로 인기가 높으며, 블랙 컬러 중심의 루즈한 실루엣이 특징이다. 본점답게 여성복·남성복·소품 등 다채로운 상품을 자랑한다.
영업 11:00~20:00

콜레지오네

꼼 데 가르송

언더커버

요지 야마모토

明治神宮 메이지 신궁 ★★★☆☆

[발음] 메-지진구- **[개관]** 일출~일몰 **[요금]** 무료 **[지도]** MAP 3-B1
[교통] JR 야마노테 선의 하라쥬쿠 原宿 역(JY19) 하차, 서쪽 출구
西口를 나오면 바로 앞에 있다. 또는 지하철 치요다 선·후쿠토신 선의
메이지진구마에 明治神宮前 역(C03·F15) 하차, 2번 출구에서
도보 2분.
[구글맵] 페이지 하단 QR 코드 스캔·클릭

사시사철 짙푸른 녹음으로 가득한 도쿄 최대의 신사.
일본에는 수많은 신사가 있지만 신궁(神宮), 즉 역대 일왕을
신으로 모시는 신사는 일본 전역을 통틀어 22개밖에 없다.
더구나 도쿄 인근에 세워진 신궁은 오직 이곳뿐! 여기서
신으로 추앙받는 이는 메이지 明治 일왕(1867~1912)인데,
잠실의 롯데월드 6개가 쏙 들어가고도 남을 만큼 광활한
면적만 봐도 지난 세월 그의 권세가 어떠했나 충분히 짐작
가고도 남을 것이다.

메이지 일왕은 일본의 서구화에 불을 지핀 대표적인
인물이지만, 동시에 한반도 침략을 감행한 '원수' 같은
존재이기도 하다. 따라서 '신사 참배'라는 말만 들어도 피가
거꾸로 치솟는 열혈 애국파에게는 다소 껄끄러운 장소가 될
듯. 그러나 민감한 역사적 사안만 개의치 않는다면 여기만큼
일본의 전통 문화를 엿보기 좋은 곳도 없다. 설날과 성인식
(1월 둘째 월요일) 때는 기모노를 곱게 차려 입은 언니들이
종종 걸음으로 모여들고, 공휴일에는 전통혼례가 수시로
거행된다. 머리를 조아리고 메이지 일왕에게 소원을 비는
사람들의 모습도 나름 흥미로운 볼거리다.

메이지 신궁 초입에는 신사의 입구를 뜻하는 '天' 모양의 나무
기둥인 토리이 鳥居가 우뚝 서 있다. 토리이 뒤쪽의 울창한
숲 속으로 이어진 길을 따라 걸으면 술이 잘 익기를 바라는
뜻으로 주류 회사에서 공물로 바친 200여 개의 술통과
와인통, 1,700년 된 삼나무로 만든 일본 최대의 목조 토리이
등이 차례로 나타난다. 그리고 길 끝에서 오른쪽으로 꺾으면
메이지 신궁의 정문이 보인다. 입구 왼쪽에는 조그만 우물이
있는데 몸을 정갈히 하기 위해 손과 입을 헹구는 곳이다.
음료수가 아니니 절대 마시지 말 것!

우물 앞의 조그만 토리이를 통과하자마자 오른쪽에 있는
매점에서는 부적에 해당하는 오마모리를 판다. 본전 오른쪽에
주렁주렁 매달린 에마는 소원을 빌 때 사용하는 것으로
나무판에 온갖 언어의 수많은 소원이 담겨 있다.

본전 양쪽에는 신목(神木)이 심겨 있다. 이 가운데 왼쪽에
있는 나무를 '부부목'이라 부르는데, 두 그루의 나무가
서로 맞붙은 채 한 그루로 자라는 모습처럼 부부가
백년해로하라는 깊은 뜻이 담겨 있다.

1 목조 토리이는 높이 12m, 기둥의 지름만 1.2m에 달한다.
2 전통 혼례 행렬은 반드시 부부목 앞을 통과하니 여기서 셔터
찬스를 노려보자. 3 메이지 신궁의 본전. 왼쪽에 있는 게 백년해로를
의미하는 부부목이다. 4 일왕을 상징하는 국화 문양이 선명한 에마.
뒷면에는 이곳을 다녀간 이들의 소원이 적혀 있다.

1 너른 잔디 위에서 한가로이 휴식을 취하는 사람들. 따사로운 햇살을 즐기기에 좋다. 2 봄이면 공원 전체가 벚꽃에 뒤덮이는 장관이 펼쳐진다.

代々木公園 요요기 공원
★★★☆☆

발음 요요기꼬-엔 개관 24시간 요금 무료 지도 MAP 3-A2
교통 JR 야마노테 선의 하라쥬쿠 原宿 역(JY19) 하차. 동쪽 출구 東口에서 도보 6분. 출구를 나와 오른쪽으로 70m쯤 간 다음, 오른쪽의 다리를 건너 250m쯤 가면 공원 입구가 있다. 또는 지하철 치요다 선 · 후쿠토신 선의 메이지진구마에 明治神宮前 역(C03 · F15) 하차. 2번 출구에서 도보 6분.
구글맵 페이지 하단 QR 코드 스캔 · 클릭

도쿄의 허파 역할을 하는 드넓은 공원. 1964년 도쿄 올림픽을 위해 만든 국립 요요기 경기장 国立代々木競技場을 중심으로 조성된 도심 공원이다. 메이지 신궁과 연결된 거대한 녹지는 도쿄 시민의 휴식처로도 인기가 높다. 초록빛 잔디 위에서 한가로이 휴식을 취하기에 좋으며, 4월 무렵에는 공원 전체가 연분홍 벚꽃에 뒤덮이는 장관이 펼쳐진다. 주말 · 공휴일에는 공원 옆 도로에서 벌어지는 다채로운 거리 공연과 활기 넘치는 벼룩시장이 여행의 재미를 더한다. 자세한 정보는 오른쪽 페이지 참조.

일본의 전통 종교, 신도

신도 神道는 우리나라와 중국에서 유입된 불교 · 도교, 그리고 일본의 토착 신앙이 융합된 종교로 정령신앙과 조상숭배를 기반으로 한다. 본격적인 종교로 자리잡은 것은 19세기 말의 메이지유신 明治維新 때이며, 일왕의 신격화 작업과 더불어 국민 종교로 보급됐다. 때문에 신도의 사찰인 신사 神社는 대도시 한복판은 물론 두메산골에 이르기까지 일본 어디서나 쉽게 찾아볼 수 있다.

신사마다 다채로운 토착신앙과 관련된 신을 모시는데 전국에서 모시는 신은 2,000위 이상을 헤아리며, 큰 업적을 세운 사람이니 위인을 신으로 모시기도 한다. 흥미로운 사실은 모시는 신에 따라 그 신이 전문적(?)으로 들어주는 소원에도 차이가 난다는 것. 주된 관심사는 연애 · 사업 · 시험 등의 현세적인 문제. 특히 입시철이면 학문의 신을 모시는 텐만구 天満宮는 수험생과 학부모들로 문전성시를 이룬다.

신사에서는 소원 성취와 액땜을 위한 도구인 오미쿠지 おみくじ, 에마 絵馬, 오마모리 お守り도 판다. 오미쿠지는 우리나라의 토정비결에 해당하는 운세 뽑기 종이로 작은 쪽지에 한 해의 길흉화복을 점치는 내용이 적혀 있다. 행운의 글귀가 담긴 오미쿠지는 집으로 가져가지만, 불운의 내용이 담긴 경우에는 액땜을 위해 신사 옆의 나무나 줄에 묶어둔

다. 특히 새해에 오미쿠지를 보는 사람이 많아 정초에 즈음해서는 신사 옆에 하얀 꽃이 핀 것처럼 오미쿠지가 잔뜩 묶여 있는 모습을 볼 수 있다.

에마는 겉에 그 해의 띠 동물이나 신사 고유의 문양을 그린 집 모양의 나무판이다. 뒤에 소원을 적어 신사에 걸어 놓으면 소원이 이루어진다고 한다. 오마모리는 일종의 부적인데 교통안전 · 순산 · 학업성취 · 연애성공 등의 글귀가 수놓여 있다. 몸에 지니고 다니면 소원이 이루어지거나 액땜의 효과가 있다고 해 기념품으로 구입하는 이들이 많다.

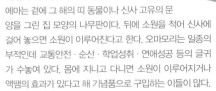

그해의 운세가 적힌 오미쿠지

東 郷神社 토고 신사 ★☆☆☆☆

발음 토-고-진쟈 **개관** 06:30~17:00
지도 MAP 3-D1·4-G1
교통 JR 야마노테 선의 하라쥬쿠 原宿 역(JY19) 하차,
타케시타 출구 竹下口를 나와 정면으로 도보 4분.
또는 지하철 치요다 선·후쿠토신 선의 메이지진구마에
明治神宮前 역(C03·F15) 하차, 2번 출구를 나와 정면으로
도보 7분.
구글맵 페이지 하단 QR 코드 스캔·클릭

러시아의 발틱 함대를 격파한 토고 헤이하치로 東鄕平
八郎(1848~1934)를 신으로 모시는 신사. 그는 일본
역사상 가장 뛰어난 해군 제독으로 명성이 자자해
그의 강한 기운을 받으려는 수험생과 도박 마니아의
발길이 끊이지 않는다. 그가 전장에 나설 때 자신의
함선을 표시하던 깃발을 수놓은 승리 부적 勝守을
파는 모습도 흥미롭다.

イ チョウ並木 은행나무 가로수길 ★★☆☆☆

발음 이쪼-나미끼 **지도** MAP 4-H1
교통 지하철 긴자 선의 가이엔마에 外苑前 역(G03) 하차,
4번 출구를 나와 왼쪽으로 도보 3분. 또는 JR 소부 総武 선의
시나노마치 信濃町 역(JB13) 하차, 도보 10분.
구글맵 페이지 하단 QR 코드 스캔·클릭

300m 남짓한 도로를 따라 빼곡하게 늘어선 은행나무
가로수가 인상적이다. 곧게 뻗은 도로를 따라 은행나무
가로수가 긴 터널을 이루고 있어 낙엽 지는 11월이면
세상을 온통 노랗게 물들이는 은행잎이 환상적인
풍경을 연출한다. 이 때문에 데이트 코스로 인기가 높은
것은 물론 드라마 촬영지로도 각광받고 있다. 단, 낙엽
질 때를 제외하면 별 볼일 없다는 사실은 알아둘 것!

파란 하늘 아래 황금빛으로 물든 은행나무 가로수길.

나무그늘 아래 있는 김옥균의 묘. 관리비를
내지 못해 철거당할 위기에 처하기도 했다.

青 山靈園 아오야마 공동묘지 ★★☆☆☆

발음 아오야마레-엔 **지도** MAP 4-H5 **구글맵** 페이지 하단 QR 코드 스캔·클릭
교통 지하철 긴자 선의 가이엔마에 外苑前 역(G03) 하차, 4번 출구를 나와 왼쪽으로 도보
3분. 또는 지하철 토에이오에도 선·한조몬 선·긴자 선의 아오야마잇초메 青山一丁目
역(E24·Z03·G04) 하차, 5번 출구를 나온 다음 뒤로 돌아 도보 8분.

서울의 윤중로만큼이나 벚꽃놀이의 명소로 인기가 높은 곳. 묘지 한가운데를
가로지르는 800m 남짓한 도로인 보치도리 墓地通り를 따라 수령(樹齡)
60년이 넘는 벚나무 고목들이 가지를 길게 늘어뜨리고 있어 벚꽃이 만개하는
3~4월이면 연분홍 꽃길이 만들어지는 장관이 펼쳐진다. 공원묘지인 까닭에
차분하게 꽃구경을 할 수 있는 것도 나름의 매력!
이곳은 1874년 조성된 일본 최초의 공원식 묘지인데, 축구장 36개가 쏙
들어가고도 남을 만큼 드넓은 26만㎡의 묘지 안에는 총 11만 9,000여 명이
잠들어 있다. 정치가·작가 등 유명인사의 묘가 많기로 유명하며, 묘지 한 켠에
자리한 외국인 묘역의 키타잇슈이나나가와 北1種イ7側의 60번 구역에는
갑신정변의 주역 김옥균(1851~1894)의 묘가 있어 눈길을 끈다.

 구글맵

하라쥬쿠 NEW 랜드마크!

오모테산도와 하라쥬쿠가 만나는 교차로에 위치해 오모테산도 모퉁이를 뜻하는 '오모카도',
하라쥬쿠 모퉁이를 뜻하는 '하라카도'란 명칭이 붙은 두 개의 쇼핑몰은 독특한 외관과 개방감 넘치는
옥상정원으로 유명세를 누리고 있다. 쇼핑몰이란 명칭에 걸맞지 않게 매장이 적은 게 조금 아쉽지만
다채로운 이벤트와 독특한 전시물, 이국적인 먹거리가 색다른 즐거움을 선사한다.

東急プラザ表参道「オモカド」
토큐 플라자 오모테산도 오모카도

영업 숍 11:00~20:00, 카페·레스토랑(6·7층) 08:30~22:00 휴무 부정기적
주소 東京都 渋谷区 神宮前 4-30-3 전화 03-3497-0418 지도 MAP 3-D2
홈피 https://omokado.tokyu-plaza.com 교통 지하철 치요다 선·후쿠토신 선의
메이지진구마에 明治神宮前 역(C03·F15) 5번 출구 도보 2분.
구글맵 페이지 상단 QR 코드 스캔·클릭

일본 최초로 오픈하는 글로벌 브랜드와 플래그십 스토어가 입점해
있다. 입구와 2층을 연결하는 에스컬레이터가 인상적인데, 천장을 다각형
거울로 장식해 몽환적 분위기를 연출한다. 6층에는 초록빛으로 가득한
도심 속 오아시스 오모하라의 숲 おもはらの森이 위치해 안락한 휴식처를
제공한다. 지하 1층~5층에는 유행에 민감한 10~20대 취향의 숍이 모여
있는데, Moussy·Sly·Azul 등 인기 SPA 브랜드를 보유한 The Shel'tter
와 일본 최대 규모의 토미 힐피거 플래그십 스토어가 특히 볼 만하다.

東急プラザ原宿「ハラカド」
토큐 플라자 하라쥬쿠 하라카도

영업 숍 11:00~21:00, 레스토랑(5~7층) 11:00~23:00,
목욕탕 07:00~23:00 휴무 1/1 주소 東京都 渋谷区 神宮前 6-31-21
전화 03·6427-9634 홈피 https://harakado.tokyu-plaza.com
지도 MAP 3-C3 교통 지하철 치요다 선·후쿠토신 신의 메이지진구마에
明治神宮前 역(C03·F15) 4·7번 출구 도보 1분.
구글맵 페이지 상단 QR 코드 스캔·클릭

'하라쥬쿠의 문화 발신지'를 자처하는 쇼핑몰. 지하 1층에는 '허물없는
교류'를 콘셉트로 운영하는 공중목욕탕 코스기유 小杉湯, 4층에는
도심 속 자연 체험장 하랏파 ハラッパ와 이벤트 홀, 5·6층에는
컨테이너 하우스와 캠핑장을 테마로 꾸민 이국적인 푸드코트가
위치한다. 특히 눈길을 끄는 곳은 수목이 우거진 계단을 오르내리며
하라쥬쿠와 오모테산도의 풍경을 만끽할 수 있는 옥상정원이다
(5~7층). 1~3층에는 향수·스위트·잡화 등 20~30대 취향의
숍이 모여 있다. 코코 샤넬이 사랑한 몽블랑 맛집 '파리 안젤리나
Angelina(1903년 창업)'의 도쿄 분점(2층)도 놓치지 말자.

RESTAURANT

마이센 まい泉 (강추)

하라쥬쿠 최고의 돈가스라 해도 과언이 아닌 맛집. 흑(黑) 돼지 산지로 유명한 카고시마 鹿児島(큐슈 남부)에서 직송해온 고기에 직접 만든 빵가루를 입혀 노릇노릇 튀겨낸다. 튀김 기름도 4종류의 기름을 배합해서 만든 마이센 특제 식용유를 사용하며, 바삭하게 씹히는 튀김옷과 젓가락만으로도 잘릴 만큼 야들야들한 육질이 환상의 조화를 이룬다. 녹차를 먹여 키운 돼지 안심 돈가스 챠미톤히레카츠젠 茶美豚ヒレ かつ膳(1,880엔)과 흑돼지 안심 돈가스 쿠로부타히레카츠젠 黒豚ヒレかつ膳(3,580엔)이 맛있다. 평일 11:00~15:00에는 등심 돈가스 정식 로스카츠테이쇼쿠 ロースかつ定食(1,150엔), 등심 돈가스 덮밥 로스카츠동 ロースかつ丼(1,200엔) 등의 저렴한 런치 메뉴도 선보인다. 테이크아웃 메뉴인 안심 돈가스 샌드위치 히레카츠산도 ヒレかつサンド (453엔~)도 맛있다.

예산 1,150엔~ / 영업 11:00~22:00 / 메뉴 일어
주소 東京都 渋谷区 神宮前 4-8-5
전화 050-3188-5802
홈피 http://mai-sen.com / 지도 MAP 4-F3
교통 지하철 한조몬 선·치요다 선·긴자 선의 오모테산도 表参道 역(Z02·G02·C04) 하차, A2번 출구에서 도보 4분. A2번 출구를 나와 정면의 육교 오른쪽을 보면 하라니혼도리 原二本通り 아치가 있다. 아치 옆에 붙어 있는 식당 이정표를 따라가면 된다.
구글맵 페이지 하단 QR 코드 스캔·클릭

안심 돈가스 샌드위치
ヒレかつサンド(453엔~)

돼지 안심 돈가스
茶美豚ヒレかつ膳(1,880엔)

킬페봉 아오야마 キルフェボン青山 (강추)

도쿄에서도 손꼽히는 과일 타르트와 케이크의 명가. 남프랑스풍 전원주택을 연상시키는 이국적인 외관과 '잡화를 고르듯 가벼운 기분으로 케이크를 살 수 있도록' 꾸민 독특한 콘셉트 때문에 아오야마를 찾는 젊은 여성에게 특히 인기가 높다.
계절 과일의 맛을 십분 즐길 수 있도록 25종류 이상의 과일 타르트가 항상 준비돼 있다. 더구나 계절마다 다채로운 한정 상품을 선보여 언제 가더라도 새로운 맛을 즐길 수 있는 것도 놓치기 힘든 매력! 과일 본연의 맛을 한껏 살려주는 촉촉한 파이 반죽과 싱싱한 과일이 멋진 조화를 이룬다. 진열장에 놓인 타르트를 직접 보고 고르는 방식이라 일본어를 몰라도 전혀 상관없으며, 타르트를 항공 소포 상자에 앙증맞게 포장해주는 센스도 탁월하다.

예산 864엔~ / 영업 11:00~19:00
메뉴 한국어·일어·영어
주소 東京都 港区 南青山 3-18-5
전화 03-5414-7741 / 지도 MAP 4-G4
교통 지하철 한조몬 선·치요다 선·긴자 선의 오모테산도 表参道 역(Z02·G02·C04) 하차, A4번 출구에서 도보 3분. A4번 출구를 나와 왼쪽으로 30m쯤 간 다음, 왼쪽의 골목으로 들어가 50m쯤 가서 다시 왼쪽으로 방향을 꺾으면 전방 30m 왼편에 있다.
구글맵 페이지 하단 QR 코드 스캔·클릭

생과일 타르트
Tart(970엔~)

구글맵

시아와세노 팬케이크 幸せのパンケーキ

인기절정의 수플레 팬케이크 전문점. 혀끝에서 사르르 녹는 포근한 식감과 균형 잡힌 은은한 단맛이 매력이다. 초강추 메뉴는 시아와세 팬케이크 시아와세노판케키 幸せのパンケーキ(1,380엔). 짭짤하면서도 고소한 마누카 꿀 휘핑 버터와 달콤한 캐러멜 시럽이 딸려 나오는데, 처음에는 팬케이크만 맛보며 부드러운 식감을 즐기다가 마누카 꿀 휘핑 버터와 캐러멜 시럽을 발라 맛의 변화를 더하는 게 맛있게 먹는 비결이다. 수플레 팬케이크에 상큼한 과일과 휘핑크림을 토핑해주는 계절 과일 팬케이크 키세츠노후렛슈후루츠판케키 季節のフレッシュフルーツパンケーキ(1,680엔), 오믈렛 · 베이컨 · 스크램블 에그 등이 딸려 나오는 식사용 팬케이크 Meal Pancake(1,380~1,680엔)도 맛있다. 팬 케이크 메뉴에 330엔을 추가하면 커피 · 홍차 · 주스 등의 음료도 딸려 나온다.

오픈과 동시에 긴 줄이 늘어서는 까닭에 30분~1시간 대기는 기본이다. 홈페이지로 예약하면 편하게 이용할 수 있다는 사실을 알아두면 좋을 듯(전화 예약불가). 시부야(MAP 2-F4), 긴자(MAP 6-C3), 키치죠지 (MAP 17-B2), 이케부쿠로(MAP 20-F3)에도 분점이 있다.

시아와세 팬케이크
幸せのパンケーキ
(1,380엔)

예산 1,380엔~
영업 10:00~19:00,
토 · 일 · 공휴일 09:00~19:30
휴업 부정기적 **메뉴** 일어 · 영어
주소 東京都 渋谷区 神宮前 4-9-3
清原ビル B1/F
전화 03-3746-8888
지도 MAP 4-F3
홈페 https://magia.tokyo
교통 지하철 한조몬 선 · 치요다 선 · 긴자 선의 오모테산도 表参道 역(Z02 · G02 · C04) 하차, A2번 출구를 나와 정면 오른쪽의 골목 안쪽으로 도보 3분.
구글맵 페이지 하단 QR 코드 스캔 · 클릭

큐슈장가라라멘 九州じゃんがらラーメン

도쿄 한복판에서 큐슈 라면의 진수를 맛볼 수 있는 맛집. 돼지 뼈를 푹 고아서 만든 진한 우윳빛 육수가 입맛을 돋운다. 12:00를 전후한 점심과 18:00~19:00에는 무척 붐비니 주의하자. 라면은 국물 맛에 따라 담백한 큐슈장가라 九州じゃんがら(790엔), 걸쭉한 본샨 ぼんしゃん(880엔), 마늘을 넣은 코본샨 こぼんしゃん (880엔), 얼큰한 카라본 からぼん(940엔), 구수한 장가라미소 じゃんがらみそ(840엔) 등 5가지 메뉴가 있으며, 우리 입에는 큐슈장가라가 제일 무난히다. 라면 위에 올릴 고명을 따로 주문해야 하는 게 조금 번거로운데, 일본어를 모를 때는 큐슈장가라 라면에 계란 · 돼지고기 · 명란젓 등의 고명을 모두 얹어주는 큐슈장가라젠부이리 九州じゃんがら全部入り(1,410엔)를 선택하는 것도 방법이다. 아니면 한글 메뉴를 달라고 해서 차근차근 주문해도 된다. 2층에는 채식주의자용 라면 전문점 비건 비스트로 장가라 Vegan Bistro Jangara도 있다.

예산 790엔~
영업 10:00~22:00
메뉴 한국어 · 일어 · 영어
주소 東京都 渋谷区 神宮前 1-13-21
シャンゼール原宿2号館 1 · 2/F
전화 03-3404-5405
홈페 www.kyushujangara.co.jp
지도 MAP 3-C2
교통 JR 하라주쿠 原宿 역(JY19) 하차, 동쪽 출구 東口를 나와 바로 앞의 횡단보도를 건넌 뒤 오른쪽으로 도보 2분. 또는 지하철 치요다 선 · 후쿠토신 선의 메이지진구마에 明治神宮前 역(C03 · F15) 하차, 3번 출구를 나온 다음 오른쪽 뒤로 돌아 10m쯤 가면 왼쪽에 있다.
구글맵 페이지 하단 QR 코드 스캔 · 클릭

큐슈장가라젠부이리
九州じゃんがら全部入り(1,410엔)

구글맵

흑우 와규 로스트 비프 덮밥 정식
(1,980~3,520엔)

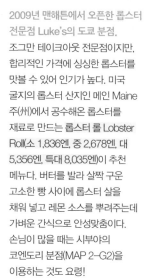

롭스터 롤 Lobster Roll
(1,836~8,035엔)

와규 햄버그 정식
Wagyu ハンバーグ定食(2,500엔)

로스트 비프 오노
ローストビーフ大野

부드러운 육질과 풍부한 육즙의 로스트 비프 레스토랑. 7시간 이상 저온조리한 고기는 입에 넣는 순간 눈처럼 스르르 녹아내린다. 진한 풍미의 흑우 와규 로스트 비프 덮밥 정식 쿠로게와규노로스트비후동 테이쇼쿠 黒毛和牛のローストビーフ丼定食 Rich(M 1,980엔, L 2,750엔, XL 3,520엔)가 추천 메뉴다. 기본적으로 계란 노른자·마요네즈·양배추 절임이 토핑돼 나오며, 양파 소스 シャリアピンソース 또는 양고추냉이 소스 山わさびソース 가운데 하나를 선택하거나(무료), 둘 다 맛볼 수 있는 더블 소스 ダブルソース(150엔)로 주문 가능하다.

예산 1,210엔~ 영업 11:00~22:00 메뉴 한국어·일어·영어 지도 MAP 3-D2 전화 03-3478-2160 주소 東京都 渋谷区 神宮前 4-31-10 YMスクウェア原宿 B1/F 교통 지하철 치요다 선·후쿠토신 선의 메이지진구마에 明治神宮前 역(C03·F15) 하차, 5번 출구를 나와 뒤로 돌아 도보 3분. YM 스퀘어 하라쥬쿠 지하 1층에 있다.
구글맵 페이지 하단 QR 코드 스캔·클릭

루크스 롭스터
LUKE'S LOBSTER

2009년 맨해튼에서 오픈한 롭스터 전문점 Luke's의 도쿄 분점. 조그만 테이크아웃 전문점이지만, 합리적인 가격에 싱싱한 롭스터를 맛볼 수 있어 인기가 높다. 미국 굴지의 롭스터 산지인 메인 Maine 주(州)에서 공수해온 롭스터를 재료로 만드는 롭스터 롤 Lobster Roll(소 1,836엔, 중 2,678엔, 대 5,356엔, 특대 8,035엔)이 추천 메뉴다. 버터를 발라 살짝 구운 고소한 빵 사이에 롭스터 살을 채워 넣고 레몬 소스를 뿌려주는데 가벼운 간식으로 안성맞춤이다. 손님이 많을 때는 시부야의 코엔도리 분점(MAP 2-G2)을 이용하는 것도 요령!

예산 1,836엔~ 영업 11:00~20:00 휴업 부정기적 메뉴 일어·영어 주소 東京都 渋谷区 神宮前 5-25-4 전화 03-5778-3747 지도 MAP 3-C4 교통 JR 야마노테 선의 하라쥬쿠 原宿 역(JY19) 하차, 동쪽 출구 東口에서 도보 8분. 캣 스트리트에 있다.
구글맵 페이지 하단 QR 코드 스캔·클릭

햄버그 요시 강추
ハンバーグ 嘉

인기 절정의 숯불구이 햄버그 스테이크 전문점. 길쭉한 바 스타일의 테이블과 정중앙에 자리잡은 오픈 키친이 고급진 분위기를 연출한다. 추천 메뉴는 즉석에서 구운 육즙 가득한 햄버그 스테이크(140g) 두 덩어리와 밥(무한리필)·된장국·채소절임·날계란이 포함된 와규 햄버그 정식 와규함바구테이쇼쿠 Wagyu ハンバーグ定食(2,500엔). 먼저 햄버그 스테이크에 상큼한 레몬·고추·생강 조미료를 곁들여 먹고, 다음으로 농후한 데미글라스 소스를 찍어 먹으며 다채로운 풍미를 즐긴다. 마지막으로 계란 간장 비빔밥을 만들어 먹으면 맛있다. 아오야마 분점도 이용 가능하다.

예산 2,300엔~ 영업 11:30~20:30 전화 03-6805-1949 주소 東京都 渋谷区 神宮前 6-12-6 지도 MAP 3-C4 교통 지하철 치요다 선·후쿠토신 선의 메이지진구마에 明治神宮前 역(C03·F15) 하차, 7번 출구를 나와 오른쪽으로 도보 5분.
구글맵 페이지 하단 QR 코드 스캔·클릭

구글맵

군만두
焼餃子(380엔)

초밥 寿司
(150엔~)

카르보나라 우동
カルボナーラ(950엔)

하라쥬쿠교자로 강추
原宿餃子樓

문전성시를 이루는 만두 전문점. 주문과 동시에 쪄주는 만두는 한입 베어 물면 입 안 가득 감칠맛 넘치는 육즙이 퍼진다. 추천 메뉴는 한 면만 바삭하게 구운 뒤 쪄주는 군만두 야키교자 焼餃子(380엔)와 물만두 스이교자 水餃子(380엔)다. 부추·마늘 니라·にんにく入り를 넣은 쪽이 훨씬 맛있다는 사실을 잊지 말 것! 가격은 동일하다. 데친 숙주에 짭조름한 소스를 얹은 모야시 もやし(320엔)는 만두의 기름진 맛을 잡아준다. 밥 고향 ご飯(240엔)을 추가하면 가벼운 식사가 되며, 생맥주 나마미루 生ビール(580엔) 등의 주류를 곁들여도 좋다.

예산 380엔~ 영업 11:30~22:30
메뉴 일어·영어
전화 03-3406-4743
주소 東京都 渋谷区 神宮前 6-2-4
지도 MAP 3-D3
교통 JR 야마노테 선의 하라쥬쿠 原宿 역
(JY19) 하차, 동쪽 출구 東口에서
도보 8분. 캣 스트리트의 골목 안쪽에 있다.
구글맵 페이지 하단 QR 코드 스캔·클릭

쿠라 스시
くら寿司

하라쥬쿠 최대의 회전초밥 전문점. 맛은 평범하지만 1접시 150엔부터란 저렴한 가격과 쾌적한 시설이 돋보인다. 컨베이어 벨트를 따라 움직이는 초밥 가운데 원하는 것을 골라 먹거나 좌석마다 비치된 태블릿(한글 지원)으로 원하는 초밥을 주문해도 된다. 초밥 메뉴에 사진이 실려 있어 선택하기도 쉽다. 자리마다 간장·초절임 생강·가루녹차 등이 비치돼 있으며, 수도꼭지에 컵을 갖다 대면 뜨거운 찻물이 나온다. 초밥 다섯 접시당 1회씩 추첨을 해 캐릭터 상품 등의 경품을 주는 이색 서비스도 제공한다. 2~4명이 함께 이용 가능한 테이블석도 완비했다.

예산 1,000엔~ 영업 11:00~23:00
메뉴 한국어·일어·영어
주소 東京都 渋谷区 神宮前 4-31-10 YM
スクウェア原宿 4/F
전화 03-6804-6105 지도 MAP 3-D2
교통 지하철 치요다 선·후쿠토신 선의
메이지진구마에 明治神宮前 역(C03·F15)
하차, 5번 출구를 나와 뒤로 돌아 도보 3분.
YM 스퀘어 하라쥬쿠 4층에 있다.
구글맵 페이지 하단 QR 코드 스캔·클릭

멘치라시 강추
麵散

쫄깃한 수타면의 우동 맛집. 오픈 전부터 긴 줄이 늘어서는 까닭에 30분~1시간 대기는 기본이다. 30여 종의 우동을 취급하며 간판 메뉴는 두툼한 베이컨과 버터·치즈를 토핑한 카르보나라 우동 까루보나라 カルボナーラ(950엔)다. 크림소스의 진하면서도 고소한 맛이 특징이며 면 아래 계란 노른자가 깔려 있어 잘 비벼 먹어야 한다. 상큼한 청량감으로 기름진 맛을 잡아주는 파 쿠쵸네기 九条ネギ(150엔)와 명란젓 멘타이코 明太子(200엔), 고소한 튀김(150엔~)을 추가 토핑해 먹으면 더욱 맛있다. 닭튀김을 곁들인 냉우동 카시와텐붓카케 かしわ天ぶっかけ(950엔)도 먹을 만하다.

예산 500엔~ 영업 11:30~21:30
메뉴 일어·영어 전화 03-6427-9898
주소 東京都 渋谷区 神宮前 6-13-7
지도 MAP 3-D3
교통 지하철 치요다 선·후쿠토신 선의
메이지진구마에 明治神宮前 역(C03·F15)
하차, 7번 출구를 나와 오른쪽으로 도보 5분.
구글맵 페이지 하단 QR 코드 스캔·클릭

생과일 샌드위치
(480엔~)

식빵 ムー
(420엔)

안반 あんパン
(481엔)

카이카이나
KAIKAINA

상큼한 생과일 샌드위치와 아사이
볼 전문점. 10명 정도 들어가는
실내석과 3개의 2인용 노천
테이블밖에 없는 앙증맞은(?)
숍이다. 생과일 샌드위치(480엔~)
는 큼직큼직 썰어 넣은 딸기·망고·
귤·키위·복숭아 등 제철 과일이
군침을 돌게 하며, 고소한 생크림과
상큼한 과일 맛의 조화가 훌륭하다.
딸기·바나나·그래놀라·벌꿀을
넣은 아사이 볼 Acai Bowl(1,250~
1,780엔)도 무척 맛있다. 바로 옆에는
촉촉한 오므라이스(1,100엔~)로
인기가 높은 리틀풀 커피 littlepool
coffee가 있다. 숍은 따로 운영하지만
테이블을 공유하기 때문에 한
자리에서 모든 메뉴를 맛볼 수 있다.

예산 480엔~ 영업 11:00~18:00 메뉴 일어
주소 東京都 港区 南青山 3-8-26
전화 070-8498-8302 지도 MAP 4-H3
교통 지하철 한조몬 선·치요다 선·
긴자 선의 오모테산도 表参道 역
(Z02·G02·C04) 하차, A4번 출구를
나와 오른쪽으로 도보 7분.
구글맵 페이지 하단 QR 코드 스캔·클릭

팡토에스프레소토
パンとエスプレッソと

강추

빵 맛 좋기로 소문난 베이커리 겸
카페. 흰색으로 마무리한 심플한
인테리어가 인상적이며, 파니니·
샐러드 등의 간단한 식사 메뉴도
취급한다. 절대 놓치지 말아야 할 것은
버터를 듬뿍 사용한 식빵 무 ムー
(420엔). 고소하면서도 리치한 풍미와
쫄깃쫄깃한 식감이 훌륭하다.
1~2시간 간격으로 굽는데, 워낙
인기가 높아 눈 깜짝할 사이에
팔린다. 우유와 계란물에 흠뻑 적신
식빵을 무쇠 프라이팬으로 구워 겉은
바삭하면서도 속은 촉촉한 철판
프렌치 토스트 鉄板フレンチトースト(1,100엔~,
15:00~18:00 판매)도 맛있다.

예산 350엔~ 영업 08:00~18:00
휴업 부정기적 메뉴 일어·영어
주소 東京都 渋谷区 神宮前 3-4-9
전화 03-5410-2040 지도 MAP 4-F3
홈피 http://bread-espresso.jp
교통 지하철 한조몬 선·치요다 선·긴자
선의 오모테산도 表参道 역(Z02·G02·
C04) 하차, A2번 출구를 나와 정면
오른쪽의 골목 안쪽으로 도보 7분.
구글맵 페이지 하단 QR 코드 스캔·클릭

토라야 안 스탠드
トラヤあんスタンド

강추

1620년 창업한 화과자 노포 토라야
虎屋 직영 카페. 교토 본점과 다른
모던한 인테리어와 분위기가 돋보인다.
대표 아이템은 홋카이도 산 최상품
팥으로 만든 단팥 페이스트 안페스토
あんペースト(1,080엔~). 생크림
처럼 곱고 부드러운 질감과 기분 좋은
단맛이 매력이다.
달콤한 단팥빵 안방 あんパン(471엔),
단팥 토스트 안토스트 あんトース
ト(551엔)도 맛볼 수 있으며, 찐빵에
흑설탕·메이플 시럽으로 풍미를 더한
단팥을 듬뿍 넣은 오모테산도 한정
메뉴 안반 あんパン(481엔)도 맛있다.
빵에 커피·호지차가 포함된 드링크
세트(361엔 추가)로 주문하는 것도
가능하다.

예산 471엔~ 영업 11:00~19:00
휴업 화·수요일, 연말연시 메뉴 일어
주소 東京都 港区 北青山 3-12-16
전화 03-6450-6720 지도 MAP 4-E5
교통 지하철 한조몬 선·치요다 선·긴자 선의
오모테산도 表参道 역(Z02·G02·C04)
하차, B2번 출구를 나와 정면으로 도보 4분.
구글맵 페이지 하단 QR 코드 스캔·클릭

구글맵

마카롱 Macaron
(1개 378엔~)

크레페 クレープ
(470~1,000엔)

팬케이크
ストロベリーホイップクリー
ムとマカダミアナッツ(1,529엔)

피에르 에르메 강추
PIERRE HERMÉ

세계 제일의 마카롱을 맛볼 수
있는 파티스리. '프랑스 제과계의
피카소'란 극찬을 한 몸에 받고 있는
피에르 에르메가 운영하며, 전 세계
1호점으로 오픈한 매장이다. 기존의
마카롱 제조법에서 과감히 탈피해
피에르 에르메 특유의 독창적인
미각과 감성을 가미한 게 특징.
여타 마카롱과 달리 찐득한 느낌이
없고 기분 좋은 단맛과 깊은 풍미가
느껴진다. 진열장에 놓인 마카롱
Macaron(1개 378엔~)을 직접 보고
고르는 방식이라 언어적인 문제로
고생할 일도 없다. 2층에는 커피·
차와 함께 다양한 디저트를 맛볼 수
있는 근사한 카페도 있다.

예산 378엔~ 영업 11:00~20:00
메뉴 일어·프랑스어 주소 東京都 渋谷区
神宮前 5-51-8 ラ·ポルト·青山 1·2/F
전화 03-5485-7766 지도 MAP 4-E5
교통 지하철 한조몬 선·긴자 선·치요다
선의 오모테산도 表参道 역(Z02·G02·
C04) 하차. B2번 출구를 나와 정면으로
200m쯤 가면 오른쪽에 있다.
구글맵 페이지 하단 QR 코드 스캔·클릭

마리온 크레페 강추
MARION CREPES

1976년 일본 최초로 크레페를
선보인 맛집. 당시엔 조그만
포장마차에 불과했으나 지금은
일본 전역에 수백 개의 체인점을
거느린 대형 업체로 성장했다.
싱싱한 생과일과 달콤한 생크림·
아이스크림을 듬뿍 넣은 크레페
쿠레푸 クレープ(470~1,000엔)는
타케시타도리를 대표하는
군것질거리나 가게 앞은 언제나
문전성시를 이룬다. 크레페의
종류가 100여 가지에 이르는데
가게 앞에 영문 메뉴와 함께 번호가
적힌 음식 모형이 있으니 그것을
보고 원하는 메뉴의 번호를 확인한
다음 주문하면 편리하다.

예산 470엔~ 영업 10:00~20:30
메뉴 일어·영어
주소 東京都 渋谷区 神宮前 1-6-15
전화 03-3401-7297 지도 MAP 4-G2
교통 JR 야마노테 선의 하라주쿠 原宿 역
(JY19) 하차. 타케시타 출구 竹下口를
나와 정면으로 도보 3분. 타케시타도리를
따라 180m쯤 가면 왼쪽에 있다.
구글맵 페이지 하단 QR 코드 스캔·클릭

에그스 앤 씽즈
EGGS'N THINGS

하와이의 인기 브랙퍼스트 전문점
에그스 앤씽즈의 도쿄 분점. 'All Day
Breakfast'를 표방하는 곳답게 언제나
다채로운 조식 메뉴를 선보인다. 실내는
비치 레스토랑 스타일로 꾸몄으며,
날씨가 좋을 때는 야외 테라스를
이용하는 것도 운치 있다. 간판 메뉴는
딸기·마카다미아 너트·휘핑크림을
듬뿍 토핑한 팬케이크 스토로베리호
잇푸쿠리우토마카다미아 낫츠 ストロ
ベリー、ホイップクリームとマカ
ダミアナッツ(1,529엔)다.
쇼킹한(!) 단맛과 높은 칼로리 때문에
한 끼 식사로도 무리가 없다.

예산 2,000엔~ 영업 08:00~22:30
휴업 부정기적 메뉴 일어·영어
주소 東京都 渋谷区 神宮前 4-30-2
전화 03-5775-5735 지도 MAP 3-D3
홈피 www.eggsnthingsjapan.com
교통 JR 하라주쿠 原宿 역(JY19) 하차.
동쪽 출구 東门에서 도보 6분.
또는 지하철 치요다 선·후쿠토신
선의 메이지진구마에 明治神宮前 역
(C03·F15) 하차. 5번 출구를 나온 다음
오른쪽 뒤로 돌아 도보 2분.
구글맵 페이지 하단 QR 코드 스캔·클릭

수제 캐러멜
(124엔〜)

쇼콜라 후랑보와즈
ショコラフランボワーズ(794엔)

수제 캐러멜
(124엔〜)

넘버 슈가
NUMBER SUGAR

세련된 맛의 수제 캐러멜 전문점.
가격이 조금 비싸지만, 향료·착색제
등의 인공첨가물을 일체 사용하지
않은 '건강한 캐러멜'로 유명세를
톡톡히 누리고 있다. 숍 이름처럼
캐러멜마다 1〜12번의 번호가
붙어 있는데, 짭짤하면서도 달콤한
No.2 Salt(124엔), 오렌지 껍질을
갈아 넣어 상큼한 맛을 더한 No.6
Orange Peel(124엔)이 맛있다.
선물용으로 좋은 예쁜 디자인의 박스
포장품도 판매한다. 달콤한 캐러멜의
맛을 음료로 재현한 캐러멜 스무디
Caramel Smoothie(여름 한정 판매,
650엔〜) 역시 스위트 마니아가 즐겨
찾는 메뉴다.

예산 124엔〜 영업 11:00〜19:00
메뉴 일어·영어
주소 東京都 渋谷区 神宮前 5-11-11
전화 03-6427-3334
지도 MAP 3-D3
홈피 www.numbersugar.jp
교통 JR 야마노테 선의 하라쥬쿠 原宿 역
(JY19) 하차, 동쪽 출구 東口에서
도보 9분. 캣 스트리트에 있다.

장 폴 에방 강추
JEAN-PAUL HEVIN

프랑스의 초콜릿 경연대회에서 온갖
상을 휩쓴 유명 초콜릿 전문점. 세계
최고의 쇼콜라티에 장 폴 에방이
운영한다. 최고급 재료로 만든 진한
향과 맛의 초콜릿은 맛볼 가치가
충분하며, 마카롱·캔디·잼 등의
다양한 스위트도 취급한다. 인기
메뉴는 아몬드 풍미의 초콜릿에
초콜릿 무스를 더해 강렬한 카카오
향이 입안 가득 퍼지는 구아야킬
구아야키루 グアヤキル(794엔),
쌉싸름한 초콜릿 케이크 위에
새콤달콤한 산딸기를 토핑한 쇼콜라
후랑보와즈 ショコラフランボワーズ ショコ
ラフランボワーズ(794엔) 등이다.

예산 794엔〜 영업 11:00〜20:00
휴업 부정기적
메뉴 일어·프랑스어 주소 東京都 渋谷区
神宮前 4-12-10 表参道ヒルズ本館 1/F
전화 03-5410-2255 지도 MAP 4-E3
교통 지하철 한조몬 선·긴자 선·
치요다 선의 오모테산도 表参道 역
(Z02·G02·C04) 하차, A2번 출구를
나와 정면으로 도보 3분. 오모테산도 힐즈
본관 1층에 있다.
구글맵 페이지 하단 QR 코드 스캔·클릭

라테아트 카페 리이슈
NLATTEART CAFE REISSUE

색다른 서비스의 인스타 맛집.
커피 맛은 평범하지만, 여타 카페와
차별화된 '특별한' 라테 아트 Latteart
(핫 1,500엔, 아이스 1,600엔)로
인기가 높다. 좋아하는 캐릭터 또는
라테 아트로 재현하고픈 사진·
그림을 보여주면 똑같은 모양을 커피
위에 그려준다. 특히 3D 라테 아트를
선택하면 솜사탕처럼 풍성한 우유
거품으로 만든 입체 캐릭터가 커피
잔 위에서 춤을 추는 신기한 모습을
볼 수 있다. 거품이 쉬 꺼지지 않아
느긋하게 사진을 찍으며 노는
재미도 쏠쏠하다. 카운터에서
'금손 바리스타'가 커피 잔을 무대로
다채로운 라테 아트를 그려내는
모습도 놓치기 아쉬운 볼거리다.

예산 1,500엔〜 영업 10:00〜19:00
휴업 월요일 메뉴 일어·영어
주소 東京都 渋谷区 神宮前 3-25-7
전화 03-5785-3144 지도 MAP 4-E1
교통 지하철 치요다 선·후쿠토신 선의
메이지진구마에 明治神宮前 역(C03·
F15) 하차, 5번 출구에서 도보 8분.
구글맵 페이지 하단 QR 코드 스캔·클릭

구글맵

플랫 화이트
Flat White(748엔)

카푸치노
Cappuccino(634엔)

아이스 커피
Iced Coffee(650엔~)

랄프스 커피
RALPH'S COFFEE

랄프 로렌이 직접 프로듀싱한 커피 전문점. 화이트와 다크 그린을 메인 컬러로 만든 빈티지한 레터링 로고가 인상적이다. 미국의 스페셜티 커피 전문점 라 콜롬브 La Colombe에서 특별 블렌딩한 원두를 사용하는데, 쓴 맛이 강조된 클래식한 커피를 선호하는 랄프 로렌의 취향에 맞춰 미디엄&다크 로스팅한 게 특징이다. 추천 메뉴는 부드러운 우유 거품의 Flat White(748엔)와 직접 만든 초콜릿을 사용한 Mocha(825엔)다. 풍미, 혀끝의 감촉, 달콤함의 삼박자가 어우러진 Chocolate Cake(1,100엔)도 놓치지 말자.

예산 660엔~ 영업 10:00~19:00
휴업 부정기적 메뉴 영어
주소 東京都 渋谷区 神宮前 4-25-15
전화 03-6438-5803 지도 MAP 3-D3
교통 JR 하라주쿠 原宿 역(JY19) 하차, 동쪽 출구 東口에서 도보 10분. 또는 지하철 치요다 선 · 후쿠토신 선의 메이지진구마에 明治神宮前 역(C03 · F15) 5번 출구에서 도보 4분.
구글맵 페이지 하단 QR 코드 스캔 · 클릭

블루 보틀 커피 ⟨강추⟩
BLUE BOTTLE COFFEE

도쿄 제일의 인기를 구가하는 커피 전문점. '사람 냄새 나는 커피'를 모토로 바리스타가 정성껏 내려주는 양질의 커피를 맛볼 수 있다. 유기농 공정무역 원두를 직접 로스팅하며, 최상의 맛을 낼 수 있도록 로스팅한지 48시간 이내의 원두만 사용한다. 추천 메뉴는 향과 맛의 밸런스가 절묘한 블렌드 Blend(594엔), 포근한 거품이 가득 담긴 그윽한 향의 카푸치노 Cappuccino(634엔), 부드러운 라테 Latte(657엔) 등이다. 신쥬쿠의 Newoman 쇼핑몰에도 지점(MAP 8-F4)이 있다.

예산 577엔~ 영업 08:00~19:00
메뉴 일어 · 영어
주소 東京都 港区 南青山 3-13-14 増田ビル 2/F 지도 MAP 4-G4
교통 지하철 한조몬 선 · 긴자 선 · 치요다 선의 오모테산도 表参道 역(Z02 · G02 · C04) 하차, A4번 출구에서 도보 3분. A4번 출구를 나와 왼쪽으로 30m쯤 간 다음, 왼쪽의 골목으로 들어가 50m쯤 가서 다시 왼쪽으로 방향을 꺾으면 전방 30m 오른편에 있다.
구글맵 페이지 하단 QR 코드 스캔 · 클릭

커피 마메야 ⟨강추⟩
KOFFEE MAMEYA

커피 홀릭 사이에서 소문이 자자한 원두 전문점. 원래의 이름은 오모테산도 커피. 몇 명만 들어가도 꽉 찰 만큼 작지만, 일본 전통 다실을 현대적으로 재해석한 운치 있는 인테리어가 눈길을 끈다. '로스팅은 전문가에게 맡긴다'는 콘셉트에 걸맞게 일본 · 홍콩에서 엄선한 다섯 개 로스팅 업체에서 들여온 최상품 원두만 취급하며, 그 가운데 일부를 테이크아웃 커피로도 즐길 수 있다. 메뉴판에 당일 취급하는 15~20가지 원두가 적혀 있으며, 각각의 원두가 가진 특징과 로스팅 상태, 가장 맛있게 내려먹는 방법에 대해서도 상세히 설명해준다.

예산 400엔~ 영업 10:00~18:00
메뉴 일어 · 영어 지도 MAP 4-F3
주소 東京都 渋谷区 神宮前 4-15-3
홈피 www.koffee-mameya.com
교통 지하철 한소몬 선 · 치요다 선 · 긴자 선의 오모테산도 表参道 역(Z02 · G02 · C04) 하차, A2번 출구를 나와 정면 오른쪽의 골목 안쪽으로 도보 5분.
구글맵 페이지 하단 QR 코드 스캔 · 클릭

카페 라테 CaféLatte(780엔)
사브레 KitsunéSablé(400엔)

리볼버 라테
Revolver Latte(880엔)

카페 키츠네 아오야마
CAFÉKITSUNÉAOYAMA

패션 브랜드 메종 키츠네의 콘셉트 카페. 군더더기 없이 깔끔한 젠 스타일의 모던한 인테리어가 인상적이다. 패션 브랜드가 밀집한 아오야마에 위치해 쇼핑을 즐기다 잠시 카페인을 보충하기에 좋다. 느긋한 분위기를 즐기려면 손님이 적은 평일 오전을 권한다. 고소한 카페 라테 CaféLatte(780엔)와 여우 로고를 그려주는 맛차 라테 Matcha Latte(900엔)가 추천 메뉴. 음료와 함께 깜찍한 여우 모양의 사브레 KitsunéSablé(400엔)를 주문하면 인스타 감성 사진도 찍을 수 있다. 텀블러·에코백 등의 굿즈도 판매하며, 미야시타 파크(p.179) 2층에도 분점이 있다.

예산 520엔~ 영업 10:00~19:00
메뉴 일어·영어 전화 03-5786-4842
주소 東京都 港区 南青山 3-15-9
지도 MAP 4-H4
교통 지하철 한조몬 선·치요다 선·긴자 선의 오모테산도 表参道 역(Z02·G02·C04) 하차. A4번 출구를 나와 왼쪽으로 도보 6분.
구글맵 페이지 하단 QR 코드 스캔·클릭

스트리머 커피 컴퍼니
STREAMER COFFEE COMPANY

전미(全美) 라테 아트 챔피언이 운영하는 커피숍. 전통적인 이탈리안 커피보다 마일드한 시애틀 스타일 커피를 선보인다. 모던 심플을 테마로 꾸민 로프트 풍의 인테리어가 멋스럽다. 하라쥬쿠의 캣 스트리트와 시부야 사이에 위치해 쇼핑 도중 지친 다리를 쉬어가기에도 적당하다. 대표 메뉴는 깜찍한 라테 아트를 선보이는 스트리머 라테 Streamer Latte(800엔). 고소한 우유와 밸런스를 이루는 깔끔한 맛이 인상적이다. 진한 맛을 선호하면 에스프레소 샷을 추가한 리볼버 라테 Revolver Latte(880엔)를 선택해도 좋다. 캣 스트리트 북쪽 끝에도 분점이 있다.

예산 450엔~ 영업 08:00~20:00
메뉴 영어 전화 03-6427-3705
지도 MAP 3-C5
홈피 https://streamer.coffee
주소 東京都 渋谷区 渋谷 1-20-28
교통 지하철 치요다 선·후쿠토신 선의 메이지진구마에 明治神宮前 역(C03·F15) 하차. 7번 출구를 나와 오른쪽으로 도보 11분.
구글맵 페이지 하단 QR 코드 스캔·클릭

규카츠 모토무라 하라쥬쿠 점
牛かつもと村

인기 만점의 규카츠 전문점. 겉바 속촉의 고소한 맛이 매력이다. 자세한 메뉴는 p.181 참조.

예산 1,630엔~ 영업 11:00~22:00
지도 MAP 3-D2
교통 지하철 치요다 선·후쿠토신 선의 메이지진구마에 明治神宮前 역(C03·F15) 5번 출구 도보 6분.
구글맵 하단 QR 코드 스캔·클릭

이치란라멘 하라쥬쿠 점
一蘭ラーメン

얼큰한 국물이 일품인 하카타 돈코츠 라면 전문점. 자세한 메뉴와 주문 방법은 p.181 참조.

예산 980엔~ 영업 09:00~22:00
지도 MAP 3-D3
교통 지하철 치요다 선·후쿠토신 선의 메이지진구마에 明治神宮前 역(C03·F15) 7번 출구 도보 1분.
구글맵 하단 QR 코드 스캔·클릭

더 그레이트 버거
The Great Burger

하라쥬쿠 제일의 인기를 구가하는 수제 버거 숍. 육즙 가득한 패티와 쫄깃한 햄버거 번이 인기 비결.

예산 1,430엔~ 영업 11:30~22:00, 토·일요일 11:00~22:00
지도 MAP 3-C3
교통 지하철 치요다 선·후쿠토신 선의 메이지진구마에 明治神宮前 역(C03·F15) 7번 출구 도보 5분.
구글맵 하단 QR 코드 스캔·클릭

사루타히코 커피
猿田彦珈琲

스페셜티 커피 숍. 위스키 통에 숙성시킨 독특한 향의 커피도 선보인다. 분위기가 좋으며 전망 좋은 창가자리도 이용 가능하다.

예산 500엔~ 영업 08:00~22:00
지도 MAP 3-C2
교통 JR 야마노테 선의 하라쥬쿠 原宿 역(JY19) 2층. 동쪽 출구 東口에 있다.
구글맵 하단 QR 코드 스캔·클릭

 구글맵

買 SHO-PPING

1 하라쥬쿠의 인기 쇼핑몰 가운데 하나인 오모테산도 힐즈.
2 최신 트렌드를 반영하는 개성 만점의 숍이 모여 있다.

오모테산도 힐즈 表参道ヒルズ

트렌드에 민감한 쇼퍼홀릭이라면 절대 피해갈 수 없는 럭셔리 쇼핑몰! 본관 本館 · 서관 西館 · 도쥰관 同潤館의 세 개 건물로 이루어져 있으며, 'Only one' 콘셉트에 맞춘 개성 만점의 브랜드가 가득하다. 독특한 조형미를 뽐내는 본관은 3층까지 올라간 다음 슬로프를 따라 걸어 내려가며 구경하는 게 편리하다. 매장마다 사활을 건 세련된 인테리어가 인상적인데, 특히 발렌티노 · 해리 윈스턴 · 클로에 · MM⑥ 메종 마르지엘라 등이 입점한 본관 1층이 눈길을 끈다. 지드래곤의 애정템 스니커즈로 인기 급상승한 스트리트 패션 브랜드 미하라 야스히로의 플래그십 스토어 Maison MIHARA YASUHIRO(지하 1층)도 놓치지 말자.

영업 11:00~20:00 휴무 부정기적
주소 東京都 渋谷区 神宮前 4-12-10 전화 03-3497-0310
홈피 www.omotesandohills.com 지도 MAP 4-E3
교통 지하철 한조몬 선 · 치요다 선 · 긴자 선의 오모테산도 表参道 역(Z02 · G02 · C04) 하차, A2번 출구를 나와 정면으로 도보 3분.
구글맵 페이지 하단 QR 코드 스캔 · 클릭

휴먼 메이드 오프라인 스토어
HUMAN MADE OFFLINE STORE

스트리트 패션씬의 신흥 강자로 급부상한 일본 패션 브랜드. 'The Future is in the Past'를 콘셉트로 빈티지 스타일을 재해석한 패션을 선보이며, 깜찍한 프린팅과 자수 · 로고 패치가 특징이다.
블루 보틀 콜라보 매장이라 '파란색' 휴먼 메이드 로고를 새긴 텀블러 · 머그컵 등의 굿즈도 판매한다.

영업 11:00~19:00,
토 · 일 · 공휴일 11:00~20:00
홈피 www.humanmade.jp
주소 東京都 渋谷区 神宮前 2-6-6
전화 03-6804-2569 지도 MAP 4-F1
교통 지하철 긴자 선의 가이엔마에 外苑前 역(G03) 하차, 2a번 출구에서 도보 11분.
구글맵 페이지 하단 QR 코드 스캔 · 클릭

앳 코스메 스토어
@COSME STOREI

일본 최대의 화장품 정보 플랫폼 앳 코스메의 플래그십 스토어. 사용자 후기를 기반으로 기초 · 색조 · 향수 · 화장소품에 랭킹을 매겨 판매한다. 중서가부터 백화점 브랜드까지 온갖 브랜드를 체험 가능한 대형 매장이니 화장품 덕후라면 절대 놓치지 말자. 신상 론칭 이벤트도 자주 열려 쇼핑의 즐거움을 더한다.

영업 11:00~21:00
주소 東京都 渋谷区 神宮前 1-14-27
전화 03-6832-7670
지도 MAP 4-E2 홈피 www.cosme.net
교통 JR 야마노테 선의 하라쥬쿠 原宿 역(JY19) 하차. 동쪽 출구 東口에서 도보 1분.
구글맵 페이지 하단 QR 코드 스캔 · 클릭

타케오 키쿠치
TAKEO KIKUCHI

전통 브리티시 스타일이 특징인 일본의 남성 패션 브랜드. 몸에 꼭 맞는 슬림한 라인과 섬세한 디테일은 여성복 못지않게 멋스럽기로 유명하다. 구두 · 가방 · 지갑 등의 패션 소품도 두루 선보인다. 매장은 1층 세미 캐주얼 라인, 2층 드레스 셔츠 · 비즈니스 슈트 중심의 정장 라인, 3층 카페로 이루어져 있다.

영업 11:00~20:00 휴무 부정기적
주소 東京都 渋谷区 神宮前 6-25-10
전화 03-6418-5731
지도 MAP 3-C4
교통 지하철 치요다 선 · 후쿠토신 선의 메이지진구마에 明治神宮前 역(C03 · F15) 하차, 7번 출구를 나와 오른쪽으로 도보 4분.
구글맵 페이지 하단 QR 코드 스캔 · 클릭

라 포레 하라쥬쿠
LA FORET HARAJUKU

하라쥬쿠의 트렌드를 대표하는 패션 백화점. 메인 아이템은 10~20대 타깃의 스트리트 패션과 걸리시룩·로리타룩이며, 가격 부담이 적은 중저가 브랜드의 비중이 높다. 0.5층 단위로 구성된 독특한 구조의 건물로 지상층은 이지 캐주얼 브랜드, 지하층은 고스로리룩·로리타룩 등 시선을 강탈하는 마니아 브랜드가 차지하고 있다. 휴먼 메이드, 비비안 웨스트우드 레드 레이블 콘셉트 스토어, 요지 야마모토의 세컨드 브랜드 와일드사이드 요지 야마모토가 특히 눈길을 끈다. 핫한 패션 아이템의 편집숍 그레이트 GR8도 인기가 있으며, ALICE and the PIRATES·아틀리에 피에로 등 독특한 고스로리룩 브랜드가 모인 1.5층도 재미있다.

🕐 11:00~20:00 📍 東京都 渋谷区 神宮前 1-11-6 ☎ 03-3475-0411 🏠 www.laforet.ne.jp 🗺 MAP 3-D2 🚇 지하철 치요다 선·후쿠토신 선의 메이지진구마에 明治神宮前 역(C03·F15) 하차, 5번 출구를 나와 뒤로 돌아 도보 1분. 📱 페이지 하단 QR 코드 스캔·클릭

1 스스럼없이 입기 좋은 미니멀 디자인의 아이템이 풍부하다.
2 참신한 스타일의 시즌별 테마 상품도 눈여겨보자.

모마 디자인 스토어 오모테산도
MOMA DESIGN STORE 表参道

뉴욕 현대 미술관 MoMA의 뮤지엄 숍. 앤디 워홀·장 폴 바스키아·쿠사마 야요이·무라카미 타카시 등 유명 작가의 작품을 접목시킨 인테리어 소품과 인기 디자이너 제품을 선보인다. 패션·인테리어·음향·주방용품·문구 등 품목도 다양하다. 모마 로고를 넣은 스웨트 셔츠·모자·가방도 인기가 높다.

🕐 11:00~20:00 📍 東京都 渋谷区 神宮前 5-10-1 GYRE 3/F ☎ 03-5468-5801 🗺 MAP 3-D3 🏠 www.momastore.jp 🚇 지하철 치요다 선·후쿠토신 선의 메이지진구마에 明治神宮前 역(C03·F15) 7번 출구에서 도보 4분. 📱 페이지 하단 QR 코드 스캔·클릭

니코 앤드
NIKO AND...

발랄한 디자인의 라이프스타일 숍. 무난한 가격에 최신 유행이 반영된 스타일리시한 디자인으로 20~30대에게 인기가 높다. 의류·패션소품·액세서리·화장품(1층), 테이블웨어·주방용품·문구·인테리어 소품·캠핑용품·가구(2층) 등 다양한 라인업을 자랑하며, 플래그십 스토어답게 아이템도 풍부하다.

🕐 11:00~21:00 🚫 부정기적 📍 東京都 渋谷区 神宮前 6-12-20 ☎ 03-5778-3304 🗺 MAP 3-C3 🚇 지하철 치요다 선·후쿠토신 선의 메이지진구마에 明治神宮前 역(C03·F15) 하차, 7번 출구를 나와 오른쪽으로 도보 3분. 📱 페이지 하단 QR 코드 스캔·클릭

쓰리 코인즈 하라쥬쿠 본점
3 COINS 原宿本店

가성비 높은 인테리어·잡화 전문점. '동전 3개'란 브랜드명처럼 상품 대부분이 100엔짜리 동전 3개인 300엔(소비세 별도)이다. 100엔 숍에 비해 디자인과 품질이 좋고, 패션·잡화에서 반려동물 용품까지 아우르는 폭넓은 상품 구성이 매력이다. 플래그십 스토어답게 타 지점에서 찾아보기 힘든 제품도 취급한다.

🕐 11:00~20:00 📍 東京都 渋谷区 神宮前 6-12-22 ☎ 03-6427-4333 🗺 MAP 3-C3 🚇 지하철 치요다 선·후쿠토신 선의 메이지진구마에 明治神宮前 역(C03·F15) 하차, 7번 출구를 나와 오른쪽으로 도보 3분. 📱 페이지 하단 QR 코드 스캔·클릭

 구글맵

1 ISSEY MIYAKE PARFUMS도 취급한다.
2 ISSEY MIYAKE 매장은 IM MEN과 지하로 연결된다.

이세이 미야케 ISSEY MIYAKE / AOYAMA

일본의 전통과 첨단 기술을 접목시킨 신상품 개발에 끊임없이 도전하는 브랜드. 아오야마 지역에 ISSEY MIYAKE를 비롯한 8개의 브랜드 숍이 있다.
기능성과 편리한 착용감을 기본으로 한 멘즈 라인의 IM MEN, 플리츠라는 전통 소재를 발전시켜 가벼우면서도 입기 편하고 사용하기 쉽도록 현대적인 제품으로 진화시킨 PLEATS PLEASE ISSEY MIYAKE, 일본에서 개발한 고급 직물과 인도의 전통 기법이 특징인 HaaT, 캐주얼한 스타일의 me ISSEY MIYAKE.
그리고 HOMME PLISSÉ ISSEY MIYAKE, BAO BAO ISSEY MIYAKE, 132 5. ISSEY MIYAKE 를 한 자리에 모아 놓은 REALITY LAB. ISSEY MIYAKE 를 꼭 살펴보자.

영업 11:00~20:00 주소 東京都 港区 南青山 3-18-11
전화 03-3423-1408 홈피 isseymiyake.com 지도 MAP 4-G4
교통 지하철 한조몬 선 · 치요다 선 · 긴자 선의 오모테산도 表参道 역 (Z02 · G02 · C04) 하차, A4번 출구를 나와 왼쪽으로 도보 1분.
구글맵 페이지 하단 QR 코드 스캔 · 클릭

첨스
CHUMS

발랄한 색상과 캐주얼한 디자인이 매력인 아웃도어 브랜드. 일상복으로 입어도 손색이 없을 만큼 디자인이 훌륭해 유행에 민감한 20대에게 인기가 높다. 원래 미국 브랜드였지만 일본에서 판권을 구입한 이후 인기가 치솟기 시작해 지금은 미국으로 역수출되고 있다. 모자 · 양말 · 가방 · 신발 · 파우치 등의 패션 아이템도 풍부하다.

영업 11:00~20:00
주소 東京都 渋谷区 神宮前 5-2-21
전화 03-6418-4834 지도 MAP 4-E4
교통 지하철 한조몬 선 · 긴자 선 · 치요다 선의 오모테산도 表参道 역 (Z02 · G02 · C04) 하차, A1번 출구를 나와 정면으로 도보 5분.
구글맵 페이지 하단 QR 코드 스캔 · 클릭

키디 랜드
KIDDYLAND

어린이와 키덜트족의 천국으로 유명한 장난감 가게. 깜찍한 캐릭터 잡화와 인형이 풍부하다. 매장은 최신 아이템 · 스테디셀러 · 먼작귀(1층). 스튜디오 지브리 · 디즈니 캐릭터(2층), 스타워즈 · 마블 코믹스 · 피규어(3층), 리락쿠마 · 헬로키티(4층) 코너로 이루어져 있으며, 지하 1층에는 일본 최대의 스누피 타운 숍도 있다.

영업 11:00~21:00
휴업 부정기적
주소 東京都 渋谷区 神宮前 6-1-9
전화 03-3409-3431 지도 MAP 3-D3
교통 JR 야마노테 선의 하라쥬쿠 原宿 역(JY19) 하차, 동쪽 출구 東口에서 도보 7분.
구글맵 페이지 하단 QR 코드 스캔 · 클릭

애플 스토어
APPLE STORE

애플 마니아의 인기 쇼핑 플레이스. 건물 전체를 통유리로 꾸민 세련된 외관이 눈길을 사로잡는다. 단일 플로어로는 일본 최대 규모를 자랑하며, 아이폰 · 아이패드 · 맥북 등 애플의 최신 아이템이 가득하다. 모든 제품을 자유로이 조작해 볼 수 있는 것은 물론 궁금한 점은 직원들이 친절히 설명해준다. 지하에는 액세서리 판매 코너도 있다.

영업 10:00~21:00 휴업 부정기적
주소 東京都 渋谷区 神宮前 4-2-13
전화 03-6757-4400 지도 MAP 4-F3
교통 지하철 한조몬 선 · 치요다 선 · 긴자 선의 오모테산도 表参道 역 (Z02 · G02 · C04) 하차, A2번 출구를 나오면 바로 오른쪽에 있다.
구글맵 페이지 하단 QR 코드 스캔 · 클릭

SHIBUYA

시부야 渋谷

볼거리 ★★☆☆☆
먹거리 ★★★★☆
쇼 핑 ★★★★★
유 흥 ★★★★☆

파릇파릇한 젊음의 파워가 느껴지는 패션과 쇼핑의 거리. 밤이 깊도록 끊이지 않는 사람들의 물결과 스펀지처럼 그들을 빨아들이는 대형 백화점이 소비의 정점에 우뚝 선 시부야의 위상을 실감케 한다. 하라쥬쿠와 더불어 스트리트 패션의 양대 산맥을 이루는 곳답게 거리를 활보하는 사람들의 패션도 각양각색. 끊임없이 새로움을 추구하는 시부야의 거리에서 참신한 변화의 바람을 느껴보자.

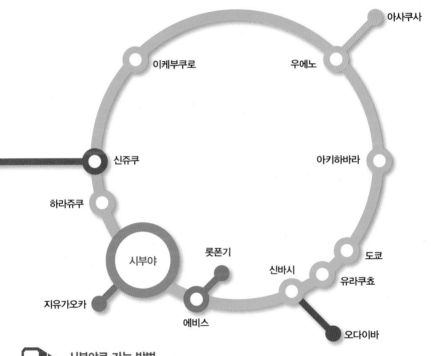

🚃 시부야로 가는 방법

JR 야마노테 선 山手線 · 사이쿄 선 埼京線 · 쇼난신쥬쿠 라인 湘南新宿ライン의 시부야 渋谷 역 (JY20 · JA10 · JS19) 하차

시부야 역은 구조가 복잡하며 출구도 많다. 주요 명소는 하치코 개찰구 ハチ公改札에서 가깝다. 주의할 점은 하치코 개찰구가 두 개란 사실이다. 1번 플랫폼의 계단 바로 앞, 건물 밖으로 곧장 연결되는 하치코 개찰구를 이용해야 길 찾기가 수월하다.

지하철 한조몬 선 半蔵門線 · 후쿠토신 선 副都心線 · 긴자 선 銀座線의 시부야 渋谷 역 (Z01 · F16 · G01) 하차

하치코 방면 출구 ハチ公方面出口로 나가면 시부야의 중심가가 펼쳐진다.

shibuya
quick guide

S How to See
활기찬 쇼핑가를 구경

빈약한 볼거리보다는 생동감 넘치는 쇼핑가를 중심으로 여행하는 게 좋다. 주요 쇼핑 명소는 센터가이와 코엔도리에 집중돼 있는데, 센터가이는 10~20대, 코엔도리는 20~30대를 타깃으로 한 쇼핑가란 사실을 기억하자. 코스를 짤 때는 JR 시부야 역에서 출발해 시부야 109→센터가이→스페인자카→코엔도리→JR 시부야 역의 순으로 전체를 한 바퀴 빙 도는 식으로 돌아보는 게 효율적이다.

- 박물관 · 전시관 ★☆☆
- 건축물 · 공원 ★☆☆
- 유적 · 사적지 ☆☆☆

B What to Buy
백화점 · 편집 숍이 풍부

시부야의 쇼핑가는 대형 백화점과 플래그십 스토어 위주로 이루어져 있다. 메인 아이템은 패션·생활잡화·액세서리·인테리어 용품이다. 백화점·쇼핑몰마다 타깃 고객과 연령대가 다르니 자신의 쇼핑 목적에 부합되는 곳을 미리 골라놓는 센스가 필수! 최신 유행 아이템을 원한다면 빔즈·스투시·Supreme·Aape·Rageblue 등 인기 브랜드와 편집숍이 모인 쇼핑가 코엔도리를 놓치지 말자.

- 패션 ★★★
- 인테리어 ★★★
- 토이 · 잡화 ★★★

E Where to Eat
쇼핑몰 식당가에 집중

저렴한 패스트푸드부터 맛난 초밥과 디저트까지 온갖 음식점이 모여 있어 선택의 폭이 넓다. 저렴한 식당은 센터가이와 JR 시부야 역, 그리고 시부야 109로 이어지는 분카무라도리 文化村通り 주변에 많다. 초밥·돈가스 등의 맛집을 찾는다면 대형 쇼핑몰이나 백화점의 식당가를 이용하는 게 현명하다. 백화점 지하 식품관에는 유명 디저트 숍이 모여 있다는 사실도 알아두면 좋을 듯!

- 일식 · 라면 ★★☆
- 양식 · 기타 ★★☆
- 카페 · 디저트 ★★★

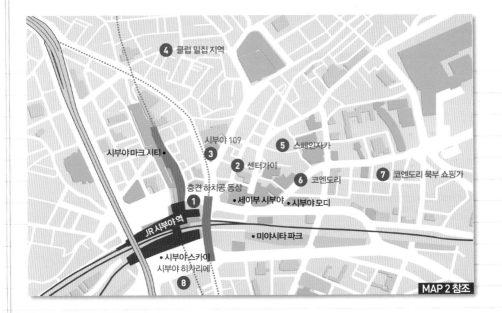

① 충견 하치공 동상　p.176

시부야의 대표적인 약속 장소. 언제나 수많은 사람들로 북적여 금방 눈에 띈다. 바로 앞에는 시부야의 상징으로 유명한 시부야 스크램블 교차로도 있다.

볼거리 ★★☆　먹거리 ☆☆☆　쇼핑 ☆☆☆

② 센터가이　p.178

주머니가 가벼운 중고생과 젊은이들이 즐겨 찾는 쇼핑가. 패션·잡화점·할인 티켓 전문점 등이 모여 있다. 저렴한 음식점이 많아 출출한 속을 달래기에도 좋다.

볼거리 ★☆☆　먹거리 ★☆☆　쇼핑 ★★☆

③ 시부야 109　p.178

10~20대가 열광하는 최신 유행 상품이 가득한 쇼핑몰. 일본 트렌드의 중심지라 해도 과언이 아니다. 다양한 스타일의 패션 아이템을 취급해 취향에 어울리는 맞춤 쇼핑도 가능!

볼거리 ★☆☆　먹거리 ☆☆☆　쇼핑 ★★☆

④ 클럽 밀집 지역　p.179

시부야에서 가장 핫한(?) 지역이다. 좁은 골목을 따라 도쿄에서 제일 잘 나가는 클럽들이 모여 있다. 물이 오르는 시간대는 금·토요일 22:00 이후라는 사실을 기억하자.

볼거리 ☆☆☆　먹거리 ☆☆☆　유흥 ★★★

⑤ 스페인자카　p.178

완만한 언덕길을 따라 40여 개의 의류·잡화 숍이 모여 있는 쇼핑가. 깜찍한 아이템이 풍부해 구경하는 재미가 쏠쏠하다. 적당한 가격대의 식당도 많아 식사를 해결하기에도 좋다.

볼거리 ★☆☆　먹거리 ★★☆　쇼핑 ★★☆

⑥ 코엔도리　p.179

파르코·세이부 등의 대형 백화점과 인기 로드 숍이 모여 있는 패션 타운. 시부야 109와 함께 일본 유행의 중심지로 통하는 곳이라 20~30대 젊은 층이 즐겨 찾는다.

볼거리 ★☆☆　먹거리 ★☆☆　쇼핑 ★★★

⑦ 코엔도리 북부 쇼핑가

인기 브랜드의 숍이 모여 있는 호젓한 쇼핑가. 번잡한 대로에서 한 블록 안쪽에 위치하며 소규모 로드 숍이 주를 이루기 때문에 느긋하게 쇼핑을 즐기기에 좋다.

볼거리 ☆☆☆　먹거리 ☆☆☆　쇼핑 ★★★

⑧ 시부야 히카리에　p.184

20~30대를 겨냥한 고급 쇼핑몰. 최근 인기몰이 중인 핫한 브랜드의 패션·잡화가 풍부하다. 지하에는 맛난 먹거리와 디저트를 취급하는 식료품점·베이커리가 모여 있다.

볼거리 ☆☆☆　먹거리 ★★☆　쇼핑 ★★★

best course

시부야의 주요 명소와 쇼핑 포인트를 돌아보는 코스. 관광명소라고 할 만한 곳은 별로 없지만, 대형 백화점과 숍이 많아 쇼핑을 즐기기에 더할 나위 없이 좋다. 단, 대부분의 숍은 10:00 이후에 오픈하니 너무 서둘러 움직일 필요는 없다. 쇼핑에 관심이 없다면 쇼핑몰과 백화점은 과감히 제외하고, 시부야 스카이→미야시타 파크→충견 하치공 동상→시부야 스크램블 교차로→센터가이→스페인자카→코엔도리의 순으로 핵심 명소만 돌아봐도 된다. 이렇게 할 경우 예상 소요시간은 4~5시간으로 충분하다.

출발점 JR 시부야 역 하치코 개찰구
예상 소요시간 9시간~

▼JR 시부야 역 하치코 개찰구를 나오면 이렇게 보여요.

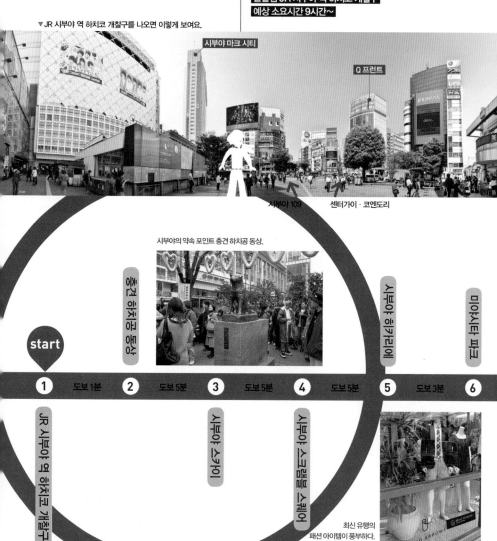

시부야 마크 시티

Q 프런트

시부야 109

센터가이 · 코엔도리

시부야의 약속 포인트 충견 하치공 동상.

start

충견 하치공 동상

시부야 하카리에

미야시타 파크

1 — 도보 1분 — 2 — 도보 5분 — 3 — 도보 5분 — 4 — 도보 5분 — 5 — 도보 3분 — 6

JR 시부야 역 하치코 개찰구

시부야 스카이

시부야 스크램블 스퀘어

최신 유행의 패션 아이템이 풍부하다.

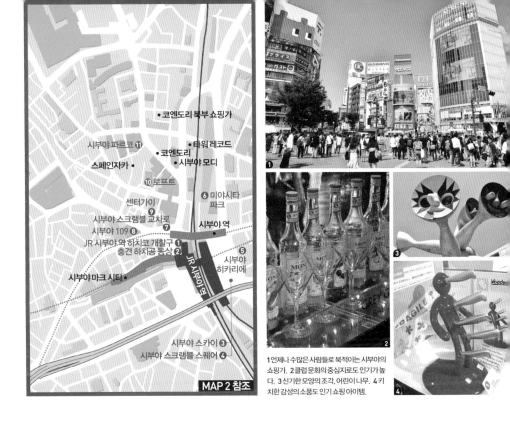

● 코엔도리 북부 쇼핑가

시부야 파르코 ⑪
● 타워 레코드
● 코엔도리
스페인자카 ●
● 시부야 모디
⑩ 로프트
센터가이
⑥ 미야시타 파크
⑨
시부야 스크램블 교차로
⑦
시부야 109 ⑧
시부야역
JR 시부야역 하치코 개찰구 ①
충견 하치공 동상 ②
⑤ 시부야
히카리에
시부야 마크 시티 ●

시부야 스카이 ③
시부야 스크램블 스퀘어 ④

MAP 2 참조

1 언제나 수많은 사람들로 북적이는 시부야의 쇼핑가. 2 클럽 문화의 중심지로도 인기가 높다. 3 신기한 모양의 조각, 어린이 나무. 4 키치한 감성의 소품도 인기 쇼핑 아이템.

아기자기한 인테리어 소품을 구입할 수 있는 것도 매력!

센터가이

로프트

시부야 파르코

| 도보 3분 | ⑦ | 두부 2분 | ⑧ | 도보 1분 | ⑨ | 노보 1분 | ⑩ | 도보 3분 | ⑪ |

시부야 스크램블 교차로

시부야 109

시부야 쇼핑의 메카로 통하는 코엔도리.

SIGHTSEEING

시부야의 명소는 JR 시부야 역의 하치코 개찰구를 중심으로 부채꼴 모양으로 퍼져 있다. 메인 스폿은 쇼핑가와 백화점. 전반적인 스타일은 신쥬쿠(p.262)와 비슷하지만 젊음의 거리 하라쥬쿠와 가까워 발랄한 분위기가 한층 강하게 느껴진다.

Best Spot in Shibuya

★★★★☆ 시부야 스카이, 미야시타 파크
시부야 스크램블 교차로
★★★☆☆ 센터가이, 시부야109
코엔도리
★★☆☆☆ 스페인자카, 충견 하치공 동상

忠 犬ハチ公 충견 하치공 동상 ★★☆☆☆

발음 츄-껭하찌꼬- **지도** MAP 2-G4 **구글맵** 페이지 하단 QR 코드 스캔·클릭
교통 JR 야마노테 선·사이쿄 선·쇼난신쥬쿠 라인의 시부야 渋谷 역(JY20·JA10·JS19) 하차, 1번 플랫폼 앞의 하치코 개찰구 ハチ公改札를 나와 정면으로 도보 1분.

항상 누군가를 기다리는 사람들로 북적이는 시부야의 대표적인 약속 장소. 동상의 주인공은 하치(1923~1935), 일본에서도 명견으로 치는 아키타 견 秋田 犬이다. 하치는 언제나 퇴근 시간에 맞춰 역까지 주인을 마중 나왔는데, 이런 충성은 주인이 세상을 뜬 뒤에도 무려 10년이나 이어졌다. 비가 오나 눈이 오나 같은 자리를 지키며 죽은 주인을 기다리는 모습이 세간에 알려지면서 '충견 하치공'이란 호칭을 얻었고, 죽기 1년 전인 1934년 동상이 세워졌다. 하지만 안타깝게도 원본 동상은 제2차 세계대전 때 전시물자로 압수돼 전장의 총알로 사라져버렸다. 지금의 동상은 1984년 재건된 것. 하치의 옛 모습은 동상 바로 앞의 청개구리 전차에서 찾아볼 수 있다.

渋 谷スクランブル交差点 시부야 스크램블 교차로 ★★★★☆

발음 시부야스쿠람부루코-사뗀 **지도** MAP 2-G3
교통 JR 야마노테 선·사이쿄 선·쇼난신쥬쿠 라인의 시부야 渋谷 역(JY20·JA10·JS19) 하차, 1번 플랫폼 앞의 하치코 개찰구 ハチ公改札를 나오면 바로 앞에 있다.
구글맵 페이지 하단 QR 코드 스캔·클릭

시부야의 상징으로 유명한 대각선 횡단보도. 도쿄 최대의 통행량을 자랑하는 곳으로 하루 평균 50만 명의 행인이 지나간다. 보행신호가 들어오면 사방에서 사람들이 횡단보도로 물밀 듯이 밀려드는데, 올림픽·월드컵·신년맞이 카운트다운처럼 대형 이벤트가 열릴 때면 도로 전체가 인파로 넘실대는 장관이 펼쳐진다. 횡단보도 한복판에서 행인들에 둘러싸인 채 기념사진을 찍는 것도 나름 멋진 추억이 될 듯! 교차로 전체가 훤히 내려다보이는 명당으로는 QFRONT 2층의 스타벅스가 유명하다.

176 TOKYO 구글맵

渋谷スカイ 시부야 스카이

★★★★☆

発음 시부야스카이 開관 10:00~22:30
요금 인터넷 사전구매 2,200엔, 현장구매 2,5000엔
홈피 https://www.shibuya-scramble-square.com/sky
지도 MAP 2-H4
교통 JR 야마노테 선·사이쿄 선·쇼난신주쿠 라인의 시부야 渋谷 역
(JY20·JA10·JS19) 또는 지하철 한조몬 선·후쿠토신 선·긴자 선의
시부야 渋谷 역(Z01·F16·G01) 하차. 시부야 스크램블 스퀘어
45층에 있다.
구글맵 페이지 하단 QR 코드 스캔·클릭

시부야 제일의 인스타 명소이자 도쿄가 한눈에
내려다보이는 특급 전망대. 46층에 실내 전망대 스카이
갤러리 Sky Gallery, 47층 옥상(230m)에 야외 전망대
스카이 스테이지 Sky Stage가 있다.
스카이 스테이지에는 시야를 방해하는 구조물이 하나도
없어 360도로 탁 트인 환상적인 전망이 펼쳐진다.
발 아래로 펼쳐진 도쿄 시내를 배경으로 인생사진을 찍을 수
있는 스카이 엣지 Sky Edge, 새파란 하늘 아래서 느긋하게
일광욕을 즐기는 클라우드 해먹 Cloud Hammock도
놓치지 말자. 19:00부터는 30분 간격으로 레이저쇼가
진행된다.
일몰 1시간 전쯤 올라가면 도쿄의 전경과 노을·야경을
모두 감상할 수 있으니 일몰 시각(p.196)을 확인하고
티켓을 구매하자. 인터넷 사전구매는 4주 전부터 가능한데,
사전구매가 개시됨과 동시에 광클이 시작되는 까닭에 일몰
1~2시간 전에 입장 가능한 티켓 구하기는 무척 어렵다.
원하는 시간대의 티켓이 없을 때는 조금 일찍 입장해
야경까지 보고 나오는 것도 요령이다.

1 시부야의 상징으로 우뚝 선 시부야 스카이. 시부야 어디서나 눈에 띄는 초대형
이정표다. 건물 꼭대기에 아찔한 뷰를 뽐내는 전망대가 있다.
2 야외 전망대에서 바라본 도쿄. 초록색으로 빛나는 곳은 하라쥬쿠의 요요기 공원이다.
3 오금이 저리는 인생사진 포인트 스카이 엣지.
4 큰 대자로 누워 느긋하게 일광욕을 즐길 수 있는 클라우드 해먹.

시부야 스카이 꿀팁

눈·비·강풍 등 악천후에는 47층 야외 전망대 입장이 불가능
하다. 한국의 온라인 예매 사이트 이용시 날짜·입장 시간 변
경이 불가능해 낭패를 볼 수도 있지만, 공식 홈페이지에서 구
매할 경우 1회에 한해 날짜·입장 시간 변경이 가능해 예측
불가능한 날씨에 대처할 수 있다.
야외 전망대는 셀카봉·가방·핸드백·모자 반입이 불가능하
다. 해당 물품은 46층 코인로커에 보관(100엔, 퇴장시 반납)
해야 입장이 가능하다.

セ ★★★☆☆
ンター街 센터가이

발음 센따-가이 지도 MAP 2-G3 교통 JR 야마노테 선·사이쿄 선·쇼난신쥬쿠 라인의 시부야 渋谷 역(JY20·JA10·JS19) 하차, 1번 플랫폼 앞의 하치코 개찰구 ハチ公改札를 나와 정면으로 도보 2분.
구글맵 페이지 하단 QR 코드 스캔·클릭

10~20대가 즐겨 찾는 쇼핑가. 저렴한 음식점·게임 센터·할인 티켓 전문점·액세서리 숍 등이 모인 시부야의 메인 스트리트다. 주머니가 가벼운 중고생과 젊은이들이 즐겨 찾는 곳이라 그들만의 독특한 거리 문화가 형성돼 있다. 지금은 잊혀진 지 오래지만 고가루·루즈삭스· 강구로·야맘바·센터 가이 등 '사회 문제'로까지 비화된 온갖 패션 스타일과 유행이 바로 이 거리에서 탄생했다. 앞으로 또 어떤 파격적인 유행이 등장할지 살짝 관심 가져 봐도 흥미로울 듯!

어딘지 암울한 포스가 감도는 클럽 WWW.

ス ★★☆☆☆
ペイン坂 스페인자카

발음 스페인자카 지도 MAP 2-G3 교통 JR 야마노테 선·사이쿄 선·쇼난신쥬쿠 라인의 시부야 渋谷 역 (JY20·JA10·JS19) 하차, 1번 플랫폼 앞의 하치코 개찰구 ハチ公改札를 나와 정면으로 도보 6분.
구글맵 페이지 하단 QR 코드 스캔·클릭

서울의 명동 뒷골목과 비슷한 분위기를 풍기는 골목길. 시부야의 양대 쇼핑가인 센터가이와 코엔도리를 연결하는 지름길이라 언제나 수많은 사람이 오간다. 완만한 언덕을 이룬 골목 양쪽에는 20~30대 타깃의 숍과 레스토랑 40여 개가 옹기종기 모여 있으며 메인 아이템은 깜찍한 잡화와 패션 소품이다. 언덕 꼭대기의 코엔도리 쪽 입구에는 다소 암울한 포스의 건물이 세워져 있다. 건축가 키타가와라 아츠시 北川原温의 출세작인 극장 라이즈 RISE(1986년)인데, 철판을 덧대서 만든 돔에 주글주글한 회색 천을 덮어씌운 듯한 디자인은 도시의 난잡함과 혼돈을 묘사한 것이다. 극장이 문을 닫은 지금은 WWW라는 클럽으로 이용되고 있다.

S ★★★☆☆
HIBUYA 109 시부야 109

발음 시부야이찌마루큐- 영업 10:00~21:00 휴무 1/1
지도 MAP 2-G3 구글맵 페이지 하단 QR 코드 스캔·클릭
교통 JR 야마노테 선·사이쿄 선·쇼난신쥬쿠 라인의 시부야 渋谷 역 (JY20·JA10·JS19) 하차, 1번 플랫폼 앞의 하치코 개찰구 ハチ公改 札를 나와 정면으로 도보 4분.

시부야의 상징으로 통하는 패션 백화점. 도로 한복판에 원통형의 은빛 건물이 우뚝 솟아 있어 금방 눈에 띈다. 일본 포스트 모던 건축의 대가 타케야마 미노루 竹山実(1934~) 의 작품이며, 알루미늄 패널로 마감한 벽에는 현재 가장 핫한 뮤지션·화장품·스마트폰의 대형 광고 사진이 걸려 있어 일본의 유행을 한눈에 파악하게 해준다. 109란 이름은 소유주인 토큐 東急 그룹의 일본식 숫자 발음인 토(10)·큐(9) 에서 착안한 것이며, 오전 10시부터 오후 9시까지 영업한다는 뜻도 담겨 있다. 쇼핑 정보는 p.183 참조.

1 파란 하늘을 배경삼아 은빛으로 빛나는 시부야 109.
2 최신 유행을 실시간으로 반영하는 중저가 브랜드가 모여 있다.

★★★★☆
ミヤシタパーク 미야시타 파크

발음 미야시타파-쿠 영업 08:00~23:00 지도 MAP 2-H2
구글맵 페이지 하단 QR 코드 스캔·클릭
교통 JR 야마노테 선·사이쿄 선·쇼난신쥬쿠 라인의 시부야 渋谷 역
(JY20·JA10·JS19) 하차, 하치코 개찰구 ハチ公改札에서 도보 4분.

시부야의 핫플로 유명한 복합 상업시설. 홈리스가 북적이던
슬럼가를 재개발해 2020년 오픈했다. 330m 길이의 공원 하부에는
내로라하는 명품숍과 세련된 레스토랑·카페, 옥상에는 공원과
레포츠 시설이 모여 있다. 옥상 공원에서는 시부야 주변이 훤히
내려다보이며, 잔디에 앉아 한가로이 휴식을 취할 수 있다.
1층에는 1970년대 스타일로 꾸민 레트로 식당가 시부야요코쵸
渋谷横丁가 있다. 일식·한식·양식 등 메뉴가 다양하며,
노천 테이블에서 가볍게
술을 즐기기에도 좋다. 카페
마니아에게 인기가 높은 스타벅스
(옥상)와 메종 키츠네 카페(2층)도
놓치지 말자. 쇼핑 정보는 p.183
참조.

1 한가로이 휴식을 취하기에 좋은 옥상 공원.
2 옥상 공원에는 도라에몽 동상도 있다.
3 흥겨운 분위기가 감도는 시부야요코쵸.

★★★☆☆
園通り 코엔도리

발음 코엔도-리 지도 MAP 2-G2
구글맵 페이지 하단 QR 코드 스캔·클릭
교통 JR 야마노테 선·사이쿄 선·쇼난신쥬쿠 라인의 시부야
渋谷 역(JY20·JA10·JS19) 하차, 1번 플랫폼 앞의 하치코
개찰구 ハチ公改札를 나와 오른쪽으로 도보 3분.

일본 유행의 원점으로 통하는 패션 타운. 세이부 西
武 백화점(p.183)과 파르코 PARCO 백화점(p.185)의
출현과 더불어 패션의 중심지로 급부상했으며, 지금은
언덕을 따라 늘어선 백화점·부티크가 쇼핑과 패션의
거리다운 면모를 유감없이 과시한다. 대표적인 백화점은
시부야 세이부·파르코·시부야 모디 등이며, 요요기
공원 방향으로 이어진 지역에는 스투시·수프림·Aape
등 인기 브랜드와 편집숍이 모여 있다.

불타오르는 시부야의 밤

시부야는 서울의 홍대에 비견되는 도쿄 클럽 문화의 중
심지다. 클럽 밀집 지역은 도겐자카 골목 주변. 매일 밤
땀으로 범벅된 젊음의 파워가 용솟음치는데, 한창 물이
오르는 시간대는 금·토요일 22:00 이후다. 입장료는
1인당 3,000엔 이상이며 이벤트 스케줄은 홈페이지에
서 확인할 수 있다. 만 20세 미만 미성년자의 출입을 막
기 위해 연령 체크를 꼼꼼히 하는 편이니 여권 등의 신분
증을 챙겨가는 것도 잊지 말자. 클럽 주변은 연인들의 뜨
거운 밤이 불타오르는(?) 러브호텔 골목이기도 하니 엉
뚱한 곳으로 새지 않게 조심^·^♡

Club Asia
지도 MAP 2-E4 홈피 www.clubasia.jp

ATOM Tokyo
지도 MAP 2-E4 홈피 http://atom-tokyo.com

Harlem
지도 MAP 2-E4 홈피 www.harlem.co.jp

Womb
지도 MAP 2-E4 홈피 www.womb.co.jp

Club Camelot
지도 MAP 2-G2 홈피 www.clubcamelot.jp

RESTAURANT

강추

우메가오카스시 미도리 梅ヶ丘寿司美登利

도쿄 제일의 맛집이라 해도 과언이 아닌 초밥집. '신선한 제철 생선을 합리적인 가격에 제공한다'는 모토 아래 언제나 최상의 초밥만 내놓는다. 입구에서 번호표를 받고 기다리는 방식인데, 워낙 손님이 많아 1~3시간 대기는 기본이다. 최대한 서둘러 홈페이지에서 예약하고 가는 게 고생하지 않는 비결! 상큼한 바다 내음의 은빛 생선과 혀를 촉촉하게 적시는 크리미한 성게 우니 うに, 씹을 때마다 톡톡 터지는 맛이 일품인 연어알 이쿠라 いくら 등이 추천 메뉴다. 골고루 맛보려면 11종류의 초밥이 나오는 토쿠죠니기리 特上にぎり(2,640엔)를 주문하자. 제대로 맛을 즐기려면 돈이 좀 들더라도 쵸토쿠센니기리 超特選にぎり(3,630엔), 또는 키세츠노이타상오마카세니기리 季節の板さんおまかせにぎり(3,960엔)를 주문하는 호기가 필수! 참치·새우·성게·연어알·게·붕장어 등 '간판 초밥' 10종류(이타상오마카세니기리는 13종류)와 샐러드·계란찜·된장국이 세트로 제공된다.

예산 2,640엔~
영업 11:00~15:00, 17:00~21:00, 토·일·공휴일 11:00~21:00
휴업 1/1 메뉴 일어·영어
주소 東京都 渋谷区 道玄坂 1-12-3 渋谷 マークシティ Restaurants Avenue 4/F
전화 03-5458-0002
홈피 www.sushinomidori.co.jp
지도 MAP 2-F4
교통 JR 야마노테 선·사이쿄 선·쇼난신쥬쿠 라인의 시부야 渋谷 역 (JY20·JA10·JS19) 하차, 1번 플랫폼 앞의 하치코 개찰구 ハチ公改札 를 나와 정면으로 도보 7분. 시부야 마크 시티 渋谷マークシティ 쇼핑몰 4층에 있다.
구글맵 페이지 하단 QR 코드 스캔·클릭

쵸토쿠센니기리
超特選にぎり(3,630엔)

스시 도쿄 텐 SUSHI TOKYO TEN

고급진 초밥을 합리적 가격에 선보이는 오마카세 레스토랑. 캐주얼한 분위기라 정통 일식에 익숙하지 않아도 부담없이 이용할 수 있으며, 가성비가 뛰어나 만족도도 높다.
메뉴는 단 하나 오마카세 코스 おまかせコース(9,900엔)뿐이다. 날마다 최상의 재료를 엄선해 제공하는 까닭에 서빙 직전까지 어떤 음식이 나올지 예상이 불가능한 것도 나름의 즐거움이다. 초밥·회·요리·절임 등 20여 가지 메뉴를 재료와 조리법이 겹치지 않게 세심히 배려해 완벽한 코스 요리를 구성해준다. 즉석에서 섬세한 손길로 만드는 초밥과 요리가 입맛을 돋우는데, 제철 재료를 다양하게 맛볼 수 있도록 순서대로 하나씩 내주며 재료와 먹는 방법에 대해서도 자세히 알려준다. 예약은 필수이며, 홈페이지에서 가능하다.

예산 9,900엔~
영업 11:00~15:00, 17:00~23:00
휴업 부정기적(홈페이지 참조)
메뉴 일어·영어 전화 03-6427-5076
주소 東京都 渋谷区 渋谷 3-21-3 渋谷ストリーム 3/F
홈피 https://sushitokyo-ten.com
지도 MAP 2-H5
교통 JR 야마노테 선·사이쿄 선·쇼난신쥬쿠 라인의 시부야 渋谷 역(JY20·JA10·JS19) 하차, 도보 5분. 시부야 스트림 3층에 있다.
구글맵 페이지 하단 QR 코드 스캔·클릭

오마카세 코스
おまかせコース(9,900엔)

구글맵

이치란라멘 一蘭ラーメン 강추

고춧가루와 마늘의 얼큰한 국물이 입안을 행복하게 해주는 라면 전문점. 하카타 博多 스타일의 진한 톤코츠 豚骨 라면임에도 불구하고 비전(秘傳)의 기술로 우려낸 국물과 소스 때문에 돼지 누린내가 거의 나지 않는다. 오로지 라면을 먹는 데만 집중할 수 있도록 모든 자리를 독서실 스타일의 1인석으로 만들어 놓은 것도 흥미롭다. 메뉴는 오로지 라면 천연 톤코츠라멘 텐넨톤코츠라멘 天然とんこつラーメン(980엔) 하나뿐. 먼저 입구의 자판기에서 식권을 구입하고 종업원이 나눠주는 주문 용지를 작성한다. 그리고 자리에 앉아 면발의 강도, 국물의 맛과 매운 정도 등 선택 사항을 체크한 주문 용지를 종업원에게 건네면 주문 완료! 선택에 실패하지 않으려면 무조건 '기본 基本'에만 체크하는 게 현명하다. '코리안 Korean'이라고 하면 한국어 주문 용지를 준다. 양이 모자랄 때는 사리 카에다마 替玉(210엔), 공기밥 고향 ごはん(소 200엔, 대 250엔)을 추가해도 좋다. 스페인자카에도 분점 (영업 10:00~06:00, MAP 2-F3)이 있으며, 시부야 점에 비해 상대적으로 덜 붐빈다는 사실도 알아두면 좋을 듯!

예산 980엔~ **영업** 24시간
메뉴 한국어 · 일어 · 영어
주소 東京都 渋谷区 神南 1-22-7
岩本 빌딩 B1/F **전화** 050-1808-2546
홈피 www.ichiran.com **지도** MAP 2-H3
교통 JR 야마노테 선 · 사이쿄 선 ·
쇼난신쥬쿠 라인의 시부야 渋谷 역
(JY20 · JA10 · JS19) 하차, 1번 플랫폼
앞의 하치코 개찰구 ハチ公改札를 나와
오른쪽으로 도보 5분. 이와모토 빌딩
岩本 빌딩 지하 1층에 있다.
구글맵 페이지 하단 QR 코드 스캔 · 클릭

천연 톤코츠라멘
天然とんこつラーメン(980엔)

규카츠 모토무라 牛かつもと村

연일 문전성시를 이루는 규카츠 전문점. 대표 메뉴는 규카츠 정식 규카츠테이쇼쿠 牛かつ定食(130g 1,630엔, 195g 2,300엔, 260g 2,760엔 ※참마 · 명란젓 · 와라비모치 포함시 300엔 추가)다. 소고기에 튀김옷을 입혀 딱 1분만 튀긴 규카츠는 겉은 바삭하고 고기는 날 것에 가까운 게 특징이다. 좌석마다 비치된 1인용 화로에 취향대로 구워 먹는데, 소기름을 첨가해 만든 가공육이라 되도록 바짝 익혀 먹는 게 건강상 좋다.
기본 소스로 와사비 · 간장 · 양념장 · 소금이 제공된다. 하나씩 차례로 찍어먹으면서 맛의 변화를 즐기는 게 포인트인데, 튀김 특유의 느끼함을 잡아주는 와사비가 특히 잘 어울린다. 정식 메뉴에는 밥 · 된장국 · 김사 · 양배추 샐러드가 포함돼 있다. 밥은 1회에 한해 무료 리필되며, 양배추 · 된장국은 추가요금(1회 100엔)을 받는다.

예산 1,630엔~
영업 11:00~22:00
메뉴 한국어 · 일어 · 영어
주소 東京都 渋谷区 渋谷 2-19-17
전화 03-3406-3530
지도 MAP 2-H4
교통 JR 야마노테 선 · 사이쿄 선 · 쇼난신쥬쿠
라인의 시부야 渋谷 역(JY20 · JA10 · JS19)
하차, 하치코 개찰구 ハチ公改札를 나와
오른쪽으로 도보 6분. 구로리아시부야
グローリア渋谷 빌딩 지하 1층에 있다.
구글맵 페이지 하단 QR 코드 스캔 · 클릭

규카츠 정식 牛かつ定食
(1,630~2,760엔)

멘타이코토모치몬쟈
明太子ともちもんじゃ(1,760엔)

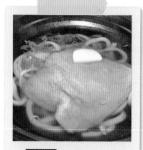

유부 우동
大判きつねのおうどん(980엔)

츠키시마몬쟈 모헤지

月島もんじゃ もへじ

도쿄식 오코노미야키인 몬쟈야키 전문점. 워낙 인기가 높아 언제 가더라도 대기는 필수인데, 17:00 무렵부터 본격적으로 붐비기 시작한다. 일반적인 오코노미야키와 달리 묽은 전분물에 양배추 등의 재료를 잘게 다져 넣고 철판에 넓게 펼쳐서 굽기 때문에 비주얼이 훌륭하진 않다. 짭짤한 안주의 성격이 강해 맥주·하이볼과 먹기에 좋다. 최대한 바짝 익혀 철판에 눌어붙기 시작할 때 먹으면 특유의 고소함이 더해진다. 추천 메뉴는 양배추·오징어·새우·연어·떡을 넣은 **멘타이코토모치몬쟈** 明太子ともちもんじゃ(1,760엔). **모짜렐라 치즈** モッツァレラチーズ(418엔)를 추가해서 먹어도 맛있다.

예산 3,000엔~ 영업 11:00~23:00
메뉴 한국어·일어·영어 지도 MAP 2-H5
주소 東京都 渋谷区 渋谷 2-24-12 渋谷スクランブルスクエア 12/F
전화 03-6805-1518 교통 JR 시부야 渋谷 역(JY20·JA10·JS19) 하차, 도보 5분. 시부야 스크램블 스퀘어 12층에 있다.
구글맵 페이지 하단 QR 코드 스캔·클릭

츠루톤탄

つるとんたん

쫄깃한 면과 담백한 국물의 사누키 우동 전문점. 세숫대야를 방불케하는 엄청나게 큰 그릇에 우동이 담겨 나오는 모습이 흥미롭다. 추천 메뉴는 달콤한 유부 우동 **오반키츠네오우동** 大判きつねのおうどん(980엔), 쫄깃한 냉우동을 짭짤한 국물에 찍어 먹는 **자루노오우동** ざるのおうどん(880엔), 매콤한 카레 우동 **히덴카레노오우동** 秘伝カレーのおうどん(1,180엔)이다. 면은 가는 면(호소멘 細麺)과 굵은 면(후츠멘 普通麺)을 선택해서 주문할 수 있다. 양이 부족할 때는 초밥 등의 사이드 메뉴(400엔~)를 추가해도 좋다. 해질 무렵에는 전망 좋은 창가자리에서 시부야의 야경도 즐길 수 있다.

예산 880엔~ 영업 11:00~23:00
메뉴 한국어·일어·영어 지도 MAP 2-H5
주소 東京都 渋谷区 渋谷 2-24-12 渋谷スクランブルスクエア 13/F
전화 03-6419-7155 교통 JR 시부야 渋谷 역(JY20·JA10·JS19) 하차, 도보 5분. 시부야 스크램블 스퀘어 13층에 있다.
구글맵 페이지 하단 QR 코드 스캔·클릭

 Info Plus +

블루 보틀 커피 시부야 점
Blue Bottle Coffee

초록빛 공원에 자리한 세련된 카페. 아늑하고 차분한 분위기가 매력이다. 자세한 메뉴는 p.165 참조.

예산 577엔~ 영업 08:00~20:00
지도 MAP 2-G1 교통 JR 야마노테 선·사이쿄 선·쇼난신쥬쿠 라인의 시부야 渋谷 역(JY20·JA10·JS19)에서 도보 13분.
구글맵 하단 QR 코드 스캔·클릭

츠케멘야야스베 시부야 점
つけ麺屋やすべえ

감칠맛 넘치는 국물과 쫄깃한 면발이 군침 돌게 하는 츠케멘 전문점. 자세한 메뉴는 p.377 참조.

예산 920엔~ 영업 11:00~03:00
지도 MAP 2-H5
교통 JR 야마노테 선·사이쿄 선·쇼난신쥬쿠 라인의 시부야 渋谷 역(JY20·JA10·JS19)에서 도보 5분.
구글맵 하단 QR 코드 스캔·클릭

시아와세노 팬케이크 시부야 점
幸せのパンケーキ

뭉게구름처럼 포근한 식감과 균형 잡힌 단맛의 수플레 팬케이크 숍. 자세한 메뉴는 p.159 참조.

예산 1,380엔~ 영업 11:00~20:00
지도 MAP 2-F4
교통 JR 야마노테 선·사이쿄 선·쇼난신쥬쿠 라인의 시부야 渋谷 역(JY20·JA10·JS19)에서 도보 11분.
구글맵 하단 QR 코드 스캔·클릭

우피 골드버거
Whoopi Goldburger

현지인이 즐겨 찾는 수제 버거 맛집. 육즙을 가득 머금은 두툼한 패티가 입맛을 돋운다. 사이드로 딸려 나오는 매쉬 포테이토도 맛있다.

예산 1,550엔~ 지도 MAP 2-H3
영업 11:30~14:30, 18:00~22:00, 토·일요일 11:30~22:00
교통 JR 시부야 渋谷 역(JY20·JA10·JS19)에서 도보 8분.
구글맵 하단 QR 코드 스캔·클릭

 구글맵

SHO-PPING

1 젊은 감각의 디자이너 브랜드가 풍부하다.
2 시부야의 유행 흐름이 한눈에 들어온다.

시부야 스크램블 스퀘어
渋谷スクランブルスクエア

20~30대 취향의 대형 쇼핑몰. 트렌디하면서도 가성비 높은 브랜드 200여 개가 입점해 있다. **사카이 · 켄조 · 지방시 · 발렌시아가** 등 젊은 감각의 디자이너 브랜드가 집결한 3층과 세련된 색조 중심의 6층 화장품 매장. **저널 스탠더드 · United Arrows · 투머로우랜드** 등 인기 셀렉트 숍이 입점한 7~8층이 분위기를 주도한다. 색다른 스타일의 일본 로컬 디자이너 전문 셀렉트 숍 **United Tokyo · Publick Tokyo**도 볼 만하다.

미식가에게는 인기 스위트 숍 20여 개와 스타 셰프 알랭 뒤카스의 초콜릿 숍, 파리의 유명 디저트 숍 **MICHALAK** 이 입점한 1층 스위트 매장도 강추!

영업 10:00~21:00 **주소** 東京都 渋谷区 渋谷 2-24-12
전화 03-4221-4280 **지도** MAP 2-H5
교통 JR 야마노테 선 · 사이쿄 선 · 쇼난신주쿠 라인의 시부야 渋谷 역(JY20 · JA10 · JS19) 또는 지하철 한조몬 선 · 후쿠토신 선 · 긴자 선의 시부야 渋谷 역(Z01 · F16 · G01) 하차, 도보 5분.
구글맵 페이지 하단 QR 코드 스캔 · 클릭

미야시타 파크
RAYARD MIYASHITA PARK

시부야의 이색 쇼핑 명소. 럭셔리 브랜드와 스트리트 패션 브랜드, 이국적인 레스토랑, 옥상 정원이 어우러진 분위기가 멋스럽다. 운동화 · 스트리트 패션 전문 편집숍 Kith와 메종 키츠네 · 컨버스 도쿄 등이 인기다. 희소성 높은 향수를 취급하는 니치 향수 전문점 Nose Shop도 추천한다.

영업 11:00~21:00(숍마다 다름)
주소 東京都 渋谷区 神宮前 6-20-10
전화 03-6712-5630
지도 MAP 2-H2
교통 JR 야마노테 선 · 사이쿄 선 · 쇼난신주쿠 라인의 시부야 渋谷 역(JY20 · JA10 · JS19)에서 도보 4분
구글맵 페이지 하단 QR 코드 스캔 · 클릭

시부야 109
SHIBUYA 109

10~20대가 열광하는 최신 유행 상품이 가득한 쇼핑몰. 도쿄의 최신 패션 동향을 한눈에 파악할 수 있다. 전체적인 분위기는 동대문의 두타나 밀리오레와 비슷하다. 차이점은 보세 옷보다 브랜드 매장의 비중이 높다는 것. 걸리시룩 · 이지 캐주얼 · 섹시룩 등 스타일도 다양해 자신의 취향에 어울리는 맞춤 쇼핑도 가능하다.

영업 10:00~21:00 **휴업** 1/1
주소 東京都 渋谷区 道玄坂 2-29-1
전화 03-3477-5111 **지도** MAP 2-F3
교통 JR 야마노테 선 · 사이쿄 선 · 쇼난신주쿠 라인의 시부야 渋谷 역(JY20 · JA10 · JS19) 하차, 하치코 개찰구 ハチ公改札口를 나와 정면으로 도보 4분.
구글맵 페이지 하단 QR 코드 스캔 · 클릭

세이부 시부야
西武渋谷

시부야 최대의 종합 백화점. 중저가부터 최고급 명품까지 다양한 상품을 취급한다. 핫한 신생 패션 브랜드와 일본 디자이너 브랜드 위주로 쇼핑하기에 좋다. Tao · Y's · 리비 부 능이 입점한 A관 4층, 요지 야마모토 · 메종 마르지엘라 · JW 앤더슨 · 꼼 데 가르송 · 릭 오웬스 등이 입점한 B관 3 · 4층에 주목하자.

영업 10:00~20:00
주소 東京都 渋谷区 宇田川町 21-1
전화 03-3462-0111 **지도** MAP 2-G3
교통 JR 야마노테 선 · 사이쿄 선 · 쇼난신주쿠 라인의 시부야 渋谷 역(JY20 · JA10 · JS19) 하차, 도보 2분.
구글맵 페이지 하단 QR 코드 스캔 · 클릭

시부야 히카리에 SHIBUYA HIKARIE

20~30대를 겨냥한 고급 쇼핑몰. 예쁜 잡화와 한정판 디저트 숍이 많기로 명성이 자자하다. 지하 1층~5층의 패션·화장품·잡화 매장에는 Gelato Pique·마가렛 호웰·Marks & Web·Today's Special·Sabon Shiro·어반 리서치 등 20~30대에게 인기가 높은 브랜드가 풍부해 구경하는 재미가 쏠쏠하다. 메이크업 브러시의 명품 하쿠호도 Hakuhodo(지하 1층), 식기·주방용품·조명 등 주방 인테리어에 초점을 맞춘 싱글 라이프 콘셉트의 잡화 코너도 흥미롭다. 지하 2층 식료품 매장에는 마카롱의 명가 피에르 에르메 Pierre Hermé 도 있다.

영업 11:00~21:00, 일·공휴일 11:00~20:00
주소 東京都 渋谷区 渋谷 2-21-1
전화 03-5468-5892 **홈피** www.hikarie.jp **지도** MAP 2-H4
교통 JR 야마노테 선·사이쿄 선·쇼난신주쿠 라인의 시부야 渋谷 역(JY20·JA10·JS19) 하차. 남쪽 출구 南口의 개찰구를 나와 오른쪽으로 도보 3분. 또는 지하철 한조몬 선·후쿠토신 선 시부야 渋谷 역(Z01·F16) 하차, 15번 출구와 바로 연결된다.
구글맵 페이지 하단 QR 코드 스캔·클릭

1 하늘을 향해 우뚝 솟은 시부야 히카리에. 밤이면 색색의 조명이 들어온다. 2 젊은 층이 선호하는 최신 유행의 의류가 풍부하다.

메가 돈키호테
MEGA ドン・キホーテ

한국인이 즐겨 찾는 대형 할인매장. 식료품·의약품·화장품·의류·가전 제품 등 온갖 아이템을 취급하며, 규모 가 큰 만큼 상품도 풍부하다. 중저가 상품 위주라 실속파 쇼핑객에게 특히 인기가 높다. 24시간 영업해 언제든 편하게 이용할 수 있으며, 기념품·선물 구매에도 좋다.

영업 24시간
주소 東京都 渋谷区 宇田川町 28-6
전화 0570-076-311
홈피 www.donki.com
지도 MAP 2-F3
교통 JR 야마노테 선·사이쿄 선·쇼난신주쿠 라인의 시부야 渋谷 역 (JY20·JA10·JS19) 하차, 도보 7분.
구글맵 페이지 하단 QR 코드 스캔·클릭

타워 레코드
TOWER RECORDS

8층짜리 건물 하나를 독차지한 대형 음반 매장. 층별로 음악 장르가 구분돼 있으며, 카페·서점·공연장·이벤트 홀 까지 갖춰 음악 관련 즐길거리가 풍부하 다. 신보와 추천 음반을 소개하는 1층, J-POP 코너가 있는 3층이 특히 볼만 하다. 한국에서 구하기 힘든 앨범도 취급하니 음악 마니아라면 한번쯤 들러봐도 좋을 듯.

영업 11:00~22:00 **휴무** 부정기적
주소 東京都 渋谷区 神南 1-22-14
전화 03-3496-3661 **지도** MAP 2-G2
교통 JR 야마노테 선·사이쿄 선·쇼난신주쿠 라인의 시부야 渋谷 역 (JY20·JA10·JS19) 하차, 하치코 개찰구 ハチ公改札를 나와 오른쪽으로 도보 7분.
구글맵 페이지 하단 QR 코드 스캔·클릭

디즈니 스토어
DISNEY STORE

도쿄 제일의 규모를 자랑하는 디즈니 캐릭터 숍. 지갑을 유혹하는 깜찍한 상품이 가득해 언제나 수많은 손님들로 북적인다. 1층 신상품·Unibear Sity, 2층 패션 액세서리·문구·가방·지갑, 3층 유아용품·그릇·주방용품·인형 및 스마트폰 액세서리 코너다.

영업 11:00~20:00, 토·일·공휴일 10:00~20:00 **휴무** 부정기적
주소 東京都 渋谷区 宇田川町 20-15
전화 03-3461-3932 **지도** MAP 2-G3
교통 JR 야마노테 선·사이쿄 선·쇼난신주쿠 라인의 시부야 渋谷 역 (JY20·JA10·JS19) 하차, 하치코 개찰구 ハチ公改札를 나와 정면으로 도보 4분.
구글맵 페이지 하단 QR 코드 스캔·클릭

 구글맵

시부야 파르코 渋谷 PARCO

젊은 감각이 돋보이는 세련된 백화점. 독특한 감성의 디자이너 브랜드와 자유분방한 스트리트 패션, B급 감성 충만한 서브 컬쳐 브랜드가 모여 힙한 분위기를 연출한다. 꼼 데 가르송 · 언더커버 · 이세이 미야케 · MM⑥ Maison Margiela 등 아방가르드한 브랜드를 중심으로 휴먼 메이드 · 포터 익스체인지 · 아페쎄 APC · 아미 AMI · JW 앤더슨 같은 인기 브랜드가 포진해 있어 개성파 패피가 즐겨 찾는다. 미국산(産) 셀렉트 숍 베이트 BAIT와 누비안 Nubian처럼 트렌디한 아이템이 가득한 편집숍을 구경하는 재미도 쏠쏠하다. 닌텐도 도쿄 · 포케몬 센터 시부야 · 캡콤 스토어 · 점프숍 등 인기 애니 · 게임 캐릭터 굿즈 숍이 모인 사이버스페이스 시부야(6층)도 놓치지 말자.

영업 11:00~21:00(숍마다 다름), 6층 10:00~21:00
주소 東京都 渋谷区 宇田川町 15-1 **전화** 03-3464-5111
지도 MAP 2-G2 **교통** JR 야마노테 선 · 사이쿄 선 · 쇼난신주쿠 라인의 시부야 渋谷 역(JY20 · JA10 · JS19) 또는 지하철 한조몬 선 · 후쿠토신 선 · 긴자 선의 시부야 渋谷 역(Z01 · F16 · G01) 하차, 도보 8분. **구글맵** 페이지 하단 QR 코드 스캔 · 클릭

1 선풍적인 인기를 끌고 있는 휴먼 메이드.
2 닌텐도 도쿄(6층)에는 슈퍼 마리오 등신대 피규어가 있다.

로프트
LOFT

감각적인 디자인으로 승부하는 라이프 스타일숍. 인테리어부터 주방 · 욕실 · 뷰티 · 문구 · 아웃도어 · 잡화까지 생활전반에 걸친 온갖 아이템을 취급한다. 귀염뽀짝한 디자인과 신박한 아이디어 상품이 많아 젊은 여성의 선호도가 높다. 추천 아이템은 홈카페 용품과 예쁜 디자인의 우산 · 양산, 기능성 높은 문구다.

영업 11:00~21:00
주소 東京都 渋谷区 宇田川町 21-1
전화 03-3462-3807
지도 MAP 2-G3
교통 JR 야마노테 선 · 사이쿄 선 · 쇼난신주쿠 라인의 시부야 渋谷 역(JY20 · JA10 · JS19) 하차, 도보 4분.
구글맵 페이지 하단 QR 코드 스캔 · 클릭

핸즈
HANDS

심플하면서도 실용적인 생활 잡화와 DIY 상품을 취급한다. 디자인보다 기능성을 강조한 제품 위주인 게 특징. 2C층의 뷰티용품 코너, 3C층의 테이블웨어 · 주방용품 코너, 3A층의 헬스 케어 상품 코너가 주요 공략 포인트다. 건물 구조가 복잡하고 취급하는 상품도 다양해 입구에서 플로어 가이드를 받아서 돌아보는 게 편하다.

영업 10:00~21:00 **휴업** 부정기적
주소 東京都 渋谷区 宇田川町 12-18
전화 03-5489-5111 **지도** MAP 2-F2
교통 JR 야마노테 선 · 사이쿄 선 · 쇼난신주쿠 라인의 시부야 渋谷 역(JY20 · JA10 · JS19) 하차, 하치코 개찰구 ハチ公改札를 나와 정면으로 도보 10분.
구글맵 페이지 하단 QR 코드 스캔 · 클릭

만다라케
まんだらけ

일본 최대의 만화 헌책방 만다라케의 시부야 지점. 서가에 빼곡히 꽂힌 무수한 만화책과 깜짝 놀랄 만큼 비싼 빈티지 토이가 인상적이다. '만화 · 애니 관련 상품은 무엇이든 취급한다'는 모토답게 소년만화 · 순정만화 · 동인지 · 토이 등 20여 개의 코너로 나뉜 매장에 100만 점 이상의 아이템을 구비했다.

영업 12:00~20:00
주소 東京都 渋谷区 宇田川町 31-2 渋谷 BEAM B2/F
전화 03-3477-0777 **지도** MAP 2-F3
교통 JR 시부야 渋谷 역(JY20 · JA10 · JS19)에서 도보 8분. 시부야 BEAM 빌딩 지하 2층에 있다.
구글맵 페이지 하단 QR 코드 스캔 · 클릭

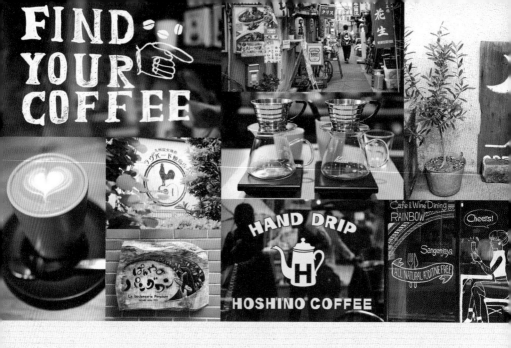

Sangenjaya Perfect Guide

❶ 카페 마메히코
Cafe Mame-Hico
홋카이도의 유명 로스팅 업체에서 공수해온 원두를 사용한다. 라이트 로스팅을 두 번 반복해서 만드는 더블 로스팅 원두는 다크 로스팅의 쓴맛과는 다른 진한 맛과 향이 매력이다.
영업 09:00~22:00
구글맵 하단 QR 코드 스캔

산겐자야 행 교통편

시부야에서 사철 덴엔토시 선을 타고 산겐쟈야 三軒茶屋 역(DT03) 하차(4분, 160엔). 덴엔토시 선의 시부야 역은 지하에 있으며, JR 시부야 역에서 'Den-en-Toshi Line 田園都市線' 표지판을 따라가면 쉽게 찾을 수 있다.

❷ 문 팩토리 커피
Moon Factory Coffee
초승달 모양 간판이 눈길을 끄는 조그만 커피숍. 허름한 외관과 달리 내부는 아늑한 공기가 감돈다. 다크 로스팅의 육중하면서도 깔끔한 맛이 특징이다.
영업 13:00~01:00 휴업 목요일
구글맵 하단 QR 코드 스캔

❸ 니소쿠호코 커피 로스터스
二足歩行 Coffee Roasters
내추럴 커피(천연건조) 전문 카페. 풍부한 향과 은은한 단맛의 커피를 경험할 수 있다. 1층에는 빵 맛 좋기로 소문난 쥬니분 베이커리가 있는데, 빵을 구매해 카페에서 먹어도 된다.
영업 09:00~19:00
구글맵 하단 QR 코드 스캔

문 팩토리 커피

❹ 블루 보틀 커피
Blue Bottle Coffee
'커피계의 애플'로 통하는 유명 커피숍. 유기농 공정무역 원두를 직접 로스팅하며, 최상의 맛을 낼 수 있도록 로스팅한 지 48시간 이내의 원두만 사용한다.
영업 08:00~19:00
구글맵 하단 QR 코드 스캔

❺ 옵스큐라 커피 로스터스 홈
Obscura Coffee Roasters Home
커피 본연의 맛에 충실한 테이크아웃 전문점. 전 세계에서 엄선해온 원두를 각각의 특성에 맞춰 로스팅해 최상의 맛을 끌어낸다.
영업 09:00~19:00
구글맵 하단 QR 코드 스캔

블루 보틀 커피

❻ 레드 클로버
Red Clover
두세 평에 불과한 조그만 원두 전문점. 남미·중동·아시아 등 다양한 지역의 원두를 판매한다. 개성 강한 커피를 원하는 이에게 추천한다.
영업 15:00~21:00
구글맵 하단 QR 코드 스캔

❼ 카페 더 선 리브스 히어
Cafe The Sun Lives Here
치즈 케이크 전문점. 홋카이도산 최상품 크림과 크림치즈를 듬뿍 사용해서 만든 다양한 케이크를 선보인다. 간판 메뉴는 리치한 풍미의 치즈 밀크 케이크 치루쿠 チルク다.
영업 10:00~18:00
구글맵 하단 QR 코드 스캔

레드 클로버

구글맵

세타가야선

⑧ 트러플 베이커리
⑥ 더 서드 버거

스타벅스
카페 마메히코 ❶
산겐자야역
슈퍼마켓 SEIYU
맥도날드   jonathan's
캐롯 타워 Ⓐ
산겐자야역
三軒茶屋
팡야노팡구완
히로시마야키 히로키 Ⓔ Ⓕ   Ⓖ 팬케이크 마마카페 보이보이
❷   ⑤ 옵스큐라 커피 로스터스 홀
문 팩토리 커피   아후리 Ⓓ   Ⓗ 블랑제리 보뇌르   Ⓡ 슈퍼마켓 AEON
Hoshino
Coffee   ❹
블루보틀 커피
❸ 니소쿠호코   Ⓢ   Ⓢ Big Bear
커피 로스터스   빌리지 뱅가드   ❻ 레드 클로버
시부야
덴엔토시선

데엔토시선

카페 더 선 리브스 히어 ❼

산겐쟈야 三軒茶屋는 도쿄에서도 손꼽히는 카페 투어의 명소다. 역 주변에는 활기찬 상점가, 예스러운 유흥가, 고즈넉한 주택가가 오밀조밀 모여 있어 느긋하게 산책하는 기분으로 돌아보며 골목골목 숨은 맛집과 카페를 찾아내는 재미가 쏠쏠하다.

Ⓐ 캐롯 타워
キャロットタワー
높이 124m의 고층 빌딩. 2층에서 전용 엘리베이터를 타고 26층으로 올라가면 도쿄 시내가 훤히 내려다보이는 무료 전망대가 있다. 날씨가 좋을 때는 후지산까지도 보인다.

영업 09:30~17:00
휴무 매월 둘째 수요일, 연말연시
구글맵 하단 QR 코드 스캔

Ⓑ 트러플 베이커리
Truffle BAKERY
손님이 끊이지 않는 인기 베이커리. 특히 버터 크루아상 · 트러플 소금빵 · 트러플 계란 샌드위치가 맛있다.

영업 09:00~19:00
구글맵 하단 QR 코드 스캔

Ⓒ 더 서드 버거
the サードバーガー
빵이 맛있는 햄버거 전문점. 매장에서 직접 굽는 빵은 촉촉하면서도 쫄깃한 식감이 훌륭하다. 단팥 · 생크림을 넣은 이색 메뉴도 흥미롭다.

영업 09:00~22:00
구글맵 하단 QR 코드 스캔

Ⓓ 아후리
AFURI
담백한 라면 전문점. 닭 · 어패류 · 다시마로 정성껏 우린 맑은 국물은 감칠맛과 깔끔한 뒷맛으로 인기가 높다. 고명으로 얹어내는 차슈는 숯불에 구워 강렬한 불맛이 살아있다.

영업 11:00~23:00
구글맵 하단 QR 코드 스캔

Ⓔ 히로시마야키 히로키
広島焼き HIROKI
35년 전통의 오코노미야키 전문점. 가격이 조금 비싸지만 양질의 재료와 푸짐한 양이 만족스럽다.

영업 17:00~21:30, 토 · 일 · 공휴일 12:00~14:00, 17:00~21:30
구글맵 하단 QR 코드 스캔

Ⓕ 팡야노팡구완
ぱんやのパングワン
115년의 역사를 뽐내는 베이커리. 달콤한 메론빵 · 크림빵, 쫄깃쫄깃 시오빵, 깜찍한 펭귄 모양의 팡구완이 대표 아이템이다. 간단한 식사도 가능하다.

영업 10:30~15:00 휴무 일 · 월
구글맵 하단 QR 코드 스캔

Ⓖ 팬케이크 마마카페 보이보이
Pancake Mama Cafe VoiVoi
현지인이 즐겨 찾는 팬케이크 맛집. 계란과 저지방 우유로 만든 팬케이크는 촉촉하면서도 고소한 맛이 일품이다.

영업 11:30~18:00, 공휴일 11:00~18:00
휴무 화요일
구글맵 하단 QR 코드 스캔

Ⓗ 블랑제리 보뇌르
ブーランジェリーボヌール
놓치면 후회할 베이커리. 힝싱 갓 구운 빵을 맛볼 수 있다. 강추 메뉴는 초코빵 쇼콜라, 고소한 크루아상, 카레빵이다.

영업 08:30~20:00
휴무 1/1~3
구글맵 하단 QR 코드 스캔

캐롯 타워

the サードバーガー
パンが美味しいハンバーガー屋
더 서드 버거

팡야노팡구완

블랑제리 보뇌르

오다이바 お台場

볼거리 ★★★☆☆
먹거리 ★★★☆☆
쇼 핑 ★★★☆☆
유 흥 ★★☆☆☆

짭조름한 바다 내음을 맡으며 보석처럼 반짝이는 도쿄의 야경을 즐기자. 오다이바는 19세기 중반 서양 함선의 침입을 막기 위한 방어기지로 조성된 외딴섬이었으나, 1990년대에 진행된 도심 재개발 사업을 통해 쾌적한 다운타운으로 거듭났다. 현지인은 물론 도쿄를 찾는 여행자라면 누구나 데이트 코스 1순위로 이곳을 꼽는다는 사실만 봐도 오다이바의 인기를 미루어 짐작할 수 있을 듯!

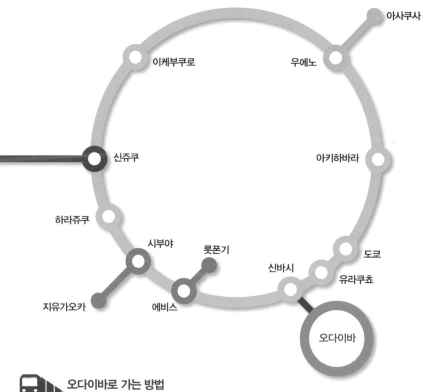

🚆 오다이바로 가는 방법

사철 **유리카모메 ゆりかもめの 오다이바카이힌코엔 お台場海浜公園 역(U06) 하차**

개찰구를 나오자마자 오른편에 있는 북쪽 출구 北出口로 가면 오다이바 해변공원과 덱스 도쿄 비치 등의 명소가 나타난다. 유리카모메의 자세한 이용법은 p.190 참조.

사철 **린카이 선 りんかい線의 도쿄테레포토 東京テレポート 역(R04) 하차**

신쥬쿠·시부야 등 도쿄 도심을 바로 연결하며, 비너스 포트·메가 웹으로 갈 때 이용하면 편리하다. 린카이 선의 자세한 이용법은 p.191 참조.

TRAVEL TIP 선택! 오다이바 행 교통편

오다이바는 바다를 끼고 도쿄 시내와 떨어져 있어 별도의 교통편을
이용해야만 갈 수 있다. 이용 가능한 교통편은 4가지. 선택에 따라 일정은
물론 교통비도 달라지니 각각의 장단점을 꼼꼼히 비교해보자. 참고로
초행자에게 인기가 높은 교통편은 빠르고 편리한 유리카모메다.

유리카모메

유리카모메

🖳 www.yurikamome.co.jp
신바시→오다이바카이힌코엔 お
台場海浜公園(U06) 13분, 330엔
신바시→다이바 台場(U07)
15분, 330엔
신바시→아오미 青海(U10)
20분, 390엔
1일권 820엔

편리한 유리카모메 ゆりかもめ

도쿄 도심과 오다이바를 연결하는 무인 전동차다. 제아무리 '길치'라도 절대 길을 잃
을 수 없을 만큼 심플한 노선과 빠른 속도가 매력이다. 주요 명소가 모두 유리카모메
역을 중심으로 모여 있는 것도 커다란 장점! 게다가 1일권을 구매하면 하루 종일 맘
대로 유리카모메를 탈 수 있어 걷는 수고를 최소로 줄여준다. 참고로 1일권은 세 번
만 이용하면 본전이 빠진다.

유리카모메를 타려면 먼저 JR 야마노테 선 · 케이힌토호쿠 선의 신바시 新橋 역
(MAP 21–B3)으로 간다. 그리고 남쪽 개찰구 南改札를 나와 정면으로 조금만 가면

자판기 1일권 구매방법

한국어 전환
버튼

❶ 할인 티켓 구입 버튼을 누른다.

❷ 1일 승차권 버튼을 누른다.

❸ 1일권을 구매할 인원수를
선택하고, 돈을 넣으면 1일
권이 나온다.

유리카모메 타는 방법

구글맵

JR 신바시 역 남쪽 개찰구로 간다.

바로 앞에 유리카모메 신바시 역이 있다.

매표소에서 1일권을 구매한다.

열차 맨 앞에 앉아 멋진 경치를 즐기자.

유리카모메를 타고 오다이바로 출발!

개찰구를 통과해 윗층으로 올라간다.

유리카모메 신바시 역이다. 남쪽 개찰구 앞에 '시오도메 출구·유리카모메 汐留口·
ゆりかもめ'라고 적힌 표지판이 있으니 그것을 따라가도 된다.

티켓은 자판기에서 구매한다. 1일권을 구매할 때는 먼저 자판기의 모니터 오른쪽
상단에 있는 '할인 티켓 구입 おトクなきっぷを買う' 버튼을 누르고, 왼쪽 상단의
'1일 승차권 一日乗車券 ¥820' 버튼을 누른 다음, 1일권을 구매할 인원수를 선택
하고 돈을 넣으면 1일권이 나온다.

열차를 탈 때는 맨 앞에 앉자. 원격 조종하는 무인 전동차라 운전석 대신 '전망창'이
달려 있다. 여기 앉으면 롤러코스터를 탄 기분으로 주변 경치를 감상하며 오다이바
로 갈 수 있다.

낭만 만점 수상버스 水上バス

파란 하늘 아래 환상의 선상 크루즈를 즐기자. 도
쿄 만(灣)의 푸른 물살을 가르며 오다이바로 직행한
다. 날씨가 좋으면 상상 이상의 멋진 분위기가 연출
되는 것도 매력!

수상버스를 타려면 우선 신바시 역에서 유리카모
메를 타고 세 번째 역인 히노데 日の出 역(U04)에서 내린다. 개찰구를 나와 오른쪽
(동쪽 출구 東出口)으로 간 다음 엘리베이터나 계단을 이용해 1층으로 내려간다. 그리
고 뒤로 돌아 200m쯤 가면 수상버스가 출항하는 히노데산바시 日の出桟橋 선착장
이 있다. 오다이바 행 노선은 히노데산바시~오다이바카이힌코엔, 히노데산바시~팔
레트 타운, 히노데산바시~도쿄 빅 사이트 有明의 세 개가 있으니 목적지에 맞춰서 이
용하면 된다.

수상버스

www.suijobus.co.jp

신바시 역→히노데 역
5분, 260엔

히노데산바시→오다이바카이
힌코엔 お台場海浜公園
20분, 600엔

히노데산바시→팔레트 타운
パレットタウン 25분, 700엔

히노데산바시→도쿄 빅 사이트
東京ビッグサイト 35분, 700엔

속도가 빠른 린카이 선 りんかい線

오다이바까지 최대한 빨리 가려면 직행 노선인 린
카이 선을 이용하자. 출발은 JR 시부야·신주쿠·
이케부쿠로 역에서 한다. 내리는 역이 두 개인데, 주
요 명소와 가까운 도쿄테레포토 東京テレポート
역(R04)에서 내려야 편하다. 단점은 운행 간격이
뜸하다는 것. 직행편이 없을 때는 JR 야마노테 선·사이쿄 선·쇼난신주쿠 라인의 오
사키 大崎 역(JY24)으로 간 다음, 5~8번 플랫폼에서 오다이바 행 린카이 선으로 갈
아탄다. 단, 린카이 선은 지하로만 운행하기 때문에 바깥 풍경은 전혀 볼 수 없다.

린카이 선

이케부쿠로→도쿄테레포토
27분, 550엔

신주쿠→도쿄테레포토
23분, 520엔

시부야→도쿄테레포토
18분, 510엔

오사키→도쿄테레포토
10분, 340엔

저렴한 시내버스 都バス

요금이 싼 만큼 짠돌이 여행자에게는 최선의 선택이다. JR 야마노테 선·츄오 선·
케이힌토호쿠 선의 도쿄 東京 역에서 내려 마루노우치 남쪽 출구 丸の内南口로
나가면 횡단보도 건너편 오른쪽에 버스 정류장이 있다. 1번 정류장에서
'토 都05-2번, 도쿄 빅 사이트 東京ビッグサイト' 행 버스를
타고 종점에서 내린다. 단, 같은 번호의 버스라도 행선지가
다른 경우가 있으니 반드시 행선지를 확인하고 타야 한다.
또한 다른 교통편에 비해 이동 시간이 오래 걸리고 운행 편
수가 적다는 사실에도 주의하자.

시내버스

JR 도쿄 역→도쿄 빅 사이트
30~40분, 210엔

odaiba
quick guide

S How to See
다채로운 볼거리로 가득

한적한 해변공원, 다양한 테마의 전시관 · 박물관, 세련된 쇼핑몰 등 볼거리가 무척 풍부하다. 주요 명소가 유리카모메 노선 주변에 모여 있어 길 찾기도 수월하다. 느긋하게 구경하려면 오다이바카이힌코엔 역을 출발해 오다이바 전체를 시계 반대 방향으로 돌아보면 된다. 평지나 다름없어 걷기에 무리는 없지만 편하게 다니려면 유리카모메 1일권을 구입하는 게 좋다.

> 박물관 · 전시관 ★★★
> 건축물 · 공원 ★★★
> 유적 · 사적지 ☆☆☆

B What to Buy
가족 단위 여행자를 위한 아이템

커플 · 가족 단위 쇼핑객이 즐겨 찾는 곳이라 트렌디한 스타일보다는 패밀리룩 중심의 패션 브랜드와 스포츠 용품 · 아웃도어 용품 · 애완동물용품이 풍부하다. 오다이바 한정판을 비롯한 다채로운 기념품을 구입할 수 있는 것도 매력이다. 단, 쇼핑몰들의 규모가 워낙 커 원하는 매장을 찾기 힘들 수 있으니 입구에서 자세한 플로어 가이드를 받아서 돌아보는 게 좋다.

> 패션 ★★★
> 인테리어 ★★★
> 토이 · 잡화 ★★★

E Where to Eat
대형 쇼핑몰의 식당가를 이용

대형 쇼핑몰의 식당가 또는 푸드코트에서 일식은 물론 양식 · 한식 · 중식 등의 다양한 음식을 선보인다. 관광지란 특성상 시내보다 음식값이 조금 비싸다는 사실은 알아두는 게 좋을 듯! 오다이바 해변공원과 마주한 덱스 도쿄 비치 · 아쿠아시티 오다이바 쇼핑몰에는 도쿄의 아름다운 야경을 감상하며 식사를 즐길 수 있는 근사한 전망 레스토랑이 있다는 사실도 잊지 말자.

> 일식 · 라면 ★★★
> 양식 · 기타 ★★★
> 카페 · 디저트 ★★☆

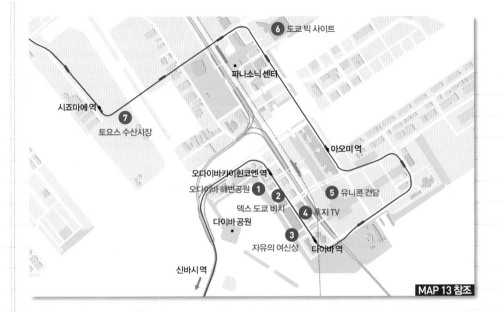

MAP 13 참조

① 오다이바 해변공원　　　　p.199

백사장과 호젓한 산책로가 로맨틱한 분위기를 자아내는 인공 해변. 아름다운 노을과 함께 도쿄 만을 화려하게 수놓는 환상적인 야경이 펼쳐져 데이트 코스로 인기 만점이다.

볼거리 ★★★　먹거리 ☆☆☆　쇼핑 ☆☆☆

② 덱스 도쿄 비치　　　　　p.207

쇼핑과 오락의 두 마리 토끼를 잡을 수 있는 대형 쇼핑몰. 도쿄의 옛 거리를 재현해 놓은 다이바잇쵸메 상점가, 레고랜드, 마담 투소 밀랍인형관 등 다채로운 볼거리가 있다.

볼거리 ★★★　먹거리 ★★☆　쇼핑 ★★★

③ 자유의 여신상　　　　　p.196

전 세계에 3개뿐인 자유의 여신상 가운데 하나! 이 앞의 원형 테라스는 레인보우 브리지와 도쿄 만의 풍경이 가장 잘 보이는 전망대이자 특급 야경 감상 포인트다.

볼거리 ★★★　먹거리 ☆☆☆　쇼핑 ☆☆☆

④ 후지 TV　　　　　　　p.200

스튜디오 견학 코스를 운영하는 후지 TV의 본사. 후지 산이 마주보이는 높이 100m의 구체 전망대와 인기 애니메이션 캐릭터 상품 매장도 있다.

볼거리 ★★☆　먹거리 ★☆☆　쇼핑 ★☆☆

⑤ 유니콘 건담　　　　　　p.197

오다이바의 상징으로 유명한 유니콘 건담의 실물 크기 모형. 바로 옆에는 다양한 먹거리와 패션 아이템을 취급하는 오다이바 최고의 인기 쇼핑몰 다이버 시티 도쿄 플라자가 있다.

볼거리 ★★★　먹거리 ★★★　쇼핑 ★★★

⑥ 도쿄 빅 사이트　　　　　p.202

은빛으로 빛나는 독특한 외관이 시선을 강탈하는 전시장. 서울의 코엑스에 비견되는 대형 전시장으로 다양한 전시회·이벤트가 열린다. 오타쿠의 제전으로 통하는 코믹 마켓이 열리는 곳으로도 유명하다.

볼거리 ★★☆　먹거리 ☆☆☆　쇼핑 ☆☆☆

⑦ 토요스 수산시장　　　　　p.240

일본 최대의 수산시장. 도쿄 시민의 식탁에 오를 막대한 양의 수산물이 거래되는 곳이자 세계 최대의 참치 경매장이다. 수산시장에서 공급되는 싱싱한 생선으로 만든 맛난 초밥을 먹을 수 있는 식당가로도 인기가 높다. 오픈 시간(05:00~17:00)이 일러 아침 일찍 토요스 수산시장부터 보고 오다이바로 향하는 게 효율적인 일정을 짜는 요령!

볼거리 ★★☆　먹거리 ★★☆　쇼핑 ★☆☆

best course

오다이바의 핵심 명소와 쇼핑 포인트를 빠짐없이 돌아보는 코스. 유리카모메를 자주 이용하므로 1일권(p.190) 구매는 필수다. 대부분의 명소와 쇼핑몰이 10:00~11:00에 오픈하므로 느긋하게 가서 야경까지 보고 오는 게 오다이바를 제대로 즐기는 요령이다. 참고로 해가 지는 시간은 여름이 19:00, 겨울은 16:30 무렵이다(p.196). 오전에 너무 일찍 도착했을 때는 호젓한 오다이바 해변공원에서 잠시 산책을 즐겨도 좋다.

출발점 유리카모메 오다이바카이힌코엔 역 북쪽 출구
예상 소요시간 6시간~

유리카모메 오다이바카이힌코엔 역 북쪽 출구를 나오면
▼ 이렇게 보여요.

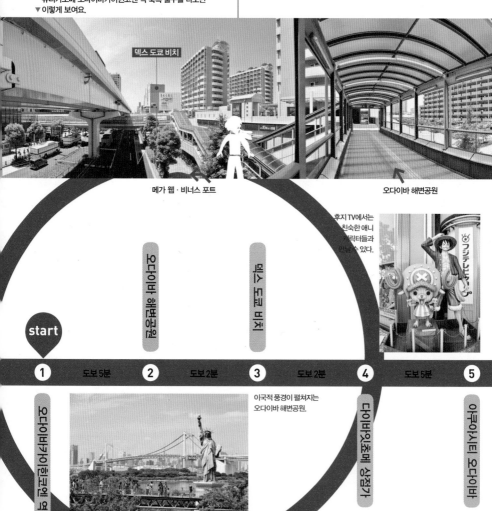

덱스 도쿄 비치

메가 웹 · 비너스 포트

오다이바 해변공원

후지 TV에서는
친숙한 애니
캐릭터들과
만날 수 있다.

start

오다이바 해변공원

덱스 도쿄 비치

| 1 | 도보 5분 | 2 | 도보 2분 | 3 | 도보 2분 | 4 | 도보 5분 | 5 |

오다이바카이힌코엔 역

이국적 풍경이 펼쳐지는
오다이바 해변공원.

다이바잇초메 상점가

아쿠아시티 오다이바

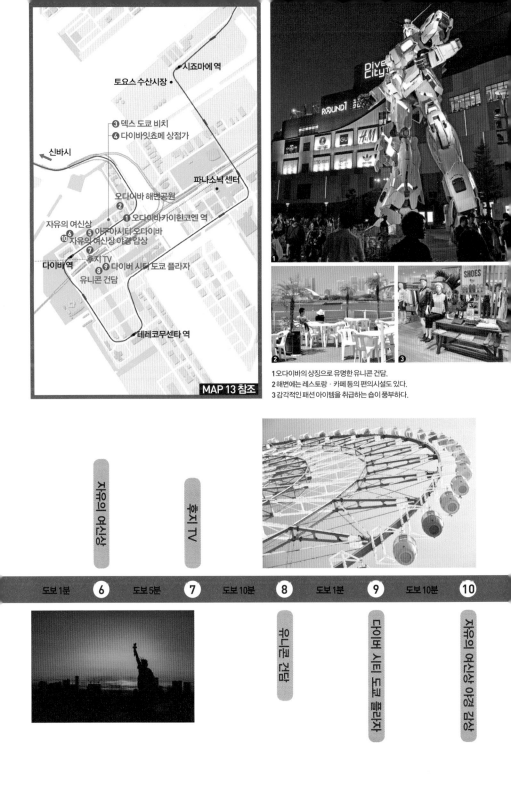

시죠마에 역
토요스 수산시장

③ 덱스 도쿄 비치
④ 다이바잇쵸메 상점가

신바시

파나소닉 센터

오다이바 해변공원
②
① 오다이바카이힌코엔 역
자유의 여신상
⑩ ⑥ ⑤ 아쿠아시티 오다이바
⑩ 자유의 여신상 야경 감상
⑦
후지 TV
다이바 역
⑧ ⑨ 다이버 시티 도쿄 플라자
유니콘 건담

테레코무센타 역

MAP 13 참조

1 오다이바의 상징으로 유명한 유니콘 건담.
2 해변에는 레스토랑·카페 등의 편의시설도 있다.
3 감각적인 패션 아이템을 취급하는 숍이 풍부하다.

자유의 여신상

후지 TV

도보 1분 ⑥   도보 5분 ⑦   도보 10분 ⑧   도보 1분 ⑨   도보 10분 ⑩

유니콘 건담

다이버 시티 도쿄 플라자

자유의 여신상 야경 감상

SIGHTSEEING

오다이바의 대표적인 볼거리는 푸른 바다와 어우러진 도쿄의 스카이라인과 박물관·전시관, 그리고 온갖 아이템을 취급하는 대형 쇼핑몰이다. 해질녘에는 해변에서 붉게 물드는 노을과 아름다운 야경을 감상하는 것도 잊지 말자.

Best Spot in Odaiba

★★★★★ 자유의 여신상, 레인보우 브리지
★★★★☆ 유니콘 건담
　　　　 다이바잇쿄메 상점가
　　　　 오다이바 해변공원, 후지 TV
★★★☆☆ 도라에몽 타임스퀘어
　　　　 마담 투소 도쿄
★★☆☆☆ 레고랜드 디스커버리 센터
　　　　 도쿄 조이 폴리스
　　　　 도쿄 트릭 아트 뮤지엄
　　　　 일본 과학 미래관, 파나소닉 센터
★☆☆☆☆ 시오카제 공원, 도쿄 빅사이트

🗺️ 구글맵

自 ★★★★★
由の女神像 자유의 여신상

발음 자유-노메가미조- 지도 MAP 13–A3
교통 유리카모메의 다이바 台場 역(U07) 하차. 개찰구를 나와 왼쪽(북쪽 출구 北出口)으로 도보 3분. 구글맵 페이지 하단 QR 코드 스캔·클릭

전 세계에 단 3개뿐인 자유의 여신상 가운데 하나. 원본은 미국 독립 100주년을 기념해 프랑스 정부가 뉴욕 시에 기증한 높이 48m의 대형 동상(1886년)이다. 이에 대한 보답으로 미국이 프랑스에 선물한 높이 11.5m의 축소판 자유의 여신상이 파리의 센 강에 세워졌고 (1889년), 일본에서 그 축소판을 잠시 임대 전시한(1998년) 것을 계기로 복제품이 제작돼 여기에 놓였다.

자유의 여신상 앞의 원형 테라스는 오다이바에서 레인보우 브리지와 도쿄 만의 풍경이 가장 잘 보이는 곳이다. 당연히 야경 감상 포인트로도 인기 만점! 일몰 시각 전후 30분 정도의 풍경이 가장 아름다우니 시간을 잘 맞춰보자.

도쿄의 일몰 시각은 1월 16:50, 2월 17:20, 3월 17:50, 4월 18:15, 5월 18:40, 6·7월 19:00, 8월 18:30, 9월 17:50, 10월 17:10, 11월 16:35, 12월 16:30 무렵이다.

1 자유의 여신상의 정식 명칭은 '세계를 비추는 자유'다.
2 자유의 여신상 너머로 레인보우 브리지가 보인다.

1 늠름한 자태의 유니콘 건담. 화려하게 빛나는 밤의 모습도 놓치지 말자.
2 유니콘 모드로 변신한 유니콘 건담.

ユ ニコーンガンダム 유니콘 건담
★★★★☆

발음 유니콘간다무　지도 MAP 13-B4　교통 유리카모메의 다이바 台場 역(U07) 하차. 개찰구를 나와 오른쪽(남쪽 출구 南出口)으로 도보 9분. 또는 린카이 선의 도쿄테레포토 東京 テレポート 역(R04)에서 도보 8분. 다이버 시티 도쿄 플라자 앞에 있다. 구글맵 페이지 하단 QR 코드 스캔·클릭

강렬한 존재감을 뽐내는 오다이바의 상징. 높이 19.7m의 새하얀 동체가 눈길을 사로잡는 유니콘 건담의 실물 크기 모형이다. 2012년부터 5년 동안 이 자리를 지켜온 RX-78 퍼스트 건담의 바통을 이어받아 도쿄의 명소로 큰 인기를 누리고 있다. 건담의 실물 크기 모형은 2009년부터 지금까지 총 7개가 제작됐으며, 현재 남아 있는 것은 오다이바의 유니콘 건담(2017년), 후쿠오카의 뉴건담(2022년), 상하이의 프리덤 건담(2021년) 등 3개뿐이다. 유니콘 건담은 변신 장면을 실제로 재현하는 게 특징인데, 11:00·13:00·15:00·17:00에는 웅장한 효과음과 함께 디스트로이드 모드에서 유니콘 모드로 변신하는 모습을 보여준다. 어둠이 깔리기 시작하면 푸르스름한 조명을 받으며 동체 곳곳에서 색색의 빛을 뿜어내는 광경이 인상적이다. 19:00~21:30(30분 간격) 에는 변신하는 모습과 함께 건물 벽을 스크린삼아 애니메이션의 명장면을 상영하는 쇼도 진행된다.

ド ラえもんタイムスクエア 도라에몽 타임스퀘어
★★★☆☆

발음 도라에몽타이무스쿠에아　영업 24시간　요금 무료　지도 MAP 13-B4　교통 유리카모메의 다이바 台場 역(U07) 하차. 개찰구를 나와 오른쪽(남쪽 출구 南出口)으로 도보 10분. 또는 린카이 선의 도쿄테레포토 東京 テレポート 역(R04)에서 도보 10분. 다이버 시티 도쿄 플라자 1층의 도쿄테레포토 게이트 앞에 있다. 구글맵 페이지 하단 QR 코드 스캔·클릭
도라에몽 미래 백화점 영업 11:00~20:00, 토·일요일 10:00~21:00

2020년 도라에몽 탄생 50주년을 기념해 만든 시계탑. 초창기 도라에몽 얼굴이 그려진 시계탑과 함께 도라에몽·노진구·이슬이의 실물 사이즈 모형이 전시돼 있다. 모형이 놓인 벤치에 나란히 앉아 사진을 찍을 수 있어 기념사진 포인트로도 인기가 높다. 10:00~23:00의 매시 정각에는 시계탑에서 미니 로봇이 나와 도라에몽 주제가를 연주하는 모습도 볼 수 있다.
바로 옆의 다이버 시티 도쿄 플라자 2층에는 도라에몽 미래 백화점 ドラ えもん未来デパート도 있다. 인형·피규어·주방용품·문구 등 다양한 굿즈를 판매하는 일본 최대의 도라에몽 오피셜 숍이라 팬이라면 절대 놓칠 수 없을 듯! 매장 한편에는 도라에몽의 비밀도구를 직접 체험해보는 재미난 어트랙션도 있다. 단, 아동용이니 지나친 기대는 금물!

台 場一丁目商店街 다이바잇쵸메 상점가 ★★★★☆

발음 다이바잇쪼—메쇼—뗀가이 **개관** 11:00~20:00, 토·일요일 11:00~21:00
요금 무료 **지도** MAP 13-B2 **교통** 유리카모메의 오다이바카이힌코엔 お台場海浜公園 역
(U06) 하차. 개찰구를 나와 오른쪽(북쪽 출구 北出口)으로 도보 4분. 덱스 도쿄 비치 デックス
東京ビーチ의 시 사이드 몰 4층에 있다. **구글맵** 페이지 하단 QR 코드 스캔·클릭

1950~1960년대 도쿄의 모습을 고스란히 재현한 테마 쇼핑가. 낡은 판자집과
기차역 등 지금은 볼 수 없는 신기한 옛 풍경이 펼쳐진다. 상점마다 그득그득 쌓인
빈티지 소품과 골동품 장난감 등 풍성한 볼거리도 흥미롭다. 시골 장터에서나
보았음직한 구닥다리 놀이기구와 좌판 가득 펼쳐놓은 색색의 알사탕·달고나처럼
우리네 옛 모습을 떠올리게 하는 일본의 불량식품도 호기심을 자극한다. 도쿄 시내
어디서도 구할 수 없는 독특한 상품이 많으니 두 눈 크게 뜨고 구경하자. 세월의
흐름이 느껴지는 손 때 묻은 소품을 배경으로 기념사진을 찍는 재미도 놓칠 수
없는 즐거움이다. 안쪽에는 7개의 유명 타코야키 전문점이 모여 있는 오다이바
타코야키 뮤지엄 お台場たこ焼きミュージアム도 있다.

レ インボーブリッジ 레인보우 브리지 ★★★★★

발음 레인보—브릿지 **지도** MAP 13-A2 **구글맵** 페이지 하단 QR 코드 스캔·클릭
교통 유리카모메의 오다이바카이힌코엔 お台場海浜公園 역(U06) 하차. 개찰구를
나와 오른쪽(북쪽 출구 北出口)으로 도보 10분.
보도교 **개관** 4~10월 09:00~21:00, 11~3월 10:00~18:00

1 웅장한 규모를 자랑하는 레인보우 브리지.
2 형형색색 마천루의 불빛에 물든 야경이 아름답다.

오다이바의 심벌로 유명한 총길이 800m의 현수교. 1987년 공사를
시작해 1993년에 완공됐으며, 초속 67m의 강풍과 75년에 한 번씩
발생하는 초대형 지진에도 끄떡없게 만든 토목 공학의 진수다. 실제로
2011년 3월 11일 도쿄 일대를 강타한 규모 7의 강진에도 아무런 피해를
입지 않았다고.
다리를 지탱하는 두 개의 탑은 높이 120m로 40층 건물 높이와 맞먹는다.
흥미로운 사실은 두 탑의 기저부 간격은 570m이지만, 꼭대기의 간격은
11㎝가 넓은 570.11m라는 것. 이유는 지구 표면을 따라 다리가 둥글게
휘어져 있기 때문이다. 다리를 지탱하는 케이블은 6만 5,278가닥의
강철선을 꼬아 만든 것인데, 한 줄로 이으면 도쿄~뉴욕을 1.5회 왕복
(31,000km)하는 길이다.
다리 양쪽에는 보도교가 있어 레인보우 브리지를 걸어서 건널 수 있다.
건너편까지는 40분 정도 걸리며 입구는 다이바 공원 台場公園 옆에
있다. 다리 위에서는 도쿄 만과 주변의 고층 건물들이 그려내는 아름다운
스카이라인을 볼 수 있어 드라이브 코스로도 인기가 높다.
다리 곳곳에 설치된 444개의 전등이 다리를 환하게 비추는 야경도
멋진 볼거리다. 해질녘부터 조명이 들어오기 시작하는데, 크리스마스·
연말연시 또는 특별한 이벤트가 있을 때는 평소와는 다른 색깔의 조명으로
한껏 분위기를 띄운다. 레인보우 브리지는 자유의 여신상(p. 196) 앞의
전망대에서 보는 모습이 가장 아름답다.

구글맵

潮 風公園 시오카제 공원 ★☆☆☆☆

빌음 시오까제꼬−엔 **지도** MAP 13−A4
교통 유리카모메의 다이바 台場 역(U07) 하차. 개찰구를 나와 오른쪽
(북쪽 출구 北出口)으로 도보 7분. **구글맵** 페이지 하단 QR 코드 스캔·클릭

오다이바에서 제일 큰 규모의 해변 공원이다. 깔끔하게 정비된
산책로 주변에는 초록빛 잔디가 드넓게 깔려 있어 피크닉을
즐기기에도 적당하다. 해변 곳곳에 세워진 독특한 모양의 탑과
조형물도 눈길을 끈다. 공원 북쪽에는 직접 요리를 해먹을 수 있는
바비큐 광장도 있다.

6층의 돔 시어터에서는 디지털 영화와 레이저 쇼를 상영한다.

日 本科学未来館 일본 과학 미래관 ★★☆☆☆

빌음 니혼카가꾸미라이깐
개관 10:00~17:00 **휴관** 화요일, 12/28~1/1
요금 6:30엔, 18세 이하 210엔
홈피 www.miraikan.jst.go.jp
지도 MAP 13−B5
교통 유리카모메의 테레코무센타 テレコムセンター 역(U09)
하차. 개찰구를 나와 오른쪽(북쪽 출구 北出口)으로 도보 5분.
구글맵 페이지 하단 QR 코드 스캔·클릭

첨단 기술과 우주·인간을 테마로 운영하는 과학
박물관. 과학적 데이터를 근거로 지구상에 존재하는
생명과 환경의 유기적 관계를 조명하고, 우리가
살아가는 지구·태양계·우주의 구성 원리를 이해할
수 있는 풍부한 볼거리를 제공한다. 특히 눈에 띄는
볼거리는 이 박물관의 상징인 지오 코스모스 Geo-
Cosmos, 지구를 200만 분의 1 크기로 축소시킨
모형인데 표면에 1만 362장의 유기 EL 패널을 붙여
1,000만 화소 이상의 구형 디스플레이를 만들었다.
화면에는 인공위성에서 실시간으로 전송되는 지구의
모습이 그대로 비춰진다.

お 台場海浜公園 오다이바 해변공원 ★★★★☆

빌음 오다이바까이힌꼬−엔 **지도** MAP 13−B3
교통 유리카모메의 오다이바카이힌코엔 お台場海浜公園 역
(U06) 하차. 개찰구를 나와 오른쪽(북쪽 출구 北出口)으로
도보 4분. 또는 수상버스 선착장 바로 앞.
구글맵 페이지 하단 QR 코드 스캔·클릭

바다 위를 가로지르는 레인보우 브리지와 도쿄 만의
푸른 물결이 한눈에 들어오는 인공 해변. 찜통 같은
도쿄의 무더위를 한 방에 날려줄 최고의 피서지다.
해안선을 따라 길게 이어진 백사장과 산책로에서는
노을에 붉게 물든 레인보우 브리지와 도쿄 타워의
모습, 그리고 도쿄 만을 울긋불긋 화려하게 수놓는
환상적인 야경을 두 눈 가득 담을 수 있어 산책과
데이트 코스로도 인기가 높다. 해변을 따라 레인보우
브리지 쪽으로 500m쯤 가면 19세기 말 서양 함선의
침입을 막기 위해 포대를 세운 다이바 공원 台場公
園이 있다. 안에는 대포가 놓였던 자리와 건물터 등이
남아 있으나 큰 볼거리는 없다.

호젓한 백사장이 핏스터운 오다이비 해변공원.

フ ★★★★☆
ジテレビ本社ビル 후지 TV

발음 후지테레비혼샤비루 홈피 www.fujitv.co.jp 지도 MAP 13-B4
교통 유리카모메의 다이바 台場 역(U07) 하차. 개찰구를 나와 오른쪽(남쪽
출구 南出口)으로 도보 4분. 구글맵 페이지 하단 QR 코드 스캔·클릭
후지 TV 갤러리 개관 10:00~18:00 휴관 월요일 요금 무료
교통 후지 TV의 1층 광장에서 에스컬레이터를 타고 5층으로 올라간다.
구체 전망대 개관 10:00~18:00 휴관 월요일 요금 800엔, 중학생 이하 500엔
교통 7층 매표소에서 엘리베이터를 타고 25층으로 올라간다.

1 인기 애니 캐릭터 상품도
판매한다. 2 후지 TV의 마스코트
라후짱. 3 기이한 외관이 눈길을 끄는
후지 TV.

오다이바에서 가장 먼저 눈에 띄는 첨단 스타일의 건물. 일본 현대
건축의 거장 탄게 겐조 丹下健三가 설계한(1996년) 후지 TV의
본사 건물이다. 간판 볼거리는 스튜디오 견학 코스인 후지 TV
갤러리(5층)와 구체 전망대 하치타마 球体展望室はちたま(25층)
다. 후지 TV의 인기 프로그램을 소개하는 후지 TV 갤러리에서는
촬영장의 일부를 축소시킨 세트를 배경으로 기념사진을 찍거나
후지 TV의 역사를 소개하는 여러 전시품을 살펴볼 수 있다.
애니 러버라면 7층의 기념품 숍 후지상 フジさん을 놓치지 말자.
원피스·드래곤볼 등 우리에게도 친숙한 캐릭터 굿즈가 가득하다.
도쿄 시내의 전경이 270도로 펼쳐지는 높이 100m의 구체
전망대에서는 후지 산이 보이기도 한다.

기묘한 그림이 가득한 도쿄
트릭 아트 뮤지엄.

東 ★★☆☆☆
京トリックアート迷宮館
도쿄 트릭 아트 뮤지엄

발음 토-꾜-토릭꾸아-토메-뀨-깐 개관 11:00~20:00, 토·일요일
11:00~21:00 요금 1,200엔, 중학생 이하 800엔 홈피 www.trickart.info
지도 MAP 13-B2 구글맵 페이지 하단 QR 코드 스캔·클릭
교통 유리카모메의 오다이바카이힌코엔 お台場海浜公園 역(U06) 하차.
개찰구를 나와 오른쪽(북쪽 출구 北出口)으로 도보 4분. 덱스 도쿄 비치
デックス東京ビーチ의 시 사이드 몰 4층 다이바잇쵸메 상점가에 있다.

착시 현상을 이용해서 그린 기묘한 그림 45점을 전시하는 미술관.
벽과 바닥에 그린 평범한 그림이지만 특정 위치에서 보면
신기하리만치 완벽하게 입체로 보인다. 내부는 우리에게도 친숙한
서양의 명화를 중심으로 꾸민 트릭 아트 명작 에어리어, 도쿄의
옛 풍경을 테마로 꾸민 에도 에어리어, 코믹한 귀신과 닌자 그림이
가득한 닌자·귀신 에어리어 등 5개 코너로 이루어져 있다.

일본 최장수 애니 사자에상

1969년 첫 전파를 탄 〈사자에상 さざえさん〉
은 일본의 국민 애니로 통하는 작품이다. 현
재 방영된 에피소드는 7,000여 편에 이르며
시청률 역시 TV 애니 가운데 부동의 1위를 차
지하고 있다.

주인공 사자에상 가족의 일상을 담은 훈훈한
홈드라마 형식으로 매주 일요일 18:30 후지
TV에서 방영되는데, 지금까지 방영 시간에 변
동이 없는 최장수 프로그램으로도 유명하다.
원작인 만화 〈사자에상〉은 1946년 신문 만화
로 연재를 시작했으며 지금까
지 9,000만 부 이상의 단
행본이 판매됐다. 후지
TV 1층의 후지 TV 몰
Fuji TV Mall에는 사자에
상 부스와 기념품 코너도 있다.

주인공 사자에상의 헤어 스타일은
유행에 맞춰 수시로 변한다

 구글맵

전문가들의 손을 거쳐서 탄생한 수많은 레고 작품이 전시돼 있다.

レ ★★☆☆☆
ゴランド・ディスカバリー・センター
레고랜드 디스커버리 센터

발음 레고란도디스카바리−센타− **개관** 10:00~18:00, 토·일요일 10:00~19:00
요금 2,250~3,280엔 **지도** MAP 13-B2
교통 유리카모메의 오다이바카이히코엔 お台場海浜公園 역(U06)의 개찰구를 나와 오른쪽(북쪽 출구 北出口)으로 도보 4분. 덱스 도쿄 비치 デックス東京ビーチ의 아일랜드 몰 3층에 있다. **구글맵** 페이지 하단 QR 코드 스캔·클릭

레고 마니아와 레고에 열광하는 어린이를 위한 미니 테마파크. 규모는 작지만 레고 캐릭터가 등장하는 4D 영화관, 160만 개의 블록으로 도쿄의 명소들을 정교하게 축소해 놓은 미니 랜드, 레고가 만들어지는 과정을 소개하는 레고 팩토리 등 14가지 테마의 어트랙션을 이용할 수 있다.

東 ★★☆☆☆
京ジョイポリス 도쿄 조이 폴리스

발음 토−꾜−죠이포리스
개관 11:00~19:00, 토·일요일 10:00~20:00
요금 입장료 1,200엔, 패스포트(1일권) 5,000엔, 나이트 패스포트(야간 할인권 16:00~) 4,000엔
홈피 http://tokyo-joypolis.com **지도** MAP 13-B2
교통 유리카모메의 오다이바카이히코엔 お台場海浜公園 역(U06) 하차. 개찰구를 나와 오른쪽(북쪽 출구 北出口)으로 도보 4분. 덱스 도쿄 비치 デックス東京ビーチ의 시사이드 몰 3층에 있다.
구글맵 페이지 하단 QR 코드 스캔·클릭

세가 SEGA에서 운영하는 오다이바 제일의 게임 테마파크. 짜릿한 롤러코스터와 카 레이싱·급류 타기 버추얼 시뮬레이터 등 21개의 신나는 놀이시설을 갖춰 놓았다. 놀이시설을 이용하려면 입장료 외에 별도의 요금(1회 600~1,000엔)이 필요하니 경제적인 1일권을 구입하자. 늦게까지 운영하기 때문에 야간 할인권을 구입해 저녁 때 집중석으로 인기 놀이시설만 이용해도 좋다.

연인들의 데이트 코스로도 인기가 높다.

1·2 우리에게 친숙한 할리우드 스타들의 밀랍인형이 많다.

マ ★★★☆☆
マダム・タッソー東京 마담 투소 도쿄

발음 마다무탓소−꾜−
개관 10:00~18:00, 토·일요일 10:00~19:00
요금 2,100~2,700엔 **홈피** www.madametussauds.com/tokyo
지도 MAP 13-B2
교통 유리카모메의 오다이바카이히코엔 お台場海浜公園 역(U06)의 개찰구를 나와 오른쪽(북쪽 출구 北出口)으로 도보 4분. 덱스 도쿄 비치 デックス東京ビーチ의 아일랜드 몰 3층에 있다.
구글맵 페이지 하단 QR 코드 스캔·클릭

세계적인 스타들과 원 없이 기념사진을 찍어보자. 브래드 피트·마이클 잭슨·마돈나·아사다 마오·버락 오바마·마릴린 먼로 등 친숙한 스타와 유명 인사의 실물 크기 밀랍인형 60여 개를 전시해 놓았다. 100% 쏙 빼 닮은 모습은 아니지만 바로 옆에서 그들의 체취(?)를 느낄 수 있다는 것만으로도 가슴 설레는 기쁨을 만끽할 수 있을 듯.

パ ★★☆☆☆
ナソニックセンター
파나소닉 센터

발음 파나소닉꾸센타ー **개관** 10:00~17:00 **휴관** 월요일, 연말연시
요금 무료 **지도** MAP 13-D3
홈피 https://holdings.panasonic/jp/corporate/center-tokyo.html **구글맵** 페이지 하단 QR 코드 스캔·클릭
교통 유리카모메의 코쿠사이텐지죠세이몬 国際展示場正門 역
(U11) 하차. 개찰구를 나와 왼쪽(북쪽 출구 北出口)으로 도보 6분.

친환경 기술을 소개하는 파나소닉의 쇼룸. 어린이를
위한 체험교육장의 성격이 강하다. 환경보호가 테마인
1층의 파나소닉 그린 임팩트 파크에서는 다양한
전시물과 체험시설을 통해 이산화탄소와 전기의
상관관계, 한정된 천연자원의 효율적 사용에 대해
배운다.
2·3층의 아케루에 AkeruE는 지적호기심과 발견의
즐거움을 체험하는 곳이다. 지구상의 생명체를 소개하는
가이아, 과학과 예술을 접목시킨 작품을 통해 사물에
대한 이해와 창작의 즐거움을 익히는 아스트로, 자신의
아이디어를 직접 작품으로 만들고 표현하는 코스모스,
영상·사진·애니메이션으로 세상과 소통하는 방법을
체험하는 포톤 등 4개 코너로 이루어져 있다.

東 ★☆☆☆☆
京ビックサイト 도쿄 빅사이트

발음 토ー꾜ー빅꾸사이또 **홈피** www.bigsight.jp
지도 MAP 13-D3 **구글맵** 페이지 하단 QR 코드 스캔·클릭
교통 유리카모메의 코쿠사이텐지죠세이몬 国際展示場正門 역
(U11) 하차. 개찰구를 나와 오른쪽(남쪽 출구 南出口)으로
도보 3분.

서울의 코엑스에 비견되는 일본 최대의 국제 전시장.
은색의 독특한 외관이 인상적이다. 건설비만 1,800
억 엔이 소요됐으며 거대한 피라미드 4개를 거꾸로
엎어놓은 듯한 외관은 오다이바의 랜드마크로도
유명하다. 1,000명 이상을 동시 수용하는 전시장 10개가
딸려 있어 1년 내내 다양한 전시회가 끊이지 않으며,
7~8월에는 '오타쿠의 제전' 코믹 마켓이 열린다.
유리카모메 역에서 도쿄 빅사이트로 가는 도중에는
높이 15m 남짓한 대형 톱이 잔디밭 위에 박혀(?)
있는데, 이것은 1995년 에 클레이스 올덴버그
Claes Oldenburg와 코셔 반 브루겐 Coosje
van Bruggen이 만든 〈톱·톱질하기
Saw·Sawing〉란 작품이다.

〈톱·톱질하기〉

코믹 마켓 Comic Market이란 무엇?

수만 개에 달하는 일본의 만화 동화회가 도쿄 빅사이트에서 모여 자신들의 회지를 판매하
고 홍보하는 대형 이벤트. 줄여서 코미케 コミケ라고도 한다. 관람객 수는 인기 가수의 콘서
트를 능가할 정도인데, 서둘러 가지 않으면 입장하는 데만 몇 시간씩 걸린다. 정확한 일정은
홈페이지에서 확인할 수 있으며, 시즌이 되면 시내의 주요 만화·애니 전문점에서 코믹 마
켓 안내 팸플릿과 카탈로그를 판매한다. 이것을 보고 전시장 안의 구조를 파악한 다음 가는
것은 기본! 규모가 워낙 방대해 무작정 갔다가는 안에서 헤매다
나올 가능성이 높으니 꼼꼼히 준비해야 한다. 전시장 앞에
서 수준급의 코스프레 걸&보이들과 어울려 멋진 기념사
진을 남기는 것도 잊지 말자!
홈피 www.comiket.co.jp

깜찍깜찍 코스프레 걸

구글맵

라면
らーめん(890엔)~

센바츠니기리 세트
選抜にぎりセット(2,780엔)

규조로스카츠젠
牛上ロースカツ膳(2,519엔~)

도쿄 라멘콧키칸마이
東京ラーメン国技館舞

유명 맛집 6개를 한자리에 모아 놓은 라면 전문 푸드코트. 깔끔하게 정돈돼 있어 여성 또는 나홀로 여행자가 이용하기에도 편리하다. 식당이 주기적으로 바뀌기 때문에 언제 가더라도 새로운 맛을 즐길 수 있는 게 매력이다. 자판기에서 식권을 구입하는 방식이며 음식 사진이 붙어 있어 이용하기 쉽다. 요일별 메뉴 또는 스페셜 보너스를 제공하는 곳도 있으니 식당 앞에 붙은 안내판을 눈여겨보자. 날씨가 좋을 때는 야외 테라스 석도 이용 가능한데, 특히 노을 질 때와 야경이 멋지다.

예산 890엔~ **영업** 11:00~22:00
휴업 부정기적 **메뉴** 한국어·일어·영어
주소 東京都 港区 台場 1-7-1 アクアシティお台場 5/F
전화 03-3599-4700 **지도** MAP 13-A3
교통 유리카모메의 다이바 台場 역(U07) 하차. 개찰구를 나와 왼쪽(북쪽 출구 北出口)으로 도보 5분. 아쿠아시티 오다이바 아쿠아시티 お台場 쇼핑몰 5층에 있다.
구글맵 페이지 하단 QR 코드 스캔·클릭

이타마에 스시
板前寿司

합리적 가격의 초밥 전문점. 깔끔한 시설에 서비스도 친절해 부담 없이 이용할 수 있다. 엄선된 14점의 초밥이 나오는 센바츠고쿠죠니기리 세트 選抜極上にぎりセット(4,980엔)가 추천메뉴다. 10점의 초밥이 나오는 센바츠니기리 세트 選抜にぎりセット(2,780엔), 12점의 초밥이 나오는 센바츠죠니기리 세트 選抜上にぎりセット(3,480엔) 등의 경제적인 메뉴도 선보인다. 초밥은 단품 주문도 가능하며, 모든 세트 메뉴에는 된장국과 샐러드가 포함돼 있다.

예산 1,480엔~ **영업** 11:30~15:00, 17:00~23:00 **휴업** 수요일
메뉴 일어 **주소** 東京都 港区 台場 1-7-1 アクアシティお台場 1/F
전화 03-5579-6450 **지도** MAP 13-A3
교통 유리카모메의 다이바 台場역(U07) 하차. 개찰구를 나와 왼쪽(북쪽 출구 北出口)으로 도보 5분. 아쿠아시티 오다이바 아쿠아시티 お台場 쇼핑몰 1층에 있다.
구글맵 페이지 하단 QR 코드 스캔·클릭

교토 카츠규
京都勝牛

부드러운 식감의 규카츠 전문점. 대표 메뉴는 등심 규카츠 규죠로스카츠젠 牛上ロースカツ膳(2,519엔)이다. 튀김옷을 입힌 소고기 등심을 60초만 튀겨 겉은 바삭하고 속은 촉촉한 미디엄 레어 상태로 만들어준다. 함께 나오는 1인용 화로에 올려 취향대로 익혀 먹는데, 육즙이 배어나올 정도로 살짝만 익혀야 맛있다. 고기는 와사비 간장·산초 소금·규카츠 소스·카레 소스에 찍어 먹으면 풍미가 한층 살아난다. 양배추 샐러드·된장국·밥이 포함돼 있으며 밥은 무한 리필된다.

예산 2,079엔~ **영업** 11:00~22:00
메뉴 한국어·일어·영어
주소 東京都 江東区 青海 1-1-10 ダイバーシティ東京プラザ 6/F
전화 03-5962-4311 **지도** MAP 13-B4
홈피 https://gyukatsu-kyotokatsugyu.com
교통 유리카모메의 다이바 台場역(U07) 하차. 개찰구를 나와 오른쪽(남쪽 출구 南出口)으로 도보 10분. 다이버 시티 도쿄 플라자 6층에 있다.
구글맵 페이지 하단 QR 코드 스캔·클릭

햄버거 세트

ハンバーガー Set(1,360엔~)

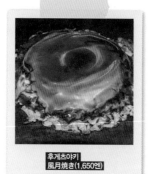

후게츠야키
風月焼き(1,650엔)

쿠아 아이나 강추
KUA AINA

1975년에 문을 연 하와이에서 가장 유명한 햄버거 체인점. 자리를 잡을 때는 반드시 자유의 여신상이 보이는 창가 쪽에 앉자. 도쿄의 멋진 스카이라인은 물론 아름다운 야경을 공짜로 즐길 수 있다. 그릴에 구운 육즙 가득한 소고기 패티가 맛있으며, 보기만 해도 배가 부를 만큼 푸짐한 양도 인기의 비결이다. 오리지널 하와이안 스타일의 햄버거 세트 함바가 ハンバーガー Set (1,360엔), 치즈 버거 세트 치즈바가 チーズバーガー Set(1,490엔)가 맛있다. 세트 메뉴에는 감자튀김과 음료수가 포함돼 있다.

예산 1,360엔~ 영업 11:00~22:00
휴업 부정기적 메뉴 일어
주소 東京都 港区 台場 1-7-1 アクアシティお台場 4/F
전화 03-3599-2800
지도 MAP 13-A3
교통 유리카모메의 다이바 台場 역(U07) 하차. 개찰구를 나와 왼쪽(북쪽 출구 北出口)으로 도보 3분. 아쿠아시티 오다이바 アクアシティお台場 쇼핑몰 4층에 있다.
구글맵 페이지 하단 QR 코드 스캔·클릭

츠루하시후게츠
鶴橋風月

1950년 창업한 오사카의 유명 오코노미야키 전문점. 진한 소스가 어우러진 소박한 맛이 특징이다. 추천 메뉴는 오징어·새우·돼지고기·소고기를 듬뿍 넣은 오코노미야키 후게츠야키 風月焼き(1,650엔), 밀가루 반죽 대신 쫄깃한 계란면으로 만드는 오코노미야키 모단야키 モダン焼き(1,950엔), 야키소바 焼きそば(990엔), 삼겹살·숙주를 넣은 계란말이 톤페이야키 とんぺい焼き(730엔) 등 사이드 메뉴도 먹을 만하다. 오코노미야키 특유의 느끼함과 짠맛을 잡아주는 맥주·우롱차를 곁들여 먹으면 더욱 맛있다. 인기 메뉴를 경제적으로 맛볼 수 있는 2~4인용 세트 메뉴도 있다.

예산 1,650엔~ 영업 11:00~23:00
메뉴 한국어·일어·영어 주소 東京都 港区 台場 1-7-1 アクアシティお台場 6/F
전화 03-3599-5185 지도 MAP 13-A3
교통 유리카모메의 다이바 台場 역(U07) 하차. 도보 8분. 아쿠아시티 오다이바 アクアシティお台場 6층에 있다.
구글맵 페이지 하단 QR 코드 스캔·클릭

Info Plus +

샤부샤부 이마한
しゃぶしゃぶ 吟半

살짝 고급진 샤부샤부 레스토랑. 다양한 종류의 돼지고기·소고기 샤부샤부를 맛볼 수 있다.

예산 5,000엔~ 영업 17:00~23:00
지도 MAP 13-B2
교통 유리카모메의 오다이바카이힌코엔 お台場海浜公園 역(U06) 하차. 도보 5분. 덱스 도쿄 비치 1층.
구글맵 하단 QR 코드 스캔·클릭

니혼바시 텐동 카네코한노스케
日本橋 天丼 金子半之助

튀김 덮밥 전문점. 푸드코트라 본점보다 맛이 조금 떨어지는 게 아쉽다. 자세한 메뉴는 p.232 참조.

예산 1,408엔~ 영업 11:00~21:00, 토·일요일 10:00~22:00
지도 MAP 13-B4
교통 유리카모메의 다이바 台場 역(U07) 하차. 도보 10분. 다이버 시티 도쿄 플라자 2층에 있다.
구글맵 하단 QR 코드 스캔·클릭

에그스 앤 씽즈 오다이바 점
Egg'N Things

달콤한 팬케이크 맛집. 레인보우 브리지가 보이는 멋진 전망은 보너스다. 자세한 메뉴는 p.163 참조.

예산 1,529엔~ 영업 09:00~22:00
지도 MAP 13-A3
교통 유리카모메의 다이바 台場 역(U07) 하차. 도보 7분. 아쿠아시티 오다이바 쇼핑몰 3층에 있다.
구글맵 하단 QR 코드 스캔·클릭

헬로 키티 콘가리야키
HELLO KITTY のこんがり焼

깜찍한 헬로 키티 모양 붕어빵. 헬로 키티 마니아라면 들러봄직하다. 아이스크림·도넛도 판매한다.

예산 600엔~ 영업 11:00~20:00, 토·일요일 10:00~21:00
지도 MAP 13-B4
교통 유리카모메의 다이바 台場 역(U07) 하차. 도보 10분. 다이버 시티 도쿄 플라자 2층에 있다.
구글맵 하단 QR 코드 스캔·클릭

 구글맵

SHO-PPING

1 오다이바 제일의 인기를 구가하고 있는 쇼핑몰 다이버 시티 도쿄 플라자. **2** 쾌적한 쇼핑 환경과 풍부한 아이템이 매력이다.

다이버 시티 도쿄 플라자
DIVER CITY TOKYO PLAZA

오다이바에서 가장 핫한 대형 복합 쇼핑몰. 7층 건물에 젊은 감각의 패션 브랜드와 레스토랑 130여 개가 입점해 있다. 전반적으로 가격 부담이 적은 중저가 브랜드 위주로 구성된 게 특징이다. AX Armani Exchange · 코스 COS · 디젤 등의 해외 패션 브랜드는 패셔니스타를 자처하는 젊은 층이 즐겨 찾는다. GU · H&M · Zara · 유니클로 등 가성비 높은 SPA 브랜드와 3 Coins · 다이소 등의 잡화점, 캐릭터 굿즈를 파는 도라에몽 미래 백화점 · 원피스 무기와라 스토어도 인기다.

영업 11:00~20:00, 토 · 일 · 공휴일 10:00~21:00
주소 東京都 江東区 青海 1-1-10
전화 03-6380-7800
홈페 https://mitsui-shopping-park.com/divercity-tokyo
지도 MAP 13-B4
교통 유리카모메의 다이바 台場 역(U07) 하차. 개찰구를 나와 오른쪽(남쪽 출구 南出口)으로 도보 9분. 또는 린카이 선의 도쿄텔레포트 東京テレポート 역(R04)에서 도보 8분.
구글맵 페이지 하단 QR 코드 스캔 · 클릭

쓰리 코인즈
3 COINS

저렴한 가격이 매력인 인테리어 및 잡화 전문점. '동전 3개'란 브랜드명에 함축된 의미처럼 거의 모든 상품의 가격이 고작 100엔짜리 동전 3개인 300엔(소비세 별도)이다. 패션 아이템은 물론 주방용품 · 인테리어 소품까지 다양한 상품을 선보이며 디자인 · 품질도 뛰어나다.

영업 11:00~20:00, 토 · 일 · 공휴일 10:00~21:00
주소 東京都 江東区 青海 1-1-10 ダイバーシティ東京 プラザ 4/F
전화 03-5579-6759 지도 MAP 13-B4
홈페 www.3coins.jp
교통 상단의 다이버 시티 도쿄 플라자 참조. 해당 쇼핑몰 4층에 있다.
구글맵 페이지 하단 QR 코드 스캔 · 클릭

유니클로
UNIQLO

일본의 대표적인 중저가 캐주얼 브랜드. 변화에 민감한 트렌디한 스타일보다 유행을 타지 않는 베이직한 디자인이 주를 이루는데 전반적인 느낌은 GAP과 비슷하지만 가격은 훨씬 착한 게 특징! 가격 대비 품질이 만족스러운 아이템이 많고 특히 우리나라보다 20~30% 저렴한 가격이 매력이다.

영업 11:00~20:00, 토 · 일 · 공휴일 10:00~21:00
주소 東京都 江東区 青海 1-1-10 ダイバーシティ東京 プラザ 5/F
전화 03-3527-6158
홈페 www.uniqlo.com 지도 MAP 13-B4
교통 상단의 다이버 시티 도쿄 플라자 참조. 해당 쇼핑몰 5층에 있다.
구글맵 페이지 하단 QR 코드 스캔 · 클릭

헬로 키티 재팬
HELLO KITTY JAPAN

헬로 키티 캐릭터의 오피셜 매장. 티셔츠 · 가방 · 식기 · 문구 · 과자 · 인형 등 깜찍한 아이템이 풍부하다. 일본 전통 문양을 살린 패브릭 제품이나 부채 · 주머니 · 가방이 강추 아이템. 구데타마 · 마이 멜로디 · 케로피 등 산리오의 다양한 캐릭터 상품도 선보이며, 오다이바 한정판 아이템도 취급한다.

영업 11:00~20:00, 토 · 일 · 공휴일 10:00~21:00
주소 東京都 江東区 青海 1-1-10 ダイバーシティ東京 プラザ 2/F
전화 03-3527-6118
홈페 www.sanrio.co.jp 지도 MAP 13-B4
교통 상단의 다이버 시티 도쿄 플라자 참조. 해당 쇼핑몰 2층에 있다.
구글맵 페이지 하단 QR 코드 스캔 · 클릭

아쿠아시티 오다이바
アクアシティお台場

130여 개의 인기 브랜드가 모인 대형 쇼핑몰. 누가 입어도 무난한 스타일의 중저가 의류 브랜드와 인테리어 소품 · 장난감 매장이 주를 이루기 때문에 가족 단위 쇼핑객이 즐겨 찾는다. 매장은 1층 장난감 · 애완동물용품, 3층 캐주얼 의류 · 패션 액세서리, 4층 인테리어 소품 및 잡화로 이루어져 있다. 눈에 띄는 숍은 대형 애완동물용품 숍 PeTeMo, 저렴한 북유럽풍 생활 잡화 전문점 플라잉 타이거 코펜하겐, 장난감 전문점 토이저러스 등이다. 개성만점의 언더웨어 숍 Hipshop, 아메리칸 캐주얼 브랜드 캡틴 산타 · 보트 하우스를 취급하는 Museum & Museum도 볼 만하다.

영업 11:00~20:00, 토 · 일 · 공휴일 11:00~21:00 휴업 부정기적
주소 東京都 港区 台場 1-7-1 전화 03-3599-4700
홈피 www.aquacity.jp 지도 MAP 13-A3
교통 유리카모메의 다이바 台場 역(U07) 하차. 개찰구를 나와 왼쪽(북쪽 출구 北出口)으로 도보 2분.
구글맵 페이지 하단 QR 코드 스캔 · 클릭

1 상층부에는 전망 좋은 레스토랑이 입점해 있다.
2 최신 유행의 패션 브랜드를 찾아보는 재미도 쏠쏠하다.

니토리
NITORI

'일본판 이케아'로 통하는 인테리어 · 잡화 전문점. 최상의 가성비라는 표현에 걸맞게 '무난한 디자인, 저렴한 가격, 세분화된 기능'의 3박자를 고루 갖췄다. 대형 가구는 물론 주방 · 욕실 용품 등의 소소한 인테리어 소품까지 완벽히 구비된 풍부한 상품 구성도 매력이다.

영업 11:00~20:00,
토 · 일 · 공휴일 11:00~21:00
휴업 부정기적
주소 東京都 港区 台場 1-7-1
アクアシティお台場 4/F
전화 0120-014-210 지도 MAP 13-A3
교통 유리카모메의 다이바 台場역(U07) 하차. 개찰구를 나와 왼쪽으로 도보 5분. 아쿠아시티 오다이바 쇼핑몰 4층에 있다.
구글맵 페이지 하단 QR 코드 스캔 · 클릭

디즈니 스토어
DISNEY STORE

디즈니 마니아의 성지. 미키 마우스 등 우리에게도 친숙한 디즈니 캐릭터 상품이 가득하며, 도쿄 디즈니랜드에서 판매하는 인기 상품은 모두 취급한다. 특히 아이들이 좋아하는 아이템이 풍부해 선물이나 기념품을 구입하기에도 좋다. 국자 · 밥주걱 등 실용적인 주방용품도 눈길을 끈다.

영업 11:00~20:00,
토 · 일 · 공휴일 11:00~21:00
휴업 부정기적
주소 東京都 港区 台場 1-7-1
アクアシティお台場 3/F
전화 03-5564-3932 지도 MAP 13-A3
교통 상단의 아쿠아시티 오다이바 참조. 해당 쇼핑몰 1층에 있다.
구글맵 페이지 하단 QR 코드 스캔 · 클릭

빌리지 뱅가드
VILLAGE VANGUARD

'놀 수 있는 책방 遊べる本屋'이 콘셉트인 기상천외한 서점 겸 잡화점. 책 · 잡화 · 수입과자 · 장난감 · 화장품 등 장르를 초월한 온갖 잡동사니가 한데 뒤섞여 있다. 기발한 아이디어의 생활 잡화나 희귀한 캐릭터 상품에 주목하자. 마구잡이로 진열해 놓은 듯하지만 같은 주제의 상품은 함께 진열한다는 나름의 원칙을 알면 편하게 이용할 수 있다.

영업 11:00~20:00 휴업 부정기적
주소 東京都 江東区 青海 1-1-10 ダイバーシティ東京プラザ 5/F
전화 03-3527-6125 지도 MAP 13-B4
홈피 www.village-v.co.jp
교통 p.205의 다이버 시티 도쿄 플라자 참조. 해당 쇼핑몰 5층에 있다.
구글맵 페이지 하단 QR 코드 스캔 · 클릭

구글맵

덱스 도쿄 비치 デックス東京ビーチ

쇼핑과 오락의 두 마리 토끼를 동시에 잡을 수 있는 대형 쇼핑몰. 시 사이드 몰 Sea Side Mall과 아일랜드 몰 Island Mall의 두 개 건물로 이루어져 있으며, 스포츠 · 아웃도어 용품과 아기자기한 잡화 매장의 비중이 높다. 눈에 띄는 곳은 캠핑 · 트레킹 등의 아웃도어 용품 셀렉트 숍 와일드 원 Wild-1, 서핑 · 보드 전문 브랜드 빌라봉 Billabong, 힙합 패션 브랜드 Karl Kani, 합리적인 가격의 일본 아동복 브랜드 니시마츠야 西松屋 등이다. 쇼핑몰 곳곳에 다채로운 놀이시설과 볼거리가 있어 데이트를 나온 연인이나 가족 단위 여행자에게 인기가 높다.

영업 11:00~20:00, 토 · 일 · 공휴일 11:00~21:00
휴업 부정기적 **주소** 東京都 港区 台場 1-6-1
전화 03-3599-6500 **홈피** www.odaiba-decks.com
지도 MAP 13-B2 **구글맵** 페이지 하단 QR 코드 스캔 · 클릭
교통 유리카모메의 오다이바카이힌코엔 お台場海浜公園 역(U06) 하차. 개찰구를 나와 오른쪽(북쪽 출구 北出口)으로 도보 3분. 또는 린카이 선의 도쿄테레포토 東京テレポート 역(R04)에서 도보 8분.

1 다양한 볼거리와 오락 시설이 모인 덱스 도쿄 비치.
2 젊은 층이 열광하는 아웃도어 브랜드가 충실하다.

건담 베이스 도쿄
ガンダムベース 東京

건프라의 모든 것을 소개하는 쇼룸 겸 매장. 다양한 이벤트가 열리는 Event Zone, 2,000여 가지 건프라를 판매하는 Shop Zone, 건프라 제조공정을 소개하는 Factory Zone, 직접 건담을 조립해보는 Builders Zone으로 이루어져 있어 쇼핑은 물론 건프라의 생산과정까지 두루 살펴볼 수 있다.

영업 10:00~21:00
주소 東京都 江東区 青海 1-1-10 ダイバーシティ東京 プラザ 7/F
전화 03-6426-0780 **지도** MAP 13-B4
교통 유리카모메의 다이바 台場 역(U07) 하차. 개찰구를 나와 오른쪽(남쪽 출구 南出口)으로 도보 10분. 다이버 시티 도쿄 플라자 7층에 있다.
구글맵 페이지 하단 QR 코드 스캔 · 클릭

동구리 공화국
どんぐり共和国

스튜디오 지브리의 캐릭터 상품을 판매하는 오피셜 매장. 〈이웃집 토토로〉· 〈마녀 배달부 키키〉· 〈붉은 돼지〉 등 인기 애니메이션을 모티브로 만든 봉제인형이나 피규어는 물론, 수건 · 찻잔 · 시계 등의 생활 잡화도 두루 취급한다. 예쁜 아이템이 많아 단순히 구경하는 것만으로도 충분히 즐거울 듯!

영업 11:00~20:00, 토 · 일 · 공휴일 11:00~21:00 **휴업** 부정기적
주소 東京都 江東区 青海 1-1-10 ダイバーシティ東京 プラザ 5/F
전화 03-3570-5091 **지도** MAP 13-B4
교통 유리카모메의 다이바 台場 역(U07) 하차. 개찰구를 나와 오른쪽으로 도보 14분. 다이버 시티 도쿄 플라자 5층에 있다.
구글맵 페이지 하단 QR 코드 스캔 · 클릭

펫 파라다이스
PET PARADISE

깜찍한 강아지 옷을 취급하는 애견 용품 전문점. 스누피 · 미키 마우스 · 스타워즈 · 가스파드 앤드 리사 등 인기 캐릭터를 테마로 만든 아이템과 유명 패션 브랜드의 콜라보레이션 아이템을 선보인다. 애견 의류 외에 먹거리 · 장난감 · 목줄 · 유모차 등 강아지를 키우는 데 필요한 아이템도 두루 취급한다.

영업 11:00~20:00, 토 · 일 · 공휴일 11:00~21:00 **휴업** 부정기적
주소 東京都 港区 台場 1-7-1 アクアシティ お台場 1/F
전화 03-5579-6700 **지도** MAP 13-A3
교통 유리카모메의 다이바 台場 역(U07) 하차. 개찰구를 나와 왼쪽으로 도보 5분. 아쿠아시티 오다이바 1층에 있다.
구글맵 페이지 하단 QR 코드 스캔 · 클릭

도쿄의 신흥 마천루 시오도메

일본 제일의 번화가 긴자와 이웃한 시오도메 汐留는 도쿄에 남은 마지막 노른자위 땅이다. 최후의 도심 개발지답게 하늘을 찌를 듯 높이 솟은 빌딩들이 위풍당당한 마천루를 형성하고 있다. 세계적 명성의 건축가들이 디자인한 초고층 오피스 빌딩은 세련된 외관을 뽐내며 빠르게 변화하는 도쿄의 모습을 현재진행형으로 보여준다. 오다이바로 가기 전에 잠시 짬을 내 미래로의 변신을 꿈꾸는 비즈니스 타운 시오도메를 돌아보자.

교통 JR 야마노테 선 · 케이힌토호쿠 선의 신바시 新橋 역(JY29 · JK24) 하차. 시오도메 지하개찰구 汐留地下改札를 나와 시오도메 시오사이트 汐留シオサイト 표지판을 따라가면 니혼 TV · 카렛타 시오도메 등의 주요 명소가 나온다. 또는 지하철 긴자 선 · 토에이아사쿠사 선의 신바시 新橋 역(A10 · G08)이나 토에이오에도 선의 시오도메 汐留 역(E19)에서 내려도 된다.

日本テレビ 니혼 TV
★★★★☆

발음 니혼테레비 지도 MAP 21-C2 교통 JR 야마노테 선 · 케이힌토호쿠 선의 신바시 新橋 역(JY29 · JK24) 하차. 시오도메 지하개찰구 汐留地下改札에서 도보 5분. 구글맵 페이지 하단 QR 코드 스캔 · 클릭 닛테레야 운영 10:30~19:00

흔히 '닛테레 日テレ'란 애칭으로 통하는 방송사. 일본의 6대 방송사 가운데 하나인 니혼 TV의 본사 건물이다. 남성미 넘치는 외관은 런던의 로이즈 빌딩과 밀레니엄 돔을 설계한 영국인 건축가 리처드 로저스 Richard Rojers의 작품(2003년)이다. 기본 콘셉트는 '최신 기술에 필적하는 초기능성(超機能性)'. 밖으로 툭 튀어나온 4개의 우람한 철 기둥은 방송의 상징인 철탑을 이미지화한 것이다.

눈길을 끄는 곳은 니혼 TV의 마스코트와 인기 프로그램 관련 캐릭터 상품을 파는 기념품점 닛테레야 日テレ屋(지하 2층)다. 우리에게도 친숙한 〈명탐정 코난〉 등의 아이템도 취급한다. 2층에는 애니메이션 〈하울의 움직이는 성〉을 쏙 빼닮은 거대한 시계탑 日テレ大時計이 있는데, 실제로 미야자키 하야오 감독이 디자인했다. 평일 12:00 · 13:00 · 15:00 · 18:00 · 20:00, 토 · 일요일 10:00 · 12:00 · 13:00 · 15:00 18:00 · 20:00에는 인형들이 튀어나와 재미난 동작을 선보인다.

Best course

볼거리가 한정적이라 돌아보는 데 오랜 시간이 걸리진 않는다. 오다이바 · 긴자와 가까우니 해당 지역을 돌아볼 때 잠시 짬을 내 살펴보는 것도 요령이다. JR 신바시 역에서 출발해 니혼 TV→내셔널 센터 도쿄→구 신바시 역→카렛타 시오도메→광고 박물관의 순으로 구경하면 된다.
예상 소요 시간은 3~4시간 정도다. 일 · 월요일은 광고 박물관의 휴관일이란 사실에 주의하자.

1 거대한 위용을 자랑하는 니혼 TV.
2 미야자키 하야오 감독이 디자인한 시계탑.
3 기념품과 캐릭터 상품을 파는 닛테레야.
4 니혼 TV의 마스코트 난다로.

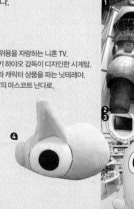

구글맵

P ★★★☆☆
PANASONIC LIVING SHOWROOM
파나소닉 리빙 쇼룸

발음 파나소닉꾸리빙구쇼−루무 **기간** 10:00~17:00
휴관 수요일, 연말연시 **요금** 무료 **지도** MAP 21−B1
교통 신바시 新橋 역 하차, 시오도메 지하개찰구 汐留地下改札에서 도보 8분. **구글맵** 페이지 하단 QR 코드 스캔·클릭

편안하고 풍요로운 일상을 테마로 인테리어·주방·욕실 설비를 소개하는 쇼룸. 전시장에 비치된 모든 제품을 자유로이 조작해 볼 수 있는데, 인테리어 쇼룸으로는 일본 최대 규모를 자랑한다. 좁은 실내를 최대한 넓게 활용할 수 있도록 디자인된 기발한 아이디어의 수납 설비가 핵심 관람 포인트!

세련된 인테리어 감각이 돋보인다.

만화적 발상이 돋보이는 말풍선 모양의 시청각 부스 요츠노키모치.

ア ★★★☆☆
ド·ミュージアム東京 광고 박물관

발음 아도뮤−지아무토−쿄− **기간** 12:00~18:00
휴관 일·월요일 **요금** 무료 **홈피** www.admt.jp
지도 MAP 21−C1 **교통** JR 야마노테 선·케이힌토호쿠 선의 신바시 新橋 역(JY29·JK24) 하차. 시오도메 지하개찰구 汐留地下改札에서 도보 8분. 카렛타 시오도메 지하 1층에 있다.
구글맵 페이지 하단 QR 코드 스캔·클릭

400여 년에 걸친 일본의 광고 역사가 한눈에 들어오는 박물관. 광고 관련 서적을 열람할 수 있는 도서관(지하 1층), 에도 시대의 간판부터 현재의 TV CF까지 광고의 변천사를 보여주는 상설 전시실, 다채로운 테마의 이벤트·전시회가 열리는 기획 전시실(지하 2층)로 이루어져 있다. 수만 편의 TV 광고를 검색할 수 있는 말풍선 모양의 시청각 부스 '요츠노키모치 4つのきもち'가 특히 흥미롭다.

旧 ★☆☆☆☆
新橋停車場 구 신바시 역

발음 큐−심바시테−샤죠− **지도** MAP 21−B1
교통 JR 야마노테 선·케이힌토호쿠 선의 신바시 新橋 역(JY29·JK24) 하차, 시오도메 지하개찰구 汐留地下改札에서 도보 8분. **구글맵** 페이지 하단 QR 코드 스캔·클릭

요코하마와 도쿄를 연결하던 일본 최초의 철도역. 1872년 지어진 건물은 관동 대지진 당시 소실돼 1996년 옛 모습으로 복원시켰다. 육중한 미국식 건축양식이 특징인데 처음 지어질 당시만 해도 도쿄의 명소로 유명했다. 건물 뒤에는 일본 철도의 원점(原点)을 알리는 Mile Marker Zero 표식과 옛 철로가 보존돼 있다.

내부에는 이 건물의 역사를 소개하는 조그만 전시관이 있다.

力 ★★☆☆☆
レッタ汐留 카렛타 시오도메

발음 카렛타시오도메 **지도** MAP 21−C1
교통 JR 야마노테 선·케이힌토호쿠 선의 신바시 新橋 역(JY29·JK24) 하차, 시오도메 지하개찰구 汐留地下改札에서 도보 8분. **구글맵** 페이지 하단 QR 코드 스캔·클릭

칼날처럼 날카로운 외관의 삼각형 건물. 파리의 아랍 문화 연구소와 바르셀로나의 아그바 타워를 디자인한 프랑스의 현대 건축가 장 누벨 Jean Nouvel(2002년)의 작품이다. 전체를 세라믹 코팅 유리로 마감해 보는 방향에 따라 건물 색이 다르게 보인다. 46층 전망대(무료)에서는 츠키지 시장·하마리큐 정원 浜離宮恩賜庭園·오다이바·하네다 공항 등 도쿄 시내의 주요 명소가 한눈에 들어온다. 건물 외벽을 따라 오르내리는 전망대행 고속 엘리베이터도 소문난 명물인데, 오금이 저릴 만큼 빠른 속도가 압권이다.

마루노우치 丸の内 · 긴자 銀座

볼거리 ★★★★★
먹거리 ★★★★☆
쇼 핑 ★★★★☆
유 흥 ★★★☆☆

도쿄 한복판에 위치한 마루노우치와 긴자는 각종 관공서와 대기업 본사가 모여 있는 실질적인 일본 정치·경제의 심장부다. 그래서인지 이곳은 일왕의 거처인 코쿄 皇居 를 중심으로 넓게 조성된 왕실 정원과 삐죽삐죽 솟은 고층 건물들이 약간의 위압감을 선사한다. 하지만 조금만 시선을 돌리면 180도 다른 분위기를 뿜어내는 일본 최대의 번화가 긴자가 화려한 야경과 최고급 명품을 앞세워 여행자의 발길을 유혹한다.

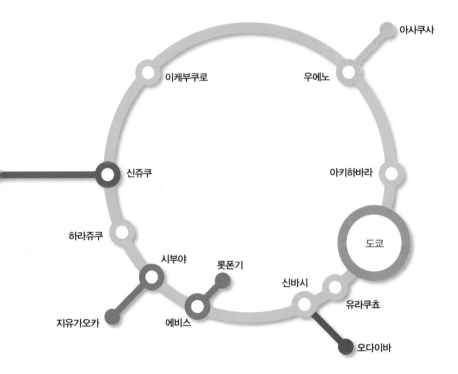

마루노우치 · 긴자로 가는 방법

JR **JR 야마노테 선 山手線 · 케이힌토호쿠 선 京浜東北線의 도쿄 東京 역(JY01 · JK26) 또는 유라쿠쵸 有楽町 역(JY30 · JK25) 하차**
마루노우치로 갈 때는 도쿄 역의 마루노우치 중앙 출구 丸の内中央口로 나간다. 긴자는 유라쿠쵸 역의 긴자 출구 銀座口 를 나와 오른쪽으로 100m쯤 가면 긴자의 한복판에 도착한다.

지하철 **마루노우치 선 丸の内線의 도쿄 東京 역(M17) 또는 마루노우치 선 · 히비야 선 日比谷線 · 긴자 선 銀座線의 긴자 銀座 역(M16 · H09 · G09) 하차**
도쿄 역과 긴자 역은 지하가 무척 복잡해 출구를 찾기 힘드니 주의! 지하도 내의 주변 지도를 참고로 출구 번호를 확인 한 다음 나가는 게 안전하다.

marunouchi · ginza
quick guide

S How to See
왕궁과 화려한 쇼핑가

도쿄 역을 중심으로 서쪽에는 관공서 · 왕궁 · 왕실 정원이 집중된 마루노우치, 동남쪽에는 고급 쇼핑가와 오랜 전통의 레스토랑이 모여 있는 긴자가 위치한다. 긴자 일대는 쇼핑가답게 점심 무렵부터 활기가 돌기 시작하니 오전에는 마루노우치 일대의 왕궁 · 정원을 구경하고, 오후에 긴자로 넘어가는 게 좋다. 긴자가 자랑하는 또 하나의 볼거리는 쇼핑가의 화려한 야경이란 사실도 잊지 말자.

- 박물관 · 전시관 ★★☆
- 건축물 · 공원 ★★★
- 유적 · 사적지 ★★★

B What to Buy
명품 브랜드의 각축장

마루노우치와 긴자는 일본 제일의 쇼핑가이자 전 세계의 명품이 한자리에 모인 브랜드의 각축장이다. 추천 아이템은 럭셔리 패션과 고급 수입 잡화, 일본풍 기념품이다. 핵심 쇼핑가는 도쿄 역과 마주한 마루비루 · 신마루비루 · 마루노우치나카도리, 그리고 긴자의 나미키도리와 츄오도리다. 특히 마루노우치나카도리와 나미키도리 북쪽 지역은 최근 뜨는 브랜드가 집중된 일본 쇼핑의 중심지다.

- 패션 ★★★
- 인테리어 ★★★
- 토이 · 잡화 ★★★

E Where to Eat
도쿄 식도락의 메카

전통을 자랑하는 맛집이 많다. 맛집 거리로는 JR 유라쿠쵸 역~신바시 역 구간의 고가도로 밑에 위치한 코리도가이와 유라쿠쵸가도시타, 그리고 나미키도리가 유명하다. 신선한 초밥, 고소한 꼬치구이, 100년 전통을 뽐내는 돈가스, 예스러운 맛의 화과자, 세련된 스타일의 디저트 등 다채로운 먹거리가 호기심을 자극한다. JR 도쿄 역 지하에는 온갖 먹거리를 취급하는 대형 식당가가 있다.

- 일식 · 라면 ★★★
- 양식 · 기타 ★★★
- 카페 · 디저트 ★★★

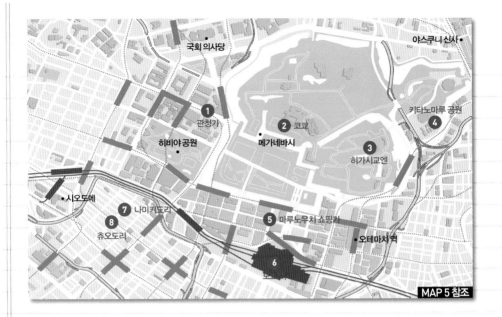

① 관청가   p.221

국회의사당을 중심으로 일본의 정치·행정을 총괄하는 관공서가 모여 있는 지역. 19세기부터 관청가로 조성된 지역답게 예스러운 건물들이 눈길을 끈다.

볼거리 ★☆☆   먹거리 ☆☆☆   쇼핑 ☆☆☆

② 코쿄   p.220

일왕과 그의 일가가 거주하는 궁전. 거대한 해자가 도쿄 시내와 코쿄를 구분 지으며 그 사이에는 드넓은 녹지가 펼쳐져 있다. 현지인에게는 조깅 코스로 인기가 높다.

볼거리 ★★☆   먹거리 ☆☆☆   쇼핑 ☆☆☆

③ 히가시교엔   p.217

광활한 규모를 자랑하는 왕실 정원. 원래 성(城)이 있던 곳이라 곳곳에 유적이 남아 있다. 도쿄 도심이란 사실이 믿기지 않을 만큼 녹지가 풍부해 산책을 즐기기에 좋다.

볼거리 ★★★   먹거리 ☆☆☆   쇼핑 ☆☆☆

④ 키타노마루 공원   p.217

출입이 제한되는 히가시교엔과 달리 일반에 자유로이 개방된 왕실 정원이다. 녹지와 박물관·전시관 등의 문화시설을 잘 갖춰 놓아 느긋하게 휴식을 취하기에 좋다.

볼거리 ★☆☆   먹거리 ☆☆☆   쇼핑 ☆☆☆

⑤ 마루노우치 쇼핑가   p.223 · 224

최신 유행의 명품 숍이 모인 마루노우치나카도리와 마루비루·신마루비루 등의 대형 쇼핑몰이 위치한 쇼핑가. 현지인이 즐겨 찾는 맛집과 분위기 좋은 카페가 많다.

볼거리 ★☆☆   먹거리 ★★☆   쇼핑 ★★☆

⑥ 도쿄 역   p.216

거대한 규모를 자랑하는 일본 철도의 중심지. 100년 전의 모습으로 복원된 붉은 벽돌 건물이 눈길을 끈다. 지하에는 대형 쇼핑가와 온갖 먹거리를 취급하는 식당가도 있다.

볼거리 ★★☆   먹거리 ★★★   쇼핑 ★★☆

⑦ 나미키도리   p.225

일본 제일의 명품 쇼핑가로 명성이 자자한 거리. 유명 건축가들이 설계한 건축물이 색다른 볼거리를 제공하며, 곳곳에 오랜 역사와 전통을 자랑하는 맛집이 있다.

볼거리 ★☆☆   먹거리 ★★★   쇼핑 ★★★

⑧ 츄오도리   p.225

탁 트인 대로를 따라 대형 백화점이 모여 있는 긴자의 메인 도로. 토·일·공휴일에는 자동차가 다니지 않는 도로 위를 사람들이 자유로이 활보하는 보행자 천국으로 변신한다.

볼거리 ★★☆   먹거리 ★★★   쇼핑 ★★★

best course

마루노우치와 긴자의 핵심 명소만 쏙쏙 뽑아서 돌아보는 코스. 바둑판 모양으로 도로 구획이 잘 돼 있고 평지나 다름없는 길이 이어져 도보 여행을 즐기기에 적합하다. 단, 걷는 거리가 제법 길고 히가시교엔 · 코쿄 주변에는 해를 피할 장소가 마땅치 않아 여름철 등 햇살이 강한 날은 약간의 주의가 필요하다. 히가시교엔은 월 · 금요일에 문을 열지 않으며 입장 인원에 제한이 있다는 사실도 잊지 말자. 도쿄 제일의 번화가인 츄오도리는 낮의 모습 못지않게 야경이 아름다우니 해지는 시간(여름 19:00, 겨울 16:30 무렵)에 맞춰서 찾아가는 게 좋다.

출발점 JR 도쿄 역 마루노우치 중앙 출구
예상 소요시간 8시간~

▼JR 도쿄 역 마루노우치 중앙 출구를 나오면 이렇게 보여요.

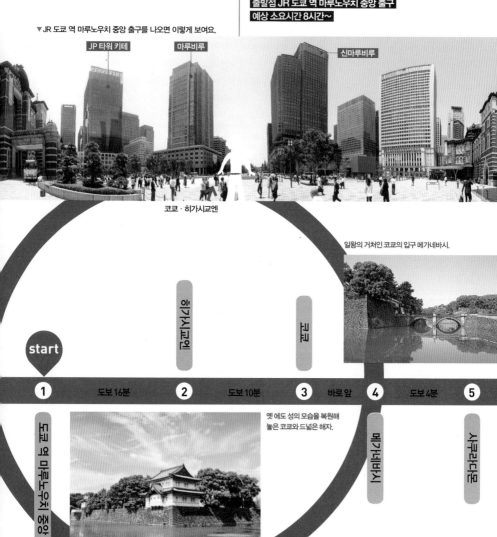

JP 타워 키테   마루비루   신마루비루

코쿄 · 히가시교엔

일왕의 거처인 코쿄의 입구 메가네바시.

옛 에도 성의 모습을 복원해 놓은 코쿄와 드넓은 해자.

start

| 1 | 도보 16분 | 2 | 도보 10분 | 3 | 바로 앞 | 4 | 도보 4분 | 5 |

도쿄 역 마루노우치 중앙 출구

히가시교엔

코쿄

메가네바시

사쿠라다몬

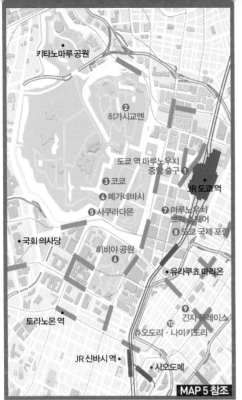

키타노마루 공원

② 히가시교엔

도쿄 역 마루노우치
중앙 출구 ①

③ 코쿄

JR 도쿄역

④ 메가네바시

⑤ 사쿠라다몬

⑦ 마루노우치
블릭 스퀘어

⑧ 도쿄 국제 포럼

• 국회 의사당

히비야 공원 ⑥

• 유라쿠쵸 마리온

토라노몬 역 •

⑨

긴자 플레이스

⑩
츄오도리 · 나미키도리

JR 신바시 역 •

• 시오도메

MAP 5 참조

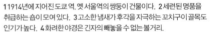

1 1914년에 지어진 도쿄 역. 옛 서울역의 쌍둥이 건물이다. 2 세련된 명품을 취급하는 숍이 모여 있다. 3 고소한 냄새가 후각을 자극하는 꼬치구이 골목도 인기가 높다. 4 화려한 야경은 긴자의 빼놓을 수 없는 볼거리.

긴자에는 20세기 초의
건물도 남아 있다.

히비야 공원

도쿄 국제 포럼

긴자 플레이스

츄오도리 · 나미키도리

도보 4분 ⑥　　　노보 9분　　⑦　　도보 2분　　⑧　　도보 15분 ⑨　도보 3분 ⑩

마루노우치 브릭 스퀘어

기하학적 설계가
인상적인 도쿄 국제 포럼.

유명 건축가가 설계한 건물이 모여 있는 나미키도리.

SIGHTSEEING

마루노우치와 긴자는 지난 400여 년간 일본 정치·경제의 중심지로 군림해온 지역이다. 때문에 역사적인 유적과 명소가 다른 어느 곳 보다도 풍부하다. 도쿄가 간직한 과거의 모습은 마루노우치, 현대적인 모습은 긴자에 집중돼 있음을 기억하자.

Best Spot in Marunouchi·Ginza

★★★★★ 히가시교엔
★★★★☆ 마루노우치 브릭 스퀘어, 코쿄
★★★☆☆ 긴자 플레이스, 나미키도리
도쿄 국제 포럼
마루노우치나카도리
메가네바시, 츄오도리
★★☆☆☆ 국회의사당, 키타노마루 공원
도쿄 역, 야스쿠니 신사
히비야 공원, 사쿠라다몬
★☆☆☆☆ 관청가, 경시청, 카부키자
도쿄 증권거래소
법무성 구본관, 헌정 기념관
유라쿠쵸 마리온, 화폐 박물관

東京駅 ★★☆☆☆ 도쿄 역

발음 토-꾜-에끼 **지도** MAP 5–D3 **구글맵** 페이지 하단 QR 코드 스캔·클릭
교통 JR 야마노테 선·츄오 선·케이힌토호쿠 선의 도쿄 東京 역
(JY01·JC01·JK26) 하차. 마루노우치 방면으로 갈 때는
마루노우치 중앙 출구 丸の内中央口를 이용하면 편리하다.

과거 서울역의 모습을 쏙 빼닮은 일본 철도의 중심지. 서울역의 10배에 달하는 이 역에서 하루에 발착하는 열차는 무려 4,000여 편, 1일 유동인구는 105만 명에 이른다. 중요문화재로 등록된 붉은 벽돌의 역사(驛舍)는 일본 근대 건축의 대가 타츠노 킨고 辰野金吾가 러일전쟁 승리를 기념해 빅토리안 양식으로 설계한 것(1914년)이다. 하지만 1945년의 도쿄 대공습 때 기둥만 남긴 채 깡그리 불타버려 1947년 지금의 모습으로 재건됐다. 역 중앙부에는 일왕과 그의 일가를 위한 귀빈 전용 출입구가 마련돼 있는데, 일왕이 이용하기 편하도록 출입구에서 왕궁인 코쿄 皇居까지 직선도로를 뚫어 놓은 것도 흥미롭다. 마루노우치 방면의 남쪽·중앙·북쪽 출입구에는 섬세한 장식 문양의 돔 천장을 과거와 똑같이 복원해 놓았으며, 곳곳에 놓인 조형물들이 100년 전 도쿄 역의 모습을 떠올리게 한다.

1 건축 당시의 모습으로 복원된 아름다운 돔 천장.
2 항상 수많은 여행자들로 붐비는 도쿄 역. 내부에 조그만 미술관도 있다.

전망 좋은 옥상정원을 이용하자!

도쿄 역은 규모가 워낙 방대해 전체 모습을 살펴보기가 쉽지 않다. 이때는 마루노우치 남쪽 출구 쪽에 위치한 JP Tower Kitte 쇼핑몰(MAP 5–D3) 6층의 옥상정원 屋上庭園에 올라가보자. 사방이 탁트

옥상정원에서 내려다본 도쿄 역

인 옥상정원에서는 도쿄 역의 전경은 물론, 신칸센을 비롯한 수많은 열차가 레일 위를 달리는 생동감 넘치는 풍경을 볼 수 있다.

키테 옥상정원 **개관** 11:00~23:00, 토·일·공휴일 11:00~22:00

구글맵

北の丸公園 키타노마루 공원 ★★☆☆☆

발음 키따노마루꼬-엔 **지도** MAP 5-B1
교통 JR 야마노테 선 · 츄오 선 · 케이힌토호쿠 선의 도쿄 東京 역(JY01 · JC01 · JK26)
하차, 도보 30분. 또는 지하철 토에이신주쿠 선 · 한조몬 선 · 토자이 선의 쿠단시타 九段下 역
(S05 · Z06 · T07) 하차, 2번 출구를 나와 정면으로 도보 2분.
구글맵 페이지 하단 QR 코드 스캔·클릭
과학 기술관 **개관** 09:00~16:50 **휴관** 수요일, 12/28~1/3 **요금** 950엔 **홈피** www.jsf.or.jp

푸른 잔디와 울창한 숲에 둘러싸인 한적한 공원. 지금은 일반에 자유로이 개방돼
있지만 원래 이곳은 에도 성 江戸城의 키타노마루 北の丸 유적을 정비해서 만든
왕실 정원의 일부. 공원 북쪽에는 1964년 도쿄 올림픽 당시 유도장으로 만든
니혼부도칸 日本武道館이 있는데, 스포츠 행사나 국내외 인기 가수의 콘서트장으로
이용되곤 한다.
공원 남쪽에는 과학 · 물리 · 기계 · 우주에 관한 자료와 체험형 학습 시설이 전시된
과학 기술관 科学技術館이 있다. 하지만 시설이 낡고 주로 어린이를 위한 전시물이
많아 큰 재미를 보기는 힘들다. 조금 떨어진 곳에는 붉은 벽돌의 클래식한 외관이
눈길을 끄는 구 근위사단 사령부(19세기 말 건축)도 있다.

1 호젓하게 산책을 즐기기에 좋다.
2 한 세기 전의 모습이 고스란히 남아
있는 구 근위사단 사령부.

---

1 푸른 잔디가 깔린 혼마루. 그 너머에 화재로
불타버린 에도 성의 기단이 보인다.
2 히가시교엔은 피크닉 장소로도 인기가 높다.

東御苑 히가시교엔 ★★★★★

히가시교엔 입원표 **入園票** 退出のときお返し下さい 午後5時に閉園します

발음 히가시교엔 **개관** 4/15~8월 09:00~18:00, 3월~4/14 · 9월 09:00~17:00,
10월 09:00~16:30, 11~2월 09:00~16:00 **휴관** 월 · 금요일, 궁내 행사일,
12/28~1/3 **요금** 무료 ※입구에서 티켓에 해당하는 '입원표 入園票'를 받아야 들어갈 수
있다. 1일 입장 인원이 제한돼 있으니 주의! **지도** MAP 5-C2
교통 JR 야마노테 선 · 츄오 선 · 케이힌토호쿠 선의 도쿄 東京 역(JY01 · JC01 · JK26)
하차. 마루노우치 중앙 출구 丸の内中央口를 나와 정면 오른쪽의 횡단보도를 건넌 뒤,
직진 도보 16분. 히가시교엔의 출입구는 오테몬 大手門 · 키타하네바시몬 北桔橋門 ·
히라카와몬 平川門 등 3개가 있다. 도쿄 역에서 갈 때는 오테몬, 키타노마루 공원에서
갈 때는 키타하네바시몬을 이용하는 게 편리하다. **구글맵** 페이지 하단 QR 코드 스캔·클릭

에도 성의 유적에 둘러싸인 널찍한 공원. 에도 시대에는 토쿠가와 이에야스
徳川家安의 행정청이 들어앉아 무소불위의 권력을 휘둘렀다. 전체 면적은
53만㎢로 서울의 어린이대공원보다 조금 작다. 그러나 처음 토쿠가와
이에야스가 에도 성을 세울 때는 이보다 훨씬 컸다고 한다. 지금도 땅값
비싼 도쿄의 노른자위 땅에 이토록 넓디넓은 면적을 차지하고 일왕가(家)의
정원으로 남아 있음은 여전히 일본의 정신적 지주로 자리 잡고 있는 권력자의
힘을 상징하기 위해서일 것이다.
이곳은 일왕 거처인 코쿄에서 코쿄가이엔 皇居外苑을 제외하고 일반인에게
공개하는 유일한 왕실 정원이다. 날씨가 좋을 때는 일왕이 직접 나들이를
나오기도 하는데, 그때는 일반인의 출입이 통제된다. 히가시교엔은 코쿄와 담
하나를 사이에 두고 바로 연결되기 때문에 길 곳곳에 출입금지 팻말이 세워져
있다. 혹시 빼어난 미모(?)를 자랑하고 싶다면 그 팻말을 무시하고 무작정
들어가 보자. 다음 날 신문 1면에 '왕실 거주지 무단 침입'이란 제목과 함께
큼지막하게 실린 자기 얼굴을 보게 될 테니.

히가시교엔 퍼펙트 가이드

히가시교엔은 에도 성의 유적과 말쑥하게 다듬어 놓은 일본식 정원이 볼거리다.
오테몬으로 들어간 경우 니노마루 정원→햐쿠닌반쇼→오반쇼→츄쟈쿠몬 터→후지미야구라
→후지미타몬→이시무로→텐슈다이→토카라쿠도→혼마루→텐보다이의 순으로 돌아보는 게
일반적이다. 키타노마루 공원 쪽의 키타하네바시몬으로 들어갔다면 이 코스를 거꾸로 돌아도 된다.

❶ 니노마루 정원 二の丸庭園

원래 이곳엔 다도의 명인이자 건축 · 조경 전문가인 코보리
엔슈 小堀遠州(1579~1647)의 다실(茶室)이 있었다. 하지
만 화재로 옛 건물이 모두 소실돼 1968년 지금의 모습으로
복원시켜 놓았다.

전통 일본식 정원에는
샘 · 연못 · 다리 ·
오솔길 등이 정비돼
있어 한가로이 산책을
즐기기에 좋다.

❷ 햐쿠닌반쇼 百人番所

에도 성의 실질적인 경비 업무를 보던 건물이다. 적지 않은 규
모를 갖춘 길쭉한 모양의 건물에는 각각 100명으로 구성된
4개의 경비대가 머물며 24시간 철통 같은 경비를 섰다.

❸ 오반쇼 大番所

성 내부로의 출입을 통제하던 최종 경비실이다. 에도 성에는
총 3개의 경비실이 있었는데 오반쇼를 통과하면 바로 성 내
부라 경비가 가장 삼엄했다고 한다.

❹ 츄쟈쿠몬 터 中雀門跡

지금은 흔적도 없이 사라졌지만 원래 혼마루의 정문인 츄쟈
쿠몬이 있던 곳이다. 예전에는 에도 성으로 들어가기 위해 총
4개의 문을 지나야 했는데, 제일 마지막에 통과하는 곳이 바
로 츄쟈쿠몬이었다.

거석을 정교하게
짜맞춰 만든
츄쟈쿠몬의 견고한
성벽.

❺ 후지미야구라 富士見櫓

창고와 방어용 요새로 사용하던 망
루. 원래 성 안에는 이 같은 망루가
19개 있었는데 지금은 세 개만 남
았다. 흥미로운 사실은 성의 중심부
역할을 하는 텐슈카쿠 天守閣가 소
실된 뒤 이곳이 텐슈카쿠 대용으로
사용됐다는 것이다.

도쿄 만이 보일 만큼 전망이 좋아
권력자들이 불꽃놀이를 관람하는
장소로도 애용했다고 한다.

❻ 후지미타몬 富士見多聞

성벽을 따라 나란히 이어진 길쭉한 모양의 건물. 안쪽에서는
알 수 없지만 히가시교엔 바깥쪽에서 보면 성벽 위에 세워진
모습이 보인다. 이 안에 총과 활을 보관했다가 전시(戰時)에
는 적과 대항해 싸우는 요새로 사용했다.

야트막한 성벽
너머로는 천길
낭떠러지가 이어진다.

⑦ 이시무로 石室

우리나라의 석빙고와 비슷한 모습의 돌로 만든 창고다. 워낙 정교하게 만들어 한때는 보물창고가 아니냐는 설도 제기됐다. 하지만 실제로는 궁궐 집기를 보관하던 곳이었을 가능성이 높다고 한다.

텅 빈 내부의 이시무로. 용도는 여전히 오리무중이다.

⑧ 텐슈다이 天守台

1607~1638년에 지어진 일본에서 가장 큰 성채인 텐슈카쿠 天守閣가 있던 자리다. 텐슈카쿠는 닛코의 토쇼구(p.455)를 만든 토쿠가와 이에미츠 德川家光가 58m 높이로 지은 것인데 1657년 큰불이 나서 다 불타 없어지고 지금은 덩그러니 기반만 남겨지고 말았다.

⑩ 혼마루 本丸

히가시교엔의 한가운데 부분으로 예전에 에도 성이 있던 자리다. 하지만 모든 건물이 철거된 지금은 초록빛 잔디와 정원 수로 꾸민 조용한 정원에 지나지 않는다.

⑨ 토카라쿠도 桃華楽堂

1966년 코쥰 香淳 왕비의 60번째 생일을 기념해 세운 독특한 모양의 팔각형 음악당이다. 건물을 빙 돌아가며 날개를 활짝 편 새의 모습 8개를 모자이크로 그려놓아 멀리서도 눈에 잘 띈다. 건물 정면의 지붕 아래에는 왕과 왕비의 독상이 세워져 있다.

모자이크로 장식된 토카라쿠도. 내부는 공개하지 않는다.

⑪ 텐보다이 展望台

원래 성벽이 있던 곳이나. 이 위에서는 시내의 빌딩가와 니노마루테이엔이 훤히 내려다보여 '전망대'란 뜻의 텐보다이라고 부른다.

마루노우치의 빌딩들이 훤히 내려다보이는 텐보다이.

め がね橋 메가네바시 ★★★☆☆

발음 메가네바시 **지도** MAP 5-B3 **구글맵** 페이지 하단 QR 코드 스캔·클릭
교통 JR 야마노테 선·츄오 선의 도쿄 東京 역(JY01·JC01·JK26) 하차, 마루노우치 중앙 출구 丸の内中央口를 나와 정면 오른쪽의 횡단보도를 건넌 뒤, 직진 도보 17분. 또는 지하철 유라쿠초 선의 사쿠라다몬 桜田門 역(Y17) 하차, 3번 출구를 나와 정면으로 도보 6분.

코쿄에 왔다는 증명사진을 찍는 포인트. 코쿄 외곽의 산책로인 코쿄가이엔 皇居外苑을 거쳐 해자 쪽으로 가면 안경 모양의 다리가 해자를 가로질러 외부와 코쿄를 연결하는 모습이 보인다. 이 다리가 코쿄로 들어가는 입구인 메가네바시 めがね橋다. 이런 양식의 다리는 일본이 개화 이후 받아들이기 시작한 양식(洋式) 문화의 하나로, 우리나라로 치면 덕수궁의 석조전과 비슷한 의미를 가진다. 코쿄의 상징인 이 다리는 도쿄를 알리는 책자마다 간판 격으로 등장한다. 특히 다리 오른쪽 위로 빠끔히 보이는 후시미야구라 伏見櫓의 모습은 이곳을 찾는 사람들에게 최고의 사진 배경이다. 메가네바시까지 올라가면 딱딱하게 굳은 표정으로 코쿄를 지키는 경비병의 모습과 코쿄의 또 다른 상징인 니쥬바시 二重橋가 보인다. 니쥬바시의 공식 명칭은 '정문 철교 正門鉄橋'인데, 돌다리 위에 철골을 덧입혀 지금의 철교를 만들었기 때문에 두 개가 겹쳤다(二重)는 뜻의 니쥬바시라고 부른다.

1 코쿄의 입구를 지키는 경비 초소.
2 물에 비친 모습이 안경처럼 보이는 메가네바시.

皇居 코쿄 ★★★★☆

발음 코-꾜 **지도** MAP 5-B2 **구글맵** 페이지 하단 QR 코드 스캔·클릭
교통 JR 야마노테 선·츄오 선·케이힌토호쿠 선의 도쿄 東京 역(JY01·JC01·JK26) 하차. 마루노우치 중앙 출구 丸の内中央口를 나와 정면으로 도보 12분.

일본의 정신적 지주인 일왕과 그 일가가 거주하는 집(?). 성채가 처음 세워진 것은 1457년으로 당시만 해도 바로 앞은 바다, 주변은 어부가 사는 한적한 어촌이었다. 지금과 같은 웅장한 모습을 갖춘 것은 1603년 토쿠가와 이에야스가 집권하면서부터다. 이후 50년에 걸친 대대적인 공사를 감행해 이 일대의 바다를 메워 육지로 만들고 에도 성을 축조했다. 일왕가가 이곳으로 이주해 오기 전인 1869년까지는 바쿠후의 집권자인 쇼군 将軍이 살았으니 따지고 보면 일왕가가 여기 살기 시작한 것도 불과 140여 년 전의 일이다. 코쿄를 동그랗게 에워싼 해자는 초기 에도 성의 윤곽으로 지금은 코쿄와 도쿄 시내를 가르는 경계선이다. 그 크기만 봐도 당시 규모를 충분히 짐작할 수 있을 듯. 현재 코쿄의 면적은 115만㎡로 대형 여객기 60대를 나란히 세울 수 있는 인천 국제공항의 계류장 넓이와 맞먹는다. 아이러니하게도 이렇게 눈에 띄는 곳인지라, 제2차 세계대전 때는 연합군의 도쿄 공습 목표로 사랑(?) 받아 몹시 큰 피해를 입었다. 밖에서 들여다보이는 고풍스러운 건물은 예외 없이 공습으로 파괴됐다가 1968년에 재건된 것들이다.

코쿄 내부는 가이드 투어로 돌아본다

코쿄 가이드 투어

코쿄 외부는 누구나 자유로이 구경할 수 있지만 왕궁이 있는 내부로 들어가려면 반드시 가이드 투어를 신청해야 한다. 가이드 투어는 1일 2회 운영하며 1시간 15분 정도 걸린다. 신청 예약은 가이드 투어 희망일 4일 전까지 인터넷으로 하면 된다. 가이드 투어와는 별도로 설날인 1월 2일(09:30~14:10)과 일왕의 생일인 2월 23일 (09:30~11:20)에는 코쿄 내부를 임시 개방하니 날짜가 맞으면 주저 없이 가보자. 일왕과 그 일가가 얼굴을 내밀고 인사하는 모습과 그 앞에서 열광하는 일본인을 통해 그들이 일왕에게 느끼는 감정의 단면을 엿볼 수 있다.

가이드 투어
운영 10:00·13:30
휴무 월·일·공휴일, 7/21~8/31의 오후, 12/28~1/4, 궁내 행사일
요금 무료
홈페이지 http://sankan.kunaicho.go.jp

구글맵

官 庁街 관청가

★☆☆☆☆

발음 칸쪼—가이 **지도** MAP 5-B3
교통 JR 야마노테 선 · 츄오 선 · 케이힌토호쿠 선의 도쿄
東京 역(JY01 · JC01 · JK26) 하차. 마루노우치 중앙 출구
丸の内中央口를 나와 정면 오른쪽의 횡단보도를 건넌 뒤,
직진 도보 20분. 또는 지하철 유라쿠쵸 선의 사쿠라다몬
桜田門 역(Y17), 마루노우치 선 · 히비야 선 · 치요다 선의
카스미가세키 霞ヶ関 역(M15 · H07 · C08) 하차, 바로 앞.
구글맵 페이지 하단 QR 코드 스캔 · 클릭

일본 추리소설과 만화에 약방의
감초처럼 등장하는 경시청 건물.

일본 정계의 중심부랄 수 있는 지역. 국회의사당을
중심으로 정치 · 행정을 총괄하는 여러 관공서가
빽빽이 모여 있다. 이 일대는 원래 에도 성을 중심으로
다이묘 大名(대규모 영지를 소유한 지방 영주)의
저택이 모여 있던 곳이다. 19세기 중반 일왕복고 이후
반란을 염려한 일왕이 그들의 저택을 몰수해 관청가를
세운 게 이 거리의 시초가 됐다. 지금과 같은 양식
건물로 바뀌기 시작한 것은 1890년대 이후의 일이다.

관청가는
일본 행정의
심장부다.

警 視庁 경시청

★☆☆☆☆

발음 케—시쪼— **지도** MAP 5-B3
교통 JR 야마노테 선 · 츄오 선의 도쿄 東京 역(JY01 · JC01 ·
JK26) 하차. 마루노우치 중앙 출구 丸の内中央口를 나와 정면
오른쪽의 횡단보도를 건넌 뒤, 직진 도보 20분. 또는 지하철
유라쿠쵸 선의 사쿠라다몬 桜田門 역(Y17) 하차, 4번 출구 바로
앞에 있다. **구글맵** 페이지 하단 QR 코드 스캔 · 클릭
경시청 견학 **운영** 09:00 · 10:45 · 13:00 · 14:45(일본어)
휴관 토 · 일 · 공휴일, 연말연시 **전화** 03-3581-4321

우리나라의 경찰청에 해당하는 곳이다. 일본 추리 소설 ·
영화 · 만화를 즐겨보던 이라면 왠지 모를 친근감(?)마저
느껴질 듯. 내부 견학도 할 수 있으며, 경시청 자료관 · 무선
지령실 등을 돌아보는 40분 코스를 운영한다(1일 4회 운영.
하루 전까지 전화 예약 필수). 최신 컴퓨터 시스템으로 도쿄
전체를 관할하는 무선 지령실이 특히 볼만하다. 자료관에는
1999년 서울 경찰청과 맺은 우호 결연서도 전시돼 있다.

桜 田門 사쿠라다몬

★★☆☆☆

발음 사꾸라다몬 **지도** MAP 5-B3 **구글맵** 페이지 하단 QR 코드 스캔 · 클릭
교통 JR 야마노테 선 · 츄오 선 · 케이힌토호쿠 선의 도쿄 東京 역
(JY01 · JC01 · JK26) 하차. 마루노우치 중앙 출구 丸の内中央口를 나와
정면 오른쪽의 횡단보도를 건넌 뒤, 직진 도보 20분. 또는 지하철 유라쿠쵸 선의
사쿠라다몬 桜田門 역(Y17) 하차, 3번 출구를 나와 정면으로 도보 1분.

얼마 남지 않은 에도 성의 흔적 가운데 하나다. 사실 히가시교엔과 코코의
건물은 제2차 세계대전 당시 폭격으로 대부분 파괴돼 전후에 지금의
모습으로 복원된 것들이다. 하지만 이 문은 1636년 이래 지금까지 옛
모습을 거의 완벽하게 유지하고 있다. 1932년 1월 8일에는 이 앞에서
일왕 암살 미수라는 역사적 사건도 발생했는데, 그 주역이 바로 이봉창
의사다. 비록 뜻을 이루지 못한 채 형장의 이슬로 사라졌지만, 그로 인해
침체된 독립운동이 활기를 되찾는 계기가 됐다.

1 에도 성의 옛 모습이 고스란히 남아 있는 사쿠라다몬.
2 성문은 거대한 해자에 둘러싸여 있다.

法 務省旧本館 법무성 구부관

★☆☆☆☆

[발음] 호-무쇼큐혼깐 **[지도]** MAP 5-B3
[교통] JR 야마노테 선 · 츄오 선의 도쿄 東京 역
(JY01 · JC01) 하차. 마루노우치 중앙 출구
丸の内中央口를 나와 정면 오른쪽의 횡단보도를
건넌 뒤, 직진 도보 20분. 또는 지하철 유라쿠쵸 선의
사쿠라다몬 桜田門 역(Y17) 하차, 5번 출구 바로 앞에
있다. **[구글맵]** 페이지 하단 QR 코드 스캔 · 클릭
법무 사료 전시실 **[시간]** 10:00~18:00
[휴무] 토 · 일 · 공휴일, 12/29~1/3 **[요금]** 무료

1895년 완공된 독일 네오 바로크 양식의 붉은
벽돌 건물. 워낙 튼튼하게 지어져 관동 대지진
때도 별 피해를 입지 않았으나 1945년의 도쿄
대공습으로 벽만 남겨진 채 전소되고 말았다.
지금의 형태로 재건된 때는 1950년이며
이후 법무성 본관으로 이용되다가 1994년에
법무 종합 연구소 및 법무 도서관으로 용도가
바뀌었다. 중요문화재로 지정된 건물 내부에는
법무 관련 자료를 전시하는 법무 사료 전시실
法務史料展示室이 있다.

견학 신청소는
국회의사당을
왼쪽에 끼고
건물 뒤로
돌아가면 있다.

国 会議事堂 국회의사당

★★☆☆☆

[발음] 콧까이기지도- **[지도]** MAP 5-A3 **[교통]** 지하철 유라쿠쵸 선의
사쿠라다몬 桜田門 역(Y17) 하차, 1번 출구를 나와 정면으로 도보 6분.
[구글맵] 페이지 하단 QR 코드 스캔 · 클릭
견학 **[시간]** 09:00~16:00 **[휴무]** 토 · 일 · 공휴일, 연말연시 **[요금]** 무료

일본의 국정을 논하는 장소. 3만 톤의 화강암과 대리석으로
만들어져 육중하면서도 위압적인 분위기를 풍긴다. 1920년에
착공해 완공까지 걸린 기간은 무려 17년, 이보다 더 놀라운
사실은 일제강점기에 이 건물을 짓기 위해 연 인원 200만 명이나
되는 한국인이 강제노역을 했다는 것이다. 건물의 외관만으로도
경복궁 앞에 세워져 있던 육중한 구 중앙박물관 건물이 연상되는
마당에 이런 사실(史実)까지 생각하면 끓어오르는 민족 감정을
추스르기 힘들 듯. 건물의 정면 왼쪽이 중의원(衆議院), 오른쪽이
참의원(参議院)이며, 안으로 들어가려면 견학 신청(40분 소요)
을 해야 한다. 건물 내부의 중앙 홀 오른쪽에는 국사 시간에 귀에
못이 박이도록 듣던 조선 침략의 원흉, 이토 히로부미
伊藤博文의 동상과 함께 4개의 동상 받침대가 있다. 이 중 3개의
받침대에만 동상을 세웠고 나머지 한 개는 비워 놓았는데, 앞으로
위대한 인물이 나오면 이 위에 그의 동상을 세울 것이라고 한다.

憲 政記念館 헌정 기념관

★☆☆☆☆

[발음] 켄세-키넨깐 **[시간]** 09:30~17:00 **[휴무]** 매월 말일, 12/28~1/4
[요금] 무료 **[홈피]** www.shugiin.go.jp **[지도]** MAP 5-A3
[교통] 지하철 유라쿠쵸 선의 사쿠라다몬 桜田門 역(Y17) 하차, 1번 출구를 나와
정면으로 도보 5분. **[구글맵]** 페이지 하단 QR 코드 스캔 · 클릭

우리나라와 미묘한 관계에 있는 일본의 정치사를 한눈에 보여 주는 곳.
2층 출입구 왼쪽의 '헌정의 발자취 코너 憲政の歩みコーナー'로 가면
전시물이 담긴 유리 캐비닛이 줄줄이 보이는데, 네 번째 캐비닛의 맨 끝에
'이토 히로부미의 조난 伊藤博文の遭難'이란 제목으로 안중근 의사가
이토 히로부미를 사살할 때(1909년) 사용한 총알이 전시돼 있다. 거사
당시 안중근 의사는 이토 히로부미와 수행원들에게 여섯 발을 쏘았는데,
이 총알은 수행원인 타나카 세이지로 田中清次郎의 몸에서 나온 것이다.

1 안중근 의사가
이토 히로부미
일행에게 쏜 총알.
2 일본 정치사의
흐름을 살펴볼 수
있다.

구글맵

日比谷公園 히비야 공원 ★★☆☆☆

발음 히비야꼬−엔 **지도** MAP 5−B4 **교통** JR 야마노테 선・케이힌토호쿠 선의 유라쿠쵸 有楽町 역(JY30・JK25) 하차, 도보 5분. 또는 지하철 토에이미타 선・치요다 선・히비야 선의 히비야 日比谷 역(I08・C09・H08) 하차, A10번 출구 앞에 있다.
구글맵 페이지 하단 QR 코드 스캔・클릭

흔히 도쿄의 센트럴 파크로 통하는 초록빛 공원. 크기는 여의도 공원 면적의 ⅔에 불과하지만, 드넓은 녹지에 분수대・야외 음악당 등 편의시설을 고루 갖춰 도심 속의 휴식처 역할을 톡톡히 한다. 원래 이곳엔 다이묘의 저택이 있었으나 화재로 불타버린 뒤 육군 근위사단 연병장(1871~1895년)을 거쳐 지금의 공원으로 탈바꿈했다. 독일 공원 양식을 모방한 이곳은 1903년 6월 1일 개방된 일본 최초의 서양식 도시 공원으로도 의미가 깊다. 관동 대지진과 기나긴 전쟁의 여파로 큰 몸살을 앓기도 했는데, 제2차 세계대전 때는 전시 물자 동원령에 따라 모든 나무가 벌목되고 공원을 둘러싼 철책마저 몰수되는 황당한 일도 벌어졌다. 지금과 같은 모습으로 복구된 것은 미군에게서 공원을 돌려받은 1951년 이후의 일이다.

낙엽 지는 가을과 초록빛으로 물들기 시작하는 봄의 정취를 맛보기에 더할 나위 없이 좋다.

기하학적 조형미를 뽐내는 도쿄 국제 포럼의 내부.

東京国際フォーラム 도쿄 국제 포럼 ★★★☆☆

발음 토−꾜−코꾸사이포라무 **지도** MAP 5−D3
교통 JR 야마노테 선・케이힌토호쿠 선의 유라쿠쵸 有楽町 역(JY30・JK25) 하차, 바로 앞.
구글맵 페이지 하단 QR 코드 스캔・클릭

높이 60m의 웅장한 유리 홀이 인상적인 현대 건축물. 미국인 건축가 라파엘 비뇰리 Rafael Vinoly가 설계했으며, 지하에서 올려다보면 햇살이 스며드는 투명한 유리 건물이 마치 거대한 고래의 뼈나 유선형의 배처럼 보인다. 뻥 뚫린 건물 한가운데를 지그재그로 연결한 구름다리와 유리벽을 지탱하는 은색의 철골 구조물, 그리고 벽면을 타고 위층으로 이어지게 설계된 통로가 멋진 조화를 이룬다. 통로를 걸어 올라가며 건물 전체를 감상하는 재미가 쏠쏠하다. 내부는 전시장・상점・레스토랑으로 이용하고 있다.

丸の内仲通り 마루노우치나카도리 ★★★☆☆

발음 마루노우찌나까도−리 **지도** MAP 5−C3
교통 JR 야마노테 선・츄오 선・케이힌토호쿠 선의 도쿄 東京 역(JY01・JC01) 하차. 마루노우치 남쪽 출구 丸の内南口를 나와 정면의 횡단보도를 건너 도보 3분.
구글맵 페이지 하단 QR 코드 스캔・클릭

낭만적인 분위기가 감도는 호젓한 쇼핑가. 500m 남짓한 도로를 따라 일본의 인기 로컬 브랜드와 해외 명품 숍이 줄지어 있다. 가로수가 산뜻하게 정비된 도로 양쪽에는 유명 작가의 조각 작품이 드문드문 놓여 있어 이를 찾아보는 재미도 쏠쏠하다. 평일 11:00~15:00와 토・일・공휴일 11:00~17:00에는 차량 통행이 금지된 거리를 자유로이 활보하는 보행자 천국으로 변신하며, 도로 한복판에 깜짝 등장하는 노천카페에 앉아 커피를 즐기는 여유도 만끽할 수 있다. 겨울에는 가로수에 색색의 조명을 설치해 운치를 더한다.

丸の内ブリックスクエア 마루노우치 브릭 스퀘어 ★★★★☆

[발음] 마루노우찌브릿꾸스쿠에아 **[영업]** 숍 11:00~21:00, 일·공휴일 11:00~20:00, **레스토랑** 11:00~23:00, 일·공휴일 11:00~22:00
[지도] MAP 5-C3 **[구글맵]** 페이지 하단 QR 코드 스캔·클릭
[교통] JR 야마노테 선·케이힌토호쿠 선의 유라쿠쵸 有楽町 역(JY30·JK25) 하차. 코쿠사이포라무 출구 国際フォーラム口를 나와 정면으로 도보 8분.
미츠비시이치고칸 미술관 [개관] 10:00~18:00 **[휴관]** 월요일, 연말연시
[요금] 전시회에 따라 다름 **[홈피]** http://mimt.jp

도심 속의 평온한 휴식처를 제공하는 복합공간. '마루노우치에 존재하지 않던 번화함과 평온함'을 모토로 운영하는 곳답게 오직 여기서만 볼 수 있는 세련된 숍·레스토랑이 가득하다. 고풍스러운 붉은 벽돌 건물과 현대식 빌딩에 둘러싸인 중정에는 아늑한 녹지와 분수대를 설치해 누구나 편안한 휴식을 취할 수 있게 했다. 지하에는 모던하면서도 일본적인 색채의 레스토랑이 많아 분위기 있는 한 끼를 즐기기에도 좋다.
바로 옆의 붉은 벽돌 건물은 마루노우치 최초의 오피스 빌딩인 미츠비시이치고칸 三菱一号館(1894년)이다. 영국 건축가 조사이어 콘더의 설계로 지어졌으며 지금은 미술관으로 사용 중이다. 미술관 1층에는 과거의 모습이 고스란히 보존된 예스러운 Café 1894도 있다.

1~3 도심 속의 오아시스 마루노우치 브릭 스퀘어. 이 일대에는 재벌 그룹인 미츠비시의 건물이 많아 '미츠비시 촌'이라고도 부른다.

긴자는 원래 은화 제조소?

일본 최고의 고급스러움과 화려함을 자랑하는 긴자는 원래 바다였다. 교토에서 에도(도쿄)로의 천도를 계획한 토쿠가와 이에야스는 에도 성과 마을을 조성할 새로운 땅이 필요하자 원래 도쿄 만의 일부이던 이곳에 흙을 메워 지금과 같은 육지를 만들었다. 마치 오늘날의 오다이바(p.188)가 생겨난 것처럼. 그 뒤 이 자리에 은화 제조소가 생긴 것을 계기로 이름도 은화 (銀)를 만드는 거리(座)란 뜻의 '긴자 銀座'로 굳어졌다.
은화를 찍어내던 곳이 지금처럼 화려한 거리로 탈바꿈한 것은 140여 년 전. 1872년의 대화재로 잿더미가 된 거리를 재건 하면서였다. 동시에 이곳은 일본의 문화를 선도하는 유행 일번지로 변신한다. 그 흔적은 지금도 남아 있는 르네상스식 건물에서 찾아볼 수 있다. 대표적인 게 바로 제국극장 帝国劇場과 와코 和光 백화점. 1932년에 세워진 와코 백화점은 당시 '명품'의 보고였고 지금도 옛 전통을 이어받아 우아한 기풍을 뽐낸다.
그런가 하면 긴자와 맞붙은 히비야 日比谷는 극장가로 이름을 날렸다. 코쿄와 긴자 사이에 있는 제국극장이 그 신호탄이 됐는데, 이 건물은 1911년 일본 최초의 양식 극장으로 개관한 이래 지금까지 다양한 공연을 선보여 왔다.

일본 영화계의 인기 스타 고지라

히비야 극장가의 명맥을 유지하고 있는 토호 시네마 산테 Toho Cinemas Chanter 극장 앞에는 1954년부터 지금까지 30여 편의 시리즈가 제작돼 일본 영화의 대명사로 통하는 〈고지라 ゴジラ〉의 동상, 그리고 그 뒤에 위치한 히비야 산테 Hibiya Chanter 쇼핑몰 지하 2층에는 일본의 유명 배우·가수 77명의 손도장이 전시된 '스타 갤러리 The Star Gallery'가 있어 옛 영화(榮華)를 더듬어 보게 한다. 장동건·배용준·톰 크루즈·성룡·도라에몽의 손도장도 함께 전시돼 있으니 잠시 살펴봐도 좋을 듯!

구글맵

드넓은 대로를 따라 명품 숍과
인기 패션 브랜드의 숍이 즐비하다.

中 ★★★☆☆
央通り · 並木通り 쥬오도리 · 나미키도리

발음 쥬-오-도-리 · 나미끼도-리 **지도** MAP 5-C4 · C5
교통 지하철 마루노우치 선 · 히비야 선 · 긴자 선의 긴자 銀座 역
(M16 · H09 · G09) 하차. **구글맵** 페이지 하단 QR 코드 스캔 · 클릭

럭셔리한 분위기가 매력인 세련된 쇼핑가. 하라쥬쿠의 오모테산도
(p.151)와 더불어 명품 쇼핑가로 명성이 자자하다. 샤넬 · 까르띠에 ·
에르메스 등의 명품 숍은 주로 나미키도리, 대형 백화점과 GU ·
유니클로 등의 패스트 패션 브랜드는 쥬오도리에 모여 있다. 토 · 일 ·
공휴일 오후(4~9월 12:00~18:00, 10~3월 12:00~17:00)에는
쥬오도리 전체가 차량 통행이 전면 금지되는 보행자 천국으로
탈바꿈한다. 의자와 파라솔이 설치된 5차선 대로 한복판에서 거리
공연이 펼쳐지는 등 평소와 다른 긴자의 풍경을 접할 수 있다.

G ★★★★☆
inza Sony Park 긴자 소니파크

공사중
2024년
완공 예정

발음 긴자소니파-쿠 **지도** MAP 6-B2
교통 JR 야마노테 선 · 케이힌토호쿠 선의 유라쿠쵸
有楽町 역(JY30 · JK25) 하차. 긴자 출구 銀座口를
나와 오른쪽으로 도보 5분.
구글맵 페이지 하단 QR 코드 스캔 · 클릭

긴자의 새로운 랜드마크로 떠오른 초미니
도심공원. 50여 년간 이 자리를 지켜온
소니 빌딩을 허물고 '시민을 위한 정원'을
조성한다는 취지로 지금의 공원을 만들었다.
지하에는 인기 커피 숍과 퍼브가 있으며,
다양한 전시회가 열리는 갤러리가 흥미로운
볼거리를 제공한다.

G ★★★☆☆
inza Place 긴자 플레이스

발음 긴자푸레-스 **개관** 닛산 크로싱 10:00~20:00,
소니 쇼룸 11:00~19:00 **지도** MAP 6-C3
교통 지하철 마루노우치 선 · 히비야 선 · 긴자 선의 긴자 銀座 역
(M16 · H09 · G09) 하차. A4번 출구와 지하로 연결된다.
구글맵 페이지 하단 QR 코드 스캔 · 클릭

유명 쇼룸과 레스토랑이 모인 건물. 파사드에 투각(透刻)
기법을 응용한 독특한 외관이 눈길을 끈다. 1 · 2층에는 닛산
자동차의 현재와 미래를 보여주는 쇼룸 닛산 크로싱 Nissan
Crossing이 있다. 다섯 대의 스포츠카 · 세단 · 콘셉트카가
전시돼 있으며 시승도 가능하다. 4 · 5층에는 최신 디지털
카메라 · TV · 아이보 · 스마트폰 등의 IT 기기를 자유로이
조작해볼 수 있는 소니 쇼룸. 지하 1층에는 삿포로 생맥주를
판매하는 바가 있다.

1 긴자의 새로운 랜드마크로 자리잡은 긴자 플레이스.
2 닛산 자동차의 최신 차종이 전시된 닛산 크로싱.

긴자의 현대 건축 작품 순례

긴자의 거리는 한마디로 현대 건축의 종합 전시장이다. 일본 제일의 번화가란 이미지에 걸맞게 백화점과 오피스 건물이 집중된 거리엔 명품 브랜드의 이미지를 접목시킨 디자이너스 빌딩이 점점이 위치해 색다른 볼거리를 제공한다. 주요 건물은 메인 쇼핑가인 츄오도리 中央通り와 명품 쇼핑가로 유명한 나미키도리 並木通り에 모여 있다.

미키모토 부티크 MIKIMOTO BOUTIQUE

이토 토요 伊東豊雄의 2005년 작품. 진주로 유명한 보석 메이커 미키모토의 매장이다. 진주 조개가 내뿜는 물방울과 흩날리는 꽃잎을 이미지로 만든 불규칙한 형태의 창이 눈길을 끈다. 창에서 밝은 빛이 새어나오는 야경도 멋스럽다.

파란 하늘을 배경으로 새하얗게 빛나는 미키모토 부티크.

루이뷔통 마츠야 긴자
LOUIS VUITTON MATSUYA GINZA

아오키 쥰 青木淳의 2013년 작품. 전통과 현대가 공존하는 긴자의 이미지를 형상화하고자 일본의 전통 문양을 현대적으로 재해석해서 만든 기하학적 무늬가 건물 전면(全面)을 아름답게 장식하고 있다.

거대한 가방의 모습을 재현한 루이뷔통 마츠야 긴자.

메종 에르메스
MAISON HERMÉS

렌조 피아노 Renzo Piano의 2001년 작품. 불빛이 아른거리는 '초롱'에서 모티브를 따왔다. 불투명한 유리벽으로 뒤덮인 독특한 외관은 렌조 피아노 특유의 쾌활한 건축 스타일을 유감 없이 보여준다.

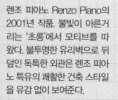

짙은 어둠 속에서 아름답게 빛나는 메종 에르메스.

브이 88 빌딩
V88 BUILDING

미츠이 쥰 光井純의 2007년 작품. 우아한 곡선은 여성의 실루엣. 번쩍이는 스테인리스의 외벽은 영롱하게 빛나는 다이아몬드의 이미지를 형상화한 것이다.

긴자의 화려한 멋과 품위를 표현한 V88 빌딩.

스키야바시 파출소 数奇屋橋派出所

건축가 야마시타 카즈야 山下和正의 1982년 작품. 고깔 모양의 지붕과 밝은 색상이 파출소라는 건물 본연의 차가운 느낌을 완화시켜준다. 시부야의 우타가와쵸 파출소(MAP 2-F3)와 더불어 파출소 설계에 파격의 바람을 몰고 온 선구적인 건물로 꼽힌다. 지붕 꼭대기에 가봉용 바늘 모양의 조형물이 세워져 있는데, 설계 당시 건물 모형에 원작자가 무심코 꽂아 놓은 가봉용 바늘을 그대로 건물 디자인으로 채택하는 바람에 지금의 모습이 됐다는 재미난 에피소드가 전해온다.

재미난 외관의 스키야바시 파출소.

야마하 긴자 빌딩 ヤマハ銀座ビル

닛켄 설계 日建設計의 2010년 작품. 세계적인 악기 메이커 야마하의 플래그십 스토어이며 '음악을 담은 건축'을 테마로 지어졌다. 건물을 뒤덮은 금박 유리는 금관악기를 상징함과 동시에 빛의 반사와 변화로 생동감 넘치는 리듬감을 표현했다.

1,435장의 금박 유리는 일일이 수작업으로 제작됐다.

歌舞伎座 카부키자
★☆☆☆☆

발음 카부끼자 **가는** 11:00~15:30, 16:00~21:00 **요금** 1등석 1만 8,000엔.
2등석 1만 4,000엔, 3등석 4,000~6,000엔, 입석 1,000~2,000엔
전화 03-5565-6000(예약) **홈페** www.kabuki-za.co.jp **지도** MAP 6-D3
교통 지하철 토에이아사쿠사 선 · 히비야 선의 히가시긴자 東銀座 역(A11 · H10)
하차. 3번 출구와 지하로 바로 연결된다.
구글맵 페이지 하단 QR 코드 스캔·클릭

1 지하에는 카부키를 테마로 만든 캐릭터 상품과
먹거리를 파는 기념품 상가, 5층에는 조그만 옥상정원이
있다. 2 카부키 출연진을 소개하는 포스터.

일본의 전통 가무극인 카부키를 공연하는 극장이다. 1889년에 처음
지어졌으며 여기에 모모야마 桃山 양식(1574~1600년의 건축 사조)
을 가미해 2013년 전통 일본 양식으로 재건됐다.
카부키 공연 전체를 보려면 하루 전에는 예매해야 한다. 물론 당일
티켓을 상연 1시간 전부터 판매하긴 하지만 공연에 따라서는 2,000석
의 좌석이 예매로 매진되기도 한다. 예매 없이 저렴하게 관람하려면
카부키의 한 막(幕)만 볼 수 있는 입석 티켓을 구매하자. 입석 티켓은
정문을 바라볼 때 왼쪽의 'Box Office for Single Act 一幕見席切符
売場'라고 표시된 매표소에서 선착순 판매하며 한 막의 진행 시간은
50~70분이다. 카부키는 알아듣기 힘든 고어체 대사와 지루한 진행
방식 때문에 사전 지식이 없으면 공연을 제대로 즐기기 힘들다.
초심자는 입장시 오디오 가이드(일어·영어)를 빌리는 것도 요령이다.

東京証券取引所 도쿄 증권거래소
★☆☆☆☆

발음 토-꾜-쇼-껜토리히끼쇼 **가는** 09:00~16:30
휴무 토 · 일 · 공휴일, 연말연시 **요금** 무료 **구글맵** 페이지 하단 QR 코드 스캔·클릭
교통 지하철 긴자 선 · 토자이 선 · 토에이아사쿠사 선의 니혼바시 日本橋 역
(G11 · T10 · A13) 하차, D2번 출구를 나와 정면으로 도보 6분.
영어 가이드 투어 전화 050-3377-7254(예약 필수)

1일 평균 22만 건의 주식 거래가 이루어지는 곳. 도쿄 증권거래소가
위치한 카부토쵸 兜町는 우리나라의 여의도 증권가나 미국의 월
스트리트에 해당하는 일본의 대표적인 증권가다. 주식시장의 흐름을
관리 · 감독하는 증권거래소의 견학 홀로 들어가면 지름 17m의
거대한 유리 원통 안에서 조용히 업무가 진행되는 마켓 센터 Market
Center가 보인다. 대부분의 업무가 전산화된 까닭에 빠르게 흘러가는
주식 시황판 외에는 분주한 모습을 찾아보기 힘들다. 1층 입구 쪽에는
1868년부터 현재까지 일본 주식시장의 역사를 소개하는 조그만
자료관이 있다.

주식 시황이 실시간으로
표시되는 마켓 센터.

일본의 서민 오락 카부키

화려한 무대로 유명
한 카부키는 1603년
교토에서 시작된 가
무극이다. 흥미로
운 점은 모든 배역
을 남자가 맡는다는
것. 풍기문란을 이유
로 1629년 여배우
의 출연이 금지되고,
여자 역을 대신한 미소년마저 동성애 문제
로 퇴출되는 고난(?)을 겪은 뒤, 앞머리를
빡빡 민 남자만 출연한다는 조건으로 오
늘날의 카부키가 세상에 모습을 드러냈다.
에도 시대에는 궁중 여인 사이에서 '팬 클
럽'이 결성될 만큼 폭발적인 인기를 누렸
는데, 이러한 과열 반응은 팬 클럽 간의
궁중 폭력사태로까지 발전해 왕실에서 사
태 수습에 나서는 전대미문의 진풍경마
저 연출했다.

貨 幣博物館 화폐 박물관
★☆☆☆☆

발음 카헤-하구부쯔깐 **개관** 09:30~16:30
휴관 월요일, 12/29~1/4 **요금** 무료
교통 지하철 긴자 선·한조몬 선의 미츠코
시마에 三越前 역(G12·Z09) 하차. B1번
출구를 나와 왼쪽의 횡단보도를 건너면 바로
오른쪽에 있다.
구글맵 페이지 하단 QR 코드 스캔·클릭

화폐 제도의 탄생과 발전사를 소개하는
미니 박물관. 에도 시대에 사용하던
손바닥만한 금화와 은화, 메이지 시대
이후 등장한 각종 지폐 등이 흥미롭다.
그밖에 세계 각국에서 수입한 화폐
컬렉션도 볼만하다. 특히 19세기
유럽에서 사용하던 금화, 제2차
세계대전 당시 헝가리에서 통용된
액면가 10조·10억 조짜리 지폐,
컬러 동전 등은 다른 곳에서 보기 힘든
진귀한 소장품이다. 1만 엔 권 모조
지폐로 만든 1억 엔 꾸러미를 직접 들어
보는 코너도 있다. 엄청난 가치에 비해
무게는 고작 10kg!

일본 우익의 근거지
야스쿠니 신사.

靖 国神社 야스쿠니 신사
★★☆☆☆

발음 야스꾸니진자 **개관** 06:00~18:00 **지도** MAP 5-A1
교통 지하철 토에이신주쿠 선·한조몬 선·토자이 선의 쿠단시타 九段下 역
(S05·Y14·N09) 하차, 1번 출구를 나와 정면의 언덕길로 도보 2분.
구글맵 페이지 하단 QR 코드 스캔·클릭
유슈칸 개관 09:00~16:30 **요금** 1,000엔, 대학생 500엔, 중·고등학생 300엔

메이지 유신 당시 전사한 정부군의 영혼을 달래고자 1869년에 세운
신사. 지금은 제2차 세계대전 A급 전범의 위패를 합사한 일본 우익의
본거지로 명성을 떨치고 있다. 신사로 이어지는 참배로에는 근대 일본
육군의 창설자로 야스쿠니 신사의 창건에 지대한 공을 세운 오무라
마스지로 大村益次郎의 동상과 전사자의 넋을 기리는 위령비, 높이
25m의 대형 청동 오토리이 大鳥居가 세워져 있다.
신사 바로 옆에는 1883년에 설립된 일본 최초의 군사 박물관인
유슈칸 遊就館이 있다. 내부는 19세기 이후 일본이 국내외에서 일으킨
각종 전쟁과 관련된 자료·무기·유물로 채워 놓았는데, 특히
제2차 세계대전을 대동아전쟁으로 미화·정당화하는 내용의 전시물이
그득하다. 유슈칸 앞의 뜰에는 제2차 세계대전 당시의 무기와 유품이
자랑스레 전시돼 있다. 이 가운데에는 군견(軍犬)과 군마(軍馬)의
영혼을 달래는 위령비까지 세워져 있지만, 아무리 눈 씻고 봐도 전쟁으로
수없이 죽어 간 무고한 영혼을 달래는 추모비는 찾아볼 길 없다.

야스쿠니 신사, 무엇이 문제인가?

제2차 세계대전 뒤 개정된 일본 헌법은 군사 재무장 금지, 정치와 종교의 완전한
분리를 명시하고 국제평화를 부르짖고 있다. 하지만 번드르한 말과 달리 그들의
행동은 군사대국 일본을 꿈꾸고 있음을 여실히 드러내고 있다. 그 첫 단계로 1979
년에는 제2차 세계대전의 A급 전범 14명의 위패를 야스쿠니 신사로 옮기고 신으로
승격화하는 작업이 진행됐다. 그리고 새로운 내각이 구성될 때마다 되풀이되는
야스쿠니 신사 참배 문제로 우리나라를 비롯한 아시아 각국을 자극하고 있다.

전쟁의 역사를
찬양하는 유슈칸

지금도 야스쿠니 신사에서는 1년 내내 우익 세력의 집회가 끊이지 않으며, 패전일인 8월 15일이면 군복 차림에 전범기인
욱일승천기를 손에 든 전쟁의 망령들이 모여 과거 일본의 전쟁범죄를 미화하는 행사를 열고 있다. '평화로운 나라'를 뜻하는
야스쿠니 靖国란 이름과 상반되게 전쟁의 화신을 추모하고 찬양하는 아이러니한 현상은 과연 언제까지 지속될까?

🔍 구글맵

RESTAURANT

히츠마부시 나고야 빈쵸 ひつまぶし名古屋 備長

나고야 명물 장어덮밥 히츠마부시 레스토랑. 겉은 바삭하면서도 속은
촉촉하게 구운 최상의 장어 요리를 선보인다. 껍질이 부드럽고 기름이
잘 오른 장어만 엄선해 특제 소스를 바른 뒤, 최고급
비장탄 숯에 굽는 게 맛의 비결이라고.
간판 메뉴는 히츠마부시 ひつまぶし
(3,950엔~). 먹기 좋게 자른 장어를 밥 위에
얹어주는데, 삼등분해 세 가지 맛으로 즐기는
게 히츠마부시를 제대로 먹는 방법이다.
우선 밥그릇에 장어와 밥을 ⅓ 정도 덜어

먹으며 장어의 맛을 음미한다. 그리고 ⅓을 다시
덜어내 와사비와 송송 썬 파를 얹어 상큼한 풍미를
즐긴다. 마지막으로 남은 밥에 조미료·김·파·와사비를
모두 넣고 다시 국물에 말아 오차즈케 お茶漬け로 먹는다. 김·파·

히츠마부시
ひつまぶし(3,950엔~)

오차즈케

와사비는 원하는 만큼 리필된다.
손님이 많아 예약 없이는 이용하기
힘드니 미리 홈페이지에서 예약할
것을 추천한다. JR 도쿄 역 인근의
마루비루 丸ビル(MAP 5-C3)
6층에도 분점이 있다.

예산 3,950엔~
영업 11:00~15:00, 17:00~21:00
메뉴 한국어·일어·영어
주소 東京都 中央区 銀座 2-2-14 マロニエ
ゲート銀座 1 12/F
전화 03-5159-0231
홈피 https://hitsumabushi.co.jp
지도 MAP 6-C1
교통 지하철 유라쿠쵸 선의 긴자잇쵸메 銀座一
丁目 역(Y19) 하차. 4번 출구를 나와 정면으로
도보 3분. 마로니에게이트 긴자 1 マロニエ
ゲート銀座 1 빌딩 12층에 있다.
구글맵 페이지 하단 QR 코드 스캔·클릭

긴자텐구니혼텐 銀座天国本店

1885년 조그만 포장마차에서 시작해 지금의 레스토랑으로 성장한
긴자의 터줏대감. 도쿄 스타일의 고소한 튀김을 맛볼 수 있다. 튀김 맛을
제대로 즐기기에는 모둠 튀김 텐푸라모리아와세 天ぷら盛合せ가 좋다.
새우 두 마리·보리멸·오징어·채소 튀김의 우메 梅(2,420엔), 새우 두
마리·붕장어·잔새우·채소 튀김의 타케 竹(3,080엔), 새우 두 마리·
왕새우·보리멸·생선·채소 튀김의 마츠 松(3,520엔) 등의 메뉴를
선택할 수 있다.

경제적으로 튀김을 맛보려면 튀김 덮밥을 선택해도
좋다. 소스를 뿌려서 나오는 메뉴의 특성상
바삭한 맛은 없지만 짭조름하게 간이
밴 튀김이 은근히 맛있다. 대표
메뉴는 튀김 덮밥 텐동 天丼
(1,980~3,960엔)이며, 평일
11:30~15:00에는 저렴한 점심
튀김 덮밥 오히루텐동 お昼天丼
(1,500엔)도 판매한다.

튀김 덮밥
天丼(1,980~3,960엔)

예산 1,500엔~ 영업 11:30~22:00
휴업 일요일 메뉴 일어·영어
주소 東京都 中央区 銀座 8-11-3
홈피 www.tenkuni.com
전화 03-3571-1092 지도 MAP 6-B4
교통 JR 야마노테 선의 신바시 新橋 역
(JY29) 하차. 긴자 출구 銀座口를 나와
왼쪽으로 도보 8분. 또는 지하철 마루노우치
선·히비야 선·긴자 선의 긴자 銀座 역
(M16·H09·G09) 하차, A3번 출구를 나와
정면으로 도보 10분.
구글맵 페이지 하단 QR 코드 스캔·클릭

키세츠노이타상오마카세니기리
季節の板さんおまかせにぎり(3,960엔)

오므라이스 **오므라이스**
(1,500엔~)

스지야키
スジ焼(1,705엔)

 강추

우메가오카스시 미도리
梅ヶ丘寿司美登利

제철 생선을 합리적인 가격에 맛볼 수 있는 초밥집. 오픈 전부터 긴 줄이 늘어서니 최대한 서둘러 가야 덜 고생한다. 벽에 붙은 메뉴 사진을 보고 단품으로 주문하거나 푸짐한 세트 메뉴를 골라 먹으면 된다. 가벼운 식사로는 10가지 초밥이 나오는 **죠니기리 上にぎり(1,760엔)** 가 적당하다. 제대로 맛을 즐기려면 13가지 초밥이 나오는 **키세츠노이타상오마카세니기리 季節の板さんおまかせにぎり (3,960엔)**, 11가지 초밥이 나오는 **쵸토쿠센니기리 超特選にぎり (3,630엔)**를 주문하자.

예산 1,760엔~
영업 11:00~15:00, 17:00~21:00
휴업 1/1~3, 부정기적 메뉴 일어 · 영어
주소 東京都 中央区 銀座 8-3 東京高速道路山下ビル 1/F
전화 03-5568-1212
지도 MAP 6-A3
교통 JR 야마노테 선 · 케이힌토호쿠 선의 신바시 新橋 역(JY29 · JK24) 하차, 긴자 출구 銀座口를 나와 왼쪽으로 도보 12분.

킷사 유
喫茶 YOU

40여 년간 사랑받아온 오므라이스 맛집. 마치 오래된 다방에 온 듯한 예스러운 분위기가 인상적이다. 인기 절정의 메뉴는 베이컨 · 양파 · 케첩과 함께 볶은 밥 위에 겉만 살짝 익힌 반숙 상태의 오믈렛을 올려주는 오므라이스 **오므라이스 오므라이스(1,500엔~)**다. 크림처럼 부드러운 오믈렛이 혀끝에서 스르르 녹는 맛이 일품이다. 오므라이스 메뉴에는 커피 · 홍차 등의 음료도 포함돼 있다. 1층은 금연석, 2층은 흡연석이란 사실도 잊지 말자.

예산 1,500엔~
영업 11:00~16:00,
토 · 일 · 공휴일 11:00~15:30
휴업 수요일 · 연말연시
메뉴 한국어 · 일어 · 영어
주소 東京都 中央区 銀座 4-13-17 高野ビル 1 · 2/F
전화 03-6226-0482
지도 MAP 6-D3
교통 지하철 토에이아사쿠사 선 · 히비야 선의 히가시긴자 東銀座 역(A11 · H10) 하차, 3번 출구를 나와 왼쪽으로 도보 2분.
구글맵 페이지 하단 QR 코드 스캔 · 클릭

키지
きじ

 강추

오사카의 오코노미야키 맛집 키지의 도쿄 분점. 언제 가더라도 20~30분 대기는 기본일 만큼 인기가 높다. 소 힘줄의 감칠맛이 고스란히 녹아든 **스지야키 スジ焼(1,705엔)**가 강추 메뉴다. 계란 반숙과 채 썬 파를 듬뿍 토핑해주는데, 아삭아삭 씹히는 파가 청량감을 더한다. 돼지고기를 넣은 **부타다마 豚玉(1,023엔)**, 새우 · 문어 · 오징어 · 돼지고기 · 어묵 · 곤약을 넣은 **믹쿠스야키 ミックス焼 (1,617엔)**, 밀가루를 사용하지 않고 면과 돼지고기 · 오징어 · 계란으로 만드는 **모단야키 モダン焼(1,408엔)** 도 맛있다.

예산 1,045엔~ 영업 11:00~15:30, 17:00~22:00 메뉴 일어 · 영어
주소 東京都 千代田区 丸の内 2-7-3 東京ビル B1/F
전화 03-3216-3123 지도 MAP 5-D3
교통 JR 야마노테 선 · 츄오 선 · 케이힌토호쿠 선의 도쿄 東京 역(JY01 · JC01 · JK26) 하차, 마루노우치 남쪽 출구 丸の内南口를 나와 왼쪽으로 도보 5분. TOKIA 빌딩 지하 1층에 있다.
구글맵 페이지 하단 QR 코드 스캔 · 클릭

 구글맵

돈가스 元祖ポークカツレツ (2,800엔)

로스카츠테이쇼쿠 ロースカツ定食 (3,600엔)

라면 (950엔~)

렌가테이
煉瓦亭

1895년 오픈한 도쿄에서 가장 오래된 경양식 레스토랑. 일본식으로 개량한 프랑스 요리를 맨 처음 선보인 곳. 접시에 밥을 담아서 내오는 방식도 여기서 처음 고안해냈다. 간판 메뉴는 오므라이스 메이지탄죠오무라이스 明治誕生オムライス(2,700엔). 원래 종업원들이 일하는 도중에 빨리 먹을 수 있도록 만들던 음식이라 소박한 스타일과 맛이 특징이며, 옛 맛을 그리워하는 중장년층이 즐겨 찾는다. 우스터 소스를 얹어 먹는 돈가스 간소포쿠카츠레츠 元祖ポークカツレツ(2,800엔)도 인기가 높은데, 채 썬 양배추가 곁들여져 나오는 방식 역시 여기서 처음 시작됐다.

예산 2,700엔~ 영업 11:00~14:30, 17:30~21:00 휴업 일요일 메뉴 일어·영어 주소 東京都 中央区 銀座 3-5-16 전화 03-3561 3002 지도 MAP 6-C2 교통 지하철 마루노우치 선·히비야 선·긴자 선의 긴자 銀座 역(M16·H09·G09) 하차, A9번 출구를 나와 정면으로 도보 5분. 구글맵 페이지 하단 QR 코드 스캔·클릭

긴자바이린 강추
銀座梅林

긴자 최초의 돈가스 전문점. 1927년 오픈한 노포(老舗)로도 명성이 자자하다. 돈가스를 먹기 좋게 잘라서 제공하는 한 입 사이즈 돈가스를 일본 최초로 선보이기도 했다. 8가지 정식 메뉴를 취급하는데, 최상품 안심 돈가스의 히레카츠테이쇼쿠 ヒレカツ定食(3,400엔), 최상품 흑돼지 등심 돈가스의 로스카츠테이쇼쿠 ロースカツ定食(3,600엔), 최상품 등심 돈가스의 긴카츠테이쇼쿠 銀カツ定食(2,500엔)가 맛있다. 돼지고기·양파로 만든 오리지널 소스로 맛을 낸 돈가스 덮밥 카츠동 カツ丼(1,400엔)은 점심 메뉴로 인기가 높다.

예산 1,400엔~ 영업 11:30~21:00(마지막 주문 20:00) 휴업 1/1 메뉴 일어·영어 주소 東京都 中央区 銀座 7-8-1 전화 03-3571-0350 지도 MAP 6-R3 홈피 www.ginzabairin.com 교통 지하철 마루노우치 선·히비야 선·긴자 선의 긴자 銀座 역(M16·H09·G09) 하차, A2번 출구를 나와 정면으로 도보 5분. 구글맵 페이지 하단 QR 코드 스캔·클릭

도쿄 라멘 스트리트 강추
東京ラーメンストリート

'도쿄에서 제일 가고 싶은 식당'이 콘셉트인 푸드 테마파크. 도쿄는 물론 일본 전역의 내로라하는 라면 맛집 8개가 모여 경합을 벌이고 있다. 맛집 앞에는 항상 긴 줄이 서 있으니 그것을 참고로 식당을 선택하는 게 요령! 로쿠샤 六厘舍의 츠케멘 つけめん(950엔~)은 가츠오부시 가루를 더해 풍미를 살린 진한 국물과 쫄깃한 면발이 멋진 조화를 이룬다. 소라노이로닛폰 そらのいろ NIPPON의 스페셜 쇼유라멘 スペシャル醤油らーめん(1,430엔)은 푸짐한 양으로 인기가 높다.

예산 950엔~ 영업 10:00~23:00 메뉴 일어 주소 東京都 千代田区 丸の内 1-9-1 東京駅一番街 B1/F 전화 03-3210-0077 지도 MAP 5-D3 교통 JR 야마노테 선·츄오 선·케이힌토호쿠 선의 도쿄 東京 역(JY01·JC01·JK26) 하차. 야에스 출구 八重洲口 방면으로 도보 5분. 도쿄 역 지하상가에 있는데 길 찾기가 힘드니 표지판을 잘 보고 갈 것. 구글맵 페이지 하단 QR 코드 스캔·클릭

에도마에텐동
江戸前天丼(1,380엔)

에비스 생맥주
ヱビス生ビール(730엔~)

플레인
プレーン(160엔)

니혼바시 텐동 카네코한노스케
日本橋 天丼 金子半之助

고소한 냄새가 후각을 자극하는 튀김덮밥 전문점. 도쿄에서 모르는 이가 없을 만큼 유명해 언제나 긴 줄이 늘어서 있다. 당일 새벽, 시장에서 공수해온 싱싱한 재료를 즉석에서 손질해 튀기기 때문에 재료 본연의 맛을 온전히 즐길 수 있다. 강추 메뉴는 큼직한 붕장어 · 새우 · 오징어 · 반숙계란 · 고추 · 김 튀김을 듬뿍 올린 에도마에텐동 江戸前天丼(1,380엔)이다. 참기름으로 튀긴 고소한 튀김과 수십 년을 전해 내려온 스페셜 소스, 갓 지은 고슬고슬한 밥이 환상의 조화를 이룬다. 튀김 특유의 느끼함을 잡아주는 산초 · 단무지 · 생강초절임을 곁들여 먹으면 더욱 맛있다.

예산 1,380엔~ 영업 11:00~22:00,
토 · 일 · 공휴일 10:00~21:00 휴업 연말연시
메뉴 일어 · 영어 전화 03-3243-0707
주소 東京都 中央区 日本橋室町 1-11-15
홈피 https://kaneko-hannosuke.com
교통 지하철 긴자 선의 미츠코시마에
三越前 역(G12) 하차. A1번 출구에서
도보 2분.
구글맵 페이지 하단 QR 코드 스캔 · 클릭

비어 홀 라이온 （강추）
ビヤホールライオン

우리에게도 친숙한 삿포로 맥주에서 직영하는 비어 홀. 1934년 오픈한 일본에서 가장 오래된 맥줏집이다. 이국적인 독일 풍 인테리어와 화려한 장식의 모자이크 벽화가 멋스럽다. 공장에서 갓 뽑은 신선한 생맥주를 맛볼 수 있어 현지인은 물론 여행자에게도 인기가 높다. 강추 메뉴는 상쾌한 맛이 매력인 삿포로 생맥주 삿포로나마비루쿠로라베루 サッポロ生ビール黒ラベル(660엔~), 정통 독일식으로 만드는 에비스 생맥주 에비스나마비루 ヱビス生ビール(730엔~)다.

예산 2,500엔~
영업 11:30~22:00,
금 · 토요일 11:30~22:30
메뉴 일어 · 영어
주소 東京都 中央区 銀座 7-9-20
전화 03-3571-2590
지도 MAP 6-B3
교통 지하철 마루노우치 선 · 히비야 선 · 긴자 선의 긴자 銀座 역(M16 · H09 · G09) 하차, A3번 출구를 나와 정면으로 도보 5분.
구글맵 페이지 하단 QR 코드 스캔 · 클릭

마네켄
マネケン

정통 벨기에식 와플을 맛볼 수 있는 곳. 길거리에서 파는 싸구려 와플과는 차원이 다른 촉촉한 감촉과 기분 좋은 달콤함이 매력이다. 원료인 펄 슈거(설탕)와 와플 기계 등은 모두 벨기에산만 사용해 본고장의 맛을 완벽히 재현한다. 부담 없는 가격에 크기도 10cm 정도로 아담해 간식으로 먹기에 더할 나위 없이 좋다. 메뉴는 플레인 푸렌 プレーン(160엔), 초콜릿 쵸코레토 チョコレート(180엔), 메이플 메푸루 メープル(180엔), 아몬드 아몬도 アーモンド(180엔) 등이 있다. 이 가운데 가장 인기가 높은 베스트셀러는 베이직한 맛의 플레인이다.

예산 160엔~ 영업 11:30~20:00
메뉴 일어 · 영어
주소 東京都 中央区 銀座 5-7-19
전화 03-3289-0141 지도 MAP 6-C3
교통 지하철 마루노우치 선 · 히비야 선 · 긴자 선의 긴자 銀座 역(M16 · H09 · G09) 하차, A1번 출구를 나와 정면으로 10m쯤 가면 왼쪽에 있다.
구글맵 페이지 하단 QR 코드 스캔 · 클릭

구글맵

프레츨 크루아상
Pretzel Croissant(410엔)

잼 세트 ジャムセット
(1,540~1,760엔)

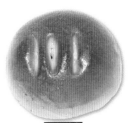
단팥빵 小倉
(200엔)

더 시티 베이커리 강추
THE CITY BAKERY

20여 년의 전통을 자랑하는 뉴욕
더 시티 베이커리의 도쿄 분점.
본고장의 맛을 그대로 재현해 언제나
수많은 손님들로 북적인다. 최고의
인기 메뉴는 짭짤한 프레츨과 고소한
크루아상의 맛을 동시에 즐길 수
있는 프레츨 크루아상 Pretzel
Croissant(410엔)이다. 블루베리 ·
건포도를 푸짐하게 넣은 머핀
Muffin(378엔~)도 맛있으며, 진한
미국식 초콜릿 쿠키 Chocolate
Chunk Cookie(216엔~)는 출출할
때 간식으로 좋다. 나란히 이어진
카페에서는 샐러드 · 샌드위치 등
가벼운 식사 메뉴도 취급한다.

예산 216엔~ 영업 07:30~22:00
메뉴 일어 · 영어
주소 東京都 中央区 銀座 5-2-1
東急 プラザ銀座 B2/F
전화 03-6264-5201 지도 MAP 6-B2
교통 지하철 마루노우치 선 · 히비야 선 ·
긴자 선의 긴자 銀座 역(M16 · H09 ·
G09) 하차, C2번 출구를 나와 오른쪽으로
도보 3분. 토큐 플라자 긴자 東急 プラザ
銀座 지하 2층에 있다.
구글맵 페이지 하단 QR 코드 스캔 · 클릭

센터 더 베이커리 강추
CENTRE THE BAKERY

최고급 식빵을 파는 베이커리.
매일 아침 식빵을 사려는 사람들로
인산인해를 이룬다. 식빵은 부드러운
식감의 카쿠쇼쿠팡 角食パン(1,080엔),
토스트 · 샌드위치용 푸루만 プルマン
(1,080엔), 토스트로 먹어야 맛있는
이기리스팡 イギリスパン(972엔)이
있다. 내부의 카페에서는 이곳의 3대
식빵과 함께 세 가지 잼 · 초콜릿
스프레드 · 꿀이 나오는 잼 세트
쟈무셋토 ジャムセット(1,540~
1,760엔), 세 가지 버터가 나오는
버터 세트 바타셋토 バターセット
(1,320~1,430엔) 도 맛볼 수 있다.
모든 세트 메뉴에는 우유 또는
아이스티가 포함돼 있다.

예산 972엔~
영업 09:00~19:00 휴업 화요일 메뉴 일어
주소 東京都 中央区 銀座 1-2-1
東京高速道路紺屋ビル 1/F
전화 03-3562-1016 지도 MAP 6-C1
교통 JR 야마노테 선 · 케이힌토호쿠 선의
유라쿠쵸 有楽町 역(JY30 · JK25) 하차,
쿄바시 출구 京橋口를 나와 도보 6분.
구글맵 페이지 하단 QR 코드 스캔 · 클릭

키무라야소혼텐 강추
木村屋総本店

사카다네앙팡을 일본 최초(1869년)로
선보인 빵집. 사카다네앙팡 酒種
あんぱん은 쌀과 누룩으로 반죽한
빵에 달콤한 팥소를 넣은 것으로
전통의 맛이 고스란히 보존된 단팥빵
오구라 小倉(200엔), 빵 위에 올린
양귀비 씨가 독특한 식감을 선사하는
케시 けし(200엔), 달콤한 밤을
넣고 버터와 양주로 맛을 더한 밤빵
긴자구리 銀座栗(250엔), 단팥과
휘핑 버터를 넣은 앙버터 あんバター
(350엔)가 인기 메뉴다. 진열대의
빵을 직접 보고 고르는 방식이라
일본어를 몰라도 전혀 문제가 없다.
2~4층에는 샌드위치와 식사 메뉴를
취급하는 경양식 레스토랑도 있다.

예산 200엔~ 영업 10:00~20:00
휴업 1/1 메뉴 일어
주소 東京都 中央区 銀座 4-5-7
전화 03-3561-0091 지도 MAP 6-C2
교통 지하철 마루노우치 선 · 히비야 선 ·
긴자 선의 긴자 銀座 역(M16 · H09 ·
G09) 하차, A9번 출구를 나오면 바로
왼쪽에 있다.
구글맵 페이지 하단 QR 코드 스캔 · 클릭

잼 빵(370엔~)

소금빵
塩パン(110엔)

크루아상 오뵈르
クロワッサン・オ・ブール(260엔)

긴자 츠키토하나

銀座 月と花

'맛잘알을 위한 잼 빵'이 모토인
베이커리. 정통 프랑스식으로 구운
고소한 빵에 절묘한 단맛의 수제 과일
잼이 듬뿍 담겼다. 달기만한 여타
잼 빵과 달리 과일 고유의 풍미를
온전히 살린 게 특징이다. 간판 메뉴인
딸기를 비롯해 블루베리·복숭아·
사과·키위·귤 등 12가지 아이템을
취급하는데, 제철과일을 사용해 시즌에
따라 판매하는 메뉴가 다르다. 4개
이상 구매하면 과일 그림이 프린팅된
예쁜 박스에 포장해줘 선물용으로도
안성맞춤이다. 단, 냉동·냉장을
하지 않으면 유통기한이 고작 하루에
불과하니 주의 주문시 오븐에 데워
따뜻하게 먹는 것도 가능하다.

예산 370엔~ 영업 10:00~17:00
메뉴 일어 전화 03-6264-1300
주소 東京都 中央区 銀座 4-10-6
홈피 https://www.ginza-tsukitohana.com
지도 MAP 6-D3
교통 지하철 토에이아사쿠사 선·히비야 선의
히가시긴자 東銀座 역(A11·H10) 하차,
A2번 출구를 나오자마자 뒤로 돌아 도보 1분.
구글맵 페이지 하단 QR 코드 스캔·클릭

시오팡야 팡 메종 <small>강추</small>

塩パン屋 パン・メゾン

2003년 일본 최초로 소금빵을
선보인 원조집. 땀을 많이 흘리는
여름, 떨어진 입맛을 살리면서 염분
보충도 가능하도록 고안해낸 메뉴가
바로 소금빵 시오팡 塩パン(110엔)
이다. 흔한 소금빵과는 비교도 안 되게
큰 사이즈와 바삭하면서도 쫄깃한
식감, 짭짤한 암염과 진한 버터의
풍미가 멋진 조화를 이루는데 갓 구워
따뜻할 때 먹으면 정말 맛있다. 은은한
짠맛이 달콤함을 더하는 소금 멜론빵
시오메론팡 塩メロンパン(170엔),
소금빵에 버터와 팥앙금을 듬뿍 넣은
앙버터 소금빵 시오팡산도푸레미아
무안바타 塩パンサンドプレミアム
あんパター(220엔)도 놓치지 말자.

예산 110엔~ 영업 08:30~19:00
휴업 화요일 메뉴 일어
전화 03-6264-0679 지도 MAP 6-D3
주소 東京都 中央区 銀座 2-14-5
홈피 https://shiopan-maison.com
교통 지하철 토에이아사쿠사 선·히비야 선의
히가시긴자 東銀座 역(A11·H10) 하차,
A7번 출구에서 도보 6분.
구글맵 페이지 하단 QR 코드 스캔·클릭

르 프티 멕

LE PETIT MEC

교토의 초인기 베이커리 르 프티
멕의 도쿄 분점. 빵 맛 좀 아는 이라면
추천을 마다않는 숨은 맛집이다.
'일본에서 굽는 정통 프랑스빵'을
모토로 다양한 빵을 선보인다.
간판 메뉴는 진한 버터 향과 바삭한
식감이 끝내주는 크루아상 오뵈르
クロワッサン・オ・ブール(260엔),
휘핑 크림과 커스터드 크림이 듬뿍
담긴 달콤 고소한 크루아상 알라크렘
クロワッサン・ア・ラ・クレーム
(400엔)이다. 커피 등의 음료와
샌드위치·디저트도 취급하며 매장내
취식도 가능하다. 11:00~15:00에는
빵·음료·샐러드가 포함된 런치 메뉴
(1,600엔~)도 판매한다.

예산 260엔~ 영업 08:00~20:00 메뉴 일어
전화 03-6811-2203 지도 MAP 5-C4
주소 東京都 千代田区 有楽町 1-2-2
日比谷シャンテ 1/F
교통 지하철 토에이미타 선·치요다 선·
히비야 선의 히비야 日比谷 역(I08·C09·
H08) 하차, A5번 출구에서 도보 1분.
히비야 산테 日比谷シャンテ 1층에 있다.
구글맵 페이지 하단 QR 코드 스캔·클릭

구글맵

**블렌드 커피
(900엔~)**

**모리노커피
森のコーヒー(850엔)**

카페 드 람브르 강추
CAFÉ DE L'AMBRE

70여 년의 역사를 간직한
커피숍. 일본 커피계의 전설로
통하는 세키구치 이치로 関口一郎
(1914~2018)가 창업했으며, 처음
문을 연 1948년 당시의 모습을
고스란히 간직한 예스러운 공간이
멋스럽다. 최상의 맛을 낼 수 있도록
당일 로스팅한 커피를 융드립으로
내려주는데, 세월의 더께가 켜켜이
쌓인 카운터석에 앉아 바리스타의
섬세한 손놀림을 감상하는 즐거움도
놓칠 수 없다. 커피 종류가 의외로
다양하니 직원의 추천을 받아도 좋다.
커피의 맛과 특징에 대해 자세히
설명해주며 한국어 메뉴도 있다.

[예산] 900엔~ [영업] 12:00~21:00,
일 · 공휴일 12:00~19:00 [휴업] 월요일
[메뉴] 한국어 · 일어 · 영어
[주소] 東京都 中央区 銀座 8-10-15
[전화] 03-3571-1551 [지도] MAP 6-B4
[홈피] www.cafedelambre.com
[교통] 지하철 마루노우치 선 · 히비야 선 ·
긴자 선의 긴자 銀座 역(M16 · H09 ·
G09) 하차. A3번 출구를 나와 정면으로
도보 8분.
[구글맵] 페이지 하단 QR 코드 스캔 · 클릭

카페 파울리스타
カフェーパウリスタ

1910년 창업한 노포 카페. 예스러운
인테리어와 세월의 흐름을 느끼게
하는 캐러멜 색의 오래된 가죽 소파가
눈길을 끈다. 최초의 카페인 카히사칸
可否茶館(1888년)의 뒤를 이어
일본에서 두 번째로 오래된 카페다.
일본인의 브라질 이민을 기념해
상파울로 주정부에서 선물한 커피를
밑천으로 오픈한 까닭에 '상파울로
사람'을 뜻하는 파울리스타란 이름이
붙었다. 추천 메뉴는 부드러운 맛과
은은한 산미의 모리노커피 森のコー
ヒー(850엔)다. 오전에 모닝 세트로
주문하면 커피가 1회 무료 리필된다.
30년 전통을 이어온 정통 프랑스식
키슈 キッシュ도 무척 맛있다.

[예산] 850엔~ [영업] 09:00~20:00, 토요일
09:00~19:30, 일 · 공휴일 11:30~19:00
[휴업] 연말연시 [메뉴] 일어 · 영어
[전화] 03-3572-6160 [지도] MAP 6-B4
[주소] 東京都 中央区 銀座 8 9 16
[홈피] https://www.paulista.co.jp
[교통] 지하철 마루노우치 선 · 히비야 선 · 긴자
선의 긴자 銀座 역(M16 · H09 · G09) 하차.
A3번 출구를 나와 정면으로 도보 7분.
[구글맵] 페이지 하단 QR 코드 스캔 · 클릭

이카마츠 긴자 점
イマカツ

겉바속촉의 정석에 충실한 닭가슴
살 치킨 카츠 맛집. 자세한 메뉴는
p.256 참조.

[예산] 1,700엔~ [휴업] 일요일
[영업] 11:00~16:00, 18:00~22:00
[지도] MAP 6-D3
[교통] 지하철 토에이아사쿠사 선 · 히
비야 선의 히가시긴자 東銀座 역
(A11 · H10) 3번 출구 도보 2분.
[구글맵] 하단 QR 코드 스캔 · 클릭

고다이메 하나야마우동
五代目 花山うどん

1894년 창업한 노포. 여타 우동
과 달리 폭 5cm의 납작면을 사용
해 색다른 식감을 살렸다.

[예산] 850엔~ [지도] MAP 6-D3
[영업] 11:00~15:30, 17:30~21:30,
토 · 일 · 공휴일 11:00~16:00
[교통] 지하철 토에이아사쿠사 선 · 히
비야 선의 히가시긴자 東銀座 역
(A11 · H10) 3번 출구 도보 3분.
[구글맵] 하단 QR 코드 스캔 · 클릭

히비야마츠모토로
日比谷松本楼

1903년 창업한 경양식 노포. 예
스러운 건물과 차분한 분위기, 맛
난 음식으로 인기가 높다.

[예산] 1,600엔~ [영업] 11:00~21:00
[지도] MAP 5-B4 [교통] 지하철 토에이
미타 선 · 치요다 선 · 히비야 선의 히
비야 日比谷 역(I08 · C09 · H08)
A10번 출구 도보 8분.
[구글맵] 하단 QR 코드 스캔 · 클릭

잇푸도 긴자 점
一風堂

진한 돼지사골 육수가 일품인 하
카타 라멘 전문점. 마늘을 넣으면
조금 더 개운하게 먹을 수 있다.

[예산] 1,080엔~ [영업] 11:00~22:00
[지도] MAP 6-D3
[교통] 지하철 토에이아사쿠사 선 · 히
비야 선의 히가시긴자 東銀座 역
(A11 · H10) A2번 출구 도보 2분.
[구글맵] 하단 QR 코드 스캔 · 클릭

SHO-PPING

1 건물 한가운데가 뻥 뚫린 아트리움 스타일의 구조가 인상적이다.
2 전통적인 숍은 물론 모던한 스타일의 패션 브랜드도 풍부하다.

JP 타워 키테 JP TOWER KITTE

도쿄 중앙 우체국 건물을 리모델링해서 만든 대형 쇼핑몰. 매장마다 톡톡 튀는 개성 만점의 인테리어가 현대미술 작품을 보는 듯 멋스럽다. 100여 개의 패션 · 라이프스타일 · 식료품 매장이 입점해 있는데, 오랜 역사를 자랑하는 전통 숍과 새롭게 뜨는 인기 브랜드가 조화를 이뤄 쇼핑의 재미를 더한다. 눈여겨볼 숍은 스타일리시한 생활잡화를 소개하는 Good Design Store by Nohara(3층), 서적 · 문구 · 잡화를 취급하는 안제 뷔로 Angers Bureau(4층), 300년 역사의 잡화점 나카가와마사이치쇼텐 中川政七商店, 따스한 질감의 목제잡화 브랜드 Hacoa Direct Store(4층) 등이다.

영업 숍 11:00~20:00, **레스토랑** 11:00~22:00 **휴무** 부정기적
주소 東京都 千代田区 丸の内 2-7-2 **전화** 03-3216-2811
홈피 http://jptower-kitte.jp **지도** MAP 5-D3
교통 JR 야마노테 선 · 츄오 선 · 케이힌토호쿠 선의 도쿄 東京 역 (JY01 · JC01 · JK26) 하차, 마루노우치 남쪽 출구 丸の内南口 바로 앞.
구글맵 페이지 하단 QR 코드 스캔 · 클릭

카네코 안경점
金子眼鏡店

1958년 창업한 안경 전문점. 패션의 완성은 안경이라고 생각하는 안경 마니아에게 강추한다. 타이하치로 킨세 泰八郎謹製, 요이치 興市, 이도 타미오 井戸多美男 등 일본에서도 손꼽히는 유명 장인이 만든 프리미엄 수제 안경테만 취급한다. 양질의 재료를 사용해 만든 완성도 높은 제품에서 오랜 전통과 자부심을 느낄 수 있다.

영업 11:00~21:00 **휴무** 부정기적
주소 東京都 千代田区 丸の内 2-7-2 JP타워 Kitte 3/F
전화 03-3217-2015
지도 MAP 5-D3
교통 상단의 JP 타워 키테 참조. 해당 쇼핑몰 3층에 있다.
구글맵 페이지 하단 QR 코드 스캔 · 클릭

꼼 데 가르송
COMME DES GARÇONS

아방가르드한 디자인으로 인기가 높은 일본 패션 브랜드. 패치워크와 기하학적 패턴을 살린 독특한 디자인부터 일상생활에도 무리가 없는 편안한 디자인의 캐주얼에 이르기까지 다양한 스타일을 선보인다. 캐주얼 라인인 플레이 꼼 데 가르송은 유명 연예인들의 사랑을 받으며 인기 급상승 중!

영업 11:00~20:00 **휴무** 부정기적
주소 東京都 千代田区 丸の内 2-1-1 明治安田生命ビル 1/F
전화 03-3216-0016 **지도** MAP 5-C3
교통 JR 야마노테 선 · 츄오 선 · 케이힌토호쿠 선의 도쿄 東京 역(JY01 · JC01 · JK26) 하차, 마루노우치 남쪽 출구 丸の内南口를 나와 정면에서 도보 7분.
구글맵 페이지 하단 QR 코드 스캔 · 클릭

와코 백화점
和光百貨店

1932년부터 귀족과 상류층 인사들이 애용해온 유서 깊은 백화점. 브랜드 네임보다는 품질로 승부하는 고급 제품만 취급하기 때문에 여전히 귀족 백화점의 이미지가 강하다. 주요 아이템은 의류 · 시계 · 보석 · 가방 · 안경이며, 바다거북의 등껍질로 만든 수제안경테 같은 희소성 높은 하이엔드 제품도 눈에 띈다.

영업 11:00~19:00 **휴무** 부정기적
주소 東京都 中央区 銀座 4-5-11
전화 03-3562-2111 **지도** MAP 6-C2
교통 지하철 마루노우치 선 · 히비야 선 · 긴자 선의 긴자 銀座 역(M16 · H09 · G09) 하차, A9번 출구를 나오면 바로 앞에 있다.
구글맵 페이지 하단 QR 코드 스캔 · 클릭

 구글맵

1 쇼핑몰 내부의 홀에서는 작품전 등의 이벤트도 열린다.
2 풍부한 장서와 멋진 인테리어의 츠타야 서점(6층)도 있다.

긴자 식스
GINZA SIX

긴자 최대 규모를 자랑하는 쇼핑몰. 240여 개의 매장 가운데 절반 정도가 각종 브랜드의 이미지를 대표하는 플래그십 스토어인 까닭에 상품 구성이 풍부하고 신상품 입고도 빠르다. No 21 · 알렉산더 왕 · 아미 · 릭 오웬스 · 델보 · 발렌티노 · 메종 마르지엘라 · 겐조 · 알렉산더 맥퀸 등 유명 디자이너 브랜드의 단독 매장이 많아 최신 트렌드를 파악하기에 좋다. 더구나 여기만 단독 입점한 매장이 80여 개나 돼 다른 곳에선 만날 수 없는 희귀한 아이템을 구경하는 재미도 쏠쏠하다. 지하 2층에는 오랜 전통의 일본 과자 · 디저트 숍 · 주류 숍이 모여 있어 식도락의 즐거움을 선사한다.

영업 숍 10:30~20:30, **레스토랑** 11:00~23:00 **휴업** 부정기적 **주소** 東京都 中央区 銀座 6-10-1 **전화** 03-6891-3390 **홈피** https://ginza6.tokyo **지도** MAP 6-B3 **교통** 지하철 마루노우치 선 · 히비야 선 · 긴자 선의 긴자 銀座 역 (M16 · H09 · G09) 하차. A3번 출구를 나와 정면으로 도보 3분. **구글맵** 페이지 하단 QR 코드 스캔 · 클릭

이세이 미야케 긴자
ISSEY MIYAKE GINZA

이세이 미야케의 장인정신이 돋보이는 숍. 단순하지만 미학적 아름다움을 갖춘 디자인이 특징으로 개성 있는 스타일을 연출하기에 좋다. 우리나라에서 인기가 높은 바오바오 이세이 미야케와 플리츠 플리스 이세이 미야케는 물론, 향수 · 시계 · 안경 등 이세이 미야케의 모든 아이템을 취급하는 플래그십 스토어다.

영업 11:00~20:00 **주소** 東京都 中央区 銀座 4-4-2 **전화** 03-6263-0705 **지도** MAP 6-C2 **교통** 지하철 마루노우치 선 · 히비야 선 · 긴자 선의 긴자 銀座 역(M16 · H09 · G09) 하차. A10번 출구에서 도보 1분. **구글맵** 페이지 하단 QR 코드 스캔 · 클릭

긴자 미츠코시
銀座三越

20~30대 취향의 트렌디한 브랜드가 풍부한 백화점. 뉴욕 유명 브랜드와 일본 디자이너 브랜드가 모인 3 · 4층의 인기가 높다. 토리 버치 · Limi Feu · The Row · MM⑥ · 사카이 등을 수북! 마리아주 프레르 · 포트넘& 메이슨 · 파티스리 몬 셰르 등이 입점한 식품 매장도 놓치지 말자. 여기서만 취급하는 한정판 아이템도 있다.

영업 10:00~20:00 **휴업** 부정기적 **주소** 東京都 中央区 銀座 4-6-16 **전화** 03-3562-1111 **지도** MAP 6-C3 **교통** 지하철 마루노우치 선 · 히비야 선 · 긴자 선의 긴자 銀座 역 (M16 · H09 · G09) 하차. A7 · A8번 출구를 나오면 바로 앞에 있다. **구글맵** 페이지 하단 QR 코드 스캔 · 클릭

아코메야 도쿄
AKOMEYA TOKYO

쌀을 테마로 한 신개념 라이프스타일 숍. 식재료는 물론 스타일리시한 일본풍 주방용품과 테이블웨어를 엄선해서 소개한다. 유명 산지의 프리미엄 쌀, 오랜 전통을 자랑하는 국수 · 된장 · 간장 · 니혼슈 등의 지역 특산물, 자연주의 스타일의 목기(木器) 등 지름신을 부르는 아이템이 가득하다.

영업 10:30~21:00 **휴업** 부정기적 **주소** 東京都 中央区 日本橋 2-5-1 日本橋高島屋S.C. 新館 B1/F **전화** 03-6262-3227 **교통** 지하철 긴자 선 · 토자이 선 · 토에이 아사쿠사 선의 니혼바시 日本橋 역 (G11 · T10 · A13) 하차. B4번 출구에서 도보 2분. **구글맵** 페이지 하단 QR 코드 스캔 · 클릭

1 현대 미술관처럼 꾸민 독특한 인테리어가 눈길을 끈다.
2 꼼 데 가르송 등 인기 패션 브랜드가 충실하다.

도버 스트리트 마켓 긴자
DOVER STREET MARKET GINZA

꼼 데 가르송의 디자이너 레이 카와쿠보가 설립한 멀티 브랜드 숍. 꼼 데 가르송을 메인으로 다양한 브랜드를 선보인다. 유명 아티스트의 오브제를 매장 곳곳에 배치해 마치 미술관처럼 꾸민 인테리어가 인상적이다. 한국에서 인기가 높은 플레이 꼼 데 가르송, 준야 와나타베, NOIR KEI NINOMIYA 등 꼼 데 가르송의 전 라인을 구비했다. 루이뷔통·The Row·크롬 하츠·릭 오웬스 등의 하이엔드 패션은 물론, 스투시·수프림·베이프 등의 스트리트 패션, 실험적 디자인의 신진 디자이너 콜렉션까지 트렌디하면서도 유니크한 아이템이 가득해 패션 마니아가 즐겨 찾는다. 인기 브랜드와의 콜라보 제품도 자주 선보인다.

영업 11:00~20:00 주소 東京都 中央区 銀座 6-9-5
전화 03-6228-5080 지도 MAP 6-B3
교통 지하철 마루노우치 선·히비야 선·긴자 선의 긴자 銀座 역 (M16·H09·G09) 하차, A2번 출구를 나와 정면으로 도보 4분.
구글맵 페이지 하단 QR 코드 스캔·클릭

토큐 플라자 긴자
東急プラザ 銀座

트렌드와 전통이 공존하는 쇼핑몰. 희소성 높은 브랜드와 '일본의 장인정신'을 테마로 한 아이템이 풍부하다. 빈티지 풍 아웃도어 패션 브랜드 나이젤 카본, 아웃도어 셀렉트 숍 L.L.Bean, 컴포트 슈즈 전문점 Benexy, 이탈리아 프리미엄 패션 브랜드 Kiton, 럭셔리 캐리어 Globe Trotter 등을 놓치지 말자.

영업 11:00~21:00
주소 東京都 中央区 銀座 5-2-1
전화 03-3571-0109 지도 MAP 6-B2
교통 지하철 마루노우치 선·히비야 선·긴자 선의 긴자 銀座 역(M16·H09·G09) 하차, C2번 출구를 나오면 바로 오른쪽에 있다.
구글맵 페이지 하단 QR 코드 스캔·클릭

큐쿄도
鳩居堂

일본색 짙은 아기자기한 기념품을 장만하기에 좋다. 1663년 교토 京都에서 창업한 유서 깊은 역사를 자랑하며, 전통 소재와 문양을 살린 문구·소품을 취급한다. 일본 전통 종이인 와시 和紙로 만든 편지지·부채, 화사한 스타일의 수첩·액세서리 보관함과 기모노를 입은 깜찍한 종이 인형 등은 선물용으로도 인기가 높다.

영업 11:00~19:00
휴업 1/1~1/3, 2월 말일
주소 東京都 中央区 銀座 5-7-4
전화 03-3571-4429 지도 MAP 6-B3
교통 지하철 마루노우치 선·히비야 선·긴자 선의 긴자 銀座 역(M16·H09·G09) 하차, A2번 출구 바로 옆에 있다.
구글맵 페이지 하단 QR 코드 스캔·클릭

이토야
伊東屋

1904년 오픈한 긴자 제일의 문구 및 미술용품 전문점. 사무용품·문구·미술용품·포장지·만년필등 15만 종에 이르는 다양한 품목을 구비하고 있다. 모던한 디자인부터 전통적인 스타일까지 다채로운 상품을 취급하기 때문에 누구나 취향에 맞는 물건을 고를 수 있는 것도 빼놓을 수 없는 매력이다.

영업 10:00~20:00, 일·공휴일 10:00~19:00 휴업 부정기적
주소 東京都 中央区 銀座 2-7-15
전화 03-3561-8311 지도 MAP 6-D2
교통 지하철 마루노우치 선·히비야 선·긴자 선의 긴자 銀座 역(M16·H09·G09) 하차, A13번 출구를 나와 정면으로 도보 3분.
구글맵 페이지 하단 QR 코드 스캔·클릭

 구글맵

신마루비루 新丸ビル

마루비루와 어깨를 나란히 하는 마루노우치의 쇼핑 명소. 지하 1층부터 4층까지 세련된 스타일의 중·고가 브랜드가 가득하다. 추천 숍은 트렌드를 선도하는 핫한 아이템이 풍부한 셀렉트 숍 United Arrows(1층), Beams(3층), Spick & Span(3층)이다. 우산 전문점 한웨이 Hanway(4층), 프리미엄 인테리어 편집숍 더 콘란 숍 The Conran Shop(3·4층) 영국 감성의 패션 브랜드 British Made(2층)도 눈길을 끈다. 인테리어 소품과 잡화가 풍부한 Watashi no Heya · Afternoon Tea Living · Délier Idée(4층), 희소성 높은 코스메틱 브랜드 산타 마리아 노벨라(1층)·Neal's Yard Remedies(3층)도 놓치지 말자.

영업 11:00~21:00, 일·공휴일 11:00~20:00
주소 東京都 千代田区 丸の内 1-5-1 전화 03-5218-5100
지도 MAP 5-C2 교통 JR 야마노테 선·츄오 선·케이힌토호쿠 선의 도쿄 東京 역(JY01·JC01·JK26) 하차. 마루노우치 중앙 출구 丸の内中央口를 나와 정면 오른쪽의 횡단보도를 건너 직진 도보 2분.
구글맵 페이지 하단 QR 코드 스캔·클릭

1 마루비루와 함께 마루노우치 쇼핑의 양대 산맥을 이룬다.
2 세련된 패션 브랜드는 물론 다양한 가방·소품도 취급한다.

무지
MUJI 無印良品

저렴한 가격과 양질의 제품으로 인기가 높은 인테리어 및 잡화 전문점. 디자인은 단순하지만 기본적인 기능에 충실한 상품을 거품 쏙 뺀 실속가로 선보인다. 의류·화장품·주방용품·식료품·가구·가전제품·자전거 등 생활 전반에 걸친 온갖 상품을 취급한다. 모든 가구·인테리어를 무지 제품으로 꾸민 무지 호텔도 운영한다.

영업 11:00~21:00 휴업 부정기적
주소 東京都 中央区 銀座 3-3-5
전화 03-3538-1311 지도 MAP 6-C2
교통 지하철 마루노우치 선·히비야 선·긴자 선의 긴자 銀座 역(M16·H09·G09) 하차. B4번 출구를 나와 오른쪽으로 도보 3분.
구글맵 페이지 하단 QR 코드 스캔·클릭

마리아주 프레르
MARIAGE FRÈRES

역사와 전통을 자랑하는 프랑스 브랜드의 홍차 전문점. 깊은 맛과 우아한 향으로 인기가 높다. 대표 상품은 Wedding Imperial과 Marco Polo. 우리나라에서 구하기 힘든 브랜드인데 디 페기지도 고급스러워 선물용으로 딱이다. 세트 상품 이외의 차는 100g 단위의 벌크로만 판매한다.

영업 11:00~20:00 휴업 부정기적
주소 東京都 中央区 銀座 5-6-6
전화 03-3572-1854 지도 MAP 6-B3
교통 지하철 마루노우치 선·히비야 선·긴자 선의 긴자 銀座 역(M16·H09·G09) 하차. A1번 출구를 나와 정면 왼쪽에 보이는 골목으로 들어가 60m 가면 오른쪽에 있다.
구글맵 페이지 하단 QR 코드 스캔·클릭

애플 스토어
APPLE STORE

일본 최초로 오픈한 애플의 오피셜 매장. 1~4층으로 이루어져 있으며 애플의 최신 모델은 물론 우리나라에서 구하기 힘든 헤드폰·블루투스 스피커 등의 액세서리까지 빠짐없이 구비돼 있나. 가격은 환율에 따라 차이가 나지만 전반적으로 우리나라보다 저렴하다. 5,000엔 이상 구매시 면세도 된다.

영업 10:00~21:00
주소 東京都 中央区 銀座 8-9-7
전화 03-4345-3600
지도 MAP 6-B4
교통 지하철 마루노우치 선·히비야 선·긴자 선의 긴자 銀座 역(M16·H09·G09) 하차. A3번 출구를 나와 정면으로 도보 8분.
구글맵 페이지 하단 QR 코드 스캔·클릭

도쿄 시민의 부엌, 토요스

어슴푸레 먼동이 터오는 새벽, 상인들의 분주한 발놀림으로 하루의 문을 여는 토요스 豊洲는 일본 최대의 수산시장이다. 축구장 72개 면적과 맞먹는 51만 7,000㎡의 시장에서는 도쿄 시민의 식탁에 오를 4,000여 톤, 30억 엔 어치의 수산물이 매일 거래된다. 일본 전역에서 공수된 진귀한 수산물과 생동감 넘치는 시장의 활력은 다른 어디서도 경험하기 힘든 토요스만의 매력! 인근의 오다이바(p.188) 또는 츠키지 장외시장과 함께 돌아봐도 좋다.

🚃 유리카모메 시죠마에 市場前(U14) 역 하차,
또는 츠키지 장외시장 근처에서 시 市01번 버스를 타고 토요스시죠 豊洲市場 하차(15분, 210엔).

豊 ★★★☆☆
洲市場 토요스 수산시장

🏷 토요스시죠− 🕐 05:00~17:00 🚫 일·공휴일, 수요일(부정기적) 🗺 MAP 13−C1
🌐 https://www.toyosu−market.or.jp 📱 페이지 하단 QR 코드 스캔·클릭
🚃 유리카모메 시죠마에 市場前(U14) 역 하차, 도보 5분.
경매 견학 🕐 05:30~06:30 💴 무료 ※예약 필수
견학 예약 🌐 https://toyosu.jcdlotterysite.jp ☎ 03−3520−8205

일본 최대의 수산시장. 수산물도매동 水産卸売場棟, 수산물중도매동 水産仲卸売場棟, 청과물동 青果棟의 3개 건물로 이루어져 있으며, 일본 전역에서 공수된 온갖 생선이 그득하다. 꽁꽁 얼린 집채 만한 참치가 현란한 칼놀림에 붉은 속살을 드러내며 먹음직한 횟감으로 변신하는 광경도 신기하기 그지없다. 수산시장의 심장부인 수산물도매동의 경매장에서는 막대한 물량의 참치가 거래되는 현장도 볼 수 있다. 수산물중도매동 5층에는 오다이바는 물론 멀리 후지 산까지 보이는 초록빛 옥상정원이 있다. 신선한 초밥을 파는 식당가도 인기가 높은데, 수십 년 전통을 뽐내는 다이와스시 大和寿司와 스시다이 寿司大가 특히 유명하다(페이지 하단 QR 코드 스캔·클릭).

豊 ★★☆☆☆
洲 千客万来 토요스 천객만래

🏷 토요스센갸쿠반라이 🕐 1·2층 10:00~22:00, 3층 10:00~20:00,
8층 족탕 10:00~20:00 🌐 https://www.toyosu−senkyakubanrai.jp 🗺 MAP 13−C1
🚃 유리카모메 시죠마에 市場前(U14) 역 하차, 도보 2분.
📱 페이지 하단 QR 코드 스캔·클릭

에도 시대의 거리를 본뜬 테마 상점가. 토요스 수산시장의 장외시장에 해당하는 곳으로 해산물·초밥 전문점과 온갖 먹거리를 취급하는 식당·기념품점이 모여 있어 가볍게 눈요기로 돌아보기에 적당하다. 8층에는 토요스 일대는 물론 오다이바의 레인보우 브리지까지 한눈에 들어오는 멋진 전망의 무료 족탕, 2~7층에는 도심형 온천·숙박 시설 도쿄토요스 만요 클럽 東京豊洲 万葉倶楽部이 있다(3,850엔~).

🔍 구글맵

도쿄의 옛 풍경, 츠키지 & 츠키시마

서민적인 냄새가 물씬 풍기는 도쿄의 옛 모습이 궁금하면
츠키지 築地와 츠키시마 月島로 가보자. 수산시장이 츠키지에서
토요스로 이전된 뒤 장외시장만 덩그마니 남겨졌지만, 수많은
사람들로 북적이는 활기찬 풍경만은 예전과 다름없다. 더구나
오랜 역사의 맛집이 곳곳에 숨어 있어 이를 찾아보는 즐거움도
쏠쏠하다. 1960~1970년대의 정서가 고스란히 전해오는
츠키시마의 주택가도 색다른 도쿄 여행의 재미를 더한다.

🚇 츠키지는 지하철 히비야 선의 츠키지 築地 역(H11), 토에이오에도 선의 츠키지시죠 築地市場 역(E18) 하차.
츠키시마는 유라쿠쵸 선 · 토에이오에도 선의 츠키시마 月島 역(Y21 · E16) 하차.

築地場外市場 츠키지 장외시장 ★★★★☆

🔈 츠키지죠-가이시죠- 🕐 05:00~15:00(숍마다 다름)
🚫 수 · 일 · 공휴일(숍마다 다름) 🗺 MAP 22-C2
🔗 페이지 하단 QR 코드 스캔·클릭
🚇 지하철 토에이오에도 선의 츠키지시죠 築地市場 역(E18) 하차,
A1번 출구를 나와 오른쪽으로 도보 3분. 또는 히비야 선의 츠키지
築地 역(H11) 하차, 1번 출구를 나와 왼쪽으로 도보 3분.

좁은 골목을 빽빽이 메운 건어물 · 생선 · 채소 · 주방용품
상점이 우리네 재래시장처럼 친근한 모습으로 다가온다. 큰길
쪽에는 고작 너댓 개의 의자만 갖다놓고 영업하는 간이식당이
모여 있는데, 은근히 오랜 전통과 맛으로 승부하는 곳이다. 시장
안쪽에는 저렴한 가격에 신선한 초밥을 맛볼 수 있는 초밥집이
줄줄이 모여 있어 사람들의 발길이 끊이지 않는다. 도쿄
현지인도 '싸고 · 신선하고 · 맛있는' 초밥을 먹기 위해 이곳을
찾는다는 사실을 알아두자.

활기찬 기운이 넘치는 츠키지
장외시장.

인도풍 건축양식이 흥미롭다.

築地本願寺 츠키지혼간지 ★☆☆☆☆

🔈 츠끼지혼간지
🕐 06:00~17:00, 10~3월 06:00~16:00
💰 무료 🗺 MAP 22-D3
🚇 지하철 히비야 선의 츠키지 築地 역(H11) 하차,
1번 출구를 나와 왼쪽으로 도보 1분.
🔗 페이지 하단 QR 코드 스캔·클릭

도쿄 최대 규모를 자랑하는 사찰. 1617년
교토 京都에 있는 니시혼간지 西本願寺의
부속 사찰로 지어졌으나, 1657년 도쿄 일대를
전소시킨 대화재와 1923년 관동 대지진의
여파로 완전히 파괴되고 말았다. 지금의 건물은
인도의 사원 양식을 본떠 1931~1934년에
재건한 것이다. 내부에는 금박을 입힌 화려한
불당과 절이란 이미지와는 다소 어울리지 않는
대형 파이프 오르간이 설치돼 있다. 높이 3m
의 파이프 오르간은 1970년 독일에서 제작한
것으로 제작 기간 1년, 총 2,000개의 파이프가
사용됐다.

浜離宮恩賜庭園 하마리큐 정원 ★★★☆☆

발음 하마리큐-온시떼-엔 **개관** 09:00~17:00 **휴관** 12/29~1/1
요금 300엔, 5/4·10/1은 무료 **지도** MAP 22-B1
교통 지하철 토에이오에도 선의 츠키지시죠 築地市場 역(E18) 하차,
A1번 출구를 나와 왼쪽으로 도보 7분. 또는 JR 야마노테 선·케이힌토호쿠
선의 신바시 新橋 역 하차, 도보 15분. 아사쿠사 浅草에서 출발하는
수상버스(p.358)를 타면 정원 안으로 곧장 들어간다.
구글맵 페이지 하단 QR 코드 스캔·클릭

에도 시대를 대표하는 일본식 정원. 드넓은 녹지와 연못을
배경으로 고층 빌딩이 거대한 병풍처럼 늘어선 모습이 이색적인
풍경을 연출한다. 원래 쇼군이 매사냥을 즐기던 곳이었는데 1654
년에 집권한 토쿠가와 이에즈나 德川家綱가 이 일대의 바다를
매립하고 별장을 세워 지금의 정원을 조성했다. 안에는 야트막한
동산과 숲·잔디밭·연못이 조화롭게 배치돼 있으며, 산책로를
따라 한 바퀴 도는 데만 1시간은 족히 걸릴 만큼 넓은 면적을
자랑한다. 도쿄 시내에서 볼 수 있는 최대 규모의 일본 정원이니
일본 문화나 조경에 관심이 있다면 한 번쯤 가봐도 좋을 듯.

호젓하게 산책을 즐기기에 좋은 하마리큐 정원.

수많은 차량이 오가는 카치토키바시.

勝鬨橋 카치토키바시 ★☆☆☆☆

발음 카치또끼바시 **지도** MAP 22-C3
교통 지하철 히비야 선의 츠키지 築地 역(H11) 하차,
1번 출구를 나와 왼쪽으로 도보 7분.
구글맵 페이지 하단 QR 코드 스캔·클릭

츠키지와 츠키시마 月島를 잇는 길이 246m의 철교.
1940년에 미국식 도개교(跳開橋)를 본떠서 만든
것인데 대형 선박이 지나갈 때는 다리 가운데 부분이
양쪽으로 들렸다고 한다. 하지만 교통량의 증가로
1970년부터 고정식으로만 사용하고 있다.

もんじゃストリート 몬쟈 스트리트 ★★☆☆☆

발음 몬쟈스토리-토 **교통** 지하철 유라쿠초 선·토에이오에도
선의 츠키시마 月島 역(Y21·E16) 하차, 7번 출구를 나오면
바로 앞에 있다. **구글맵** 페이지 하단 QR 코드 스캔·클릭

도쿄의 명물 몬쟈야키 もんじゃ焼가 탄생한 곳이다.
몬쟈야키는 뜨겁게 달군 철판 위에 어패류·고기·
채소 등을 올리고 쇠주걱으로 잘게 다져서 익혀
먹는 음식이다. 마치 서울의 신당동 떡볶이 골목처럼
400m 남짓한 도로를 따라 60여 개의 몬쟈야키
전문점이 모여 있다. 거리 분위기가 무척 소박하며
독특한 잡화·기념품을 파는 상점이 군데군데
자리해 구경하는 재미도 쏠쏠하다.

구글맵

月島 츠키시마
★★☆☆☆

발음 츠키시마 **교통** 지하철 유라쿠쵸 선·토에이오에도 선의 츠키시마 月島 역(Y21·E16) 하차, 6번 출구에서 도보 4분. **구글맵** 페이지 하단 QR 코드 스캔·클릭

도쿄의 옛 모습이 고스란히 보존된 주택가. 1892년 도쿄 만 매립 당시 조성됐으며 원래는 목조 창고가 즐비한 거리였다. 태평양 전쟁 이후 주택지로 바뀌었으나 불편한 교통 탓에 개발의 여파가 미치지 않아 지금처럼 예스러운 거리로 남겨졌다. 좁은 골목 사이사이에 위치한 낡은 신사와 절들이 정감어린 풍경으로 다가온다. 만화· 애니메이션 〈3월의 라이온〉의 배경이 되기도 했다.

石 川島灯台跡 이시카와지마 등대 터
★☆☆☆☆

발음 이시까지마토-다이아또 **교통** 지하철 유라쿠쵸 선·토에이오에도 선의 츠키시마 月島 역(Y21·E16) 하차, 6번 출구에서 도보 7분. **구글맵** 페이지 하단 QR 코드 스캔·클릭

1866년에 등대가 세워져 있던 곳. 스미다가와 강을 오가는 선박이 안전하게 항해할 수 있도록 어민들이 등불을 밝히던 게 등대의 시초다. 등불을 밝히는 데는 고래 기름을 사용했다고 한다. 지금의 등대는 당시 모습을 재현하고자 1992년에 만든 것이며, 주변에는 조그만 공원과 강변 산책로가 정비돼 있다.

뱃사람들의 길을 알려주던 등대

 부담없이 즐기는 츠키지 장외시장 맛집

키츠네야 きつねや

1947년 창업한 소고기 덮밥 노포. 뭉근하게 끓여내는 소고기 내장조림 덮밥 호르몬동 ホルモン丼(900엔)과 소고기 덮밥 규동 牛丼(800엔)이 간판 메뉴인데, 비주얼 때문에 호불호가 극명히 갈린다.

예산 800엔~ **영업** 06:30~13:30 **휴업** 수·일요일 **전화** 03-3345-3902 **지도** MAP 22-C2 **교통** 지하철 히비야 선의 츠키지 築地 역(H11) 1번 출구에서 도보 5분. **구글맵** 페이지 하단 QR 코드 스캔·클릭

스시잔마이 すしざんまい

재료가 신선한 초밥집. 160여 가지 초밥과 회를 취급한다. 초밥 가격은 단품 1개당 107~880엔. 세트 메뉴(1,408~5,478엔)가 충실하며, 초밥 사진이 실린 한국어 메뉴판이 있어 주문하기도 쉽다.

예산 1,500엔~ **영업** 24시간 **전화** 03-3541-1117 **지도** MAP 22-C2 **교통** 지하철 히비야 선의 츠키지 築地 역(H11) 1번 출구 도보 5분. **구글맵** 페이지 하단 QR 코드 스캔·클릭

츠키지야마쵸 築地山長

1950년 창업한 계란말이 노포. 즉석에서 굽는 달콤 짭짤한 계란말이가 군침을 돌게 한다. 계란말이를 꼬치에 끼워주는 야마쵸노쿠시타마 山長 の串玉(200엔)는 군것질거리로 인기가 높다.

예산 200엔~ **영업** 06:50~15:30 **전화** 03-3248-6002 **지도** MAP 22-C2 **교통** 지하철 히비야 선의 츠키지 築地 역(H11) 1번 출구 도보 7분. **구글맵** 페이지 하단 QR 코드 스캔·클릭

롯폰기 六本木

볼거리 ★★★☆☆
먹거리 ★★★★☆
쇼 핑 ★★★★☆
유 흥 ★★★☆☆

현대인의 감성을 자극하는 아트와 쇼핑의 중심지로 인기가 높은 지역이다. 진보적인 성향의 갤러리로 유명한 모리 미술관과 함께 다채로운 기획전이 열리는 국립 신미술관, 선토리 미술관 등이 삼각축을 이루어 일명 '아트 트라이앵글'이란 애칭으로도 통한다. 이들과 함께 업그레이드된 라이프스타일을 지향하는 도쿄 미드 타운·롯폰기 힐즈 등의 쇼핑몰은 세련된 멋을 추구하는 여행자의 시선을 단번에 사로잡는다.

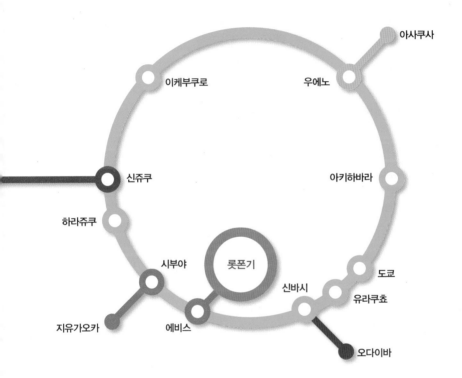

 롯폰기로 가는 방법

지하철 히비야 선 日比谷線 · 토에이오에도 선 都営大江戸線의 롯폰기 역(H04 · E23) 하차
도쿄 미드 타운 방면으로 갈 때는 7·8번 출구, 롯폰기 힐즈 방면으로 갈 때는 1C·3번 출구를 이용한다.

버스 RH01번 버스 롯폰기 힐즈 六本木ヒルズ 하차(210엔, 15분 소요)
버스는 JR 야마노테 선 山手線 · 사이쿄 선 埼京線 · 쇼난신쥬쿠 라인 湘南新宿ライン의
시부야 渋谷 역(JY20 · JA10 · JS19) 남쪽 출구 南口 앞에 있는 51번 정류장에서 출발한다.

roppongi quick guide

S How to See
미술관 중심으로 여행

롯폰기는 도쿄 미드 타운·롯폰기 힐즈·국립 신미술관의 3개 지역이 거대한 삼각형을 그리는 형태로 이루어져 있다. 세 곳 모두 '생활 속의 예술'을 모토로 운영하는 쇼핑몰이자 미술관이기 때문에 다채로운 예술적 감성에 흠뻑 취해볼 수 있다. 지하철역에서 가까운 도쿄 미드 타운 또는 롯폰기 힐즈에서 출발해 시계 방향으로 한 바퀴 빙 도는 식으로 돌아보면 편하다.

- 미술관·전시관 ★★★
- 건축물·공원 ★★★
- 유적·사적지 ☆☆☆

E Where to Eat
디저트·베이커리에 주목

먹거리의 중심지 역시 롯폰기 힐즈와 도쿄 미드 타운이다. 명품 쇼핑몰이란 이미지에 걸맞게 고급 레스토랑이 즐비하다. 단, 만만치 않은 가격 때문에 섣불리 다가가기 힘든 게 유일한 단점! 부담없이 식도락을 즐기려면 유명 디저트 숍·베이커리를 눈여겨보는 것도 좋다. 유명 파티시에가 선보이는 달콤한 디저트와 정통 프랑스식으로 만든 먹음직한 빵들이 식욕을 돋운다.

- 일식·라면 ★★★
- 양식·기타 ★★★
- 카페·디저트 ★★★

B What to Buy
명품을 비롯한 고급 아이템

쇼핑의 중심지는 롯폰기 힐즈와 도쿄 미드 타운이다. 도쿄에서도 손꼽히는 내로라하는 명품 쇼핑몰들이라 고급스러운 쇼핑을 즐기기에 더할 나위 없이 좋다. 하이엔드급 일본 로컬 브랜드는 물론, 해외 명품 브랜드의 일본 라이센스 브랜드, 최고급 명품 숍이 곳곳에 포진해 있다. 이와 더불어 명품 계열의 아동복, 세련된 스타일의 인테리어 숍을 찾아보는 재미도 놓치지 말자.

- 패션 ★★★
- 인테리어 ★★★
- 아동복·잡화 ★★★

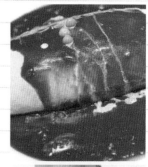

① 케야키자카   p.254

2차선 도로를 따라 내로라하는 명품 숍이 즐비하다. 가로수 밑에는 유명 조각가들이 만든 기발한 디자인의 아트 의자가 놓여 있어 이를 구경하는 재미도 남다르다.

볼거리 ★☆☆   먹거리 ★☆☆   쇼핑 ★★☆

② 모리 미술관   p.253

롯폰기의 예술적 감성에 흠뻑 취해볼 수 있는 미술관. 현대미술 작품을 중심으로 다양한 기획전이 열린다. 위층에는 멋진 전망을 뽐내는 전망대 도쿄 시티 뷰가 있다.

볼거리 ★★★   먹거리 ☆☆☆   쇼핑 ★☆☆

③ 롯폰기 힐즈 모리 타워   p.253

롯폰기의 하늘을 떠받치고 있는 육중한 위용의 빌딩. 상층부에는 오피스, 하층부에는 유행의 첨단을 달리는 패션·인테리어 숍이 여럿 입점한 대형 쇼핑몰이 있다.

볼거리 ★★☆   먹거리 ★★★   쇼핑 ★★★

④ 아사히 TV   p.254

일본의 유명 방송사 가운데 하나. 1층에는 우리에게도 친숙한 애니·드라마 프로그램의 홍보 부스가 있으며, 재미난 기념품도 구입할 수 있다.

볼거리 ★☆☆   먹거리 ☆☆☆   쇼핑 ★☆☆

⑤ 클럽 밀집 지역

롯폰기의 뜨거운(?) 밤을 책임지는 곳! 우아하고 고상한 롯폰기의 분위기와는 생판 다른 격정적인 클럽 문화를 체험할 수 있다. 피크 타임은 주말 22:00 이후다.

볼거리 ☆☆☆   먹거리 ★☆☆   쇼핑 ☆☆☆

⑥ 도쿄 미드 타운   p.250

롯폰기 힐즈와 더불어 이 지역 쇼핑가의 양대 산맥을 이루는 쇼핑몰. 최고급 브랜드가 가득하며, 유명 맛집이 모여 있어 식도락을 즐기기에도 좋다.

볼거리 ★★☆   먹거리 ★★★   쇼핑 ★★★

⑦ 히노키쵸 공원   p.250

연못을 따라 호젓한 산책로와 녹지, 아늑한 정자가 오밀조밀 배치돼 있는 일본식 정원. 곳곳에 놓인 유명 작가의 조각 작품을 찾아보는 재미도 쏠쏠하다.

볼거리 ★★☆   먹거리 ☆☆☆   쇼핑 ☆☆☆

⑧ 국립 신미술관   p.252

건물 자체로 이미 하나의 훌륭한 미술품이라 해도 과언이 아니다. 유명 건축가 쿠로가 키쇼가 설계했으며, 내부에는 멋스러운 카페·레스토랑·뮤지엄 숍도 있다.

볼거리 ★★★   먹거리 ★★☆   쇼핑 ★★☆

best course

롯폰기의 유명 미술관과 대형 쇼핑몰을 빠짐없이 돌아보는 코스. 미술관·쇼핑몰은 대부분 10:00~11:00에 오픈하므로 너무 서둘러 갈 필요는 없다. 오전에 일찍 도착했을 때는 도쿄 미드 타운의 히노키쵸 공원을 산책하며 시간을 보내도 좋다. 해가 진 뒤에는 도쿄 시티 뷰의 전망대에 올라가 근사한 도쿄의 야경을 감상한다.

조금만 부지런히 움직이면 도쿄 타워(p.261)·아자부다이 힐즈 (p.260)와 롯폰기를 묶어서 하루 코스로 돌아보는 것도 가능하다. 두 지역은 지하철로 불과 1~2정거장 거리다.

출발점 지하철 롯폰기 역 7번 출구
예상 소요시간 7시간~

▼지하철 롯폰기 역 7번 출구를 나오면 이렇게 보여요.

롯폰기 힐즈   국립 신미술관

롯폰기의 상징
롯폰기 힐즈 모리 타워.

start	도쿄 미드 타운	국립 신미술관		아사히 TV
1 바로 앞	**2** 도보 9분	**3** 도보 12분	**4** 도보 4분	**5**
롯폰기 역 7번 출구			롯폰기 힐즈 모리 타워	

고급 쇼핑몰로 명성이 자자한 도쿄 미드 타운.

아사히 TV의 장수 아이돌(?) 도라에몽.

지도 라벨:
- 히노키쵸 공원
- 노기자카 역
- ② 도쿄 미드 타운
- ③ 국립 신미술관
- 롯폰기 역 7번 출구 ①
- 롯폰기역
- 롯폰기 역
- 메트로 햇
- 롯폰기 힐즈 모리 타워 ④
- 모리 미술관 ⑧
- 도쿄 시티 뷰 ⑨
- ⑥ 모리 정원
- ⑤ 아사히 TV
- ⑦
- 케야키자카

MAP 14 참조

1 기하학적 디자인의 인테리어가 돋보이는 국립 신미술관. 2 감각적인 스타일의 패션 브랜드를 놓치지 말자. 3 유명 조각 작품을 관람하는 재미도 쏠쏠하다. 4 롯폰기는 도쿄에서도 손꼽히는 명품 쇼핑가다.

예술적 감성이 듬뿍 묻어나는 아이템이 풍부하다.

모리 정원 | 케야키자카 | 도쿄 시티 뷰

바루 앞 **6** 도보 2분 **7** 도보 3분 **8** 도보 1분 **9**

회색빛 도시에 예술적 감성을 불어넣는 케야키자카의 아트 월.

모리 미술관

공중에서 내려다 보는 도쿄의 전경을 즐기자.

SIGHTSEEING

도쿄 미드 타운 · 롯폰기 힐즈 등의 **초대형 럭셔리 쇼핑몰과 다채로운 전시회가 열리는 미술관**이 최대의 볼거리다. 또한 일본은 물론 **세계적인 명성의 건축가들이 디자인한 세련된 건축물** 역시 절대 놓쳐서는 안 될 명소다.

Best Spot in Roppongi

★★★★★ 국립 신미술관
롯폰기 힐즈 모리 타워
★★★★☆ 도쿄 미드 타운, 롯폰기 힐즈
★★★☆☆ 도쿄 시티 뷰, 마망, 모리 미술관
★★☆☆☆ 21_21 디자인 사이트
모리 정원, 선토리 미술관
아사히 TV, 케야키자카

📱 구글맵

東京ミッドタウン 도쿄 미드 타운 ★★★★☆

발음 토-꾜-밋도타운 **영업** 숍 11:00~20:00, 레스토랑 11:00~23:00
홈페 www.tokyo-midtown.com **지도** MAP 14-H2
교통 지하철 히비야 선 · 토에이오에도 선의 롯폰기 六本木 역(H04 · E23) 하차.
7 · 8번 출구가 도쿄 미드 타운과 바로 연결된다.
구글맵 페이지 하단 QR 코드 스캔 · 클릭

'예술이 살아 숨 쉬는 쾌적한 거리'를 테마로 탄생한 럭셔리 쇼핑몰. 도쿄에서 두 번째로 높은 도쿄 미드 타운 타워 東京ミッドタウンタワー(54층, 248m)를 중심으로 쇼핑 에어리어 갤러리아 Galleria, 도심 속의 휴식처 플라자 Plaza, 자연을 즐길 수 있는 미드 타운 가든 Mid Town Garden의 3개 테마 존으로 이루어져 있다. 최신 유행을 표방하는 130여 개의 숍과 내로라하는 맛집, 세련된 베이커리 · 카페가 모여 있어 현지인과 관광객의 발길이 끊이지 않는다(p.269). 안쪽에는 초록빛으로 가득한 히노키쵸 공원 檜町公園이 자리하고 있다. 모리 가문의 저택 부지를 정비해서 만든 일본식 정원에는 큼직한 연못을 따라 벚나무 · 은행나무 · 녹나무 등 140여 그루의 나무가 있어 사시사철 모습을 달리하는 도쿄의 자연을 즐길 수 있다. 초록빛 잔디 위에 다채로운 조각 작품이 전시된 미드 타운 가든 역시 대중을 위한 무료 야외 미술관의 역할을 톡톡히 하고 있다.

1 고즈넉한 히노키쵸 공원의 야경.
2 육중한 외관을 뽐내는 도쿄 미드 타운 타워. 3 연못과 산책로가 산뜻하게 정비된 히노키쵸 공원.

サ ★★☆☆☆
ントリー美術館 선토리 미술관

발음 산토리-비쥬쯔깐 **개관** 10:00~18:00,
금요일 10:00~20:00 **휴관** 화요일, 12/29~1/1
요금 전시회에 따라 다름 **홈피** www.suntory.co.jp/sma
지도 MAP 14-G1 **구글맵** 페이지 하단 QR 코드 스캔·클릭
교통 지하철 히비야 선·토에이오에도 선의 롯폰기 六本木 역
(H04·E23) 하차. 7·8번 출구를 이용해 도쿄 미드 타운으로
간다. 도쿄 미드 타운의 갤러리아 3층에 있다.

회화·칠기·도기·염직물 등 일본인의 삶과 역사를
함께해온 3,000여 점의 고(古) 미술품을 소장한
미술관. 모던하면서도 차분한 인테리어는 '전통과
현대의 융합'을 콘셉트로 건축가 쿠마 켄고 隈研吾가
디자인한 것이다(2007년). '생활 속의 아름다움'을
테마로 운영하는 기획전 중심의 미술관이라 전시
내용이 수시로 변경되니 홈페이지에서 자세한 정보를
확인하고 가는 게 좋다. 뮤지엄 숍에서는 그림엽서와
전통 공예품 등의 기념품을 판매한다.

생활 속의 아름다움을 테마로 운영하는 선토리 미술관.

안도 타다오의 건축 작품으로도 유명하다.

21 ★★☆☆☆
_21デザインサイト
21_21 디자인 사이트

발음 니쥬이찌니쥬이찌데자인사이-또 **개관** 10:00~19:00
휴관 화요일, 12/27~1/3, 전시물 교체일
요금 전시회에 따라 다름 **홈피** www.2121designsight.jp
지도 MAP 14-G1 **구글맵** 페이지 하단 QR 코드 스캔·클릭
교통 지하철 히비야 선·토에이오에도 선의 롯폰기 六本木 역
(H04·E23) 하차. 7·8번 출구를 이용해 도쿄 미드 타운으로
간다. 도쿄 미드 타운 뒤쪽에 위치한 히노키쵸 공원 옆에 있다.

'생활 속의 디자인'을 테마로 운영하는 디자인 전문
미술관. 심플하면서도 모던한 형태의 건물은 안도
타다오가 설계했는데(2007년), 고즈넉한 히노키쵸
공원 檜町公園의 풍경과 어우러진 모습만으로도
훌륭한 볼거리를 제공한다. 주요 전시품은 현대미술·
사진 작품이며, 디자인의 멋과 아름다움을 체험할 수
있는 기획전이 수시로 열린다. 자세한 전시 일정은
홈페이지에서 확인할 수 있다.

 도쿄 미드 타운의 숨은 예술품 찾기

도쿄 미드 타운에는 유명 아티스트의 조각이 곳곳에 전시돼 있어
이를 찾아보는 즐거움도 쏠쏠하다. 대표적인 작품은 플라자 지하
1층과 지상 1층에 있는 야스다 칸 安田侃의 〈Shape of Mind〉·
〈Key to a Dream〉, 미드 타운 가든에 있는 타카스카 마사시 高
須昌志의 3연작 〈The God of the Wind〉·〈The God of the
Mountain〉·〈The God of the Sea〉, 플로리안 클라르 Florian
Claar의 〈Fragment No.5〉, 갤러리아 1층에 있는 쉬라제 후쉬아
리 & 핍 혼 Shirazeh Houshiary & Pip Horne의 〈Bloom〉 등이
다. 미드 타운 가든의 전체 모습과 조각을 감상하려면 최고의 전망
이 펼쳐지는 갤러리아 2층의 가든 테라스를 이용하자.

〈Fragment No.5〉

〈The God of the Wind〉

六本木ヒルズ 롯폰기 힐즈 ★★★★☆

발음 롯뽕기히루즈 **지도** MAP 14-G4 **교통** 지하철 토에이오에도 선의 롯폰기 六本木 역(E23) 하차, 3번 출구를 나와 왼쪽으로 도보 5분. 또는 지하철 히비야 선의 롯폰기 역(H04) 하차. 1C번 출구 쪽으로 2분쯤 걸어가면 롯폰기 힐즈의 입구인 메트로 햇 Metro Hat과 지하로 연결된다.
구글맵 페이지 하단 QR 코드 스캔·클릭

롯폰기 힐즈 모리 타워 森タワー를 중심으로 5개의 건물과 테마 존이 모여 이루어진 주상 복합 단지. 도쿄 도심 재개발 사업의 일환으로 조성됐으며 '일본을 대표하는 문화 도심 창조'란 콘셉트에 걸맞게 비즈니스·주거·오락·문화시설을 충실히 갖춰 놓았다. 각각의 테마 존은 오로지 이곳만을 위해 디자인된 'Only One' 콘셉트의 숍들로 꾸며져 있어 롯폰기 힐즈만의 독창적인 멋과 스타일을 한껏 만끽하게 해준다.

1 세련된 숍을 돌아보는 즐거움을 만끽하자.
2 어둠 속에서 강렬한 빛을 뿜어내는 롯폰기 힐즈 모리 타워.

マン 마망 ★★★☆☆

발음 마망 **지도** MAP 14-G4 **교통** 롯폰기 힐즈와 동일. 메트로 햇 Metro Hat의 지상 출구 바로 앞에 있다.
구글맵 페이지 하단 QR 코드 스캔·클릭

롯폰기 힐즈 모리 타워의 정문을 지키는(?) 높이 9m의 대형 거미 조각. 프랑스 여성 작가 루이스 부르주아 Louise Bourgeois의 작품으로 작가 자신의 어머니에 대한 애정을 묘사했다. 참고로 마망은 프랑스어로 '엄마'라는 뜻. 여기에 거미 조각을 설치한 또 하나의 이유는 거미줄처럼 촘촘히 엮인 네트워크로 인류가 한 자리에 모여 지식을 논하고 새로운 가치와 지혜가 태어나기를 염원하는 것이라고 한다. 거미의 알주머니에는 새 생명과 미래의 번영을 기원하는 20개의 알이 소중히 담겨 있다.

国立新美術館 국립 신미술관 ★★★★★

발음 코꾸리쯔신비쥬쯔깐 **시간** 10:00~18:00 **휴무** 연말연시 **요금** 전시회에 따라 다름 **홈피** www.nact.jp **지도** MAP 14-E2
교통 지하철 치요다 선 千代田線의 노기자카 乃木坂 역(C05) 하차. 6번 출구가 미술관 입구와 바로 연결된다. 또는 지하철 히비야 선·토에이오에도 선의 롯폰기 六本木 역(H04·E23) 하차, 7번 출구에서 도보 7분.
구글맵 페이지 하단 QR 코드 스캔·클릭

상암 월드컵 경기장보다 2.5배나 큰 일본 최대의 미술관. 일체의 소장품 없이 기획전과 공모전 위주로만 운영하는 아트 센터의 역할에 충실한 곳이다. 고전에서 현대 작품에 이르기까지 다양한 테마의 전시회가 끊임없이 열리는 게 최대의 매력! 자세한 전시회 일정은 홈페이지에서 확인할 수 있다. 물결치듯 유려한 외관의 건물은 일본 현대 건축의 거장 쿠로가와 키쇼 黒川記章가 설계했다. 입구부터 천장까지 하나의 공간으로 탁 트인 개방감이 일품이며 유리벽 너머로는 초록빛 숲이 펼쳐져 '숲 속의 미술관'이란 설계 콘셉트가 실감난다. 원뿔형 기둥 위에 공중정원처럼 꾸민 카페·레스토랑의 분위기도 훌륭하다.

1 원뿔형 기둥 위에는 카페·식당이 있다.
2 지하에는 세련된 디자인 상품을 취급하는 뮤지엄 숍도 있다.

 구글맵

현대 건축의 걸작으로 꼽히는 롯폰기 힐즈 모리 타워.

六 本木ヒルズ森タワー 롯폰기 힐즈 모리 타워 ★★★★★

발음 롯뽄기히루즈모리타와- **영업** 숍 11:00~21:00, 레스토랑 11:00~23:00 **지도** MAP 14-G4 **교통** 왼쪽 페이지의 롯폰기 힐즈와 동일. 메트로 햇 Metro Hat의 지상 출구 바로 앞에 있다. **구글맵** 페이지 하단 QR 코드 스캔·클릭

은빛으로 빛나는 롯폰기 힐즈의 상징. 54층(238m)의 초고층 빌딩으로 세계적인 건축 설계사(社) 콘 페더슨 폭스 어소시에이트 Kohn Pedersen Fox Associates PC에서 디자인했다. 놀라운 사실은 이 거대한 건물을 짓는 데 불과 34개월밖에 안 걸렸다는 것. 이를 위해 일본 최대의 타워 크레인 6대와 연 인원 200만 명이 투입됐다. 완벽한 내진 설계로도 유명한데 진도 8의 강진에도 끄떡없다고 한다.

문화 도심의 역할을 상징하듯 상층부에는 모리 미술관, 하층부에는 세련된 패션·라이프스타일을 제안하는 웨스트 워크 West Work 쇼핑몰이 있다. 탁 트인 개방감이 일품인 쇼핑몰에는 유행을 선도하는 90여 개의 숍과 레스토랑이 모여 있어 언제나 수많은 쇼핑객으로 북적인다. 지하로 연결된 힐 사이드 Hill Side 쇼핑몰에도 시크한 감성의 패션·액세서리·인테리어 숍 40여 개가 모여 있다. 자세한 쇼핑 정보는 p.258~259 참조.

森 美術館 모리 미술관 ★★★☆☆

발음 모리비쥬쯔깐 **개관** 10:00~22:00, 화요일 10:00~17:00 **요금** 전시회에 따라 다름 **홈피** www.mori.art.museum **지도** MAP 14-G4 **구글맵** 페이지 하단 QR 코드 스캔·클릭 **교통** 왼쪽 페이지의 롯폰기 힐즈와 동일. 롯폰기 힐즈 모리 타워 52·53층에 있다.

롯폰기 힐즈 모리 타워 꼭대기에 위치한 '전 세계에서 가장 높은 미술관'. 사진·디자인·미디어 아트·패션·건축 등 영역의 구애를 받지 않고 현대미술을 중심으로 한 다채로운 작품을 전시하는 게 특징이자 매력이다. 기획전 위주로 운영하기 때문에 전시물의 변화가 심하니 홈페이지에서 전시 일정을 확인하고 가자. 3층의 뮤지엄 숍에서는 롯폰기 힐즈의 마스코트를 비롯해 일러스트·사진·패션·디자인 관련 서적 등 다양한 기념품을 취급한다.

1 다채로운 기획전이 열린다. 2 뮤지엄 숍에서는 요시토모 나라가 디자인한 기념품도 판다.

전망대에서 내려다본 도쿄의 전경. 도쿄 타워가 보인다.

東 京シティビュー 도쿄 시티 뷰 ★★★☆☆

발음 토-꾜-시티뷰- **개관** 10:00~22:00 **요금** 평일 1,800엔, 토·일·공휴일 2,000엔 **지도** MAP 14-G4 **교통** 왼쪽 페이지의 롯폰기 힐즈와 동일. 롯폰기 힐즈 모리 디워 52층에 있다. **구글맵** 페이지 하단 QR 코드 스캔·클릭

해발 250m의 고공에서 360도로 펼쳐지는 도쿄의 전경을 한눈에 내려다볼 수 있는 특급 포인트. 전망대 전체를 투명 유리로 만들어 놓아 탁 트인 개방감이 일품이다. 한 발만 내디디면 도쿄의 하늘을 사뿐히 즈려 밟을 수 있을 듯한 착각마저 들 정도! 날씨가 좋으면 후지 산까지 보이며 해진 뒤에는 아름다운 도쿄의 야경을 감상할 수 있다. 옥상에는 빼어난 전망의 실외 전망대도 있다.

봄마다 벚꽃이 만발하는 모리 정원.

毛利庭園 모리 정원 ★★☆☆☆

발음 모리떼-엔 **개관** 07:00~23:00 **요금** 무료 **지도** MAP 14-G4
교통 p.252의 롯폰기 힐즈와 동일. 메트로 햇의 지상 출구를 나와 정면으로 도보 5분.
구글맵 페이지 하단 QR 코드 스캔·클릭

에도 시대의 영주 모리 가문의 저택 터를 개조해서 만든 일본식 정원. 모리이케
毛利池란 애칭의 연못을 중심으로 산책로가 정비돼 있으며 군데군데 놓인
벤치에서는 지친 다리를 쉬어갈 수 있다. 정원에서는 웅장하게 솟아오른
롯폰기 힐즈 모리 타워의 거대한 위용이 한눈에 들어온다. 연못이 가장
아름다운 때는 벚꽃이 만개하는 4월 무렵과 단풍이 드는 10~11월이다.

11층에 프로그램 전시 홀이 있다. 2 실물 크기의 도라에몽
인형이 곳곳에 전시돼 있다.

レビ朝日 아사히 TV ★★☆☆☆

발음 테레비아사히 **개관** 09:30~20:30 **요금** 무료
지도 MAP 14-H5
교통 p.252의 롯폰기 힐즈와 동일. 메트로 햇 Metro Hat
의 지상 출구를 나와 정면으로 도보 5분.
구글맵 페이지 하단 QR 코드 스캔·클릭

일본 3대 미디어 그룹 가운데 하나인 아사히 TV의
본사. 거대한 유리벽에 뒤덮인 채 눈부시게
빛나는 건물은 2003년 마키 후미히코가 설계한
것이다. 실내 견학 코스가 없는 대신 1층에 메인
프로그램의 홍보 부스가 있다. 〈도라에몽〉·
〈짱구는 못말려〉 등 우리에게도 친숙한 인기
캐릭터와 유명 연예인의 모습을 찾아보자.
입구에는 애니메이션과 인기 연예인의 한정판
캐릭터 상품을 취급하는 기념품점이 있다.
메인 홀에는 실제 크기로 만든 도라에몽과
짱구의 인형, 애니의 장면들을 재현한
기념사진 촬영 코너, 그리고 카페·휴게소 등의
편의시설도 있다.

やき坂通り 케야키자카 ★★☆☆☆

발음 케야끼자까도리 **영업** 11:00~21:00 **지도** MAP 14-G5
교통 p.252의 롯폰기 힐즈와 동일. 메트로 햇의 지상 출구를 나와
정면으로 도보 7분.
구글맵 페이지 하단 QR 코드 스캔·클릭

롯폰기 힐즈를 동서로 가로지르는 도쿄에서도 손꼽히는
명품 쇼핑가. 2차선 도로 양쪽에 버버리·몽클레어·
롤렉스·오메가 등 내로라하는 명품 숍이 모여 있지만,
느티나무 가로수가 가지를 늘어뜨린 보행자 중심의 도로라
위압적이지 않은 자연스러운 느낌으로 다가온다. 야트막한
언덕을 따라 유명 아티스트가 디자인한 의자 11개를 점점이
배치해 도심 속의 휴식처란 안락함과 예술적 활기를 동시에
불어넣은 것도 특징! 이 도로를 중심으로 남쪽에는 도쿄의
'타워 팰리스'로 통하는 최고급 주거지가 둥지를 틀고 있다.

1 케야키자카의 나지막한 언덕을 따라 유명
작가들이 디자인한 각양각색의 의자가 놓여
있다. 2 도쿄 타워와 함께 아름다운 야경을
연출하는 케야키자카.

구글맵

RESTAURANT

브라세리 폴 보퀴즈 르 뮤제 강추
BRASSERIE PAUL BOCUSE LE MUSÉE

롯폰기의 아트 중심지인 국립 신미술관에 위치한 프렌치 레스토랑.
현대 프랑스 요리계의 살아 있는 신으로 추앙받는 폴 보퀴즈가 운영한다.
격식을 갖춘 고급 레스토랑이 아닌 캐주얼한 스타일의 브라세리
Brasserie로 거품 없는 가격과 고급스러운 맛이 장점이다.
가격 대비 만족도가 높아 오픈 시간 전에 가도 한두 시간은 기다려야 하는
게 기본이다. 인기 메뉴는 점심(11:00~16:00)에만 한정 판매하는
메뉴 블랑 Menu Blanc(2,970엔~)이다. 메인 디시 · 디저트 · 음료가
제공되는 2 코스 요리로 내용은 수시로 바뀐다. 메인 디시는 육류 · 해산물
가운데 하나를 고를 수 있다. 다양한 빈티지의 와인을 보유하고 있으며
요리와 가장 잘 어울리는 와인을 추천해주기도 한다.

예산 2,970엔~
영업 11:00~21:00
휴업 화요일 메뉴 일어 · 프랑스어
주소 東京都 港区 六本木 7-22-2
国立新美術館 3/F
전화 03-5770-8161
홈피 www.hiramatsurestaurant.jp/
paulbocuse-musee
지도 MAP 14-E2
교통 지하철 치요다 선 千代田線의 노기자카
乃木坂 역(C05) 하차. 6번 출구를 나와 도보
4분. 또는 지하철 히비야 선 · 토에이오에도
선의 롯폰기 六本木 역(H04 · E23) 하차.
7번 출구에서 도보 10분.
국립 신미술관 3층에 있다.
구글맵 페이지 하단 QR 코드 스캔 · 클릭

메뉴 블랑 Menu Blanc(2,970엔~)

하브스 강추 HARBS

일본 제일의 케이크를 맛볼 수 있는 곳이라 해도 과언이 아니다.
재료의 풍미가 촉촉이 살아 숨 쉬는 케이크는 계절마다 메뉴가 조금씩
바뀌며, 항상 20여 가지 케이크를 취급하기 때문에 선택의 폭이 넓다.
홈메이드 스타일로 정성껏 구운 케이크만 내놓는 게 맛과 인기의
비결인데, 한 입 떼어먹는 순간 혀 위에서 사르르 녹는 달콤한 생크림이
온몸에 상큼한 기운을 전해준다. 보는 것만으로도 포만감이 느껴질
만큼 큰 사이즈의 케이크만 굽는 것도 눈에 띄는 특성이다. 하지만 너무
부담스러워하지는 말자. 눈 깜짝할 사이에 텅 빈 접시를 보게 될 테니!
인기 메뉴는 상큼함과 달콤함이 멋진 조화를
이루는 다양한 과일 케이크다. 음료
가격(750엔~)이 부담스러울 때는
케이크만 테이크아웃으로 사가는
것도 방법이다. 진열장에 놓인
케이크를 직접 보고 고르는 방식이라
언어적인 문제로 고생할 가능성도
적다.

예산 800엔~ 영업 11:00~20:00
메뉴 일어 · 영어
주소 東京都 港区 六本木 6-10-2
Hill Side 1/F
전화 03-5772-6191
홈피 www.harbs.co.jp 지도 MAP 14-G5
교통 지하철 토에이오에도 선의 롯폰기 六本
木 역(E23) 하차. 3번 출구를 나와 왼쪽으로
도보 10분. 또는 지하철 히비야 선의 롯폰기
역(H04) 하차. 1C번 출구의 개찰구를 나와
정면으로 도보 7분. 롯폰기 힐즈의 힐 사이드
Hill Side 쇼핑몰 1층에 있다.
구글맵 페이지 하단 QR 코드 스캔 · 클릭

Fresh Fruits Cake(1,100엔~)

등심 돈가스 ロースかつランチ
(1,200~2,050엔)

나고야 토종 닭고기덮밥
名古屋コーチン親子丼(1,023엔)

치킨가스 정식
名物ささみかつ膳(1,200엔)

부타구미쇼쿠도 강추
豚組食堂

겉은 바삭하고 속은 촉촉한 최고의 돈가스를 맛보자. 살코기와 지방이 적절히 섞인 고기만 사용해 부드러운 식감과 감칠맛이 살아 있다. 고기의 산지와 무게에 따라 가격이 다르니 메뉴판을 잘 보고 주문해야 한다. 점심에는 등심 돈가스 로스카츠란치 ロースかつランチ(1,200~2,050 엔), 순살 돈가스 フィレかつランチ(1,400~1,850엔), 저녁에는 등심 돈가스 로스카츠젠 ロースかつ膳(1,500~2,350엔), 순살 돈가스 휘레카츠젠 フィレかつ膳 (1,700~2,150엔) 등을 추천한다.

예산 1,200엔~
영업 11:00~16:00, 17:00~23:00
메뉴 일어 · 영어
주소 東京都 港区 六本木 6-4-1 六本木ヒルズ メトロハット B2/F
전화 03-3408-6751 지도 MAP 14-G4
교통 지하철 히비야 선 · 토에이오에도 선의 롯폰기 六本木 역(H04 · E23) 하차, 1c번 출구에서 도보 2분. 롯폰기 힐즈 메트로 햇 六本木ヒルズ メトロハット 지하 2층에 있다.
구글맵 페이지 하단 QR 코드 스캔 · 클릭

토리산와 강추
鶏三和

1900년 나고야에서 창업한 닭고기 요리 전문점. 육질 좋기로 명성이 자자한 나고야 토종닭으로 만드는 닭고기덮밥이 맛있다. 오픈과 동시에 긴 줄이 늘어서는 조그만 식당이니 서둘러 가야 한다. 추천 메뉴는 부드러운 닭고기와 촉촉한 계란이 감칠맛 나는 소스와 환상의 궁합을 이루는 나고야 토종 닭고기덮밥 나고야코친오야코동 名古屋コーチン親子丼(1,023엔) 이다. 꼬치구이(1개 184엔~)와 닭 날개 튀김(1개 141엔~)은 술안주 · 간식으로 좋으며 테이크아웃도 된다.

예산 1,023엔~ 영업 11:00~21:00
메뉴 일어 주소 東京都 港区 赤坂 9-7-3 東京ミッドタウン ガレリア B1/F
전화 03-6804-3029 지도 MAP 14-G2
교통 지하철 히비야 선 · 토에이오에도 선의 롯폰기 六本木 역(H04 · E23) 하차. 7 · 8번 출구를 이용해 도쿄 미드 타운으로 간다. 도쿄 미드 타운의 갤러리아 ガレリア 지하 1층 식품 코너에 있다.
구글맵 페이지 하단 QR 코드 스캔 · 클릭

이카마츠 강추
イマカツ

놓치면 후회할 치킨가스 맛집. 문전성시를 이루는 까닭에 언제 가도 30분 이상 대기는 필수다. 되도록 전화 예약 후 갈 것을 추천. 강추 메뉴는 치킨가스 4조각과 가지튀김 1조각이 나오는 치킨가스 정식 메이부츠사사미카츠젠 名物ささみかつ膳(1,200엔)이다. 동물성 기름에 튀겨 고소한 풍미와 바삭함을 극대화시켰으며, 닭가슴살이란 사실이 믿기지 않을 만큼 촉촉하고 부드러운 식감이 훌륭하다. 다양하게 맛보려면 치킨가스 · 멘치카츠 · 히레카츠 · 크림 크로켓이 나오는 이카마츠 정식 이카마츠젠 イカマツ膳(1,700엔)을 주문해도 좋다.

예산 1,200엔~ 영업 11:30~16:00, 18:00~22:30 휴무 일요일 · 연말연시
메뉴 일어 · 영어 전화 03-3408-1029
주소 東京都 港区 六本木 4-12-5 フェニキア ルクソス 1/F 지도 MAP 14-H2
교통 지하철 히비야 선 · 토에이오에도 선의 롯폰기 六本木 역(H04 · E23) 하차. 7번 출구를 나와 정면으로 도보 1분.
구글맵 페이지 하단 QR 코드 스캔 · 클릭

구글맵

루즈 루쥬
(880엔)

장 피엘
ジャン・ピエール(730엔)

강추

강추

라 부티크 드 조엘 로뷔숑
LA BOUTIQUE DE JOEL ROBUCHON

미슐랭의 스리스타 셰프 조엘 로뷔숑이 운영하는 파티스리. 엄선한 재료로 만든 빵과 케이크, 최고급 양과자를 취급한다. 이름 그대로 새빨간 생김새가 인상적인 쇼트 케이크 루즈 루쥬 ルージュ(880엔)는 초콜릿 무스와 망고 무스, 그리고 새콤달콤한 산딸기가 어우러진 상큼한 맛이 매력이다. 색색의 달콤한 마카롱 マカロン(350엔)과 바게트 バゲットクラシック バゲットクラシック(350엔), 고소한 옥수수와 치즈를 넣은 카레빵 カレーパン(390엔)도 맛있다.

예산 350엔~ 영업 10:00~21:00
메뉴 일어·프랑스어
주소 東京都 港区 六本木 6-10-1 六本木ヒルズ ヒルサイド 2/F
전화 03-5772-7507
지도 MAP 14-G5
교통 지하철 히비야 선·토에이오에도 선의 롯폰기 六本木 역(H04·E23) 하차, 1C번 출구 방향의 개찰구를 나와 정면으로 도보 7분. 롯폰기 힐즈의 힐 사이드 Hill Side 쇼핑몰 2층에 있다.
구글맵 페이지 하단 QR 코드 스캔·클릭

토시 요로이즈카
TOSHI YOROIZUKA

고급스러운 디저트를 선보이는 파티스리 겸 레스토랑. 8년간의 유럽 연수와 파리 콩쿠르 우승 등 쟁쟁한 경력을 자랑하는 파티시에 토시 요로이즈카가 운영한다. 제철 재료를 사용해 최상의 맛을 끌어내는 게 특징이며, 디저트와 함께 샴페인·와인 등의 주류도 맛볼 수 있어 데이트 목적의 커플이 즐겨 찾는다. 피스타치오 크렘뷜레를 넣은 초콜릿 무스 케이크 장 피엘 ジャン・ピエール(730엔)를 꼭 맛보자. 쌉싸름하면서도 기분 좋은 단맛과 피스타치오의 고소함이 멋진 조화를 이룬다.

예산 330엔~ 영업 11:00~21:00
휴업 화요일 메뉴 일어·프랑스어
주소 東京都 港区 赤坂 9-7-2 東京ミッドタウン・イースト 1/F
전화 03-5413-3650 지도 MAP 14-H2
교통 지하철 히비야 선·토에이오에도 선의 롯폰기 六本木 역(H04·E23) 하차. 7·8번 출구를 이용해 도쿄 미드 타운으로 간다. 도쿄 미드 타운의 이스트 イースト 1층에 있다.
구글맵 페이지 하단 QR 코드 스캔·클릭

 Info Plus +

츠루톤탄
つるとんたん

쫄깃한 면과 담백한 국물의 사누키 우동 전문점. 세숫대야를 방불케 하는 큰 그릇에 우동이 담겨 나온다. 자세한 메뉴는 p.182 참조.

예산 880엔~ 지도 MAP 14-G2
영업 00:00~08:00, 11:00~24:00
교통 지하철 히비야 선·토에이오에도 선의 롯폰기 六本木 역(H04·E23) 7번 출구에서 도보 3분.
구글맵 하단 QR 코드 스캔·클릭

잇푸도
一風堂

진한 돼지사골 육수가 일품인 하카타 라멘 전문점. 국물에 마늘을 풀면 더욱 맛있다.

예산 1,080엔~ 영업 11:00~23:00
지도 MAP 14-H3
교통 지하철 히비야 선·토에이오에도 선의 롯폰기 六本木 역(H04·E23) 6번 출구에서 도보 2분.
구글맵 하단 QR 코드 스캔·클릭

아후리
AFURI

닭·어패류 육수의 깔끔 담백한 라멘. 숯불에 굽는 차슈도 무척 맛있다. 자세한 메뉴는 p.303 참조.

예산 1,290엔~ 영업 11:00~22:00
지도 MAP 14-G4
교통 지하철 히비야 선·토에이오에도 선의 롯폰기 六本木 역(H04·E23) 1C번 출구 도보 2분.
구글맵 하단 QR 코드 스캔·클릭

블루 보틀 커피 롯폰기 점
Blue Bottle Coffee

차분한 분위기의 카페. 쇼핑 또는 미술관 관람 후 잠시 쉬어가기에 좋다. 자세한 메뉴는 p.165 참조.

예산 577엔~ 영업 08:00~20:00
지도 MAP 14-G2
교통 지하철 히비야 선·토에이오에도 선의 롯폰기 六本木 역(H04·E23) 7번 출구에서 도보 4분.
구글맵 하단 QR 코드 스캔·클릭

買 SHO-PPING

1 도쿄에서도 손꼽히는 명품 쇼핑몰 도쿄 미드 타운 갤러리아.
2 쾌적한 공간에서 만족도 높은 쇼핑을 즐길 수 있다.

도쿄 미드 타운 갤러리아
東京ミッドタウン ガレリア

뉴욕 스타일의 럭셔리한 숍이 가득한 롯폰기 최고의 쇼핑몰. 첨단 패션과 인테리어를 표방하는 130여 개의 숍이 입점해 있으며, 희소성 높은 중·고가 브랜드의 비율이 높아 20~30대가 즐겨 찾는다. 고급 식료품점이 모인 지하 1층과 앞선 디자인 트렌드를 접할 수 있는 3층의 생활 잡화 및 인테리어 코너도 눈을 즐겁게 한다. 뉴욕 컬렉션에서 화제를 모은 Adeam, 이탈리아 핸드메이드 진 브랜드 JACOB COHEN, 가방 브랜드 Valextra(1층), 영국을 대표하는 고급 구두 브랜드 존 롭 John Lobb(1층), 장인 정신이 느껴지는 일본풍 생활소품 숍 The Cover Nippon(3층) 등에 주목하자.

영업 숍 11:00~20:00, 레스토랑 11:00~23:00 **휴업** 1/1
주소 東京都 港区 赤坂 9-7-1 **전화** 03-3475-3100
홈피 www.tokyo-midtown.com **지도** MAP 14-G2
교통 지하철 히비야 선·토에이오에도 선의 롯폰기 六本木 역
(H04·E23) 하차. 7·8번 출구가 쇼핑몰과 바로 연결된다.
구글맵 페이지 하단 QR 코드 스캔·클릭

딘 앤 델루카
DEAN & DELUCA

뉴욕의 럭셔리 델리카트슨 딘 앤 델루카의 롯폰기 지점. 초콜릿·홍차·소스 등 전 세계에서 수입한 온갖 식재료를 취급한다. 희귀한 치즈·와인, 자체 브랜드의 차·커피 코너가 특히 흥미롭다. 패키지도 멋스러워 선물용으로도 그만이다. 깔끔한 디자인의 에코백도 인기! 갓 구운 빵과 신선한 샌드위치도 맛볼 수 있다.

영업 11:00~21:00 **휴업** 부정기적
주소 東京都 港区 赤坂 9-7-3
東京ミッドタウン ガレリア B1/F
전화 03-5413-3580 **지도** MAP 14-G2
홈피 www.deandeluca.co.jp
교통 상단의 도쿄 미드 타운 갤러리아 참조.
도쿄 미드 타운 갤러리아 지하 1층에 있다.
구글맵 페이지 하단 QR 코드 스캔·클릭

모리 아트 뮤지엄 숍
MORI ART MUSEUM SHOP

모리 미술관의 기념품 숍. 미술 서적을 중심으로 다채로운 문구·잡화를 취급하며, '아트&라이프'를 콘셉트로 디자인한 유명 작가의 작품과 프로모션 상품도 선보인다. 평범한 일상 속에서도 언제나 예술을 즐길 수 있도록 만든 기발한 아이디어 상품이 눈길을 끈다. 오직 여기서만 파는 롯폰기 힐즈 한정판도 취급한다.

영업 11:00~21:00 **휴업** 부정기적
주소 東京都 港区 六本木 6-10-1
六本木ヒルズ ウェストウォーク 3/F
전화 03-6406-6280 **지도** MAP 14-G4
교통 p.259의 롯폰기 힐즈 웨스트 워크
참조. 롯폰기 힐즈 웨스트 워크 3층에
있다.
구글맵 페이지 하단 QR 코드 스캔·클릭

유나이티드 애로우스
UNITED ARROWS

댄디하고 고급스러운 스타일의 셀렉트 숍. 해외 유명 브랜드의 셀렉트 아이템은 물론 자체 디자인의 오리지널 라인도 취급한다. 포멀한 비즈니스 수트부터 캐주얼한 스트리트 패션까지 폭넓은 스타일링을 뽐내는 것도 매력이다. 크롬 허츠 Crome Hearts, 빈티지 시계, 니치 향수 등 희소성 있는 센스 만점의 아이템도 풍부하다.

영업 11:00~20:00, 금·토요일 및 공휴일
전날 11:00~21:00
주소 東京都 港区 六本木 6-10-3 六本木
ヒルズ ウェストウォーク 2·3/F
전화 03-5786-0555 **지도** MAP 14-G4
교통 p.259의롯폰기 힐즈 웨스트 워크 참조.
롯폰기 힐즈 웨스트 워크 2·3층에있다.
구글맵 페이지 하단 QR 코드 스캔·클릭

 구글맵

롯폰기 힐즈 웨스트 워크
ROPPONGI HILLS WEST WALK

롯폰기 힐즈 모리 타워에 위치한 대형 쇼핑몰. 롯폰기를 대표하는 쇼핑몰이며 유행을 선도하는 세련된 스타일의 숍 90여 개가 입점해 있다. 생 로랑·구찌·스텔라 매카트니·보테가 베네타 등 럭셔리 브랜드가 모인 2층과 N.HOOLYWOOD·Attachment·Soph.· Starman by R & Co. 등 일본 디자이너·크리에이터의 하이 캐주얼 남성 패션 브랜드가 모인 4층이 눈여겨볼만하다. 양질의 소재를 사용한 인기 만점의 여성복 브랜드 Ebure(3층), 천연재료만 고집하는 고급 보디용품 숍 사봉 Sabon, 최고급 손수건 전문점 Classic The Small Luxury(4층)도 특색이 있다.

영업 11:00~20:00, 금·토요일 및 공휴일 전날 11:00~21:00 휴무 부정기적 주소 東京都 港区 六本木 6-10-1 전화 03-6406-6000 홈피 www.roppongihills.com 지도 MAP 14-G4 교통 지하철 히비야 선·토에이오에도 선의 롯폰기 六本木 역(H04·E23) 하차, 1C번 출구 방향의 개찰구를 나와 정면으로 도보 5분. 지하도 곳곳에 표지판이 있어 길 찾기는 어렵지 않다. 구글맵 페이지 하단 QR 코드 스캔·클릭

1 세련된 스타일의 매장이 즐비한 롯폰기 힐즈 웨스트 워크.
2 다양한 연령대를 아우르는 숍들이 모여 있다.

에스트네이션
ESTNATION

패션 멀티숍 에스트네이션의 플래그십 스토어. 보테가 베네타·사카이·The Row·질 샌더·메종 마르지엘라 등 요즘 뜨는 브랜드가 가득하다. ISAIA·Belvest 등의 맞춤 정장 코너도 인기. 의류 외에 신발·가방·안경 등의 패션 소품, 테이블웨어·욕실용품·유기농 화장품 등의 리빙 제품까지 다채로운 상품 구성을 자랑한다.

영업 11:00~20:00, 금·토요일 및 공휴일 전날 11:00~21:00 휴무 부정기적 주소 東京都 港区 六本木 6-10-2 六本木ヒルズ ヒルサイド 1·2/F 전화 0120-503-971 지도 MAP 14-G5 교통 롯폰기 역(H04·E23) 1C번 출구 도보 7분. 롯폰기 힐즈 힐사이드 1·2층. 구글맵 페이지 하단 QR 코드 스캔·클릭

리본 하카 키즈
RIBBON HAKKA KIDS

'특별한 기념일'을 테마로 운영하는 어린이용품 전문점. 일본 국내외를 불문하고 디자인과 기능성이 뛰어난 제품만 엄선해서 소개한다. 메인 아이템은 친환경 소재로 만든 어린이 장난감, 유기농 면으로 만든 아동복, 어린이 전용 스킨케어, 어린이용 의자 등이다. 장난기 넘치는 디자인에 키치적인 분위기의 아이템도 풍부하다.

영업 11:00~20:00, 금·토요일 및 공휴일 전날 11:00~21:00 휴무 부정기적 주소 東京都 港区 六本木 6-10-1 六本木ヒルズ ヒルサイド B2/F 전화 03-5786-7710 지도 MAP 14-G5 교통 롯폰기 역(H04·E23) 1C번 출구 도보 7분. 롯폰기 힐즈 힐사이드 지하 2층. 구글맵 페이지 하단 QR 코드 스캔·클릭

오니츠카 타이거
ONITSUKA TIGER

창업자 오니츠카 키하치로의 이름을 딴 아식스의 프리미엄 라인. 복고풍 디자인으로 전 연령대에 걸쳐 폭넓은 인기를 누리고 있다. 영화 〈킬 빌〉에서 우마 서먼이 신고 나와 폭발적인 인기를 얻은 운동화가 대표 아이템이며, 스포츠 용품과 바지·티셔츠·가방 등의 패션 상품도 두루 취급한다.

영업 11:00~20:00, 금·토요일 및 공휴일 전날 11:00~21:00 휴무 부정기적 주소 東京都 港区 六本木 6-4-1 六本木 ヒルズ ハリウッドプラザ B1/F 전화 03-5772-2660 지도 MAP 14-G4 교통 롯폰기 六本木 역(H04·E23) 1C번 출구 도보 4분. 메트로 햇·할리우드 플라자 지하 1층에 있다. 구글맵 페이지 하단 QR 코드 스캔·클릭

도쿄 NEW 랜드마크, 아자부다이 힐즈

일본에서 가장 성공적인 도심 재개발 사례로 꼽히는 아자부다이 힐즈. 리드미컬하게 흐르는 곡선
위주의 디자인과 초록으로 가득한 공간은 34년이란 세월에 걸쳐 원주민들과 소통하며 만들어낸 의미
깊은 결과물이다. 일본 최고의 빌딩(330m)이란 명성과 특색 있는 맛집 때문에 도쿄의 새로운 명소로도
각광받고 있다.

1 가든 플라자 뒤로
높이 330m의 타워
플라자가 보인다.
2 나라 요시토모의
도쿄 숲의 아이.
3 다양한 이벤트가
열리는 센트럴 그린.

아라비카 도쿄

麻布台ヒルズ 아자부다이 힐즈 ★★★★☆

발음 아자부다이히루즈 **영업** 숍 11:00~20:00, 레스토랑 11:00~23:00
교통 지하철 히비야 선의 카미야쵸 神谷町 역(H05) 5번 출구에서 바로 연결된다.
또는 지하철 난보쿠 선의 롯폰기잇쵸메 六本木一丁目 역(N05) 하차.
2번 출구에서 도보 7분. **홈페이지** 페이지 상단 QR 코드 스캔·클릭
모리 빌딩 디지털 아트 뮤지엄
개관 10:00~21:00 **휴관** 매월 첫째·셋째 화요일 **요금** 4,000엔

풍부한 녹지의 콤팩트 시티를 콘셉트로 탄생한 주상복합 단지. 센트럴
그린이란 미니 광장을 중심으로 가든 플라자 A·B·C·D, 타워 플라자,
레지던스 존의 3개 구역으로 이루어져 있다. 도시의 기능을 하나로 집약해
도보 이용 가능 범위 안에 숍·레스토랑·카페·갤러리 등 150여 개의
편의시설을 유기적으로 배치했기 때문에 쇼핑·식도락·문화생활을 한
공간에서 누릴 수 있다.

센트럴 그린에는 나라 요시토모의 〈도쿄 숲의 아이 東京の森の子〉, 소네
유타카의 〈석기시대 최후의 밤 石器時代最後の夜〉, 잔왕의 〈아티피셜
록 넘버 109 Artificial Rock No.109〉 등 조각 작품을 야외 전시해 눈길을
끈다. 가든 플라자 A 지하 1층에는 원피스·블리치 등 인기 만화의 원화를
전시·판매하는 미니 갤러리 슈에이샤 망가 아트 헤리티지 Shueisha
Manga-Art Heritage, 가든 플라자 B 지하 1층에는 몽환적인 빛의 예술이
감탄을 자아내게 하는 모리 빌딩 디지털 아트 뮤지엄 Mori Building
Digital Art Museum도 있다. 가든 플라자에서 레지던스 존으로 이어지는
야트막한 언덕은 아자부다이 힐즈의 세련된 경관을 감상할 수 있는 곳이자
벚꽃 명소로 유명하다.

가장 높은 건물인 타워 플라자 33·34층에는 도쿄 타워와 후지 산, 그리고
도쿄의 야경을 감상할 수 있는 전망대도 있다. 단, 다이닝 33 Dining 33,
힐즈 하우스 Hills House(33층), 힐즈 하우스 스카이 룸 카페 & 바 Hills
House Sky Room Cafe & Bar(34층) 예약자만 이용 가능하니 주의!

놓치지 말아야 할 곳은 '응 카페'란 애칭으로 유명한 커피 전문점 아라비카
도쿄 Arabica Tokyo(가든 플라자 B 지하 1층 & 타워 플라자 4층), 빵·
토스트·샌드위치가 맛있는 80년 전통의 베이커리 펠리칸 카페 Pelican
Cafe(타워 플라자 1층), 방울 모양 모나카와 한 입 사이즈 도라야키로
유명한 100년 역사의 화과자 노포 스즈카케 鈴懸, 빵 맛 좋기로 소문난
베이커리 콤엔 도쿄 Comme'N TOKYO(가든 플라자 C 지하 1층) 등이다.

도쿄의 심벌, 도쿄 타워를 찾아가자!

롯폰기 어디서나 금방 눈에 띄는 것처럼 불과 지하철로 한 정거장만 가면 이 도시의 심벌인 도쿄 타워가 우뚝 서 있다. 지금은 도쿄 스카이트리(p.364)에 밀려 인기가 조금 시들해진 것도 사실이지만, 밤낮으로 붉게 빛나는 모습은 여전히 여행자의 호기심을 자극하기에 충분하다. 근처에는 오랜 역사를 자랑하는 사찰도 있으니 함께 돌아봐도 좋을 듯!

파란 하늘 아래 붉게 빛나는 도쿄 타워.

東京タワー 도쿄 타워
★★★☆☆

[발음] 토-꾜-타와- **[개관]** 09:00~22:30 **[요금]** 메인 데크 1,200엔, 고등학생 1,000엔, 초·중학생 700엔, **탑 데크** 3,000엔, 고등학생 2,800엔, 초·중학생 2,000엔
[홈피] www.tokyotower.co.jp **[지도]** MAP 1-B3
[교통] 지하철 히비야 선의 카미야쵸 神谷町 역(H05) 하차, 2번 출구를 나와 오른쪽으로 도보 10분. 또는 JR 야마노테 선·케이힌토호쿠 선의 하마마츠쵸 浜松町 역 하차, 북쪽 출구 北口의 개찰구를 나와 왼쪽으로 도보 20분. **[구글맵]** 페이지 상단 QR 코드 스캔·클릭

파리의 에펠탑을 모방해 1958년에 세운 거대한 철탑. 높이 333m, 총중량 4,000톤의 붉은색 외관이 인상적이다. 원래 방송 중계용으로 만들어진 까닭에 상층부에는 TV·라디오 전파 중계 설비가 갖춰져 있다. 150m 지점에 위치한 메인 데크와 250m 지점에 있는 탑 데크에서는 도쿄 일대가 훤히 내려다보인다. 하지만 도쿄 타워는 올라갈 때보다 멀리서 바라보는 모습이 훨씬 멋지다는 게 지론!

大本山増上寺 대본산 조죠지
★☆☆☆☆

[발음] 다이혼잔조-죠-지 **[개관]** 09:00~17:00 **[요금]** 무료 **[지도]** MAP 1-B3
[교통] JR 야마노테 선·케이힌토호쿠 선의 하마마츠쵸 浜松町 역 하차, 북쪽 출구 北口의 개찰구를 나와 왼쪽으로 도보 12분. 또는 지하철 토에이아사쿠사 선·토에이오에도 선의 다이몬 大門 역(A09·E20) 하차, A6번 출구를 나와 정면으로 도보 6분. **[구글맵]** 페이지 상단 QR 코드 스캔·클릭

1 조죠지의 본당 너머로 우뚝 솟은 도쿄 타워가 보인다.
2 경내에는 아이가 건강히 자라길 기원하는 지장보살을 모셔 놓았다.

1393년에 창건된 정토종의 대본산. 에도 시대에는 바쿠후의 비호 아래 성장했으며 3,000여 명의 승려가 기거했을 만큼 웅장한 위용을 뽐냈다. 1611년에 만든 높이 21m의 산문(山門)을 통과하면 경내로 이어진다. 산문 근처에는 불상 대신 사용하던 불족석(佛足石), 1879년 그랜트 미대통령과 1992년 부시 미대통령의 방일을 기념해서 심은 나무 등이 있다.

본당은 최근에 재건한 것이라 고풍스러운 맛은 없지만, 도쿄 타워를 등지고 서 있는 모습이 현재와 과거가 공존하는 도쿄의 모습을 보여 주는 듯해 인상적이다. 본당 오른쪽으로 돌아가면 조그만 지장보살상이 죽 늘어서 있으며, 그 안쪽에 300여 년에 걸쳐 일본의 실질적인 권력자로 군림한 토쿠가와 德川 가문의 묘소가 있다.

SHINJUKU

신쥬쿠 新宿

볼거리 ★★★☆☆
먹거리 ★★★★☆
쇼 핑 ★★★★☆
유 흥 ★★★☆☆

일본 정치·경제의 심장부인 도쿄의 명실상부한 부도심. 신쥬쿠 역 동쪽에 위치한 히가시신쥬쿠 東新宿는 숍과 유흥업소가 즐비한 소비문화의 중심지, 서쪽의 니시신쥬쿠 西新宿는 빌딩 숲 속에 관공서와 대기업의 사무실이 집중된 오피스 타운이다. 즉 신쥬쿠 역을 기점으로 양쪽을 오가며 베짱이처럼 놀기 좋아하는 일본인과 개미처럼 바지런히 일하는 일본인을 모두 만날 수 있는 것!

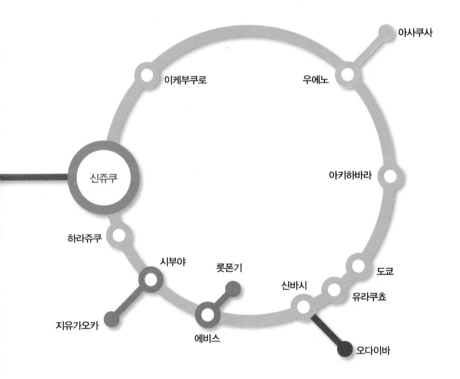

 신쥬쿠로 가는 방법

JR 야마노테 선 山手線·소부 선 総武線·츄오 선 中央線의 신쥬쿠 新宿 역(JY17·JB10·JC05) 하차
역 구조가 워낙 복잡해 길을 헤매기 십상이다. 니시신쥬쿠는 남쪽 출구 南口나 서쪽 출구 西口,
신쥬쿠도리·카부키쵸는 동쪽 출구 東口에서 가깝다.

지하철 마루노우치 선 丸の内線·토에이신쥬쿠 선 都営新宿線·토에이오에도 선 都営大江戸線의
신쥬쿠 新宿 역(M08·S01·E27) 하차
출구와 역의 연결 통로가 무척 복잡하다. 표지판을 꼼꼼히 확인한 뒤 이동하자.

shinjuku quick guide

S How to See
성격이 다른 두 지역에 주목

JR 신쥬쿠 역을 중심으로 서쪽과 동쪽 지역의 분위기가 확연히 다르다는 사실을 기억하자. 서쪽 지역은 고층 빌딩을 중심으로 전망대 등의 볼거리가 모여 있으며, 동쪽 지역은 대형 백화점과 함께 유흥가가 자리잡은 쇼핑·오락의 메카다. 동쪽 일대는 지역적 특성상 12:00 이후에 활기가 돌기 시작하니 우선 서쪽 지역부터 보고, 나중에 동쪽 지역을 구경하는 게 효율적이다.

- 박물관·전시관 ★★☆
- 건축물·공원 ★★★
- 유적·사적지 ☆☆☆

B What to Buy
풍부한 아이템의 쇼핑 중심지

핵심 쇼핑 지역은 동쪽에 위치한 신쥬쿠도리 쇼핑가다. 대형 백화점과 쇼핑몰에서는 최신 유행의 패션·액세서리·명품, 아기자기한 디자인의 인테리어 소품을 취급한다. 생필품·화장품을 판매하는 드러그 스토어, 다양한 문구류를 파는 디자인 전문점도 놓치기 힘들다. 츄오도리 가전제품 할인상가에서는 최신 디지털카메라·시계·음향기기 등을 저렴하게 구매할 수 있다.

- 패션 ★★★
- 인테리어 ★★★
- 잡화·가전 ★★★

E Where to Eat
신나는 식도락의 천국

저렴한 패스트푸드는 물론 최고급 일식에 이르기까지 온갖 음식을 맛볼 수 있다. 저렴한 음식점은 서민적인 식당가인 오모이데요코쵸, 유흥가인 카부키쵸에 많다. 신쥬쿠도리 쇼핑가에는 오랜 역사를 자랑하는 튀김 전문점 등의 식당, 백화점·쇼핑몰에는 여러 맛집이 모인 전문 식당가가 있다. 내로라하는 인기 디저트 숍이 모인 백화점 지하의 식품관도 놓쳐서는 안 될 듯!

- 일식·라면 ★★★
- 양식·기타 ★★★
- 카페·디저트 ★★★

🅐 도쿄 도청   p.270

명실상부한 신쥬쿠의 상징. 하늘을 찌를 듯 우뚝 솟은 거대한 빌딩이 눈길을 사로잡는다. 신쥬쿠가 한눈에 내려다보이는 45층의 전망대는 야경 감상 포인트로 인기가 높다.

볼거리 ★★★   먹거리 ☆☆☆   쇼핑 ☆☆☆

🅑 니시신쥬쿠 고층 빌딩가   p.269

바둑판처럼 네모반듯하게 정비된 도로를 따라 고층 빌딩이 줄줄이 세워져 있다. 도쿄 마천루 역사의 시발점으로 꼽히며, 주요 대기업의 본사와 관공서가 모여 있다.

볼거리 ★★☆   먹거리 ★☆☆   쇼핑 ☆☆☆

🅒 츄오도리 가전제품 할인상가   p.272

활기찬 기운이 넘치는 상점가. 요도바시 카메라 등의 대형 가전양판점이 밀집한 지역이다. 신형 카메라·AV 기기를 자유로이 조작해보고 구매할 수 있다.

볼거리 ★☆☆   먹거리 ★★☆   쇼핑 ★★★

🅓 신쥬쿠 역   p.268

언제나 수많은 인파로 붐비는 교통과 쇼핑의 중심지. 대형 백화점·쇼핑몰이 나란히 붙어 있으며, 하코네·카마쿠라 등 근교를 오가는 사철 오다큐 선이 여기서 출발한다.

볼거리 ★☆☆   먹거리 ★★☆   쇼핑 ★★★

🅔 오모이테요코쵸   p.273

비좁은 골목을 따라 식당과 꼬치구이 전문점이 모인 식당가. 특유의 서민적 분위기 때문에 현지인은 물론 여행자도 즐겨 찾는다. 분위기가 무르익는 때는 퇴근 시간인 17:00 이후다.

볼거리 ★☆☆   먹거리 ★★★   쇼핑 ☆☆☆

🅕 카부키쵸   p.273

일본 최대의 환락가로 유명한 곳. 수백 개의 주점과 성인업소가 모여 있다. 동시에 저렴한 식당이 모인 다운타운의 성격을 겸한 곳이라 현지인과 여행자도 즐겨 찾는다.

볼거리 ★☆☆   먹거리 ★★☆   쇼핑 ☆☆☆

🅖 신쥬쿠도리 쇼핑가   p.274

대형 백화점과 쇼핑몰이 밀집한 번화가. 트렌디한 패션 아이템과 최고급 명품을 취급하는 숍은 물론, 드러그 스토어·대형 서점·가전 양판점 등 온갖 숍이 모인 쇼핑의 중심지다.

볼거리 ★☆☆   먹거리 ★★☆   쇼핑 ★★★

🅗 타카시마야 타임즈 스퀘어   p.283

다양한 상품을 취급하는 신쥬쿠 최대의 쇼핑몰. 패션 아이템이 풍부한 타카시마야 백화점, DIY 전문점 토큐 핸즈가 눈길을 끈다. 상층부에는 멋진 전망의 식당가가 있다.

볼거리 ★☆☆   먹거리 ★★★   쇼핑 ★★★

best course

신쥬쿠의 핵심 명소와 쇼핑가를 두루 돌아보는 코스다. 우선 기억할 것은 JR 신쥬쿠 역을 기준으로 서쪽은 고층 빌딩과 전망대·쇼룸이 모인 명소, 동쪽은 대형 백화점 위주의 쇼핑가란 사실이다. 대부분의 숍은 11:00 이후에 오픈하니 오전에 볼거리가 집중된 서쪽 지역부터 돌아보고 오후에 동쪽의 쇼핑가로 이동한다. JR 신쥬쿠 역에서는 일단 '서쪽 출구 西口'라고 표시된 표지판을 따라 나간 뒤, 지하도에서 '도청 방면 都庁方面'이라고 표시된 표지판을 따라가면 니시신쥬쿠 고층 빌딩가가 시작된다.

출발점 JR 신쥬쿠 역 서쪽 출구
예상 소요시간 7시간~

▼ JR 신쥬쿠 역 서쪽 출구를 나오면 이렇게 보여요.
(2029년까지 신쥬쿠 역 리모델링 공사 진행중)

오다큐 신쥬쿠 역

니시신쥬쿠 고층 빌딩가

니시신쥬쿠는 마천루의 천국이다.

start

| 1 | 도보 7분 | 2 | 도보 3분 | 3 | 도보 9분 | 4 | 도보 5분 | 5 | 도보 6분 |

JR 신쥬쿠 역 서쪽 출구

니시신쥬쿠 고층 빌딩가

도쿄 도청

신쥬쿠 파크 타워·오존

신쥬쿠 NS 빌딩

인테리어 쇼룸으로 유명한 오존.

하나조노 신사

신쥬쿠교엔

신쥬쿠산초메 역

타카시마야 타임즈 스퀘어

⑩ 신쥬쿠도리 쇼핑가

뉴우먼

카부키쵸
⑧
스튜디오 알타
⑨

오모이데요코쵸 ⑦
①
JR 신쥬쿠 역 서쪽 출구

신쥬쿠 역

⑥
츄오도리 가전제품 할인상가

신쥬쿠 센터 빌딩

② 니시신쥬쿠 고층 빌딩가

토쵸마에 역

⑤
신쥬쿠 NS 빌딩

니시신쥬쿠 역

③ 도쿄 도청

신쥬쿠 파크 타워·오존 ④

신쥬쿠 중앙공원

MAP 7 · 8 참조

1 고층 빌딩의 숲이 드넓게 펼쳐진 신쥬쿠의 풍경. 2 신쥬쿠는 밤 문화의 명소로도 유명하다. 3 온갖 성인업소가 밀집한 일본 최대의 환락가 카부키쵸. 4 신쥬쿠는 도쿄에서도 손꼽히는 쇼핑의 중심지다.

오모이데요코쵸

트렌디한 숍을 구경하는 재미가 쏠쏠하다.

오모이데요코쵸

카부키쵸

⑥ 도보 7분 ⑦ 도보 3분 ⑧ 도보 4분 ⑨ 바로 앞 ⑩

화려한 빛의 물결이 이어지는 신쥬쿠도리의 야경.

츄오도리 가전제품 할인상가

스튜디오 알타

신쥬쿠도리 쇼핑가

SIGHTSEEING

JR 신쥬쿠 역을 중심으로 판이하게 다른 두 얼굴의 도시 신쥬쿠를 감상하자. 서쪽 지역의 볼거리는 하늘을 찌를 듯 높이 솟은 마천루와 전망대다. 반면 동쪽 지역에서는 젊음의 기운이 충만한 쇼핑가와 유흥가를 볼 수 있다.

新宿駅 신쥬쿠 역
★☆☆☆☆

발음 신쥬꾸에끼 **지도** MAP 8-E3 **구글맵** 페이지 하단 QR 코드 스캔·클릭
교통 JR 야마노테 선·소부 선·츄오 선의 신쥬쿠 新宿 역(JY17·JB10·JC05)
하차. 또는 지하철 마루노우치 선·토에이신쥬쿠 선·토에이오에도 선의 신쥬쿠
新宿 역(M08·S01·E27) 하차.

도쿄와 근교를 연결하는 각종 사철(私鉄)과 JR의 발착역이다. 지하에는
3개 노선의 지하철역이 서로 머리를 맞대고 있고, 인근에는 칸사이
関西 지역과 후지 산 富士山을 오가는 고속버스 터미널이 있어 1일
유동 인구가 350만 명을 헤아리는 말로 표현할 수 없을 만큼 번잡한
역이다. 역 자체로는 큰 감흥이 없지만 신쥬쿠의 중심이란 사실과
활기찬 도쿄의 숨결이 느껴지는 곳이라는 점에 의미를 둘 수 있다.
동쪽 출구 東口로 나가면 루미네 에스트 LUMINE EST 백화점이
보이는데, 〈시티 헌터 City Hunter〉를 비롯한 일본 만화·드라마에
자주 등장하던 건물이다.
신쥬쿠 역은 이 일대를 거미줄처럼 촘촘히 연결한 지하도의
중심지이기도 하다. 니시신쥬쿠와 히가시신쥬쿠의 거의 모든 빌딩이
신쥬쿠 역을 기점으로 연결돼 있어 궂은 날이라도 우산 없이 신쥬쿠를
자유로이 활보하며 원하는 건물을 찾아갈 수 있다. 하지만 이 일대는
지하에 또 하나의 신쥬쿠가 있다고 할 만큼 지하도의 구조가 복잡해
초행자는 한 번 길을 잘못 들어서면 지하에서 헤매다 볼 다 보는 수도
있으니 주의! 가고자 하는 방향과 건물의 이름을 확인하고 표지판·
이정표를 잘 따라가는 게 상책이다.

Best Spot in Shinjuku

★★★★★ 도쿄 도청
★★★★☆ 오모이데요코쵸, 오존
★★★☆☆ 고지라 두상
　　　　 니시신쥬쿠 고층 빌딩가
　　　　 신쥬쿠 파크 타워, 신쥬쿠교엔
　　　　 신쥬쿠도리 쇼핑가, 카부키쵸
　　　　 츄오도리 가전제품 할인상가
★★☆☆☆ 러브, 신쥬쿠 NS 빌딩
★☆☆☆☆ 스튜디오 알타
　　　　 신쥬쿠 골든 가이, 신쥬쿠 역
　　　　 신쥬쿠 스미토모 빌딩
　　　　 토토 도쿄 센터 쇼룸

1 교통의 중심지 JR 신쥬쿠 역. 2·3 역과 연결된
쇼핑가에는 패션·인테리어·잡화점이 모여 있다.

🐾 구글맵

西 ★★★☆☆
新宿高層ビル街 니시신쥬쿠 고층 빌딩가

발음 니시신쥬꾸코소−비루가이 **지도** MAP 7−C3
교통 JR 야마노테 선·소부 선·츄오 선의 신쥬쿠 新宿 역(JY17·JB10·
JC05) 하차, 서쪽 출구 西口의 개찰구를 나와 정면의 지하도로 도보 7분.
지하도에서 '도청 방면 都庁方面' 표지판을 따라간다.
구글맵 페이지 하단 QR 코드 스캔·클릭

일본의 고층 빌딩 Top 10

일본의 고층 빌딩 순위 10위권 안에 드는
건물이 도쿄에 총 4개, 그중 1개가 신쥬쿠
에 있다.

1위 도쿄 아자부다이 힐즈 p.260
330m, 2023년

2위 오사카 아베노하루카스
300m, 2014년

3위 요코하마 랜드 마크 타워 p.413
296m, 1993년

4위 오사카 린쿠 게이트 타워 빌딩
256m, 1996년

5위 오사카부 사키시마 청사
256m, 1995년

6위 도쿄 토라노몬 힐즈
255m, 2014년

7위 도쿄 미드 타운 타워 p.250
248m, 2007년

8위 나고야 미드 랜드 스퀘어
247m, 2006년

9위 나고야 JR 센트럴 타워즈
245m, 1999년

10위 도쿄 도청 243m, 1991년 p.270

주요 대기업의 본사와 관공서가 위치한 도쿄의 행정 및 경제 중심지.
마루노우치(p.210)가 일본을 움직이는 두뇌라면 니시신쥬쿠는
도쿄를 이끌어 가는 심장과 같은 존재다. 지금은 바둑판처럼 반듯한
도로를 따라 고층 빌딩이 촘촘히 늘어선 마천루를 형성하고 있지만,
원래 이곳엔 도쿄에 수돗물을 공급하던 대형 정수장이 있었다.
도심 재개발 사업이 본격화한 1950년대 중반 도쿄의 부도심으로
낙점되면서 정수장이 철거되고 지금의 모습을 갖춘 것. 본격적인
마천루 시대의 테이프를 끊은 주역은 1971년에 오픈한 케이오
플라자 호텔 京王プラザ(179m). 이후 경쟁적으로 고층 빌딩을
올리기 시작해 현재 이 일대에서 100m가 넘는 고층 빌딩은 18개,

그 가운데
200m가 넘는
빌딩은 6개나
된다.

고층 빌딩이
우뚝우뚝 솟아 있는
니시신쥬쿠의 거리.

新 ★☆☆☆☆
宿住友ビル 신쥬쿠 스미토모 빌딩

발음 신쥬꾸스미또모비루 **개관** 10:00~22:00 **휴관** 2월 첫째 일요일, 8월 넷째 일요일, 12/31, 1/1
지도 MAP 7−B3 **교통** JR 야마노테 선·소부 선·츄오 선의 신쥬쿠 新宿 역(JY17·JB10·JC05) 하차.
서쪽 출구 西口의 개찰구를 나와 정면의 지하도를 따라 도보 9분. **구글맵** 페이지 하단 QR 코드 스캔·클릭
평화 기원 전시 자료관 **개관** 09:30~17:30 **휴관** 월요일, 12/28~1/4, 스미토모 빌딩 휴관일
요금 무료 **홈피** www.heiwakinen.go.jp **교통** 신쥬쿠 스미토모 빌딩 33층에 있다.

51~52층에는 신쥬쿠
일대가 내려다 보이는 전망
식당가가 있다.

1974년 완공된 신쥬쿠 최초의 고층 오피스 빌딩. 가운데가 뻥 뚫린 삼각형의 건물 구조
때문에 원래 이름보다는 '스미토모 산카쿠비루 三角ビル(삼각 빌딩)'란 애칭으로 통한다.
전체 높이는 210m이며, 건물 가운데의 유리창을 통해 1층부터 52층까지 시원하게(?)
뚫린 건물 내부를 구경할 수 있다.
33층에는 한반도 침략부터 제2차 세계대전으로 이어지는 일본의 전시 (戦時) 상황을
소개한 평화 기원 전시 자료관 平和祈念展示資料館이 있다. 하지만 피해자로서의 모습만
부각시켰을 뿐, 전쟁의 원인과 책임에는 일언반구 언급조차 없는 모습에서 '평화 기원'이란
이름과는 상반된 그들의 편향된 역사관을 엿볼 수 있다.

東京都庁 도쿄 도청 ★★★★★

발음 토-꾜-토쪼- 지도 MAP 7-B3 구글맵 페이지 하단 QR 코드 스캔·클릭
교통 JR 야마노테 선·소부 선·츄오 선의 신쥬쿠 新宿 역(JY17·JB10·JC05)
하차, 서쪽 출구 西口의 개찰구를 나와 정면의 지하도를 따라 도보 10분.
지하도에서 '도청 방면 都庁方面' 표지판을 따라가면 된다. 또는 지하철
토에이오에도 선의 토쵸마에 都庁前 역(E28) 하차, E1번 출구 바로 앞.
북쪽 타워 개관 09:30~22:00(입장은 폐관 30분 전까지)
휴관 둘째·넷째 월요일, 12/29~1/3(단, 1/1은 개관) 요금 무료
남쪽 타워 개관 09:30~22:00(입장은 폐관 30분 전까지)
휴관 첫째·셋째 화요일, 12/29~1/3(단, 1/1은 개관) 요금 무료
직원 식당 영업 11:30~14:00 휴업 토·일·공휴일 예산 600~800엔

도쿄의 행정을 총괄하는 심장부이자 연간 110만 명의 관광객이 방문하는
명소. 1991년 완공 때까지 무려 1,570억 엔의 공사비가 소요돼 택스 타워
Tax Tower, 즉 세금 잡아먹는 빌딩이란 별명이 붙었다.
세계적인 건축가로 이 건물을 설계한 탄게 켄조 丹下健三(1913~2005)
가 '나는 건축장이다. 이 건물이 우작(愚作)이라면 죽어도 좋다'며 강한
자신감을 드러냈지만, 실상은 '비 새는 건물'이란 오명을 벗지 못하고
있다. 워낙 독특한 디자인을 추구하다 보니 방수 처리가 미흡해 54층 건물
전체에 비가 새지 않는 곳이 없다고. 보수공사 기간 10년에 예상 수리비만
1,000억 엔이 소요될 것이라는데, 10년 뒤에는 다시 수리해야 해 결국 '
영원히 공사가 끝나지 않는 건물'로 남겨질 가능성이 높다.
45층(202m)에는 도쿄 시내의 전경이 훤히 내려다보이는 남·북 두 개의
전망대가 있으며 날씨가 좋으면 멀리 후지 산까지도 보인다. 전망대행
초고속 엘리베이터 타는 곳은 1층 좌우에 있다. 정문으로 들어갈 때
오른쪽이 북쪽 타워 北展望室, 왼쪽이 남쪽 타워 南展望室 행
엘리베이터이니 마음에 드는 쪽을 골라서 이용하자. 불과 55초면 전망대에
도착하는데 올라가다 보면 급격한 기압차로 귀가 멍해질 정도다. 전망대는
야경 포인트로도 유명하다. 겨울에는 16:30, 여름에는 19:00 전후면
보석처럼 반짝이는 신쥬쿠의 야경을 감상할 수 있다. 자세한 일몰 시각은
p.196를 참고하자. 관광객이 몰리는 일몰 시각 즈음에는 전망대행
엘리베이터 이용이 무척 힘드니 조금 서둘러 가거나 미리 올라가 일몰을
기다리는 게 좋다. 남쪽 전망대에는 음료와 간단한 먹거리를 파는 조그만
카페도 있다.

도쿄 나이트 & 라이트 Tokyo Night & Light

기네스북이 공인한 세계 최대의 프로젝션 맵핑 쇼 Projection Mapping
Show. 도쿄 도청 건물을 스크린삼아 다채로운 영상이 흐르는 다이내믹
한 쇼가 펼쳐진다. 영상의 내용은 주기적으로 바뀌며, 연말연시에는 스
페셜 쇼가 상영되기도 한다. 쇼가 가장 잘 보이는 곳은 도쿄 도청 정면
의 도민광장 都民広場이다. 자세한 쇼의 내용과 기존 상영분은 홈페이
지에서 확인할 수 있다.
진행 19:30~21:30의 매시 정각과 30분
홈피 https://tokyoprojectionmappingproject.jp

1 웅장한 외관의 도쿄 도청. 해가 지면 화려한 빛의 쇼가
진행된다. 2 날씨가 맑을 때는 후지 산도 보인다.
3 보석을 흩뿌린 듯 색색으로 빛나는 도쿄의 야경.
4 전망대에서는 연주회 등 이벤트가 열리기도 한다.

🗺 구글맵

新宿パークタワー 신쥬쿠 파크 타워 ★★★☆☆

발음 신쥬쿠파-쿠타와- **지도** MAP 7-A5 **구글맵** 페이지 하단 QR 코드 스캔·클릭
교통 JR 야마노테 선·소부 선·츄오 선의 신쥬쿠 新宿 역(JY17·JB10·JC05) 하차, 남쪽 출구 南口를 나와 오른쪽으로 도보 12분. 또는 신쥬쿠 엘 타워 앞에서 출발하는 무료 셔틀버스로 5~10분.

신쥬쿠에 있는 탄게 켄조의 3대 건축 작품 가운데 하나(1994년). 신쥬쿠에서 도쿄 도청 다음가는 높이 (235m)의 초고층 빌딩이다. 도쿄 도청이 가진 디자인의 연속성을 살리고자 동일한 질감의 마감재를 사용했으며, 층층이 이어진 세 개의 뾰족 지붕이 건물에 다이내믹한 리듬감을 부여한다. 39~52층은 하얏트 호텔인데 최상층인 52층 바의 전망과 야경이 멋지기로 유명하다. (리모델링 공사로 인해 2025년 말까지 휴업).

신쥬쿠 파크 타워 행 무료 셔틀버스

JR 신쥬쿠 역 ↔ 신쥬쿠 파크 타워를 오갈 때는 셔틀버스를 이용하자. 누구나 자유로이 탈 수 있는 것은 물론 요금도 공짜! 출발하는 곳은 JR 신쥬쿠 역 서쪽 출구 西口에서 조금 떨어진 신쥬쿠 엘 타워, 미츠비시 UFJ 은행 三菱 UFJ 銀行 앞이다(MAP 7-D2). 'OZONE'이라고 적힌 파란 푯말만 세워져 있을 뿐 따로 정류장 표시가 없으니 주의!
운행 10:10~18:45(10~15분 간격 운행) 수요일 10:30~18:30(30분 간격 운행) **구글맵** 페이지 하단 QR 코드 스캔·클릭

무료 셔틀버스

기발한 디자인의 가구·소품이 가득하다.

O ZONE 오존 ★★★★☆

발음 오존 **개관** 10:30~18:30 **휴관** 수요일, 연말연시
요금 무료 **홈피** www.ozone.co.jp **지도** MAP 7-B5
교통 신쥬쿠 파크 타워와 동일. 신쥬쿠 파크 타워 3~7층에 있다.
구글맵 페이지 하단 QR 코드 스캔·클릭

'쾌적한 생활'을 모토로 세련된 스타일의 인테리어 소품을 선보이는 쇼룸. 여러 회사의 전시장이 한데 모인 백화점 스타일의 쇼룸이라 다채로운 디자인의 가구와 아이템을 한 자리에서 비교해 볼 수 있다. 입구인 3층에는 인테리어 관련 기획전이 열리는 이벤트 홀이 있으며 메인 쇼룸은 4~7층이다. 모던하면서도 럭셔리한 멋의 가구·잡화·인테리어 전문점 콘란 숍(3·4층, p.284)도 놓치지 말자.

ラブ 러브 ★★☆☆☆

발음 라부 **지도** MAP 7-C2
교통 JR 야마노테 선·소부 선·츄오 선의 신쥬쿠 新宿 역(JY17·JB10·JC05) 하차, 서쪽 출구 西口에서 도보 8분.
구글맵 페이지 하단 QR 코드 스캔·클릭

일본 드라마에 약방의 감초처럼 등장하는 조형물. 문자를 대담한 크기와 형태로 표현하는 게 특기인 설치 미술가 로버트 인디애나 Robert Indiana(1928~)의 대표작이다. 그는 어릴 때 다니던 교회에 걸려 있던 'God is Love'라는 글귀에 영감을 받아 1960년대부터 지금까지 줄곧 같은 작품을 만들고 있다. 동일한 조형물을 뉴욕·필라델피아·타이페이·싱가포르에서도 볼 수 있다.

기념사진 촬영 포인트로도 인기가 높다.

시계의 문자판에는 시간을
뜻하는 십이간지의 동물
조각이 붙어 있다.

新宿NSビル 신쥬쿠 NS 빌딩
★★☆☆☆

발음 신쥬꾸에누에스비루 **지도** MAP 7-C4
교통 JR 야마노테 선·소부 선·츄오 선의 신쥬쿠 新宿
역(JY17·JB10·JC05) 하차, 남쪽 출구 南口를 나와
오른쪽으로 도보 12분. **구글맵** 페이지 하단 QR 코드 스캔·클릭

거대한 상자처럼 가운데 부분을 텅 비운 구조가
눈길을 끄는 건물. 130m 높이의 천장까지 수직으로
뻥 뚫린 중앙 홀은 도시 풍경의 일부를 건물 안으로
끌어들이고자 한 건축가(닛켄 설계 日建設計, 1982년)
의 의도다. 이 건물의 또 다른 볼거리는 중앙 홀에
걸린 세계 최대의 추시계. 기네스북에도 올라 있는 이
시계의 전체 높이는 29.1m, 진자 길이는 22.5m이며,
문자판 지름이 7.2m에 이른다. 바로 아래에 연결된
조그만 물레방아의 힘으로 돌아가는 시계에는 짝 잃은
외기러기마냥 시침(時針) 하나만 달랑 달려 있다.
영원한 단짝인(?) 분침이 없는 이유는 시계가 24시간
표시 방식이기 때문이다. 29층에는 조촐한 전망대와
함께 높이 110m, 길이 40m의 구름다리가 놓여 있으며,
경제적인 런치 메뉴를 내놓는 전망 식당가도 있다.

中央通り 츄오도리 가전제품 할인상가
★★★☆☆

발음 츄-오-도-리 **개관** 09:30~21:00 **지도** MAP 7-D3
교통 JR 야마노테 선·소부 선·츄오 선의 신쥬쿠 新宿 역
(JY17·JB10·JC05) 하차, 서쪽 출구 西口에서 도보 5분
구글맵 페이지 하단 QR 코드 스캔·클릭

신쥬쿠의 대표적인 가전제품 할인상가. 카메라·
컴퓨터·영상·음향기기를 취급하는 요도바시 카메라
ヨドバシカメラ·라비 LABI·소프맵 Sofmap 등의
대형 가전 양판점이 모여 있다. 최신형 디지털 카메라·
노트북 등 각종 가전제품을 자유로이 다뤄볼 수 있으며
일부 매장에서는 양질의 중고품을 취급해 경제적인
쇼핑도 할 수 있다. 관련 정보는 p.99를 참조하자.

1 가전 양판점이 모여 있는
츄오도리. 2 신형 카메라와
관련 장비를 구매하기에
좋다.

TOTO東京センターショールーム 토토 도쿄 센터 쇼룸
★☆☆☆☆

발음 토토토-꾜-센타-쇼-루-무 **개관** 10:00~17:00 ※인터넷 예약 권장
휴관 수요일, 연말연시, 여름 휴가 기간 **지도** MAP 8-E5
교통 JR 야마노테 선·소부 선·츄오 선의 신쥬쿠 新宿 역(JY17·JB10·JC05)
하차, 남쪽 출구 南口를 나와 오른쪽으로 도보 7분. JR 미나미신쥬쿠 빌딩
南新宿ビル 7·8층에 있다. **구글맵** 페이지 하단 QR 코드 스캔·클릭

쾌적한 홈 인테리어를 테마로 운영하는 쇼룸. 부엌·욕실용품 전문 메이커
토토 TOTO, 건축·인테리어 전문의 다이켄 Daiken, 창호 전문 기업 YKK
AP의 3개 회사가 공동으로 운영하는 곳이라 한자리에서 여러 제품을
살펴볼 수 있다. 좁은 공간을 최대한 활용할 수 있도록 꾸민 주방·욕실·
수납 설비와 기능성 높은 아이디어 제품이 눈길을 끈다.

실용적인 아이디어가 돋보이는
욕실·주방 용품을 살펴보자.

구글맵

思い出横丁 오모이데요코쵸

★★★★☆

별발 오모이데요꼬쪼— **영업** 08:00~24:00(식당마다 다름) **지도** MAP 8-E2
교통 JR 야마노테 선·소부 선·츄오 선의 신쥬쿠 新宿 역(JY17·JB10·JC05) 하차,
서쪽 출구 西口에서 도보 3분. **구글맵** 페이지 하단 QR 코드 스캔·클릭

번화한 신쥬쿠의 모습과는 180도 다른 서민적인 분위기의 식당가. 제2차
세계대전 직후 암시장이 서던 곳으로 전성기에는 300여 개의 상점이
난립했다고 한다. 그러나 1963년의 무허가 업소 단속으로 숫자가 급감해
지금은 80여 개의 식당만 남아있을 뿐이다. 남대문의 먹자골목처럼 좁은
골목을 따라 다닥다닥 붙은 서너 평 남짓한 식당에서는 사람들이 어깨를
맞붙이고 앉아 밥을 먹는 지극히 일본적인 풍경이 펼쳐진다.
퇴근 시간 무렵이면 꼬치 굽는 냄새가 진동하는 바로 옆의 야키도리요코쵸
やきとり横丁(꼬치구이 골목) 역시 비슷한 시기에 형성된 먹자 타운.
미군부대에서 버린 돼지 내장으로 꼬치구이를 만들어 팔던 곳으로 지금도
20여 개의 선술집이 성업 중이다. 1인당 2,000엔 정도면 가볍게 기분을 낼
수 있으니 꼬치구이에 맥주 한 잔 기울이며 도쿄의 밤을 즐기자. 일본어를
모를 때는 술값(맥주 ビール, 일본술 日本酒, 소주 焼酎)을 확인한 뒤,
조리하는 모습이나 옆자리에서 먹는 음식을 보고 안주를 주문해도 된다.

1 서민적인 분위기를 맛보기에 좋다.
2 붉은 초롱이 손님을 맞는다.

歌舞伎町 카부키쵸

★★★☆☆

별발 카부끼쪼— **영업** 24시간 **지도** MAP 8-F1 **구글맵** 페이지 하단 QR 코드 스캔·클릭
교통 JR 야마노테 선·소부 선·츄오 선의 신쥬쿠 新宿 역(JY17·JB10·JC05) 하차,
동쪽 출구 東口를 나와 정면으로 도보 5분. 입구에 카부키쵸라고 써 붙인 아치문과
시끌벅적한 분위기 때문에 근처까지만 가면 쉽게 찾을 수 있다.

성인업소·호스트바·러브호텔이 24시간 불을 밝히는 '잠들지 않는 거리'.
흔히 일본 최대의 환락가로 통한다. 원래 이곳은 도쿄 대공습(1945년)으로
폐허가 된 유곽(遊廓)을 재개발해 문화 중심지로 조성할 계획이었다고 한다.
그 때문에 이름도 일본 전통 예술의 하나인 카부키 歌舞伎를 따다 붙인 것.
하지만 불행히도 자금 부족으로 계획은 전면 취소, 결국 옛 모습에 버금가는
퇴폐적인 환락가로 거듭나고 말았다. 당시의 거창한 계획은 카부키쵸 한구석의
대형 극장에서나 찾아볼 수 있을 뿐이다.
카부키쵸의 입구는 여느 유흥가와 다름없이 식당·빠찡꼬·게임센터 등이
차지하고 있다. 그러나 안쪽으로 들어가면 전화로 음담패설을 주고받는
테레쿠라 テレクラ(전화방), 스트립 쇼가 벌어지는 노조키베야 のぞき部屋,
낮 뜨거운 간판이 내걸린 각종 성인업소가 가득한 카부키쵸의 진면목(?)이
드러난다. 낮 시간에는 조금 덜하지만 호객꾼이 본격적으로 활동하기 시작하는
해질녘부터는 그들의 엄청난 공세에 시달리게 되니 남성 여행자는 특히 주의!
현재 카부키쵸에는 3,000개 이상의 유흥업소가 성업 중이며, 이들에 기생하는
폭력조직 사무소만 120개, 야쿠자는 1,000여 명에 육박한다. 하지만
카부키쵸는 현지인과 관광객들로 북적이는 다운타운의 성격도 겸하고 있어
조금만 주의하면 별 문제 없이 돌아볼 수 있다.

1 카부키쵸의 입구를 알리는 붉은 아치.
2·3 인적이 뜸한 뒷골목이나 호객이 심한
업소만 피하면 안전하게 카부키쵸를 구경할
수 있다.

ス タジオアルタ 스튜디오 알타
★☆☆☆☆

발음 스타지오아루타 **영업** 11:00~20:00 **지도** MAP 8-F2 **교통** JR 야마노테 선 · 소부 선 · 츄오 선의 신쥬쿠 新宿 역(JY17 · JB10 · JC05) 하차, 동쪽 출구 東口를 나와 정면으로 도보 2분. **구글맵** 페이지 하단 QR 코드 스캔 · 클릭

서울의 두타 · 밀리오레에 비견되는 패션 전문 쇼핑몰. 일본 최초로(1980년) 대형 옥외 스크린이 설치된 건물로도 유명한데 스크린의 크기는 가로 11.5m, 세로 8.6m 이다. 이 앞은 언제나 수많은 인파로 붐비는 약속의 명소다. 그래서 건물 앞은 언제나 초만원을 이루고 있으며 평소의 배가 넘는 사람이 밀려나오는 주말에는 사람에 가려 사람이 안 보일 정도다. 우리 같은 여행자에게는 뉴스 · 날씨 · 광고 등 재미난 화면이 나오는 TV 같은 구실을 하니 다리가 아프거나 불가피하게 황금 같은 시간을 보내야 할 일이 생기면 자리를 잘 잡고 스크린을 주시하자. 아마도 심심찮게 시간을 보낼 수 있을 것이다. 바로 옆에는 3D 입체 스크린으로 인기를 끌고 있는 크로스 신쥬쿠 비전 クロス新宿ビジョン도 있다.

대형 전광판이 눈길을 끄는 스튜디오 알타.

고지라 두상 옆의 전망대에서는 카부키쵸 일대가 훤히 내려다보인다.

ゴ ジラヘッド 고지라 두상
★★★☆☆

발음 고지라헷도 **개장** 06:30~21:00 **요금** 무료 **지도** MAP 8-F1 **교통** JR 야마노테 선 · 소부 선 · 츄오 선의 신쥬쿠 新宿 역(JY17 · JB10 · JC05) 하차, 동쪽 출구 東口를 나와 정면으로 도보 10분. 카부키쵸의 Gracery 호텔 8층에 있다. **구글맵** 페이지 하단 QR 코드 스캔 · 클릭

신쥬쿠의 색다른 랜드마크. 높이 40m의 건물 위로 우뚝 솟은 거대한 두상이 보는 이를 압도한다. 영화 〈고지라〉의 배급사인 토호 시네마에서 2015년 극장 개막에 맞춰 고지라의 실제 크기인 12m로 제작했다. 12:00~20:00의 매시 정각에는 고지라가 연기를 뿜으며 울부짖는 광경도 연출한다.

新 宿通り 신쥬쿠도리 쇼핑가
★★★☆☆

발음 신쥬쿠도-리 **영업** 11:00~20:00(숍마다 다름) **지도** MAP 8-F2 **교통** JR 야마노테 선 · 소부 선 · 츄오 선의 신쥬쿠 新宿 역 (JY17 · JB10 · JC05) 하차, 동쪽 출구 東口를 나와 오른쪽으로 도보 2분. **구글맵** 페이지 하단 QR 코드 스캔 · 클릭

대형 백화점과 쇼핑센터가 밀집한 번화가. 활기찬 에너지로 충만한 신쥬쿠의 메인 스트리트다. 이세탄 · 마루이 시티 등의 대형 백화점은 물론 할인상품을 판매하는 매장과 톡톡 튀는 인테리어로 꾸민 숍들이 모여 있어 주머니 사정에 관계없이 윈도우 쇼핑을 즐기기에 좋다. 또한 도쿄에서 다섯 손가락 안에 꼽히는 대형 서점 키노쿠니야 紀伊国屋(p.285)도 여기 있다. 일 · 공휴일(4~9월 12:00~18:00, 10~3월 12:00~17:00)에는 차량 통행이 전면 금지되는 '보행자 천국 歩行者天国'을 실시한다. 이때는 드넓은 대로를 자유로이 활보하는 재미와 더불어 곳곳에서 벌어지는 다채로운 거리 퍼포먼스를 즐길 수 있다.

1 드넓은 연못이 펼쳐진 신쥬쿠 교엔.
2 피크닉의 명소로도 인기가 높다.

新宿御苑 신쥬쿠교엔

★★★☆☆

발음 신쥬꾸교엔 **영업** 09:00~17:30, 7~8월 09:00~18:30,
10~3월 09:00~16:00 **휴업** 월요일, 12/29~1/3 **요금** 500엔
지도 MAP 8-H4 **구글맵** 페이지 하단 QR 코드 스캔·클릭
교통 JR 야마노테 선·소부 선·츄오 선의 신쥬쿠 新宿 역
(JY17·JB10·JC05) 하차, 남쪽 출구 南口를 나와 왼쪽으로 도보 13분.
또는 지하철 후쿠토신 선·토에이신쥬쿠 선·마루노우치 선의 신쥬쿠산쵸메
新宿三丁目 역(F13·S02·M09) 하차, C1번 출구에서 도보 3분.

신쥬쿠 일대에서 가장 큰 규모를 자랑하는 공원. 여의도 면적의
4분의 1에 해당하는 58만 3,000㎡의 광대한 공원은 원래 에도 시대
어느 세도가의 저택부지였다. 메이지 유신으로 세도가들의 자리바꿈이
있으면서 1872년 정부가 매입했고, 그때 왕실 전용 정원으로 정비되는
과정을 거쳐 패전 뒤인 1949년 국립정원으로 지정해 일반에 개방됐다.
깔끔히 정비된 녹지가 도심과 완전히 차단돼 있어 이 안에 들어가면
과연 여기가 과연 수백만 인구로 북적대는 신쥬쿠의 한복판인가 하는
의구심마저 든다. 내부는 프랑스·영국·일본식 등 각기 다른 분위기의
이국적인 정원으로 꾸며져 있어 산책의 즐거움을 한껏 만끽할 수 있다.
공원의 최고 절정기는 75종. 1,500여 그루의 벚나무에 꽃이 만발하는
4월과 국화가 피는 11월이다. 그 무렵엔 꽃놀이를 나온 행락객들로
발 디딜 틈 없이 붐비는데, 좋은 자리를 차지하고자 새벽부터 긴 줄을
늘어선 사람들이 진풍경을 연출한다.

新宿ゴールデン街 신쥬쿠 골든 가이

★★★☆☆

발음 신쥬꾸고-루덴가이
영업 20:00~심야(업소마다 다름) **지도** MAP 8-G1
교통 JR 야마노테 선·소부 선·츄오 선의 신쥬쿠 新宿 역
(JY17·JB10·JC05) 하차, 동쪽 출구 東口를 나와 정면으로
도보 10분. **구글맵** 페이지 하단 QR 코드 스캔·클릭

일본 최대의 환락가인 카부키쵸 근처라고는 믿기지 않을
만큼 수수한 술집 골목. 서너 평 규모의 조그만 바가 줄줄이
이어지는데, 손님들이 옹기종기 모여 앉아 비텐디와 담소를
나누며 술잔을 기울이는 모습이 정겹다. 문인과 화가들이
즐겨 찾던 1950~1960년대에는 200여 개의 술집이 간판을
환히 밝힌 채 불야성을 이뤘다. 지금은 살짝 쇠락한 기운이
감돌지만, 여전히 옛 모습을 간직하고 있어 과거를 회상하며
찾는 현지인도 적지 않다.
주의할 점은 외국인을 꺼리거나 술·음식 값과는 별도로
자릿세(1인당 500~2,000엔)를 받는 업소도 있다는 사실.
바 입구에 외국인 이용 가능 여부와 자릿세가 적혀 있으니
꼼꼼히 확인하고 이용하자.

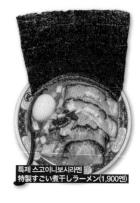

食

무사시라멘
武蔵ら～麺(1,410엔)

도쿠세이츠케멘
得製つけめん(1,150엔)

특제 스고이니보시라멘
特製すごい煮干しラーメン(1,900엔)

멘야무사시　강추
麺屋武蔵

20여 년간 업계 톱의 자리를 지켜온 도쿄 라멘의 자존심. 손님이 몰리는 점심·저녁에는 30분 이상 기다리는 게 기본이다. 닭뼈·어패류 등 10여 가지 천연재료로 우려낸 감칠맛 나는 국물이 인기 비결이다. 멘야무사시의 진수를 맛볼 수 있는 무사시라멘 武蔵ら～麺(1,410엔)이 대표 메뉴. 요새는 담백한 국물에 면을 찍어 먹는 무사시츠케멘 武蔵つけ麺(1,420엔), 진한 국물에 면을 찍어 먹는 노코무사시츠케멘 濃厚武蔵つけ麺(1,470엔)도 큰 인기를 누리고 있다.

예산 990엔～ 영업 11:00~22:00
메뉴 한국어·일어·영어
주소 東京都 新宿区 西新宿 7-2-6 K1ビル
전화 03-3363-4634
홈피 www.menya634.co.jp
지도 MAP 8-E1
교통 JR 야마노테 선·소부 선·츄오 선의 신주쿠 新宿 역(JY17·JB10·JC05) 하차, 서쪽 출구 西出口에서 도보 8분.
구글맵 페이지 하단 QR 코드 스캔·클릭

후운지　강추
風雲児

국물에 면을 찍어 먹는 츠케멘 つけ麺 전문점. 언제나 긴 줄이 늘어서 있으며, 재료가 떨어지면 바로 문을 닫으니 서둘러 가야 한다. 닭고기·닭뼈·다시마·가다랑어·정어리를 8시간 동안 우려낸 뒤, 불순물을 제거하고 꼬박 하루를 숙성시켜서 만드는 국물은 진한 풍미와 깊은 감칠맛이 살아있다. 고소한 밀 향이 느껴지는 쫄깃한 면도 라멘의 맛을 더한다. 간판 메뉴는 츠케멘 つけめん(950엔)이며, 반숙 계란·죽순·파·돼지고기 차슈가 추가된 특제 츠케멘 得製つけめん(1,150엔)도 맛있다.

예산 900엔～
영업 11:00~15:00, 17:00~21:00
메뉴 일어·영어
주소 東京都 渋谷区 代々木 2-14-3
홈피 www.fu-unji.com
지도 MAP 7-D5
교통 JR 야마노테 선·소부 선·츄오 선의 신주쿠 新宿 역(JY17·JB10·JC05) 하차, 코슈카이도 개찰구 甲州街道改札를 나와 왼쪽으로 도보 10분.
구글맵 페이지 하단 QR 코드 스캔·클릭

스고이니보시라멘나기
すごい煮干ラーメン凪

터프한 바다 내음이 풍기는 건어물 라멘 맛집. 고작 10명이 들어가면 꽉 차는 허름한 가게지만, 주말·저녁엔 1~2시간 대기가 기본일 만큼 손님이 몰린다. 양질의 건어물을 엄선해 장시간 우려낸 국물은 멸치 칼국수를 연상시키는 담백한 맛이 특징이다. 추천 메뉴는 스고이니보시라멘 すごい煮干しラーメン(1,300엔), 차슈·반숙계란·김이 추가된 특제 스고이니보시라멘 特製すごい煮干しラーメン(1,900엔)이다. 주문시 맵기를 조절할 수 있는데 처음이라면 '추천 오스스메 おすすめ'로 선택하면 된다. 국물에 식초를 조금 넣으면 한결 개운한 맛으로 즐길 수 있다.

예산 1,300엔～ 영업 24시간 메뉴 일어·영어
주소 東京都 新宿区 歌舞伎町 1-1-10 2/F
전화 03-3205-1925 지도 MAP 8-G2
교통 JR 야마노테 선·소부 선·츄오 선의 신주쿠 新宿 역(JY17·JB10·JC05) 하차, 동쪽 출구 東口를 나와 정면으로 도보 10분.
구글맵 페이지 하단 QR 코드 스캔·클릭

구글맵

죠텐자루 上天ざる
(2,840엔)

신

慎

쫄깃쫄깃한 식감의 우동을 맛보자.
6개의 카운터 석과 2개의 3인용
테이블밖에 없는 조그만 가게지만
항상 긴 줄이 늘어설 만큼 인기가
높다. 면은 직접 반죽한 것을 하룻밤
숙성시켜서 사용하며, 그날의
기온과 습도에 맞춰 삶는 시간을
조절하기 때문에 쫄깃한 식감이
살아 있다. 국물에 찍어 먹는 차가운
우동에 새우 · 오징어 · 생선 ·
채소 등 8가지 튀김이 딸려 나오는
죠텐자루 上天ざる(2,840엔)가
대표 메뉴. 소고기 · 반숙계란 ·
마라 소스를 넣은 매콤한 붓카케
우동 ぶっかけ+牛肉+激辛醤+温
泉卵(1,990엔)도 맛있다.

[예산] 900엔~ [영업] 11:00~22:00
[휴업] 연말연시, 8/15
[메뉴] 일어 · 영어 · 한국어
[주소] 東京都 渋谷区 代々木
2-20-16 相馬ビル 1/F
[전화] 03-6276-7816 [지도] MAP 7-D5
[교통] JR 신쥬쿠 新宿 역(JY17)의 남쪽
출구 南口에서 도보 10분. 골목 안쪽에
있으니 지도를 잘 보고 가자.
[구글] 페이지 하단 QR 코드 스캔 · 클릭

미코창동 ミコちゃん丼
(850엔~)

미코레즈시

三是寿司

싱싱한 제철 생선을 저렴하게 파는
초밥집. 가성비 맛집으로도 유명해
점심 · 저녁에는 긴 줄이 늘어선다.
1일 20인분만 한정 판매하는 회덮밥
미코창동 ミコちゃん丼(보통 850엔,
곱빼기 1,100엔)이 간판 메뉴.
숭덩숭덩 썬 참치 속살(아카미)
에 밑간을 하고 대파 · 무순과 함께
버무려 밥 위에 산처럼 쌓아주는데,
문어 · 고등어 · 전갱이 회가 조금씩
섞여 있어 심심하지 않다. 회가
워낙 많아 그냥 먹기는 조금 힘든데,
함께 나오는 된장국 그릇 뚜껑에
회를 반쯤 덜어내고 먹으면 편하다.
11:30~15:00에는 초밥 · 치라시즈시
(850엔~), 참치회덮밥(900엔~) 등
런치 메뉴도 판매한다.

[예산] 850엔~ [영업] 11:30~23:00,
토 · 일 · 공휴일 11:30~22:00
[메뉴] 일어 · 영어 [전화] 03-3375-5008
[주소] 東京都 渋谷区 代々木 2-14-1 松本
ビル 2/F [지도] MAP 7-D5
[교통] JR 신쥬쿠 新宿 역(JY17 · JB10 · JC05)
하차, 코슈가이도 개찰구 甲州街道改札를
나와 왼쪽으로 도보 10분.
[구글] 페이지 하단 QR 코드 스캔 · 클릭

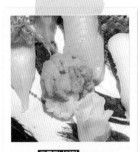

고쿠죠니기리
極上にぎり (5,280엔)

스시마루 신쥬쿠

鮨丸 新宿

고급 생선을 합리적 가격에 맛볼 수
있는 초밥집. 쾌적한 시설과 친절한
서비스가 돋보인다. 100여 종 이상의
어패류를 취급하며, 전갱이 · 고등어는
낚시로 한 마리씩 잡은 최상품만
사용한다. 특선 재료만 엄선해 내놓는
12품 오마카세 초밥 고쿠죠니기리
極上にぎり(5,280엔)가 강추 메뉴.
가볍게 먹기에는 참치 대뱃살 · 새우 ·
오징어 · 성게알 등 초밥 7점과 김말이
초밥이 세트로 나오는 보탄니기리
牡丹にぎり(3,080엔)도 좋다. 평일
11:30~14:00에는 회덮밥(990엔
~), 치라시스시(1,100엔~), 초밥
세트(1,100엔~) 등의 경제적인 런치
메뉴도 맛볼 수 있다.

[예산] 900엔~ [영업] 11:30~23:30,
일 · 공휴일 11:30~22:00
[메뉴] 일어 · 영어 · 한국어
[주소] 東京都 新宿区 新宿 3-31-6
[전화] 03-3356-7077 [지도] MAP 0-G3
[교통] JR 야마노테 선 · 소부 선 · 츄오 선의
신쥬쿠 新宿 역(JY17 · JB10 · JC05) 하차,
동쪽 출구 東口를 나와 오른쪽으로 도보
5분.
[구글] 페이지 하단 QR 코드 스캔 · 클릭

나카무라야 순인도식 카레
中村屋純印度式カリー(1,980엔)

튀김 덮밥
天丼(2,300엔) *강추*

텐푸라젠
天麩羅膳(2,970엔) *강추*

신쥬쿠나카무라야 만나
新宿中村屋 MANNA

일본 최초로 인도식 커리를 선보인 식당. 20세기 초 도쿄에 머물던 인도의 독립운동가 라시 비하리 보스에게 기술을 전수 받았다. 나카무라야 순인도식 카레 나카무라야 쥰인도시키카리 中村屋純印度式カリー(1,980엔)는 인도 치킨 커리의 전통을 고스란히 물려받은 메뉴로 맛이 부드러워 누구나 부담 없이 먹을 수 있다. 접시에 담긴 기름기 잘잘 흐르는 밥과 함께 치킨 커리가 그릇에 담겨 나오는데, 밥 위에 커리를 적당히 부어 비벼 먹는다. 커리 향이 밴 닭고기의 부드러운 육질이 훌륭하다. 지하 1층의 베이커리 Bonna에서는 110년 전통의 카레빵 신쥬쿠카리팡 新宿カリーパン(357엔)도 판다.

예산 1,980엔~ 영업 11:00~22:00 휴일 1/1
메뉴 일어 주소 東京都 新宿区 新宿 3-26-13 新宿中村屋ビル B2/F
전화 03-5362-7501 지도 MAP 8-F2
교통 JR 신쥬쿠 新宿 역(JY17)의 동쪽 출구 東口에서 도보 3분. 신쥬쿠나카무라야 빌딩 지하 2층.
구글맵 페이지 하단 QR 코드 스캔·클릭

텐푸라후나바시야
天ぷら船橋屋

130년간 전통 방식 그대로의 튀김 요리만 고집해온 식당. 엄선된 제철 식재료와 특제 튀김 기름만 사용한다. 노릇노릇하게 튀긴 튀김의 고소한 맛을 찾아 지금도 단골 손님이 줄을 잇고 있다. 단, 튀김의 바삭한 느낌이 우리나라와 달리 조금 눅눅하다는 사실을 알아둘 것. 추천 메뉴는 튀김 덮밥 텐동 天丼(2,300엔), 모둠 튀김과 된장국·반찬이 세트로 나오는 튀김 정식 하나 花(3,000엔)다. 평일 점심 (11:30~15:00)에는 튀김·밥· 된장국·반찬이 제공되는 경제적인 런치 메뉴 오히루쇼쿠사비스 お昼食サービス(1,600엔~)도 선보인다.

예산 1,600엔~
영업 11:30~21:00 메뉴 일어
주소 東京都 新宿区 新宿 3-28-14
전화 03-3354-2751 지도 MAP 8-F3
교통 JR 야마노테 선·소부 선·츄오 선의 신쥬쿠 新宿 역(JY17) 하차, 동쪽 출구 東口를 나와 오른쪽으로 도보 5분.
구글맵 페이지 하단 QR 코드 스캔·클릭

텐푸라신쥬쿠츠나하치
天ぷら 新宿つな八

1925년 문을 연 튀김 전문점. 최상의 재료와 참기름을 블렌드해서 만드는 특제 튀김 기름으로 창업 당시의 맛을 고스란히 지켜오고 있다. 새우 두 마리와 생선·채소·붕장어 등 7가지 튀김이 나오는 텐푸라젠 天麩羅膳 (2,970엔), 왕새우·오징어·생선· 붕장어 등 8가지 최고급 튀김이 나오는 에도마에젠 江戸前膳 (5,500엔)이 추천 메뉴다. 평일 점심에는 새우 두 마리와 생선· 채소 등 4가지 튀김이 나오는 런치 메뉴 히루노토쿠베츠젠 昼の特別 膳(1,870엔), 새우·생선·채소· 붕장어 튀김을 듬뿍 얹어주는 튀김 덮밥 텐동 天丼(2,970엔)도 맛볼 수 있다.

예산 1,870엔~ 영업 11:00~22:00
메뉴 일어·영어
주소 東京都 新宿区 新宿 3-31-8
전화 03-3352-1012 지도 MAP 8-G3
교통 JR 야마노테 선·소부 선·츄오 선의 신쥬쿠 新宿 역(JY17) 하차, 동쪽 출구 東口를 나와 오른쪽으로 도보 5분.
구글맵 페이지 하단 QR 코드 스캔·클릭

구글맵

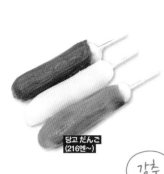
당고 だんご
(216엔~)

마카롱 Macaron
(1개 378엔~)

도지마 롤 케이크
堂島ロール(1,680엔)

오이와케당고혼포
追分だんご本舗

일본식 떡 꼬치인 당고 だんご만 300
년 넘게 만들어온 곳. 규모는 작지만
워낙 인기가 높아 일본 전역에서
손님이 찾아올 정도다. 불변의 4대
인기 메뉴는 숯불에 살짝 구운 떡
꼬치에 달콤한 조청을 입힌 미타라시
みたらし(216엔), 팥 앙금을 입힌
코시안こしあん(216엔), 가루녹차가
섞인 팥 앙금을 입힌 맛차안 抹茶
あん(270엔), 껍질을 벗겨서 만든
시로안 白あん
(216엔) 등이다.
진열대에 놓인 아이템을 직접 보고
고르는 방식이라 이용에 큰 어려움은
없다.

예산 216엔~ **영업** 10:30~19:00
휴업 1/1·2 **메뉴** 일어
주소 東京都 新宿区 新宿 3-1-22
전화 03-3351-0101
지도 MAP 8-G3
교통 지하철 후쿠토신 선·토에이신쥬쿠
선·마루노우치 선의 신쥬쿠산쵸메
新宿三丁目 역(F13·S02·M09) 하차.
C1번 출구를 나와 정면으로 10m쯤 가면
오른쪽에 있다.
구글맵 페이지 하단 QR 코드 스캔·클릭

이세탄 지하 식품관
伊勢丹地下食品館

신쥬쿠를 대표하는 역사와 전통의
명품 백화점 이세탄의 식품 매장.
척 보더라도 고급진 먹거리가
가득한데 특히 주목할 것은 인기
디저트와 빵을 한자리에 모아 놓은
베이커리 코너. 프랑스와 아시아
전역에서 큰 인기를 누리고 있는
피에르 에르메 Pierre Hermé의
마카롱 Macaron(1개 378엔~),
초콜릿 케이크가 유명한 장 폴 에방
Jean-Paul Hevin의 구아야킬
구아야키루 グアヤキル(809엔),
쇼콜라 후랑보와즈 쇼코라후란
보와즈 ショコラフランボワーズ
(809엔), 안데르센 Andersen의
크루아상 쿠로왓상 クロワッサン
(314엔)을 절대 놓치지 말자.

예산 314엔~ **영업** 10:00~20:00 **메뉴** 일어
주소 東京都 新宿区 新宿 3-14-1
전화 03-3352-1111 **지도** MAP 8-G2
교통 지하철 후쿠토신 선·토에이신쥬쿠
선·마루노우치 선의 신쥬쿠산쵸메 新宿
三丁目 역(F13·S02·M09) 하차. B4번
출구가 지하 식품관과 바로 연결된다.
구글맵 페이지 하단 QR 코드 스캔·클릭

파티스리 몬 셰르
PATISSERIE MON CHER

오사카 제일의 롤 케이크로 명성이
자자한 몬 셰르의 도쿄 분점.
홋카이도 산 생크림 등 최상품
재료만 엄선해서 사용하는 것으로
유명하다. 강추 메뉴는 도지마 롤
케이크 도지마로루 堂島ロール
(반 롤 896엔, 한 롤 1,680엔)인데,
한 입 베어 물면 입 안 가득 고소한
우유 향이 퍼지는 황홀한 경험을
하게 된다. 긴자의 미츠코시 三越
백화점(MAP 6-C3) 지하 2층,
이케부쿠로의 토부 東武 백화점
(MAP 20-F2) 지하 1층에도 분점이
있다.

예산 398엔~ **영업** 10:00~20:30,
일·공휴일 10:00~20:00
휴업 부정기적 **메뉴** 일어
주소 東京都 新宿区 西新宿 1-5-1
전화 03-6258-0880
교통 JR 야마노테 선·소부 선·츄오 선의
신쥬쿠 新宿 역(JY17·JB10·JC05)
하차. 오다큐 백화점 小田急百貨店 지하
1층 식품 매장에 있다.
구글맵 페이지 하단 QR 코드 스캔·클릭

커피
(500엔~)

버브 커피 로스터스 강추
VERVE COFFEE ROASTERS

맛난 싱글 오리진 커피를 마실 수 있는 커피숍. 미국에서 인기 몰이중인 버브 커피의 일본 1호점이다. 본점은 2007년 산타크루즈에서 문을 열었으며, 세계적인 권위의 커피 콘테스트에서 수차례 우승한 경력을 자랑한다. 은은한 과일향의 커피를 핸드드립으로 내려주는 푸어오버 Pourover(780엔~)를 맛보자. 도쿄 한정판은 물론, 커피 산지에 따라 선택할 수 있는 메뉴가 다양해 골라먹는 재미가 있다. 부드러운 맛과 향의 니트로 콜드 브루 Nitro Cold Brew(700엔~), 고소한 거품이 가득 담긴 카푸치노 Cappuccino(630엔) 도 맛있다.

예산 500엔~ 영업 07:00~22:00
메뉴 일어·영어
주소 東京都 渋谷区 千駄ヶ谷 5-24-55 NEWoMan SHINJUKU 2/F
전화 03-6273-1325 지도 MAP 8-F4
교통 JR 야마노테 선·소부 선·츄오 선의 신주쿠 新宿 역(JY17·JB10·JC05) 하차, 신남쪽 개찰구 新南改札를 나오자마자 왼쪽으로 15m쯤 가면 왼편에 있다.
구글맵 페이지 하단 QR 코드 스캔·클릭

요나요나 에일
Yona Yona Ale(530~1,050엔)

요나요나 비어 웍스 강추
YONA YONA BEER WORKS

인기 크래프트 비어 요나요나에서 운영하는 비어홀. 풍부한 과일 향과 강렬한 맛이 특징인 에일 맥주만 취급한다. 요나요나 에일 Yona Yona Ale(530~1,050)· 수요일의 고양이 Suiyobi No Neko(550~1,100엔)· 인도 파랑 도깨비 Indo No Aooni(550~ 1,100엔) 등 요나요나 맥주의 대표 아이템 10종을 모두 맛볼 수 있다. 동시에 다양한 맛을 즐기려면 세 가지 맥주가 작은 잔에 담겨 나오는 비어 플라이트 Beer Flight(1,450엔) 세트를 주문해도 좋다.

예산 530엔~ 영업 12:00~23:00, 토·일·공휴일 11:30~23:00
메뉴 일어·영어
주소 東京都 新宿区 新宿 3-28-10 ヒューマックスパビリオン新宿東口 B1/F
전화 050-1808-8835 지도 MAP 8-F3
교통 JR 야마노테 선·소부 선·츄오 선의 신주쿠 新宿 역(JY17·JB10·JC05) 하차, 동쪽 출구 東口를 나와 오른쪽으로 도보 3분. 빅쿠로 바로 뒤의 휴맥스 파빌리온 신주쿠히가시구치 빌딩 지하 1층에 있다.
구글맵 페이지 하단 QR 코드 스캔·클릭

 구글맵

SHO-PPING

1 JR 신쥬쿠 역과 바로 연결돼 교통이 편리하다.
2 트렌디한 아이템이 풍부해 쇼핑의 즐거움을 더한다.

뉴우먼
NEWOMAN

도쿄의 인기 숍과 레스토랑이 총망라된 쇼핑몰. 여심을 사로잡는 스타일리시한 분위기와 세련된 브랜드 구성으로 인기가 높다. 메종 키츠네(M2층), ASTRAET(2층), SALON adm et ropé · 드로잉 넘버스 Drawing Numbers(3층), Margaret Howell(4층) 등 희소성 높은 브랜드가 풍부하다. 프리미엄 식재료를 테마로 한 라이프스타일 숍 Akomeya Tokyo, 유기농 코스메틱 브랜드 셀렉트 숍 Cosme Kitchen & Naturopathy(M2층), 컨버스의 일본 한정판 프리미엄 라인 Converse Tokyo(2층), 럭셔리 브랜드 위주의셀렉트 숍 Super a Market(1층), 수입 인디펜던트 향수 셀렉트숍 Nose Shop(2층)도 특색 있다.

🅐 11:00~20:30, 일 · 공휴일 11:00~20:00 🅗 부정기적
🅢 東京都 新宿区 新宿 4-1-6 🅣 03-3352-1120
🅜 MAP 8-F4 🅗 www.newoman.jp
🅣 JR 야마노테 선 · 소부 선 · 츄오 선의 신쥬쿠 新宿 역 (JY17 · JB10 · JC05) 하차, 미라이나타와 개찰구 ミライナ タワ―改札 바로 앞에 있다. 🅖🅛 페이지 하단 QR 코드 스캔 · 클릭

신쥬쿠 마루이
新宿マルイ 0I0I

10~20대 타깃의 패션 백화점. 본관 · 아넥스 · 멘의 3개 건물로 이루어져 있으며, 중저가 로컬 브랜드가 풍부하다. 본관은 여성 패션 · 잡화, 아넥스는 캐주얼 · 로리타 패션, 멘은 트렌디한 남성패션이 메인 아이템이다. 아니메이트 · 스루가야 · 치이카와(먼작귀) 스토어 등의 캐릭터 숍도 입점해 있으며, 애니 굿즈 팝업 이벤트가 자주 열린다.

🅐 11:00~20:00
🅢 東京都 新宿区 新宿 3-30-13
🅣 03-3354-0101 🅜 MAP 8-G3
🅣 지하철 후쿠토신 선 · 토에이신쥬쿠 선 · 마루노우치 선의 신쥬쿠산쵸메 新宿 三丁目 역(F13 · S02 · M09) 하차. C1번 출구 바로 앞에 있다.
🅖🅛 페이지 하단 QR 코드 스캔 · 클릭

빔스 재팬
BEAMS JAPAN

'일본의 매력'을 발산하는 큐레이션 스토어. 인기 패션 브랜드 빔스 Beams에서 운영하며, 지하 1층에서 지상 5층까지 여섯 개 층에 걸쳐 일본의 식문화 · 디자인 · 패션 · 팝 컬처 · 공예를 테마로 셀렉트된 온갖 아이템을 전시 · 판매한다. 개성만점의 이색 상품을 한자리에서 두루 살펴볼 수 있는 게 매력이다.

🅐 11:00~20:00 🅗 부정기적
🅢 東京都 新宿区 新宿 3-32-6
🅣 03-5368-7300 🅜 MAP 8-G3
🅗 www.beams.co.jp
🅣 JR 야마노테 선 · 소부 선 · 츄오 선의 신쥬쿠 新宿 역(JY17 · JB10) 하차, 동남쪽 출구 東南口에서 도보 6분.
🅖🅛 페이지 하단 QR 코드 스캔 · 클릭

루미네 에스트
LUMINE EST

20대 여성이 선호하는 러블리한 아이템이 많은 쇼핑몰. 여성복 · 화장품 · 액세서리를 취급하며 유행에 민감한 중저가 로컬 브랜드의 비중이 높다. 눈여겨볼 패션 브랜드는 Beams · Free's Mart · Shiro · Beauty Youth United Arrows · Lowry's Farm · 카시라 CA4LA 등이다. 모든 상품이 300엔(세금 별도)인 잡화점 3coins도 인기가 높다.

🅐 11:00~21:00, 토 · 일 · 공휴일 10:30~21:00 🅗 부정기적
🅢 東京都 新宿区 新宿 3-38-1
🅣 03-5269-1111 🅜 MAP 8-F3
🅣 JR 야마노테 선 · 소부 선 · 츄오 선의 신쥬쿠 新宿 역(JY17 · JB10 · JC05) 하차, 동쪽 출구 東口 바로 위에 있다.
🅖🅛 페이지 하단 QR 코드 스캔 · 클릭

이세탄 백화점 伊勢丹百貨店

신쥬쿠를 대표하는 역사와 전통의 명품 백화점.
여성 패션 및 생활용품을 취급하는 본관 本館과 남성복
중심의 이세탄 멘즈 Isetan Men's로 구성돼 있으며,
압구정 현대와 갤러리아 백화점을 합쳐 놓은 분위기이다.
본관의 인기 매장은 Hyke · 릭 오웬스 · 크롬 하츠 ·
메종 마르지엘라 · 꼼 데 가르송 등의 디자이너 브랜드를
소개하는 3층이다. 패션에 관심이 많은 남성이라면
톰 브라운 · 생 로랑 · Brioni · 미하라 야스히로 ·
지방시 · Undercover 등 클래식부터 스트리트
패션까지 폭넓은 남성 패션 아이템을 취급하는
이세탄 멘즈를 놓치지 말자.

영업 10:00~20:00 휴업 부정기적
주소 東京都 新宿区 新宿 3-14-1
전화 03-3352-1111 지도 MAP 8-G2
교통 지하철 후쿠토신 선 · 토에이신쥬쿠 선 ·
마루노우치 선의 신쥬쿠산쵸메 新宿三丁目
역(F13 · S02 · M09) 하차, B4번 출구가
백화점과 바로 연결된다.
구글맵 페이지 하단 QR 코드 스캔 · 클릭

1 웬만한 명품 브랜드가 모두 입점해 있다. 2 일본 디자이너 브랜드와
명품 세컨드 브랜드, 마담 브랜드가 충실하다.

요도바시 카메라
ヨドバシカメラ

수십만 종의 상품을 갖춘 대형 가전
양판점. 디지털 카메라 · PC · 생활
가전 등 각기 다른 아이템을 취급하는
12개의 건물로 나눠어 있다. 건물이 사
방에 흩어져 있으니 매장 앞의 안내도
를 잘 보고 이용하자. 최대의 매력은 최
신 상품을 마음껏 조작해 보고 구입할
수 있다는 것이다. 저렴한 쇼핑 요령은
p.99를 참조하자.

영업 09:30~22:00
주소 東京都 新宿区 西新宿 1-11-1
전화 03-3346-1010 지도 MAP 7-D3
홈피 www.yodobashi.com
교통 JR 야마노테 선 · 소부 선 · 츄오 선의
신쥬쿠 新宿 역(JY17 · JB10 · JC05)
하차, 서쪽 출구 西口에서 도보 5분.
구글맵 페이지 하단 QR 코드 스캔 · 클릭

빅쿠 카메라
ビックカメラ

일본 전역에 지점을 보유한 대형 가
전 양판점. 카메라 · PC · 생활가전 ·
미용기기 등 다양한 제품을 한 자리에서
비교해보고 구매할 수 있다. 6층에는
프라모델 · 피규어 · 캐릭터 상품 코너
도 있다. 5,000엔 이상 구매시 면세 혜택
이 있으며, 신쥬쿠 역 동쪽 출구 東口와
서쪽 출구 西口 쪽에도 각각 하나씩 지
점이 있어 이용하기 편리하다.

영업 10:00~22:00
주소 東京都 新宿区 新宿 3-29-1
전화 03-3226-1111 지도 MAP 8-F3
교통 JR 야마노테 선 · 소부 선 · 츄오 선의
신쥬쿠 新宿 역(JY17 · JB10 · JC05)
하차, 동쪽 출구 西口를 나와 오른쪽으로
도보 3분.
구글맵 페이지 하단 QR 코드 스캔 · 클릭

알펜 도쿄
ALPEN TOKYO

도쿄 최대의 스포츠 · 아웃도어 용품
쇼핑몰. 10층짜리 대형 매장으로
우리나라에서 구하기 힘든 전문 아이템
과 브랜드 제품이 풍부하다.

2층~지하 2층 런닝 · 수영 · 야구
축구 등 스포츠 용품 및 패션, 3~5층
아웃도어 · 트레킹 · 캠핑 용품 코너.
스노우피크 · 콜맨 · 스탠리 등 브랜드
라인업이 다양해 선택의 폭이 넓다.

영업 11:00~22:00,
토 · 일 · 공휴일 10:00~22:00
주소 東京都 新宿区 新宿 3-23-7
전화 03-5312-7680 지도 MAP 8-E2
교통 JR 야마노테 선 · 소부 선 · 츄오 선의
신쥬쿠 新宿 역(JY17 · JB10 · JC05)
하차, 동쪽 출구 東口에서 도보 4분.
구글맵 페이지 하단 QR 코드 스캔 · 클릭

구글맵

1 신쥬쿠 제일의 규모를 자랑하는 쇼핑몰이다.
2 인기 디자이너 브랜드를 비롯한 다양한 패션 매장을 놓치지 말자.

타카시마야 타임즈 스퀘어
TAKASHIMAYA TIMES SQUARE

신쥬쿠 최대의 종합 쇼핑몰. 대형 백화점 타카시마야, DIY 전문점 핸즈, 합리적인 가격의 패션 브랜드 유니클로 등이 한자리에 모여 있다. 최고의 인기를 구가하는 곳은 젊은 층이 선호하는 브랜드가 대거 입점한 타카시마야 백화점이다. 명품 마니아라면 에르메스 · 티파니 · 발렌시아가 · 샤넬 · 셀린느 등이 입점한 1~3층에 주목하자. 디자이너 브랜드나 일본 라이선스로 선보이는 명품 세컨드 브랜드를 선호한다면 꼼 데 가르송 · Y-3(4층), 매킨토시 필로소피 · 비비안 웨스트우드 레드 레이블 · A.P.C(7층), 비비안 웨스트우드 맨 · 타케오 키쿠치(8층)도 볼만하다. Fauchon · Dallmayr · Peck 등 수입 식료품을 취급하는 식품 매장도 놓치지 말자.

영업 10:30~19:30 **주소** 東京都 渋谷区 千駄ヶ谷 5-24-2 **전화** 03-5361-1111 **지도** MAP 8-F4 **교통** JR 야마노테 선 · 소부 선 · 츄오 선의 신쥬쿠 新宿 역 (JY17 · JB10 · JC05) 하차, 신남쪽 개찰구 新南改札 를 나와 왼쪽으로 도보 1분. **구글맵** 페이지 하단 QR 코드 스캔 · 클릭

마츠모토 키요시
マツモトキヨシ

화장품 · 미용용품 · 의약품 쇼핑의 천국으로 통하는 드러그 스토어. 일본에 수천 개의 지점을 거느린 체인점으로 정가의 10~30%를 할인 판매한다. 우리나라의 올리브 영과 비슷한 스타일이며, 용두별로 세분화된 아이디어 상품이 풍부하다. Kate · Visée · 켄메이크 등 퀄리티 높은 중저가 화장품도 취급한다.

영업 09:00~21:45 **휴업** 부정기적 **주소** 東京都 新宿区 新宿 3-17-3 **전화** 03-3226-8618 **지도** MAP 8-F2 **교통** JR 야마노테 선 · 소부 선 · 츄오 선의 신쥬쿠 新宿 역(JY17 · JB10 · JC05) 하차, 동쪽 출구 東口를 나와 정면으로 도보 3분. **구글맵** 페이지 하단 QR 코드 스캔 · 클릭

니토리
ニトリ

일본판 이케아로 통하는 인테리어 숍. 실용적 디자인과 저렴한 가격으로 가성비를 극대화시킨 아이템이 풍부하다. 가구는 물론 패브릭 · 욕실 · 식기 · 주방용품 등 취급 상품도 다양해 젊은 신혼족에게 인기가 높다. 5,000엔 이상 구매시 면세도 된다. 시부야에도 지점이 있다(MAP 2-G2).

영업 10:00~20:30 **전화** 0120-014-210 **주소** 東京都 渋谷区 千駄ヶ谷 5-24-2 **지도** MAP 8-F5 **교통** JR 야마노테 선 · 소부 선 · 츄오 선의 신쥬쿠 新宿 역(JY17 · JB10 · JC05) 하차, 신남쪽 개찰구 新南改札 를 나와 왼쪽으로 도보 8분. 타카시마야 타임즈 스퀘어 남관 타카시마야타임즈스퀘어南館에 있다. **구글맵** 페이지 하단 QR 코드 스캔 · 클릭

돈키호테
ドン · キホーテ

풍부한 상품과 저렴한 가격의 대형 할인매장. 원스톱 쇼핑이 가능하며 인기 아이템을 고루 구비해 선물 · 기념품을 구매하려는 여행자가 많이 찾는다. 3층 식료품 · 주류 · 잡화, 4층 화장품 · 의류, 5층 장난감 · 파티용품 · 가선세품, 6층 명품 · 액세서리 · 여행용품 · 의약품 매장이며, 특히 식료품 · 의약품 · 화장품 코너가 인기다.

영업 24시간 **전화** 03-5367-9611 **주소** 東京都 新宿区 新宿 3-36-16 3~6/F **지도** MAP 8-F3 **홈피** www.donki.com **교통** JR 야마노테 선 · 소부 선 · 츄오 선의 신쥬쿠 新宿 역(JY17 · JB10) 하차, 동남쪽 출구 東南口에서 도보 1분. **구글맵** 페이지 하단 QR 코드 스캔 · 클릭

구글맵

1 신기한 아이디어 상품이 많아 누구나 재미있게 돌아볼 수 있다.
2 다채로운 스타일과 디자인의 벽시계 코너.

핸즈 HANDS

타카시마야 백화점과 나란히 연결된 일본 최대의 DIY 상품 전문점. DIY 마니아는 물론 인테리어·디자인 업계 종사자라면 절대 놓치지 말아야 할 초강추 쇼핑 포인트다. 소소한 인테리어 소품부터 대형 가구·공구에 이르기까지 온갖 상품을 한자리에 모아 놓았다. 상상을 초월하는 기발한 아이디어 상품이 많아 구경하는 재미도 쏠쏠하다. 매장이 워낙 방대해 만만치 않은 시간이 걸리니 입구에서 플로어 가이드를 받아 동선을 짠 다음 돌아보는 게 현명하다. 일반인이라면 2층 가방·지갑·우산, 3층 뷰티·헬스 용품, 4층 문구·다이어리, 7층 주방·욕실 용품 코너를 중심으로 보는 것도 재미있다.

영업 10:00~21:00 휴업 부정기적
주소 東京都 渋谷区 千駄ヶ谷 5-24-2 タイムズ スクエアビル 2~8/F 전화 03-5361-3111
지도 MAP 8-F4 구글맵 페이지 하단 QR 코드 스캔·클릭
교통 JR 신주쿠 新宿 역(JY17)의 신남쪽 출구 新南口에서 도보 4분. 타카시마야 타임즈 스퀘어 2~8층에 있다.

콘란 숍
THE CONRAN SHOP

인테리어·디자인 전공자에게 강추하는 곳. 세계적인 가구 디자이너 테렌스 콘란 경이 엄선한 최고의 제품과 그가 직접 디자인한 오리지널 아이템을 취급하는 홈 인테리어 셀렉트 숍이다. 실용성을 겸비한 참신한 디자인의 가구·조명·패브릭·주방·욕실·코스메틱·패션 소품을 두루 선보인다.

영업 11:00~18:30 휴업 수요일, 연말연시
주소 東京都 新宿区 西新宿 3-7-1
전화 03-5322-6600 지도 MAP 7-A5
교통 JR 야마노테 선·소부 선·츄오 선의 신주쿠 新宿 역(JY17·JB10·JC05) 하차. 서쪽 출구 西口 근처(MAP 7-D2)에서 출발하는 무료 셔틀버스로 5분. 신주쿠 파크 타워 3층에 있다.
구글맵 페이지 하단 QR 코드 스캔·클릭

프랑프랑
FRANCFRANC

세련된 감각의 인테리어·잡화점. 도시적 라이프스타일을 추구하는 젊은 여성을 타깃으로 화사한 스타일의 가구와 감각적 디자인의 인테리어 소품을 선보인다. 1층 식기·주방·욕실, 2층 가구·패브릭 코너. 아기자기한 스타일의 그릇은 적당한 가격에 품질도 좋아 쇼핑 아이템으로 인기!

영업 11:00~20:00 휴업 부정기적
주소 東京都 渋谷区 代々木 2-2-1 新宿サザンテラス内
전화 03-4216-4021 지도 MAP 8-E4
교통 JR 야마노테 선·소부 선·츄오 선의 신주쿠 新宿 역(JY17·JB10·JC05) 하차, 신남쪽 개찰구 新南改札를 나와 오른쪽으로 도보 4분.
구글맵 페이지 하단 QR 코드 스캔·클릭

세리아
SERIA

거의 모든 상품이 110엔인 잡화점. 일반적인 100엔 숍보다 디자인과 질이 좋아 가성비를 꼼꼼히 따지는 실속파 쇼핑객에게 인기가 높다. 기발한 아이디어가 돋보이는 주방용품·잡화·문구가 많아 구경하는 재미도 쏠쏠하며, 가벼운 기념품을 구매하기에도 좋다.

영업 11:00~20:00 휴업 부정기적
주소 東京都 新宿区 新宿 3-1-26
전화 03-6380-6263
지도 MAP 8-G3
교통 JR 야마노테 선·소부 선·츄오 선의 신주쿠 新宿 역(JY17·JB10·JC05) 하차. 동쪽 출구 東口를 나와 오른쪽으로 도보 10분. 신주쿠 마루이 아넥스 新宿 マルイアネックス 4층에 있다.
구글맵 페이지 하단 QR 코드 스캔·클릭

 구글맵

키노쿠니야 紀伊国屋

출판계 종사자에게 인기가 높은 신쥬쿠의 명소. 단일 매장으로는 신쥬쿠 제일의 규모를 자랑하며 100만 권 이상의 서적이 구비돼 있다. 층마다 취급하는 책이 다른데, 최신 화제작이 한눈에 들어오는 1층 신간 코너를 눈여겨보자. 미술·디자인 관련 서적 코너인 5층에는 일본 유명 작가의 일러스트·사진집과 인테리어 관련 서적이 비치돼 있다. 8층에서는 15만 권의 만화책과 5만 장 이상의 음반·DVD를 취급한다. 책을 찾을 때는 엘리베이터·출입구 근처에 비치된 검색용 단말기 KINO ナビ를 이용하면 편하다. ISBN·서적명·저자명·장르별로 검색 가능하며 책이 있는 서가의 위치도 프린트된다.

영업 10:30~21:00 **휴업** 부정기적 **전화** 03-3354-0131
주소 東京都 新宿区 新宿 3-17-7
홈피 www.kinokuniya.co.jp **지도** MAP 8-F2
교통 JR 야마노테 선·소부 선·츄오 선의 신쥬쿠 新宿 역 (JY17·JB10·JC05) 하차, 동쪽 출구 東口를 나와 오른쪽으로 도보 4분. **구글맵** 페이지 하단 QR 코드 스캔·클릭

1 책 찾기는 쉽지만 매장이 낡은 탓에 쾌적함은 조금 떨어진다.
2 요리·취미·여행 등 실용서 코너가 충실하다.

세카이도
世界堂

미술·디자인·만화용품의 보고! 수 만점에 이르는 관련 제품이 충실히 구비돼 있으며 다양한 기능을 갖춘 아이디어 상품이 눈길을 끈다. 정가의 20%를 할인해 주는 것도 뿌리치기 힘든 유혹! 디자인·만화용품은 2층. 물감·파스텔·붓 등의 미술 재료는 3층에 있다. 1층의 문구·사무용품 코너에는 깜찍한 팬시 상품이 많다.

영업 09:30~20:00
주소 東京都 新宿区 新宿 3-1-1
전화 03-5379-1111 **지도** MAP 8-H3
교통 JR 야마노테 선·소부 선·츄오 선의 신쥬쿠 新宿 역(JY17·JB10·JC05) 하차, 동쪽 출구 東口를 나와 오른쪽으로 도보 11분.
구글맵 페이지 하단 QR 코드 스캔·클릭

아니메이트
ANIMATE

인기 아이템이 풍부한 애니·만화 전문점. 규모가 크진 않지만 만화책은 물론 라이트노벨·애니 캐릭터 상품·피규어·CD·DVD·게임 등 취급 품목이 다양하다. 신상품 입고가 빨라 기념품이나 선물을 구입하기에도 좋다. 작가 사인회 등의 이벤트도 수시로 열린다.

영업 11:00~20:00
주소 東京都 新宿区 新宿 5-16-4 마루 이멘 7/F
전화 03-6258-1370 **지도** MAP 8-H2
교통 JR 야마노테 선·소부 선·츄오 선의 신쥬쿠 新宿 역(JY17·JB10·JC05) 하차, 동쪽 출구 東口를 나와 오른쪽으로 도보 14분. 마루이 멘 7층에 있다.
구글맵 페이지 하단 QR 코드 스캔·클릭

디즈니 플래그십 도쿄
DISNEY FLAGSHIP TOKYO

일본 최대의 디즈니 스토어. 디즈니 캐릭터는 물론 픽사·스타워즈·마블 굿즈까지 아우르는 풍부한 아이템으로 인기가 높다. 시즌마다 선보이는 신상 아이템을 찾아보는 재미도 쏠쏠하다. 오직 여기서만 취급하는 한정판 굿즈와 커스터마이징 티셔츠·인형·액자를 파는 D-made Lab도 놓치지 말자.

영업 10:00~21:00
주소 東京都 新宿区 新宿 3-17-5
전화 03-3358-0632
지도 MAP 8-F2
교통 JR 야마노테 선·소부 선·츄오 선의 신쥬쿠 新宿 역(JY17·JB10·JC05) 하차, 동쪽 출구 東口를 나와 오른쪽으로 도보 4분.
구글맵 페이지 하단 QR 코드 스캔·클릭

젊음의 해방구 시모키타자와

시모키타자와 下北沢는 홍대 분위기가 물씬 풍기는 젊음의 거리다. 멋스러운 카페와 산뜻한 부티크, 세련된 인테리어 숍이 늘어선 거리의 풍경은 홍대 어느 골목을 그대로 옮겨 놓은 듯하며, 밀려드는 인파로 북새통을 이루는 좁은 쇼핑가의 모습이 낯설지 않게 다가온다. 가로등 불빛을 조명삼아 버스킹에 열중하는 가수 지망생과 젊음의 열기를 토해내는 라이브 하우스는 시모키타자와의 낭만을 담뿍 느끼게 한다.

교통 신쥬쿠에서 사철 오다큐 선 小田急을 타고 시모키타자와 下北沢 역(OH07) 하차(8~10분, 170엔). 오다큐 선의 신쥬쿠 역은 JR 신쥬쿠 역과 나란히 붙어 있다. JR 신쥬쿠 역의 남쪽 출구 南口에서는 개찰구를 나오자마자 오른쪽, 서쪽 출구 西口에서는 개찰구를 나오자마자 왼쪽으로 가면 오다큐 신쥬쿠 역이 있다. 열차는 4·5번 플랫폼에서 출발하는 급행 急行을 타면 된다. 또는 시부야에서 출발하는 사철 케이오이노카시라 선 京王井の頭線을 타고 시모키타자와 下北沢 역(IN05) 하차(5분, 140엔).

下 ★★★☆☆
北沢北口商店街 시모키타자와 북쪽 쇼핑가

발음 시모끼따자와키따구찌쇼-뗀가이 영업 11:00~20:00(숍마다 다름)
지도 MAP 16-B2 교통 사철 오다큐 선·케이오이노카시라 선의 시모키타자와 下北沢 역(OH07·IN05) 하차, 동쪽 출구 東口 바로 앞.
구글맵 페이지 하단 QR 코드 스캔·클릭

좁은 골목길을 따라 뉴욕 스타일의 카페와 레스토랑, 그리고 아기자기한 숍들이 늘어선 시모키타자와의 메인 쇼핑가. 산뜻한 외관의 고급 주택과 그 사이사이에 자리한 분위기 만점의 숍들이 멋진 조화를 이룬다. 트렌디하면서도 스타일리시한 음식을 파는 레스토랑이 많아 주말이면 쌍쌍이 몰려나온 연인들로 붐비는 인기 만점의 데이트 코스. 최대의 매력은 도쿄의 유행을 실시간으로 반영하는 트렌디한 숍! 언제나 수많은 숍들이 나타났다 사라지기를 반복하니 골목 구석구석 꼼꼼히 탐험해 보자. 어디선가 내 맘에 쏙 드는 멋진 숍이 나타날 것이다.

Best course

시모키타자와 역을 중심으로 남쪽 쇼핑가와 북쪽 쇼핑가를 오가며 '8'자 모양으로 돌아보는 게 효율적이다. 미로처럼 구불구불한 길이 이어지니 지도를 잘 보고 다니자. 워낙 조그만 동네라 가볍게 구경만 한다면 두세 시간으로도 충분하다. 하지만 쇼핑이 목적이라면 그 이상의 시간이 필요할 듯! 라이브 하우스(p.289)에 관심이 있다면 오후에 가서 시모키타자와의 쇼핑가를 구경하고 저녁에 라이브 하우스에 들러 신나는 밤을 보내는 것도 좋다.

1 깜찍한 생활잡화. 2·3 감각적인 스타일의 숍을 구경하자. 4 인테리어 소품도 풍부하다.

시모키타자와 남쪽 쇼핑가의
입구를 알리는 야치문.

下 ★★★☆☆
北沢南口商店街 시모키타자와 남쪽 쇼핑가

[발음] 시모끼따자와미나미구찌쇼-뗀가이 **[영업]** 11:00~20:00(숍마다 다름)
[지도] MAP 16-B3 **[교통]** 사철 오다큐 선·케이오이노카시라 선의 시모키타자와 下北沢 역
(OH07·IN05) 하차, 동쪽 출구 東口에서 도보 2분. **[구글맵]** 페이지 하단 QR 코드 스캔·클릭

스타일리시한 북쪽 쇼핑가와는 상반된 모습의 서민적인 쇼핑가. 세련된 맛은 없지만
소박하면서도 활기찬 시모키타자와 특유의 분위기가 넘친다. 살짝 고급스러운 모스
버거·프레시니스 버거가 위치한 북쪽 쇼핑가와 달리 저렴한 맥도날드가 역 앞을
지키고 있는 것만 봐도 두 지역의 차이를 단번에 파악할 수 있을 듯! 쇼핑가를 따라
라면집·이자카야·빵집이 모여 있으며, 시장통처럼 복작대는 좁은 거리에는 저렴한
생활 잡화와 옷가지를 파는 숍이 성업 중이다. 3·6·9·12월의 첫째 또는 둘째 일요일
(11:00~16:00)에는 쇼핑가 남쪽에 위치한 퓨어 로드에서 조그만 벼룩시장도 열린다.

F lipper's 플리퍼스 강추

[예산] 1,320엔~ **[영업]** 10:00~20:00 **[휴업]** 부정기적 **[메뉴]** 일어·영어
[주소] 東京都 世田谷区 北沢 2-26-20 **[전화]** 03-5738-2141 **[지도]** MAP 16-B2
[교통] 사철 오다큐 선·케이오이노카시라 선의 시모키타자와 下北沢 역
(OH07·IN05) 하차, 동쪽 출구 東口를 나와 정면으로 도보 3분.
[구글맵] 페이지 하단 QR 코드 스캔·클릭

폭신폭신한 수플레 팬케이크 맛집. 호빵처럼 커다랗게 부풀어 오른
팬케이크 위에 달콤 고소한 생크림을 얹어주는 기적의 팬케이크 플레인
키세키노판케키푸렌 奇跡のパンケーキプレーン(1,430엔)을 꼭 맛보자.
한 입 베어 물면 입 안에서 스르르 녹아 없어지는 멋진 경험을 할 수 있다.
과일을 토핑한 팬케이크는 물론 베이컨·계란·연어가 함께 나오는
식사용 팬케이크(1,738엔~)도 있다. 음료와 함께 먹으려면 드링크 세트
Drink Set(350엔 추가)로 주문하는 게 경제적이다.

팬케이크 플레인
奇跡のパンケーキプレーン
(1,430엔)

수프 카레(1,320엔~)

R OJIURA CURRY SAMURAI 로자우라 커리 사무라이 강추

[예산] 1,210엔~ **[영업]** 11:00~15:00, 17:30~21:00 **[메뉴]** 일어·영어
[주소] 東京都 世田谷区 北沢 3-31-14 **[전화]** 03-5453-6494
[홈피] http://samurai-curry.com **[지도]** MAP 16-B1
[교통] 사철 오다큐 선·케이오이노카시라 선의 시모키타자와 下北沢 역(OH07·IN05)
하차, 동쪽 출구 東口를 나와 왼쪽 정면으로 도보 7분.
[구글맵] 페이지 하단 QR 코드 스캔·클릭

감칠맛 넘치는 수프 카레로 인기가 높은 식당. 건강식을 추구하는 곳답게
카레에 8~20가지 채소를 듬뿍 담아낸다. 카레 국물은 채소·돼지뼈·
다시마·가다랑어포를 8시간 동안 우려낸 뒤 새콤한 토마토와 달콤한
양파를 더해 풍미를 살렸다. 추천 메뉴는 닭고기와 20가지 채소를 넣은
치킨토이치니치분노야사이니슈힌모쿠 チキンと一日分の野菜20品目
(2,035엔). 주문시 수프 맛·매운 정도·밥의 양을 맘대로 선택할 수 있다.

슈크림빵
シュークリーム(600엔~)

白髭のシュークリーム工房 시로히게 슈크림 공방

예산 600엔~ **영업** 10:30~18:00 **휴무** 화요일(화요일이 공휴일일 때는 수요일)
메뉴 일어 · 영어 **주소** 東京都 世田谷区 代田 5-3-1 **전화** 03-5787-6221
홈피 http://www.shiro-hige.net **지도** MAP 16-A4
교통 사철 오다큐 선의 세타가야다이타 世田谷代田 역(OH08) 하차. 동쪽 출구
東口에서 도보 2분. 또는 시모키타자와 역 서쪽 출구를 나와 왼쪽으로 도보 10분.
구글맵 페이지 하단 QR 코드 스캔 · 클릭

애니에서 툭 튀어나온 듯한 산장 분위기의 베이커리. 매장 곳곳을
장식한 토토로 인형과 다양한 지브리 캐릭터가 눈길을 끈다. 일본에 단
두 개뿐인 지브리 오피셜 베이커리인데, 미야자키 하야오 감독의 동생이
오너라고. 인기 메뉴는 토토로 모양의 깜찍한 슈크림빵 シュークリ
ーム(600엔~), 딸기 · 밤 · 맛챠 · 망고 등 계절별로 다른 9가지 맛을
선보인다. 애니 캐릭터 모양의 쿠키 · 케이크도 판매한다.
2층 카페에서는 파스타 등의 식사 메뉴도 취급한다.

東洋百貨店 토요 백화점

영업 12:00~20:00(숍마다 다름) **전화** 03-3468-7000
주소 東京都 世田谷区 北沢 2-25-8 **지도** MAP 16-B2
교통 사철 오다큐 선 · 케이오이노카시라 선의 시모키타자와 下北沢
역(OH07 · IN05) 하차. 동쪽 출구 東口를 나와 왼쪽으로 도보 2분.
구글맵 페이지 하단 QR 코드 스캔 · 클릭

'시모키타자와의 추억으로 영원히 간직될 개러지 스토어
Garage Store'를 테마로 운영하는 쇼핑몰. 낡은 창고
처럼 꾸민 건물에 구제 의류 · 빈티지 소품 · 핸드메이드
액세서리를 파는 숍 20여 개가 모여 있다. 시모키타자와
특유의 감성이 가득해 수많은 쇼핑객들로 북적인다. 눈에
띄는 숍은 1960~1970년대에 유행한 원피스와 히피
스타일 의류를 취급하는 산비키노코네코 3びきの子ねこ,
빈티지 스타일로 가공한 독특한 질감의 오리지널 잡화 ·
수제 시계를 취급하는 앱솔루틀리 유니크 Absolutely
Unique 등이다.

키치한 감성의 토요 백화점

앤티크 숍 스타일의 깔끔한 인테리어가 인상적이다.

FLAMINGO 2ND店 플라밍고 2호점

영업 12:00~21:00. 토 · 일 · 공휴일 11:00~21:00
주소 東京都 世田谷区 北沢 2-37-2 パラッツィーナ빌 1/F
전화 03-5738-2377 **지도** MAP 16-B1
교통 사철 오다큐 선 · 케이오이노카시라 선의 시모키타자와
下北沢 역(OH07 · IN05) 하차. 동쪽 출구 東口를 나와
정면으로 도보 5분.
구글맵 페이지 하단 QR 코드 스캔 · 클릭

다양한 아이템을 구비한 구제의류 전문점. 핑크 플라밍고
모양의 발랄한 네온사인과 입구에 놓인 거대한 의자가 눈길을
끈다. 미국에서 직접 셀렉트해 오는 1940년대와 1990년대 빈
티지 의류가 메인 상품이다. 고풍스러운 레이스 드레스, 알록
달록 꽃무늬 원피스, 화려한 하와이안 셔츠가 호기심을 자극한
다. 옷과 함께 스타일링하기에 좋은 빈티지 액세서리 · 가방 ·
신발도 취급한다.

구글맵

CHICAGO 시카고

영업 11:00~20:00 휴업 1/1
주소 東京都 世田谷区 代沢 5-32-5
전화 03-3419-2890 지도 MAP 16-B4
교통 사철 오다큐 선·케이오이노카시라 선의 시모키타자와
下北沢 역(OH07·IN05) 하차, 동쪽 출구 東口에서 도보 6분.
구글맵 페이지 하단 QR 코드 스캔·클릭

주머니가 가벼운 개성파의 천국! 특히 남성용 구제 의류
를 찾는다면 꼭 가보자. 널찍한 매장에 셔츠·청바지·
신발·가방·모자 등 각종 의류와 소품이 넘쳐나는데,
70% 정도가 남성복이다. 폴로 랄프 로렌·리바이스·
Champion·Dickies·Guess 등 유명 브랜드도 두루
취급한다. 상품을 스타일·브랜드 별로 깔끔히 분류해 놓
아 원하는 물건을 찾기도 쉽다. 아메리칸 캐주얼이 주를
이루며 가격은 1,000~5,000엔 수준이다.

구제의류 쇼핑의 최적지 시카고

진열된 상품을 보는
것만으로도 재미있다

VILLAGE VANGUARD 빌리지 뱅가드

영업 11:00~23:00 주소 東京都 世田谷区 北沢 2-10-15
전화 03-3460-6145 지도 MAP 16-C3
교통 사철 오다큐 선·케이오이노카시라 선의 시모키타자와
下北沢 역(OH07·IN05) 하차, 동쪽 출구 東口에서 도보 2분.
구글맵 페이지 하단 QR 코드 스캔·클릭

엽기 발랄한 아이템과 재미난 캐릭터 상품으로 가득한
서점 겸 잡화점. 도쿄 시내의 다른 빌리지 뱅가드 지점
에 비해 서적, 특히 만화책·화보·실용서의 비중이 높
은 게 특징이다. 책 옆에 일일이 써 붙인 재기발랄한 상품
평을 읽는 재미는 물론, 어디에 쓰는 물건인지 궁금하기
짝이 없는 신기한 상품을 하나하나 만져 보는 즐거움도
여기서만 맛볼 수 있는 매력이다.

 시모키타자와 3대 커피

Bearpond Espresso
시모키타자와에서 인지도가 가장 높은 카페.
간판 메뉴는 고소한 풍미의 에스프레소와 라
테·카푸치노다.

영업 11:00~17:30 홈피 www.bearpondespresso.com
지도 MAP 16-B1

Ogawa Coffee Laboratory
1952년 창업한 오가와 커피의 시모키타자와 분점. 매장
에 비치된 40여 가지 전문기구를 사용해 자신이 식섭 원
두를 갈고, 커피를 내려 마시는 독특한 체험도 가능하다.

영업 09:00~20:00 홈피 www.oc-ogawa.co.jp
지도 MAP 16-D2

Brooklyn Roasting Company
완벽하게 뉴욕의 분위기를 재현한 카페. 실제로 2011년
뉴욕의 브루클린에서 오픈한 카페의 도쿄 지점이다. 엄선
한 원두만 사용한다는 자부심이 대단하다.

영업 08:00~21:30 홈피 http://brooklynroasting.jp
지도 MAP 16-C3

 인디 밴드의 고향 시모키타자와

시모키타자와는 1990년대부터 인디 밴드의 활동거점으
로 인기를 모아온 곳이다. 지금도 10여 개의 유명 라이브
하우스가 운영 중이니 관심 있다면 한 번쯤 찾아봐도 좋
을 듯. 입장료는 3,000엔 전후이며 공연 스케줄은 홈페
이지에서 확인할 수 있다.

BasementBar
지도 MAP 16-B5 홈피 www.toos.co.jp/basementbar

Club251
지도 MAP 16-B5 홈피 www.club251.com

Club Que
지도 MAP 16-C3 홈피 www.ukproject.com/que

Live Bar 440
지도 MAP 16-B5 홈피 www.440.tokyo

Live Bar Big Mouth
지도 MAP 16-B5 홈피 www.livebarbigmouth.com

Shimokitazawa Shelter
지도 MAP 16-C3 홈피 www.loft-prj.co.jp/SHELTER

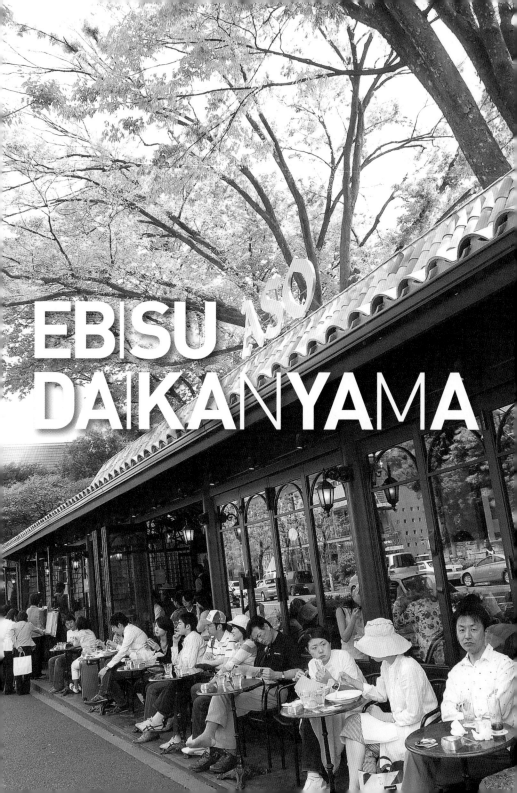

에비스 恵比寿 · 다이칸야마 代官山

볼거리 ★★★☆☆
먹거리 ★★★★☆
쇼　핑 ★★★★★
유　흥 ★★☆☆☆

20~30대 젊은 층이 즐겨 찾는 패션과 소비 문화의 중심지. 시부야나 신쥬쿠처럼 고층 빌딩이 늘어선 번화함은 없지만, 차분한 거리를 따라 펼쳐진 패셔너블한 풍경이 세련된 도쿄의 정취를 담뿍 느끼게 한다. 특히 최신 트렌드를 반영하는 부티크 · 숍 · 카페 · 레스토랑이 에비스와 다이칸야마를 대표하는 최고의 볼거리! 옹기종기 모인 숍이나 카페를 구경하며 산책을 즐기는 것만으로도 충분히 즐거운 시간을 보낼 수 있다.

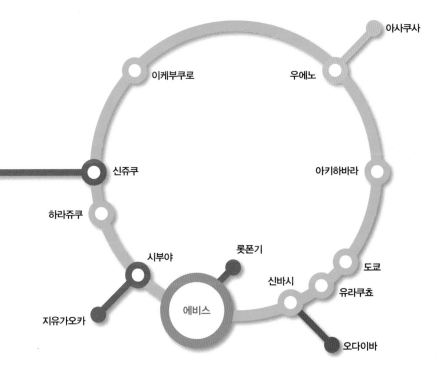

🚃 **에비스 · 다이칸야마로 가는 방법**

JR **야마노테 선 山手線의 에비스 恵比寿 역(JY21) 하차**
에비스 가든 플레이스로 갈 때는 동쪽 출구 東口, 다이칸야마로 갈 때는 서쪽 출구 西口로 나간다.

지하철 **히비야 선 日比谷線의 에비스 恵比寿 역(H02) 하차**
에비스 가든 플레이스는 1번 출구, 다이칸야마는 4번 출구에서 가깝다.

사철 **토큐토요코 선 東急東横線의 다이칸야마 代官山 역(TY02) 하차**
북쪽 출구 北口와 정면 출구 正面口가 다이칸야마의 쇼핑가와 바로 연결된다. 자세한 이용법은 p.298 참조.

ebisu·daikanyama quick guide

S How to See
오전엔 에비스, 오후엔 다이칸야마

전망대·박물관 등의 볼거리는 JR 에비스 역, 쇼핑가는 사철 토큐토요코 선의 다이칸야마 역 주변에 모여 있다. 두 지역은 2km가량 떨어져 있으니 오전에 돌아보기 좋은 에비스를 먼저 보고, 오후에 다이칸야마로 이동하는 게 효율적이다.
다이칸야마는 패션·인테리어 관련 숍 위주로 구경하게 되므로 미리 취향에 맞는 숍을 골라 놓으면 훨씬 재미있게 여행을 즐길 수 있다.

- 박물관·전시관 ★☆☆
- 건축물·공원 ★★☆
- 유적·사적지 ★☆☆

B What to Buy
개성 만점의 패션·인테리어

쇼핑의 중심지는 다이칸야마다. 대형 쇼핑몰로는 힐사이드 테라스, 다이칸야마 어드레스 디세트, 다이칸야마 티사이트 등을 꼽을 수 있으며, 20~30대 타깃의 중고가 브랜드 의류와 패션 아이템, 인테리어 소품이 주를 이룬다. 큐야마테도리·하치만도리·캐슬 스트리트 주변에는 개성 만점의 캐주얼 의류와 스트리트 패션 아이템을 취급하는 로드 숍이 모여 있다는 사실도 기억하자.

- 패션 ★★★
- 인테리어 ★★★
- 잡화 ★★★

E Where to Eat
젊은 입맛의 식도락 거리

생기발랄한 20~30대 중심의 쇼핑가란 특성에 어울리는 카페·레스토랑이 풍부하다. 최고급 프랑스 요리를 합리적 가격에 맛볼 수 있는 조엘 로뷔숑, 여성에게도 인기가 높은 담백한 라면의 아후리, 겉은 바삭하고 속은 야들야들한 돈가스의 키무카츠를 놓쳐서는 안 될 듯. 큐야마테도리와 다이칸야마 역 주변에는 맛난 디저트와 빵을 선보이는 카페·베이커리가 여럿 모여 있다.

- 일식·라면 ★★☆
- 양식·기타 ★★☆
- 카페·디저트 ★★★

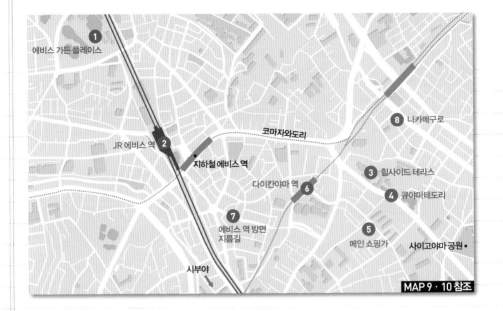

① 에비스 가든 플레이스   p.296

백화점·미술관·레스토랑이 한자리에 모인 에비스의 핵심
명소. 감동의 생맥주를 맛볼 수 있는 에비스 브루어리 도쿄와
멋진 전망의 에비스 가든 플레이스 타워를 놓치지 말자.

볼거리 ★★☆   먹거리 ★★☆   쇼핑 ★★☆

② JR 에비스 역

JR 역과 백화점이 연결된 복합 공간. 역 안에 부담없는 가격
대의 식당이 있는 것은 물론, 역 주변으로 유명 맛집이 포진해
있어 식도락을 즐기기에도 좋다.

볼거리 ☆☆☆   먹거리 ★★☆   쇼핑 ★★☆

③ 힐사이드 테라스   p.299

다이칸야마 쇼핑의 중심지. 여러 건물로 나뉘어 있으며 패
션·인테리어·잡화 등 다채로운 아이템을 취급한다. 근사한
카페·레스토랑도 여럿 입점해 있다.

볼거리 ★★☆   먹거리 ★★☆   쇼핑 ★★☆

④ 큐야마테도리   p.298

가로수가 우거진 호젓한 거리. 차분한 분위기의 쇼핑몰, 소규
모 부티크·레스토랑, 한적한 공원이 점점이 이어져 느긋하게
산책삼아 돌아보기에 좋다.

볼거리 ★★☆   먹거리 ★☆☆   쇼핑 ★★☆

⑤ 메인 쇼핑가

다이칸야마의 최신 유행이 한눈에 들어오는 쇼핑가. 골목 곳
곳에 인기 브랜드와 개성 만점의 숍이 가득해 사람들의 발길
이 끊이지 않는다.

볼거리 ☆☆☆   먹거리 ★☆☆   쇼핑 ★★★

⑥ 다이칸야마 역

사철 토큐토요코 선이 발착하는 곳. 역 주변에 아기자기한 부
티크와 젊은 층이 선호하는 카페·레스토랑이 많아 도쿄의
유행을 피부로 느낄 수 있다.

볼거리 ☆☆☆   먹거리 ★★☆   쇼핑 ★★★

⑦ 에비스 역 방면 지름길

다이칸야마와 JR·지하철의 에비스 역을 연결하는 도로. 야
트막한 언덕을 따라 조용한 주택가가 펼쳐진다. 현지인이 이
용하는 식당·슈퍼마켓을 구경하는 재미는 보너스!

볼거리 ☆☆☆   먹거리 ★☆☆   쇼핑 ★☆☆

⑧ 나카메구로

벚꽃 명소로 인기가 높은 카페 거리. 강변을 따라 벚나무가
가득 심겨 있어 4월이면 로맨틱한 벚꽃놀이를 즐길 수 있다.
일본 최대의 스타벅스가 있는 곳으로도 유명!

볼거리 ★★☆   먹거리 ★★☆   쇼핑 ★★☆

best course

에비스의 주요 명소와 다이칸야마의 쇼핑 스폿을 모두 섭렵하는 코스. 세련된 멋과 더불어 차분한 분위기를 즐기려는 여행자에게 어울린다. 숍들이 문을 열기 전인 오전에 에비스를 구경하고, 오후에 다이칸야마로 이동해 쇼핑가를 돌아본다. 단, 에비스 브루어리 도쿄의 휴관일인 화요일은 피해서 가야 함을 잊지 말자. 해가 진 뒤에는 에비스로 돌아가 에비스 가든 플레이스 타워의 전망대에서 도쿄의 야경을 감상하거나 전망 레스토랑에서 근사한 저녁 식사를 즐겨도 좋다. 이 경우 예상 소요시간은 2시간 정도가 늘어난다.

출발점 JR 에비스 역 동쪽 출구의 개찰구
예상 소요시간 7시간~

▼JR 에비스 역 동쪽 출구의 개찰구를 나오면 이렇게 보여요.

다이칸야마

에비스 가든 플레이스 · 에비스 브루어리 도쿄

에비스 가든 플레이스 타워

구 야사쿠라 가문의 집

일본 제일의 생맥주를 맛볼 수 있다.

start

| 1 | 도보 7분 | 2 | 바로 앞 | 3 | 도보 4분 | 4 | 도보 20분 | 5 | 바로 앞 |

JR 에비스 역 동쪽 출구

에비스 가든 플레이스

에비스 브루어리 도쿄

이국적인 외관의 에비스 가든 플레이스.

사이고야마 공원

⑨ 나카메구로

⑧ 다이칸야마
티 사이트

힐사이드 테라스 ⑦ ⑥
큐아마테도리

구 아사쿠라 가문의 집 ⑤

• 다이칸야마
어드레스 디세트

다이칸야마 역

에비스 역

JR 에비스 역
동쪽 출구

에비스 가든 플레이스 타워
④ ② 에비스 가든 플레이스

③ 에비스 브루어리 도쿄

MAP 9 · 10 참조

1 아늑한 공원과 거리를 거닐며 다이칸야마의
멋을 즐기자. 2·3 개성만점의 인테리어 · 잡
화점을 돌아보는 재미가 쏠쏠하다. 4 근사한
카페에서 커피 한잔의 여유를!

세련된 감각의
인테리어
전문점이 많다.

톡톡 튀는 개성의 패션 부티크.

다이칸야마 티 사이트

나카메구로

| ⑥ | 바로 앞 | ⑦ | 도보 2분 | ⑧ | 도보 7분 | ⑨ |

큐아마테도리

힐사이드 테라스

휴식과 쇼핑을 동시에 즐길 수 있는 다이칸야마 티 사이트.

SIGHTSEEING

유럽의 고성을 연상시키는 **이국적인 건물과 시원한 생맥주**를 맛볼 수 있는 에비스 가든 플레이스, 그리고 호젓한 거리를 따라 이어지는 **유명 건축가의 건축물**이 호기심을 자극한다. 최신 트렌드를 반영하는 숍이 즐비한 거리를 거닐며 **윈도우 쇼핑의 즐거움을 만끽**하는 재미도 놓칠 수 없다.

Best Spot in
Ebisu·Daikanyama

★★★★☆ 다이칸야마 티 사이트
에비스 가든 플레이스 타워
에비스 브루어리 도쿄
큐야마테도리, 힐사이드 테라스
★★★☆☆ 에비스 가든 플레이스
★★☆☆☆ 구 아사쿠라 가문의 집

  구글맵

惠 ★★★☆☆
比寿ガーデンプレイス 에비스 가든 플레이스

발음 에비스가-덴푸레-스 **영업** 10:00~20:00(숍 · 레스토랑마다 다름)
휴관 부정기적 **홈피** http://gardenplace.jp **지도** MAP 10-H5
교통 JR 야마노테 선 山手線의 에비스 恵比寿 역(JY21) 하차, 동쪽 출구 東口의 개찰구를 나오자마자 오른쪽으로 가면 에비스 가든 플레이스 입구까지 이어지는 무빙 워크 'Yebisu Sky Walk'가 있다. 이것을 타고 7분 정도 간다.
구글맵 페이지 하단 QR 코드 스캔 · 클릭

박물관 · 백화점 · 레스토랑이 오밀조밀 모인 테마파크 형 주상복합 타운. 고성(古城) 스타일의 레스토랑과 유럽식 벽돌 건물처럼 이국적인 멋을 뽐내는 건축물과 세련된 시설이 조화를 이뤄 여행자는 물론 현지인도 즐겨 찾는다.

입구에 있는 엔트런스 파빌리온 エントランスパビリオン의 시계탑에서는 일정 시각(12:00 · 15:00 · 18:00)마다 인형들이 튀어나와 독일의 맥주 축제 모습을 재현하며, 에비스 가든 플레이스 한복판의 센터 광장 センター広場에서는 수시로 전시회와 야외 공연이 열린다. 센터 광장 너머로 보이는 고성은 세계적인 명성의 스타 셰프, 조엘 로뷔숑 Joël Robuchon의 레스토랑(p.302)이다. 레스토랑 주위에는 로댕 · 마요르의 작품을 포함한 18개의 조각이 놓여 있어 이를 감상하는 재미도 쏠쏠하다.

1 다양한 이벤트가 열리는 센터 광장.
2 독일풍의 벽돌 건물인 비어 스테이션.

에비스는 누구?

지역명 · 역명, 심지어 맥주 이름에까지도 등장하는 에비스. 그는 힌두교 · 불교 · 도교와 일본의 토착신앙이 한데 뒤섞여 만들어진 칠복신(七福神) 가운데 하나다. 한 손에는 낚싯대, 가슴에는 큼직한 도미를 끌어안은 모습에서 미루어 짐작할 수 있듯 원래 어촌에서 풍어를 기원하는 신이었는데, 상업이 번성하기 시작한 12세기 무렵부터 시장(市場)의 신이자 복(福)의 신으로 섬겨지기 시작해 오늘에 이르렀다.

이곳의 지명인 에비스는 1887년 지금의 에비스 가든 플레이스 자리에 에비스 맥주 공장이 세워지면서 붙여졌다. JR 에비스 역 서쪽 출구 앞의 에비스 신상도 같은 이유로 세워졌으며 인근에는 에비스를 모시는 신사도 있다.

恵 比寿ガーデンプレイスタワー 에비스 가든 플레이스 타워
★★★★☆

발음 에비스가—덴푸레—스타와— **지도** MAP 10—G5
교통 왼쪽의 에비스 가든 플레이스와 동일. **구글맵** 페이지 하단 QR 코드 스캔·클릭
전망대 **개관** 11:30~23:00 **요금** 무료 **입장** 에비스 가든 플레이스 타워 정문으로 들어가
오른쪽으로 가면 전망대행 엘리베이터 'Top of Yebisu' 直通エレベーター가 있다.
이것을 타고 38·39층에서 내린다

웅장한 위용을 자랑하는 에비스 가든
플레이스 타워.

센터 광장 오른편에 있는 건물로 에비스 최고의 높이(167m)를 자랑한다. 거품
경제의 절정기인 1994년 에비스 맥주 공장을 철거하고 지어져 '거품 경제의
상징탑'이란 의미심장한 별명도 붙었다. 1층에는 마요르의 조각이 전시돼 있으며,
38·39층에는 조그만 전망대가 있다. 주위에 높은 건물이 하나도 없어 날씨가
좋을 때는 신쥬쿠·시부야의 고층 빌딩가와 함께 지평선 위에 봉긋 솟아오른
후지 산의 모습이 보이기도 한다. 해질 무렵부터는 보석을 뿌려 놓은 듯
아름다운 도쿄의 야경도 감상할 수 있다. 전망대에는 10여 개의 레스토랑이 모인
전망 식당가도 있다. 창밖으로 펼쳐지는 멋진 전망 때문에 더욱 권할 만한데,
일찍 가서 창가 자리만 잡으면 웬만한 전망대보다 멋진 경치를 감상할 수 있다.
11:30~13:30의 런치 타임에는 2,000엔 전후의 경제적인 메뉴를 맛볼 수 있다는
사실도 기억하자. 저녁 메뉴는 1인당 5,000엔 이상이다.

1·2 에비스 맥주의 역사를 보여주는 자료가 풍부하다.
3 고운 거품이 가득한 시원한 생맥주를 마시자.

Y EBISU BREWERY TOKYO
★★★★☆
에비스 브루어리 도쿄

발음 에비스브루와리—토—쿄— **개관** 12:00~20:00, 토·일·공휴일 11:00~19:00
휴관 화요일·연말연시 **요금** 무료 **지도** MAP 10—H5
홈피 www.sapporobeer.jp/brewery/y_museum
교통 왼쪽 페이지의 에비스 가든 플레이스와 동일. 센터 플라자 Center Plaza
쇼핑몰 바로 뒤에 있다. **구글맵** 페이지 하단 QR 코드 스캔·클릭
가이드 투어 **개관** 평일 13:00·15:30·18:30,
토·일·공휴일 12:00~18:00의 매시 정각 **요금** 1,800엔

일본 제일의 맥주로 명성이 자자한 에비스 맥주의 역사를 소개하는 미니
박물관. 뮤지엄·브루어리·탭 에어리어의 세 구역으로 구성돼 있다.
뮤지엄 에어리어에서는 1887년 독일 양조기술로 탄생한 에비스 맥주의
역사를 보여준다. 19세기 말~20세기 초의 맥주 양조장, 비어 홀, 광고
포스터, 맥주를 즐기는 서민의 모습을 담은 흑백 사진과 100년에 걸친
에비스 맥주병의 변천사가 담긴 소장품 100여 점이 흥미로운 볼거리를
제공한다.
가이드 투어로만 입장 가능한 브루어리 에어리어에서는 양조 담당자의
상세한 설명과 함께 맥주 양조과정을 살펴볼 수 있다. 가이드 투어는
45분간 진행되며 에비스 생맥주 시음도 가능하다.
누구나 자유로이 이용 가능한 탭 에어리어에서는 에비스 맥주의
자존심인 4대 맥주도 맛볼 수 있다(1잔 1,100~1,200엔,
맥주 4종 비교 세트 Beer Flight 1,800엔).

旧 山手通り 큐야마테도리 ★★★★☆

발음 큐-야마떼도-리 **영업** 11:00~20:00(숍마다 다름)
지도 MAP 9-A2 **구글맵** 페이지 하단 QR 코드 스캔·클릭
교통 JR 야마노테 선의 에비스 恵比寿 역(JY21) 하차, 서쪽 출구 西口에서
도보 12분. 또는 지하철 히비야 선의 에비스 恵比寿 역(H02) 하차,
4번 출구를 나와 정면으로 도보 8분. 아니면 사철 토큐토요코 선의
다이칸야마 代官山 역(TY02) 하차, 중앙 출구 中央口를 나와 정면
오른쪽으로 도보 3분.

1 한가로이 쇼핑을
즐기기에 좋은
큐야마테도리.
2 근사한 인테리어
숍도 있다.

다채로운 숍이 모여 있는 다이칸야마의 메인 쇼핑가. 고급
주택가를 따라 형성된 거리엔 외국 대사관이 점점이 위치해
도쿄 제2의 외교가로도 명성이 자자하다. 플라타너스 가로수가
가지런히 심겨 있어 봄·가을에는 가볍게 산책을 즐기기에도
좋다. 핵심이 되는 곳은 힐사이드 테라스 쇼핑몰(p.306)로 카페·
의류·인테리어 숍이 모여 있다.

1 한 세기 전의 모습이 고스란히 남아 있다.
2 고즈넉한 분위기가 매력인 일본식 정원.

旧 朝倉家住宅 구 아사쿠라 가문의 집 ★★☆☆☆

발음 큐-아사꾸라께쥬-따꾸 **개관** 10:00~18:00, 11~2월 10:00~16:30
휴관 월요일, 12/29~1/3 **요금** 100엔, 중학생 이하 50엔
지도 MAP 9-B3 **구글맵** 페이지 하단 QR 코드 스캔·클릭
교통 JR 야마노테 선의 에비스 恵比寿 역(JY21) 하차, 서쪽 출구 西口에서
도보 12분. 또는 지하철 히비야 선의 에비스 恵比寿 역(H02) 하차, 4번
출구를 나와 정면으로 도보 8분. 아니면 사철 토큐토요코 선의 다이칸야마
代官山 역(TY02) 하차, 중앙 출구 中央口를 나와 정면 오른쪽으로 도보 5분.

건축 당시(1919년)의 모습이 고스란히 보존된 전통 가옥.
중요문화재로 지정돼 있으며 19세기 말~20세기 초 일본의 주택
건축양식을 살펴볼 수 있어 흥미롭다. 내부는 20여 개의 크고 작은
방과 창고·부엌·정원 등으로 이루어져 있는데, 미로처럼 이어진
좁은 복도를 따라 걸으며 건물 전체를 돌아볼 수 있다. 고풍스러운
건물과 어우러진 정원의 풍경도 무척 멋스러운데 봄에는 철쭉,
가을에는 단풍 감상 포인트로 인기가 높다.

빠르고 편리한 토큐토요코 선

시부야에서 다이칸야마로 바로 갈 때는 사철 토큐토요코 선 東急東横線을 이용하
면 편리하다. 토큐토요코 선의 시부야 역은 지하에 있으며, JR 시부야 역에서 '토요
코 선 Toyoko Line 東横線' 표지판만 따라가면 쉽게 찾을 수 있다. 열차는 3·4번
플랫폼에서 출발하는 '모토마치·츄카가이 元町·中華街' 또는 '키쿠나 菊菜' 행을
탄다. 그리고 한 정거장 다음의 다이칸야마 代官山 역(TY02)에서 내리면 되며 요금
은 140엔(3분)이다. 이 노선은 도쿄의 쇼핑 명소 가운데 하나인 지유가오카 自由が
丘(p.308)도 연결하기 때문에 다이칸야마와 지유가오카를 함께 묶어서 돌아볼 때 이용해도 좋다. 참고로 다이칸야마에서
지유가오카까지의 소요시간은 7~9분, 요금은 180엔이다.

토큐토요코 선

구글맵

ヒ**ルサイドテラス** 힐사이드 테라스 ★★★★☆

[발음] 히루사이도테라스 **[영업]** 숍 11:00~20:00, 레스토랑 11:00~21:00
[휴무] 부정기적 **[홈피]** www.hillsideterrace.com **[지도]** MAP 9-B3
[교통] JR 야마노테 선의 에비스 恵比寿 역(JY21) 하차, 서쪽 출구 西口에서 도보 15분.
또는 지하철 히비야 선의 에비스 恵比寿 역(H02) 하차, 4번 출구를 나와 정면으로
도보 11분. 아니면 사철 토큐토요코 선의 다이칸야마 代官山 역(TY02) 하차, 중앙 출구
中央口를 나와 정면 오른쪽으로 도보 5분. **[폰]** 페이지 하단 QR 코드 스캔·클릭

무려 25년(1967~1992)에 걸쳐 다이칸야마의 변화와 발전을 수렴하며
서서히 완공된 주상복합 건물. 일본의 유명 건축가 마키 후미히코 槇文
彦의 대표작이다. 공사에 이토록 오랜 기간이 걸린 이유는 난개발의 폐해를
막고 쾌적한 주거 및 상업 공간을 조성하기 위해서였다. 도로와 평행을
이루는 1층에 집중적으로 배치된 점포와 레스토랑, 상업시설에 부속돼
있지만 철저히 프라이버시가 보장되는 2층의 주거 공간, 보행자의 동선을
자연스럽게 유도하는 다양한 폭의 보도와 계단 등이 모두 동일한 의도를
염두에 두고 설계됐다.
흥미로운 사실은 힐사이드 테라스가 띄엄띄엄 떨어진 8개의 건물로
이루어져 있다는 것이다. 이유는 사유지가 뒤섞인 지역에 건물을 짓다보니
전체를 하나의 완벽한 블록으로 완성시키기 불가능했기 때문. 하지만
점점이 늘어선 8개의 건물이 주변 환경과 자연스럽게 어울리는 모습이
은근히 멋스럽다. 쇼핑 정보는 p.306를 참조하자.

1 다이칸야마 쇼핑의 중심지 힐사이드 테라스. 2 멋스러운
디자인이 눈길을 끈다.

代**官山 T-SITE** 다이칸야마 티 사이트 ★★★★☆

[발음] 다이칸야마티사이토 **[영업]** 숍 10:00~20:00, 레스토랑 10:00~23:00
(숍·레스토랑마다 다름) **[휴무]** 부정기적 **[지도]** MAP 9-B2·9-A4
[교통] JR 야마노테 선의 에비스 恵比寿 역(JY21) 하차, 서쪽 출구 西口에서 도보 17분.
또는 지하철 히비야 선의 에비스 恵比寿 역(H02) 하차, 4번 출구를 나와 정면으로
도보 13분. 아니면 사철 토큐토요코 선의 다이칸야마 代官山 역(TY02) 하차, 중앙
출구 中央口를 나와 정면 오른쪽으로 도보 7분.
[폰] 페이지 하단 QR 코드 스캔·클릭

풍부한 문화 콘텐츠를 제공하는 '라이프스타일 제안형 상업시설'. 건물의
이니셜인 'T'지 모양의 조각을 외벽에 촘촘히 새겨 넣은 기발한 디자인은
건축가 그룹인 클라인 다이섬 아키텍처 Klein Dytham Architecture의
작품이다. 건축·인테리어에 하라 켄야 原研哉 등 일본의 유명
디자이너와 건축가가 참여해 개발 초기부터 큰 관심을 불러모으기도 했다.
1만 3,000㎡의 드넓은 부지는 다양한 문화적 욕구를 충족시키는 대형
서점 츠타야 蔦屋와 느긋하게 휴식을 취할 수 있는 녹지 공간인 가든
Garden의 두 구역으로 이루어져 있다. 예술·건축·요리 등 3만여 권의
전문서적이 비치된 서점과 일본은 물론 전 세계에서 수입한 음반·DVD·
문구·여행용품을 취급하는 숍을 구경하는 재미가 쏠쏠하며, 카페에 앉아
조용히 휴식을 취하면서 여행의 낭만을 즐기기에도 좋다.
자세한 쇼핑 정보는 p.306에서 다룬다.

↑ 시부야(도보 20분) ↑ 다이칸야마(도보 7분)

스트리머 커피 컴퍼니 ❸
그린 빈 투 바 초콜릿
❷ ❹ 피너츠 카페
Ⓐ
❶ 스타벅스 커피 메구로 강
❺
후쿠사야
돈키호테 본점
Ⓑ

Nakameguro Perfect Guide

❶ 스타벅스 커피
スターバックスコーヒー
일본 최대의 스타벅스. 압도적인 스케일과 규모가 눈길을 사로잡는데, 연금술사의 비밀 연구실을 연상시키는 판타지스러운 인테리어가 이색적이다. 금빛으로 번쩍이는 거대한 사일로에는 원두가 가득 담겨 있다. 여기서 가공한 원두를 일본 전역의 스타벅스에 공급한다. 1~4층에 걸쳐 수백 개의 좌석이 있으며, 거대한 통창 너머로는 벚꽃이 핀 메구로 강이 바라보인다. 3~4층에는 탁 트인 전망과 야경을 즐기기 좋은 야외 테라스석도 있다.
영업 07:00~22:00
지도 MAP 10-F1
구글맵 하단 QR 코드 스캔

❷ 그린 빈 투 바 초콜릿
Green Bean to Bar Chocolate
다수의 세계대회 수상경력을 뽐내는 수제 초콜릿 숍. 엄선한 카카오 빈과 유기농 설탕으로 고급 초콜릿을 만든다. 세련된 패키지 디자인 때문에 선물용으로도 인기가 높다.
영업 10:00~20:00
구글맵 하단 QR 코드 스캔

❸ 스트리머 커피 컴퍼니
Streamer Coffee Company
전미(全美) 라테 아트 챔피언이 운영하는 커피숍. 마일드한 시애틀 스타일 커피를 선보인다. 우유의 고소함과 절묘한 밸런스를 이루는 라테가 진리!
영업 08:30~19:00
구글맵 하단 QR 코드 스캔

❹ 피너츠 카페
Peanuts Cafe
스누피 테마 카페. 벽을 꽉 채운 스누피 그림과 깜찍한 굿즈가 눈길을 끈다. 스누피 캐릭터가 그려진 음료 · 쿠키는 물론, 간단한 식사 메뉴도 취급한다.
영업 10:00~20:00,
금 · 토요일 10:00~21:00
구글맵 하단 QR 코드 스캔

❺ 후쿠사야
福砂屋
1624년 창업한 일본 최고(最古)의 카스테라 숍 후쿠사야의 도쿄 분점. 서둘러 가지 않으면 구매가 불가능하니 주의!
영업 09:00~17:30,
토 · 일요일 09:00~17:00
구글맵 하단 QR 코드 스캔

❻ 사이드워크 커피 스탠드
Sidewalk Coffee Stand
직접 로스팅한 커피와 크래프트 맥주 · 샌드위치 · 베이글이 맛있기로 소문난 카페. 다락방 분위기의 2층 창가에 앉아 거리를 내려다보며 커피를 마시는 것도 운치있다.
영업 09:00~19:00
구글맵 하단 QR 코드 스캔

❼ 어메이징 커피
Amazing Coffee
에그자일 테츠야가 프로듀스한 커피 숍. 에그자일 관련 이벤트가 자주 열려 특히 10~20대 여성층에 인기가 높다.
영업 12:00~20:00,
토 · 일요일 10:00~20:00
구글맵 하단 QR 코드 스캔

스타벅스 커피

그린 빈 투 바 초콜릿

피너츠 카페

어메이징 커피

 구글맵

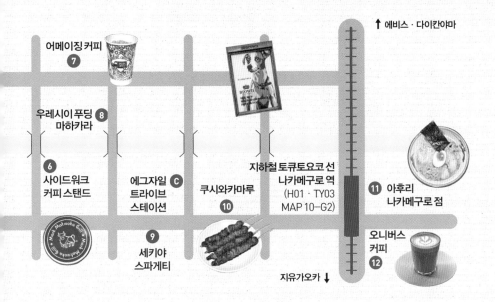

↑ 에비스 · 다이칸야마

어메이징 커피
7

우레시이 푸딩 **8**
마하카라

6
사이드워크
커피 스탠드

에그자일 **C**
트라이브
스테이션

쿠시와카마루
10

지하철 **토큐토요코 선**
나카메구로 역
(H01 · TY03
MAP 10-G2)

11 아후리
나카메구로 점

9
세키야
스파게티

오니버스
커피
12

지유가오카 ↓

서울에 연남동과 성수동이 있다면 도쿄에는 나카메구로가 있다.
도쿄 제일의 벚꽃 명소로 꼽히는 메구로 강을 따라 인스타 감성의 카페와 숍이 줄줄이 이어져
전 세계 카페 순례자의 발길이 끊임없이 이어진다.

❽ 우레시이 푸딩 마하카라
うれしいプリン屋さん マハカラ
양증맞은 외관의 테이크아웃
푸딩 숍. 나카메구로의 군것질
거리로 유명하다. 간판 메뉴는
커스터드 맛의 우레시이 푸딩
うれしいプリン, 밀크 커피
맛의 시로 푸딩 白プリン이다.
영업 11:00~18:00
구글맵 하단 QR 코드 스캔

❾ 세키야 스파게티
関谷スパゲティ
푸심한 양의 스파게티 전문집.
일본풍으로 어레인지한 이색
메뉴를 맛볼 수 있다. 1인분
880엔부터란 저렴한 가격 때
문에 현지인도 즐겨 찾는다.
영업 11:00~22:00
구글맵 하단 QR 코드 스캔

❿ 쿠시와카마루
串若丸
예스러운 분위기가 매력인 선
술집. 숯불에 굽는 고소한 꼬치
구이가 맛있다. 현지인도 즐겨
찾는 맛집이라 대기 시간이 조
금 길다는 사실에 주의하자. 전
화 예약 가능!
영업 17:00~23:30
구글맵 하단 QR 코드 스캔

⓫ 아후리 나카메구로 점
Afuri
닭과 이피류 육수의 담백한 국
물로 인기가 높은 라멘. 숯불에
구워 불향을 입힌 차슈도 맛있
다. 자세한 메뉴와 주문 방법은
p.303 참조.
영업 11:00~23:00
구글맵 하단 QR 코드 스캔

⓬ 오니버스 커피
オニバスコーヒー
예스런 민가의 느낌을 제대로
살린 인스타 감성 카페. 철길
이 내려다보이는 2층은 다락방
같은 포근한 분위기 때문에 인
증샷 포인트로 사랑받고 있다.
영업 09:00~18:00
구글맵 하단 QR 코드 스캔

Ⓐ 메구로 강
目黒川
도쿄의 벚꽃 명소. 강변을 따라
200여 그루의 벚나무가 촘촘히
심겨 있어 벚꽃이 만발하는 4월
이면 환상적인 풍경이 펼쳐진
다. 벚꽃 감상 포인트는 강 위에
걸린 10개의 다리와 스타벅스
3·4층의 야외 테라스석이다.
구글맵 하단 QR 코드 스캔

Ⓑ 돈키호테 본점
ドン・キホーテ
한국인이 즐겨 찾는 대형 할인
매장. 본점답게 식료품·의약
품·화장품 등 온갖 아이템을
취급하며, 상품도 풍부하다. 중
저가 상품 위주라 실속파 쇼핑
객에게도 인기가 높다.
영업 24시간
구글맵 하단 QR 코드 스캔

Ⓒ 에그자일 트라이브 스테이션
Exile Tribe Station Tokyo
일본의 댄스 보컬 그룹 에그
자일의 오피셜 숍. 굿즈가 풍부
하며 여기서만 판매하는 한정
아이템도 있어 팬이라면 놓쳐
선 안 될 명소다!
영업 12:00~19:00
구글맵 하단 QR 코드 스캔

우레시이 푸딩 마하카라

쿠시와카마루

오니버스 커피

에그자일 트라이브 스테이션

RESTAURANT

- 예산 1,250엔~
- 영업 월~토요일 11:00~15:00,
17:00~23:00, 일·공휴일 11:00~15:00,
17:00~22:00
- 메뉴 일어·영어
- 주소 東京都 渋谷区 恵比寿 4-9-5
- 전화 03-5420-2929 지도 MAP 10-G3
- 홈피 www.kimukatsu.com
- 교통 JR 야마노테 선의 에비스 恵比寿 역
(JY21) 하차, 동쪽 출구 東口에서 도보 5분.
출구 주변의 길이 복잡하니 지도를 잘 보고
가야 한다. 또는 지하철 히비야 선의 에비스
恵比寿 역(H02) 하차, 1번 출구를 나와
정면으로 도보 10분.
- 구글맵 페이지 하단 QR 코드 스캔·클릭

키무카츠 キムカツ 강추

얇게 뜬 돼지고기 등심을 25겹으로 겹쳐서 만든 최고급 돈가스를
맛보자. 고기는 혀 끝에서 녹는다는 표현이 어울릴 만큼 부드럽다.
켜켜이 쌓인 고기 사이로 배어나는 감칠맛 나는 육즙과 바삭한 튀김옷
역시 어디서도 경험하기 힘든 환상적인 맛!
돈가스 메뉴는 플레인 プレーン, 치즈 チーズ, 후추 黒こしょう,
키무치즈 キムチーズ, 마늘 가릭쿠 ガーリック, 매실 차조기
우메시소 梅しそ, 유자 후추 유즈코쇼 柚子こしょう 등
7가지 맛이 있으며, 기본에 충실한 플레인이 우리 입에 잘 맞는다.
한 가지 맛만 원하면 키무카츠 キムカツ(100g 1,250엔, 130g 1,350엔),
2~5가지 맛을 동시에 맛보려면 키무카츠모리아와세 キムカツ盛合
セ(1,480~6,400엔)를 주문하자. 고향세트 ご飯セット(530엔 추가)로
주문하면 밥·된장국·절임 반찬이 딸려 나온다.

돈가스 플레인!
ぷれーん(1,250엔~)

25겹의 부드러운 돈가스

- 예산 8,000엔~(봉사료 10% 추가)
- 영업 12:00~15:00, 17:30~22:00
- 휴업 에비스 가든 플레이스 휴업일
- 메뉴 일어·영어·프랑스어
- 주소 東京都 目黒区 三田 1-13-1
恵比寿ガーデンプレイス
Château Restaurant Joël Robuchon
- 전화 03-5424-1338 지도 MAP 10-H5
- 홈피 www.robuchon.jp
- 교통 JR 야마노테 선 山手線의 에비스
恵比寿 역(JY21) 하차, 동쪽 출구 東口의
개찰구를 나오자마자 오른쪽으로 도보 12분.
- 구글맵 페이지 하단 QR 코드 스캔·클릭

조엘 로뷔숑 JOËL ROBUCHON 강추

프랑스 최고 훈장을 수상한 요리계의 거장 조엘 로뷔숑이 운영하는
프렌치 레스토랑. 고성(古城)처럼 생긴 3층 건물은 지하 1층
La Boutique de Joël Robuchon(베이커리), 1층 La Table de Joël
Robuchon(캐주얼 레스토랑), 2층 Rouge Bar(바) & Joël Robuchon
Restaurant(고급 레스토랑), 3층 Joël Robuchon(고급 레스토랑)
으로 이루어져 있다. 이 가운데 주목할 곳은 격식을 갖춘 프랑스 요리를
합리적인 가격에 맛볼 수 있는 캐주얼 레스토랑 La Table de Joël
Robuchon이다. 매일 내용이 바뀌는 코스 요리는 런치 8,000엔, 1만 엔,
1만 3,800엔 디너 2만 2,000엔 등이 있다.

코스 요리(8,000엔~)

🔍 구글맵

수프와 수프 세트
スープとスープのセット(1,180엔)

유즈시오라멘
柚子塩ラーメン(1,390엔)

라멘마이크로
らーめんmicro(1,000엔)

수프 스톡 도쿄
SOUP STOCK TOKYO

젊은 여성들에게 인기가 높은 수프
전문점. 50여 종에 이르는 다양한
수프와 카레 메뉴를 선보이는데,
양질의 재료를 사용해 맛과 영양이
뛰어난 게 매력이다. 단, 양이 많다고
하기는 힘드니 가벼운 식사나
간식 정도로 생각하는 게 좋다.
적당히 배를 채우려면 세트 메뉴를
주문하는 게 현명한데, 수프 2개에
밥 또는 빵이 나오는 수프와 수프
세트 스푸토스푸노셋토 スープと
スープのセット(1,180엔), 수프에
카레라이스가 포함된 카레와 수프
세트 카레토스푸노셋토 カレーとス
ープセット(1,280엔)를 추천한다.

예산 1,180엔~ **영업** 08:00~22:00
휴업 부정기적 **메뉴** 일어 · 영어
주소 東京都 渋谷区 恵比寿南 1-5-5 ア
トレ恵比寿 3/F **전화** 03-5475-8446
홈페이지 www.soup-stock-tokyo.com
지도 MAP 10-F3
교통 JR 야마노테 선의 에비스 恵比寿 역
(JY21) 하차, 동쪽 출구 東口의 개찰구를
나와 왼쪽으로 도보 2분. 에비스 역 3층
(개찰구와 같은 층)에 있다.
구글맵 페이지 하단 QR 코드 스캔 · 클릭

아후리 *강추*
AFURI

깔끔 담백한 국물이 매력인 라면집.
자리가 18개뿐인 조그만 가게라
점심 · 저녁엔 줄 설 각오가 필수다.
닭 · 어패류 · 다시마로 정성껏
우린 맑은 국물은 감칠맛과 깔끔한
뒷맛 때문에 여성에게도 인기가
높다. 고명으로 얹어주는 차슈는
숯불에 바로 구워서 내주기 때문에
은은한 향과 식감이 살아 있다.
기본에 충실한 시오라멘 塩らーめ
ん(1,290엔), 유자를 넣어 상큼한
맛을 더한 유즈시오라멘 柚子塩ら
ーめん(1,390엔)이 대표 메뉴다.
주문할 때 국물 맛도 선택해야
하는데, 담백한 맛의 탄레이 淡麗와
닭 기름을 더해 진한 맛을 살린
마로아지 まろ味가 있다.

예산 1,290엔~ **영업** 11:00~05:00
메뉴 일어 · 영어
주소 東京都 渋谷区 恵比寿 1-1-7
전화 03-5795-0750 **지도** MAP 10-F2
교통 JR 야마노테 선의 에비스 恵比寿 역
(JY21) 하차, 서쪽 출구 西口의 개찰구를
나와 오른쪽으로 도보 5분.
구글맵 페이지 하단 QR 코드 스캔 · 클릭

진루이미나멘루이
人類みな麺類 東京本店

오사카 초인기 라멘의 도쿄 분점.
어패류계 라면 특유의 맑고 농후한
감칠맛, 그리고 전립분 면의 구수함이
매력이다. 메뉴는 가다랑어 육수의
라멘겐텐 らーめん原点(1,000엔),
깔끔한 간장 맛의 라멘마이크로 ら
ーめんmicro(1,000엔), 어패류 육수의
라멘마크로 らーめんmacro(1,000
엔), 멸치육수의 라멘코츠 らーめん
骨(1,110엔) 4개뿐이다. 토핑 선택시
두꺼운 차슈와 얇은 차슈를 선택할
수 있는데, 두꺼운 쪽이 훨씬 맛있다.
두께 3~4cm, 길이 10cm에 육박하는
박력 넘치는 비주얼의 차슈는 입에서
스르르 녹는 부드러운 육질이 감탄을
자아내게 한다.

예산 1,000엔~ **영업** 11:30~23:30,
토 · 일요일 10:00~23:30 **메뉴** 일어 · 영어
주소 東京都 渋谷区 恵比寿西 2-10-3
지도 MAP 10-E2
교통 JR 야마노테 선의 에비스 恵比寿 역
(JY21) 하차, 서쪽 출구에서 도보 8분.
또는 사철 토큐토요코 선의 다이칸야마
代官山 역(TY02) 하차, 중앙출구 中央
口에서 도보 8분.
구글맵 페이지 하단 QR 코드 스캔 · 클릭

구글맵

주먹밥 おむすび
(220~510엔)

아이스크림
(500엔~)

사우어 크림 애플 파이
Sour Cream Apple Pie(683엔)

오무스비 카페 강추
OMUSUBI CAFE

기분 좋은 맛을 보장하는 주먹밥
전문점. 중심지에서 살짝 벗어난
까닭에 조용하며, 따뜻한 공기가
감도는 모던한 인테리어가 인상적
이다. 최상품 쌀과 유기농 재료만
사용한다는 자부심이 대단한데,
즉석에서 만들어내는 주먹밥은
따스한 온기와 촉촉한 식감이 입 안을
행복하게 해준다. 연어 · 가다랑어포 ·
연어알 등 15가지 주먹밥(220~510
엔)은 테이크아웃도 가능하다. 원하는
주먹밥 두 가지에 가정식 요리 ·
반찬 · 된장국이 딸려나오는 세트
메뉴(1,330엔~)는 한 끼 식사로도
든든하다.

예산 220엔~ 영업 09:00~15:30,
16:30~20:30 메뉴 일어
주소 東京都 渋谷区 猿楽町 3-7
전화 03-6321-0168 지도 MAP 9-D1
홈피 http://omusubi-cafe.jp
교통 JR 야마노테 선의 에비스 恵比寿 역
(JY21) 하차, 서쪽 출구에서 도보 20분.
또는 사철 토큐토요코 선의 다이칸야마
代官山 역(TY02) 하차, 북쪽 출구 北口에서
도보 12분.
구글맵 페이지 하단 QR 코드 스캔 · 클릭

재패니즈 아이스 오우카
JAPANESE ICE OUCA

놓치면 후회할 아이스크림 숍.
흰색의 깔끔한 인테리어가 눈길을
끈다. 쇼 케이스에 진열된 10여 가지
아이스크림 가운데 원하는 맛을
자유로이 골라서 주문할 수 있다.
절대 강추 메뉴는 과일의
풍미가 고스란히 응축된 생과일
아이스크림과 고소하면서도 리치한
맛의 우유 아이스크림! 3~4가지
맛을 고르면 그릇에 예쁘게 담아주며
가격은 사이즈에 따라 다르다
(소 500엔, 중 720엔, 대 900엔).
단팥죽 · 당고 등 다양한 일본식
디저트도 취급한다.

예산 500엔~ 영업 11:00~23:00
휴업 부정기적 메뉴 일어 · 영어
주소 東京都 渋谷区 恵比寿 1-6-7
전화 03-5449-0037
지도 MAP 10-F3
홈피 www.ice-ouca.com
교통 JR 야마노테 선의 에비스 恵比寿 역
(JY21) 하차, 서쪽 출구 西口에서 도보 2분.
또는 지하철 히비야 선의 에비스 恵比寿 역
(H02) 하차, 1번 출구에서 도보 3분.
구글맵 페이지 하단 QR 코드 스캔 · 클릭

마츠노스케 N.Y. 강추
松之助 N.Y.

홈메이드 스타일의 케이크와
파이로 유명한 맛집. 양질의 재료만
고집하며 화학 첨가물은 일체
사용하지 않는다. 강추 메뉴는
오너가 미국에서 직접 배워온
오리지널 레시피로 만드는 사우어
크림 애플 파이 Sour Cream Apple
Pie(683엔). 사과를 켜켜이 쌓아서
만든 파이는 겉은 바삭하고 속은
아삭아삭한 식감이 살아 있다.
폭신한 식감과 기분 좋은 단맛의
바나나 · 사우어 크림 · 과일 팬케이크
(1,100~1,450엔)도 놓치지 말자.
10:00~15:30에만 한정 판매한다.

예산 1,300엔~ 영업 09:00~18:00
휴업 월요일 메뉴 일어 · 영어
주소 東京都 渋谷区 猿楽町 29-9
ヒルサイドテラス D棟 1/F
전화 03-5728-3868
지도 MAP 9-B5
교통 JR 야마노테 선의 에비스 恵比寿 역
(JY21) 하차, 서쪽 출구 西口에서
도보 15분. 또는 사철 토큐토요코 선의
다이칸야마 代官山 역(TY02) 하차, 도보
6분. 힐사이드 테라스 D동 1층에 있다.
구글맵 페이지 하단 QR 코드 스캔 · 클릭

구글맵

커피 Caffè
(780엔)

맥주(650엔~)

카페 미켈란젤로
CAFFÉ MICHELANGELO

온실처럼 꾸민 인테리어가 눈길을 끄는 카페. 큐야마테도리에서 단연 돋보이는 존재다. 수령(樹齡) 300년이 넘는 나무가 건물 천장을 뚫고 서있는데 잎이 무성한 봄·가을의 풍경이 아름답다. 날씨가 좋을 때는 노천 테이블나 창가에 앉아 거리를 구경하는 재미도 쏠쏠하다. 점심에는 피자·파스타·리조토·파니니(880~1,700엔) 등의 가벼운 이탈리아 음식, 저녁에는 소시지·스테이크 등의 요리(2,100엔~)를 선보인다. 15:00~17:30에는 티라미수·몬테비앙코 같은 정통 이탈리아 디저트에 커피가 포함된 돌체 세트 도루체셋토 ドルチェセット(1,500엔)도 맛볼 수 있다.

예산 450엔~ **영업** 11:00~22:00
휴업 수요일 **메뉴** 일어·이탈리아어
주소 東京都 渋谷区 猿楽町 29 3
전화 03-3770-9517
지도 MAP 9-B2
교통 JR 야마노테 선의 에비스 恵比寿 역 (JY21) 서쪽 출구 西口에서 도보 18분.
구글맵 페이지 하단 QR 코드 스캔·클릭

스프링 밸리 브루어리
SPRING VALLEY BREWERY

14종의 크래프트 비어를 선보이는 브루어리. 다이칸야마의 조용한 주택가에 위치해 느긋하게 햇살을 즐기며 맥주를 마시는 재미가 쏠쏠하다. 훤히 개방된 양조장에서 맥주가 만들어지는 과정을 살펴볼 수 있는 것도 흥미롭다. 메뉴판에 맥주의 맛과 향에 대한 자세한 내용이 실려 있으니 잘 살펴보고 주문하자. 맥주 맛을 비교해보려면 작은 잔에 3가지 맥주가 제공되는 Beer Flight (100㎖ 3잔, 1,000엔)를 주문해도 좋다. 메뉴판에는 맥주와 궁합이 좋은 안주도 표시돼 있으니 주문시 참고할 것.

예산 650엔~ **영업** 11:00~23:00
메뉴 일어·영어
주소 東京都 渋谷区 代官山町 13-1
전화 03-6416-4960 **지도** MAP 9-D2
홈피 www.springvalleybrewery.jp
교통 JR 야마노테 신의 에비스 恵比寿 역 (JY21) 하차, 서쪽 출구에서 도보 18분. 또는 사철 토큐토요코 선의 다이칸야마 代官山 역(TY02) 하차, 북쪽 출구 北口에서 도보 5분.
구글맵 페이지 하단 QR 코드 스캔·클릭

 Info Plus +

우동 야마쵸
うどん山長

그윽한 풍미의 국물이 인기! 1854년 창업한 오사카 본점과 동일한 맛을 즐길 수 있다.

예산 850엔~
영업 11:30~15:30, 18:00~22:30
지도 MAP 10-F2
교통 JR 야마노테 선의 에비스 恵比寿 역(JY21) 하차, 서쪽 출구 西口에서 도보 5분.
구글맵 하단 QR 코드 스캔·클릭

헨리스 버거
Henry' Burger

와규 햄버거 맛집. 정통 아메리칸 스타일을 표방하며, 푸짐한 양과 맛난 소스가 인기 비결이다.

예산 1,610엔~ **영업** 11:00~20:00
지도 MAP 9-C3
교통 사철 토큐토요코 선의 다이칸야마 代官山 역(TY02) 중앙출구 中央口에서 도보 4분.
구글맵 하단 QR 코드 스캔·클릭

에비스요코쵸
恵比寿横丁

레트로한 스타일의 주점가. 꼬치구이·야키니쿠·오뎅 등 다양한 메뉴를 파는 주점 20개가 모여 있다.

예산 2,000엔~
영업 17:00~24:00(업소마다 다름)
지도 MAP 10-F3
교통 JR 야마노테 선의 에비스 恵比寿 역(JY21) 하차, 서쪽 출구 西口에서 도보 4분.
구글맵 하단 QR 코드 스캔·클릭

블루 보틀 커피 다이칸야마 점
Blue Bottle Coffee

쇼핑가 한복판에 있는 차분한 카페. 쇼핑 도중 잠시 쉬어가기에 좋다. 자세한 메뉴는 p.165 참조.

예산 577엔~ **영업** 08:00~20:00
지도 MAP 9-C4
교통 사철 토큐토요코 선의 다이칸야마 代官山 역(TY02) 북쪽 출구 北口에서 도보 3분.
구글맵 하단 QR 코드 스캔·클릭

買 SHO-PPING

1 문화적 감성으로 충만한 쇼핑몰 다이칸야마 티사이트.
2 우리나라에서 구하기 힘든 예술 서적도 풍부하다.

다이칸야마 티사이트 代官山 T-SITE

'책 · 영화 · 음악을 통한 라이프스타일 제안'을 테마로 운영하는 문화 · 쇼핑 공간. 나란히 이어진 3개의 건물에 3만여 권의 서적이 구비된 츠타야 서점과 음악 · 영화 매장이 모여 있다. 1층의 츠타야 서점 蔦屋書店은 인문학 · 자연과학(1관), 디자인 · 자동차 (2관), 여행 · 요리(3관) 코너로 나뉘어 있는데, 다양한 테마의 도서 이벤트가 수시로 열린다. 와인 셀러처럼 꾸민 세련된 필기구 코너도 놓치지 말자. 2층은 아동서 · 영화 · 음악 코너(1관), 분위기 만점의 라운지 안진 Anjin(2관), 공유 오피스(3관)로 이루어져 있다. 이탈리아 본고장의 맛을 선보이는 밀라노 베이커리 프린치 Princi 도 인기다.

영업 1층 09:00~22:00, 2층 09:00~20:00
주소 東京都 渋谷区 猿楽町 17-5
전화 03-3770-2525 지도 MAP 9-B2 · 9-A4
교통 JR 야마노테 선의 에비스 恵比寿 역(JY21) 하차, 서쪽 출구 西口에서 도보 17분. 또는 사철 토큐토요코 선 다이칸야마 역에서 도보 7분. 구글맵 페이지 하단 QR 코드 스캔 · 클릭

이세이 미야케 HOMME PLISSÉ ISSEY MIYAKE / DAIKANYAMA

이세이 미야케의 남성복 라인 옴므 플리세의 단독 플래그십 숍. 이세이 미야케가 독자적으로 개발한 플리츠 기술을 바탕으로 현대적인 라이프스타일을 추구하는 남성들에게 새로운 일상복을 제안한다. 관리하기 쉬운 것은 물론, 가볍고 움직이기 편안한 착용감으로 활동적인 일상에도 잘 어울린다. 숍에서는 브랜드의 세계관도 체험할 수 있다.

영업 11:00~20:00
주소 東京都 渋谷区 猿楽町 19-8 T2 ビル
전화 03-6277-5085 지도 MAP 9-B4
홈피 isseymiyake.com
교통 사철 토큐토요코 선의 다이칸야마 代官山 역(TY02) 하차, 중앙 출구 中央口를 나와 정면 오른쪽으로 도보 6분.
구글맵 페이지 하단 QR 코드 스캔 · 클릭

힐사이드 테라스 HILLSIDE TERRACE

다이칸야마의 쇼핑 중심지. 독립된 8개의 건물에 숍 · 카페 · 갤러리가 모여 있다. 주목할 숍은 깜찍한 아동복 숍 Petit Bateau(B동 1층), 주방용품점 Cheery Terrace(D동 1층), 여성 패션 숍 Sacra(F동 1층), 1919년 창업한 칠기 전문점 야마다 헤이안도 山田平安堂(G동 2층), 베이커리 Hillside Pantry(G동 지하1층) 등이다.

영업 11:00~19:00(숍마다 다름)
주소 東京都 渋谷区 猿楽町 29-18
전화 03-5489-3705 지도 MAP 9-B3
교통 JR 야마노테 선의 에비스 恵比寿 역(JY21) 서쪽 출구 西口에서 도보 15분. 또는 사철 토큐토요코 선의 다이칸야마 代官山 역(TY02)에서 도보 5분.
구글맵 페이지 하단 QR 코드 스캔 · 클릭

카시라 CA4LA

도쿄 제일의 퀄리티를 보장하는 모자 전문점. 뉴스보이 캡 · 중절모 · 베레모 · 스냅백 등 다채로운 디자인과 소재의 모자를 구비하고 있어 소품 하나에도 신경 쓰는 멋쟁이 남성이 즐겨 찾는다. 유행 스타일부터 개성 만점의 수제품까지 품목도 다양해 누구나 자신에게 어울리는 디자인의 모자를 찾을 수 있다. 단, 가격은 조금 비싼 편이다.

영업 12:00~20:00 휴업 매월 둘째 화요일
주소 東京都 渋谷区 代官山町 17-5 代官山アドレス E-204
전화 03-5459-0085 지도 MAP 9-C2
교통 사철 토큐토요코 선의 다이칸야마 代官山 역(TY02) 하차, 북쪽 출구 北口에서 도보 3분.
구글맵 페이지 하단 QR 코드 스캔 · 클릭

 구글맵

SPECIAL
도라에몽 성지순례

〈도라에몽〉의 아버지 후지코·F·후지오의 숨결이 가득한 박물관과 그의 수많은 작품이
탄생한 낡은 작업실이 호기심을 자극한다. 일본 만화의 황금기로 일컬어지는
1950~1980년대의 레트로 작품을 사랑하는 이에게는 금쪽같은 소중한 추억으로 남을 듯!

川崎市 藤子·F·不二雄ミュージアム ★★★☆☆
카와사키 시 후지코·F·후지오 뮤지엄

발음 카와사키시·후지코·에후·후지오뮤–지아무 **개관** 10:00~18:00
요금 1,000엔, 중학생·고등학생 700엔, 4세 이상 500엔 **홈피** https://fujiko-museum.com
교통 사철 오다큐 선의 노보리토 登戶 역(OH18) 하차. 이쿠타료쿠치 출구 生田緑地口 앞에서
출발하는 셔틀버스로 갈아타고 종점 하차(10분, 220엔). **QR코드** 페이지 상단 QR 코드 스캔·클릭

〈도라에몽〉의 작가 후지코·F·후지오 藤子·F·不二雄(1933~1996)의 생애와
작품을 소개하는 미술관. 1961년부터 카와사키 시에서 거주하며 작품 활동한 것을
기념해 건립됐다. 규모는 작지만 아기자기하게 꾸민 갤러리에는 1970년부터 잡지
연재를 시작한 도라에몽의 원화를 비롯해 그가 남긴 여러 작품이 전시돼 있으며,
작품 활동에 얽힌 재미난 에피소드도 소개한다. 주옥같은 작품들이 탄생한
후지코·F·후지오의 작업실을 고스란히 재현한 코너도 흥미롭다.
극장에서는 도라에몽 오리지널 단편 애니도 상영한다. 야외에는 실물
크기의 도라에몽 피규어가 전시돼 있어 재미난 인생사진도 찍을 수
있다. 예약 필수이며, 티켓은 홈페이지에서만 판매한다.

ト キワ荘マンガミュージアム ★★☆☆☆
토키와소 만화 박물관

발음 토키와소–망가뮤–지아무 **개관** 10:00~18:00
요금 무료·특별전 기간 중에는 유료(홈페이지 참조) **홈피** https://tokiwasomm.jp
교통 지하철 노에이오에도 신의 오치이이미나미나 가사키 落合南長崎 역(E33) 하차,
A2번 출구를 나와 왼쪽으로 도보 5분. **QR코드** 페이지 상단 QR 코드 스캔·클릭

1953년부터 유명 만화가들이 모여 살던 목조 맨션. 〈도라에몽〉의
후지코·F·후지오, 〈철완 아톰〉의 테즈카 오사무, 〈사이보그 009〉의
이시노모리 쇼타로, 〈오소마츠 군〉의 아카츠카 후지오 등 쟁쟁한 작가들이
거주하며 활발히 작품 활동을 하던 곳이다. 원래 건물은 1982년에
철거됐지만 '만화의 성지'를 부활시키고자 2020년
재건했다. 2층에는 만화가의 방을 옛 모습 그대로 재현해
놓았는데, 두세 평에 불과한 좁은 방에서 불철주야 작업에
몰두하던 그들의 고충이 생생히 전해져온다. 당시 생활상을
재현한 갤러리와 수시로 열리는 만화·애니 관련
기획전도 흥미롭다.

아기자기한 쇼핑가 지유가오카

지유가오카 自由が丘는 미시족과 가족 단위 쇼핑객이 즐겨 찾는 아기자기한 멋의 쇼핑가다. 고급 주택가 특유의 차분한 공기가 감도는 거리에는 산뜻한 인테리어 숍과 분위기 만점의 카페·레스토랑이 즐비해 쇼핑과 산책의 즐거움을 담뿍 느끼게 한다. 또한 환상적인 맛의 스위트 명가는 지유가오카에서 절대 놓칠 수 없는 기쁨! 다이어트에 대한 고민을 잠시 잊고 달콤한 스위트의 유혹에 퐁당 빠져 보자.

교통 시부야에서 사철 토큐토요코 선 東急東横線을 타고 지유가오카 自由が丘 역(TY07) 하차(10~15분, 180엔). 토큐토요코 선의 시부야 역은 지하에 있으며, JR 시부야 역에서 '토요코 선 Toyoko Line 東横線' 표지판을 따라가면 쉽게 찾을 수 있다. 열차는 3·4번 플랫폼에서 출발하는 '모토마치·츄카가이 元町·中華街' 또는 '키쿠나 菊菜', '무사시코스기 武蔵小杉' 행을 탄다. 또는 지하철 히비야 선 日比谷線의 연장선을 타고 지유가오카 自由が丘 역(TY07)에서 내려도 된다.

力 ★★☆☆☆ トレア通り 카틀레야 쇼핑가

발음 카또레아도-리 **영업** 11:00~20:00(숍마다 다름) **휴무** 연말연시(숍마다 다름) **지도** MAP 15-B4 **교통** 사철 토큐토요코 선의 지유가오카 自由が丘 역(TY07) 하차, 정면 개찰구 正面改札를 나와 직진 30m. **구글맵** 페이지 하단 QR 코드 스캔·클릭

쇼핑가란 표현이 어색하리만치 좁은 도로지만 은근히 아기자기한 숍들이 눈길을 끈다. 도로를 따라 패션·인테리어 숍과 인기 제과점이 모여 있으며, 쇼핑가를 중심으로 겉가지처럼 뻗은 좁은 골목 안에도 재미난 숍이 구석구석 숨어 있어 구경하는 재미가 쏠쏠하다. 기발한 아이디어의 잡화를 취급하는 호치포치 Hotch Potch(MAP 15-C3), 세련된 인테리어·주방용품이 가득한 와타시노 헤야와 타임리스 컴포트(p.313) 등의 숍을 놓치지 말자.

Best course

다양한 스타일의 숍이 즐비한 거리를 걸으며 눈요기와 쇼핑을 즐기는 게 지유가오카를 제대로 여행하는 방법. 메인 스트리트인 카틀레야 쇼핑가를 출발해 라비타 →거베라 쇼핑가 →그린 스트리트의 순으로 돌아보면 되며 예상 소요시간은 6시간 정도다. 쇼핑가답게 11:00가 넘어야 거리에 활기가 돌기 시작한다는 사실도 잊지 말자. 알찬 여행을 즐기려면 토큐토요코 선으로 바로 연결되는 다이칸야마(p.290)와 묶어 1일 코스를 짜보는 것도 좋다.

1 소박한 외관의 카틀레야 쇼핑가. 2·3 아기자기한 디자인의 주방용품이 많다. 4·5 세련된 스타일의 패션·인테리어 숍을 돌아보는 재미도 쏠쏠하다.

구글맵

ガ ★★☆☆☆
一ベラ通り 거베라 쇼핑가

발음 가-베라도-리 **영업** 11:00~20:00(숍마다 다름)
휴업 연말연시(숍마다 다름) **지도** MAP 15-B3
교통 사철 토큐토요코 선의 지유가오카 自由が丘 역(TY07) 하차,
정면 개찰구 正面改札를 나와 정면으로 도보 2분.
구글맵 페이지 하단 QR 코드 스캔·클릭

지유가오카의 메인 스트리트다. 고작 왕복 2차선에
불과한 좁은 도로지만 길 양쪽에 도기·잡화·가구
전문점과 중급 브랜드의 패션 부티크·인테리어 숍이
모여 있다. 우리나라에서 구하기 힘든 개성 만점의
인테리어 소품과 가구를 취급하는 곳도 많다. 눈여겨볼
숍은 투데이스 스페셜·와치필드(p.312) 등이다.

유럽풍의 이국적인 외관이 눈길을 끄는 라 비타.

1 우아한 기품의
인테리어 매장. 2 깜찍한
가든 용품도 취급한다.

ラ ★★☆☆☆
・ヴィータ 라 비타

발음 라비-타 **영업** 08:00~20:00(숍마다 다름) **휴업** 부정기적
지도 MAP 15-B2 **교통** 사철 토큐토요코 선의 지유가오카
自由が丘 역(TY07) 하차, 정면 개찰구 正面改札를 나와 정면으로
도보 7분. **구글맵** 페이지 하단 QR 코드 스캔·클릭

고급 지갑 전문점·꽃집 등이 입점한 초미니 쇼핑센터.
아담한 운하(?)와 그 위에 걸린 다리, 그리고 베니스에서
공수해온 진짜 곤돌라 때문에 흔히 '지유가오카의 베니스'
로 통한다. 이국적인 외관 때문에 여행자의 발길이 끊이지
않는데, 일상적인 일본의 풍경과는 사뭇 다른 로맨틱한
공간이라 기념사진을 남기기에도 좋다.

グ ★☆☆☆☆
リーンストリート 그린 스트리트

발음 구-린스토리-토 **영업** 11:00~20:00(숍마다 다름)
지도 MAP 15-C5
교통 사철 토큐토요코 선의 지유가오카 自由が丘 역(TY07) 하차,
남쪽 출구 南口를 나와 정면으로 도보 1분.
구글맵 페이지 하단 QR 코드 스캔·클릭

울창한 가로수 길을 따라 벤치가 점점이 놓인 운치 넘치는
산책로. 도로 끝 스위트 포레스트(p.311) 부근에는 수십
그루의 벚나무가 촘촘히 심겨 있어 봄이면 화사한 벚꽃
터널을 이룬다. 도로를 따라 저널 스탠더드·GAP·
MUJI 같은 중저가 브랜드의 대형 매장과 크고 작은 숍이
모여 있어 쇼핑을
즐기기에도 좋다.

쇼핑 도중에 잠시
휴식을 취하기에도
좋다.

九 ★★☆☆☆
品仏浄真寺 쿠혼부츠죠신지

발음 쿠혼부츠죠-신지 **개관** 06:00~16:30
요금 무료 **지도** MAP 15-A5
교통 사철 토큐토요코 선의 지유가오카 自由が丘 역(TY07)
하차, 정면 개찰구 正面改札를 나와 정면으로 도보 14분. 또는
토큐오이마치 선의 쿠혼부츠 九品仏 역(OM11) 하차, 도보 1분.
구글맵 페이지 하단 QR 코드 스캔·클릭

가을 단풍으로 유명한 사찰. 1678년 창건됐으며, 도심
사찰치고는 은근히 규모가 크다. 단풍나무로 뒤덮인
고즈넉한 분위기가 일품이다. 망자를 극락으로 인도하는
9좌의 아미타여래상을 모시는 까닭에 쿠혼부츠 九品
仏란 이름이
붙었다.

봄의 신록과
가을 단풍이 아름답다.

モンサンクレール 몽상클레어 강추

예산 820엔~ 영업 11:00~18:00 휴관 수요일, 8월 여름 휴가(1주일 정도)
매뉴 일어 주소 東京都 目黒区 自由が丘 2-22-4 전화 03-3718-5200
홈페 www.ms-clair.co.jp 지도 MAP 15-A1 교통 사철 토큐토요코 선의 지유가오카
自由が丘 역(TY07) 하차, 정면 개찰구 正面改札를 나와 정면으로 도보 13분.
거베라 쇼핑가의 끝쪽에 있다. 구글맵 페이지 하단 QR 코드 스캔·클릭

계절 과일과 양질의 재료를 듬뿍 사용한 180여 종의 케이크·초콜릿·
빵·쿠키를 맛볼 수 있는 제과점. 무척 후미진 곳에 있음에도 불구하고
일본 전역에서 찾아오는 팬들로 언제나 문전성시를 이룬다. 오너는 세계
파티셰 대회에서 수차례 우승한 경력을 가진 츠지쿠치 히로노부 辻口博
啓. 그가 혼신의 힘을 다해 빚어내는 고급스러운 맛이 인기의 비결이다.
매장 안쪽에는 차와 케이크를 즐길 수 있는 살롱도 있다.
초강추 메뉴는 입에 넣자마자 눈 녹듯 사라지는 화이트 초콜릿과 새콤한
산딸기의 콤비네이션이 예술인 세라비 セラヴィ(820엔), 달콤 고소한
마롱 크림의 몽블랑 モンブラン(880엔), 초콜릿 무스 케이크에
가나슈 캐러멜을 얹은 쇼콜라 캐러멜 ショコラキャラメル(820엔),
아몬드 초콜릿 케이크에 산딸기와 라임 발사믹 잼을 넣은 새콤달콤한
가토 쇼콜라 루즈 ガトーショコラ ルージュ(800엔) 등이다. 세라비를
비롯한 베스트셀러는 오전 중에 모두 팔릴 만큼 인기가 높으니 서둘러
가야 한다.

세라비
セラヴィ(820엔)

桑庵 고소안

예산 1,000엔~ 영업 12:00~18:30, 토·일요일 11:00~18:30 휴관 수요일 매뉴 일어
주소 東京都 目黒区 自由が丘 1-24-23 전화 03-3718-4203
홈페 http://kosoan.co.jp 지도 MAP 15-B2 구글맵 페이지 하단 QR 코드 스캔·클릭
교통 사철 토큐토요코 선의 지유가오카 自由が丘 역(TY07) 하차, 정면 개찰구 正面改札를
나와 정면으로 도보 7분. 카틀레야 쇼핑가 끝쪽에 있다.

지유가오카의 현대적인 풍경과는 사뭇 다른 느낌의 전통 찻집. 1900년대
초반 일본 목조 주택의 형태를 고스란히 간직하고 있다. 조그만 마당 겸 정원을
중심으로 전통 다다미방 스타일의 다실(茶室)을 꾸며 놓아 고즈넉한 풍경을
즐기며 차 한잔의 여유를 만끽하기에 안성맞춤이다.
추천 메뉴는 일본식 디저트인 안미츠 あんみつ(1,000엔). 설탕에 절인 모둠
과일과 단팥이 작은 그릇에 담겨 나오는데, 시럽을 뿌린 뒤 함께 제공되는
녹차와 먹으면 맛있다. 쌉쌀한 맛이
입안을 개운하게 해주는 가루 녹차 맛차
抹茶(1,000엔)와 맛챠 단팥죽에 새알심을
넣은 고소안후맛챠시라타마젠자이
古桑庵風抹茶白玉ぜんざい(1,100엔)
역시 일본스러운 맛을 즐기기에 좋다.
영어 메뉴에 음식 사진이 붙어 있으니
그것을 참고로 주문해도 된다.

맛챠 抹茶(1,000엔)

안미츠 あんみつ(1,000엔)

구글맵

Sweets Forest 스위트 포레스트

예산 420엔~ **영업** 11:00~20:00, 토·일·공휴일 10:00~20:00 **휴업** 1/1 **메뉴** 일어·영어
주소 東京都 目黒区 緑が丘 2-25-7 ラ·クール自由が丘 1~3/F
전화 03-5731-6600 **홈피** https://sweets-forest.cake.jp **지도** MAP 15-D4
교통 사철 토큐토요코 선의 지유가오카 自由が丘 역(TY07) 하차, 남쪽 출구 南口를 나와
왼쪽으로 도보 6분. 라쿠루 지유가오카 ラ·クール自由が丘 1~3층에 있다.
구글맵 페이지 하단 QR 코드 스캔·클릭

젊은 여성에게 인기가 높은 디저트 숍 8가 모인 푸드 테마파크. 내로라하는
솜씨를 자랑하는 일류 파티셰의 케이크와 디저트를 한자리에서 맛볼
수 있다. 푸드코트 스타일의 셀프 서비스 방식이며, 쇼케이스에 진열된
디저트를 직접 보고 고를 수 있어 편리하다. 메뉴가 시즌별로 바뀌는
까닭에 언제 가더라도 새로운 맛을 즐길 수 있는 것도 매력!

쇼트 케이크(420엔~)

自由が丘バーガー 지유가오카 버거

강추

예산 1,200엔~ **영업** 월요일 11:30~15:00, 수~토요일 11:30~20:00,
일요일 11:30~18:00 **휴업** 화요일 **메뉴** 일어·영어
주소 東京都 目黒区 自由が丘 1-3-15 4/F **전화** 03-6459-5133 **지도** MAP 15-D4
교통 사철 토큐토요코 선의 지유가오카 自由が丘 역(TY07) 하차, 정면 개찰구 正面改札를 나와
오른쪽으로 도보 5분. **구글맵** 페이지 하단 QR 코드 스캔·클릭

100% 유기농 재료만 사용하는 햄버거집. 건물 옥상(4층)에 있으며 십여 명만
들어가도 꽉 차는 아담한 가게라 주말·공휴일에는 자리 잡기가 쉽지 않다.
엄선한 소고기로 만든 패티와 쫄깃한 유기농 빵, 싱싱한 채소, 저염 소스를
사용해 깔끔하면서도 기분 좋은 맛이 특징이다. 부동의 인기 넘버 원 메뉴는
햄버거 사이로 치즈가 줄줄 흘러내릴 만큼 치즈를 듬뿍 넣은 치즈 버거 Cheese
Burger(1,780~2,480엔)다. 모든 햄버거 메뉴에는 감자튀김이 딸려 나오며,
음료(580엔~)는 따로 주문해야 한다.

햄버거(1,780엔~)

ほさかや 호사카야

예산 1,200엔~ **영업** 점심 11:30~14:00 저녁 16:00~20:00 **휴업** 일요일, 매월 둘째 월요일
메뉴 일어 **주소** 東京都 目黒区 自由が丘 1-11-5 **전화** 03-3717-6538 **지도** MAP 15-C4
교통 사철 토큐토요코 선의 지유가오카 自由が丘 역(TY07) 하차, 북쪽 출구 北口를 나와
오른쪽으로 도보 1분. **구글맵** 페이지 하단 QR 코드 스캔·클릭

70년 역사를 자랑하는 장어구이 전문점. 허름한 외관과 달리 맛은 준수하다.
자리가 고작 15개뿐인 조그만 식당이라 손님이 몰리는 점심에는 줄을 서야
할 때도 있다. 인기 메뉴는 고슬고슬한 밥 위에 달콤 짭조름한 장어 소스를
끼얹고, 숯불에 구운 장어를 얹어주는 장어구이 덮밥이다. 점심에만
한정 판매하며 장어 반 마리를 올려주는 우나동 うな丼(1,700엔)과 장어
한 마리를 통째로 올려주는 우나쥬 うな重(3,300엔)가 있다. 저녁에는
식사를 제외한 장어구이 메뉴와 주류만 취급하니 주의!

우나동 うな丼(1,700엔)

구글맵

TODAY'S SPECIAL 투데이스 스페셜

영업 11:00~20:00 휴업 부정기적 주소 東京都 目黒区 自由が丘 2-17-8
전화 03-5729-7131 홈피 www.todaysspecial.jp 지도 MAP 15-B3
교통 사철 토큐토요코 선의 지유가오카 自由が丘 역(TY07) 하차, 정면 개찰구 正面
改札를 나와 정면으로 도보 5분. 구글맵 페이지 하단 QR 코드 스캔·클릭

1 인기 아이템이 풍부한 투데이스 스페셜.
2 유기농 먹거리도 취급한다.

자연주의를 표방하는 생활 잡화점. 우리나라에서도 선풍적 인기를
끈 투명 텀블러 '마이 보틀 My Bottle'의 판매처로 유명하다. 의류·
신발·가방·에코백 등의 패션 아이템은 물론, 화장품·보디 로션 등의
스킨케어 제품과 컵·텀블러·커피 메이커 등의 주방용품까지 폭넓은
아이템을 취급한다. 복잡한 디자인 요소를 철저히 배제하고 소재 자체의
멋을 살린 내추럴한 스타일이 매력이다. Stop the water while using
me · ala Lehua 같은 유기농 스킨케어 제품도 인기가 높다. 다양한
유기농 식재료도 취급하는데 서커스 커피 サーカスコーヒー·
커피아 엑슬리브리스 Coffea Exlibris · 노지 커피 Nozy Coffee 등
유명 로스팅 전문점의 원두 커피와 잇포도차호 一保堂茶舗의
호지차 極上ほうじ茶가 추천 아이템이다.

WACHIFIELD 와치필드

영업 11:00~19:00 휴업 수요일
주소 東京都 目黒区 自由が丘 2-19-5
전화 03-3725-0881 홈피 www.wachi.co.jp 지도 MAP 15-A3
교통 사철 토큐토요코 선의 지유가오카 自由が丘 역(TY07) 하차,
정면 개찰구 正面改札를 나와 정면으로 도보 8분.
구글맵 페이지 하단 QR 코드 스캔·클릭

작가 이케다 아키코 池田あきこ의 동화 《와치필드》의
오피셜 매장. 건물 곳곳이 고양이 캐릭터로 장식돼 있어
고양이 마니아라면 들러볼 만하다. 고양이 다얀
ダヤン을 주인공으로 한 원작 동화책과 가방·지갑·
티셔츠·퍼즐 등의 아기자기하고 깜찍한 캐릭터 상품이
가득하며, 예쁜 찻잔 세트도 구입할 수 있다.

LUPICIA 루피시아

영업 10:00~19:00 전화 03-5731-7370
주소 東京都 目黒区 自由が丘 1-26-7 홈피 www.lupicia.co.jp
지도 MAP 15-C4 구글맵 페이지 하단 QR 코드 스캔·클릭
교통 사철 토큐토요코 선의 지유가오카 自由が丘 역(TY07) 하차,
정면 개찰구 正面改札를 나와 오른쪽으로 도보 3분.
구글맵 페이지 하단 QR 코드 스캔·클릭

400여 종의 차(茶)를 취급하는 전문점. 특히 꽃·과일
향을 입힌 가향차가 풍부하다. 차의 향·맛·특징에
대한 자세한 설명과 함께 다양한 샘플도 비치해 놓아
취향에 맞는 차를 손쉽게 고를 수 있다. 여타 매장에서
판매하지 않는 지유가오카 얼 그레이·부케 로열 로즈·
부케 로열 재스민 등 지유가오카 한정판은 기념품으로
인기가 높다.

깜찍한 고양이 다얀의 캐릭터
상품이 가득한 와치필드

구글맵

세련된 잡화와 인테리어 소품을 취급한다.

유러피언 스타일의 화사한 주방용품·인테리어
소품을 취급한다.

TIMELESS COMFORT 타임리스 컴포트

영업 11:00~19:00 **휴업** 수요일
주소 東京都 目黒区 自由が丘 2-9-11 自由が丘八幸ビル **전화** 03-5701-5271
홈피 www.timelesscomfort.com **지도** MAP 15-B3
교통 사철 토큐토요코 선의 지유가오카 自由が丘 역(TY07) 하차, 정면 개찰구 正面改札를
나와 정면으로 도보 4분. **구글맵** 페이지 하단 QR 코드 스캔·클릭

세련된 잡화와 인테리어 소품을 취급하는 라이프스타일 숍. 지하 1층
주방가전·테이블웨어, 1층 주방용품, 2층 가구·조명·인테리어 소품
매장으로 이루어져 있다. 르 크루제·러셀 홉스·발뮤다 같은 강렬한 색상과
스타일리시한 디자인의 주방용품이 인기 아이템이며, 소박하지만 고급스러운
식기와 풍부한 커피 관련 상품도 눈길을 끈다.

WATASHI NO HEYA 와타시노 헤야

실용적인 식기·주방용품을
구매하기에 좋다.

영업 11:00~19:30 **주소** 東京都 目黒区 自由が丘 2-9-4 吉田ビル 1/F
전화 03-3724-8021 **홈피** www.watashinoheya.co.jp **지도** MAP 15-B3
교통 사철 토큐토요코 선의 지유가오카 自由が丘 역(TY07) 하차, 정면 개찰구 正面
改札를 나와 정면으로 도보 5분. **구글맵** 페이지 하단 QR 코드 스캔·클릭

일본에 30여 개의 지점을 거느리고 있는 고급 홈 인테리어 전문점. 가구·
식기·침구·의류·욕실용품·유아용품을 취급하며, 전통 디자인을
모던하게 재해석한 멋스러운 생활 잡화가 가득하다. 소박한 질감의 일본식
도기와 유럽에서 직수입한 유기농 보디 케어 제품도 눈여겨볼 만하다.

 지유가오카 카페 & 베이커리 Best 6

라테 그래픽 지유가오카
Latte Graphic Jiyugaoka

멜버른 스타일을 표방하는 카페. 호주
식 커피와 요리를 선보인다.

영업 07:00~22:30 **지도** MAP 15-C5
교통 지유가오카 역 도보 1분.
구글맵 하단 QR 코드 스캔

오니버스 커피 Onibus Coffee

스페셜티 커피 전문점. 고소한 여운
이 입안에 맴도는 라테가 맛있다.

영업 09:00~17:00 **지도** MAP 15-D4
교통 지유가오카 역 도보 6분.
구글맵 하단 QR 코드 스캔

플리퍼스 Flipper's

폭신폭신한 수플레 팬케이크 맛집. 자
세한 메뉴는 p.287 참조.

영업 11:00~20:00 **지도** MAP 15-C5
교통 지유가오카 역 도보 2분.
구글맵 하단 QR 코드 스캔

바게트 래빗
バゲットラビット

프랑스 빵이 맛있는 베이커리. 바게트
와 불 Boule이 대표 메뉴다.

영업 09:00~20:00 **지도** MAP 15-C2
교통 지유가오카 역 도보 9분.
구글맵 하단 QR 코드 스캔

블랑제 아사노야
ブランジェ浅野屋

1933년 창업한 노포 빵집. 물리지 않
는 소박한 맛으로 인기가 높다.

영업 08:30~20:00 **지도** MAP 15-B5
교통 지유가오카 역 도보 2분.
구글맵 하단 QR 코드 스캔

콤엔 도쿄 Comme'N TOKYO

2019년 월드 베이커리 콘테스트에
서 우승한 장인이 운영하는 베이커리.

영업 07:00~18:00 **지도** MAP 15-A5
교통 지유가오카 역 도보 15분.
구글맵 하단 QR 코드 스캔

KICHIJYOJI

키치죠지 吉祥寺

볼거리 ★★★☆☆
먹거리 ★★☆☆☆
쇼 핑 ★★☆☆☆
유 흥 ★☆☆☆☆

키치죠지를 대표하는 3대 키워드는 쇼핑·공원·애니다. JR 키치죠지 역 주변은 홍대와 명동을 뒤섞어 놓은 듯한 분위기의 쇼핑가를 형성하고 있어 항상 젊은이들의 발길이 끊이지 않는다. 드넓게 펼쳐진 초록빛의 이노카시라 공원은 한가로이 주말을 보내려는 시민들에게 안락한 휴식처를 제공하며, 미야자키 하야오 감독의 이상을 현실로 끌어낸 지브리 미술관은 마니아의 영원한 성지로 추앙받고 있다.

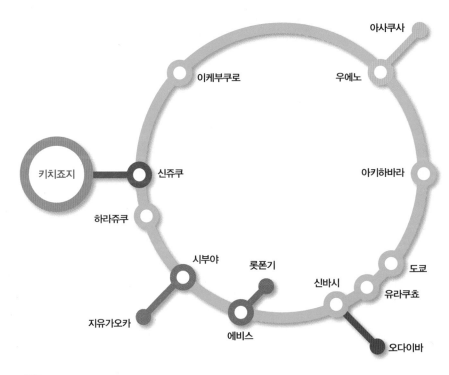

🚆 키치죠지로 가는 방법

JR 츄오 선 中央線·소부 선 総武線의 키치죠지 吉祥寺 역(JC11·JB02)
또는 미타카 三鷹 역(JC12·JB01) 하차
완행열차인 소부 선보다 쾌속열차인 츄오 선이 빠르다. 츄오 선은 도쿄→신쥬쿠→나카노 中野→키치죠지→미타카→무사시코가네이 武蔵小金井(JC15)의 순으로 정차한다. JR 1일권인 토구나이 패스(p.138)는 나카노 역까지만 사용할 수 있다.

사철 케이오이노카시라 선 京王井の頭線의 키치죠지 吉祥寺 역(IN17) 하차
JR 키치죠지 역과 나란히 연결된다. 지브리 미술관·이노카시라 공원 방면으로 갈 때는 공원 출구 公園口로 나간다.

kichijyoji
quick guide

S How to See
이동 동선에 주의

볼거리가 그리 풍부한 지역은 아니다. 더구나 넓은 지역에 몇몇 명소가 흩어져 있어 동선을 잘 짜서 움직여야 조금이나마 걷는 수고를 덜 수 있다. 일반적으로는 JR 미타카 역→지브리 미술관→키치죠지 역의 순으로 돌아보는 게 효율적이다.

미술관과 공원을 느긋하게 구경하려면 평일, 활기찬 공원과 쇼핑가의 분위기를 만끽하려면 주말·공휴일에 가는 게 좋다.

▌ 박물관·전시관 ★☆☆
▌ 건축물·공원 ★☆☆
▌ 유적·사적지 ☆☆☆

E Where to Eat
식도락을 즐기기엔 역부족

먹거리는 무척 빈약하다. 특히 JR 미타카 역에서 지브리 미술관까지 돌아보는 도중에는 마땅히 음식을 사먹을 곳이 없으니 식사 시간을 고려해서 동선을 짜는 고민도 필요할 듯! 저렴한 식당과 패스트푸드점은 JR 키치죠지 역 주변 상점가에 많다. 역 남쪽의 상점가에는 키치죠지의 'Must Eat' 아이템으로 통하는 크로켓 전문점 키치죠지사토, 모나카 전문점 오자사가 있다.

▌ 일식·라면 ★☆☆
▌ 양식·기타 ★☆☆
▌ 카페·디저트 ★☆☆

B What to Buy
패션·잡화 쇼핑의 명소

도쿄의 젊은이들에게는 패션·잡화 쇼핑의 명소로 인기가 높다. 쇼핑가는 JR 키치죠지 역을 중심으로 형성돼 있다. 남쪽의 나나이바시도리에는 키치한 감성의 인테리어·잡화 전문점, 북쪽의 쇼와도리에는 하라쥬쿠의 캣 스트리트와 비슷한 스타일의 로드 숍이 많다. 한정된 지역에 여러 숍이 모여 있어 발품 팔지 않고도 효율적인 쇼핑을 즐길 수 있는 게 나름의 장점이다.

▌ 패션 ★★☆
▌ 인테리어 ★☆☆
▌ 잡화 ★★☆

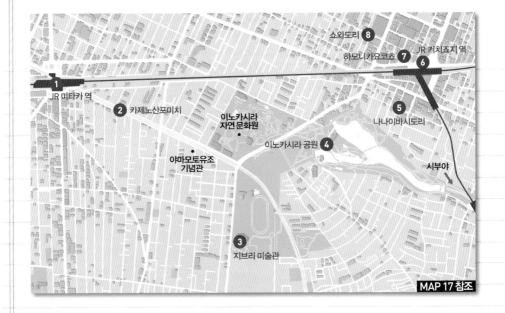

쇼와도리 **8**
하모니카요코초 **7** JR 키치죠지 역 **6**
1 JR 미타카 역
2 카제노산포미치
이노카시라 자연 문화원
야마모토유조 기념관
이노카시라 공원 **4**
5 나나이바시도리
시부야
3 지브리 미술관

MAP 17 참조

❶ JR 미타카 역   p.315

지브리 미술관을 찾아갈 때 이용하면 편리한 역. 남쪽 출구 앞에서 출발하는 셔틀버스를 타면 미술관까지 고작 5분밖에 안 걸린다. 역 주변에 식당·숍 등의 편의시설이 모여 있다.

볼거리 ☆☆☆   먹거리 ★☆☆   쇼핑 ★☆☆

❷ 카제노산포미치   p.320

호젓한 분위기가 매력인 산책로. 지브리 미술관까지의 거리를 알려주는 토토로 이정표가 걷는 재미를 더한다. 3~4월에는 벚나무 가로수가 멋진 벚꽃 터널을 이룬다.

볼거리 ★☆☆   먹거리 ☆☆☆   쇼핑 ☆☆☆

❸ 지브리 미술관   p.321

키치죠지의 명실상부한 핵심 볼거리! 토토로 등 우리에게도 친숙한 지브리 캐릭터가 흥미로운 볼거리를 선사한다. 단, 입장권 구입하기가 무척 어렵다는 사실에 주의하자.

볼거리 ★★★   먹거리 ☆☆☆   쇼핑 ★★☆

❹ 이노카시라 공원   p.322

한적한 오솔길을 따라 산책을 즐기기에 좋은 공원. 산책로를 걷다보면 중간중간 카페가 나타나며, 주말에는 다채로운 야외 공연이 볼거리를 더한다.

볼거리 ★☆☆   먹거리 ☆☆☆   쇼핑 ☆☆☆

❺ 나나이바시도리   p.323

인테리어·잡화 숍이 모여 있는 조그만 상점가. 규모가 크지는 않지만 독특한 개성의 숍들이 호기심을 자극한다. 캐주얼 의류를 취급하는 숍도 점점이 위치한다.

볼거리 ☆☆☆   먹거리 ★☆☆   쇼핑 ★★☆

❻ JR 키치죠지 역

키치죠지의 교통 중심지. 도쿄 시내를 오가는 JR과 시부야를 연결하는 사철 케이오이노카시라 선이 발착하는 곳이다. 역 주변에 저렴한 식당가가 형성돼 있다.

볼거리 ☆☆☆   먹거리 ★☆☆   쇼핑 ★☆☆

❼ 하모니카요코초   p.323

서민적인 냄새가 진하게 풍기는 먹자골목. 저렴한 식낭은 물론 한잔 가볍게 걸치기에 좋은 주점이 모여 있다. 왁자지껄한 분위기가 더해지는 해질녘에 가면 더욱 재미있다.

볼거리 ★☆☆   먹거리 ★★☆   쇼핑 ☆☆☆

❽ 쇼와도리

모던한 스타일의 쇼핑가. 대형 백화점과 함께 중급 브랜드의 패션·잡화를 취급하는 로드 숍이 모여 있다. 아기자기한 숍이 많아 재미삼아 구경하기에 좋다.

볼거리 ☆☆☆   먹거리 ★☆☆   쇼핑 ★★☆

best course

일본 애니 특히 지브리 마니아에게 추천하는 코스. 단, 일정 짜기가 무척 애매한 지역이니 주의하자. 이유는 지브리 미술관의 입장 시각이 10:00~16:00의 매시 정각으로 정해져 있기 때문! 효율적으로 움직이려면 10:00 또는 11:00 티켓을 구매한 뒤 아래의 일정으로 돌아보면 된다. 티켓을 구하기 힘들 때는 오후 입장 티켓을 구매하고, 오전에 에도 도쿄 건축 공원을 본 다음 지브리 미술관으로 가도 된다. 아니면 에도 도쿄 건축 공원을 제외하고 애니 관련 숍이 모인 나카노(p.326)를 코스에 포함시켜도 좋다.

출발점 JR 미타카 역 남쪽 출구 南口
예상 소요시간 8시간~

▼JR 미타카 역 남쪽 출구를 나오면 이렇게 보여요.

카제노산포미치 · 지브리 미술관행 셔틀버스 정류장

토토로가 지브리 미술관까지의 거리를 알려준다.

start

카제노산포미치

| 1 | 도보 2분 | 2 | 도보 13분 | 3 | 도보 11분 | 4 | 도보 1분 |

JR 미타카 역 남쪽 출구

예스러운 건물이 눈길을 끄는 야마모토유조 기념관.

야마모토유조 기념관

지브리 미술관

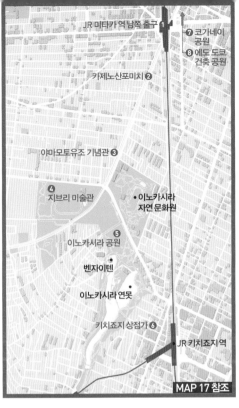

JR 미타카 역 남쪽 출구 ①

⑦ 코가네이 공원
⑧ 에도 도쿄 건축 공원

카제노산포미치 ②

야마모토유조 기념관 ③

④ 지브리 미술관

•이노카시라 자연 문화원

⑤ 이노카시라 공원
•벤자이텐
이노카시라 연못

키치죠지 상점가 ⑥

JR 키치죠지역

MAP 17 참조

1·2 우리에게도 친숙한 캐릭터로 가득한 지브리 미술관. 3 쇼핑가에서는 키치한 감성의 아이템도 구매할 수 있다. 4 계절의 정취를 만끽하기에 좋은 이노카시라 공원.

도쿄 시민의 안락한 휴식처 이노카시라 공원.

에도 도쿄 건축 야원

코가네이 공원

| 5 | 바로 앞 | 6 | JR & 버스 20분 | 7 | 도보 5분 | 8 |

이노카시라 공원

키치죠지 상점가

도쿄의 옛 모습이 고스란히 남아 있는 에도 도쿄 건축 공원.

SIGHTSEEING

볼거리가 그리 풍부한 지역은 아니다. 하지만 **애니 마니아라면 절대 놓칠 수 없는 명소인 지브리 미술관**, 그리고 애니 〈센과 치히로 의 행방불명〉의 **실제 모델이 된 건물**이 모여 있는 에도 도쿄 **건축 공원**을 보는 것만으로도 찾아갈 가치는 충분하다.

Best Spot in Kichijyoji

★★★★★ 지브리 미술관
★★★★☆ 에도 도쿄 건축 공원
★★★☆☆ 키치죠지 상점가
★★☆☆☆ 이노카시라 공원
카제노산포미치
코가네이 공원
★☆☆☆☆ 야마모토 유조 기념관
이노카시라 자연문화원
하모니카 요코쵸

★★☆☆☆
風の散歩道 카제노산포미치

발음 카제노산뽀미찌 **지도** MAP 17-C2 **구글맵** 페이지 하단 QR 코드 스캔·클릭 **교통** JR 추오 선·소부 선의 미타카 三鷹 역(JC12·JB01) 하차. 남쪽 출구 南口를 나오자마자 왼쪽의 에스컬레이터를 타고 1층으로 내려간 다음 정면으로 70m쯤 가면 오른쪽에 있다.

JR 미타카 역에서 이노카시라 공원 井の頭公園까지 이어지는 1km 남짓한 도로. 한적한 도로를 따라 자그마한 개울이 흐르며, 벚나무 가로수가 길게 가지를 늘어뜨린 모습이 운치를 더한다. 특히 3~4월에 벚꽃이 필 무렵이면 한층 로맨틱한 분위기가 더해진다. 거리를 따라 걷다보면 중간 중간 지브리 미술관까지의 방향을 알려주는 토토로 모양의 이정표와 재미난 그림의 보도블록이 설치돼 있어 이를 찾아보는 재미도 쏠쏠하다.

1 토토로 표지판을 따라가면 지브리 미술관이 나온다.
2 발자국이 그려진 재미난 보도블록.
3 울창한 가로수길이 이어진다.

지브리 미술관 티켓 예매

지브리 미술관은 사전 예약제로 운영한다. 입장 시각이 정해져 있으며 해당 시각의 티켓을 예매해야만 들어갈 수 있다. 예매권은 로손 티켓 웹 사이트 ローチケWEBサイト에서 매월 10일 10:00부터 다음 달 분을 판매한다. 워낙 인기가 높아 사이트 오픈과 동시에 티켓이 완판되는 경우가 허다하니 서둘러 예매할 것을 권한다.

일본어 사이트 10:00~16:00의 매시 정각 입장 가능한 티켓 판매. VPN·해외 결제 가능 신용카드·일본 현지 핸드폰 번호가 있어야 이용 가능. 스마트폰은 QR 코드 방식의 전자 티켓 電子ケット으로 구매하면 편리하다. **홈피** https://l-tike.com/ghibli

영어 사이트 10:00·12:00·14:00·16:00에 입장 가능한 티켓 판매. 해외 결제 가능 신용카드·한국 핸드폰 번호로 이용 가능. **홈피** https://l-tike.com/st1/ghibli-en/sitetop

 구글맵

鷹の森ジブリ美術館 지브리 미술관 ★★★★★

주소 미따까노모리지부리비쥬쯔깐 **개관** 10:00~18:00
휴무 화요일, 12/27~1/2, 전시물 교체기간(홈페이지 참조)
요금 1,000엔, 중 · 고등학생 700엔, 초등학생 400엔, 4~7세 100엔
홈피 www.ghibli-museum.jp **지도** MAP 17-A3
교통 JR 츄오 선 · 소부 선의 미타카 三鷹 역(JC12 · JB01) 하차. 남쪽 출구 南口를
나오자마자 왼쪽의 에스컬레이터를 타고 1층으로 내려가 정면으로 60m쯤 가면 버스
정류장이 있다. 9번 정류장에서 출발하는 지브리 미술관행 셔틀버스를 타고 5분 소요
(**성인** 편도 210엔, 왕복 320엔, **소인** 편도 110엔, 왕복 160엔). 또는 9번 정류장
옆으로 이어지는 도로인 카제노산포미치(왼쪽 페이지 참조)를 따라 도보 24분.
구글맵 페이지 하단 QR 코드 스캔·클릭

지브리 애니 팬이라면 절대 놓쳐선 안 될 도쿄 최고의 명소. 미야자키
하야오 감독이 직접 디자인한 곳으로도 유명하다. 산더미처럼 쌓인 자료와
그림 속에서 한 편의 애니메이션이 탄생하기까지의 과정을 살펴보는
신기함은 기본이며, 미술관 곳곳에 감춰진 깜찍한 조형물과 코믹한
캐릭터가 관람의 재미를 더한다. 스트레스에 찌든 돼지의 모습으로 묘사된
미야자키 감독 본인의 캐릭터를 찾아보는 즐거움은 보너스! 모두 그가 직접
그린 그림들이다.

1층 입구에는 창가에 앉아 멀뚱히 바깥을 바라보는 초대형 토토로 인형이
놓여 있다. 지브리 미술관에 도착했음을 알리는 표식! 좀더 안쪽으로 가면
화려한 스테인드글라스로 장식한 진짜 입구가 나타난다. 지하 1층의
토세이자 土星座는 스튜디오 지브리의 오리지널 단편 애니메이션을
상영하는 극장이다. 일본어를 몰라도 누구나 공감할 수 있는 단순 · 유쾌한
작품이 볼만하다.

2층의 애니메이션 제작실에서는 애니메이션 제작의 전 과정을 온몸으로
체험할 수 있다. 책상마다 산더미처럼 쌓인 자료 · 콘티 · 원화 · 셀화가 한
편의 애니메이션이 탄생하기까지의 모진 노고를 실감나게 보여준다. 1960
년대에는 시내의 비싼 임대료를 피해 제작실이 모두 도쿄 인근의 시골에
있었다는 사실도 흥미롭다.

3층의 네코 버스 룸은 12세까지만 들어갈 수 있는 어린이 전용 시설이다.
이미 어른이 돼버린 이에게는 오로지 구경할 권리(?)만 주어진다. 같은
층에는 토토로를 비롯한 지브리의 캐릭터 상품이 가득한 기념품점도
있는데, 오직 여기서만 판매하는 한정 상품도 취급한다.

4층의 옥상 정원은 지브리 미술관에서 유일하게 사진 촬영이 가능한
곳이다. 〈천공의 성 라퓨타〉의 로봇 병사와 비행석의 실물 크기 모형이
전시돼 있으니 멋지게 포즈를 잡아보자. 지하 1층의 중정(中庭)에서는
수동식 펌프가 설치된 조그만 우물과 함께 벽 · 바닥을 장식한 아기자기한
조형물들이 눈길을 끈다. 1층에는 지브리 미술관의 공식 카페 겸 레스토랑인
밀짚모자 카페 麦わら帽子도 있는데 맛을 제외한 분위기만은 강추!

1 옥상정원을 지키는 로봇 병사.
2 입구에서 손님을 맞는(?) 토토로.
3 애니메이션의 제작 과정을 소상히
보여준다. 4 어린이를 위한 놀이공간
네코 버스 룸.

기념관 뒤쪽의 정원은 누구나 자유로이
들어갈 수 있다.

山本有三記念館 야마모토 유조 기념관
★☆☆☆☆

발음 야마모또유조키넨깐 **개관** 09:30~17:00 **휴관** 월요일, 12/29~1/4 **요금** 300엔
지도 MAP 17-C2 **교통** JR 츄오 선·소부 선의 미타카 三鷹 역(JC12·JB01) 하차, 남쪽 출구
南口를 나오자마자 왼쪽의 에스컬레이터를 타고 1층으로 내려간 다음 정면으로 도보 13분.
카제노산포미치 중간쯤에 있다. **구글맵** 페이지 하단 QR 코드 스캔·클릭

문학가 야마모토 유조 山本有三(1888~1974)의 집을 복원해서 만든 문학 기념관.
1930년대에 지은 양식 건물로 옛 모습이 고스란히 보존된 내부와 유러피언 양식의
아담한 외관이 멋스럽다. 제2차 세계대전 당시 다섯 차례의 공습으로 도쿄 일대가
쑥대밭이 되던 와중에도 운 좋게 아무런 피해를 입지 않았다고 한다.

井の頭公園 이노카시라 공원
★★☆☆☆

발음 이노까시라꼬~엔 **지도** MAP 17-C4 **교통** 지브리 미술관 바로 옆.
또는 JR 츄오 선·소부 선의 키치죠지 吉祥寺 역(JC11·JB02) 하차,
공원 출구 公園口를 나와 정면으로 도보 6분. **구글맵** 페이지 하단 QR 코드 스캔·클릭
보트 대여 개관 10:00~18:00(시즌에 따라 다름) **휴관** 12~2월의 수요일
요금 일반 보트 500엔(30분), 페달 보트 700엔(30분), 백조 보트 800엔(30분).

콘크리트 도심 속에 자리잡은 거대한 초록빛 허파. 1917년에 문을 연
일본 최초의 교외(郊外) 공원으로 에도 시대(1603~1867)에는 쇼군의
매 사냥터로 이용되기도 했다. 무성한 가지가 하늘을 가린 숲에는
2만 여 그루의 나무가 촘촘히 심겨 있으며, 봄의 벚꽃과 가을 단풍이
아름답기로 명성이 자자하다. 자칫 울창한 숲 속에서 길을 잃을 수 있으니
표지판을 잘 보고 다니자. 공원 한가운데에는 'Y'자 모양의 커다란 호수가
있는데, 휴일이면 보트를 타는 사람들로 북새통을 이룬다. 예전에는 이
호수의 물을 도쿄까지 끌어들여 상수원으로 이용했다. 수원지(水源池)를
뜻하는 '이노카시라 井の頭'란 이름도 그래서 붙여진 것. 이 일대에는
400여 그루의 벚나무가 자라고 있어 봄철 꽃놀이의 명소로도 인기가
높다. 주말에는 호숫가에서 조그만 벼룩시장이 열리기도 한다.

1 호수에서 느긋하게 뱃놀이를 즐기자. 2 울창한 숲과
녹지가 펼쳐진다.

井の頭自然文化園 이노카시라 자연문화원
★☆☆☆☆

발음 이노까시라시젠분까엔 **개관** 09:30~17:00 **휴관** 월요일, 12/29~1/1 **요금** 400엔, 중학생
150엔 **지도** MAP 17-C3 **교통** JR 츄오 선·소부 선의 키치죠지 吉祥寺 역(JC11·JB02) 하차,
공원 출구 公園口를 나와 오른쪽으로 도보 14분. **구글맵** 페이지 하단 QR 코드 스캔·클릭

1942년에 문을 연 소규모 동물원. 90여 종, 700여 마리의 포유류·조류를 사육하는
본원 本園과 100여 종 4,000여 마리의 어류·조류를 사육하는 분원 分園으로
나뉘어 있다. 동물원의 인기 코너는 앙증맞은 사막여우 사육장, 아이들이 직접
모르모트를 만져보고 놀 수 있는 모르모트 후레아이 코너 モルモットふれあいコー
ナー 등이다. 본원 안쪽에는 나가사키의 평화 기념상을 만든 유명 조각가 키타무라
세이보 北村西望(1884~1987)의 작품을 소장·전시하는 조각원 彫刻園도 있다.

구글맵

吉 祥寺商店街 키치죠지 상점가
★★★☆☆

발음 키찌죠-지쇼-뗀가이 영업 11:00~20:00(숍마다 다름)
휴무 연말연시(숍마다 다름) 지도 MAP 17-C5
교통 JR 츄오 선·소부 선의 키치죠지 吉祥寺 역(JC11·JB02)
하차. 나나이바시도리 방면으로 갈 때는 공원 출구 公園口, 쇼와도리
방면으로 갈 때는 북쪽 출구 北口로 나간다.
구글맵 페이지 하단 QR 코드 스캔·클릭

하라쥬쿠의 축소판이라 해도 과언이 아닌 개성 만점의
쇼핑가. 키치죠지 역을 중심으로 상권이 남북으로 나뉜다.
남쪽의 나나이바시도리 七井橋通り에는 하라쥬쿠의
타케시타도리와 비슷한 스타일의 구제 의류·생활잡화·
인테리어 소품 매장이 모여 있는데, 독특한 상품이 많아
윈도우 쇼핑의 재미가 쏠쏠하다. 북쪽의 쇼와도리 昭和通り
주변은 하라쥬쿠의 캣 스트리트를 연상시키는 곳으로
GAP·ZARA 등의 브랜드 숍과 스타일리시한 잡화점이
포진해 있어 살짝 고급스러운 쇼핑을 즐기기에 좋다.

1·2 개성만점의 패션·
인테리어 소품을 취급하는
나나이바시도리 상점가.

일본 전역을 달리던 증기기관차.

小 金井公園 코가네이 공원
★★☆☆☆

발음 코가네이꼬-엔 교통 JR 츄오 선의 무사시코가네이
武蔵小金井 역(JC15) 하차. 북쪽 출구 北口(2층)
오른쪽으로 이어진 육교를 건너면 바로 밑에 버스
정류장이 있다. 2·3번 정류장에서 출발하는 세이부 西武
버스를 타고 다섯 번째 정거장인 코가네이코엔니시구치
小金井公園西口에서 내린다 (5분, 180엔). 버스 진행
방향 뒤쪽의 횡단보도를 건너면 공원이다.
구글맵 페이지 하단 QR 코드 스캔·클릭

에도 시대부터 벚꽃의 명소로 이름을 날리던
곳이다. 총면적 77만㎡의 드넓은 공원에 다양한
체육시설과 함께 초록빛 잔디가 융단처럼 깔려
있어 도쿄 시민의 휴식처로 인기가 높다. 가장
아름다운 시기는 1,800그루의 벚나무가 서서히
꽃망울을 터뜨리는 3~4월이다. 입구에서 조금
떨어진 곳에는 1974년까지 운행되던 녹슨
증기기관차가 전시돼 있다. 공원 중앙에 위치한
잔디 광장인 이코이노히로바 いこいの広場에서는
제법 큰 규모의 벼룩시장도 열린다(매월 2회,
일요일 10:00~15:00).

八 モニカ横丁 하모니카요코쵸
★☆☆☆☆

발음 하모니카요꼬쯔- 영업 08:00~21:00(식당마다 다름) 휴무 부정기적(식당마다 다름)
지도 MAP 17-A2 교통 JR 츄오 선·소부 선의 키치죠지 吉祥寺 역(JC11·JB02) 하차. 북쪽
출구 北口를 나와 왼쪽으로 도보 1분. 구글맵 페이지 하단 QR 코드 스캔·클릭

남대문 시장의 먹자골목을 연상시키는 서민적인 분위기의 재래시장. 두 사람이
나란히 지나가기도 벅찬 좁은 골목을 따라 90여 개의 숍·식당·꼬치구이집·
주점이 줄줄이 늘어선 모습이 이채롭다. 원래 제2차 세계대전 직후 암시장이 서던
곳이었으며, 저렴한 식당과 주점이 많아 한 끼 때우거나 가볍게 한잔 걸치기에 좋다.

서민적인 식당과 주점이 모여 있다.

江戸東京たてもの園 에도 도쿄 건축 공원 ★★★★☆

발음 에도토-꾜-타떼모노엔 **개관** 09:30~17:30, 10~3월 09:30~16:30
휴관 월요일, 12/25~1/1 **요금** 400엔, 대학생 320엔, 중·고등학생 200엔,
초등학생 이하 무료 **홈피** www.tatemonoen.jp
교통 p.323의 코가네이 공원 가는 방법과 동일. 공원 안으로 들어가면 에도 도쿄
건축 공원의 표지판이 보인다(도보 5분). **구글맵** 페이지 하단 QR 코드 스캔·클릭

사라져 가는 도쿄의 역사를 보존하고자 설립된 야외 건축 박물관.
도쿄 시내에서 옮겨온 27채의 옛 건물이 3개 존으로 나뉘어 복원돼 있다.
서민의 생활상을 보여주는 동쪽 존 東ゾーン에는 상가·공중목욕탕·
주점 등 12채의 건물이 있다. 내부에는 당시의 생활민기가 전시돼 있어
20세기 초 도쿄의 주거환경을 짐작케 한다. 센터 존 センターゾーン에는
일본사 또는 역사적 인물과 연관이 깊은 건물, 서쪽 존 西ゾーン에는
에도 시대의 전통민가와 근대에 지어진 서구식 건물을 모아 놓았다.
특히 관심을 끄는 건물은 애니 〈센과 치히로의 행방불명〉의 실제 모델이
된 타카하시코레료 저택·토덴·타케이산쇼도·코타카라유·카기야 등이다.
지브리 스튜디오에서 멀지 않은 이 공원은 〈센과 치히로의 행방불명〉
제작 당시 미야자키 하야오 감독의 단골 산책 코스였는데, 그때 점찍어 둔
건물들이 실제 배경으로 활용됐다고 한다. 애니에 등장한 건물은 주로 동쪽
존에 모여 있다.

타카하시코레키요 저택 高橋是清邸은 치히로가 유바바의 목욕탕에서
일할 때 기거하던 방의 모델이 된 건물. 원래 19세기 말 유명 정치가의
저택이었으며, 일본풍과 서양 건축양식을 접목시킨 독특한 구조가
특징이다. 2층의 격자무늬 유리창과 다다미 방은 애니 속 모습 그대로다.
노란색의 토덴 都電은 치히로가 바다를 건너기 위해 가오나시와 함께
타고 간 전차다. 실제로 시부야에서 긴자의 신바시까지 운행되던
(1912~1967) 전차이며, 예전에는 이용객이 1일 136만 명에 달했다고
한다. 타케이산쇼도 武居三省堂는 길쭉한 다리로 온갖 약초를 다루던
가마지이의 방의 모델이 된 건물로 원래 칸다 神田(p.374)의 문방구였다.
붓·먹·벼루가 담긴 300여 개의 조그만 서랍이 한쪽 벽을 가득 메우고
있는데, 〈센과 치히로의 행방불명〉에서는 약초 수납장으로 나온다. 마루
밑에 있는 비밀의 방도 애니 속 모습 그대로! 카운터 왼쪽의 조그만
책상을 치우면 숨겨진 문과 함께 비밀의 방으로 내려가는 지하 계단이
나타난다.
코타카라유 子宝湯는 치히로가 일하는 목욕탕의 실제 모델이 된
공중목욕탕이다. 보통은 오른쪽이 남탕, 왼쪽이 여탕인데, 어찌된
영문인지 이곳만은 위치가 정반대다. 입구에는 요금을 받거나 목욕탕
내부를 살펴보던 반다이 番台가 있는데, 이 위에 앉은 이에게는 남탕과
여탕을 자유로이 들여다볼 수 있는 특권(?)이 주어졌다.
카기야 鍵屋는 치히로의 양친이 게걸스럽게 음식을 훔쳐 먹다 돼지로
변한 곳이다. 1970년대의 선술집 건물이라 카운터에는 꼬치구이
50~180엔, 맥주 140~190엔이란 가격표가 붙어 있다. 요새 물가와
비교해도 큰 차이가 없을 만큼 비싼데, 당시에는 선술집이 유일한 외식
장소였기에 술과 안주가 무척 비쌌다고 한다.

1 치히로가 일하는 목욕탕의 모델이 된 코타카라유.
2 선술집의 모습이 재현된 카기야. 3 가마지이의
방으로 등장한 타케이산쇼도. 4 도쿄 시내를 달리던
전차. 5 미야자키 감독이 디자인한 에도 도쿄 건축
공원의 마스코트.

 구글맵

원조 멘치카츠
元祖丸メンチカツ(300엔)

믹쿠스야키토리
ミックスやきとり(400엔)

Info Plus +

시로히게 슈크림 공방
白髭のシュークリーム工房

깜찍한 토토로 슈크림 빵으로 인기가 높은 지브리 오피셜 베이커리. 자세한 메뉴는 p.288 참조.

예산 600엔~ 영업 11:00~22:00
지도 MAP 17-C5
교통 JR 츄오 선 · 소부 선의 키치죠지 吉祥寺 역(JC11 · JB02) 공원 출구 公園口에서 도보 5분.
구글맵 하단 QR 코드 스캔 · 클릭

오자사 小ざさ

1951년 창업한 화과자 노포. 바삭한 찹쌀 과자 안에 달콤한 팥소를 넣은 모나카 最中가 맛있다.

예산 510엔~ 영업 10:00~19:30
휴무 화요일 지도 MAP 17-B2
교통 JR 츄오 선 · 소부 선의 키치죠지 吉祥寺 역(JC11 · JB02) 북쪽 출구 北口에서 도보 3분.
구글맵 하단 QR 코드 스캔 · 클릭

우메가오카스시 미도리
梅丘 寿司の美登利

도쿄에서 손꼽는 초밥 맛집. 고급진 초밥을 합리적 가격에 선보인다. 자세한 메뉴는 p.180 참조.

예산 2,640엔~ 영업 11:00~21:00
지도 MAP 17-C4
교통 JR 츄오 선 · 소부 선의 키치죠지 吉祥寺 역(JC11 · JB02) 도보 5분. 아트레 키치죠지 アトレ吉祥寺 쇼핑몰 지하 1층에 있다.
구글맵 하단 QR 코드 스캔 · 클릭

토호 베이커리
Toho Bakery

다양한 수상경력의 소금빵 · 카레빵 맛집. 현지인에게 인기가 높다.

예산 156엔~ 영업 07:00~18:00
휴무 일 · 공휴일, 매월 셋째 월요일
지도 MAP 17-A3
교통 JR 츄오 선 · 소부 선의 키치죠지 吉祥寺 역(JC11 · JB02) 북쪽 출구 北口에서 도보 30분. 지브리 미술관에서 가깝다.
구글맵 하단 QR 코드 스캔 · 클릭

키치죠지사토 강추
吉祥寺さとう

1948년에 문을 연 멘치카츠 · 크로켓 가게. 오픈과 동시에 긴 줄이 늘어서기 때문에 금방 눈에 띈다. 최고의 인기 메뉴는 우리나라의 한우에 해당하는 품종인 와규 和牛를 재료로 만든 원조 멘치카츠 간소마루멘치카츠 元祖丸メンチカツ(300엔, 5개 이상 구입시 1개 280엔)와 크로켓 코롯케 コロッケ(200엔)다. 계약 농가에서 들여온 소고기 가운데 가장 질이 좋은 부위만 골라서 사용하는 게 맛의 비결이라고. 원조 멘치카츠는 10:30부터 판매를 시작하는데, 폐점 시간에 즈음해서는 재고가 바닥나기 십상이니 서둘러 가는 게 좋다.

예산 200엔~ 영업 10:00~19:00
메뉴 일어 · 영어
주소 東京都 武蔵野市 吉祥寺 本町 1-1-8
전화 0422-22-3130 지도 MAP 17-B2
교통 JR 츄오 선 · 소부 선의 키치죠지 吉祥寺 역(JC11 · JB02) 하차, 북쪽 출구 北口를 나와 왼쪽으로 도보 3분
구글맵 페이지 하단 QR 코드 스캔 · 클릭

이세야
いせや

이노카시라 공원 입구에 있는 모던한 꼬치구이 전문점. 닭 연골 난코츠 軟骨, 닭고기 경단 츠쿠네 つくね, 닭고기 히나도리 ひなどり, 돼지 간 레바 レバー, 돼지 머릿살 카시라 カシラ, 돼지 위 가츠 ガツ, 돼지 혀 탄 タン, 돼지곱창 시로 シロ, 심장 하츠 ハツ, 파 네기야키 ネギ焼き(1개당 100엔) 등 12가지 메뉴의 꼬치구이를 맛볼 수 있다. 가볍게 맛만 보려면 랜덤으로 네 개의 꼬치구이를 내오는 믹쿠스야키토리 ミックスやきとり(400엔)를 주문하자. 주문시 간의 종류(소스 타레 たれ, 소금 시오 しお)를 선택할 수 있다.

예산 100엔~ 영업 12:00~22:00
휴무 월요일, 12/31~1/3 메뉴 일어
주소 東京都 武蔵野市 吉祥寺 南町 1 15-8
전화 0422-43-2806 지도 MAP 17-A4
교통 JR 츄오 선 · 소부 선의 키치죠지 吉祥寺 역(JC11 · JB02) 하차, 공원 출구 公園口를 나와 정면으로 도보 5분.
구글맵 페이지 하단 QR 코드 스캔 · 클릭

오타쿠의 성지 나카노

나카노 中野는 아키하바라(p.366), 이케부쿠로(p.386)와 더불어 오타쿠의 3대 성지로 통하는 곳이다. 주변에 애니메이션 제작사가 많았던 것은 물론, 이 일대에 오타쿠 문화에 익숙한 작가 · 아티스트 · 연예인이 모여 살다보니 자연스레 지금의 모습을 갖추게 된 것. 일명 '미니 아키하바라'란 애칭으로 통하는 나카노 브로드웨이 쇼핑몰에는 크고 작은 만화 · 애니 · 프라모델 전문점이 모여 있어 일본 특유의 오타쿠 문화를 체험하기에도 부족함이 없다.

교통 JR 츄오 선 中央線(급행) · 소부 선 総武線(완행)의 나카노 中野 역(JC06 · JB07) 하차. 북쪽 출구 北口로 나가면 나카노 브로드웨이로 이어지는 나카노산모루 中野サンモール 쇼핑가가 보인다. 또는 지하철 토자이 선 東西線의 나카노 中野 역(T01) 하차. 나란히 연결된 JR 나카노 역의 북쪽 출구 北口로 나간다.

中野サンモール商店街 ★☆☆☆☆
나카노산모루 상점가

발음 나까노산모~루쇼~뗀가이 시간 07:00~21:00(숍마다 다름) 휴무 연말연시(숍마다 다름) 교통 JR 츄오 선 · 소부 선의 나카노 中野 역(JC06 · JB07) 하차. 북쪽 출구 北口에서 도보 1분. 구글맵 페이지 하단 QR 코드 스캔 · 클릭

JR 나카노 역에서 나카노 브로드웨이 쇼핑몰까지 이어지는 서민적인 상점가. 천장이 모두 지붕으로 덮인 아케이드식 상점가라 날씨에 상관없이 쇼핑을 즐길 수 있다. 드러그 스토어 · 잡화점 등이 모여 있어 생필품을 저렴하게 장만할 수 있으며, 가볍게 식사를 해결하기에 좋은 저렴한 식당과 패스트푸드점도 많다.

中野ブロードウェイ 나카노 브로드웨이 ★★★☆☆

발음 나까노부로~도우에~ 시간 10:00~20:00(숍마다 다름) 휴무 연말연시(숍마다 다름) 홈피 www.nakano-broadway.com 교통 JR 츄오 선 · 소부 선의 나카노 中野 역(JC06 · JB07) 하차. 북쪽 출구 北口를 나와 정면으로 도보 5분. 구글맵 페이지 하단 QR 코드 스캔 · 클릭

나카노 오타쿠 문화의 중심지라 해도 과언이 아니다. 원래는 일반 쇼핑가였으나 1980년대 말 만화 전문 헌책방 만다라케 まんだらけ(오른쪽 페이지 참조)가 들어서며 오타쿠 쇼핑몰(?)로 대변신했다. 4개 층으로 이루어진 건물에는 120여 개의 만화 · 애니 · 토이 · 게임 관련 숍이 밀집해 있다. 사방에 숍이 흩어져 있는 아키하바라 · 이케부쿠로와 달리 한정된 공간에 여러 숍이 모여 있어 발품 팔지 않고도 원하는 물건을 찾을 수 있는 게 매력이다. 단, 신품보다 중고와 빈티지한 아이템 위주란 사실은 알아두는 게 좋을 듯!

1 빈티지한 스타일의 페코짱 시계.
2 인기 아이템을 두루 갖췄다.

Best course

나카노산모루 상점가와 나카노 브로드웨이가 볼거리의 전부라 딱히 코스 짜기로 고민할 필요는 없다. 가볍게 둘러보기만 한다면 두어 시간으로 충분하니 키치죠지 또는 신주쿠와 묶어서 봐도 좋다. 단, 쇼핑을 목적으로 한다면 물건을 고르는 데 은근히 시간이 걸리니 여유를 넉넉히 두고 가야 한다. 의외로 폐점 시각이 이른 숍도 있으니 홈페이지에서 미리 영업시간을 확인하는 것도 잊지 말자.

구글맵

Tonari no Zingaro
토나리노 징가로

합리적인 가격의 상품이 풍부하다.

영업 토·일요일 12:00~17:00
주소 東京都 中野区 中野 5-52-15 中野ブロードウェイ 4/F
전화 03-5318-4150 **홈피** https://zingarokk.com
교통 왼쪽 페이지의 나카노 브로드웨이 참조. 나카노 브로드웨이 쇼핑몰 4층에 있다. **구글맵** 페이지 하단 QR 코드 스캔·클릭

팝 아티스트 무라카미 타카시의 오리지널 굿즈 매장. 자타가 공인하는 애니·서브컬처 팬이라 나카노 브로드웨이에 매장을 냈다고. 카이카이키키 굿즈를 비롯해 한정판 아이템도 취급한다. 영업시간 변동이 잦으니 홈페이지 확인은 필수! 2층에는 카이카이키키 쿠키와 음료를 파는 카페 토나리노 카이카도 Tonari no Kaikado도 있다(11:00~18:00, 부정기 휴업).

ら しんばん 라신반

영업 11:00~20:00
주소 東京都 中野区 中野 5-52-15, 中野ブロードウェイ 2/F
전화 0570-008-620 **홈피** www.lashinbang.com
교통 왼쪽 페이지의 나카노 브로드웨이 참조. 나카노 브로드웨이 쇼핑몰 2층에 있다.
구글맵 페이지 하단 QR 코드 스캔·클릭

중고 굿즈·피규어 전문점. 특촬물·미소녀 피규어·프라모델을 취급하는 피규어·호비 매장 フィギュア·ホビー館, DVD·CD 전문의 오디오 비주얼 매장 オーディオビジュアル館, 초특가 굿즈·피규어를 판매하는 아웃렛 매장 アウトレット으로 나뉘어 있다.

ま んだらけ 만다라케

영업 12:00~20:00 **주소** 東京都 中野区 中野 5-52-15, 中野ブロードウェイ 1~4/F
전화 03-3228-0007 **홈피** www.mandarake.co.jp
교통 왼쪽 페이지의 나카노 브로드웨이 참조. 나카노 브로드웨이 쇼핑몰 1~4층에 있다.
구글맵 페이지 하단 QR 코드 스캔·클릭

자타가 공인하는 일본 최고의 만화 전문 헌책방. 엄청난 규모와 방대한 상품에 두 눈이 휘둥그레질 정도인데 마니아에게는 그야말로 천국이나 다름없다. 만화광 사장이 만화책 수집을 목적으로 만든 조그만 헌책방에서 시작해 일본 전역에 20여 개의 지점을 거느린 대기업(?)으로 성장했으니 가히 '열혈 만화광의 불타는 집념의 산물'이라 해도 좋을 듯. 만화책은 물론 캐릭터 상품·셀화·코스프레 의상·DVD 등 만화 관련 상품은 무엇이든 취급하는데, 현재 비치된 상품의 숫자만 100만 점에 이른다. 나카노 브로드웨이 쇼핑몰 1~4층에 32개의 매장을 거느리고 있으며, 각 매장마다 취급하는 상품이 다르다. 일반 만화 및 스테디셀러·BL계 만화는 본점 本店(3층), 청소년 및 성인 만화·라이트노블·애니 잡지 과월호는 본점 2관 本店-2(3층), 빈티지·프라모델·특촬물 장난감은 스페셜관 スペシャル館(2층), DVD는 UFO관(2층), 남성 동인지는 딥관 Deep館(2층), 피규어·인형은 스페셜 2관 スペシャル-2(3층), 코스프레 의상은 코스프레관 コスプレ館(2층)에서 취급한다. 매장이 띄엄띄엄 떨어져 있으니 각 매장의 입구에서 전체 안내도(영어·일어)를 챙겨두면 편리하다. 만화책·동인지를 살 때는 일본 원제목·출판사·작가명만 알아도 쉽게 찾을 수 있다.

1 1960년대 스타일의 아톰.
2 벽면을 가득 메운 만화책. 3 사람 크기의 철인 28호 모형.

UENO

우에노 上野

볼거리 ★★★★☆
먹거리 ★★☆☆☆
쇼　핑 ★★☆☆☆
유　흥 ★☆☆☆☆

도쿄를 서울로 친다면 우에노는 청량리나 영등포쯤에 해당한다. 지방에서 상경한 열차가 쉴 새 없이 사람들을 토해내는 모습, 어수선한 역전 분위기, 서민적인 냄새가 진하게 밴 왁자지껄한 시장 풍경 등은 두 지역이 서로 쌍둥이가 아닌가 의심할 만큼 흡사하다. 세련된 스타일로 한껏 멋을 부린 다운타운과는 180도 다른 색깔의 우에노에서 소박한 현지인의 삶을 체험해보자.

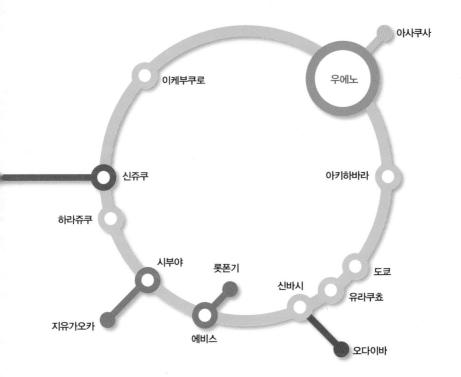

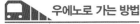

우에노로 가는 방법

JR **야마노테 선 山手線·케이힌토호쿠 선 京浜東北線의 우에노 上野 역(JY05·JK30) 하차**
출구가 많아 방향을 가늠하기 힘드니 주의! 우에노 공원은 공원 출구 公園口,
아메요코 시장은 히로코지 출구 広小路口에서 가깝다.

지하철 **긴자 선 銀座線·히비야 선 日比谷線의 우에노 上野 역(G16·H18) 하차**
지하 구조가 복잡하고 출구가 많다. 우에노 공원으로 갈 때는 8번 출구,
아메요코 시장으로 갈 때는 5b번 출구를 이용한다.

ueno
quick guide

S How to See
도쿄 3대 박물관에 주목

한적한 공원과 서민적인 냄새가 폴폴 풍기는 재래시장, 그리고 도쿄를 대표하는 3대 박물관이 핵심 볼거리다. 그리 넓은 지역이 아니라 부담없이 돌아볼 수 있는데, 오전에는 우에노 공원과 도쿄 국립박물관·도쿄 과학박물관·국립 서양미술관 등을 돌아보고, 오후에 아메요코로 가서 시장 구경을 한다. 주말에는 공원 주변에서 다양한 이벤트가 열린다는 사실도 알아두자.

| 박물관·전시관 ★★★
| 건축물·공원 ★★☆
| 유적·사적지 ★★☆

B What to Buy
운동화 쇼핑의 천국

서민가란 특성상 세련된 패션 아이템을 찾아보기는 힘들다. 주목할 상품은 아메요코 시장에서 파는 생필품·잡화·신발이다. 특히 운동화가 풍부하고 가격도 저렴해 쇼핑의 즐거움을 만끽할 수 있다. 시장 곳곳에서 대형 드러그 스토어를 손쉽게 볼 수 있는데, 동일한 체인점이라도 이곳의 가격이 훨씬 저렴하다. 또한 유명 브랜드의 화장품을 할인 판매하는 전문점도 있다.

| 패션·인테리어 ☆☆☆
| 화장품·잡화 ★★☆
| 운동화 ★★★

E Where to Eat
먹거리가 풍부한 아메요코 시장

식당은 아메요코 시장 주변에 모여 있다. 시장을 따라 걷다보면 가벼운 군것질거리를 파는 노점은 물론, 오랜 역사를 자랑하는 소바·라면집 등 다양한 먹거리가 눈에 띈다. 해질녘이면 고가철로 밑에 위치한 주점들이 일제히 불을 밝히고 영업을 시작하는데, 값이 저렴해 부담없이 술 한잔 걸치기에 좋다. 우에노 공원·시노바즈 연못 주변엔 식당이 별로 없으니 주의하자.

| 일식·라면 ★★☆
| 양식·기타 ☆☆☆
| 카페·디저트 ★☆☆

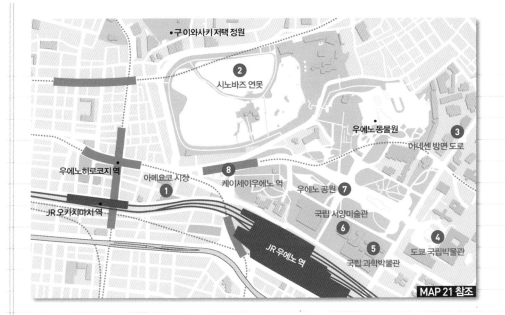

1 아메요코 시장 p.343

활기찬 기운이 넘치는 재래시장. 식료품·생필품·운동화 쇼핑의 명소로 유명하다. 골목골목 저렴한 식당·주점이 모여 있어 가볍게 식사나 술을 즐기기에도 좋다.
볼거리 ★★☆ 먹거리 ★★☆ 쇼핑 ★★☆

2 시노바즈 연못 p.340

산책·조깅 코스로 인기가 높은 연못. 연못 위를 떠다니는 보트와 한가로이 헤엄치는 철새들의 모습이 평화롭기 그지없다. 여름에는 신나는 축제의 현장으로 변신한다.
볼거리 ★☆☆ 먹거리 ☆☆☆ 쇼핑 ☆☆☆

3 야네센 방면 도로

고즈넉한 서민가인 야네센과 이어지는 도로. 한 세기 전에 지어진 건물과 고풍스러운 민가를 구경하며 산책을 즐기는 묘미가 남다르다. 자세한 정보는 p.346 참조.
볼거리 ★★☆ 먹거리 ★☆☆ 쇼핑 ★☆☆

4 도쿄 국립박물관 p.338

수많은 일본의 국보가 소장된 박물관. 일본의 역사를 소개하는 자료·유물은 물론, 해외에서 수집된 유물도 다수 소장하고 있다. 다양한 테마의 기획전이 수시로 열린다.
볼거리 ★★☆ 먹거리 ☆☆☆ 쇼핑 ☆☆☆

5 국립 과학박물관 p.338

일본 최대의 자연사 박물관. 지구의 장구한 역사를 보여주는 엄청난 양의 화석·자료가 보는 이를 압도한다. 흔히 보기 힘든 공룡 화석도 다수 소장하고 있다.
볼거리 ★★☆ 먹거리 ☆☆☆ 쇼핑 ☆☆☆

6 국립 서양미술관 p.337

유럽에서 수집한 서양화·조각을 전시하는 대형 미술관. 우리에게도 친숙한 작품이 많다. 야외 전시장에 있는 로댕의 〈생각하는 사람〉·〈칼레의 시민〉은 무료로 볼 수 있다.
볼거리 ★★★ 먹거리 ☆☆☆ 쇼핑 ☆☆☆

7 우에노 공원 p.334

도쿄 시민의 안락한 휴식처. 봄 벚꽃놀이의 명소로도 인기가 높다. 공원 곳곳에 유명인의 동상과 조형물이 놓여 있어 느긋하게 산책하는 기분으로 돌아보는 것도 재미있다.
볼거리 ★★★ 먹거리 ☆☆☆ 쇼핑 ☆☆☆

8 케이세이우에노 역 p.124

나리타 국제공항과 도쿄 시내를 연결하는 케이세이 전철의 출발역. 공항을 오갈 때 한번쯤 이용하게 되는 역이니 위치를 잘 기억해두자.
볼거리 ☆☆☆ 먹거리 ☆☆☆ 쇼핑 ☆☆☆

best course

고즈넉한 공원과 활기찬 재래시장의 풍경을 두루 살펴보는 코스. 아메요코 시장은 본격적으로 활기가 돌기 시작하는 점심 이후에 가야 본 모습을 볼 수 있다. 따라서 오전에 우에노 공원과 국립 서양미술관·국립 과학박물관을 보고, 시노바즈 연못에서 가볍게 산책을 즐긴 뒤 오후에 아메요코 시장으로 넘어간다. 앞의 두 박물관에 관심이 없다면 도쿄 국립박물관으로 대신해도 된다. 주의할 점은 박물관의 관람 소요시간이다. 한 박물관당 적어도 두세 시간은 필요하기 때문에 경우에 따라 관람 시간에 맞춰 일정을 조절해야 한다.

출발점 JR 우에노 역 히로코지 출구 広小路口
예상 소요시간 7시간~

▼JR 우에노 역 히로코지 출구를 나오면 이렇게 보여요.

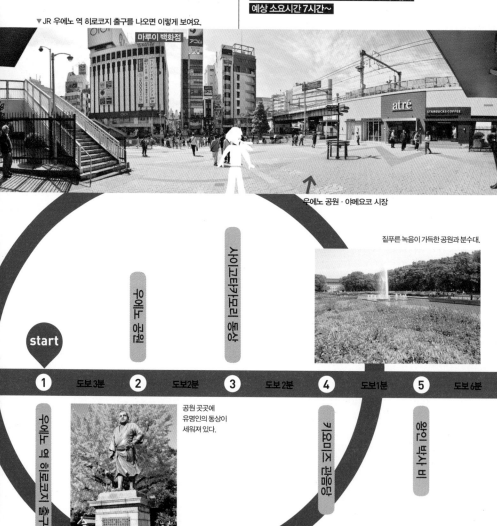

마루이 백화점

우에노 공원·야메요코 시장

질푸른 녹음이 가득한 공원과 분수대.

우에노 공원

시노바즈노이케 연못

start

1 ─ 도보 3분 ─ 2 ─ 도보2분 ─ 3 ─ 도보 2분 ─ 4 ─ 도보1분 ─ 5 ─ 도보 6분

공원 곳곳에 유명인의 동상이 세워져 있다.

우에노 역 히로코지 출구

키요미즈 관음당

야나카 묘지

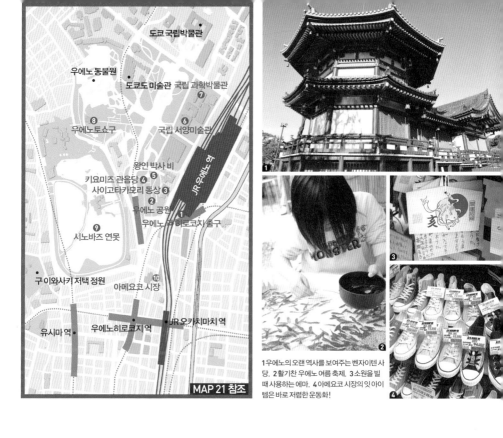

도쿄 국립박물관

우에노 동물원

도쿄도 미술관 국립 과학박물관 ⑦

우에노토쇼구 ⑧ 국립 서양미술관 ⑥

왕인 박사 비

키요미즈 관음당 ④ ⑤
사이고타카모리 동상 ③ ②
우에노 공원 ①
우에노 히로코지 출구

시노바즈 연못 ⑨

구 이와사키 저택 정원
아메요코 시장 ⑩

유시마 역 우에노히로코지 역 JR 오카치마치 역

JR 우에노 역

MAP 21 참조

1 우에노의 오랜 역사를 보여주는 벤자이텐 사당. 2 활기찬 우에노 여름 축제. 3 소원을 빌 때 사용하는 에마. 4 아메요코 시장의 잇아이템은 바로 저렴한 운동화!

느긋하게 휴식을 즐기기에 좋은 시노바즈 연못.

국립 서양미술관

국립 과학박물관

시노바즈 연못

아메요코 시장

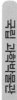

⑥ 도보 3분 ⑦ 도보 8분 ⑧ 도보 6분 ⑨ 도보 3분 ⑩

국립 서양미술관에 전시된 로댕의 대표작 〈칼레의 시민〉.

우에노토쇼구

도쿄 최대의 재래시장, 아메요코.

SIGHTSEEING

핵심 명소는 차분한 분위기의 우에노 공원과 힘찬 활력이 느껴지는 아메요코 시장이다. 또한 전시물이 충실한 국립 서양 미술관 · 국립 과학박물관 · 도쿄 국립박물관 등의 도쿄 3대 박물관도 놓치기 힘든 명소임을 기억하자.

Best Spot in Ueno

★★★★★ 아메요코 시장
★★★★☆ 국립 과학박물관
　　　　 도쿄 국립박물관
　　　　 국립 서양미술관, 우에노 공원
★★★☆☆ 구 이와사키 저택 정원
　　　　 시노바즈 연못, 우에노 동물원
　　　　 우에노토쇼구
★★☆☆☆ 국제 어린이 도서관
　　　　 도쿄 대학, 시타마치 풍속 자료관
　　　　 유시마텐만구
★☆☆☆☆ 구 도쿄 음악 학교 소라쿠도
　　　　 노구치 히데요 동상
　　　　 사이고 타카모리 동상
　　　　 왕인 박사비, 우에노 대불
　　　　 저명인사의 손도장
　　　　 키요미즈 관음당

上野公園 우에노 공원 ★★★★☆

발음 우에노꼬-엔 **지도** MAP 18-C2
교통 JR 야마노테 선 · 케이힌토호쿠 선의 우에노 上野 역(JY05 · JK30) 하차. 공원 출구 公園口를 나와 정면으로 도보 2분. 또는 히로코지 출구 広小路口를 나와 오른쪽으로 도보 3분. **구글맵** 페이지 하단 QR 코드 스캔 · 클릭

울창한 숲과 초록빛 잔디에 둘러싸인 한적한 공원. 느긋하게 산책을 즐길 수 있는 명소라 1년 내내 사람들의 발길이 끊이지 않는다. 특히 일본인에게 명절 이상의 의미가 있는 하나미 花見(봄에 벚꽃이 필 때 나오는 꽃구경) 시즌이면 밤낮으로 인산인해를 이룰 정도인데, 서로 좋은 자리를 차지하고자 돗자리를 깔고 앉아 며칠씩 밤을 새우는 모습이 이채롭다. 주말 · 공휴일이면 공원 곳곳에서 펼쳐지는 거리 공연을 감상하며 즐거운 한때를 보낼 수 있다. 곳곳에 사적지와 유명인의 동상이 숨겨져(?) 있으니 보물찾기 하는 기분으로 돌아보자.

1 울창한 숲에 둘러싸인 공원.
2 공원에 들어서면 비둘기 떼의 공격(?)이 시작된다.

名人の手形 저명인사의 손도장 ★☆☆☆☆

발음 쵸메-진노테가따 **지도** MAP 18-C3 **구글맵** 페이지 하단 QR 코드 스캔 · 클릭
교통 JR 야마노테 선 · 케이힌토호쿠 선의 우에노 上野 역(JY05 · JK30) 하차. 히로코지 출구 広小路口를 나와 오른쪽으로 도보 5분.

영화 감독 쿠로자와 아키라 黒沢明, 홈런 왕 왕정치 王貞治, 가수 미소라 히바리 美空ひばり 등 인기 스타 15명의 손도장과 초상을 동판에 새겨 놓았다. 재일교포 출신으로 알려진 미소라 히바리는 1949년 데뷔해 엔카 가수이자 배우로 명성을 떨쳤으며, 1989년 그 공로를 인정받아 여성 최초로 국민영예상을 수상했다.

1 유명인의 손도장이 새겨진 명판.
2 영화 감독 쿠로자와 아키라의 명판.

 구글맵

清 水観音堂 키요미즈 관음당 ★☆☆☆☆

[발음] 키요미즈칸논도– **[개관]** 일출~일몰 **[요금]** 무료 **[지도]** MAP 18–C3
[교통] JR 야마노테 선·케이힌토호쿠 선의 우에노 上野 역
(JY05·JK30) 하차, 히로코지 출구 広小路口를 나와 오른쪽으로
도보 6분. **[구글맵]** 페이지 하단 QR 코드 스캔·클릭

우에노 공원의 한편을 지키고 있는 고찰(古刹). 1631년
교토의 키요미즈데라 清水寺를 모방해서 지었으며,
본존 역시 키요미즈데라에서 가져온 천수관음보살이다.
관음보살은 아이들의 수호신 역할도 하기 때문에 경내에는
아이들이 건강하게 자라기를 기원하는 인형 공양비가 있다.
창건 당시에는 상당한 규모를 자랑했으나 보신 전쟁
戊辰戦争(1868년)으로 가람이 전소돼 지금의 건물만
남았다. 내부에는 전쟁 당시의 모습을 담은 대형 걸개그림이
걸려 있다. 불당 안에는 16나한의 하나인 빈즈루 존자 び
んずる尊者의 목상(木像)이 있다. 이 목상을 만지며 병이
낫기를 기원하는 풍습이 있는데, 유독 머리 부분만 코가
뭉뚝해질 만큼 반들반들 닳아 있는 모습이 이채롭다.

1·2 오랜 세월 우에노 공원의 변천사를 지켜봤은 키요미즈 관음당.

한반도 침략을 주창했던
사이고 타카모리.

西 郷隆盛像 사이고 타카모리 동상 ★☆☆☆☆

[발음] 사이고타카모리조– **[지도]** MAP 18–C3
[교통] JR 야마노테 선·케이힌토호쿠 선의 우에노 上野 역
(JY05·JK30) 하차, 히로코지 출구 広小路口를 나와
오른쪽으로 도보 5분.
[구글맵] 페이지 하단 QR 코드 스캔·클릭

일본 전통 의상을 입고 왼손에는 칼을 찬 대두(?)
아저씨의 동상. 이 동상의 주인은 사이고 타카모리
(1827~1877), 일본 근대화의 초석이 된 메이지
유신의 핵심 인물로 바쿠후 시대를 종결시키고
일왕복고와 개화에 지대한 공을 세운 일본의 국민적
영웅이다. 하지만 그가 주창한 정한론(征韓論;일본
근대화를 위해 조선 침략이 필수라는 주장)으로 인해
굴욕의 36년 역사가 시작됐음을 잊어서는 안 될 듯!

우에노 공원의 유래

공원의 역사는 칸에이지의 창건(1625년)에서 비롯됐다.
액운을 믹고지 에도 성의 귀문(鬼門;귀신이 드나는 방향)
에 절을 세웠는데 그게 바로 칸에이지였던 것. 바쿠후 幕
府의 비호 아래 성장을 거듭한 칸에이지는 현재 공원 면적
의 두 배가 넘는 광활한 부지를 차지한 채 종교적 성지로 명
성을 떨쳤다.
그리고 시간은 흘러 1868년, 지금의 공원터인 우에노 언덕
에서 기존 정권을 지지하는 바쿠후군과 일왕복고·근대화
를 주창하는 신정부군 사이에 일대 격전이 벌어졌다. 신정
부군의 사령관 사이고 타카모리는 바쿠후군과의 협상으로
에도 성을 무혈점령하는 데 성공했지만, 바쿠후군이 칸에
이지에 모여 모반을 꾀하자 전쟁을 선포했다(보신 전쟁). 치
열한 내전의 결과는 영국과 미국의 신식무기로 무장한 신

정부군의 우세승. 이로써 바
쿠후 시대가 막을 내리고 신
성부의 주도로 메이지 유신이
단행됐다.
전쟁에서 패한 바쿠후군은 시
신 수습조차 금지될 만큼 참
혹하게 버려졌는데, 사이고 타
카모리 동상 뒤에 세워진 쇼
기타이 彰義隊의 공양비가
바로 그들의 무덤이다. 전쟁통

소기타이의 공양비

에 칸에이지는 전소되고 이 일대는 쑥대밭으로 변했다. 그
리고 이를 계기로 정부 주도의 녹화사업이 진행돼 지금의
우에노 공원이 탄생했다.

博 ★☆☆☆☆
士王仁碑 왕인 박사 비

발음 하까세와니히 **지도** MAP 18-C3
교통 JR 야마노테 선 · 케이힌토호쿠 선의 우에노 上野 역
(JY05 · JK30) 하차, 히로코지 출구 広小路口를 나와
오른쪽으로 도보 6분.
구글맵 페이지 하단 QR 코드 스캔 · 클릭

1,600년 전 일본에 한자를 전파한 왕인 박사의 업적을
기리는 비. 왕인 박사는 백제 근수구왕 때 활약한
한학자다. 당시 일왕이 백제에 사신을 보내 학덕 높은
학자를 보내줄 것을 간청하자 왕인이 발탁돼 논어와
천자문을 가지고 일본으로 건너와 일왕의 스승이 됐다고
전해진다.

한민족의 얼이 서린
왕인 박사 비.

上 ★☆☆☆☆
野大仏 우에노 대불

발음 우에노다이부쯔 **개관** 10:00~16:00 **지도** MAP 18-B2
교통 JR 야마노테 선 · 케이힌토호쿠 선의 우에노 上野 역
(JY05 · JK30) 하차, 공원 출구 公園口를 나와 정면의
횡단보도를 건넌 뒤 오른쪽으로 도보 5분.
구글맵 페이지 하단 QR 코드 스캔 · 클릭

부처의 얼굴 부분만 벽에 붙어 있는 희한한 모습의 불상.
1631년 키요미즈 관음당 창건 당시 만들어진 청동
대불인데, 300년간 발생한 네 차례의 큰 지진과 화재로
불상이 대파됐음에도 불구하고 머리 부분만은 온전히
남아 행운의 상징으로 여겨지고 있다. 언제부턴가
재수생들이 이곳에 오면 더 이상 떨어지지 않는
'시험운'을 받을 수 있다는 소문이 퍼져 일명 합격대불
合格大仏로 큰 인기를 누리고 있다.

대불 옆에는
약사여래를 모시는
조그만 불탑이 있다.

上 ★★★☆☆
野動物園 우에노 동물원

발음 우에노도-부쯔엔 **개관** 09:30~17:00 **휴관** 월요일, 12/29~1/1
요금 600엔, 중학생 200엔, 초등학생 이하 무료,
무료 관람일 3/20, 5/4, 10/1 **지도** MAP 18-B1
교통 JR 야마노테 선 · 케이힌토호쿠 선의 우에노 上野 역
(JY05 · JK30) 하차, 공원 출구 公園口를 나와 정면의 횡단보도를
건넌 뒤 오른쪽으로 도보 5분. **구글맵** 페이지 하단 QR 코드 스캔 · 클릭

1882년 개장한 일본 최대이자 최고(最古)의 동물원.
사육 동물의 수는 422종, 1만여 마리에 이른다. 14만㎡에
달하는 드넓은 동물원은 크게 동원(東園)과 서원(西園)으로
나뉘며 구역마다 사육하는 동물이 다르다. 최고의 스타는
판다 신신 真真(암)과 리리 力力(수), 새끼 샤오샤오
暁暁와 레이레이 蕾蕾다. 또 하나 흥미로운 볼거리는 동원과
서원을 연결하는 모노레일이다. 운행 거리는 고작 330m
에 불과하지만 엄연히 철도법에 따라 운행하는 합법적인
철도란 사실에 주목! 한마디로 일본에서 운행하는 가장
짧은 철도인데, 1957년에 개통된 일본 최초, 세계 두 번째의
모노레일이란 이색 기록도 보유하고 있다.

1 주말 데이트 코스로 인기가 높은 우에노 동물원.
2 우에노의 마스코트 판다.

 🌐 구글맵

国 ★★★★☆
立西洋美術館 국립 서양미술관

[명칭] 코꾸리쯔세-요-비쥬쯔깐 **[개관]** 09:30~17:30, 금 · 토요일 09:30~20:00
[휴관] 월요일, 12/28~1/1 **[요금]** 500엔, 대학생 250엔, 고등학생 이하 무료,
무료 관람일 5/18, 11/3 **[홈피]** www.nmwa.go.jp
[지도] MAP 18-C2 **[구글맵]** 페이지 하단 QR 코드 스캔 · 클릭
[교통] JR 야마노테 선 · 케이힌토호쿠 선의 우에노 上野 역(JY05 · JK30) 하차, 공원
출구 公園口를 나와 정면의 횡단보도를 건넌 뒤 오른쪽으로 도보 2분.

1959년 탄생한 '일본 속의 작은 유럽'. 미술 애호가로 유명한 마츠가타
유키지로 松方幸次郎(1865~1950)가 1916년부터 7년 동안 유럽을
떠돌며 수집한 수천 점의 미술품이 주요 전시품이다. 근대 건축의 거장
르코르뷔지에가 설계한 본관의 소장품은 18세기 이전 종교화 중심의 유럽
회화다. 조각 · 소묘 · 판화 컬렉션으로 세분화된 신관에는 15~20세기의
작품이 전시돼 있다. 모네의 〈수련〉을 비롯한 마네 · 르누아르 · 피카소 등
'미술 교과서에 나오는 작가'의 작품을 감상하려면 꼭 가자.
신관 건물은 르코르뷔지에의 제자이자 1950년대부터 일본 건축계를
이끌어온 건축가 마에가와 쿠니오 前川国男가 설계했다. 미술관
맞은편에는 그의 대표작으로 꼽히는 도쿄 문화회관 東京文化会館
(1961년)도 있다.
이 미술관은 로댕의 조각만 58점에 이를 만큼 로댕의 작품이 많은 게
특징이다. 무료 개방된 야외 정원에서 그의 3대 조각 작품인
〈지옥의 문〉 · 〈칼레의 시민〉 · 〈생각하는 사람〉을 찾아보자.
〈칼레의 시민〉은 유럽에서 벌어진 백년전쟁(1347년)의 에피소드를
담고 있다. 프랑스의 칼레를 힘겹게 함락시킨 영국 국왕 에드워드 3세는
'이 도시에서 가장 명망 높은 6명이 스스로 교수대에 오르면 전 시민의
목숨을 보장한다'고 선포했다. 이에 시장 · 부자 · 법률가 등
6명이 자진해 목에 밧줄을 감고 교수대를 향했다. 다행히 왕비의 간청으로
그들은 무사히 풀려나는데, 이런 내용을 통해 '노블리스 오블리주'의
진정한 의미를 되새겨보게 한다. 로댕은 영웅적인 위대함보다는
사실주의에 입각해 죽음의 공포에 떠는 인간 내면의 모습을 작품에
투영시켰다. 그러나 초라한 주인공들의 모습 때문에 제작을 의뢰한 칼레
시(市)의 노여움을 사 오랫동안 작품의 가치를
인정받지 못했다고 한다.
로댕의 대표작 〈지옥의 문〉은 자신의 애독서인
단테의 〈신곡〉을 조각으로 표현한 것이다. 끝없이
불타오르는 지옥에서 고통 받는 사람들의 처절한
모습이 섬세히 묘사돼 있다. 원래 석고상만 제작된
이 작품은 로댕 사후 청동으로 만들어졌다.
〈생각하는 사람〉은 지옥의 문에 걸터앉아 심각한
표정으로 지옥을 내려다보는 모습이 너무나
유명하다. 아이러니하게도 원래 작품명은 〈시인〉
이었다고 한다. 털끝까지 바짝 설 만큼 온몸의 근육을
긴장시킨 채 고뇌하는 모습이 공포에 떠는 인간의 심리를
절묘하게 드러낸다.

1 르코르뷔지에가 설계한 국립 서양미술관.
2 인간의 내면을 묘사한 〈칼레의 시민〉.
3 섬세한 근육 묘사가 감탄을 자아내게 한다.
4 장엄한 분위기를 풍기는 〈지옥의 문〉.
5 우리에게도 익숙한 〈생각하는 사람〉.

国 立科学博物館 국립 과학박물관 ★★★★☆

발음 코꾸리쯔카가꾸하꾸부쯔깐 **개관** 09:00~17:00
휴관 월요일, 12/28~1/1 **요금** 630엔, 고등학생 이하 무료
홈페이지 www.kahaku.go.jp **지도** MAP 18-D2
교통 JR 야마노테 선·케이힌토호쿠 선의 우에노 上野 역(JY05·JK30)
하차, 공원 출구 公園口를 나와 정면의 횡단보도를 건넌 뒤 오른쪽으로
도보 7분. **구글맵** 페이지 하단 QR 코드 스캔·클릭

1 지구의 역사가 오롯이 담긴 국립 과학박물관.
관람료 서너 시간은 걸리니 여유를 갖고 가자.
2 압도적 크기의 티라노사우루스 화석.

수만 점에 달하는 자료와 화석으로 가득한 자연사 박물관이다.
지구의 역사와 인류를 소개하는 지구관 地球館, 그리고 일본의
자연을 다루는 일본관 日本館의 두 개 건물로 나뉘어 있다.
볼거리가 가장 풍부한 곳은 여섯 개 층으로 구성된 지구관이다.
자연계의 법칙을 소개하는 지하 3층부터 한 층씩 올라가며
생물의 진화, 공룡의 탄생과 멸종, 지구상의 생물, 과학기술의
발전 과정을 보노라면 지구의 장대한 역사가 일목요연하게
정리된다. 절대 놓치지 말아야 할 곳은 지하 1·2층 전시장이다.
지하 2층에는 거대한 매머드와 집채만한 양서류 화석을 비롯해
일본에서 제일
큰 지름 1m짜리 암모나이트 화석 등 수천 점의 화석이 가득하며,
지하 1층에는 초대형 티라노사우루스 화석을 필두로 완벽한
골격을 갖춘 14개의 공룡 화석이 전시돼 있다. 무료로 개방된
야외 전시장에는 일본 최초로 인공위성을 쏘아 올린 로켓
발사대와 길이 30m의 고래 모형, 1939년 제작된 증기기관차도
전시해 놓았다.

東 京国立博物館 도쿄 국립박물관 ★★★★☆

발음 토-꾜-코꾸리쯔하꾸부쯔깐 **개관** 09:30~17:00 **휴관** 월요일, 12/23~1/1
요금 1,000엔, 대학생 500엔, 고등학생 이하 무료, **무료 관람일** 5/18, 9월 셋째 월요일
홈페이지 www.tnm.jp **지도** MAP 18-C1 **교통** JR 야마노테 선·케이힌토호쿠 선의 우에노
上野 역(JY05·JK30) 하차, 공원 출구 公園口를 나와 정면의 횡단보도를 건넌 뒤
오른쪽으로 도보 9분. **구글맵** 페이지 하단 QR 코드 스캔·클릭

우에노의 대표적인 볼거리. 91개의 국보와 616개의 중요문화재를 포함한
10만여 점의 문화재를 소장하고 있다. 소장품을 한꺼번에 전시할 수 없어
1~2개월에 한 번씩 전시품을 교체할 정도. 메인 전시관은 본관 本館, 동양관
東洋館, 호류지 보물관 法隆寺宝物館의 세 곳이다. 일본 토종 미술품·
유물·도검류가 전시된 본관은 일본사에 관심 있는 이라면 꼭 봐야 할 곳이다.
우리나라를 비롯한 아시아·중동의 유물이 메인 소장품인 동양관에서는
이집트에서 공수해온 미라와 실크로드의 유물인 간다라 불상을 놓치지 말자.
나라의 호류지 法隆寺에서 가져온 7~8세기의 불상 등 300여 점의 불교
미술품이 소장된 호류지 보물관은 관련 전공자에게 추천한다.

1 이국적 외모의 간다라 불상. 2 일본의 역사를 소개하는 박물관 본관.

구글맵

野口英世像 노구치 히데요 동상

★☆☆☆☆

발음 노구찌히데요조- **지도** MAP 18-C2 **구글맵** 페이지 하단 QR 코드 스캔·클릭 **교통** JR 야마노테 선·케이힌토호쿠 선의 우에노 上野 역(JY05·JK30) 하차, 공원 출구 公園口를 나와 정면의 횡단보도를 건넌 뒤 오른쪽으로 도보 8분.

'일본의 슈바이처'로 추앙받는 노구치 히데요(1876~1928)의 동상. 그는 화상으로 인한 왼손 장애와 불우한 가정환경에도 불구하고 학업에 매진해 세계적인 세균학자로 명성을 떨쳤으며 아홉 차례나 노벨상 후보에 오르기도 했다. 소아마비·광견병·독사 연구에 크게 공헌했으나 아프리카에서 황열병 연구 도중 병사했다. 그의 얼굴은 구권 1,000엔 지폐에도 그려져 있다.

시간의 더께가 두텁게 쌓인 목조 건물. 콘서트 등 이벤트가 없을 때는 내부 견학도 가능하다.

旧東京音楽学校奏楽堂 구 도쿄 음악 학교 소라쿠도

★☆☆☆☆

발음 큐-토-꼬-온가꾸갓꼬-소라꾸도 **개관** 일·화·수요일 09:30~16:30 **요금** 300엔 **지도** MAP 18-C1 **교통** JR 야마노테 선·케이힌토호쿠 선의 우에노 上野 역(JY05·JK30) 하차, 공원 출구 公園口를 나와 정면의 횡단보도를 건넌 뒤 오른쪽으로 도보 11분. **구글맵** 페이지 하단 QR 코드 스캔·클릭

1890년 도쿄 음악 학교(현 도쿄 예술 대학)의 본관으로 지어진 일본 최초의 콘서트 홀. 건물 자체가 지닌 역사성 때문에 현재 중요문화재로 지정돼 있다. 겉모습은 평범한 목조 건물처럼 보이지만 음향 설비를 완벽히 갖췄으며, 1,379개의 파이프로 만든 일본 유일의 공기식 파이프 오르간도 설치돼 있다.

国際子ども図書館 국제 어린이 도서관

★★☆☆☆

발음 코꾸사이고도모쇼깐 **개관** 09:30~17:00 **휴관** 월요일, 공휴일, 매월 셋째 수요일, 연말연시 **요금** 무료 **지도** MAP 18-C1 **구글맵** 페이지 하단 QR 코드 스캔·클릭 **교통** JR 야마노테 선·케이힌토호쿠 선의 우에노 上野 역(JY05·JK30) 하차, 공원 출구 公園口를 나와 정면의 횡단보도를 건넌 뒤 오른쪽으로 도보 12분.

일본을 비롯한 세계 각국의 아동 도서만 전문으로 다루는 도서관. 잡지·교과서는 물론 전 세계의 그림책과 설화집도 열람할 수 있다. 건물 구경만으로도 충분한 가치가 있는데 네오 르네상스 양식의 외관이 무척 인상적이다. 원래 이 건물은 1906년 제국 도서관으로 짓기 시작했다. 애초의 계획대로라면 동양 최대의 도서관이 될 뻔했으나, 전쟁으로 재정이 고갈됨에 따라 전체의 ¼만 지어진 채 공사가 중단되고 말았다. 이후 오랫동안 국회도서관으로 이용되다가 2002년 보수 공사를 거쳐 지금의 도서관으로 탈바꿈했다. 공사는 유명 건축가 안도 타다오 安藤忠雄가 맡았다.

1·2 고풍스러운 외관과 모던한 인테리어가 적절히 조화를 이룬다.

上野東照宮 우에노토쇼구 ★★★☆☆

주소 우에노토-쇼구- **개관** 09:00~16:30, 3~9월 09:00~17:30
요금 무료 **지도** MAP 18-B2 **구글맵** 페이지 하단 QR 코드 스캔·클릭
교통 JR 야마노테 선·케이힌토호쿠 선의 우에노 上野 역(JY05·JK30) 하차,
공원 출구 公園口를 나와 정면의 횡단보도를 건넌 뒤 오른쪽으로 도보 7분.
금색전 요금 500엔, 초등학생 200엔

에도 바쿠후를 세운 토쿠가와 이에야스 德川家安(1543~1616)를
신으로 모시는 신샤. 이에야스에게 충성을 맹세한 토도 타카도라 藤堂高
虎가 닛코의 토쇼구(p.455)를 모방해서 지은 게 시초다. 지금의 건물은
1651년 이에야스의 손자인 이에미츠가 재건한 것으로 에도 시대 초기의
건축 양식을 잘 보여준다. 안쪽에는 번쩍이는 금박을 입힌 사당인 금색전
金色殿이 있는데, 우에노에서 가장 화려한 건물로 유명하다. 이 앞으로
이어진 길 양쪽에는 수많은 석등과 50여 개의 청동 등롱이 세워진
가운데 정원수가 무성한 가지를 드리우고 있어 과거 우에노 공원의
모습을 짐작케 해준다. 울창한 숲 너머에 우뚝 솟은 탑은 칸에이지의
유물인 오층탑이다.

청동 등롱 뒤에는 원폭 피해자의 넋을 기리는 평화 기념비가 세워져
있다. 기념비의 비둘기 모양 조형물 안에서 희미하게 타오르는 불꽃은
원폭의 위협을 상징하고자 히로시마 広島와 나가사키 長崎에서
가져왔다. 기념비 좌우에는 평화를 염원하는 종이학이 주렁주렁 매달려
있다.

1 청동 등롱이 줄지어 있다.
2 건물 전체에 금을 입힌 화려한 금색전.

不忍の池 시노바즈 연못 ★★★☆☆

주소 시노바즈노이께 **지도** MAP 18-B3 **구글맵** 페이지 하단 QR 코드 스캔·클릭
교통 JR 야마노테 선·케이힌토호쿠 선의 우에노 上野 역(JY05·JK30) 하차,
히로코지 출구 広小路口를 나와 오른쪽으로 도보 6분.
보트 대여 운영 10:00~18:00(시즌에 따라 다름) **휴무** 12~2월의 수요일
요금 일반 보트 500엔(30분), 페달 보트 700엔(30분), 백조 보트 800엔(30분)

한가로이 산책을 즐기기에 좋은 둘레 2km의 연못. 봄의 벚꽃, 여름의 연꽃,
가을의 단풍, 겨울 철새의 고향으로 유명하다. 연못 주위로 산책로와 조깅
코스를 정비해 놓았으며 연못에서는 보트를 빌려 탈 수 있다.

원래 이 연못은 강과 연결된 길쭉한 모양이었으나, 1884년 연못을
중심으로 경마장이 건설됨에 따라 지금과 같은 타원형으로 정비됐다.
애초의 목적은 프랑스 파리의 경마장을 본떠 귀족 전용 사교장을 만드는
것이었지만, 심각한 경영난으로 1892년 경마장이 문을 닫고 경마 트랙이
산책로로 개조됨에 따라 지금과 같은 시노바즈 연못의 모습이 갖춰졌다.
연못 가운데의 조그만 섬에는 벤텐도 弁天堂 사당이 있다. 1652년
칸에이지 창건 당시 세워진 것으로 음악과 재물을 관장하는 신을 모신다.
그 때문에 사당 앞에는 비파 모양의 비석이 세워져 있으며, 재물운이
트이기를 바라는 이들이 즐겨 찾는다. 연못 남쪽에는 작은 음악당이
있는데, 우에노 여름 축제를 비롯한 다채로운 행사가 열린다.

1 휴식을 즐기기에 더없이 좋다.
2 음악의 신을 모시는 벤텐도 사당.

구글맵

下町風俗資料館 시타마치 풍속 자료관 ★★☆☆☆

2025년 3월 재개관 예정

발음 시따마찌후―조꾸시료―깐 **개관** 09:30~16:30 **휴관** 월요일, 12/29~1/1
요금 300엔, 고등학생 이하 100엔 **지도** MAP 18-B4 **구글맵** 페이지 하단 QR 코드 스캔·클릭
교통 JR 야마노테 선·케이힌토호쿠 선의 우에노 上野 역(JY05·JK30) 하차,
히로코지 출구 広小路口를 나와 오른쪽으로 도보 7분.

1920년대 시타마치(옛 서민 거주지)의 모습을 재현한 곳. 상인의 집과
구멍가게·민가·우물 등을 옛 모습 그대로 복원해 놓았으며, 내부에는 당시
사용하던 생활집기가 고스란히 보존돼 있다. 복원된 건물 안에 들어가거나
전시된 물건을 자유로이 만져보며 옛 생활을 체험할 수 있어 흥미롭다.
2층에는 시타마치의 생활상을 소개하는 자료와 옛날 장난감이 있으며,
입구에는 지금도 사용되는 새빨간 옛날 우체통을 세워 놓았다.

1 도쿄의 옛
모습을 살펴볼 수
있다.
2 한 세기 전의
우체통.

1 학문의 신을 모시는 유시마텐만구.
2 합격의 소원이 담긴 에마.

湯島天満宮 유시마텐만구 ★★☆☆☆

발음 유시마뗀만구 **개관** 09:00~20:00 **지도** MAP 18-A5
교통 JR 야마노테 선·케이힌토호쿠 선의 우에노 上野 역(JY05·JK30) 하차, 히로코지
출구 広小路口를 나와 오른쪽으로 도보 15분. 또는 지하철 치요다 선의 유시마 湯島 역
(C13) 하차, 3번 출구를 나와 왼쪽으로 도보 2분. **구글맵** 페이지 하단 QR 코드 스캔·클릭

학문의 신 스가와라 미치자네 菅原道真를 모시는 신사. 1478년에 세운
신사지만 수차례 화재를 겪어 지금의 모습으로 재건된 것은 1995년이다.
당연히 최근에 재건된 탓에 고풍스러운 멋을 즐기기는 힘들다. 본전에는
스가와라 미치자네의 일화와 관련된 소가 조각돼 있으며, 기둥과 처마는
사자·꽃 무늬로 화려하게 장식해 놓았다. 학문의 신을 모시는 곳답게 곳곳에
걸린 에마에는 합격을 기원하는 내용의 글귀가 빼곡히 적혀 있다.

 학문의 신을 모시는 텐만구

머리를 쓰다듬으며 합격의
소원을 비는 소의 동상

일본 전역에 1만 2,000개나 있는 텐만구 天満宮의 총본산
은 큐슈 九州의 다자이후텐만구 大宰府天満宮로 그 유래
에는 다음과 같은 전설이 전해온다.
845년 교토에서 태어난 스가와라 미치자네는 5살 때 시
조를 읊고, 11살 때 한시를 지었을 만큼 똑 소리나는 신동
이었다. 재능은 나이를 더할수록 빛을 발해 각종 관직을 두
루 섭렵했고, 55살 때는 우리나라의 우의정과 맞먹는 우대
신(右大臣)에 임명됐으며 민중을 보살피는 훌륭한 정치가
로 명망이 높았다. 하지만 그에 비례해 주위의 질시 또한 만
만치 않았다.
결국 그는 음모에 휘말려 다자이후로 좌천당했고 불과 2년
뒤 억울하게 세상을 떴다. 장례식날 유체는 우마차에 실려
장지로 향했는데 갑자기 소가 걸음을 멈추더니 꼼짝도 않았

다. 별수 없이 그의 제자 한 명이
그곳에 그를 묻고 텐만구의 전신
인 안라쿠지 安楽寺라 칠 세웠다.
그 뒤 공교롭게도 스가와라 미치자네
의 좌천에 가담한 인물들이 이유 없이 죽고 교토에 재난이
끊이지 않자 조정에서는 죽은 스가와라 미치자네가 내린 벌
로 알고 안라쿠지에 그를 신으로 모시는 사당을 세우는데 그
게 바로 다자이후 신사였다.
시간이 흐름에 따라 스가와라 미치자네에 대한 신앙이 깊어
졌고 다자이후 신사는 텐만구로 승격됐다. 그리고 그의 유체
를 싣고 가던 우마차의 소도 신앙의 대상이 돼 텐만구라면
어디나 합격의 소원을 비는 소의 동상·석상과 소 그림이 그
려진 에마가 있다.

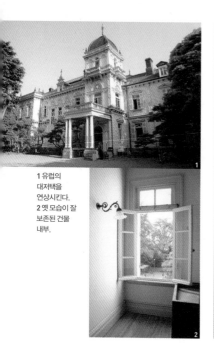

1 유럽의 대저택을 연상시킨다.
2 옛 모습이 잘 보존된 건물 내부.

旧 ★★★☆☆ 岩崎邸庭園 구 이와사키 저택 정원

발음 큐-이와사끼떼-떼-엔 기관 09:00~17:00 휴관 12/29~1/1
요금 400엔 지도 MAP 18-A4 구글맵 페이지 하단 QR 코드 스캔·클릭
교통 JR 야마노테 선·케이힌토호쿠 선의 우에노 上野 역(JY05·JK30) 하차,
히로코지 출구 広小路口를 나와 오른쪽으로 도보 15분. 또는 지하철 치요다 선의
유시마 湯島 역 하차, 1번 출구를 나와 왼쪽으로 도보 3분.

1896년 영국인 건축가 조사이아 콘더 Josiah Conder에 의해 지어진
영국 자코비안 양식의 저택과 정원. 원래 5만㎡의 드넓은 대지에 20여
채의 건물이 늘어선 대저택이었으나 제2차 세계대전 당시 상당 부분
소실돼 지금은 양관 羊館·화관 和館·당구장 撞球室 등 세 채의
건물과 정원 일부만 남았다.
매년 이와사키 가문이 주최하는 성대한 파티가 열리던 이곳은
전쟁 직후 미군 사령부에 귀속됐다가 1970년까지 사법연수원으로
이용되기도 했다. 가장 눈길을 끄는 건물은 유럽의 화려한 궁전을
연상시키는 양관이다. 르네상스·이슬람 건축양식을 군데군데 차용한
디자인이 이채로우며, 자유로이 개방된 1·2층에는 서재·식당·객실
등이 옛 모습 그대로 보존돼 있다. 자코비안 양식의 섬세한 장식이
돋보이는 난간과 계단의 고풍스러운 모습도 무척 아름답다. 2층
베란다에서는 초록빛 잔디가 펼쳐진 정원이 한눈에 내려다보인다.

東 ★★☆☆☆ 京大学 도쿄 대학

발음 토-꾜-다이가꾸 지도 MAP 18-A3 구글맵 페이지 하단 QR 코드 스캔·클릭
교통 JR 야마노테 선·케이힌토호쿠 선의 우에노 上野 역(JY05·JK30) 하차,
히로코지 출구 広小路口를 나와 오른쪽으로 도보 25분. 또는 지하철 난보쿠 선
南北線의 토다이마에 東大前 역(N12) 하차.

일본 고교생의 선망의 대상인 명문 대학. 1856년 문을 연 서양학 연구소
요쇼쵸쇼 洋書調所가 그 모태다. 이후 네덜란드 의사가 세운 병원이
합쳐지며 규모를 키웠고, 1877년 4개 학부를 거느린 도쿄 대학으로
명칭을 변경했다. 드넓은 캠퍼스 안에는 10개 학부가 모여 있으며, 한
세기 전에 지어진 고풍스러운 양식 건물들이 로맨틱한 모습으로 다가온다.
캠퍼스의 대표적인 명소는 아카몬 赤門과 야스다 강당 安田講堂이다.
아카몬은 토쿠가와 바쿠후의 11대 쇼군인 토쿠가와 이에나리 徳川家斉의
두 번째 딸이 시집갈 때 기념으로 세운 것이다. 참고로 일본 역사상 최대의
정력가(精力家)로 알려진 인물이 바로 토쿠가와 이에나리인데, 그는
40명의 첩과 56명의 자녀, 그리고 900여 명의 궁녀를 거느리고
호사스럽게 살았다고 한다.
야스다 강당은 일본 학생 운동사의 대미를 장식한 동대투쟁 東大闘争
(1968년)의 무대가 된 곳이다. 당시 8,500명의 경찰 병력이 투입돼 농성자
371명 전원 체포, 100명 부상이란 전대미문의 기록을 낳으며 사태를
종결시킨 것으로 유명하다.

1 동대투쟁 당시 불타버린 야스다 강당.
2 도쿄 대학의 상징이기도 한 아카몬.

구글맵

ア メ横 아메요코 시장

★★★★★

발음 아메요꼬 **영업** 11:00~20:00(상점마다 다름)
휴업 연말연시(상점마다 다름) **홈피** www.ameyoko.net
지도 MAP 18-C4
교통 JR 야마노테 선·케이힌토호쿠 선의 우에노 上野 역(JY05·JK30)
하차, 히로코지 출구 広小路口를 나와 오른쪽으로 도보 2분. 또는 지하철
긴자 선·히비야 선의 우에노 上野 역(G16·H18) 하차, 5b번 출구를 나와
정면으로 도보 2분.
구글맵 페이지 하단 QR 코드 스캔·클릭

서울에 남대문이 있다면 도쿄에는 아메요코 시장이 있다고 할 만큼
유명한 재래시장. 낡은 고가철로 밑에 수십 개의 상점이 나란히
늘어선 서민적인 분위기와 목청 높여 호객하는 상인들의 모습이
우리나라의 재래시장과 흡사해 묘한 친근감마저 느껴진다.
제2차 세계대전 직후 생겨난 암시장이 발전해 지금의 모습을
이룬 것으로 '아메요코'란 이름은 미제(아메리카 アメリカ) 상품을
취급하는 상점이 많아서 붙여졌다고 한다. 하지만 일설에 의하면
엿집(아메야 飴屋) 골목에서 유래한 이름이라고도 한다.
시장은 취급하는 상품에 따라 크게 세 블록으로 나뉜다. 고가 철로
바로 밑의 시장 골목은 식료품·운동화·골프 용품 숍, 서쪽으로
한 블록 떨어진 골목은 운동화·신발·캐주얼 의류·정장·
아웃도어 숍, 동쪽으로 한 블록 떨어진 골목은 캐주얼 의류 숍이
주를 이룬다. 추천 아이템은 운동화·캐주얼·의류·홍차·화장품
등인데 특히 운동화가 풍부하고 가격도 저렴하다.
최근에는 고가철로 밑의 먹자골목도 큰 인기를 누리고 있다. 특히
해질녘이면 꼬치구이 등을 안주삼아 가볍게 술잔을 기울이는
현지인들의 모습이 쉽게 눈에 띈다.

1·2 다양한 먹거리와 물건을 파는 도쿄 최대의 재래시장,
아메요코.

아메요코 시장 인기 숍 Best 6

ABC-Mart 종합 슈즈 브랜드 ABC 마트의 일본 본점. 아
메요코 시장에만 10개의 지점이 있으며 운동화에 특화돼
있다. 나이키·이디다스·푸마·리복·뉴 밸런스 등 인기 아
이템을 두루 취급하며 디자인도 풍부하다.
영업 11:00~20:00 **지도** MAP 18-C4

카와치야 식품 カワチヤ食品 수입차·향신료 전문점. 벌
크 제품 위주라 가격이 저렴하다. 상품이 풍부하진 않지만
희귀한 레어템을 취급하는 게 매력!
영업 11:00~18:00 **휴업** 목요일 **지도** MAP 18-C4

나카타 상점 中田商店 밀리터리 패션 노포. 미국·유럽·
일본 등 다양한 국가의 군복·군장을 취급해 마니아 사이
에서 인기가 높다.
영업 11:00~19:00 **지도** MAP 18-C4

오에스 드러그 OSドラッグ 초저가 드러그 스토어. 면세
가 안 되고 현금 구매만 가능한 대신 할인율이 높다. 일부
아이템은 여타 드러그 스토어의 면세가보다 싼 경우도 있
다. 취급 아이템이 부족한 점은 살짝 아쉽다.
영업 10:00~19:45 **지도** MAP 18-C4

코지마야 小島屋 1956년 창업한 노포. 품질 좋은 150여
가지 건과일·견과류를 판매하며 가격도 저렴하다.
영업 10:00~18:30 **지도** MAP 18-C4

타케야 多慶屋 온갖 상품을 취급하는 대형 할인점. 가격이
저렴해 현지인은 물론 여행자도 즐겨 찾는다. 식료품·생
활잡화·화장품·의약품 매장의 타케야-1과 의류·주방용
품·시계·인테리어 잡화 매장의 타케야-3로 나뉘어 있다.
영업 09:00~21:00 **지도** MAP 18-D5

RESTAURANT

이센 본점 井泉本店 강추

1930년 창업한 돈가스의 명가. 씹는 느낌마저 없을 만큼 야들야들한 육질이 자랑이다. 가정집을 개조한 허름한 외관 때문에 '과연 여기가?'란 의구심부터 들겠지만 맛은 그야말로 상상초월! 주문과 동시에 튀김옷을 입혀서 바삭하게 튀긴 돈가스는 언제나 최상의 맛을 뽐낸다. 푸짐하게 곁들인 상큼한 양배추와 통파를 송송 썰어 넣은 된장국의 개운한 맛도 일품이다. 돼지고기는 정성껏 손질한 최상품만 사용하며 양배추도 잡내를 없애기 위해 하루 숙성시켜서 내온다.

최고의 맛을 즐기려면 입안에서 살살 녹는 안심 돈가스 정식 히레카츠테이쇼쿠 ヒレかつ定食(2,100엔)를 선택하는 게 좋다. 다양한 튀김을 맛보려는 이에게는 미니 돈가스 · 새우 튀김 · 새우 크로켓 · 가리비 튀김이 세트로 나오는 모둠 정식 모리아와세테이쇼쿠 盛り合わせ定食(2,400엔)를 추천한다. 가격이 부담스러울 때는 저렴한 등심 돈가스 정식 로스테이쇼쿠 ロース定食(1,600엔)를 선택해도 나쁘지 않다.

[예산] 1,600엔~
[영업] 11:30~20:00 [휴업] 수요일
[메뉴] 일어 · 영어
[주소] 東京都 文京区 湯島 3-40-3
[전화] 03-3834-2901 [지도] MAP 18-B5
[홈피] www.isen-honten.jp
[교통] JR 야마노테 선 · 케이힌토호쿠 선의 우에노 上野 역(JY05 · JK30) 하차, 히로코지 출구 広小路口를 나와 오른쪽으로 도보 12분. 또는 지하철 토에이오에도 선의 우에노오카치마치 上野御徒町 역(E09) 하차, A4번 출구를 나와 정면으로 도보 2분.
[구글맵] 페이지 하단 QR 코드 스캔 · 클릭

안심 돈가스 정식
ヒレかつ定食(2,100엔)

모둠 정식
盛り合わせ定食(2,400엔)

호라이야 蓬萊屋 강추

1928년 창업한 돈가스 노포. 안심 돈가스의 일인자이자, 일본 최초로 안심 부위를 사용한 돈가스를 선보인 식당으로 유명하다. 돈가스는 바삭 고소한 튀김옷과 육즙이 가득 배인 두툼한 고기의 맛이 일품이다. 돼지 · 소 기름을 블렌드해 만든 특제 기름을 사용하며, 230℃의 고온과 170℃의 저온에서 한 번씩 튀겨내는 게 바삭한 식감의 비결이라고. 추천 메뉴는 안심 돈가스 정식 히레카츠테이쇼쿠 ヒレカツ定食(3,500엔), 한입 돈가스 정식 히토구치카츠테이쇼쿠 一口カツ定食(3,500엔)다. 정식 메뉴에는 밥 · 된장국 · 절임반찬과 양배추 샐러드가 포함돼 있다.

[예산] 2,400엔~
[영업] 11:30~14:30
[휴업] 수요일, 연말연시
[메뉴] 일어 · 영어
[주소] 東京都 台東区 上野 3-28-5
[전화] 03-3831-5783
[지도] MAP 18-C5
[홈피] http://www.ueno-horaiya.com
[교통] JR 야마노테 선 · 케이힌토호쿠 선의 오카치마치 御徒町 역(JY04 · JK29) 북쪽 출구 北口에서 도보 3분.
[구글맵] 페이지 하단 QR 코드 스캔 · 클릭

안심 돈가스 정식
ヒレかつ定食(3,500엔)

※ 구글맵

장어 덮밥 うな重 (3,630~5,830엔)

멘타이코모치몬쟈 明太子ともちもんじゃ (1,738엔)

우나기캇포이즈에이
鰻割烹伊豆栄

300여 년의 역사를 자랑하는 장어 전문점. 야들야들한 식감이 일품인 일본산 장어와 창업 당시의 맛을 고스란히 지켜온 진한 소스가 훌륭한 조화를 이룬다. 고슬고슬한 밥 위에 장어 소스를 끼얹고 숯불에 정성껏 구운 장어를 올려주는 장어 덮밥 우나쥬 うな重와 우나동 うな丼(마츠 松 3,630엔, 타케 竹 4,730엔, 우메 梅 5,830엔)이 맛있다. 우나쥬 (칠기 반합)와 우나동(그릇)은 담겨 나오는 그릇만 다를 뿐 내용물·가격은 동일하다. 두 메뉴 모두 국과 절임 반찬이 포함돼 있으며 곱빼기 오모리 大盛(110엔) 주문도 된다.

예산 3,630엔~ **영업** 11:00~21:00
메뉴 한국어·일어·영어
주소 東京都 台東区 上野 2-12-22
전화 03-3831-0954 **지도** MAP 18-B4
교통 JR 야마노테 선·케이힌토호쿠 선의 우에노 上野 역(JY05·JK30) 하차, 히로코지 출구 広小路口를 나와 오른쪽으로 도보 8분. 또는 지하철 토에이오에도 선의 우에노 오카치마치 上野御徒町 역(E09) A3번 출구 도보 3분.
구글맵 페이지 하단 QR 코드 스캔·클릭

츠키시마몬쟈 모헤지
月島もんじゃ もへじ

도쿄식 오코노미야키인 몬쟈야키 전문점. 워낙 인기가 높아 언제 가더라도 대기는 필수다. 자리가 없을 때는 30m쯤 떨어진 곳에 위치한 분점도 이용 가능하다. 일반적인 오코노미야키와 달리 재료를 잘게 다져서 굽기 때문에 비주얼이 그리 훌륭하진 않지만, 짭짤한 맛이 우리 입에 잘 어울린다. 특히 생맥주·하이볼과 찰떡궁합! 최대한 바짝 익혀 철판에 늘어붙기 시작할 즈음 먹으면 특유의 고소함이 배가된다. 추천 메뉴는 양배추·오징어·새우·연어·떡을 넣은 멘타이코모치몬쟈 明太子ともちもんじゃ(1,738엔)다. 음식 값과는 별도로 자릿세(1인 418엔)가 추가된다.

예산 3,000엔~ **영업** 10:45~23:00
메뉴 한국어·일어·영어
주소 東京都 台東区 上野 6-11-2
전화 03-6803-0083 **지도** MAP 18-C4
교통 JR 야마노테 선·케이힌토호쿠 선의 우에노 上野 역(JY05·JK30) 하차, 히로코지 출구 広小路口에서 도보 5분.
구글맵 페이지 하단 QR 코드 스캔·클릭

라멘 카모토네기
らーめん 鴨 to 葱

진한 풍미의 오리 육수 라멘. 화학조미료는 일절 사용하지 않고 오리·파·물로만 우려낸 국물이 별미다.

예산 980엔~ **영업** 09:00~04:00
지도 MAP 18-C4
교통 지하철 긴자 선·히비야 선의 우에노 上野 역(G16·H18) A7번 출구에서 도보 1분.
구글맵 하단 QR 코드 스캔·클릭

우에노야부소바
上野 藪そば

1892년 창업한 소바 노포. 홋카이도 산 최상품 메밀로 뽑는 정통 수타면으로 유명하다.

예산 1,000엔~ **영업** 11:30~15:00, 17:30~21:00 **지도** MAP 18-C4
휴업 수요일, 매월 둘·넷째 화요일
교통 지하철 우에노 上野 역(G16·H18) 5b번 출구 도보 2분.
구글맵 하단 QR 코드 스캔·클릭

이치란 라멘 우에노 점
一蘭ラーメン

얼큰한 국물이 일품인 하카타 돈코츠 라멘 전문점. 자세한 메뉴와 주문 방법은 p.181 참조.

예산 980엔~ **영업** 09:00~06:00
지도 MAP 18-C3
교통 JR 야마노테 선·케이힌토호쿠 선 우에노 上野 역(JY05·JK30)의 야마시타 출구 山下口를 나오면 바로 오른쪽에 있다.
구글맵 하단 QR 코드 스캔·클릭

우사기야
うさぎや

1913년 창업한 화과자 노포. 달콤한 팥소를 넣은 전통과자가 맛있다. 토끼 모양의 우사기만쥬와 도라야키가 대표 아이템이다.

예산 210엔~ **영업** 09:00~18:00
휴업 수요일 **지도** MAP 18-B5
교통 지하철 토에이오에도 선의 우에노오카치마치 上野御徒町 역(E09) A4번 출구 도보 4분.
구글맵 하단 QR 코드 스캔·클릭

소박한 서민가 야네센

야나카 谷中 · 네즈 根津 · 센다기 千駄木의 세 지역을 통틀어 지칭하는 야네센 谷根千은 활기찬 재래상가와 호젓한 주택가가 어우러진 도쿄의 대표적인 서민가다. 세월의 무게가 느껴지는 낡은 상점과 아기자기한 잡화점, 그리고 아늑한 카페가 이어지는 거리를 거닐며 이 도시의 느긋한 일상을 만끽하자.

🚉 JR 야마노테 선 · 케이힌토호쿠 선 · 죠반 선 常磐線의 닛포리 日暮里 역 (JY07 · JK32 · JJ02) 하차, 북쪽 개찰구 北改札口 쪽에 있는 서쪽 출구 西口 바로 앞. 또는 지하철 치요다 선의 센다기 千駄木 역(C15), 네즈 根津 역(C14) 하차.

谷中銀座 야나카긴자 ★★★★☆

🔊 야나까긴자 🕐 10:00~20:00(상점마다 다름) 🚫 연말연시(상점마다 다름) 🗺 MAP 23-F1 🚉 JR 야마노테 선 · 케이힌토호쿠 선 · 죠반 선의 닛포리 日暮里 역(JY07 · JK32 · JJ02) 하차, 서쪽 출구 西口를 나와 왼쪽으로 도보 5분. 🔗 페이지 하단 QR 코드 스캔 · 클릭

1970~1980년대의 모습이 고스란히 남겨진 예스러운 상점가. 잡화 · 액세서리 · 먹거리를 취급하는 70여 개의 상점이 모여 있다. 서민가 특유의 활기찬 분위기로 가득한 것은 물론, 상점마다 아기자기하게 꾸민 인테리어와 간판들이 재미난 볼거리를 선사한다. 상점가로 내려가는 계단인 유야케단단 夕やけだんだん은 도쿄에서도 손꼽히는 저녁노을 감상 포인트라 드라마 · 영화의 촬영지로 인기가 높다. 눈여겨볼 숍은 깜찍한 고양이와 동물 캐릭터의 도장을 파는 쟈아쿠나한코야 邪悪なハンコ屋 (토 · 일요일 12:00~17:00), 80여 년의 역사를 자랑하는 크로켓 맛집 니쿠노스즈키 肉のすずき(10:30~18:00, 휴업 월 · 화요일) 등이다.

1 쟈아쿠나한코야의 깜찍한 동물 모양 도장.
2 · 3 예스러운 카페와 숍이 많다. 4 야나카긴자의 입구.

Best course

그리 넓은 지역은 아니지만 골목길이 미로처럼 이어져 길을 잃기 십상이니 주의하자. JR 닛포리 역의 서쪽 출구를 나와 야나카긴자 →헤비미치 →네즈 신사 →네즈노타이야키 →미우라자카 →스카이 더 배스하우스 →구 요시다야 주점의 순으로 돌아보고 우에노 공원으로 넘어가면 된다. 예상 소요 시간은 3~4시간 정도다.
도중에 들르는 헤비미치 へび道와 미우라자카 三浦坂는 특별한 볼거리는 없지만 아기자기한 카페와 잡화점이 드문드문 자리한 주택가를 거니는 재미가 쏠쏠하다.

谷中霊園 야나카 공원묘지 ★☆☆☆☆

🔊 야나까레−엔 🗺 MAP 23-G1 🚉 JR 야마노테 선 · 케이힌토호쿠 선 · 죠반 선의 닛포리 日暮里 역 (JY07 · JK32 · JJ02) 하차, 서쪽 출구 西口를 나와 왼쪽으로 도보 4분. 🔗 페이지 하단 QR 코드 스캔 · 클릭

10만㎡의 드넓은 면적을 차지하고 있는 공원묘지. 일본을 호령하던 토쿠가와 德川 가문의 무덤을 비롯해 유명인의 묘소가 많기로 유명하다. 묘지 한가운데를 가로지르는 사쿠라도리 さくら通り에는 100여 그루의 벚나무가 3~4월이면 화사한 벚꽃 터널을 이룬다.

망자의 넋을 기리는 지장보살.

구글맵

根津神社 네즈 신사 ★★★☆☆

[발음] 네즈진쟈 **[개관]** 일출~일몰 **[홈피]** www.nedujinja.or.jp **[지도]** MAP 23-E2
[교통] 지하철 치요다 선의 센다기 千駄木 역(C15) 하차, 1번 출구를 나와 오른쪽으로 도보 11분.
[구글맵] 페이지 하단 QR 코드 스캔·클릭

신사의 입구 왼쪽으로 가면 주홍빛 토리이 鳥居가
긴 터널을 이룬 진기한 광경이 펼쳐진다.

도쿄의 10대 신사 가운데 하나로 꼽힐 만큼 오랜 역사를 자랑한다. 전설에
따르면 1,900년 전에 일본의 신(神) 야마토타케루노 미코토 日本武尊가
창건했다고 전해진다. 지금의 신사는 1706년 토쿠가와 德川 가문에 의해
조성됐으며, 거의 모든 건물이 당시 모습 그대로 남아 있어 현재 중요문화재로
지정돼 있다. 주신으로는 일본 창조신화의 삼신(三神)인 스사노오노 미코토
須佐之男命, 오야마쿠이노 미코토 大山咋命, 혼다와케노 미코토 誉田別命를
모신다. 주변에는 3,000여 그루의 진달래가 심겨 있어 꽃이 피는 4월 중순이면
이 일대가 온통 울긋불긋한 꽃밭으로 변신하는 환상적인 풍경을 감상할 수 있다.

旧 吉田屋酒店 구 요시다야 주점 ★★☆☆☆

[발음] 큐-요시다야슈텐 **[개관]** 09:30~16:30 **[휴관]** 월요일, 12/29~1/3 **[요금]** 무료
[지도] MAP 23-G2 **[교통]** JR 야마노테 선·케이힌토호쿠 선·죠반 선의 닛포리 日暮里 역
(JY07·JK32·JJ02) 하차, 서쪽 출구 西口에서 도보 17분. **[구글맵]** 페이지 하단 QR 코드 스캔·클릭

20세기 초 주류 판매점의 모습이
고스란히 남아 있다.

한 세기 전의 모습을 간직한 전통 목조건물. 1910년에 지어진 주류 판매점이며,
1·2층의 긴 처마와 격자 문양의 창이 당시의 건축양식을 잘 보여준다. 상품의
운반과 판매가 용이하도록 입구를 최대한 넓게 만든 게 눈에 띄는 특징이다.
실내는 과거의 모습을 그대로 재현해 놓았으며, 당시에 팔던 술과 오래된 주류 홍보
포스터가 재미난 볼거리를 제공한다.

SCAI The Bathhouse 스카이 더 배스하우스 ★★☆☆☆

[발음] 스카이자바스하우스 **[개관]** 12:00~18:00 **[휴관]** 월·일·공휴일 **[요금]** 무료
[홈피] www.scaithebathhouse.com **[지도]** MAP 23-G2
[교통] JR 야마노테 선·케이힌토호쿠 선·죠반 선의 닛포리 日暮里 역(JY07·JK32·JJ02)
하차, 서쪽 출구 西口를 나와 왼쪽으로 도보 15분.
[구글맵] 페이지 하단 QR 코드 스캔·클릭

현대미술 작품을 전시하는 미니 갤러리.
신예 아티스트를 발굴함과 동시에 일본에
잘 알려지지 않은 해외 작가의 작품을
소개할 목적으로 탄생했다. 200년의
역사를 가진 공중목욕탕을 리모델링해서
만든 이색적인 외관이 눈길을 끄는데, 여기에는 주민들의 '교류의 장'
으로 활용되던 목욕탕의 기능을 살려 예술이란 공통의 언어로 전 세계와
소통하길 바라는 오너의 의도가 담겨 있다. 수시로 기획전이 열리며
자세한 전시회·작품 정보는 홈페이지에서 확인할 수 있다.

 Hot Place!

소박한 야네센의 분위기가 고스란히 녹
아든 우에노사쿠라기 아타리 上野桜木
아타리. 1938년에 지어진 민가를 리모
델링한 예스러운 복합공간이다. 내부에
는 비어 홀·베이커리·잡화점이 모여 있
어 도쿄의 옛 풍경을 떠올리며 맥주나
쇼핑을 즐길 수 있다.

[영업] 11:00~18:00(숍마다 다름)
[휴관] 월요일 **[지도]** MAP 23-G2
[교통] JR 닛포리 역에서 도보 15분.
[구글맵] 페이지 하단 QR 코드 스캔·클릭

ASAKUSA

아사쿠사 浅草

볼거리	★★★★☆
먹거리	★★★☆☆
쇼 핑	★★☆☆☆
유 흥	★☆☆☆☆

도쿄의 서민가를 대표하는 아사쿠사는 1,400여 년의 역사를 자랑하는 유서 깊은 지역. 에도 시대에는 일본 최대의 유흥가, 개화기에는 무성영화와 함께 오락문화의 메카로 명성을 떨치기도 했다. 비록 지금은 빛바랜 추억으로 기억될 뿐이지만, 세월의 더께가 느껴지는 손때 묻은 건물과 정감 어린 서민가의 분위기만은 그대로 남아 도쿄의 옛 모습을 추억하는 여행자의 발길을 사로잡는다.

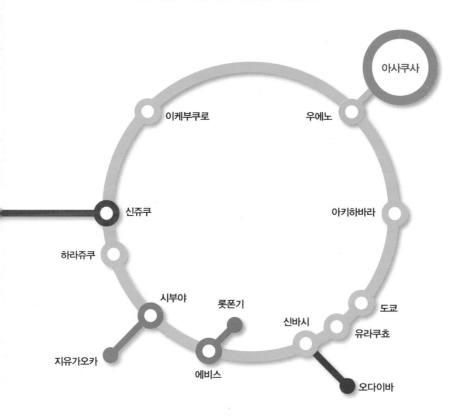

🚆 아사쿠사로 가는 방법

지하철 **긴자 선 銀座線 · 토에이아사쿠사 선 都営浅草線의 아사쿠사 浅草 역(G19 · A18) 하차**
아사쿠사 여행의 출발점인 카미나리몬 雷門으로 갈 때는 1·3번 출구 또는 A4·A5번 출구를 이용하면 편리하다.

사철 **츠쿠바 익스프레스 つくばエクスプレス의 아사쿠사 浅草 역(03) 하차**
A·A1번 출구가 아사쿠사의 중심지와 가깝다. 캇파바시도리 방면으로 갈 때는 B번 출구를 이용하면 편리하다.

asakusa
quick guide

##

S How to See
예스러운 멋이 가득

도쿄의 옛 모습이 가장 잘 보존된 지역이다. 좁은 골목이 얼기설기 이어지니 길을 잃지 않게 주의하자. 핵심 명소와 연결된 나카미세도리·카미나리몬도리를 중심으로 돌아보면 길 잃을 염려 없이 편하게 돌아볼 수 있다. 숍·식당이 밀집한 지역인 까닭에 아침 일찍 가면 무척 한산하다. 어느 정도 북적이는 여행지의 맛을 즐기려면 11:00 이후에 가는 게 좋다는 사실을 기억할 것!

| 박물관·전시관 ☆☆☆ |
| 건축물·공원 ★☆☆ |
| 유적·사적지 ★★★ |

B What to Buy
전통 공예품과 기념품이 풍부

추천 아이템은 전통 공예품과 일본색이 가득한 기념품이다. 메인 쇼핑가인 나카미세도리와 덴보인도리에 숍이 모여 있으며, 깜찍한 복고양이 인형과 전통 문양의 지갑 등이 인기 상품이다. 종류가 다양한 것은 물론 가격도 합리적이라 쇼핑을 즐기기에 좋다. 세련된 패션·액세서리·잡화를 구입하고자 할 때는 도쿄 스카이트리에 위치한 대형 쇼핑몰인 도쿄 소라마치로 가면 된다.

| 패션 ★☆☆ |
| 인테리어 ★☆☆ |
| 잡화·기념품 ★★★ |

E Where to Eat
일본 전통 음식에 도전!

아사쿠사는 오랜 전통의 맛집이 많은 지역이다. 특히 카미나리몬도리와 나카미세도리 주변에 식당이 많으며, 추천 음식은 메밀국수·튀김덮밥·소고기 요리 등 일본 전통식이다. 유의할 점은 식당의 전통에 비례해 음식값이 만만치 않게 비싸다는 것이다. 또한 관광지인 까닭에 사람이 많이 몰리는 주말·공휴일에는 식당 이용이 무척 힘드니 되도록 평일에 가는 게 좋다.

| 일식 ★★★ |
| 양식 ★☆☆ |
| 디저트 ★★☆ |

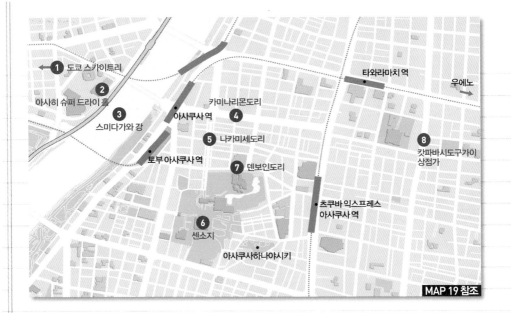

① 도쿄 스카이트리 p.364

아사쿠사 어디서나 보이는 거대한 철탑. 2012년 탄생한 도쿄의 심벌이다. 발군의 경치를 자랑하는 전망대와 세련된 쇼핑몰이 있다.

볼거리 ★★☆ 먹거리 ★★☆ 쇼핑 ★★★

② 아사히 슈퍼 드라이 홀 p.359

파란 하늘 아래 황금빛으로 번쩍이는 건물. 아사히 맥주의 본사가 위치한 곳이며, 기이한 형태의 조형물은 아사쿠사의 기념사진 촬영 포인트로 인기가 높다.

볼거리 ★★☆ 먹거리 ☆☆☆ 쇼핑 ☆☆☆

③ 스미다가와 강

도쿄 만까지 흐르는 강. 여름에는 일본 최대의 불꽃놀이가 열리는 곳이다. 노을 질 때의 풍경이 아름다우며, 낭만 만점의 수상 버스를 타고 선상 유람을 즐길 수 있다.

볼거리 ★★☆ 먹거리 ☆☆☆ 쇼핑 ☆☆☆

④ 카미나리몬도리

아사쿠사를 동서로 가로지르는 도로. 짧게는 수십 년에서 길게는 한 세기가 넘는 역사를 뽐내는 소바·튀김덮밥 등 전통의 맛집이 모여 있다.

볼거리 ★★☆ 먹거리 ★★★ 쇼핑 ★☆☆

⑤ 나카미세도리 p.355

언제나 수많은 관광객들로 북적이는 전통상가. 센소지까지 이어지는 거리를 따라 일본색 짙은 기념품과 전통 공예품을 파는 숍이 즐비하다. 맛난 군것질거리도 놓치지 말자.

볼거리 ★★☆ 먹거리 ★★☆ 쇼핑 ★★★

⑥ 센소지 p.357

1,400년의 유서 깊은 역사를 자랑하는 대형 사찰. 곳곳에 다양한 볼거리가 있으니 느긋하게 돌아보자. 1년 내내 다채로운 축제가 열리는 곳으로도 유명하다.

볼거리 ★★★ 먹거리 ☆☆☆ 쇼핑 ☆☆☆

⑦ 덴보인도리 p.356

일본의 옛 상점가를 재현한 거리. 각각의 상점을 상징하는 그림 간판과 조형물들이 재미난 볼거리를 제공한다. 전통 공예품이나 기념품을 구입하기에 좋다.

볼거리 ★☆☆ 먹거리 ★☆☆ 쇼핑 ★★☆

⑧ 캇파바시도구가이 상점가 p.359

일본 최대의 주방용품 전문 상가. 가정용 식기는 물론 업소용 최고급품까지 온갖 아이템을 취급한다. 정교하게 만든 먹음직한 음식 모형들이 눈길을 끈다.

볼거리 ★★☆ 먹거리 ☆☆☆ 쇼핑 ★★☆

best course

아사쿠사의 핵심 명소만 쏙쏙 골라내 돌아보는 코스. 주방용품에 관심이 없다면 마지막의 캇파바시도구가이 상점가를 제외하고, 도쿄 스카이트리(p.364)를 일정에 포함시켜도 된다. 이 경우 예상 소요시간은 2시간 정도가 추가로 필요하다.

아사쿠사는 우에노에서 가깝기 때문에(지하철로 세 정거장) 두 지역을 묶어서 하루 코스로 돌아보는 게 일반적이다. 오전에 우에노를 보고, 오후에 아사쿠사로 가면 적당한데, 일정은 우에노 공원→시노바즈 연못→아메요코 시장→아사쿠사(아래의 일정과 동일)의 순으로 잡으면 된다.

출발점 지하철 긴자 선·토에이아사쿠사 선의 아사쿠사 역 1번 출구
예상 소요시간 4시간~

▼ 지하철 아사쿠사 역 1번 출구를 나오면 이렇게 보여요.

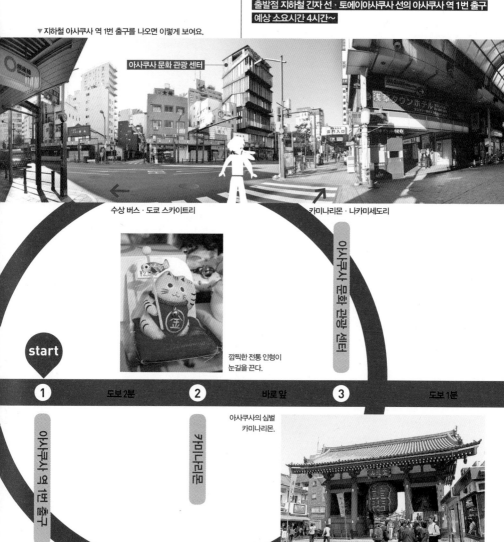

아사쿠사 문화 관광 센터

수상 버스·도쿄 스카이트리

카미나리몬·나카미세도리

start

깜찍한 전통 인형이
눈길을 끈다.

아사쿠사의 심벌
카미나리몬.

1 ─ 도보 2분 ─ 2 ─ 바로 앞 ─ 3 ─ 도보 1분

아사쿠사 역 1번 출구

카미나리몬

아사쿠사 문화 관광 센터

1 일본의 옛 상점가를 재현한 덴보인도리.
2 아기자기한 액세서리가 풍부하다.
3 귀여운 복고양이 인형. 4 도쿄 스카이트리.

MAP 19 참조

칸파바시도구가이
상점가 ❼

■ 타와라마치 역

츠쿠바익스프레스
아사쿠사역

아사쿠사
하나야시키

❺ 덴보인도리

아사쿠사
문화 관광 센터 ❸
카미나리몬 ❷

나카미세도리
❹

센소지 ❻

❶ 아사쿠사 역 1번 출구

아사쿠사 역

토부 아사쿠사 역

아사히 맥주 본사

도쿄 스카이트리

아사쿠사 제일의 쇼핑 명소 나카미세도리.

나카미세도리

센소지

칫파바시도구가이 상점가

❹ 바로 앞 ❺ 도보 2분 ❻ 도보 20분 ❼

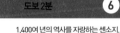

덴보인도리

1,400여 년의 역사를 자랑하는 센소지.

기모노 등 일본 전통 의류도
판매한다.

SIGHTSEEING

도쿄의
다른 지역에 비해
볼거리가 그리
풍부하진 않다.
하지만 일본색
짙은 공예품으로
가득한 전통 상가
와 예스러운
사찰은 어디서도
찾아보기 힘든
아사쿠사만의
특급 명소다.
주요 볼거리는
메인 상가인 나카
미세도리를 중심
으로 모여 있다는
사실을 기억하자.

Best Spot in Asakusa

★★★★★ 나카미세도리, 센소지
　　　　　스미다가와 불꽃놀이
★★★★☆ 카미나리몬
★★★☆☆ 수상 버스
　　　　　아사쿠사 문화 관광 센터
　　　　　캇파바시도구가이 상점가
★★☆☆☆ 덴보인도리
　　　　　아사히 슈퍼드라이 홀
★☆☆☆☆ 아사쿠사하나야시키
　　　　　에도 타이토 전통 공예관

雷門 ★★★★☆ 카미나리몬

발음 카미나리몬 **지도** MAP 19-B3 **구글맵** 페이지 하단 QR 코드 스캔·클릭
교통 지하철 긴자 선·토에이아사쿠사 선의 아사쿠사 浅草 역(G19·A18) 하차,
1·3번 출구를 나와 정면으로 도보 1분. 또는 사철 츠쿠바 익스프레스의 아사쿠사
浅草 역(03) 하차, A번 출구를 나와 왼쪽으로 도보 9분.

1,000년 넘게 이 지역의 역사를 지켜봐 온 '아사쿠사의 심벌'.
천하태평과 풍년, 그리고 센소지 浅草寺의 번영을 기원하며 942년에
세워졌으나, 잦은 화재로 인해 소실과 재건이 끊임없이 반복됐다.
이 문을 재해로부터 보호해달라는 의미로 양옆에 두 개의 신상을 세워
놓았다. 왼쪽에 놓인 게 천둥의 신 雷神, 오른쪽에 놓인 게 바람의 신
神風이다. 이 두 신이 지키는 문이란 뜻의 '후라이진몬 風雷神門'이
정식 명칭이지만 언제부턴가 줄여서 카미나리몬 雷門이라 부르게 됐다.
자세히 보면 천둥의 신은 손가락이 3개, 바람의 신은 손가락이 4개뿐인데
각각 현재·과거·미래와 동서남북을 상징한다. 두 신상은 화재로
머리 부분을 제외한 몸통 전체가 소실돼 19세기 말 지금의 모습으로
복원됐다. 문 뒤쪽에는 1978년에 기증된 천룡상 天龍像과 금룡상 金龍
像이 있는데, 역시 물을 다스리는 용의 기운으로 카미나리몬과 센소지를
화재로부터 보호해달라는 의미를 담고 있다.
문 한가운데에는 높이 3.9m, 지름 3.3m, 무게 700kg의 초대형 제등이
달려 있다. 처음 제등이 설치된 때는 1971년이며, 이후 10년에 한 번씩
새로운 제등으로 교체되고 있다. 제등 밑에는 비를 부르는 신통력으로
이 문을 화재로부터 지켜달라는 뜻으로 한 마리의 용을 조각해 놓았다.

1 현재의 카미나리몬은 1960년에 재건됐다. 2 문 오른쪽에 놓인 바람의 신.
3 문 앞에는 언제나 수많은 관광객으로 북적인다.

구글맵

浅草文化観光センター 아사쿠사 문화 관광 센터 ★★★☆☆

벨을 아사쿠사분까칸꼬-센타- **영업** 09:00~20:00, 8층 전망대 09:00~22:00
지도 MAP 19-A3 **교통** 지하철 긴자 선·토에이아사쿠사 선의 아사쿠사 浅草 역
(G19·A18) 하차, 2번 출구에서 도보 1분. **구글맵** 페이지 하단 QR 코드 스캔·클릭

여행 정보 제공과 문화 교류를 목적으로 지은 복합 건물. 유명 건축가 쿠마 켄고 隈研吾의 설계로 탄생했으며, 전통 목조 건축양식을 현대적으로 재해석한 세련된 디자인이 인상적이다. 1·2층에는 여행 정보를 제공하는 인포메이션 센터, 6층에는 다양한 영화를 상영하는 미니 극장, 7층에는 수시로 전시회가 열리는 갤러리가 있다. 8층에는 아사쿠사 일대는 물론 도쿄 스카이트리(p.364)까지 한눈에 들어오는 멋진 전망대 展望테라스도 있으니 놓치지 말자.

仲見世通り 나카미세도리 ★★★★★

벨을 나까미세도리 **영업** 09:00~19:00(상점마다 다름)
홈피 www.asakusa-nakamise.jp **지도** MAP 19-B4
교통 지하철 긴자 선·토에이아사쿠사 선의 아사쿠사 浅草 역
(G19·A18) 하차, 1·3번 출구를 나와 정면으로 도보 1분.
구글맵 페이지 하단 QR 코드 스캔·클릭

카미나리몬 뒤로 곧게 이어지는 길이 300m의 상점가. 센소지의 입구인 호조몬 宝蔵門까지 이어진 도로를 따라 100여 개의 점포가 다닥다닥 붙어 있다.
17세기부터 아사쿠사 최대의 번화가이자 상가로 군림해 왔으며, 일본색 짙은 액세서리·인형·기모노·과자 등을 취급해 기념품을 구입하기에도 좋다. 곳곳에서 달착지근한 냄새의 닝교야키 人形焼란 먹거리를 파는 모습도 눈에 띄는데, 아사쿠사의 명물로 유명하다. 맛은 팥소를 넣은 오방떡과 비슷하다.

1·2 전통미 넘치는 기념품을 취급하는 나카미세도리.

나카미세도리 인기 숍 Best 7

요로시케쇼도 よろし化粧堂 스킨 보디·헤어 케어 제품이 유명한 화장품 노포. 인기템은 1년의 의미를 담은 365가지 향과 디자인 조합의 핸드크림·립밤이다. 기념하고픈 날짜와 향을 선택하면 그에 맞춘 제품을 만들어준다.

코이케쇼텐 小池商店 깜찍한 개구리 캐릭터의 오리지널 아이템을 파는 기념품점. 수건·욕실용품·걸개그림 등 아기자기한 잡화와 인형이 눈길을 끈다.

아사쿠사키비당고 아즈마 浅草きびだんご あづま 나카미세도리의 군것질 맛집. 콩고물을 입힌 떡꼬치 강추!

후나와 舟和 전통과자 전문점. 달콤한 고구마 양갱·도라야키·아이스크림이 맛있다.

긴카도 銀花堂 모양은 물론 맛도 좋은 딸기 찹쌀떡 전문점. 커스터드·맛차·초콜릿 등 맛도 다양하다.

스케로쿠 助六 1866년 창업한 노포 완구점. 이국적인 모양의 전통 완구는 기념품이나 인테리어 소품으로 강추!

스즈야 スズヤ 컬러풀한 유카타 浴衣(얇은 여름 기모노)가 풍부하다. 일본풍 티셔츠도 인기 아이템이다.

浅草花やしき 아사쿠사하나야시키
★☆☆☆☆

발음 아사꾸사하나야시끼
개업 10:00~18:00(계절·날씨에 따라 다름)
요금 입장료 1,200엔, 5세 이상 600엔, 4세 미만 무료,
1일권 2,800엔, 5세 이상 2,400엔
홈피 www.hanayashiki.net **지도** MAP 19-D3
교통 지하철 긴자 선·토에이아사쿠사 선의 아사쿠사
浅草 역(G19·A18) 하차, 1·3번 출구를 나와 정면으로
도보 14분. **구글맵** 페이지 하단 QR 코드 스캔·클릭

아사쿠사의 옛 모습을 추억할 수 있는 일본에서 가장
오래된 유원지(1853년). 어린이를 위한 놀이기구
위주라 가족 단위 나들이객이 즐겨 찾는다.
20여 개의 놀이기구 가운데 가장 유명한 것은
롤러코스터! 최고 시속이 42km에 불과한 굼벵이(?)
지만, 1953년에 만든 일본에서 가장 오래된
롤러코스터. 입장료와 별도로 놀이기구 이용료
(1회 200~600엔)가 필요해 1일권인 프리패스
프리패스를 구입하는 게 경제적일 수도 있다.

伝法院通り 덴보인도리
★★☆☆☆

발음 덴보-인도-리 **영업** 10:00~19:00(상점마다 다름)
지도 MAP 19-C3 **구글맵** 페이지 하단 QR 코드 스캔·클릭
교통 지하철 긴자 선·토에이아사쿠사 선의 아사쿠사 浅草 역
(G19·A18) 하차, 1·3번 출구를 나와 정면으로 도보 5분.

17세기 에도 시대의 풍경을 재현한 상점가. 문맹자를
위해 상품의 모양을 본떠서 만든 기발한 모양의 간판과
거리 곳곳에 그려진 옛 상인들의 모습이 흥미롭다.
취급하는 상품은 염직물·빗·비녀 등의 전통 공예품이다.
나카미세보다 상품이 풍부하진 않지만 윈도우 쇼핑의
재미는 쏠쏠하니 잠시 들러봐도 좋을 듯! 인근의 아사쿠사
공회당 浅草公会堂 앞에는 영화·스포츠계의 유명인 272
명의 손도장이 전시된 스타의 광장 スターの広場도 있다.

1 예스러운 모습으로 꾸민
상점가가 인상적이다.
2 유명인의 손도장을 모아
놓은 스타의 광장.

돈과 손님을 부르는 마네키네코

아사쿠사 어디서나 눈에 띄는 기념품은 바로 마네키네코
招き猫. 마네키네코는 이름 그대로 돈·행운·손님을
'부르기 招き' 위해 오른손이나 왼손을 머리 위로 번쩍 치켜
든 '고양이 猫' 인형을 말한다. 전설에 의하면 고양이의 도
움으로 목숨을 구한 사람들이 고마움을 표하기 위해 인형
을 만들기 시작했다고 한다. 그러나 실제로는 유곽(遊廓)
이나 술집에서 손님을 끌기 위해 금·은을 입힌 값비싼 고
양이 인형을 세워 놓은 게 시초다. 물론 과거의 의미가 퇴색
한 지금은 일본을 상징하는 가장 대중적인 마스코트로 자
리잡은 지 오래다.

마네키네코는 다양한 형태와 색깔로
만드는데, 일반적으로 오른손은 돈·
행운, 왼손은 손님을 부르는 의미다.
손은 높이 들면 들수록 복을 불러오는
힘이 강해진다고 한다. 흰색의 마네키
네코는 행운을 불러오며, 검정색은 마
(魔)가 끼는 것을 막아주고, 빨간색
은 액운이나 병마를 퇴치하는 부적
의 역할을 한다는 사실도 알아두자.

 구글맵

浅 ★★★★★
草寺 센소지

일본어 센소-지 **개관** 06:00~17:00, 10~3월 06:30~17:00 **지도** MAP 19-D4
홈페이지 www.senso-ji.jp **구글맵** 페이지 하단 QR 코드 스캔·클릭
교통 지하철 긴자 선·토에이아사쿠사 선의 아사쿠사 浅草 역(G19·A18) 하차,
1·3번 출구를 나와 정면으로 도보 6분. 또는 사철 츠쿠바 익스프레스의 아사쿠사
浅草 역(03) 하차, A1번 출구에서 도보 6분.

1,400년의 역사를 자랑하는 대규모 사찰. 스미다 강 隅田川에서
관음상을 건져 올린 것을 계기로 창건된 절이다. 전해오는 얘기에 의하면
서기 628년 3월 18일 새벽, 스미다 강에서 그물질하던 히노쿠마노
하마나리·타케나리 檜前浜成·竹成 형제가 우연히 불상 하나를 건져
올렸다. 영문을 몰라 어리둥절해하던 두 청년은 그 일대 최고의 지식인
하지노 나카토모 土師中知에게 불상을 보여줬고, 그 불상이 귀중한
관음상임을 알게 됐다. 이에 감복한 두 형제는 바로 불가에 귀의했고,
하지노 나카토모 역시 출가해 조그만 절을 세운 뒤 관음상을 모시게
되는데 그게 바로 지금의 센소지. 나카미세에서 호조몬에 거의 다다를
즈음이면 상점가 옆에 이 전설을 소개한 9개의 그림판이 세워져 있다.
도심 사찰이라고는 믿기지 않을 만큼 가람 규모가 크며, 지난 1,400년간
서민 신앙의 중심지 역할을 해온 곳답게 지금도 참배자의 행렬이 끊이지
않는다. 입구에 해당하는 호조몬 宝蔵門에는 법화경 등 국보로 지정된
불경이 안치돼 있어 '보물을 보관하는 문'이란 뜻을 가진 지금의 이름이
붙었다. 원래 9세기에 세워졌지만 1945년의 공습으로 소실돼 1964년
지금의 모습으로 재건했다. 호조몬을 바라볼 때 왼쪽의 불당 앞에는
온몸이 반질반질 빛나는 나데보토케 なで仏가 있다. 자신의 아픈 부위와
똑같은 부분을 문지르면 낫는다는 속설 때문에 누구나 한 번씩 이
불상을 쓰다듬고 지나간다.
호조몬을 통과하면 운세를 점치는 오미쿠지 おみくじ 코너가 있다.
육각형의 금속 통을 흔들면 막대가 하나 튀어나오는데 거기 적힌 것과
동일한 번호의 서랍을 열어 운세가 적힌 종이(오미쿠지)를 꺼낸다.
행운이 나왔을 때는 오미쿠지를 가져가고, 불운이 나왔을 때는 앞에
놓인 쇠막대에 오미쿠지를 묶고 불운이 물러가기를 기원한다.
높이 29.4m, 폭 34.5m의 거대한 규모를 자랑하는 본당은 1945년에
공습으로 불타버린 것을 7년의 공사 끝에 복원시킨 것(1958년)인데
공사비만 3억 1,300만 엔이 들었다. 본존으로는 스미다 강에서 건져 올린
관음상을 모시고 있으나 일반 공개는 하지 않는다. 이 절의 가장 이색적인
볼거리는 본당 정면에 놓인 대형 화로다. 여기서 나오는 연기를 쐬면 몸에
좋다고 해 앞을 지나는 사람은 누구나 몸 구석구석 연기를 쐬는 일종의
의식을 치른다. 머리에 연기를 잔뜩 쐬면 혹시 머리가 좋아질지도…?
유서 깊은 사찰답게 센소지는 1월 1일이면 새해 소원을 빌러오는
사람들로 인산인해를 이룬다. 그때는 카미나리몬에서 센소지 본전까지
300m 남짓한 거리를 걷는 데만 1시간 이상 걸리기도 한다. 나름 색다른
추억이 될 수도 있지만, 고생할 가능성이 무척 높으니 이때는 피해서
가는 게 좋을 듯!

1 센소지의 호조몬. 문 뒤에는 해마다
공양하는 초대형 짚신이 걸려 있다.
2·3 참배객들이 연기를 쐬는 대형 화로.
4 병이 낫기를 기원하는 나데보토케.

江戸たいとう伝統工芸館 에도 타이토 전통 공예관

★☆☆☆☆

발음 에도타이토덴또-꼬-게-깐 **개관** 10:00~18:00 **휴관** 매월 둘째·넷째 화요일
요금 무료 **지도** MAP 19-D3 **교통** 지하철 긴자 선·토에이아사쿠사 선의
아사쿠사 浅草 역(G19·A18) 하차, 1·3번 출구를 나와 정면으로 도보 16분.
구글맵 페이지 하단 QR 코드 스캔·클릭

전통 공예품을 전시·판매하는 미니 갤러리. 가구·인형·생활잡화 등
다양한 수공예품 400여 점을 상설 전시한다. 세련된 맛은 없지만 섬세한
장인의 손길을 느낄 수 있는 게 매력. 토·일요일에는 장인들의 수공예품
제작 시연회가 열린다.

水上バス 수상 버스

★★★☆☆

발음 스이죠-바스 **홈피** www.suijobus.co.jp **지도** MAP 19-B4
교통 지하철 긴자 선·토에이아사쿠사 선의 아사쿠사 浅草 역
(G19·A18) 하차, 5번 출구를 나와 왼쪽으로 도보 1분.
구글맵 페이지 하단 QR 코드 스캔·클릭
스미다가와 라인 **요금** 1,000~1,180엔
히미코 라인·호타루나 라인 **요금** 2,000엔
※시즌에 따라 운항 스케줄 변동이 크다. 정확한 스케줄은
홈페이지 참조.

스미다 강을 운항하는 3개 코스의 유람선.
아사쿠사→하마리큐 정원 浜離宮恩賜庭園(p.242)→
히노데산바시 日の出桟橋를 운항하는 스미다가와 라인
隅田川ライン(35~40분 소요), 아사쿠사→오다이바
해변 공원(p.199)을 운항하는 히미코 라인 Himiko ライン
(50분 소요)·호타루나 라인 Hotaluna ライン
(65분 소요)을 이용할 수 있다.
기회가 되면 해질녘에 맞춰 유람선을 타보자. 도쿄 만을
오렌지색으로 물들이며 바다 속으로 가라앉는 붉은
태양과 도쿄의 야경을 동시에 즐길 수 있다.
오다이바 구간을 운항하는 우주선 모양의 유람선 히미코
호 ヒミコ号와 호타루나 호 ホタルナ号는 〈은하철도
999〉의 작가 마츠모토 레이지 松本零士가 '눈물방울'을
모티브로 디자인한 배란 사실도 알아두면 좋을 듯.

隅田川花火大会 스미다가와 불꽃놀이

★★★★★

발음 스미다가와하나비타이까이
일시 7월 마지막 토요일 19:00~20:30 ※날씨에 따라 변경될 수
있으며 정확한 일시는 홈페이지에서 확인 가능.
요금 무료 **홈피** http://sumidagawa-hanabi.com
지도 MAP 19-C5 **구글맵** 페이지 하단 QR 코드 스캔·클릭
교통 지하철 긴자 선·토에이아사쿠사 선의 아사쿠사 浅草 역
(G19·A18) 하차, 5번 출구를 나와 왼쪽으로 도보 1분.

1733년 역병 퇴치를 기원하는 의미로 시작된 일본
제일의 불꽃놀이. 원래 망자의 넋을 기리고자 10여
발의 폭죽을 쏘아올리는 소박한 행사였지만, 1808년
유명 폭죽 업체가 참가하면서 지금과 같은 화려한
축제로 거듭났다. 본격적으로 유명세를 타기 시작한
때는 1978년이며, 일본을 대표하는 폭죽 업체 10여
개가 참여해 사쿠라바시 桜橋(아사쿠사에서 1km
상류에 위치한 다리) 주변에서 2만 발 이상의 폭죽을
쏘아올린다. 행사 당일은 극도의 혼잡을 이루니
일찌감치 가서 자리를 잡아야 한다.

화려한 불꽃놀이는 아사쿠사의 여름을 상징하는 최고의 볼거리다.

구글맵

★★☆☆☆
ア サヒスーパードライホール 아사히 슈퍼 드라이 홀

발음 아사히스-파-도라이호-루 **지도** MAP 19-B5
교통 지하철 긴자 선 · 토에이아사쿠사 선의 아사쿠사 浅草 역(G19 · A18) 하차. 5번 출구를
나와 왼쪽으로 도보 4분. **구글맵** 페이지 하단 QR 코드 스캔 · 클릭

일본의 3대 맥주 메이커 가운데 하나인 아사히 맥주에서 직영하는 레스토랑 겸
이벤트 홀. 강렬한 존재감의 검은색 빌딩과 옥상의 금빛 조형물은 세계적인 건축가
필립 스타크 Philippe Starck의 작품(1989년)이다. 플람 도르 Flamme d'or
즉 '황금 불꽃'이란 이름의 조형물은 뜨겁게 타오르는 아사히 맥주의 마음을
상징하는데, 무언가를 연상시키는 묘한 생김새 때문에 현지인에게는 '하늘을 나는
똥'이란 애칭 아닌 애칭으로 불리고 있다. 이 때문에 조형물이 세워질 당시 지역
이미지 악화를 우려한 주민들의 거센 항의가 잇따랐다고 한다. 해가 진 뒤에 조명이
들어오면 조형물이 황금색으로 밝게 빛나며 멋진 야경을 뽐내는 것으로도 유명하다.
바로 옆의 건물은 아사히 맥주의 본사인 아사히 맥주 아즈마바시 빌딩 アサヒビール
吾妻橋ビル(닛켄 설계 日建設計. 1989년)이다. 금빛 유리로 덮인 외벽은
황금빛 맥주를 상징하며, 옥상 부분의 올록볼록한 조형물은 맥주 거품을 뜻한다.
한마디로 거대한 맥주잔을 형상화한 것. 제일 안쪽의 아사히 아넥스 Asahi Annex
(노자와 마코토 野沢誠, 1990년)는 아사히 맥주에서 직영하는 비어 홀이다. 원통형
건물에 금속판을 덧입혀 중후한 무게감을 더한 디자인 역시 맥주잔을 형상화한
것이며, 1층 외벽을 장식한 올록볼록한 일련의 무늬는 맥주 거품을 상징한다.

1 맥주잔 모양의 아사히 맥주 본사와
번쩍번쩍 빛나는 플람 도르.
2 맥주 거품을 형상화한 디자인의 아사히
아넥스.

★★★☆☆
か っぱ橋道具街 캇파바시도구가이 상점가

발음 캇빠바시도-구가이 **영업** 10:00〜17:30 **휴무** 일요일, 연말연시
홈피 www.kappabashi.or.jp **지도** MAP 19-B1
교통 지하철 긴자 선의 타와라마치 田原町 역(G18) 하차, 3번 출구를 나와 뒤로 돌아 도보 5분.
구글맵 페이지 하단 QR 코드 스캔 · 클릭

한마디로 주방용품 마니아의 천국이다. 주방에서 필요한 모든 조리기구를
한자리에 모아 놓았는데, 전문가도 탐낼 만큼 '훌륭한 품질, 저렴한 가격,
다양한 상품'의 삼박자를 고루 갖췄다. 분위기는 어수선하지만 세련된 디자인의
상품을 구할 수 있는 게 매력. 심플하지만 멋스러운 간판과 노렌 のれん(상점
이름이 적힌 푸럼), 실물을 쏙 빼닮은 음식 모형 능은 누가 봐도 탐나는
인기 절정의 아이템이다. 점포 수가 170여 개에 이르니 구경할 시간을 넉넉히
두고 가자.
눈여겨볼 숍은 자잘한 소품부터 대형 주방용품까지 다양한 상품을 취급하는
니이미 양식기점 ニイミ洋食器店, 저렴한 가격과 다채로운 디자인이 매력인
질그릇 전문점 와노우츠와덴가마 和の器田窯, 커피 원두는 물론 커피 메이커 ·
포트 · 잔 등 관련용품이 풍부한 유니온 ユニオン, 제과 · 제빵 기구와 300여
종의 과자들을 취급하는 마지마야 Majimaya 등이다.

1 캇파바시도구가이 상점가를 상징하는 요리사 두상. 2 온갖 주방용품이 한자리에 모여 있다.

스키야키 덮밥
明治すきやき丼(2,970엔)

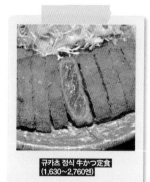
규카츠 정식 牛かつ定食
(1,630~2,760엔)

하야시라이스
ハヤシライス(1,500엔)

아사쿠사이마한 〈강추〉
浅草今半

1895년 창업한 소고기 요리 전문점. 스키야키·샤부샤부·카이세키 등의 고급 요리를 취급하는데, 최상품 소고기와 식재료만 사용한다는 자부심이 대단하다. 기본 메뉴는 한 끼에 9,680~29,700엔이나 할 만큼 비싸니 경제적인 런치 메뉴 (11:30~14:00)를 노리자. 100년의 전통을 이어온 소고기 덮밥 햐쿠넨규동 百年牛丼(1,980엔), 19세기 창업 당시의 맛을 그대로 간직한 스키야키 덮밥 메이지스키야키동 明治すきやき丼 (2,970엔), 스테이크 덮밥 스테키동 ステーキ丼(2,970엔)이 맛있다. 덮밥 메뉴는 하루에 20인분씩만 한정 판매한다.

[예산] 1,980엔~ [영업] 11:30~21:30
[메뉴] 일어·영어
[주소] 東京都 台東区 浅草 3-1-12
[전화] 03-3841-1114 [지도] MAP 19-C2
[교통] 지하철 긴자 선의 타와라마치 田原町 역(G18) 하차, 3번 출구를 나와 정면으로 도보 8분.
[구글맵] 페이지 하단 QR 코드 스캔·클릭

아사쿠사 규카츠
浅草 牛かつ

아사쿠사 제일의 인기를 구가하는 규카츠. 규카츠 모토무라(p.181)의 자매점이라 메뉴와 맛이 동일하다. 대표 메뉴는 규카츠 정식 규카츠테이쇼쿠 牛かつ定食(130g 1,630엔, 195g 2,300엔, 260g 2,760엔). 소고기에 튀김옷을 입혀 딱 1분만 튀긴 규카츠는 겉은 바삭하고 고기는 날 것에 가까운 게 특징. 개인 화로에 취향대로 구워 먹는데, 소기름을 첨가해 만든 가공육이라 바짝 익히는 게 건강상 좋다. 기본 소스로 와사비·간장·양념장·소금이 제공되며, 튀김 특유의 느끼함을 잡아주는 와사비가 특히 잘 어울린다. 정식 메뉴에는 밥·된장국·감자·양배추 샐러드가 포함된다.

[예산] 1,630엔~ [영업] 11:00~23:00
[메뉴] 일어·영어·한국어
[주소] 東京都 台東区 雷門 2-17-10
[전화] 03-3842-1800 [지도] MAP 19-B3
[교통] 지하철 긴자 선·토에이아사쿠사 선의 아사쿠사 浅草 역(G19·A18) 하차, 2번 출구를 나와 정면으로 도보 2분.
[구글맵] 페이지 하단 QR 코드 스캔·클릭

요시카미
ヨシカミ

문을 열기 전부터 긴 줄이 늘어서는 경양식집. '너무 맛있어서 죄송합니다'란 자신감 넘치는 홍보 문구가 호기심을 자극한다. 일본식으로 개량한 스테이크·스튜 등을 선보이는데 대표 메뉴는 하루에 50~70그릇만 한정 판매하는 하야시라이스 ハヤシライス(1,500엔)다. 양질의 고기를 재료로 만든 스튜 소스의 그윽한 풍미를 즐길 수 있다. 소박한 맛의 오므라이스 オムライス(1,450엔)도 인기가 높다. 평일 11:30~17:00 에는 스파게티·카레 등의 메뉴에 수프와 음료가 포함된 런치 세트 탓푸리란치 たっぷりランチ(2,000엔) 도 선보인다.

[예산] 1,100엔~ [영업] 11:30~21:30
[휴업] 목요일 [메뉴] 일어·영어
[주소] 東京都 台東区 浅草 1-41-4
[전화] 03-3841-1802 [지도] MAP 19-C3
[교통] 지하철 긴자 선·토에이아사쿠사 선의 아사쿠사 浅草 역(G19·A18) 하차, 1·3 번 출구를 나와 정면으로 도보 9분.
[구글맵] 페이지 하단 QR 코드 스캔·클릭

구글맵

튀김 덮밥
大入江戸前天丼(3,800엔~)

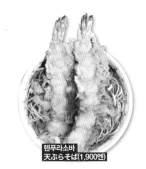

텐푸라소바
天ぷらそば(1,900엔)

텐동
天丼(2,300엔)

마사루
まさる

1947년 문을 연 튀김 덮밥집. 매일 츠키지 시장에서 들여오는 싱싱한 어패류만 사용하며, 마음에 드는 재료가 없는 날은 가게를 열지 않을 만큼 장인 정신이 투철하다. 인기 메뉴는 참새우·붕장어·보리멸을 푸짐하게 얹은 튀김 덮밥 오이리에도마에텐동 大入江戸前天丼(소형 새우 3,800엔, 대형 새우 5,800엔)이다. 참새우 크기에 따라 가격이 다르니 주의하자. 참새우는 머리부터 꼬리까지 모두 먹을 수 있도록 정성껏 튀겨준다. 오픈 전부터 긴 줄이 늘어서며 초등학생 미만의 아동은 받지 않는다는 사실에 주의하자.

예산 3,800엔~
영업 11:00~14:30(재료 소진시 폐점)
휴업 수·일·공휴일 메뉴 일어
주소 東京都 台東区 浅草 1-32-2
전화 03-3841-8356 지도 MAP 19-B4
교통 지하철 긴자 선·토에이아사쿠사 선의 아사쿠사 浅草 역(G19·A18) 하차, 1·3번 출구를 나와 오른쪽으로 도보 3분.
구글맵 페이지 하단 QR 코드 스캔·클릭

오와리야
尾張屋

메밀국수와 튀김 덮밥이 맛있는 140년 전통의 식당. 명물 메뉴는 맛깔스럽게 튀긴 왕새우를 통째로 얹어주는 국수 텐푸라소바 天ぷらそば(1,900엔)다. 그릇이 넘칠만큼 커다란 왕새우 두 마리가 담겨 나오는데, 깊은 맛이 우러나는 카츠오부시 국물과 달콤한 육질의 튀김이 무척 잘 어울린다. 메밀국수 한 판과 새우 튀김이 세트로 나오는 텐세이로 天せいろ(1,300엔)도 맛있다. 새우튀김을 얹은 튀김 덮밥 텐동 天丼(2,000엔), 특대 사이즈 참새우 두 마리를 얹은 튀김 덮밥 죠텐동 上天丼(3,500엔), 모둠 튀김이 나오는 튀김 정식 텐푸라테이쇼쿠 天ぷら定食(2,300엔)도 먹을 만하다.

예산 800엔~ 영업 11:30~20:00
휴업 금요일 메뉴 일어·영어
주소 東京都 台東区 浅草 1-7-1
전화 03-3845-4500 지도 MAP 19 D3
교통 지하철 긴자 선·토에이아사쿠사 선의 아사쿠사 浅草 역(G19·A18) 하차, 1·3번 출구를 나와 정면으로 도보 5분.
구글맵 페이지 하단 QR 코드 스캔·클릭

아오이마루신 (강추)
葵丸進

고소한 튀김 냄새가 후각을 자극한다. 1946년 창업 이래 지금까지 오로지 튀김 메뉴만 고집해온 전통의 명가다. 맛의 비결은 싱싱한 튀김 재료와 80년 노하우가 축적된 특제 튀김 기름이라고. '아사쿠사 전통의 맛'으로 공인 받아온 튀김 덮밥 텐동 天丼(2,300엔)이 맛있다. 밥 위에 노릇노릇하게 튀긴 새우·채소·생선·오징어가 소담히 담겨 나온다. 고소한 튀김과 절묘하게 어울리는 달콤한 소스의 맛도 일품이다. 카고시마 산(産) 최상품 참새우와 쓰시마 산 붕장어 튀김이 추가된 특상 튀김 덮밥 토쿠죠텐동 特上天丼(3,350엔)도 맛있다.

예산 2,300엔~ 영업 11:30~20:00
메뉴 일어·영어
주소 東京都 台東区 浅草 1-4-4
전화 03-3841-0110 지도 MAP 19-B3
교통 지하철 긴자 선·토에이아사쿠사 선의 아사쿠사 浅草 역(G19·A18) 하차, 1·3번 출구를 나와 정면으로 도보 3분.
구글맵 페이지 하단 QR 코드 스캔·클릭

닝교야키
人形焼(8개 600엔)

아사쿠사 실크 푸딩
浅草シルクプリン(550엔)

녹차 아이스크림
450~760엔

키무라야닝교야키
木村家人形焼

150여 년의 역사를 이어온 일본 과자 전문점. 아사쿠사의 전통 군것질거리로 유명한 닝교야키 人形焼(8개 600엔)의 원조집이다. 닝교야키는 카스텔라 빵 속에 달콤한 팥소를 넣고 비둘기·카미나리몬·오층탑 모양으로 구운 오방떡의 일종인데 녹차와 함께 먹으면 더욱 맛있다. 이곳의 매력은 오랜 전통을 이어온 깊은 맛의 팥소! 단맛을 싫어하는 이라도 거부감 없이 먹을 수 있을 만큼 고급진 맛이 특징이다. 나카미세도리 곳곳에서 파는 싸구려 닝교야키와 비교해 보면 금방 맛의 차이를 느낄 수 있을 듯. 과자 틀에 밀가루 반죽과 팥소를 넣고 전통 방식 그대로 닝교야키를 굽는 모습도 이채롭다.

예산 600엔~ 영업 09:00~18:00 메뉴 일어
주소 東京都 台東区 浅草 2-3-1
전화 03-3841-7055 지도 MAP 19-C3
교통 지하철 긴자 선·토에이아사쿠사 선의 아사쿠사 浅草 역(G19·A18) 하차, 1·3번 출구를 나와 정면으로 도보 5분.
구글맵 페이지 하단 QR 코드 스캔·클릭

아사쿠사 실크 푸딩 {강추}
浅草シルクプリン

여성들이 선호하는 푸딩 맛집. 손바닥만한 테이크아웃 전문점이라 편히 앉아서 먹기는 힘들다. 깜찍한 유리병에 담긴 아사쿠사 실크 푸딩 아사쿠사시루쿠푸링 浅草シルクプリン(550엔)을 꼭 맛보자. 싱싱한 계란과 고급 생크림으로 만든 실크처럼 매끈한 질감, 그리고 농후한 단맛이 특징이다. 먼저 윗부분의 푸딩을 떠먹으며 식감과 맛을 즐기고, 나중에 바닥에 깔린 캐러멜과 푸딩을 섞어 맛의 변화를 즐기는 게 실크 푸딩을 제대로 먹는 법! 리치한 풍미의 프리미엄 실크 푸딩 푸레미아무시루쿠푸링 プレミアムシルクプリン(690엔)도 맛있다.

예산 550엔~ 영업 11:00~21:00
휴업 부정기적 메뉴 한국어·일어·영어
주소 東京都 台東区 浅草 1-4-11
전화 03-5828-1677 지도 MAP 19-B3
홈피 http://silkpurin.com
교통 지하철 긴자 선·토에이아사쿠사 선의 아사쿠사 浅草 역(G19·A18) 하차, 1·3번 출구를 나와 정면으로 도보 3분.
구글맵 페이지 하단 QR 코드 스캔·클릭

스즈키엔 {강추}
壽々喜園

인기 절정의 녹차 아이스크림 가게. 1953년 창업한 녹차 전문점에서 운영하는 곳답게 최상품 녹차로 만든 고급진 아이스크림을 맛볼 수 있다.
1~7번의 번호가 붙은 아이스크림은 번호가 클수록 녹차 맛이 진해진다. 농후한 우유 향과 쌉싸름한 녹차가 절묘한 조화를 이루는 맛의 신세계를 경험해보자. 초심자에게는 균형 잡힌 맛의 3·4번, 녹차 러버에게는 진한 향과 맛을 음미하기 좋은 7번을 추천한다 (450~760엔).

예산 450엔~ 영업 11:00~17:00
휴업 연말연시 메뉴 영어·일어
주소 東京都 台東区 浅草 3-4-3
전화 03-3873-0311
지도 MAP 19-D4
교통 지하철 긴자 선·토에이아사쿠사 선의 아사쿠사 浅草 역(G19·A18) 하차, 1·3번 출구에서 도보 18분. 또는 사철 츠쿠바 익스프레스의 아사쿠사 浅草 역(03) 하차, A1번 출구에서 도보 11분.
구글맵 페이지 하단 QR 코드 스캔·클릭

구글맵

숯불구이 토스트
炭焼きトースト(450~750엔)

덴키부란
デンキブラン(400엔)

펠리칸 카페 _강추_
ペリカンカフェ

1942년 창업한 노포 빵집의 직영 카페. 150m 떨어진 빵 펠리칸 본점 (MAP 19-A2)에서 항상 갓 구운 빵이 공급되는 까닭에 최상의 맛을 즐길 수 있다. 입구에서 번호표를 받는 방식인데, 오픈 전부터 긴 줄이 늘어서니 서둘러 가기를 권한다. 인기 절정의 메뉴는 숯불구이 토스트 스미야키토스토 炭焼きトースト(단품 450엔, 음료 세트 750 엔)다. 두께 3cm의 두툼한 식빵을 숯불에 구운 뒤 버터를 올려주는데, 바삭하면서도 쫄깃한 식감과 고소한 버터의 풍미가 일품이다. 4~5가지 계절 과일과 생크림으로 만든 과일 샌드위치 후루츠산도 フルーツサンド(1,000엔)도 맛있다.

예산 750엔~ **영업** 09:00~17:00
휴업 일요일, 여름휴가, 연말연시
메뉴 일어·영어
주소 東京都 台東区 寿 3-9-11
전화 03-6231 7030 **지도** MAP 19-A2
교통 지하철 긴자 선의 타와라마치 田原町 역(G18) 하차, 2번 출구에서 도보 6분.
구글맵 페이지 하단 QR 코드 스캔·클릭

카미야 바
神谷バー

1880년 개업한 역사 깊은 레스토랑. 특히 중장년층에게 인기가 높다. 1층은 주류와 안주를 파는 바, 2·3층은 요리를 취급하는 레스토랑이다. 19세기 말부터 팔기 시작한 칵테일 덴키부란 デンキブラン(400엔)이 유명하다. 위스키·진·약초를 섞어 만든 독특한 향과 맛이 특징이며 제조법은 지금까지도 비밀에 부쳐져 있다. 덴키부란이란 이름은 전기(덴키)가 귀하던 19세기 말 신식문물에는 모두 덴키란 이름을 붙인 데서 유래했다. 안주로는 야들야들한 고기조림 니코미 煮込 (650엔)와 꼬치 튀김 쿠시카츠 串かつ(650엔)가 좋다.

예산 400엔~ **영업** 11:00~20:00
휴업 화요일, 매주 첫째주와 마지막주 월요일
메뉴 일어
주소 東京都 台東区 浅草 1-1-1
전화 03-3841-5400 **지도** MAP 19-B4
교통 지하철 긴자 선·토에이아사쿠사 선의 아사쿠사 浅草 역(G19·A18) 하차, 1·3번 출구 뒤쪽으로 도보 1분.
구글맵 페이지 하단 QR 코드 스캔·클릭

시오팡야 팡 메종 아사쿠사 점
塩パン屋 パン・メゾン

초강추 소금빵 맛집. 긴자 점보다 덜 붐벼 이용하기 수월하다. 자세한 메뉴는 p.234의 긴자 점 참조.

예산 110엔~ **영업** 07:30~19:00
휴업 화요일 **지도** MAP 19-A5
교통 지하철 긴자 선·토에이아사쿠사 선의 아사쿠사 浅草 역(G19·A18) 5번 출구에서 도보 5분.
구글맵 하단 QR 코드 스캔·클릭

아사쿠사메이다이라멘 요로이야
浅草名代らーめん 与ろゐ屋

30여 년 전통의 라멘 맛집. 닭·돼지·건어물·채소로 우려낸 진한 감칠맛의 국물이 매력이다.

예산 900엔~ **영업** 11:00~21:00
지도 MAP 19-C4
교통 지하철 긴자 선·토에이아사쿠사 선의 아사쿠사 浅草 역(G19·A18) 1·3번 출구 도보 5분.
구글맵 하단 QR 코드 스캔·클릭

오코노미야키 소메타로 본점
お好み焼き染太郎本店

1937년 창업한 오코노미야키 노포. 예스러운 맛으로 인기가 높다. 건물도 창업 당시 모습 그대로인데, 에어컨이 없어 여름에는 무척 덥다.

예산 990엔~ **영업** 12:00~15:00, 17:30~20:30 **휴업** 화·수요일
지도 MAP 19-B2 **교통** 지하철 긴자 선 타와라마치 田原町 역(G18) 3번 출구 도보 6분.
구글맵 하단 QR 코드 스캔·클릭

코마가타도제우 본점
駒形どぜう 本店

1801년 창업한 노포. 겨울 보양식인 미꾸라지 전골 맛집. 단, 통 미꾸라지를 그대로 사용한 모양 때문에 호불호가 갈린다.

예산 3,180엔~ **영업** 11:00~20:00
지도 MAP 19-A3
교통 지하철 토에이아사쿠사 선의 아사쿠사 浅草 역(A18) A1번 출구에서 도보 2분.
구글맵 하단 QR 코드 스캔·클릭

SPECIAL

도쿄의 상징, 도쿄 스카이트리

하늘을 찌를 듯 웅장한 위용을 뽐내는 도쿄 스카이트리 東京スカイツリー는 세계에서 가장 높은 탑이다. 총 높이는 무려 634m에 달하며 2008년부터 650억 엔의 막대한 공사비와 4만 1,000톤이란 엄청난 양의 건축자재를 쏟아부어 2012년에 완공시켰다.

'일본의 전통미와 미래적 디자인의 융합'이란 건축 콘셉트를 살리고자 천년 고찰 호류지 法隆寺의 오층탑을 연상시키는 모습으로 만든 것도 흥미롭다. 탑 전체가 푸르스름한 기운이 감도는 백색으로 빛나는데, 이는 오직 이 탑을 칠하기 위해 만든 '스카이트리 화이트'란 특별한 색이다. 해가 지면 스미다가와 강을 상징하는 푸른색과 도쿄를 상징하는 오렌지색으로 화려하게 빛나는 모습도 아름답다.

4층에서 출발하는 엘리베이터를 타고 불과 50초면 해발 340m 지점에 위치한 전망 데크 展望デッキ에 도착한다. 2,000명을 동시에 수용할 수 있는 거대한 전망대는 도쿄 일대는 물론 멀리 후지 산까지도 한눈에 들어올 만큼 멋진 전망을 자랑한다. 445m 지점에는 도쿄에서 가장 높은 전망대인 전망회랑 展望回廊(추가요금 1,000~1,100엔)도 있다. 건물 안에는 400여 종, 1만여 마리의 수중생물을 사육하는 스미다 수족관 すみだ水族館, 황홀한 밤하늘을 거대한 돔 스크린에 재현하는 플라네타륨 텐쿠 天空, 33만 종의 우표를 소장·전시하는 우편 박물관 郵政博物館 등의 볼거리도 있다.

세련된 스타일의 쇼핑가 도쿄 소라마치 東京ソラマチ(1~7층)도 놓치지 말자. 도쿄에서 인기가 높은 패션·인테리어·잡화점과 맛집 300여 개를 한자리에 모아 놓아 발품 팔지 않고도 만족도 높은 쇼핑과 식도락을 즐길 수 있다.

거대한 위용을 자랑하는 도쿄 스카이트리

도쿄 소라마치 쇼핑가에는 최신 유행의 인기 숍이 모두 모여 있다

🕐 숍 10:00~21:00, 레스토랑 11:00~23:00
💰 부정기적 🌐 www.tokyo-skytree.jp 🗺 MAP 19-A5
🚇 아사쿠사에서 도보 20분. 또는 지하철 토에이아사쿠사 선·한조몬 선의 오시아게押上 역(A20·Z14) 하차. 사철 토부스카이트리라인 東武スカイツリーライン의 도쿄스카이츠리 東京スカイツリー 역(TS02) 하차.
🔲 페이지 상단 QR 코드 스캔·클릭

전망 데크 🕐 10:00~21:00(시기에 따라 다름)
💰 평일 2,100엔, 토·일·공휴일 2,300엔
🚇 도쿄 소라마치 4층의 매표소에서 티켓을 구입한 뒤 올라간다.

스미다 수족관 🕐 월~금요일 10:00~20:00, 토·일요일 09:00~21:00
💰 2,500엔, 고등학생 1,800엔, 초·중학생 1,200엔, 3세 이상 800엔
🚇 도쿄 소라마치의 웨스트 야드 5층.

텐쿠 🕐 10:30~22:00, 토·일·공휴일 09:30~22:00 💰 1,600엔~
🚇 도쿄 소라마치의 이스트 야드 7층.

우편 박물관 🕐 10:00~17:30 💰 300엔, 고등학생 이하 150엔
🚇 도쿄 소라마치의 이스트 야드 9층.

몬젠나카쵸 카페 투어

차분한 주택가에 카페와 베이커리가 점점이 공존하는 거리 몬젠나카쵸 門前仲町. 화려한 멋은 없지만 호젓한 카페에 들러 여유로운 시간을 가지는 것도 색다른 여행의 추억이 된다.

교통 지하철 토에이오에도 선·토자이 선의 몬젠나카쵸 門前仲町 역(E15·T12) 또는 토에이오에도 선·한조몬 선의 키요스미시라카와 清澄白河 역(E14·Z11) 하차. 긴자·아사쿠사·아키하바라에서 가깝다.

키요스미 정원
清澄庭園

고즈넉한 멋의 일본식 정원. 연못을 중심으로 조성된 산책로를 따라 걸으며 시시각각 모양을 달리하는 풍경을 감상하도록 조성됐다. 화사한 봄 벚꽃과 가을 단풍으로도 유명하다.

개관 09:00~17:00
휴관 12/29~1/1
요금 150엔
구글맵 상단 QR 코드 스캔

커피 마메야 카케루
KOFFEE MAMEYA KAKERU

커피 러버를 위한 오마카세 카페. 원두를 선택하면 다양한 스타일로 커피를 내려준다. 바리스타의 전문적인 설명과 더불어 맛과 향을 비교해보는 재미가 쏠쏠하다. 오마카세 코스는 100분 동안 진행되며 예약 필수다(구글맵).

영업 11:00~18:00
예산 3,000엔
구글맵 상단 QR 코드 스캔

트러플 베이커리
TRUFFLE BAKERY

세련된 맛으로 명성이 자자한 베이커리. 강추 메뉴는 고소한 맛과 쫄깃한 식감의 트러플 소금빵, 은은한 트러플 향이 미각을 자극하는 트러플 계란 샌드위치다.

개관 09:00~19:00,
토·일·공휴일 08:00~18:00
휴관 월요일
구글맵 상단 QR 코드 스캔

블루 보틀 커피
ブルーボトルコーヒー

일본 블루 보틀 커피 1호점. 계절마다 최상의 맛을 내는 싱글 오리진 커피를 중심으로 다양한 커피를 선보인다. '원두에서 컵까지'를 모토로 원산지는 물론 추출 방법까지 세심하게 배려한 메뉴가 특징이다. 오직 여기서만 맛볼 수 있는 한정판 메뉴도 취급한다.

영업 08:00~19:00
구글맵 상단 QR 코드 스캔

올프레스 에스프레소 도쿄
ALLPRESS ESPRESSO TOKYO

스페셜티 커피 전문점. 뉴질랜드에 본점이 있으며, 전 세계에서 수입한 최상의 원두만 사용한다. 로스팅을 겸하기 때문에 언제나 신선한 커피를 맛볼 수 있다. 시음도 가능!

개관 09:00~17:00,
토·일·공휴일 10:00~18:00
구글맵 상단 QR 코드 스캔

어라이즈 커피 로스터스
ARISE COFFE ROASTERS

소박한 로스터리 카페. 동네 담배가게 같은 푸근한 분위기가 매력이다. 정성껏 내린 핸드 드립 커피와 빵·도넛을 판매해 현지인도 즐겨 찾는다.

개관 10:00~17:00
휴관 월요일
구글맵 상단 QR 코드 스캔

AKIHABARA
KANDA

아키하바라 秋葉原 · 칸다 神田

볼거리 ★★★☆☆
먹거리 ★★☆☆☆
쇼 핑 ★★★★☆
유 흥 ☆☆☆☆☆

만화와 현실 세계가 묘한 경계를 이루는 오타쿠의 거리 아키하바라. 메이드 차림으로 카페 홍보에 여념이 없는 깜찍한 여고생, 쇼윈도를 장식한 섹시한 피규어, 가판대 위에 잔뜩 쌓인 게임 · 만화 · DVD 등이 도쿄에 또 다른 세계가 존재함을 실감케 한다. 오타쿠 문화의 토대 위에 굳건히 뿌리내린 A-Boy(아키하바라 보이)들이 활보하는 거리에서 만화 왕국 일본의 중심에 서 있음을 느껴보자.

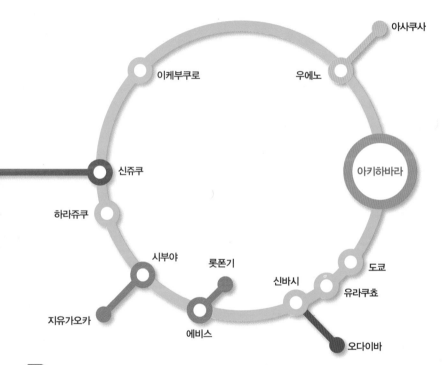

🚃 아키하바라로 가는 방법

JR 야마노테 선 山手線 · 케이힌토호쿠 선 京浜東北線 · 소부 선 総武線의 아키하바라 秋葉原 역 **(JY03 · JK28 · JB19)** 하차
전기 상점가 출구 電気街口의 개찰구를 나가자마자 왼쪽으로 가면 메인 쇼핑가인 츄오도리가 나온다.

지하철 긴자 선 銀座線의 스에히로쵸 末広町 역(G14) 하차
1 · 3번 출구가 메인 쇼핑가인 츄오도리와 바로 연결된다.

사철 츠쿠바 익스프레스 つくばエクスプレス의 아키하바라 秋葉原 역(01) 하차
A1 · A2번 출구가 JR 아키하바라 역과 연결된다.

akihabara·kanda quick guide

S How to See
관광지로서의 매력은 빈약

서쪽의 칸다와 동쪽의 아키하바라 두 지역으로 나뉜다. 일반적인 관광지보다는 전문 상가의 성격이 강한 곳이라 큰 볼거리는 없다. JR 오차노미즈 역 주변에 니콜라이 당·유시마 성당 등의 사적지, JR 소부 선으로 연결되는 료고쿠 역 근처에 위치한 에도 도쿄 박물관·스모 박물관이 볼거리의 전부라 해도 과언이 아니다. 오타쿠 문화를 체험하려면 아키하바라의 츄오도리에 들러보자.

박물관·전시관	★☆☆
건축물·공원	☆☆☆
유적·사적지	★☆☆

B What to Buy
마니아를 위한 전문 상가

JR 오차노미즈 역을 중심으로 한 서쪽의 칸다는 고서적·악기·스포츠용품 전문 상가로 정평이 나 있다. 우리나라보다 가격이 저렴한 것은 물론 레어템도 풍부하다. JR 아키하바라 역과 연결되는 츄도오리는 수백 개의 만화·애니 관련 숍이 모인 오타쿠의 천국이다. 신상품은 물론 빈티지한 중고품까지 품목도 다양하다. 단, 같은 상품이라도 가격은 천차만별이니 꼼꼼한 비교는 필수!

패션·인테리어	☆☆☆
스포츠·악기	★★★
토이·서적·만화	★★★

E Where to Eat
식도락을 즐기기엔 역부족

맛집이 많은 지역이 아니니 식도락에 대한 미련은 잠시 접어두는 게 좋다. 아키하바라 역 주변에는 저렴한 라면·패스트푸드를 취급하는 식당이 모여 있으며, 메이드 차림의 종업원들이 독특한 서비스를 제공하는 메이드 카페가 오타쿠 사이에서 인기가 높다. 칸다 동부에 위치한 식당가에는 오랜 전통을 자랑하는 식당과 메밀국수(소바) 전문점이 모여 있다는 사실도 알아두면 좋을 듯!

일식·라면	★☆☆
양식·기타	★☆☆
디저트	☆☆☆

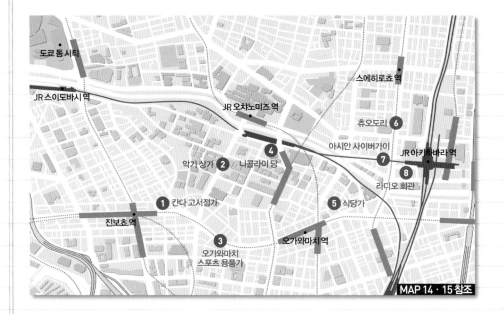

1 칸다 고서점가   p.374

수많은 헌책방이 모여 있는 고서점 거리. 일반 서적은 물론 예술·학술·문학 등 다양한 분야의 책을 취급한다. 사료적 가치가 높은 희귀 서적도 종종 발견된다.

볼거리 ☆☆☆   먹거리 ★☆☆   쇼핑 ☆☆☆

2 악기 상가   p.375

전자 악기에서 명품 바이올린까지 모든 상품이 구비된 악기 상가. 신품과 함께 합리적인 가격에 구매 가능한 중고 악기도 취급해 뮤지션들이 즐겨 찾는다.

볼거리 ☆☆☆   먹거리 ★☆☆   쇼핑 ★☆☆

3 오가와마치 스포츠 용품가   p.375

일본 최대를 자랑하는 스포츠 용품 전문 상가. 우리나라에서 구하기 힘든 레저·아웃도어 용품도 취급한다. 판매하는 아이템은 계절별로 바뀐다는 사실을 기억할 것.

볼거리 ☆☆☆   먹거리 ☆☆☆   쇼핑 ★★☆

4 니콜라이 당   p.373

120여 년 동안 칸다의 역사와 함께해온 교회. 이국적인 외관 때문에 기념사진 포인트로도 인기가 높다. 매일 정오에 울려 퍼지는 아름다운 종소리를 들어보자.

볼거리 ★☆☆   먹거리 ☆☆☆   쇼핑 ☆☆☆

5 식당가

칸다 동쪽에 위치한 서민적인 식당가. 외견상으로는 일반적인 거리와 다를 바 없지만 오랜 전통을 자랑하는 식당과 소바 전문점이 모여 있어 현지인들이 즐겨 찾는다.

볼거리 ☆☆☆   먹거리 ★★☆   쇼핑 ☆☆☆

6 츄오도리   p.372

아키하바라 제일의 쇼핑 포인트. 만화·애니 관련 상품을 취급하는 숍 수백 개가 모여 있는 오타쿠의 천국이다. 일·공휴일에는 차량 통행이 제한된 거리를 자유로이 활보할 수 있다.

볼거리 ★☆☆   먹거리 ★☆☆   쇼핑 ★★☆

7 아시안 사이버가이

아키하바라의 옛 풍경이 남아 있는 곳. 고가철로를 따라 전자 제품·AV 기기·PC 용품을 취급하는 숍이 줄지어 있다. 특수 부품이나 전문 장비를 구매하려는 마니아들이 애용한다.

볼거리 ☆☆☆   먹거리 ☆☆☆   쇼핑 ★☆☆

8 라디오 회관   p.380

아키하바라의 핵심 쇼핑 포인트. 9층 건물 전체가 만화·애니 전문점으로 가득해 효율적인 쇼핑을 즐길 수 있다. 피규어·기념품 등 취급 품목도 다양하다.

볼거리 ☆☆☆   먹거리 ☆☆☆   쇼핑 ★★★

best course

애니 마니아를 위한 쇼핑 코스. 최신 인기 아이템부터 저렴한 중고·빈티지 레어 아이템까지 모두 구할 수 있다. 대부분의 숍이 11:00부터 영업을 시작하니 시간을 잘 맞춰서 가자. 정가를 고집하는 숍도 있지만 5~20% 가격을 할인해주는 숍도 있으니 찬찬히 둘러보며 가격 비교를 하는 것도 잊지 말자.

쇼핑에 관심이 없을 때는 JR 소부 선의 오차노미즈 역에서 내려 유시마 성당→니콜라이 당→악기 상가→칸다 고서점가→오가와마치 스포츠 용품가→아키하바라의 순으로 돌아봐도 되며 이 경우 예상 소요시간은 8시간 정도다.

출발점 JR 아키하바라 역 전기 상점가 출구 電気街口
예상 소요시간 5시간~

▼JR 아키하바라 역의 전기 상점가 출구를 나오면 이렇게 보여요.

라디오 회관

츄오도리

일본에서 출판되는 거의 모든 만화가 여기서 유통된다.

start

| ① | 도보 1분 | ② | 바로 앞 | ③ | 도보 4분 |

라디오 회관

게이모즈 본점

아키하바라 역 전기 상점가 출구

피규어 마니아의 천국 아키하바라.

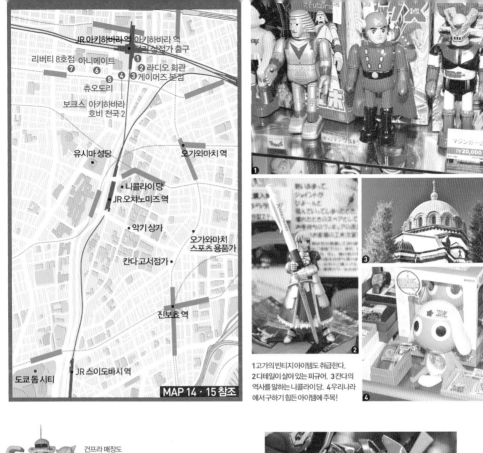

JR 아키하바라 역 · 아키하바라 역
· 덴키가전가 출구
리버티 8호점 · 아니메이트
⑦   ⑥
· 라디오 회관
②   ③   ① · 게이머즈 본점
④   ⑤
츄오도리
보크스 아키하바라
호비 천국 2

· 유시마 성당
· 오가와마치 역

· 니콜라이당
JR 오챠노미즈 역

· 악기 상가
· 오가와마치
스포츠 용품가
· 칸다 고서점가 ·

· 진보쵸 역

· 도쿄 돔 시티
· JR 스이도바시 역

MAP 14 · 15 참조

1 고가의 빈티지아이템도 취급한다.
2 디테일이 살아있는 피규어. 3 칸다의
역사를 말하는 니콜라이당. 4 우리나라
에서 구하기 힘든 아이템에 주목!

건프라 매장도
놓치지 말자.

츄오도리

실물 크기의
피규어가 두 눈을
휘둥그레지게 한다.

④	바로 앞	⑤	도보 4분	⑥	도보 4분	⑦

요란한 불빛 속에 화려하게 물든 아키하바라의 야경.

보크스 아키하바라 호비 천국 2

아니메이트

리버티 8호점

SIGHTSEEING

몇몇 박물관과 역사적인 건물을 제외하고는 큰 볼거리가 없다. 오히려 애니 · 고서적 · 악기 · 스포츠 용품 등 전문 분야에 특화된 숍을 집중적으로 살펴보는 게 아키하바라와 칸다를 제대로 구경하는 요령!

中央通り 츄오도리

★★★★☆

발음 츄-오도-리 **영업** 11:00~20:00(숍마다 다름) **지도** MAP 12-G2
교통 JR 야마노테 선 · 케이힌토호쿠 선 · 소부 선의 아키하바라 秋葉原 역
(JY03 · JK28 · JB19) 하차, 전기 상점가 출구 電気街口에서 도보 2분.
또는 지하철 긴자 선의 스에히로쵸 末広町 역(G14) 하차, 1 · 3번 출구 바로 앞.
구글맵 페이지 하단 QR 코드 스캔 · 클릭
보행자 천국 **영업** 일요일 13:00~18:00(10~3월 13:00~17:00)

오타가이 키타街, 즉 '오타쿠의 거리'로 통하는 아키하바라의 메인 스트리트. JR 아키하바라 역에서 지하철 스에히로쵸 역까지 이어지는 8차선 도로를 따라 오타쿠들이 열광하는 온갖 숍이 모여 있다. 큰길가에 위치한 대형 숍에서는 피규어 · 게임 · 프라모델 · 애니메이션 관련 상품, 츄오도리 안쪽의 조그만 숍에서는 미소녀계 동인지와 헌책 · 빈티지 아이템을 주로 취급한다. 레어템이 많아 눈요기는 물론 쇼핑의 재미도 쏠쏠하다. 오타쿠가 몰려드는 저녁과 주말은 상당히 붐비니 느긋하게 쇼핑하려면 비교적 한산한 평일 낮을 노리는 게 좋다. 자세한 쇼핑 정보는 p.382~383를 참고하자. 아키하바라 역 전기 상점가 출구의 개찰구 앞에는 숍의 위치가 상세히 표시된 무료 지도가 비치돼 있으니 이것을 참고로 돌아보는 것도 요령이다.

단순히 구경이 목적이라면 일요일에 가보자. 보행자 천국 歩行者天国으로 차량 통행이 전면 금지된 거리에서 벌어지는 코스프레 경연대회(?)가 흥미진진하다. 대부분 갓 데뷔한 B급 아이돌이라 미모는 떨어지지만 '오타쿠의 거리와 100% 싱크로'된 그들만의 패션 센스는 가히 환상적이다.

JR 아키하바라 역과 칸다 역 사이의 고가철로 밑에는 '아시안 사이버가이 アシアンサイバー街'로 통하는 PC 용품 상가, 아키하바라 역을 중심으로는 대형 가전제품 양판점과 전자부품 상점이 자리잡고 있으니 재미삼아 돌아봐도 좋을 듯!

➊

➋ ➌
➍

1 정교하게 제작된 등신대 피규어. 2 아키하바라의 메인 쇼핑가인 츄오도리. 3 깜찍한 코스프레 걸. 4 최신 애니 · 게임의 광고판.

Best Spot in Akihabara·kanda

★★★★☆ 에도 도쿄 박물관, 츄오도리
★★★☆☆ 칸다 고서점가
★★☆☆☆ 니콜라이 당
★☆☆☆☆ 료고쿠 국기관, 악기 상가
오가와마치 스포츠 용품가
유시마 성당

🔍 구글맵

★★☆☆☆

ニコライ堂 니콜라이 당

발음 니코라이도- **지도** MAP 12-E3
교통 JR 소부 선의 오차노미즈 お茶の水 역(JB18) 하차,
히지리바시 출구 聖橋口를 나와 정면으로 도보 2분.
구글맵 페이지 하단 QR 코드 스캔·클릭
성당 내부 견학 **운영** 13:00~16:00, 10~3월 13:00~15:30
요금 300엔, 중학생 100엔, 초등학생 이하 무료

둥근 돔과 흰 벽, 양파 모양의 볼록한 장식 아치가
인상적인 그리스 정교회. 정식 명칭은 '일본 하리스토스
정교회단 도쿄 부활 대성당 교회'지만, 1891년에
대주교인 니콜라이가 건립했다고 해서 지금의 이름으로
부른다. 아름다운 비잔틴 양식의 건물은 1923년의 관동
대지진으로 큰 피해를 입어 숱한 보수 공사를 받아야
했다. 여기에 걸린 종은 홋카이도의 하코다테 函館에
있는 하리스토스 정교회에서 가져온 것이다. 정오에는
종탑에서 아름다운 종소리가 울려 퍼진다.

이국적인 외관이 인상적인 니콜라이 당.

1 공자를 모시는 유시마 성당. 2 합격의 소원을 비는 에마.

湯島聖堂 유시마 성당
★☆☆☆☆

발음 유시마세-도- **개관** 09:30~17:00,
10~3월 09:30~16:00 **요금** 무료 **지도** MAP 12-E2
교통 JR 소부 선의 오차노미즈 お茶の水 역(JB18) 하차,
히지리바시 출구 聖橋口를 나와 왼쪽으로 도보 2분.
구글맵 페이지 하단 QR 코드 스캔·클릭

성당이란 명칭 때문에 가톨릭 성당을 떠올리기 쉽지만
실제로는 공자를 모시는 사당이다. 1960년 공자를
모시는 사당인 타이세이덴 大成殿을 짓고 논어를
가르치는 학교를 연 것이 이곳의 시초다. 내부에는
세월의 흐름을 말해주는 검은 문과 낡은 건물 몇 채,
그리고 3m 정도 되는 대형 공자상이 있다.

 아키하바라의 명물(?) 메이드 카페

메이드 카페 メイドカフェ는 하녀복 차림의 종업원들이
서빙을 하는 이색 테마 카페다. 아키하바라의 메이드 카페
수는 어림잡아 100여 곳. 저마다 환상적인 외모의 메이드
와 쇼킹한 서비스, 그리고 이벤트로 오타쿠의 발길을 유혹
하지만, '깜찍한 메이드'보다 '끔찍한 메이드'가 압도적으
로 많은 게 현실!
현재 아키하바라에서 메이드의 '물'이 가장 좋은 곳은 앳 홈
카페 돈키호테 점이다. 덕분에 대기표를 받아서 기다려야
할 만큼 성황을 이룬다. 음식은 평범하지만 '오타쿠의 로망'
이 불타오르는 아키하바라의 문화를 즐길 수 있다는 점에서
는 나름 흥미로운 명소이니 한 번쯤 들러봐도 좋을 듯.

앳 홈 카페 돈키호테 점
예산 입장료 780엔, 음료 670엔~,
식사 1,100엔~
영업 11:00~22:00,
토·일·공휴일 10:00~22:00
홈피 www.cafe-athome.com
지도 MAP 12-G2
교통 JR 야마노테 선·케이힌토호쿠
선·소부 선의 아키하바라 秋葉原 역
(JY03·JK28·JB19) 하차, 전기 상점가
출구 電気街口의 개찰구를 나와 오른쪽으로
도보 7분. 돈키호테 5층에 있다.
구글맵 페이지 하단 QR 코드 스캔·클릭

神田古書店街 칸다 고서점가 ★★★☆☆

발음 칸다코쇼뗀가이 **영업** 11:00~19:00(상점마다 다름)
휴무 일·공휴일, 연말연시(숍마다 다름) **홈페이지** http://jimbou.info **지도** MAP 11-C4
교통 JR 소부 선의 오차노미즈 お茶の水 역(JB18) 하차, 오차노미즈바시 お茶の水橋
출구를 나와 왼쪽으로 도보 8분. 또는 지하철 토에이신쥬쿠 선·토에이미타 선·한조몬
선의 진보쵸 神保町 역(S06·I10·Z07) 하차, A1~A7번 출구 바로 앞에 있다.
구글맵 페이지 하단 QR 코드 스캔·클릭

일본 최대 규모를 자랑하는 고서점가. 원래 칸다는 무사 계급의 저택을
몰수해서 만든 일본 최초의 대학가였다. 때문에 불과 수십 년 전까지만
해도 이곳엔 유수의 명문대가 모여 있었다. 하지만 값비싼 도쿄의 땅값
때문에 대부분의 대학이 다른 곳으로 이전해 지금은 메이지 明治 대학과
몇몇 전문대만 남아 있다. 칸다 고서점가는 이러한 과거와 맥을 함께 한다.
대학가와 함께 1877년 첫 고서점이 문을 열었으니 역사는 어느덧 150여 년,
세월의 여파에 따라 조금씩 규모가 줄어들기는 했지만 여전히 180여 개의
고서점이 성업 중일 만큼 왕성한 생명력을 뽐내고 있다.
취급하는 책은 만화부터 희귀 고서에 이르기까지 각양각색. 여기 없으면
일본에 존재하는 책이 아니랄 만큼 방대한 데이터 베이스를 구축하고
있다. 흥미로운 점은 대부분의 서점이 북쪽을 바라보고 있다는 것이다.
이유는 책이 햇빛에 바래지 않도록 일부러 북향 건물만 서점으로 이용하기
때문이라고. 180여 개의 서점이 저마다 전문 분야가 다르니 먼저 해당
분야의 서적을 취급하는 서점부터 찾고, 주인에게 원하는 책을 물어봐야
쉽게 책을 구할 수 있다.

1 전문 서점이 모여 거대한 상가를 이루고 있다.
2 사료적 가치가 높은 고서적도 취급한다.

칸다 고서점가의 서점 Best 8

북 하우스 Book House 그림책 등의 아동서 전문. 2층에
는 아일랜드 스타일의 고풍스러운 서가가 인상적인 영문 서
적 매장이 있다. **지도** MAP 11-B4

빈티지 ヴィンテージ 영화·디자인·스포츠 잡지를 취급
한다. 1만여 점에 이르는 영화 포스터와 팸플릿을 소장하고
있다. **지도** MAP 11-B4

야구치 서점 矢口書店 연극·영화 시나리오 전문. 옛날 냄
새가 폴폴 풍기는 일본 시대물이 흥미롭다. **지도** MAP 11-B4

분켄록사이드 ブンケンロックサイド 일본을 비롯한 해
외 연예계·아이돌 잡지와 사진집이 풍부. 록 뮤직·영화·
애니 잡지의 백 넘버도 충실하다. **지도** MAP 11-B4

진보쵸 북 센터 神保町ブックセンター 아늑한 북카페,
독서와 함께 음료·식사도 즐길 수 있다. **지도** MAP 11-B4

잇세이도 一誠堂 영화·민속·고고학 전문 서점. 2층의 미
술·디자인·사진 관련 양서 코너는 칸다에서도 숨겨진 보
물창고 같은 존재다. **지도** MAP 11-C4

쇼센그란데 書泉グランデ 칸다의 대표적인 종합 서
점. 만화·게임·스포츠 등의 취미·실용서가 충실하다.
지도 MAP 11-C4

오야쇼보 大屋書房 에도 시대의 고서·고지도·우키요에
(일본 목판화)를 취급한다. 화려한 그림이 훌륭한 눈요깃거
리를 제공한다. **지도** MAP 11-C4

구글맵

楽器店街 악기 상가

★☆☆☆☆

발음 갓끼뗀가이 **영업** 11:00~20:00(숍마다 다름) **휴업** 연말연시
지도 MAP 11-D3 **교통** JR 소부 선의 오챠노미즈 お茶の水 역(JB18) 하차,
오챠노미즈바시 お茶の水橋 출구를 나와 왼쪽으로 도보 1분.
구글맵 페이지 하단 QR 코드 스캔·클릭

JR 오챠노미즈 역에서 고서점가로 이어지는 야트막한 언덕길에
위치한 악기 상가. 클래식 악기부터 최신 전기 기타에 이르기까지
다양한 악기를 취급한다. 신품은 물론 중고도 취급하며 우리나라보다
10~30% 저렴한 가격이 매력이다.
눈여겨볼 만한 숍은 어쿠스틱·전기 기타 전문점 쿠로사와 クロサ
ワ(MAP 11-D3), 앰프·기타·목관악기·관악기 등을 취급하는
시모쿠라 下倉(MAP 11-D3), 기타·드럼·이펙터 등의 악기와 공연
장비가 충실한 이시바시 Ishibashi(MAP 11-D3), 기타의 명품 깁슨
Gibson 전문점 G' Club Tokyo(MAP 11-D4) 등이다.

1·2 우리나라에서
구하기 힘든 악기도
저렴하게 구입할 수
있다.

小川町スポーツ用品街 오가와마치 스포츠 용품가

★☆☆☆☆

발음 오가와찌스포-츠요-힌뗀가이 **영업** 10:00~20:00(숍마다 다름)
휴업 연말연시(숍마다 다름) **지도** MAP 11-D5
교통 JR 소부 선의 오챠노미즈 お茶の水 역(JB18) 하차, 오챠노미즈바시
お茶の水橋 출구를 나와 왼쪽으로 도보 8분. 또는 지하철 토에이신쥬쿠 선의
오가와마치 小川町 역(S07) 하차, B5·B7번 출구 바로 앞에 있다.
구글맵 페이지 하단 QR 코드 스캔·클릭

1 대형 숍이 모여 있는 오가와마치 스포츠 용품가.
2·3 취급하는 상품은 계절에 따라 다르다.

칸다에서 지하철 오가와마치 역까지의 300여m 구간에 형성된
스포츠 용품 상가. 20여 개의 숍이 모여 있으며 취급 품목은 시즌에
따라 다르다. 가을~겨울은 스키·스노보드, 봄·가을은 아웃도어·
익스트림 스포츠 장비, 여름은 다이빙·물놀이 용품이 주를 이룬다.
당연한 얘기지만 비수기 상품을 노리는 게 알뜰 쇼핑의 비결!
상품이 풍부해 선택의 폭이 넓은 스포츠 용품 종합 매장 빅토리아
Victoria(MAP 11-D4), 스포츠 용품·의류·러닝화에 대해서는
타의 추종을 불허하는 더 슈퍼 스포츠 제비오 The Super Sports
Xebio(MAP 11-D4), 시즌별로 다채로운 서핑·스노보드 관련 제품을
선보이는 무라사키 스포츠 ムラサキスポーツ(MAP 12-E4), 서핑·
스노보드 및 관련 액세서리 전문점 더 선스 The Suns(MAP 11-D5),
소프트볼·야구·골프 및 아웃도어 의류에 특화된 에스포트 미즈노

S'Port Mizuno(MAP 11-D5),
등산·캠핑·아웃도어 및 스키
용품 전문점 이시이 스포츠 ICI
石井スポーツ(MAP 11-C4)
등에 주목하자. 일부 숍에서는
5,000엔 이상 구매시 면세도
가능하다.

両 ★☆☆☆☆
国国技館 료고쿠 국기관

발음 료-고꾸꼬꾸기깐 **개관** 시합일에 따라 다름 **요금** 4,000엔~ **홈피** www.sumo.or.jp
구글맵 페이지 하단 QR 코드 스캔·클릭 **교통** JR 소부 선의 료고쿠 両国 역(JB21) 하차, 서쪽 출구
西口를 나와 오른쪽으로 도보 2분. 또는 지하철 토에이오에도 선의 료고쿠 両国 역(E12) 하차,
A3번 출구를 나와 오른쪽으로 도보 8분.
스모 박물관 **개관** 10:30~16:00 **휴관** 토·일·공휴일, 연말연시 **요금** 무료

일본의 국기(國技)인 스모 相撲 시합이 열리는 체육관. 시합이 없을 때에 한해
경기장 일부를 개방한다. 시합이 있는 날은 1만 1,098석이 꽉 차는데 좋은 자리는
몇 달 전에 이미 예매가 끝나 버리는 일도 허다하다.
1층에는 스모의 역사를 소개하는 200여 점의 전시물이 소장된 스모 박물관 相撲
博物館이 있다. 벽에는 초대부터 현재에 이르는 역대 요코즈나 横綱(천하장사)의
초상화·사진이 걸려 있는데, 이 가운데 50대 사나노야마 신마츠 佐田の山晋松,
51대 타마노우미 마사히로 玉の海正洋, 57대 미에노우미 츠요시 三重の海剛司는
한국계로 알려져 있다. 근처에 스모 선수의 도장인 스모 방이 있어 길을 걷다보면
덩치 큰 스모 선수와 마주치기도 한다. 료고쿠 역 근처의 식당에서는 스모 선수가
체중을 불리기 위해 먹는 고칼로리의 창코 ちゃんこ 요리도 맛볼 수 있다.

1 스모 시합이 열리는 료고쿠 국기관.
2 에도 시대의 스모 시합 풍경.

江 ★★★★☆
戸東京博物館 에도 도쿄 박물관

> 2025년까지
> 휴관

발음 에도토-꾜-하꾸부쯔깐 **개관** 09:30~17:30, 토요일 09:30~19:30
휴관 월요일, 12/25~1/4, 전시물 교체일 **요금** 600엔, 대학생 480엔, 중·고등학생 300엔,
초등학생 이하 무료 **홈피** www.edo-tokyo-museum.or.jp
교통 JR 소부 선의 료고쿠 両国 역(JB21) 하차, 서쪽 출구 西口를 나와 오른쪽으로
도보 5분. 또는 지하철 토에이오에도 선의 료고쿠 両国 역(E12) 하차, A3번 출구를 나와
오른쪽으로 도보 1분. **구글맵** 페이지 하단 QR 코드 스캔·클릭

도쿄의 지난 역사를 소개하는 박물관. 조그만 어촌에 불과하던 과거부터
세계적인 대도시로 변모한 현재에 이르기까지 이 도시에 얽힌 흥미진진한
이야기를 빠짐없이 소개한다. 박물관은 엘리베이터를 타고 올라가 6층부터
돌아본다. 6층 입구 쪽에는 19세기 말에 실재한 다리인 니혼바시 日本橋가
실물 크기로 복원돼 있다. 다리 위에서는 박물관 전체가 내려다보이며
건너편에는 실감나게 재현된 에도 성과 마을의 모형이 있다.
5층으로 내려가면 에도 江戸와 도쿄 東京의 두 개 존으로 나뉘어 전시된
자료를 볼 수 있다. 에도 존에는 옛 무사의 집·유곽·카부키 극장 등을 실물
크기로 재현해 놓았으며, 당시의 생활상을 묘사한 마네킹과 작동 인형이
호기심을 자극한다. 카부키 극장에서는 종종 공연이 열리기도 한다. 맞은편의
도쿄 존에는 20세기 초에 지어진 유명 건물과 주택 모형이 있으며 당시
사용하던 생활 집기를 전시해 놓았다. 수백 개의 인형과 음향 효과로 한껏
현장감을 살린 로쿠메이칸 鹿鳴館·니콜라이 당 ニコライ堂·긴자렌가가이
銀座煉瓦街 등의 작동 모형은 절대 놓치지 말아야 할 박물관의 명물로 꼽힌다.

1 에도 시대 유곽에서 일하던 게이샤의 모습을 재현한 마네킹.
2 20세기 초 도쿄의 거리가 고스란히 재현돼 있어 눈길을 끈다.

구글맵

초케멘
つけ麺(920엔)

큐슈장가라젠부이리
九州じゃんがら全部入り(1,410엔)

피스톨
ピストル(950엔)

츠케멘야야스베
つけ麺屋やすべえ

모던한 스타일의 라멘 전문점.
깔끔한 인테리어와 친절한 서비스
때문에 여성 혼자서 이용하기에도
불편함이 없다. 강추 메뉴는 국물에
면을 찍어 먹는 츠케멘 つけ麺
(920엔). 돼지고기 · 어패류 · 채소로
우려낸 감칠맛 나는 국물과 쫄깃한
면발이 훌륭한 조화를 이룬다. 국물에
고추기름을 넣어 매콤한 맛을 살린
카라아지츠케멘 辛味つけ麺(920엔),
일본 된장을 풀어서 만든 구수한
국물의 미소츠케멘 みそつけ麺(1,020
엔)도 맛있다. 츠케멘 메뉴는 양에
상관없이(보통 나미모리 並盛, 곱빼기
츄모리 中盛, 특곱빼기 오모리 大盛)
값이 모두 동일하다.

예산 920엔~ 영업 11:00~24:00,
금 · 토요일 11:00~01:00
메뉴 일어 · 영어
주소 東京都 千代田区 外神田 1-15-11
전화 03-5296-5411 지도 MAP 12-H3
교통 JR 야마노테 선 · 케이힌토호쿠 선 ·
소부 선의 아키하바라 秋葉原 역(JY03 ·
JK28 · JB19) 전기 상점가 출구 電気街
口의 개찰구를 나와 오른쪽으로 도보 1분.
구글맵 페이지 하단 QR 코드 스캔 · 클릭

큐슈장가라라멘
九州じゃんがらラーメン

돈코츠 라멘의 진수. 돼지 뼈로
우려낸 우윳빛 육수가 입맛을 돋운다.
라멘은 국물 맛에 따라 담백한
큐슈장가라 九州じゃんがら(790
엔), 걸쭉한 본산 ぼんしゃん(880엔),
마늘향의 코본산 こぼんしゃん(880
엔), 얼큰한 카라본 からぼん(940엔),
구수한 쟝가라미소 じゃんがらみそ
(840엔), 달콤한 무기챤 むぎちゃん
(890엔), 비건 쇼유라멘 濃い口醤油
のヴィーガンらあめん(1,250엔)
등 7가지 메뉴가 있다. 우리 입에는
큐슈장가라가 잘 어울린다. 계란 ·
차슈 · 명란젓 등의 고명을 모두 얹은
큐슈장가라젠부이리 九州じゃんが
ら全部入り(1,410엔)로 주문하면
후회가 없다.

예산 790엔~ 영업 11:00~22:00
메뉴 한국어 · 일어 · 영어
주소 東京都 千代田区 外神田 3 11 6
전화 03-3251-4059 지도 MAP 12-G2
교통 JR 아키하바라 秋葉原 역(JY03 ·
JK28 · JB19) 하차, 전기 상점가 출구
電気街口에서 도보 9분.
구글맵 페이지 하단 QR 코드 스캔 · 클릭

라멘 대전쟁
ラーメン大戦争

간장 베이스의 쇼유라멘에 진심인
맛집. 일본 3대 토종닭으로 꼽는
나고야코친과 패주 로 우려낸 국물은
깔끔하면서도 농후한 감칠맛이
미각을 자극한다. 강추 메뉴는
피스톨 ビストル(950엔). 감칠맛이
폭발하는 맑은 국물에 직접 뽑은
면을 말아준다. 국물에 매운 맛 피
리辛과 마늘 にんにく을 추가해
얼큰하게 먹으면 더욱 맛있다. 레어
차슈 レアチャーシュー도 놓치기
힘든 매력인데, 저온조리해 생햄처럼
부드럽고 촉촉한 식감과 육향이
살아있다. 차슈는 원하는 만큼(5
장까지 무료) 토핑해 준다.
5장을 주문하면 차슈를 장미꽃처럼
예쁘게 장식한 라멘이 나온다.

예산 950엔~ 영업 11:00~22:00
메뉴 일어 · 영어
주소 東京都 千代田区 鍛冶町 1-3-1
전화 03-6206-0587 지도 MAP 12-G5
교통 JR 야마노테 선 · 케이힌토호쿠 선 ·
츄오 선의 칸다 神田 역(JY02 · JK27 ·
JC02) 남쪽 출구 南口에서 도보 2분.
구글맵 페이지 하단 QR 코드 스캔 · 클릭

초밥
寿司(138엔~)

안심 돈가스 정식
ヒレかつ定食(2,400엔)

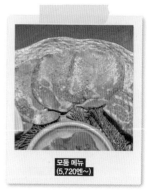

모둠 메뉴
(5,720엔~)

마와루간소즈시
廻る元祖寿司

저렴한 가격의 회전초밥집. 60여 종의 초밥을 취급하며 가격은 한 접시에 138엔부터 시작한다. 컨베이어 벨트를 따라 움직이는 초밥 가운데 마음에 드는 것을 골라 먹으면 되는데 접시의 색깔과 모양에 따라 가격이 다르니 벽에 걸린 샘플 접시를 잘 보고 이용하자. 맛은 무난한 수준이며 보통 일곱 접시 정도 먹으면 적당히 배가 부른다. 테이블 위에 초절임생강 · 녹차가루가 비치돼 있으며, 바로 앞의 수도꼭지에 컵을 갖다대면 녹차용 뜨거운 물이 나온다.

예산 1,000엔~ 영업 11:30~22:00
메뉴 일어 · 영어 전화 03-5294-2477
주소 東京都 千代田区 外神田 1-15-1
지도 MAP 12-G3
교통 JR 야마노테 선 · 케이힌토호쿠 선 · 소부 선의 아키하바라 秋葉原 역(JY03 · JK28 · JB19) 하차, 전기 상점가 출구 電気街口에서 도보 4분. 전기 상점가 출구의 개찰구를 나오자마자 왼쪽으로 100m쯤 가면 큰길이 나온다. 거기서 오른쪽으로 꺾어 100m쯤 가면 오른쪽에 있다.
구글맵 페이지 하단 QR 코드 스캔 · 클릭

마루고
丸五

1975년 창업한 돈가스 노포. 아키하바라 돈가스의 상징 같은 존재다. 고기는 육질과 풍미가 좋기로 소문난 히라타 목장의 산겐톤 三元豚만 고집한다. 육즙을 머금은 두툼한 돈가스는 소스보다 소금이나 머스터드를 찍어 먹는 게 더 맛있다. 추천 메뉴는 부드러운 안심 돈가스 정식 히레카츠테이쇼쿠 ヒレかつ定食(2,400엔), 탄력 있는 식감의 등심 돈가스 정식 로스카츠테이쇼쿠 ロースかつ定食(2,150엔)다. 밥 · 된장국 · 절임반찬이 포함돼 있으며, 밥 · 양배추는 1회 리필 가능하다. 매실장아찌는 무료다. 30분~1시간 대기는 기본이니 서둘러 가는 게 좋다.

예산 2,150엔~ 영업 11:30~15:00, 17:00~21:00 휴업 월 · 화요일, 연말연시
메뉴 일어 · 영어
주소 東京都 千代田区 外神田 1-8-14
전화 03-3255-6595 지도 MAP 12-F3
교통 JR 야마노테 선 · 케이힌토호쿠 선 · 소부 선의 아키하바라 秋葉原 역(JY03 · JK28 · JB19) 하차, 전기 상점가 출구 電気街口의 개찰구를 나와 오른쪽으로 도보 6분.
구글맵 페이지 하단 QR 코드 스캔 · 클릭

야키니쿠노만세이
焼肉の万世

1949년 창업한 야키니쿠 레스토랑. 합리적 가격에 양질의 와규를 맛볼 수 있어 인기가 높다. 특히 손님이 몰리는 주말 · 저녁에는 예약이 필수(홈페이지). 갈비 · 안창살 · 우설 등 20여 가지 부위를 취급하며(80g 1,452엔~), 주문시 양념 또는 소금 구이를 선택할 수 있다. 선택이 고민스럽거나 2인 이상일 때는 적당한 양의 모둠 메뉴(5,720엔~)를 고르는 것도 요령이다. 냉면 · 비빔밥 등의 한식 메뉴도 취급한다. 도보 9분 거리에는 부담 없는 가격의 와규 스테이크를 선보이는 스테이크하우스 니쿠노만세이 肉の万世도 있다(MAP 12-G2).

예산 5,000엔~ 영업 11:30~22:00
메뉴 일어 · 영어 전화 03-5244-4129
주소 東京都 千代田区 外神田 1-16-1 トゥモロービル 6/F 지도 MAP 12-G4
교통 JR 야마노테 선 · 케이힌토호쿠 선 · 소부 선의 아키하바라 秋葉原 역(JY03 · JK28 · JB19) 하차, 전기 상점가 출구 電気街口의 개찰구를 나와 왼쪽으로 도보 4분. 투머로우 빌딩 6층에 있다.
구글맵 페이지 하단 QR 코드 스캔 · 클릭

 구글맵

**모리소바
もりそば(825엔)**

**세이로소바
せいろうそば(1,100엔)**

칸다마츠야
神田まつや

1884년 창업한 메밀국수집.
마치 시간이 정지한 듯 옛 모습이
고스란히 남겨진 건물이 인상적이다.
이 지역의 사랑방 같은 존재라
동네 어르신들이 삼삼오오 모여
메밀국수와 함께 술잔을 기울이는
모습이 정겹다. 식감 좋은 수타면과
창업 당시의 맛을 변함없이 지켜온
국물이 인기의 비결. 면을 짭조름한
국수 장국에 찍어 먹는 모리소바
もりそば(825엔), 참깨를 섞은
고소한 국수 장국에 찍어 먹는
고마소바 ごまそば(990엔)가 맛있다.
면을 다 먹은 뒤 나오는 따뜻한
면수는 국수 장국에 풀어서 마신다.

예산 825엔~ **영업** 11:00~20:30,
토·공휴일 11:00~19:30
휴업 일요일 **메뉴** 일어
주소 東京都 千代田区 神田 須田町 1-13
전화 03-3251-1556
지도 MAP 12-F4
교통 지하철 마루노우치 선의 아와지초
淡路町 역(M19) 하차. A3번 출구를 나와
정면으로 도보 2분.
구글맵 페이지 하단 QR 코드 스캔·클릭

칸다야부소바
神田やぶそば

모던한 스타일이 돋보이는 140년
전통의 메밀국수 전문점. 2013년
지금과 같은 현대적인 모습으로
리모델링했지만, 옛 방식 그대로
만드는 음식과 맛에는 전혀 변함이
없다. 면은 최상품 메밀과 밀가루를
10:1로 반죽해서 뽑기 때문에 메밀
특유의 풍미를 온전히 즐길 수 있다.
후텁지근한 여름에는 차갑게 식힌
메밀국수를 짭조름한 국수 장국에
찍어 먹는 세이로소바 せいろうそば
(1,100엔), 온몸이 움츠러드는
한겨울에는 뜨끈한 국물에 면을
말아주는 카케소바 かけそば
(1,100엔)가 어울린다. 새우 튀김을
올린 텐푸라소바 天ぷらそば
(2,420엔)도 맛있다.

예산 1,100엔~ **영업** 11:30~20:00
휴업 수요일 **메뉴** 일어·영어
주소 東京都 千代田区 神田淡路町 2-10
전화 03-3251-0287 **지도** MAP 12-F4
교통 지하철 마루노우치 선의 아와지초 淡
路町 역(M19) 하차, A3번 출구를 나와
정면으로 도보 4분.
구글맵 페이지 하단 QR 코드 스캔·클릭

로스트 비프 오노 아키하바라 점
ローストビーフ大野

로스트 비프 맛집. 저온조리한 고
기의 촉촉한 식감이 훌륭하다. 자
세한 메뉴는 p.160 참조.

예산 1,210엔~ **지도** MAP 12-G3
영업 11:00~22:00, 일요일 11:00~
21:00 **교통** JR 아키하바라 秋葉原
역(JY03·JK28·JB19) 전기 상점
가 출구 電気街口 도보 4분.
구글맵 하단 QR 코드 스캔·클릭

규카츠 모토무라 아키하바라 점
牛かつもと村

인기 만점의 규카츠 전문점. 겉바
속촉의 정석이 입맛을 당긴다. 자
세한 메뉴는 p.181 참조.

예산 1,630엔~ **영업** 11:00~23:00
지도 MAP 12-G4
교통 JR 아키하바라 秋葉原 역
(JY03·JK28·JB19) 전기 상점가
출구 電気街口 도보 3분.
구글맵 하단 QR 코드 스캔·클릭

교토 카츠규 아키하바라 점
京都勝牛

부드러운 식감의 규카츠 맛집. 양
질의 소고기를 사용하는 게 매력
이다. 자세한 메뉴는 p.203 참조.

예산 2,079엔~ **영업** 11:00~22:00
지도 MAP 12-H3
교통 JR 아키하바라 秋葉原 역
(JY03·JK28·JB19) 전기 상점가
출구 電気街口 도보 6분. 요도바시
카메라 8층에 있다.
구글맵 하단 QR 코드 스캔·클릭

오코노미야키 유카리
お好み焼 ゆかり

오사카식 오코노미야키 맛집. 야
키소바 등의 메뉴를 취급해 가벼
운 식사나 술을 즐기기에 좋다.

예산 2,000엔~ **영업** 11:00~23:00
지도 MAP 12-H3
교통 JR 아키하바라 秋葉原 역
(JY03·JK28·JB19) 전기 상점가
출구 電気街口 도보 6분. 아키하바
라 UDX 3층에 있다.
구글맵 하단 QR 코드 스캔·클릭

買 SHO-PPING

① 아키하바라의 축소판으로 불리는 라디오 회관.
② 피규어 · 프라모델 등 온갖 상품이 가득하다.

라디오 회관 ラジオ会館

9층 건물에 30여 개의 숍이 모여 있는 만화 · 애니 상품 백화점. 풍부한 상품 구성이 매력이며 숍마다 전시된 레어템을 구경하는 재미가 쏠쏠하다. 주목할 숍은 다양한 피규어를 전시 · 판매하는 아스톱푸 アストップ, 가샤폰 전문점 하비코로완구 ハビコロ玩具(2층), 일본 · 미국계 피규어가 풍부한 Uchusen, 정밀 피규어 전문점 카이요도 海洋堂(5층), 프라모델 · 피규어를 10~15% 할인 판매하는 Yellow Submarine(6층), 인형 본체와 의상 · 가발 등의 액세서리를 취급하는 돌 전문점 Azone Labelshop Akihabara, 특촬물 등 레어템이 풍부한 중고 피규어 숍 Jungle(7층), 전투기 · 탱크 · 전함 등의 밀리터리 프라모델과 모델 건 전문의 Volks Hobby Square(8층) 등이다.

영업 10:00~20:00(숍마다 다름) 휴무 연말연시(숍마다 다름) 주소 東京都 千代田区 外神田 1-15-16 지도 MAP 12-G3 교통 JR 야마노테 선 · 케이힌토호쿠 선 · 소부 선의 아키하바라 秋葉原 역(JY03 · JK28 · JB19) 전기 상점가 출구 電気街口의 개찰구를 나와 왼쪽으로 도보 2분. 구글맵 페이지 하단 QR 코드 스캔 · 클릭

보크스 돌 포인트
VOLKS DOLL POINT

일본 최대 규모를 자랑하는 구체관절 인형 전문점. 슈퍼 돌피와 돌피 드림 시리즈를 모두 취급하며, 인형을 치장하는 데 필요한 각종 부품이 충실하다. 특히 인형에 생명력을 불어 넣는 색색의 안구와 패셔너블한 의상은 종류를 헤아리기 힘들 정도! 코너별로 화장법과 부품 다루는 법을 자세히 소개해 놓았으며 돌피 인형 미니 갤러리도 운영한다.

영업 11:00~20:00, 토 · 일 · 공휴일 10:00~20:00 전화 03-5256-1990 주소 東京都 千代田区 外神田 1-15-16 라디오 회관 8/F 지도 MAP 12-G4 교통 상단의 라디오 회관과 동일. 라디오 회관 8층에 있다. 구글맵 페이지 하단 QR 코드 스캔 · 클릭

케이북스
K-BOOKS

중고와 신품을 두루 취급하는 만화 · 애니 전문점. 미소녀 애니 DVD · 게임 · 봉제인형 · 피규어 · 잡화 등 전 연령대의 캐릭터 상품을 취급하는 본관 本館, 성인 취향의 동인지 · 만화 · 게임을 다루는 멘즈관 Men's館으로 나뉘어 있다. 매장이 제법 크지만 진열대를 작품별로 구분해 놓아 원하는 아이템을 찾기 쉽다.

영업 12:00~20:00, 토 · 일 · 공휴일 11:30~20:00 주소 東京都 千代田区 外神田 1-15-16 라디오 회관 3/F 전화 03-3255-4866 지도 MAP 12-G4 교통 상단의 라디오 회관과 동일. 라디오 회관 3층에 있다. 구글맵 페이지 하단 QR 코드 스캔 · 클릭

게이머즈
GAMERS

다양한 상품을 취급하는 만화 전문점. 특히 신간 만화 · 캐릭터 상품이 충실하다. 매장은 지하 1층~7층으로 구성돼 있으며, 잡지 · 만화 · 기념품(1층), 만화 · 캐릭터 굿즈(3층), CD · DVD(5층) 플로어가 메인이다. 나머지 플로어는 애니 · 굿즈 팝업 숍이다.

영업 10:00~22:00, 토 · 일요일 10:00~21:00 주소 東京都 千代田区 外神田 1-14-7 전화 03-5298-8720 지도 MAP 12-G3 교통 JR 야마노테 선 · 케이힌토호쿠 선 · 소부 선의 아키하바라 秋葉原 역(JY03 · JK28 · JB19) 하차, 전기 상점가 출구 電気街口의 개찰구를 나오자마자 왼쪽으로 도보 2분. 구글맵 페이지 하단 QR 코드 스캔 · 클릭

 구글맵

아니메이트 アニメイト

아키하바라 최대의 만화·애니 굿즈 전문점. 신상 아이템에 관한한 절대적 경쟁력을 갖춘 곳이라 신상품에 목말라하는 이에게 강추한다.

온갖 애니 굿즈를 취급하는 1호관, 신간 만화·잡지·라이트노블 전문의 2호관, 미소녀·지브리 애니 피규어와 굿즈를 판매하는 구관의 3개 건물로 나뉘어 있다. 각 건물마다 출입구가 다르니 주의하자.

가장 규모가 큰 1호관은 CD·DVD·애니 티셔츠(1층), 귀멸의 칼날·코난·스파이 패밀리 등의 애니 굿즈(2·3층), 여성 취향 캐릭터 굿즈(4층), 남성 취향 미소녀 캐릭터 굿즈(5층)로 매장이 구성돼 있다.

영업 11:00~21:00, 토·일·공휴일 10:00~20:00
주소 東京都 千代田区 外神田 4-3-1
전화 03-5209-3330 **지도** MAP 12-G2
교통 JR 야마노테 선·케이힌토호쿠 선·소부 선의 아키하바라 秋葉原 역(JY03·JK28·JB19) 하차, 전기 상점가 출구 電気街口의 개찰구를 나오자마자 오른쪽으로 도보 6분. **구글맵** 페이지 하단 QR 코드 스캔·클릭

1 신상 아이템을 구입하기에 좋은 아니메이트.
2 일반 캐릭터 상품은 물론 문구·기념품도 취급한다.

쇼센 북타워
書泉ブックタワー

아키하바라 최대의 만화 전문 서점. 다양한 만화·잡지·전문 서적을 취급해 마니아들이 즐겨 찾는다. 매장은 1~3층 일반 서적, 4층 특촬물·격투기, 5층 철도·밀리터리·바이크, 6·7층 신간 만화 및 미국 만화의 일본어 번역본, 8층 건담·라이트노블·게임 공략본 코너로 나뉘어 있다.

영업 11:00~20:00 **휴업** 1/1
주소 東京都 千代田区 神田佐久間町 1-11-1
전화 03-5296-0051
지도 MAP 12-H4
교통 지하철 히비야 선의 아키하바라 秋葉原 역(H15) 하차, 5번 출구를 나와 왼쪽으로 10m쯤 가면 왼편에 있다. **구글맵** 페이지 하단 QR 코드 스캔·클릭

요도바시 카메라
ヨドバシカメラ

수십만 종의 상품을 취급하는 대형 가전 양판점. 1~6층에 걸쳐 디지털 카메라·PC·생활가전·프라모델을 전시·판매한다. 한국인 여행자에게 인기가 높은 곳은 스마트폰·PC(1층), 디지털 카메라(3층), 오디오(4층) 코너다. 프라모델 마니아라면 6층의 장난감 오모차 매장을 놓치지 말자. 프라모델·피규어·미니카·제작공구를 10~30% 할인해서 판다.

영업 09:30~22:00
주소 東京都 千代田区 神田花岡町 1-1
전화 03-5209-1010 **지도** MAP 12-H3
교통 JR 야마노테 선·케이힌토호쿠 선·소부 선의 아키하바라 秋葉原 역 하차, 쇼와도리 출구 昭和通口에서 도보 1분. **구글맵** 페이지 하단 QR 코드 스캔·클릭

비쿠 카메라
BIC CAMERA

대형 가전양판점. 요도바시 카메라보다 규모는 조금 작다. 1~7층에 걸쳐 가전제품·PC·스마트폰·생활잡화·애니 굿즈 등 다양한 아이템을 취급한다. 눈여겨볼 곳은 1·2층 PC·애플 스토어, 4층 드러그스토어·주류, 7층 프라모델·피규어·게임 매장이다. 5,000엔 이상 구매시 면세도 된다.

영업 10:00~21:00
주소 東京都 千代田区 外神田 4-1-1
전화 03-6260-8111 **지도** MAP 12-G3
교통 JR 야마노테 선·케이힌토호쿠 선·소부 선의 아키하바라 秋葉原 역(JY03·JK28·JB19) 하차, 전기 상점가 출구 電気街口의 개찰구를 나와 오른쪽으로 도보 4분. **구글맵** 페이지 하단 QR 코드 스캔·클릭

SPECIAL

오타쿠의 메카 츄오도리 탐방

애니·게임 관련 숍이 즐비한 츄오도리. 그러나 수많은 숍 때문에 어디서 무엇을 사야 하나 오히려 헷갈리기만 한다. 그 누구도 후회하지 않을 추천 숍과 놓치지 말아야 할 강추 아이템을 꼼꼼히 살펴보자.

영업 11:00~20:00(상점마다 다름) **휴업** 연말연시(숍마다 다름)
교통 JR 야마노테 선·케이힌토호쿠 선·소부 선의 아키하바라 秋葉原 역(JY03·JK28·JB19) 하차, 전기 상점가 출구 電気街口의 개찰구에서 도보 2분. 또는 지하철 긴자 선의 스에히로쵸 末広町 역(G14) 하차, 1·3번 출구를 나오면 츄오도리와 바로 연결된다.

① 기스토어 GEE STORE
코스프레 의상·가발·소도구 전문의 Cospatio, 아키하바라 최대의 애니 캐릭터 티셔츠 전문점 COSPA, 러브 라이브·봇치 더 록 등 2차원 아이돌 티셔츠·굿즈 전문의 니지겐 二次元 Cospa로 구성된 복합 매장. 오노덴 ONODEN 4층에 있다.

② 소프맵 어뮤즈먼트관
Sofmap アミューズメント館
게임 소프트 및 DVD 전문점. 1층 피규어, 2층 건프라·프라모델, 3층 신품·중고 게임 소프트, 4·5층 성인 게임 소프트, 6층 신품 및 중고 애니 DVD·굿즈 코너다. 프라모델은 10~30% 할인 판매한다.

③ 멜론 북스 MELONBOOKS
신간 만화·라이트노블·동인지 전문점. 남성 취향의 아이템을 주로 취급하며, 동인지 코너가 매장의 70% 정도를 차지한다. 장점은 신간 입고가 빠르다는 것이지만, 종류가 그리 풍부하지 않다. 매장은 지하 1층에 있다.

④ 코토부키야 KOTOBUKIYA
캐릭터 굿즈와 피규어 전문점. 인기 급상승 중인 핫한 아이템이 풍부하다. 1층 최신 아이템 및 지브리·마블·스타워즈 시리즈의 인기 상품. 2층 미소녀 피규어·코토부키야 한정판 프라모델·피규어, 3층 버추얼 아이돌 굿즈 매장이다.

⑤ 아키바 컬처즈 존
AKIBA カルチャーズ ZONE
11개 숍이 모인 굿즈 백화점. 1·2층 중고 피규어·굿즈·만화·동인지 전문의 라신반 らしんばん, 3층 캐릭터 굿즈 숍 하비코로 완구 ハビコロ玩具, 4층 피규어 전문점 아스톱푸 アストップ에 주목하자.

⑥ 만다라케 まんだらけ
일본 최고의 만화 전문 헌책방 만다라케의 아키하바라 지점. 만화책은 물론 동인지·프라모델·DVD·피규어·게임 등 다양한 아이템을 취급한다. 저렴한 중고품과 함께 고가의 빈티지 상품도 판매해 구경하는 재미가 쏠쏠하다.

⑦ 호비숍 탐탐
HOBBY SHOP TAM TAM
일본 최대의 철도 모형 및 미니카 전문점. AUTO art·Tomica·Kyosho 등 유명 메이커의 제품이 풍부하다. 수백 종의 미니카와 철도 모형은 물론 관련 부품도 취급한다. 매장은 4·5층에 있다.

⑧ 북오프 BOOK OFF
중고 만화·CD·DVD를 취급하는 대형 매장. 1·2층 프라모델·CD·DVD·게임, 3·4층 소설·일반서적, 5·6층 청소년물 및 순정만화·라이트노블·완전판 만화 코너로 이루어져 있다. 만화책 한 권에 110엔부터 시작하는 파격적인 가격이 매력이다.

구글맵

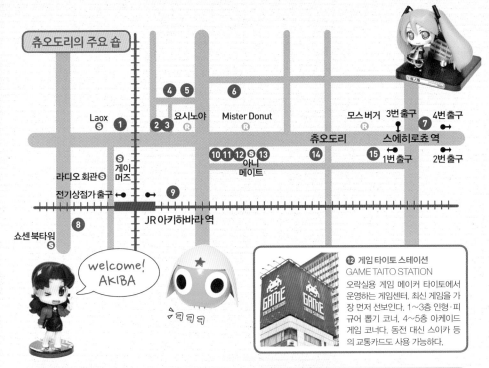

Laox ❶ Ⓢ

❷❸ 요시노야 Ⓡ

❹ ❺

❻

Mister Donut

모스 버거 Ⓡ 3번 출구 4번 출구 ❼

츄오도리 스에히로쵸 역

❿⓫⓬Ⓢ⓭ 아니 메이트

⓮ ⓯ 1번 출구 2번 출구

라디오 회관 Ⓢ게이머즈

전기상점가 출구

❾

❽ 쇼센북타워 Ⓢ

JR 아키하바라역

welcome! AKIBA

케케케

⓬ 게임 타이토 스테이션
GAME TAITO STATION
오락실용 게임 메이커 타이토에서 운영하는 게임센터. 최신 게임을 가장 먼저 선보인다. 1~3층 인형·피규어 뽑기 코너, 4~5층 아케이드 게임 코너. 동전 대신 스이카 등의 교통카드도 사용 가능하다.

❾ 타마시이 네이션즈 스토어
TAMASHII NATIONS STORE
반다이의 정밀 피규어 시리즈 타마시이 네이션즈 魂ネイションズ의 오피셜 쇼룸. 규모는 작지만 건담·마징가를 비롯한 최신 피규어가 전시돼 있으며, 모델별 출시일과 판매가 등의 정보도 제공한다.

⓭ 돈키호테 ドン·キホーテ
생필품을 취급하는 대형 할인매장. 도쿄의 다른 돈키호테 지점에 비해 장난감과 캐릭터 굿즈의 비중이 높다. 5층에는 아키하바라에서 제일 잘 나가는 메이드 카페인 앳 홈 카페(p.373), 8층에는 AKB48 전용 극장도 있다.

❿ 보크스 아키하바라 호비 천국 2
ボークス秋葉原ホビー天国 2
1~5층으로 이루어진 캐릭터 굿즈·피규어 전문점. 아이템이 풍부한 게 최대의 장점이다. 1층 인기 굿즈·피규어, 2층 캐릭터 굿즈, 3층 제작 공구·도료·부품, 4층 프라모델, 5층 미소녀 피규어 코너로 구성돼 있다.

⓮ 스루가야
SURUGAYA
중고 모형·피규어·캐릭터 굿즈 숍. 특히 미니카와 철도 모형이 충실하다. 매장은 1층 미니카, 2층 철도 모형, 3층 특촬물·건담 타마시이 시리즈·식품 모형, 4층 애니 피규어 코너로 이루어져 있다.

⓫ 트레이더 본점 TRADER 本店
1~7층으로 이루어진 신품 및 중고 게임·피규어·프라모델 숍. 1·2층 레트로 게임기·게임 소프트, 3층 인기 피규어, 4층 건프라·프라모델·특촬물 피규어, 5층 미소녀 피규어, 6층 성인 만화·게임, 7층 AV DVD·블루레이 매장이다.

⓯ 리버티 8·11호점
リバティー 8·11号店
인기 상품이 충실한 중고 피규어 숍. 원피스·드래곤볼·귀멸의 칼날·스파이 패밀리 등 요즘 핫한 아이템을 두루 갖췄으며, 미소녀 피규어도 취급한다. 규모가 작아 아이템이 부족한 게 살짝 아쉽다.

도심 속 유원지 **도쿄 돔 시티**

도쿄 돔 시티 東京ドームシティー는 짜릿한 놀이기구, 신나는
쇼핑, 쾌적한 온천 등 온갖 위락시설이 완비된 도심 유원지다.
그리 큰 규모는 아니지만 도쿄 한복판에 위치해 접근성이 뛰어난
까닭에 짧은 휴식을 즐기려는 시민과 연인들이 즐겨 찾는다.
아키하바라에서도 무척 가까우니 잠시 들러봐도 좋을 듯!
우리나라의 찜질방처럼 간이 숙박시설을 갖춘 온천은 짧은 도쿄
여행을 계획하는 여행자에게도 인기가 높다.

교통 JR 소부 선의 스이도바시 水道橋 역(JB17) 하차, 동쪽 출구 東口를 나와 왼쪽으로 도보 3분. 또는 지하철 마루노우치 선 · 난보쿠
선의 코라쿠엔 後樂園 역(N11 · M22), 토에이오에도 선 · 토에이미타 선의 카스가 春日 역(I12 · E07) 하차.

Best course

워낙 작은 지역이라 돌아보는 데
오랜 시간이 걸리진 않으므로 천천
히 산책하듯 둘러보면 된다.
코라쿠엔→도쿄 돔→분쿄 시빅
센터→라쿠아→도쿄 돔 시티 어
트랙션즈의 순으로 구경하면 편리
하며, 예상 소요시간은 3~4시간
이다. 오후에 가서 주요 명소를 돌
아본 뒤 스파 라쿠아에서 온천을
즐기며 오늘 하루 여행의 피로를
풀어도 좋다.

都立小石川後楽園 도립 코이시카와코라쿠엔
★★☆☆☆

발음 토리쯔코이시까와코－라꾸엔 개관 09:00~17:00
휴관 12/29~1/1 요금 300엔, 무료 관람일 5/4, 10/1 지도 MAP 24-G1
교통 JR 소부 선의 스이도바시 水道橋 역(JB17) 하차, 서쪽 출구 西口에서 도보 12분.
구글맵 페이지 하단 QR 코드 스캔·클릭

잠실 야구장 면적 1.5배에 해당하는 7만㎡
의 드넓은 일본식 정원. 원래 토쿠가와 德
川 가문의 저택 부지였으나 메이지 유신
이후 왕실 재산으로 귀속됐으며, 1923년
지금의 모습으로 정비해 일반에 개방하고
있다. 울창한 숲과 아기자기하게 꾸민 연못이

아름다운 조화를 이루며, 호젓한 오솔길을
따라 산책을 즐기기에 좋다. 봄의 신록과 가을 단풍의 명소로도 인기가 높다.

일본 야구의 역사를 소개하는 야구 박물관

거대한 규모를 자랑하는 도쿄 돔

東京ドーム 도쿄 돔
★★☆☆☆

발음 토－꾜－도－무 지도 MAP 24-G1 교통 JR 소부 선의 스이도바시 水道橋 역(JB17)
하차, 서쪽 출구 西口에서 도보 5분. 구글맵 페이지 하단 QR 코드 스캔·클릭
야구 박물관 개관 10:00~17:00 요금 600엔, 고등학생 400엔, 중학생 이하 200엔

1988년 개장한 요미우리 자이언츠의 홈구장. 면적은 잠실 야구장과 비슷한
4만 6,755㎡이며, 5만 5,000명을 수용할 수 있다. 계란을 반으로 잘라 엎어
놓은 듯한 외관 때문에 흔히 '빅 에그 Big Egg'란 애칭으로 통한다. 돔 구장
입구 쪽에는 일본의 야구 역사를 소개하는 야구 박물관이 있다. 100년 전의
배트·글러브와 함께 홈런왕 왕정치 王貞治를 비롯한 유명 스타의 명판이
전시돼 있으니 팬이라면 들러보자. 바로 옆에는 프로야구 요미우리 자이언츠의
굿즈를 파는 기념품 숍 Giants Fantastics Experience도 있다.

구글맵

文 京シビックセンター 분쿄 시빅 센터 ★★★☆☆

- 발음 분꾜-시빗꾸센타- 개관 09:00~20:30
- 휴관 12/29~1/3, 5월 셋째 일요일 요금 무료
- 지도 24-H2 교통 JR 소부 선의 스이도바시 水道橋 역(JB17) 동쪽 출구 東口에서 도보 8분. 또는 지하철 마루노우치 선·난보쿠 선의 코라쿠엔 後楽園 역(N11·M22) 하차.
- 구글맵 페이지 하단 QR 코드 스캔·클릭

멋진 전망에도 불구하고 찾는 이가 별로 없는 도쿄의 숨은 명소! 25층 무료 전망대 展望ラウンジ에서는 신쥬쿠·이케부쿠로의 고층 빌딩가는 물론 우에노의 초록빛 공원까지 도쿄 시내의 전경이 180도로 펼쳐진다.

25층에 무료 전망대가 있다.

東 京ドームシティーアトラクションズ 도쿄 돔 시티 어트랙션즈 ★★★☆☆

- 발음 토-꾜-도-무시티-아토라꾸숀즈 개관 10:00~20:00
- 요금 500~1,500엔(어트랙션마다 다름), 1일권 4,500엔~, 야간 자유이용권 3,500엔~ 지도 MAP 24-F2
- 교통 JR 소부 선의 스이도바시 水道橋 역(JB17) 하차, 동쪽 출구 東口에서 도보 5분. 구글맵 페이지 하단 QR 코드 스캔·클릭

25가지 재미난 놀이기구가 유원지다운 면모를 뽐낸다. 공중에 붕 뜬 모양으로 돌아가는 신기한 모습의 대관람차 빅오 ビック·オー(1,000엔)와 빌딩 사이를 아슬아슬하게 통과하는 시속 130km의 롤러 코스터 선더 돌핀 サンダードルフィン(1,500엔)을 놓치지 말자. 놀이기구를 자유로이 이용하려면 1일권 ワンデーパスポート, 또는 야간 자유이용권 ナイト割引パスポート (17:00 이후 사용 가능)을 구입하는 게 경제적이다.

1 짜릿한 쾌감의 선더 돌핀. 2 특이한 모습의 대관람차 빅오.

L AQUA 라쿠아 ★★☆☆☆

- 발음 라쿠아 영업 숍 11:00~21:00, 레스토랑 11:00~22:00
- 지도 24-G2 교통 JR 소부 선의 스이도바시 水道橋 역(JB17) 하차, 동쪽 출구 東口를 나와 왼쪽으로 도보 7분.
- 구글맵 페이지 하단 QR 코드 스캔·클릭

60여 개의 숍과 멋진 전망의 레스토랑이 모여 있는 쇼핑몰. 눈에 띄는 숍은 다채로운 수입 식료품과 커피를 파는 칼디 커피 팜 Kaldi Coffee Farm, 일본 전통 식재료와 주방용품을 세련된 감각으로 소개하는 아코메야 Akomeya(2층), 깜찍한 디자인의 실용적인 문구·잡화를 취급하는 Loft(3층) 등이다.

다양한 숍이 모여 있는 쇼핑몰 라쿠아.

S PA LAQUA 스파 라쿠아 ★★★☆☆

- 발음 스파라쿠아 영업 11:00~09:00
- 요금 기본요금 3,230엔, 추가요금 토·일·공휴일 990엔, 힐링 바덴 1,100엔, 심야할증료(01:00~06:00) 2,420엔
- 홈피 www.laqua.jp/spa 지도 MAP 24-G2
- 교통 JR 소부 선의 스이도바시 水道橋 역(JB17) 하차, 동쪽 출구 東口를 나와 왼쪽으로 도보 8분. 라쿠아 6층에 있다.
- 구글맵 페이지 하단 QR 코드 스캔·클릭

안락한 시설을 갖춘 도심 온천. 대욕장과 노천온천이 완비돼 있으며 지하 1,700m에서 끌어올린 온천수는 미용·피로회복·근육통에 효능이 있다. 느긋한 휴식을 원할 때는 힐링 바덴 Healing Baden을 이용하자. 18세 이상 성인에게만 허락된 공간에는 6가지 테마로 꾸민 사우나와 도쿄의 야경을 바라보며 휴식을 취할 수 있는 리조트 스타일의 라운지가 있다.

휴게실에서는 숙박도 가능하다.

오타쿠의 거리 **이케부쿠로**

이케부쿠로 池袋는 대형 백화점과 오피스 빌딩이 가득한
전형적인 도쿄의 번화가다. 발 디딜 틈 없이 붐비는 지하철과
두 개 노선의 사철이 쉴 새 없이 드나드는 교통의 요지라
1년 365일 숨 가쁘게 돌아가는 도쿄의 일상이 펼쳐진다.
그러나 이런 환경과는 전혀 무관한 오타쿠 문화야말로
이케부쿠로가 가진 진정한(?) 매력! 아키하바라의 분위기와는
180도 다른 여성 오타쿠의 세계를 경험해 보자.

교통 JR 야마노테 선의 이케부쿠로 池袋 역(JY13) 하차. 역 구조가 무척 복잡하니 주의하자. 선샤인 시티 방면으로 갈 때는 동쪽 출구
東口 지하에서 '선샤인 방면 サンシャイン方面 for Sunshine' 표지판을 따라간 뒤 35번 출구로 나간다.
또는 지하철 유라쿠쵸 선 · 후쿠토신 선 · 마루노우치 선의 이케부쿠로 池袋 역(Y09 · F09 · M25) 하차.

サ ンシャイン60通り 선샤인 60 쇼핑가
★☆☆☆☆

발음 산샤인로쿠쥬ー도ー리, 영업 숍 10:00~20:00, 레스토랑 11:00~24:00, 지도 MAP 20-F4
교통 JR 야마노테 선의 이케부쿠로 池袋 역(JY13) 하차, 동쪽 출구 東口를 나와 정면으로
도보 4분. 또는 35번 출구를 나와 정면으로 도보 2분. 구글맵 페이지 하단 QR 코드 스캔 · 클릭

이케부쿠로의 랜드마크 선샤인 · 시티 Sunshine City(p.387)의 이름을 따라 붙인
쇼핑가. 분위기는 서울의 신촌과 비슷하다. 200m 남짓한 도로를 따라 영화관 ·
레스토랑 · 숍이 모여 있어 현지인의 발길이 끊이지 않는다. 눈에 띄는 숍은 대형
가전 양판점 비쿠 카메라 ビックカメラ, 드러그 스토어 마츠모토 키요시 マツモト
キヨシ, 인테리어 · 잡화점 니토리 NITORI 등이다. 특히 '일본판 이케아'로 통하는
니토리는 저렴한 가격과 풍부한 상품을 자랑한다.

Best course

특별한 볼거리는 없으니 큰 기
대는 하지 말고 쇼핑가와 숍 위
주로 돌아보자.
선샤인 60 쇼핑가에서 출발해
오토메 로드까지 돌아보며 느긋
하게 만화 · 애니 전문점을 구경
하다 보면 3~4시간은 훌쩍 지
나간다.
시간이 되면 선샤인 시티의 전
시관 또는 준쿠도 등의 서점에
들러도 좋다.

※맛집 정보
하단 QR 코드 스캔 · 클릭

乙女ロード 오토메 로드
★☆☆☆☆

발음 오또메로ー도, 영업 11:00~20:00(숍마다 다름)
지도 MAP 20-G5 교통 JR 야마노테 선의 이케부쿠로
池袋 역(JY13) 하차, 동쪽 출구 東口를 나와 정면으로 도보
10분. 또는 35번 출구를 나와 정면으로 도보 8분.
구글맵 페이지 하단 QR 코드 스캔 · 클릭

아키하바라의 츄오도리와 쌍벽을 이루는 만화의
거리. 겉으로는 크게 드러나지 않지만 여성 취향의
동인지 · 만화 · 캐릭터 상품 전문점이 점점이
위치해 일명 '동인녀의 필수 답사 코스'로 통한다.
원래 도쿄의 3대 만화 쇼핑가 가운데 하나였으나
남성 취향의 숍들이 아키하바라로 옮겨가면서 여성
오타쿠의 거리로 거듭났다. 쇼핑 정보는 p.388 참조.

만화책과 동인지
쇼핑의 천국 **오토메 로드**

구글맵

サ ★☆☆☆☆
ンシャインシティー 선샤인 시티

[발음] 산샤인시티 **[홈피]** www.sunshinecity.jp **[지도]** MAP 20-F5
[교통] JR 야마노테 선의 이케부쿠로 池袋 역(JY13) 하차, 동쪽 출구
東口를 나와 정면으로 도보 11분. 또는 35번 출구를 나와 정면으로 도보 9분.
[구글맵] 페이지 하단 QR 코드 스캔·클릭
난쟈타운 **[개관]** 10:00~21:00 **[요금]** 입장료 1,000엔, 자유이용권 4,000엔~,
오후 자유이용권 2,500엔~ **[위치]** 월드 임포트 마트 2층.
전망대 **[개관]** 11:00~21:00 **[요금]** 700엔, 토·일·공휴일 900엔

도쿄 시내 어디서나 눈에 띄는 240m 높이의 고층 빌딩. 오피스 건물인 선샤인
60 빌딩을 필두로 전 세계의 수입품을 취급하는 쇼핑몰 월드 임포트 마트 World
Import Mart, 각종 전시장이 모인 분카카이칸 文化会館, 쇼핑센터 알파 アルパ, 프린스
호텔 プリンスホテル 등이 한데 모인 복합공간이다. 대표적인 명소는 60층(251m)에
위치한 전망대. 도쿄 시내가 한눈에 내려다보이는 것은 물론, 아름다운 야경도 감상할
수 있다. 1950년대 일본의 거리와 유령 마을을 무대로 재미난 놀이기구가 가득한 실내
테마파크 난쟈타운 ナンジャタウン, 돔 스크린에 밤하늘의 신비로운 별 세계를 재현하는
플라네타륨 만텐 満天, 4만 여 마리의 수중생물을 사육하는 선샤인 수족관 サンシャイン
水族館, 고대 오리엔트 박물관 古代オリエント博物館 등의 볼거리도 있다.

1 이케부쿠로의 최고층 빌딩 선샤인
시티. 2 실내 테마파크 난쟈타운.

ビ
ックカメラ 빅쿠 카메라

[영업] 10:00~22:00 **[주소]** 東京都 豊島区 東池袋 1-41-5 **[전화]** 03-5396-1111
[지도] MAP 20-G3 **[교통]** JR 야마노테 선의 이케부쿠로 池袋 역(JY13) 하차, 동쪽 출구 東口를
나와 왼쪽으로 도보 2분. **[구글맵]** 페이지 하단 QR 코드 스캔·클릭

이케부쿠로 최대의 가전 양판점. 이 일대에 6개의 지점이 있으며 디지털 카메라·
오디오·노트북 등의 최신 가전제품을 취급한다. 저렴한 가격과 모든 제품을 직접·
시연해보고 구입할 수 있는 게 매력! 5,000엔 이상 구매하면 면세 혜택도 있다.
흠집이나 약간의 하자가 있는 상품 또는 전시품만 할인 판매하는 비쿠 카메라 아웃렛
ビックカメラアウトレット(MAP 20-F3)도 운영한다.

1·2 최신 가전제품과
디지털 카메라를 취급한다.

지하 1층에는 방대한 장서량을 자랑하는
대형 만화 매장도 있다.

ジ
ュンク堂 쥰쿠도

[영업] 10:00~22:00 **[주소]** 東京都 豊島区 南池袋 2-15-5
[전화] 03-5956-6111 **[홈피]** www.junkudo.co.jp **[지도]** MAP 20-E3
[교통] JR 야마노테 선의 이케부쿠로 池袋 역(JY13) 하차, 동쪽 출구 東口를 나와 오른쪽으로
도보 6분. **[구글맵]** 페이지 하단 QR 코드 스캔·클릭

9층 건물 전체가 온갖 책으로 가득한 대형 서점. 도서관 스타일로 꾸민 독특한
매장에는 편히 책을 읽을 수 있도록 층마다 테이블과 의자를 비치해 놓았다.
서가가 장르별로 구분돼 있어 비슷한 책을 한자리에서 손쉽게 비교해볼 수 있는
것도 장점이다. 특히 사진·미술·디자인 서적이 풍부한데 일본은 물론 영어권
서적도 고루 갖췄다(9층). 아동서 코너는 규모가 조금 작지만 예쁜 그림책이
많다(8층). 일본의 유명 건축물과 인테리어 관련 사진집도 충실하다(7층).

SPECIAL 오토메도리 탐방

오토메도리는 아키하바라 · 나카노와 더불어 일본의 3대 오타쿠 거리 가운데 하나로 꼽힌다. 선샤인 시티와 마주한 거리에 주요 숍이 모여 있으며 메인 아이템은 미소년계 동인지와 애니 캐릭터 상품이다.

영업 11:00~20:00(숍마다 다름) 휴무 연말연시(숍마다 다름) 교통 JR 야마노테 선의 이케부쿠로 池袋 역(JY13) 하차, 동쪽 출구 東口를 나와 정면으로 도보 10분. 또는 35번 출구를 나와 정면으로 도보 8분.

아니메이트 アニメイト
이케부쿠로 최대의 만화 · 애니 굿즈 전문점. 신상품 입고가 빠르며 취급 품목도 다양하다. 1층 가샤폰 · 캐릭터 굿즈, 2 · 3층 신간 만화 · 잡지 · 라이트노블, 4 · 5층 인형 · 피규어 · 굿즈, 6층 CD · DVD 코너로 이루어져 있다. 지도 MAP 20-G4

포케몬 센터 메가 도쿄
Pokémon Center Mega Tokyo
포켓몬 오피셜 매장. 인기 캐릭터의 피규어 · 인형 · 게임 카드 · 과자 · 문구 등 다양한 아이템을 취급한다. 매장 곳곳에 기념사진을 찍을 수 있는 특대 사이즈 피규어도 전시돼 있다. 선샤인 시티 알파 2층에 있다. 지도 MAP 20-F5

토라노아나 とらのあな
신간 입고가 빠른 동인지 전문점. 매장 정리가 잘 돼 있어 아이템 찾기가 수월하다. 만화 · BL 소설도 판매하지만 간신히 구색만 갖춘 정도니 큰 기대는 금물. 세이코 선샤인 빌딩 セイコーサンシャインビル 7층에 있다. 지도 MAP 20-G3

동구리 공화국
どんぐり共和国
토토로 인형을 비롯한 스튜디오 지브리의 캐릭터 상품 전문점. 귀여운 봉제 인형은 물론 예쁜 그림의 머그컵 · 접시 같은 주방용품과 생활 잡화가 쇼핑 욕구를 자극한다. 선샤인 시티 알파 지하 1층에 있다. 지도 MAP 20-F5

케이북스
K-BOOKS
중고 캐릭터 굿즈 전문점. 캐릭터관 · 게임관 · 코스프레관 · 아이돌관 등 5개 점포가 나란히 이어져 있다. 최신 인기 아이템이 풍부하며, 캔 배지 · 스트랩 · 봉제인형 · 코스프레 의상을 저렴하게 판매한다. 지도 MAP 20-G5

만다라케 まんだらけ
신간 및 중고 여성 동인지 · BL 소설 · 순정만화 전문점. 특히 중고 동인지에 특화돼 있으며 상품도 풍부하다. 서가는 작품명으로 구분돼 있다. 종류는 적지만 만화 · 애니 캐릭터 굿즈도 판매한다. 지도 MAP 20-G5

아니메이트 카페 숍
アニメイトカフェショップ
코스프레 전문점이 모인 복합공간. 1층 애니 캐릭터 굿즈 · 음료를 판매하는 카페, 2 · 3층 코스프레 의상 매장, 4층 이벤트 스페이스, 5 · 6층 코스프레 스튜디오, 7 · 8층 애니 테마 카페로 이루어져 있다. 지도 MAP 20-F5

케이북스 동인관
K-BOOKS 同人館
도쿄 제일의 장서량을 자랑하는 여성 동인지 전문점. 서가는 장르 · 서클 · 작가별로 세분화돼 있다. 계산대 옆에 붙은 서가 배치도를 참고로 책을 찾으면 손쉽게 원하는 아이템을 구할 수 있다. 지도 MAP 20-G5

라신반 らしんばん
중고 애니 굿즈 · 피규어 전문점. 이케부쿠로에서 피규어가 가장 풍부한 곳이다. 특히 원피스 · 귀멸의 칼날 등 인기 아이템이 충실하다. 안쪽에는 미소년 캐릭터의 캔 배지 · 굿즈 · 봉제인형 등 여성 취향 아이템 코너도 있다. 지도 MAP 20-G4

스왈로우테일 집사 카페
SWALLOWTAIL BUTLERS CAFE
인기 만점의 집사 카페. 집사의 시중을 받으며 잠깐이지만 귀족 영애가 된 기분을 만끽할 수 있다. 예약 필수이며 이용은 1회 100~110분이다. 카페 내부 촬영 및 스마트폰 사용은 불가능하니 주의! 지도 MAP 20-G5

 구글맵

YOKOHAMA

横浜 요코하마

ACCESS

시부야 역 ➡ 미나토미라이 역
토큐토요코 선 30~40분, 510엔

시부야 역 ➡ 모토마치 · 츄카가이 역
토큐토요코 선 35~45분, 540엔

도쿄 역 ➡ 사쿠라기쵸 역
JR 35~40분, 580엔

도쿄 역 ➡ 신요코하마 역
신칸센 18분, 1,380엔

요코하마
퀵 가이드

요코하마는 새하얀 파도가 밀려드는 항구와 이국적인 풍경으로 가득한 낭만의 도시다. 19세기 중반 개화기의 역사가 오롯이 남겨진 고풍스러운 건물과 일본 속의 작은 중국을 연상시키는 차이나타운, 첨단 미래 도시를 꿈꾸는 초고층 빌딩들이 모여 과거에서 현재로 이어지는 일본의 근대사를 파노라마처럼 보여준다. 검은 밤하늘을 색색으로 물들이는 화려한 야경 역시 이 도시를 대표하는 볼거리로 유명하다.

요코하마 요점 정리

여행 포인트
한 세기 전의 모습을 고스란히 간직한 서양식 건물과 화려한 야경, 그리고 고즈넉한 항구가 매력이다.

여행 기간
도시 규모는 그리 크지 않다. 하루 또는 넉넉하게 이틀 정도면 전체를 돌아볼 수 있다.

베스트 시즌
가벼운 차림으로 다니기에는 봄·가을이 좋다. 더위와 추위가 심한 여름·겨울에는 약간의 주의가 필요하다.

이국적인 양식 건물이 즐비한 요코하마

요코하마는 어떤 곳?

요코하마의 역사는 6세기 무렵까지 거슬러 올라간다. 하지만 이 도시가 본격적으로 역사의 전면부에 등장한 시기는 카마쿠라 바쿠후 鎌倉幕府가 설립된 12세기 후반이다. 당시에는 항구도시란 이점을 살려 대송(對宋) 무역의 거점으로 번영을 누리기도 했다. 이후 잠시 역사의 뒤안길에 가려 있던 요코하마는 미국 페리 제독의 내항과 더불어 다시금 성장 가도를 달리게 된다.

위압적인 함선을 이끌고 요코하마 앞바다에 나타난 페리 제독은 일본 정부를 압박해 미일화친조약(1854년), 미일수호통상조약(1858년) 등의 불평등 조약을 체결하며 대일 무역의 교두보를 확보했다. 일본에 있어서는 불한당에게 안방을 내주는 굴욕적 경험이었지만, 이를 계기로 서구식 문물이 범람하는 국제 도시 요코하마가 탄생하는 아이러니한 결과가 빚어졌다. 당시 외국인 거류지에는 미국·영국·프랑스·독일 등 구미열강의 상관(商館)이 들어섰으며, 그들과 함께 들어온 중국인 노무자가 급증해 일본 최대의 차이나타운이 형성되는 계기가 마련됐다.

1872년에는 도쿄와 요코하마를 연결하는 일본 최초의 철도가 부설되며 도시의 규모를 키워갔다. 그러나 1923년 발생한 진도 7의 관동대지진으로 도시 전체가 괴멸되는 아픔을 겪었고, 제2차 세계대전 말기에는 연합군의 대공습으로 도시 기능이 마비되는 전대미문의 참사가 이어졌다. 요코하마가 재차 부흥의 길을 걸은 때는 미 군정(軍政)이 막을 내린 1951년이다. 한국전쟁의 특수로 도약의 발판을 마련한 요코하마는 1970~1980년대의 고도성장기를 거치며 급격히 발전해 지금과 같은 세련된 도시로 거듭났다.

요코하마 즐기기

볼거리 한 세기 전의 모습을 고스란히 간직한 게 이 도시의 매력이다. 항구를 바라보는 언덕을 따라 이국적인 외관의 서양식 건물이 즐비하며, 항구 주변에는 당시 지어진 육중한 석조 건물이 점점이 위치한다. 외국인 거류지에서 비롯된 일본 최대의 차이나타운을 구경하는 재미도 놓칠 수 없다. 물론 화려한 요코하마의 야경 역시 잊어서는 안 될 듯!

요코하마는 남부의 야마테, 중부의 야마시타 공원, 북부의 미나토미라이 21 지구 등 세 부분으로 이루어져 있다. 야마테는 한 세기 전에 지어진 서양식 건물, 야마시타 공원은 평화로운 항구와 이국적인 차이나타운, 미나토미라이 21은 초고층빌딩이 늘어선 현대적인 도시의 풍경을 감상할 수 있는 게 매력이다. 각각의 지역을 여행하는 데 반나절씩은 필요하며 전체를 모두 둘러보는 데는 1~2일이 걸린다.

먹거리 음식 사정은 도쿄 시내와 별반 다르지 않다. 야마테 지역에는 옛 건물을 리모델링해서 만든 근사한 카페가 있으니 차 한잔의 여유를 즐겨도 좋다. 본고장의 맛을 즐길 수 있는 차이나타운에서 정통 중화요리와 길거리 음식에 도전해보는 것도 재미있다.

쇼핑 쇼핑의 중심지는 야마테의 모토마치 元町(p.404)와 미나토미라이 21 지구의 대형 쇼핑몰이다. 도쿄에 버금가는 쾌적한 시설과 다양한 상품을 갖춰 쇼핑을 즐기기에 더할 나위 없이 좋다

도쿄에서 요코하마로

도쿄에서 요코하마까지의 거리는 약 30km이며, 교통편은 토큐토요코 선 또는 JR · 신칸센을 이용할 수 있다. 요금이 비싼 신칸센과 달리 나머지 두 노선은 요금 · 소요시간이 비슷해 어느 것을 이용할까 망설여지는데, 이때는 최초 출발역을 기준으로 이용할 노선을 선택하면 된다. 예를 들어 JR 야마노테 선의 시부야 · 신주쿠 · 신오쿠보 · 이케부쿠로 · 타바타 역에서 출발할 때는 토큐토요코 선, 그렇지 않다면 JR을 이용하는 게 빠르고 저렴하다.

요코하마 행 교통편 요점 정리

토큐토요코 선
싸고 편리한 사철. 1일권인 미나토미라이 패스를 구매하면 더욱 편리하고 경제적이다.

JR
도쿄 시내와 요코하마를 연결하는 전철. 특정 지역에서 갈 때는 토큐토요코 선보다 싸고 편리하다.

신칸센
우리나라의 KTX에 해당하는 고속열차. 하지만 요금이 비싸고 열차를 여러 번 갈아타야 해 불편하다.

토큐토요코 선

홈피 www.tokyu.co.jp

시부야 역→미나토미라이 역
특급열차 30분, 510엔
급행열차 35분, 510엔
보통열차 40분, 510엔

시부야 역→모토마치 · 츄카가이 역
특급열차 35분, 540엔
급행열차 40분, 540엔
보통열차 45분, 540엔

토큐토요코 선 표지판

토큐토요코 선 東急東横線

토큐토요코 선은 시부야와 요코하마를 연결하는 사철이다. 요금이 저렴한 것은 물론 속도도 빨라 시부야 인근 지역에서 출발할 때 이용하면 편리하다. 종점은 요코하마 남부의 모토마치 · 츄카가이 元町 · 中華街 역이며, 도중에 미나

토큐토요코 선 특급열차

토미라이 21 지구에 위치한 미나토미라이 みなとみらい 역에도 정차한다.
열차는 특급 特急 · 급행 急行 · 보통 各駅停車의 세 종류가 있는데, 요금이 모두 동일하니 주요 역만 정차하는 특급 또는 급행열차를 이용하자. 보통열차보다 10~20분 빠르다.

1 역 찾아가기
토큐토요코 선의 시부야 渋谷 역(MAP 2-H4)은 JR 시부야 역(JY20 · JA10 · JS19)의 지하에 있다. JR 시부야 역의 개찰구를 나와 '토큐토요코 선 東急東横線' 또는 '토요코 선 東横線' 표지판만 따라가면 금방 눈에 띈다.

2 미나토미라이 티켓 구입
요코하마를 당일치기로 여행할 때는 왕복 할인권인 미나토미라이 패스 みなとみらいパス를 구매하는 게 경제적이다. 편도 티켓 두 장을 끊는 것보다 저렴할 뿐만 아니라, 요코하마 시내 구간의 미나토미라이 선 열차를 하루종일 맘대로 이용할 수 있다. 미나토미라이 티켓은 매표소의 자판기에서 구매한다.

구글맵

미나토미라이 패스 구매 방법 ※동영상 하단 QR 코드 스캔 · 클릭

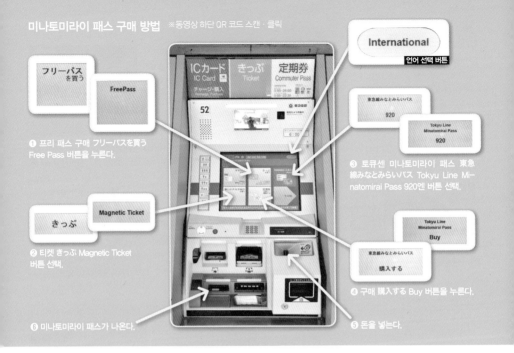

International 언어 선택 버튼

フリーパス を買う **FreePass**

❶ 프리 패스 구매 フリーパスを買う Free Pass 버튼을 누른다.

ICカード IC Card チャージ・購入

きっぷ Ticket

定期券 Commuter Pass

52

6:00

東急線みなとみらいパス **920**

Tokyu Line Minatomirai Pass **920**

❸ 토큐센 미나토미라이 패스 東急線みなとみらいパス Tokyu Line Minatomirai Pass 920엔 버튼 선택.

Magnetic Ticket

きっぷ

❷ 티켓 きっぷ Magnetic Ticket 버튼 선택.

Tokyu Line Minatomirai Pass **Buy**

東急線みなとみらいパス **購入する**

❹ 구매 購入する Buy 버튼을 누른다.

❺ 돈을 넣는다.

❻ 미나토미라이 패스가 나온다.

우선 모니터 왼쪽 중간에 있는 '프리 패스 구매 フリーパスを買う Free Pass' 버튼을 누른다. 그리고 '티켓 きっぷ Magnetic Ticket→토큐센 미나토미라이 패스 東急線みなとみらいパス Tokyu Line Minatomirai Pass 920엔→구매 購入する Buy' 버튼을 차례로 누르고 돈을 넣으면 패스가 발권된다. 자세한 이용법은 상단의 미나토미라이 패스 구매 방법을 참고하자.

미나토미라이 패스

🎫 920엔

3 열차 탑승
자판기 바로 옆의 개찰구를 통과해 플랫폼을 찾아간다. 역 구조가 은근히 복잡하니 주의하자. 요코하마 행 열차는 '요코하마 방면 横浜方面'이라고 표시된 3 · 4번 플랫폼에서 탄다. 같은 플랫폼에서 행선지가 다른 열차도 출발하니 반드시 '모토마치 · 츄카가이 元町 · 中華街' 행 열차가 맞나 확인하고 타야 한다. 행선지는 플랫폼의 전광판과 차량에 붙은 표지판으로 확인할 수 있다.

4 목적지 도착
특급열차는 시부야→요코하마 역→미나토미라이 みなとみらい 역(MAP 25-B5)→모토마치 · 츄카가이 元町 · 中華街 역(MAP 25-C1), 급행 · 보통열차는 시부야→요코하마 역→미나토미라이 역→바샤미치 馬車道 역(MAP 25-C4)→니혼오도리 日本大通り 역(MAP 25-C3)→모토마치 · 츄카가이 역의 순으로 정차한다. 서양식 건물과 차이나타운 등 요코하마의 핵심 명소가 밀집된 야마테 지역으로 갈 때는 종점인 모토마치 · 츄카가이 역, 고층빌딩과 쇼핑몰이 모인 미나토미라이 21 지구로 갈 때는 미나토미라이 역에서 내린다.

미나토미라이 선
토큐토요코 선의 운행 구간 가운데 요코하마~모토마치 · 츄카가이 역 구간을 미나토미라이 선 みなとみらい線이라고 한다.
🌐 www.mm21railway.co.jp

주의하세요
요코하마 역에서 내리지 않게 주의! 요코하마 역은 주요 명소에서 한참 먼 곳에 있다.

JR

도쿄 역→사쿠라기쵸 역
35~40분, 580엔

도쿄 역→이시카와쵸 역
40~45분, 580엔

주의하세요

요코하마 역에서 내리지 않게 주의!
요코하마 역은 주요 명소에서 한참 먼
곳에 있다.

JR 케이힌토호쿠 선

신칸센

도쿄 역→신요코하마 역
18분, 1,380엔

JR 패스

일본 전역을 운행하는 JR 열차와
신칸센을 자유로이 이용할 수 있는
프리패스. 우리나라의 여행사에서
판매한다.
图 7일권 5만 엔
　　14일권 8만 엔
　　21일권 10만 엔

제이알 JR

도쿄 시내와 근교를 연결하는 전철. 여러 노선
가운데 요코하마로 가는 것은 JR 케이힌토호
쿠 선 京浜東北線이다. 아래의 노선도에서 볼
수 있는 것처럼 JR 야마노테 선과 연결되는 타
바타·닛포리·도쿄·시나가와 역 등 14개 역
에서 갈아탈 수 있으니 어디든 편한 역을 이용하면 된다.

JR 케이힌토호쿠 선의 표지판

열차를 탈 때는 '케이힌토호쿠 선 京浜東北線'이라고 표시된 하늘색 표지판만
따라가면 플랫폼이 나온다. 주의할 점은 열차를 타기 전에 반드시 행선지를 확
인해야 한다는 것이다. 요코하마 방면 열차는 '오후나 大船' 또는 '이소고 磯子'
행을 타야 한다. 자칫 이름이 비슷한 '오미야 大宮' 행 열차를 탔다가는 완전히
반대 방향으로 가버리니 주의 또 주의!
케이힌토호쿠 선 열차는 도쿄 시내를 출발해 요코하마 역→사쿠라기쵸 桜木
町 역(MAP 25-C5)→칸나이 関内 역(MAP 25-D4)→이시카와쵸 石川町
역(MAP 25-D2)의 순으로 정차한다. 요코하마의 핵심 명소가 모인 야마테 지
역은 이시카와쵸 역, 미나토미라이 21 지구는 사쿠라기쵸 역에서 가깝다.

신칸센 新幹線

우리나라의 KTX에 해당하는 고속열차. 당
연히 요금도 비싸다. 하지만 도쿄~요코하마
구간은 신칸센의 가속 구간이 아니라 쌩쌩 날
아가는 고속열차의 기분은 눈곱만큼도 느낄
수 없으니 굳이 신칸센을 타볼 목적이 아니라
면 무리해서 이용할 필요는 없다. 단, JR 패스

빠른 속도를 자랑하는 신칸센

소지자는 신칸센을 무료로 이용할 수 있으니 재미삼아 타봐도 좋을 듯.
내리는 곳은 신요코하마 新横浜 역이다. 여기서 JR 요코하마 선 横浜線으로
갈아타고 네 정거장 다음의 요코하마 横浜 역에서 내려 다시 네기시 선 根岸
線으로 갈아타고 한 정거장만 가면 사쿠라기쵸 桜木町 역(MAP 25-C5)이다.

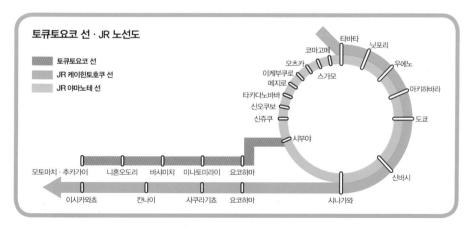

토큐토요코 선 · JR 노선도

- 토큐토요코 선
- JR 케이힌토호쿠 선
- JR 야마노테 선

타바타　닛포리
코마고메
오츠카
이케부쿠로　스가모
메지로
타카다노바바
신오쿠보
신쥬쿠
시부야

우에노
아키하바라
도쿄
신바시
시나가와

모토마치·추카가이　니혼오도리　바샤미치　미나토미라이　요코하마
이시카와쵸　칸나이　사쿠라기쵸　요코하마

구글맵

요코하마 시내 교통

버스 · 지하철 · 사철 · 시바스 등 다양한 대중교통 수단이 있다. 하지만 그리 큰 도시가 아니라 시내의 주요 명소만 돌아볼 때는 튼튼한 두 다리로 충분하다. 버스는 시 외곽의 명소를 찾아갈 때에 한두 번 이용한다. 야마시타 공원과 요코하마 역 구간을 연결하는 해상 교통수단인 시바스는 유람선을 대신해 타보는 것도 재미있다.

요코하마 시내 교통 요점 정리

도보
요코하마를 여행하기에 가장 적합한 방법. 만만치 않은 거리를 걸어야 하지만 도보 여행의 재미가 쏠쏠하다.

버스
시 외곽의 명소를 찾아갈 때 유용하다. 시내에서는 저렴한 순환 버스인 아카이쿠츠를 이용하자.

지하철
두 개 노선을 운행하지만 명소와 제대로 연계되지 않아 여행자가 이용할 가능성은 무척 낮다.

버스 バス

산케이엔 三渓園이나 베이 브리지 ベイブリッジ처럼 시 외곽에 위치한 명소를 찾아갈 때는 버스 이용이 필수적이다. 버스는 차량 앞에 노선 번호와 경유지가 표시돼 있으며, 정류장에도 노선과 출발 시각이 상세히 적혀 있어 이용하기 편하다. 모든 노선이 출발 · 도착하는 버스 터미널은 JR 사쿠라기쵸 역 앞에 있다. 여기서는 요코하마의 주요 명소를 연결하는 순환 버스 아카이쿠츠 あかいくつ도 출발한다.

순환 버스인 아카이쿠츠

버스
요금 220엔

아카이쿠츠
운행 10:02~18:02,
토 · 일 · 공휴일 10:02~18:32
※JR 사쿠라기쵸 역 출발 기준,
15~30분 간격 운행
요금 220엔

지하철 地下鉄

지하철 표지판

요코하마 시내 구석구석을 연결하는 두 개 노선을 운행한다. 하지만 주요 명소와 연결되는 역은 사쿠라기쵸 桜木町 역과 칸나이 関内 역 두 개뿐이라 실질적으로 여행자가 이용할 가능성은 '제로'에 가깝다.

지하철
요금 210엔~

시 바스 シーバス

요코하마 역~요코하마 아카렌가 창고~야마시타 공원 山下公園을 운항하는 수상버스다. 이용 가능한 구간이 한정적이고 운항 편수도 적어 실질적인 도움은 되지 않는다. 유람선처럼 재미 삼아 타보는 정도로 충분하다.

시바스
운행 10:50~18:05(20~60분 간격)
요금 600~1,000엔
홈피 www.yokohama-cruising.jp

best course

요코하마의 이국적인 풍광과 항구의 낭만을 두루 만끽하는 코스. 교통편은 토큐토요코 선을 이용하기 때문에 미나토미라이 패스(p.392)를 구입하는 게 경제적이다. 볼거리가 풍부한 야마테 山手 지역을 돌아볼 때는 지나친 욕심은 금물이다. 유명한 서양식 건물이 12개나 되는데, 이곳들만 봐도 꼬박 하루가 걸린다. 따라서 취향에 맞는 건물 몇 개만 골라 적당히 보는 요령이 필수다. 보통 아카렌가 창고에 도착할 즈음이면 해가 지기 시작한다. 어두워진 뒤에는 요코하마의 명물인 야경 감상도 놓치지 말자.

출발점 토큐토요코 선의 모토마치·츄카가이 역 5번 출구
예상 소요시간 12시간~

▼ 모토마치·츄카가이 역 5번 출구를 나오면 이렇게 보여요.

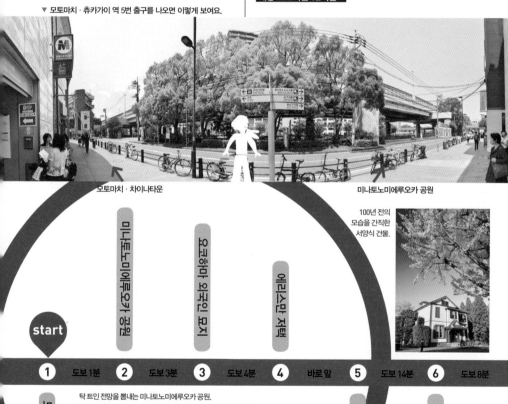

모토마치·차이나타운

미나토노미에루오카 공원

100년 전의 모습을 간직한 서양식 건물.

start

① 미나토노미에루오카 공원
도보 1분
② 요코하마 외국인 묘지
도보 3분
③
도보 4분
④ 에리스만 저택
바로 앞
⑤ 똑릭홀
도보 14분
⑥ 이탈리아 산 정원
도보 8분

① 모토마치·츄카가이 역 5번 출구

탁 트인 전망을 뽐내는 미나토노미에루오카 공원.

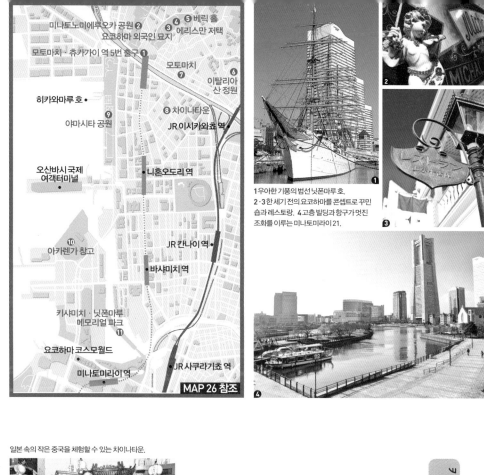

미나토노미에루오카 공원 ②
요코하마 외국인 묘지 ③
⑤ 베릭 홀
에리스만 저택
모토마치・츄카가이 역 5번 출구 ①
모토마치 ⑦
⑥ 이탈리아 산 정원
히카와마루 호 •
⑧ 차이나타운
⑨
야마시타 공원
JR 이시카와쵸 역
오산바시 국제 여객터미널
• 니혼오도리 역
⑩
아카렌가 창고
JR 칸나이 역 •
• 바샤미치 역
키샤미치・닛폰마루 메모리얼 파크
⑪
요코하마 코스모월드
미나토미라이 역 •
• JR 사쿠라기초 역

MAP 26 참조

1 우아한 기풍의 범선 닛폰마루 호.
2・3 한 세기 전의 요코하마를 콘셉트로 꾸민 숍과 레스토랑. 4 고층 빌딩과 항구가 멋진 조화를 이루는 미나토미라이 21.

일본 속의 작은 중국을 체험할 수 있는 차이나타운.

| ⑦ | 도보 3분 | ⑧ | 도보 4분 | ⑨ | 도보 10분 | ⑩ | 도보 4분 | ⑪ |

야마시타 공원

아카렌가 창고

키샤미치・닛폰마루 메모리얼 파크

모토마치

차이나타운

기차가 다니던 철로를 공원으로 변신시킨 키샤미치.

SIGHTSEEING

대표적인 볼거리는 **과거와 현재가 공존하는 요코하마의 풍경이다.** 남쪽 야마테 주변이 옛 건물과 거리가 보존된 **과거의 요코하마라면** JR 사쿠라기쵸 역을 중심으로 한 북쪽 일대는 **고층 빌딩이 즐비한 현재의 요코하마**를 보여준다.

Best Spot in Yokohama

★★★★★ 미나토노미에루오카 공원
베릭 홀, 야마시타 공원
야마테 111번관, 에리스만 저택
오산바시 국제 여객 터미널
요코하마 아카렌가 창고
요코하마 외국인 묘지
이탈리아 산 정원, 차이나타운
★★★★☆ 관제묘, 닛폰마루 메모리얼 파크
★★★☆☆ 랜드마크 타워, 요코하마 마조묘
산케이엔, 키샤미치, 모토마치
★★☆☆☆ 가톨릭 야마테 교회, 린코 파크
야마테 10번관, 야마테 234번관
야마테 자료관, 영국관
★☆☆☆☆ 니혼오도리, 시 파라다이스
부리키 장난감 박물관
실크 박물관, 야마테 성공회 교회

港の見える丘公園 미나토노미에루오카 공원 ★★★★★

발음 미나또노미에루오까꼬-엔 **지도** MAP 25-C1 · 26-C1
교통 토큐토요코 선의 모토마치 · 츄카가이 元町 · 中華街 역(MM06) 하차, 5번 출구를 나와 오른쪽으로 도보 1분. 공원 입구에서 전망 테라스까지는 가파른 언덕을 올라가야 한다. 또는 JR 이시카와쵸 石川町 역(JK09) 하차, 도보 20분.
구글맵 페이지 하단 QR 코드 스캔 · 클릭
오사라기 지로 기념관 **개관** 4~9월 10:00~17:30, 10~3월 10:00~17:00
휴관 월요일 **요금** 200엔, 초등학생 · 중학생 무료
카나가와 근대 문학관 **개관** 09:30~17:00 **휴관** 월요일, 12/28~1/4
요금 250엔(전시회에 따라 다름)

이름 그대로 항구를(港の) 내려다보는(見える) 언덕(丘)에 위치한 공원. 산중턱에 있어 산책과 데이트 코스로 인기가 높다. 야마테 山手 지역에 외국인 거류지가 형성될 무렵인 140여 년 전에는 프랑스군과 영국군이 주둔하며 첨예하게 대립하던 곳이라 공원 한편에는 주둔지의 유적도 남아 있다.
전망 테라스에서는 요코하마 일대가 한눈에 내려다보이는데 항구를 붉게 물들이는 아름다운 저녁 노을이 인상적이다. 이곳은 지브리 애니메이션 〈코쿠리쿠 언덕에서 コクリク坂から〉(2011)의 무대가 됐던 곳이라 테라스 옆에는 주인공이 매일 아침 게양하던 두 장의 깃발이 나부끼고 있다. 깃발은 '안전한 항해의 기원'을 의미한다.
공원 안쪽으로는 분수대와 화단이 정비된 장미 정원이 있다. 5월 무렵 장미가 만발할 때 특히 아름다우며 한가로이 산책을 즐기기에도 좋다. 공원 끝에 위치한 빨간 벽돌 건물은 요코하마 출신 작가 오사라기 지로의 기념관 大仏次郎記念館이며, 그 안쪽에는 노벨 문학상 수상자 카와바타 야스나리 川端康成를 비롯한 이 지역 출신 작가의 작품과 자료를 수집 · 전시하는 카나가와 근대 문학관 神奈川近代文学館도 있다.

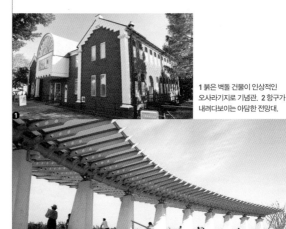

1 붉은 벽돌 건물이 인상적인 오사라기지로 기념관. 2 항구가 내려다보이는 아담한 전망대.

구글맵

1 옛 모습이 보존된 아늑한 실내. 2 새하얀 건물이 초록빛 공원과 멋진 조화를 이룬다.

山手111番館 야마테 111번관 ★★★★★

발음 야마떼하꾸쥬-이찌반깐 개관 09:30~17:00
휴관 매월 둘째 수요일, 12/29~1/3 요금 무료 지도 MAP 26-D1
교통 토큐토요코 선의 모토마치 · 츄카가이 元町 · 中華街 역(MM06) 하차, 5번 출구를 나와 오른쪽으로 도보 10분. 구글맵 페이지 하단 QR 코드 스캔 · 클릭

리조트 분위기가 물씬 풍기는 스페인풍의 저택. 푸른 잔디 위에 놓인 새하얀 건물이 무척 아름답다. 1926년에 미국인 환전상이 살던 집인데 장미 정원이 내다보이는 다이닝룸과 홈 파티가 열리던 널찍한 홀 등이 이 집 주인이 얼마나 부유한 생활을 영위했나 보여준다. 목조 건축의 특성을 한껏 살린 2층 난간과 벽난로의 장식이 멋스러우며 짙은 갈색의 가구가 예스러운 감흥을 한층 더해준다. 전시실에는 이 집을 설계한 J. H. 모건과 그의 일본인 처의 사진, 건물의 설계도면 등이 전시돼 있다. 지하 1층에는 장미 정원을 바라보며 느긋하게 차를 마실 수 있는 카페가 있으니 잠시 쉬어가도 좋을 듯.

1 2층에서는 장미 정원이 보인다.
2 옛 모습으로 복원된 거실.

ギリス館 영국관 ★★☆☆☆

발음 이기리스깐 개관 09:30~17:00
휴관 매월 넷째 수요일, 12/29~1/3 요금 무료 지도 MAP 26-D1
교통 토큐토요코 선의 모토마치 · 츄카가이 元町 · 中華街 역(MM06) 하차, 5번 출구를 나와 오른쪽으로 도보 9분. 구글맵 페이지 하단 QR 코드 스캔 · 클릭

콜로니얼 스타일의 전형적인 영국풍 건물. 영국 총영사관저로 1937년에 지어졌다. 현관 왼쪽에는 'GR VI 1937'이란 문장(紋章)이 찍혀 있는데 이는 영국 국왕 조지 6세 때 지어졌음을 뜻한다. 1층은 음악회 및 전시회장으로 사용 중이며, 2층에는 옛 모습을 그대로 복원시킨 방들이 있다. 볕이 잘 드는 아늑한 휴게실과 벽난로 · 화장대가 딸린 널찍한 침실이 20세기 초 이곳에 거주하던 서양인들의 생활상을 잘 보여준다. 바깥으로 불룩 튀어나온 타원형의 베란다는 영국관 특유의 건축 양식이다. 특이한 점은 문에 달린 손잡이의 위치가 여타 건물에 비해 상당히 높다는 것인데, 직접 문을 열어보면 그 높이를 실감할 수 있다.

요코하마의 타임 캡슐 야마테

요코하마 남부에 위치한 야마테 山手는 1867년 개항과 더불어 조성된 외국인 거류지다. 당시 일본과의 교역을 희망하던 서구열강이 앞다퉈 영사관과 무역소를 개설함에 따라 이곳에 체류하는 서양인의 수도 기하급수적으로 증가했다. 그리고 그들이 거주할 목적으로 요칸 洋館, 즉 서양식 건물을 세우며 지금과 같은 이국적인 모습을 갖추게 됐다.
안타깝게도 관동 대지진(1923년)으로 대부분의 지역이 소실돼 옛 모습을 간직한 건물은 현재 10여 채에 불과하지만, 이국적 풍광의 건물이 점점이 놓인 거리를 걷다보면 자연스럽게 과거의 모습을 떠올려 볼 수 있다.

山手十番館 야마테 10번관 ★★☆☆☆

발음 야마떼쥬-반깐 개관 11:30~21:00 휴관 부정기적
지도 MAP 26-D2 구글맵 페이지 하단 QR 코드 스캔·클릭
교통 토큐토요코 선의 모토마치·츄카가이 元町·中華街 역(MM06)
하차. 5번 출구를 나와 오른쪽으로 도보 12분.

파스텔 톤의 산뜻한 외관과 비늘을 덮어놓은 듯한 모양의
팔각형 첨탑이 인상적인 건물. 지금은 19세기의 맛을
재현한 고급 프렌치 레스토랑으로 이용 중인데, 옛 모습을
그대로 간직한 고풍스러운 인테리어 때문에 데이트 코스로
인기가 높다. 식사 메뉴는 1인당 3,800엔 이상이지만,
가볍게 커피 한 잔(550엔~)만 마셔도 상관없다.
바로 옆의 비어 가든에는 원래 일본 최초의 맥주 공장이
있었다고 한다.

오리지널 프랑스
요리를 맛볼 수
있다.

岩崎ミュージアム 이와사키 박물관 ★☆☆☆☆

발음 이와사끼뮤-지아무 개관 10:00~17:00
휴관 월요일, 연말연시 요금 300엔, 중학생 이하 100엔
홈피 www.iwasaki.ac.jp/museum 지도 MAP 26-D1
교통 토큐토요코 선의 모토마치·츄카가이 元町·中華街
역(MM06) 하차. 5번 출구를 나와 오른쪽으로 도보 9분.
구글맵 페이지 하단 QR 코드 스캔·클릭

중후한 멋의 붉은색 벽돌 건물. 원래 괴테 좌 ゲーテ
座란 극장이 있던 곳에 세운 박물관이다. 1885년
4월 문을 연 괴테 좌는 일본 최초로 외국인 극단이
공연을 가진 극장이자 외국인 사교장으로 의미가
깊었으나 관동 대지진으로 완전히 파괴되고 말았다.
지금의 건물은 1980년 복원된 것이며, 현재 유리
공예·복식사 박물관으로 이용 중이다.

横浜外国人墓地 요코하마 외국인 묘지 ★★★★★

발음 요꼬하마가이꼬꾸진보찌 개관 09:00~17:00 휴관 월·화요일
요금 무료 지도 MAP 26-C2 구글맵 페이지 하단 QR 코드 스캔·클릭
교통 사철 토큐토요코 선의 모토마치·츄카가이 元町·中華街 역
(MM06) 하차. 5번 출구를 나와 오른쪽으로 도보 11분.

항구를 바라보는 산비탈에 수백 개의 십자가가 나란히
늘어선 공원묘지. 개항 당시 페리 제독의 함대에서 사망한
수병이 이 언덕에 묻힌 게 외국인 묘지의 시작이다. 그후
약 40개국 4,200여 명의 외국인이 본국으로 돌아가지
못한 채 이 땅에 뼈를 묻었다. 일본에서는 보기 드물게
십자가를 새긴 묘비가 즐비해 이국적인 요코하마의
정취를 한층 더해 준다. 자료실에는 개항 이후 이 지역과
외국인 묘지를 소개하는 사진·자료가 전시돼 있다. 종종
내부 관람이 통제되곤 하는데 그렇더라도 크게 염려할
필요는 없다. 야트막한 담 너머로 바로 묘지가 보이고,
요코하마 시가지와 어우러진 전망도 바깥쪽에서 보는 게
훨씬 운치가 있다.

1 십자가 너머로 요코하마
시가지가 바라보인다.
2 호젓한 분위기가 매력인
요코하마 외국인 묘지.

 구글맵

ブ リキのおもちゃ博物館 부리키 장난감 박물관
★☆☆☆☆

발음 부리끼노오모쨔하꾸부쯔깐 **개관** 10:00~17:00 **요금** 200엔
지도 MAP 26-D2 **구글맵** 페이지 하단 QR 코드 스캔·클릭
교통 토큐토요코 선의 모토마치·츄카가이 元町·中華街 역(MM06) 하차,
5번 출구를 나와 오른쪽으로 도보 14분.

10여 평 남짓한 공간에 조그만 전시 캐비닛 14개가 놓인 초미니
박물관. 골동품으로서의 가치가 높은 1890~1960년대의 양철
장난감 3,000여 점을 소장하고 있다. 입구의 기념품 숍에서는
복고풍 장난감을 판매한다. 박물관 뒤쪽에는 전 세계의 크리스마스
장식품을 전시·판매하는 크리스마스 토이 숍도 있다.

1 입구를 지키는 토끼 인형.
2 박물관은 규모가 무척 작으니
지나친 기대는 금물!

1층에는 느긋하게 쉬어갈 수 있는 카페도 있다.

エ リスマン邸 에리스만 저택
★★★★★

발음 에리스만떼- **개관** 09:30~17:00
휴관 매월 둘째 수요일, 12/29~1/3 **요금** 무료 **지도** MAP 26-D3
교통 토큐토요코 선의 모토마치·츄카가이 元町·中華街 역(MM06) 하차,
5번 출구를 나와 오른쪽으로 도보 14분.
구글맵 페이지 하단 QR 코드 스캔·클릭

스위스 무역상 에리스만의 저택. 일본에서 현대 건축의 아버지로
추앙받는 체코 건축가 안토닌 레이먼드 Antonin Raymond가
설계를 맡아(1926년) 일본 건축사에서 큰 의미를 갖는 건물이다.
간결하면서도 휴율적인 건물 구조에서 세계적인 건축가 프랭크
로이드 라이트의 숨결이 강하게 느껴지는데, 실제로 안토닌
레이먼드는 프랭크 로이드 라이트의 조수로 일본에 건너와
건축가로 대성한 인물이다. 1층의 벽난로가 있는 응접실과
정원을 향해 크게 뚫린 창이 시원한 개방감을 선사하며, 2층의
침실은 야마테 지역의 옛 모습을 담은 사진과 정밀 축소 모형을
전시하는 자료실로 사용하고 있다. 1층에는 창밖으로 펼쳐진
울창한 숲과 우뚝 솟은 마린 타워의 모습을 감상할 수 있는
조용한 카페가 있으니 잠시 쉬어가도 좋을 듯.

山 手資料館 야마테 자료관
★★☆☆☆

발음 야마테시료-깐 **개관** 11:00~16:00
휴관 월요일, 연말연시
요금 무료 **지도** MAP 26-D2
교통 토큐토요코 선의 모토마치·츄카가이
元町·中華街 역(MM06) 하차, 5번 출구를 나와
오른쪽으로 도보 13분.
구글맵 페이지 하단 QR 코드 스캔·클릭

에메랄드 그린의 외벽과 흰 창틀이 산뜻한
맵시를 뽐내는 앙증맞은 3층 건물. 1909년
요코하마 외곽에 지어진 것을 1977년 이
자리로 옮겨왔는데, 이 일대에서는 유일하게
건축 당시의 모습을 간직한 목조 건물로
유명하다. 내부는 요코하마의 옛 모습을
소개하는 미니 박물관으로 이용 중이며, 개항
당시의 모습을 담은 그림, 외국인 묘지의 축소
모형, 오르간·축음기·가구·식기 등이
전시돼 있다. 무료 개방된 야외 정원에는
1873년에 만든 가스등의 복제품과 사자 머리
모양의 수도관이 놓여 있다.

아름다운 정원이 인상적인 야마테 자료관.

일반인은 교회 내부로
들어갈 수 없다.

山手聖公会 야마테 성공회 교회
★☆☆☆☆

발음 야마떼세-꼬-까이 **지도** MAP 26-D2
교통 토큐토요코 선의 모토마치 · 츄카가이 元町 · 中華街 역
(MM06) 하차, 5번 출구를 나와 오른쪽으로 도보 13분.
구글맵 페이지 하단 QR 코드 스캔 · 클릭

영국 노르만 양식으로 지은 일본 최초의 개신교
교회. 창건 당시에는 건물 정면에 장엄한
스테인드글라스가 있어 '동양에서 가장 아름다운
교회'로 꼽혔다. 하지만 관동 대지진 당시 큰 피해를
입어 1931년 재건됐고, 몇 년 뒤인 1945년에는
공습으로 건물이 소실돼 1947년 지금의 모습으로
복구됐다. 최초의 설계자는 야마테 111번관을 지은
J.H. 모건이며, 외벽에는 제2차 세계대전 당시 폭격의
흔적이 남아 있다.

山手234番館 야마테 234번관
★★☆☆☆

발음 야마떼니하꾸산쥬-욘반깐
개관 09:30~17:00
휴관 매월 넷째 수요일, 12/29~1/3 **요금** 무료 **지도** MAP 26-D2
교통 토큐토요코 선의 모토마치 · 츄카가이 元町 · 中華街 역
(MM06) 하차, 5번 출구를 나와 오른쪽으로 도보 14분.
구글맵 페이지 하단 QR 코드 스캔 · 클릭

관동 대지진 직후 주택 보급 사업의 일환으로 지은
외국인 전용 공동주택. 우리의 연립맨션과 같은
건물이다. 당시의 주거 환경을 살펴볼 수 있어
흥미로운데 입구를 중심으로 좌우대칭 구조의 방
4개가 모여 있다. 1층에는 식당 겸 거실을 옛 모습으로
꾸며 놓았으며, 나머지 방은 다양한 전시회가 열리는
갤러리로 사용 중이다.

나무 그늘과 멋진 조화를 이루는 야마테 234번관.

ベーリックホール 베릭 홀
★★★★★

발음 베-릭꾸호-루 **개관** 09:30~17:00
휴관 매월 둘째 수요일, 12/29~1/3 **요금** 무료 **지도** MAP 26-D3
교통 토큐토요코 선의 모토마치 · 츄카가이 元町 · 中華街 역(MM06) 하차, 5번
출구를 나와 오른쪽으로 도보 14분. **구글맵** 페이지 하단 QR 코드 스캔 · 클릭

투박하게 마무리한 황토빛 외벽의 건물과 열대수목이 가득한 정원이
지중해의 리조트를 연상시킨다. 영국인 무역상 베릭 Berrick이 자신의
저택(1930년)으로 지었으나 1956년 세인트 조셉 국제 학교에 기증돼
기숙사로 사용됐다. 지금의 모습으로 개방된 때는 2002년이다.
야마테 지역의 양식 저택 가운데 규모가 가장 크며 복원 상태도 훌륭한데,
20개의 방은 저마다 단아하면서도 고급스러운 분위기를 풍긴다. 1층에는
다양한 연회가 열리던 널찍한 거실과 따사로운 햇살이 비치는 팜름 Palm
Room이 있으니 잠시 쉬어가도 좋다. 1층 안쪽에는 우아한 분위기의
식당이 있다. 자세히 보면 한쪽 벽에 장식용 단을 설치해 놓았는데, 이는
일본 전통 건축 양식을 차용한 것이다. 2층에는 아기자기하게 꾸민 아들의
방과 3개의 침실이 있다. 옛 모습이 보존된 부인용 침실과 달리 주인 ·
손님용 침실은 현재 응접실과 서재로 개조해 놓았다.

1 유럽의 저택을 그대로 옮겨다 놓은 듯하다.
2 자동 피아노가 왈츠를 연주하곤 하는 1층 거실.

🔗 구글맵

イ ★★★★★
タリア山庭園 이탈리아 산 정원

발음 이타리아산떼–엔 **개관** 09:30～17:00
휴관 12/29～1/3 **요금** 무료 **지도** MAP 26–C5
교통 JR 이시카와쵸 石川町 역 하차, 도보 5분. 또는 토큐토요코 선의
모토마치·츄카가이 元町·中華街 역(MM06) 하차, 5번 출구를 나와
왼쪽으로 도보 18분. **구글맵** 페이지 하단 QR 코드 스캔·클릭
외교관의 집 휴관 매월 넷째 수요일, 12/29～1/3
블러프 18번관 휴관 매월 둘째 수요일, 12/29～1/3

원래 이탈리아 영사관이 있던 자리에 만든 양식 정원. 요코하마
시내가 한눈에 내려다보이는 발군의 경치를 자랑한다. 정원
안에는 도쿄 시부야에서 옮겨온 외교관의 집 外交官の家과
요코하마 외곽에서 옮겨온 블러프 18번관 プラフ18番館이 있다.
외교관의 집은 야마테 지역에서 가장 아름다운 건물인데, 19세기
후반 영국과 미국에서 유행한 빅토리아 양식에 바로크 스타일을
가미해 중후하면서도 화려한 멋을 뽐낸다. 이 집은 18세기 말에
활약하던 외교관 우치다 사다츠치 内田定槌의 저택이라
내부에는 그의 행적을 소개하는 자료를 전시해 놓았다. 2층의
손님용 침실 客用寝室로 가서 그가 서울에 부임했을
당시(1893년) 우리나라의 대신과 찍은 사진을 찾아보자.
1923년 전통 프랑스 양식으로 지은 블러프 18번관은 동화
속에서 튀어나온 듯 깜찍한 모습이 인상적이다. 빨간 지붕과
흰 벽, 초록빛 창틀이 남프랑스의 따사로운 휴양지를 연상시킬
정도! 1991년까지는 가톨릭 교회 사제관으로 이용되기도
했다. 양지바른 선 룸과 둥근 베란다를 가진 살롱 등이 과거에
유행한 외국인 주택의 건축 스타일을 잘 보여주며, 1층 식당에는
1903～1937년에 제작된 가구와 식기를 전시해 놓았다.
2층에서는 요코하마의 역사와 건축물을 소개하는 서적, 옛
모습을 담은 사진·고지도를 볼 수 있다.

1 색색의 꽃들과 아름다운 조화를 이룬 외교관의 집.
2 아기자기한 프랑스풍의 블러프 18번관.

성당에 놓인 성모 마리아상은 1868년 프랑스에서
선물한 것이다.

力 ★★☆☆☆
トリック山手教会 가톨릭 야마테 교회

발음 카또릿꾸야마떼꾜–까이 **개관** 10:00～16:30 **지도** MAP 26–D4
교통 토큐토요코 선의 모토마치·츄카가이 元町·中華街 역(MM06) 하차, 5번
출구를 나와 왼쪽으로 도보 14분. 또는 JR 이시카와쵸 石川町 역(JK09) 하차,
도보 10분. **구글맵** 페이지 하단 QR 코드 스캔·클릭

1862년 프랑스인 선교사에 의해 세워진 성당. 일본이 개항을 선언한
이후 최초로 세운 성당이었으나, 관동 대지진으로 파괴돼 1933년
지금의 고딕 양식 건물로 다시 태어났다. 그리 큰 규모는 아니지만
엄숙한 가운데 영롱한 빛이 새어 들어오는 스테인드글라스와 자애로운
표정의 성모 마리아상이 볼만하다. 양쪽 벽에는 십자가에 매달리기까지
고난을 겪는 예수의 모습을 새긴 14개의 부조가 걸려 있다.

元町 모토마치 ★★★☆☆

발음 모또마찌 **영업** 11:00~20:00(숍마다 다름) **휴업** 연말연시(숍마다 다름)
지도 MAP 26-B3 **교통** 토큐토요코 선의 모토마치·츄카가이 元町·中華街 역
(MM06) 하차, 5번 출구를 나와 왼쪽으로 도보 1분. 또는 JR 이시카와쵸 石川町
역(JK09) 하차, 도보 4분. **구글맵** 페이지 하단 QR 코드 스캔·클릭

거리를 가득 메운 세련된 부티크와 잡화점 때문에 '요코하마의 긴자'로
통한다. 개항 당시 외국인을 상대하던 시장이 발달해 지금의 쇼핑가를
형성한 것으로 1940년대까지만 해도 해외 문물의 유입은 도쿄의
긴자보다 이곳이 더 빨랐다고 한다. 1~5번가의 다섯 블록으로 나뉜
상점가에는 도쿄에 뒤지지 않는 고급 부티크와 명품 숍이 성업 중이다.
일본 최고의 명품족으로 통하는 이들이 바로 모토마치 토박이란
사실을 알면 이런 모습에도 고개가 절로 끄덕여질 듯. 굳이 화려한
명품이 아니어도 차(茶)·액세서리·인테리어 소품 등 이색 아이템을
파는 재미난 숍이 많으니 신나는 쇼핑 타임을 즐기자. 토·일·공휴일
12:00~18:00에는 도로에 차량 통행을 제한하는 보행자 천국을 실시해
산책과 쇼핑의 묘미를 더한다. 쇼핑가 입구에 세운 불새 조형물은
'전통을 이어가며 새롭게 변신하는 모토마치'를 상징한다.

1 모토마치의 차분한 야경. 2
최신 유행의 아이템을 손쉽게
구할 수 있다. 3 거리를 장식한
재미난 조형물.

1 중국으로 순간 이동한
기분마저 든다.
2·3 딤섬·만두 등 전통
중국요리를 맛볼 수 있다.

中華街 차이나타운 ★★★★★

발음 츄–까가이 **영업** 숍 11:00~20:00, 레스토랑 11:00~23:00(숍마다 다름)
지도 MAP 25-C2·26-A3 **교통** 토큐토요코 선의 모토마치·츄카가이 元町·
中華街 역(MM06) 하차, 2번 출구를 나와 정면으로 도보 1분. 또는 JR 이시카와쵸
石川町 역(JK09) 하차, 도보 10분. **구글맵** 페이지 하단 QR 코드 스캔·클릭

일본 최대 규모를 자랑하는 차이나타운이다. 1859년 개항 직후 중국인
노동자의 유입이 급증하면서 난킨마치 南京町란 이름의 거류지가
만들어진 게 차이나타운의 시초다. 제2차 세계대전의 와중에 완전히
쑥대밭이 되기도 했으나 끈질긴 생명력(?)이 밑천인 그들이 옛 모습
찾기에 총력을 기울인 결과 다시금 거대한 차이나타운이 만들어졌다.
거리는 다른 나라의 차이나타운과 마찬가지로 중국 분위기를 물씬
풍기며 저녁나절이면 찬거리를 사러 나온 주부들로 북적인다.
현재 차이나타운의 상점 수는 500여 개에 이르는데 이 가운데
반수가 중국 음식점이다. 여기까지 온 이상 중국요리
하나는 맛보고 가는 게 '기본 매너'일 듯. 베스트 타임은
런치 스페셜을 내놓는 점심시간이다. 미니 코스 요리나
뷔페 스타일의 타베호다이 食べ放題 메뉴를 내놓는
식당을 집중 공략하자. 가격은 1인당 1,500~5,000
엔 수준. 입구에 런치 스페셜 메뉴가 표시돼 있어 식당
고르기는 어렵지 않다. 물론 쇼핑의 즐거움도 놓칠 수
없다. 중국산이라 질이 좀 떨어지긴 하지만 은근히 재미난
물건이 많아 윈도 쇼핑의 재미가 쏠쏠하다.

구글맵

関 帝廟 관제묘

발음 칸테이뵤ー **개관** 09:00~19:00 **지도** MAP 25-C2
교통 토큐토요코 선의 모토마치 · 츄카가이 元町 · 中華街 역(MM06) 하차, 2번
출구에서 도보 7분. 또는 JR 이시카와쵸 石川町 역(JK09) 하차, 도보 10분.
구글맵 페이지 하단 QR 코드 스캔 · 클릭

극채색의 문과 지붕을 장식한 섬세한 용 조각이 눈길을 끄는 사당.
《삼국지》의 영웅 관우를 신으로 모신다. 관우는 의리와 용맹, 그리고 장사의
신이라 중국은 물론 해외로 이주한 화교 사이에서 최고의 인기를 누리고
있다. 지금의 사당은 1862년에 처음 세워졌으나 관동 대지진과 제2차
세계대전으로 큰 피해를 입어 수차례 재건을 반복했다. 건물을 떠받치고
있는 검은 기둥은 용 · 무사 · 성현 등 섬세한 조각으로 가득하다. 또한 붉은
색과 금색으로 치장한 본전 내부에는 주홍빛 얼굴에 발끝까지 내려오는 긴
수염을 늘어뜨린 관우상을 모셔 놓았으며, 천장과 기둥은 한 치의 빈틈도
없이 용 · 봉황 · 사자 등의 성수(聖獸) 조각으로 꾸며져 있다.
색색으로 화려하게 빛나는 야경도 볼만하다.

1 관제묘의 입구를 지키는 사자상. 2 짙은 어둠 속에서 화려하게 빛나는 관제묘.

4개의 중화문을 찾아라

차이나타운에는 10개의 패루(牌楼), 즉 중화문 中華門이 있다. 각각의 문은 음양오행에 기초해 세운 것이라 생김새는 물론 색도 다르다. 이 10개의 문 가운데 핵심이 되는 것은 동서남북을 지키는 사신(四神)의 개념인 4개의 문이다.

가장 눈에 띄는 것은 차이나타운의 정문인 조양문 朝陽門이다. 동쪽에서 일출을 맞이하는 이 문은 퍼지는 아침 햇살처럼 차이니타운이 번영하기를 기원한다. 수호신은 청룡이기 때문에 파란색으로 칠해져 있다. 서쪽의 연평문 延平門은 백호를 상징하는 흰색의 문이며 평화와 안녕을 기원한다. 남쪽의 주작문 朱雀門은 재앙을 막고 복을 불러온다. 수호신은 주작이며 색깔은 붉은색이다. 북쪽의 현무문 玄武門은 자손의 번영을 부르는 문이다. 수호신은 현무라 검은색으로 칠했다. 참고로 모토마치에서 갈 때는 주작문, 야마시타 공원에서 갈 때는 조양문으로 들어가는 게 길 찾기가 쉽고 볼거리도 풍부하다.

남쪽을 지키는 주작문

横 浜媽祖廟 요코하마 마조묘

★★★☆☆

발음 요꼬하마마소뵤ー **개관** 09:00~19:00
지도 MAP 25-C2 · 26-A3 **교통** 토큐토요코 선의 모토마치 ·
츄카가이 元町 · 中華街 역(MM06) 하차, 2번 출구에서 도보 3분.
또는 JR 이시카와쵸 石川町 역(JK09) 하차, 도보 13분.
구글맵 페이지 하단 QR 코드 스캔 · 클릭

색색의 단청과 현란한 용 무늬로 치장된 전형적인
중국식 사당. 사당 한가운데에는 '바다의 신' 마조
媽祖의 신상이 모셔져 있다. 마조는 10세기 중국에서
실존한 여성인데 갖은 기적을 행하다가 28세 되던 해에
홀연 하늘로 승천해 버린 뒤 신으로 추앙받기 시작했다.
해적 · 전염병 · 태풍 등 항해의 안전을 위협하는 모든
요소로부터 뱃사람을 보호하는 게 마조의 특기(?)라
화교가 진출한 곳이라면 어디서나 마조묘를 볼 수 있다.

米国을 오가던 호화 여객선 히카와마루 호.

氷 川丸号 히카와마루 호 ★★☆☆☆

발음 히까와마루고- **개관** 10:00~17:00 **휴관** 월요일 **요금** 300엔, 고등학생 이하 100엔
지도 MAP 25-B2 **구글맵** 페이지 하단 QR 코드 스캔·클릭
교통 토큐토요코 선의 모토마치·츄카가이 元町·中華街 역(MM06) 하차, 1번 출구를
나와 오른쪽으로 도보 3분. 또는 JR 이시카와쵸 石川町 역(JK09) 하차, 도보 20분.

1930~1960년 태평양을 운항하던 초호화 여객선. 선체가 노후한 지금은
퇴역해 야마시타 공원 山下公園의 일부를 치장하는 장식물로 전락했지만,
호화롭게 꾸민 객실과 최고급 요리가 제공되는 환상의 서비스 때문에
전성기엔 '태평양의 여왕'이란 애칭으로 통했다. 전시관으로 개조된 여객선
내부에는 운항 당시의 모습을 보여주는 사진 등 다채로운 자료가 전시돼
있다.

山 下公園 야마시타 공원 ★★★★★

발음 야마시따꼬-엔 **지도** MAP 25-B2
교통 토큐토요코 선의 모토마치·츄카가이 元町·中華街 역(MM06) 하차,
1번 출구를 나와 오른쪽으로 도보 1분. 또는 JR 이시카와쵸
石川町 역(JK09) 하차, 도보 20분.
구글맵 페이지 하단 QR 코드 스캔·클릭

1923년 관동 대지진 직후 피폐한 일본 경제를 살리기 위해
임해(臨海) 부흥 사업의 일환으로 조성한 공원. 지진으로
파괴된 건물의 잔해로 바다를 메워 만든 공원이지만 처참한
과거의 모습은 역사 속으로 잊혀진 지 오래다.
공원 곳곳에 다양한 사연이 담긴 조형물이 있어 이를 찾아보는
재미가 쏠쏠하다. 공원 서쪽에는 인도 수탑 インド水塔이란
조그만 인도풍 건물이 있다. 이것은 관동 대지진 당시 시민들의
도움으로 고비를 넘긴 요코하마 거주 인도인들이 감사의 뜻으로
기증한 것이다. 수탑(水塔)은 지진 직후 가장 절박한 문제였던
식수난을 상징한다.
조금 떨어진 곳에는 일본 동요에 나오는 빨간 구두의 소녀상이
있다. '빨간 구두의 소녀를 외국인이 데려가 버렸네. 요코하마
부둣가에서 배를 태워 데려가 버렸네. 지금은 파란 눈으로 변해
외국에서 살고 있겠지. 빨간 구두를 볼 때마다 생각나네. 외국인을
볼 때마다 생각나네…'란 동요 가사가 섬뜩하면서도 서글픈데,
실제로 요코하마에서 입양된 한 소녀의 이야기를 바탕으로
만들었다. 흥미로운 사실은 소녀상의 신발이 전혀 빨갛지 않다는
것. 원래는 반짝이는 빨간 구두였지만 오가는 사람들이 너나없이
만지고 가는 바람에 칠이 죄다 벗겨져 지금은 빨간색이었다는
사실조차 짐작하기 힘들다. 공원 한가운데에는 자매 도시인 미국의
샌디에이고에서 선물한 물의 수호신 水の守護神의 석상이 있다.
요코하마는 전 세계 14개 항구 도시와 자매결연을 맺고 있다.

1 산책 코스로 인기가
높다.
2 인도인들이 감사의
표시로 세운 인도 수탑.
3 우람한(?) 체격의 물의
수호신.
4 빨간 구두의 소녀상.

구글맵

横浜人形の家 요코하마 인형의 집
★☆☆☆☆

발음 요꼬하마닝교-노이에 **개관** 09:30~17:00
휴관 월요일, 연말연시 **요금** 400엔, 중학생 이하 200엔
홈피 www.doll-museum.jp **지도** MAP 25-B1
교통 토큐토요코 선의 모토마치 · 츄카가이 元町 · 中華街 역
(MM06) 하차, 4번 출구에서 도보 5분. 또는 JR 이시카와쵸
石川町 역(JK09) 하차, 도보 15분.
구글맵 페이지 하단 QR 코드 스캔 · 클릭

세계 138개국에서 수집한 민속 인형 1만 여 점을
소장 · 전시하는 미니 박물관. 각 민족의 모습을 묘사한
인형의 복장 · 표정 · 생김새가 흥미롭다. 특히 눈에
띄는 것은 일본에서 친선도모를 위해 세계 각국에
기증한 일본 인형, 그리고 사람과 똑같은 피부색과 유리
눈을 가진 초고가의 골동품 인형 비스크 돌 Bisque
Dolls이다. 두 눈을 크게 뜨고 찾아보면 한복을 곱게
차려 입은 우리나라 인형도 눈에 띌 것이다.

실크 박물관 입구에 세워진
실크의 여신상.

シルク博物館 실크 박물관
★☆☆☆☆

발음 시루꾸하꾸부쯔깐 **개관** 09:30~17:00
휴관 월요일, 12/28~1/4
요금 500엔, 대학생 300엔, 고등학생 이하 100엔
홈피 www.silkcenter-kbkk.jp **지도** MAP 25-B3
교통 토큐토요코 선의 니혼오도리 日本大通り 역(MM05) 하차,
3번 출구에서 도보 3분. 또는 JR 이시카와쵸 石川町 역(JK09)
하차, 도보 15분.
구글맵 페이지 하단 QR 코드 스캔 · 클릭

살아 있는 누에부터 비단으로 만든 의류 · 공예품까지
실크의 모든 것을 전시하는 박물관. 비단이 만들어지는
전 과정을 실물로 전시한 모습이 이채롭다. 순수한
비단으로 만든 에도 시대 초기부터의 기모노를
시대별로 전시해 놓아 일본의 복식사를 이해하는 데도
도움이 된다. 하지만 규모가 작고 전시물이 부실해 본전
생각이 간절해지기 십상이니 주의!

인형 마니아라면 잠시 들러볼 만하다. 쉽사리 보기 힘든 희귀
인형에 주목할 것!

横浜マリンタワー 요코하마 마린 타워
★☆☆☆☆

발음 요코하마마린타와- **개관** 10:00~18:00, 6~8월 10:00~18:55
요금 평일 1,000엔, 토 · 일 · 공휴일 1,200엔 **홈피** www.marinetower.yokohama
지도 MAP 25-B1 **구글맵** 페이지 하단 QR 코드 스캔 · 클릭
교통 토큐토요코 선의 모토마치 · 츄카가이 元町 · 中華街 역(MM06) 하차, 4번 출구에서 도보
2분. 또는 JR 이시카와쵸 石川町 역(JK09) 하차, 도보 18분.

철골 구조의 외관이 인상적이다.

1961년 요코하마 개항 100주년을 기념해 세운 등대 겸용 전망탑. 일반적으로
일본의 전망탑은 사각형으로 만들지만, 이 탑은 어디서 보더라도 같은 모양으로
보이게끔 십각형으로 설계한 게 특징이다. 총높이는 106m이며 지상 103m
지점에 등대가 설치돼 세계 최고(最高)의 등대로 기네스북에 오르기도 했다.
하지만 2008년 등대가 폐쇄돼 지금은 전망탑으로만 이용 중이다. 전망대는 지상
100m 지점에 있으며 날씨가 좋을 때는 후지 산까지도 보인다.

大さん橋国際客船ターミナル 오산바시 국제 여객터미널

★★★★★

발음 오-삼바시코꾸사이갸꾸센타-미나루 **개관** 09:00~21:30
홈피 http://osanbashi.jp **지도** MAP 25-A3
교통 토큐토요코 선의 니혼오도리 日本大通り 역(MM05) 하차, 3번 출구에서 도보 5분.
또는 JR 칸나이 関内 역(JK10) 하차, 도보 25분. **구글맵** 페이지 하단 QR 코드 스캔·클릭

7만 톤급 여객선 두 대가 동시에 정박할 수 있는 매머드급 항만 시설. 길이
430m, 폭 70m의 건물 전체를 목재와 잔디로 덮어 친환경적 이미지를
강조했으며, 통로는 계단이 없이 모두 슬로프만 만드는 등 보행자의 편의를
최대한 고려했다. 야트막한 언덕 모양의 옥상 광장에는 요코하마 일대가
한눈에 들어오는 멋진 전망대가 있다. 해가 지면 아카렌가 창고(p.409)와
미나토미라이 21(p.413)의 고층 빌딩가가 색색의 불빛으로 물드는 환상적인
야경을 맘껏 감상할 수 있다.

1 잔디가 깔린 쾌적한 옥상 광장.
2 전망 좋은 곳엔 친절하게 '기념촬영' 포인트가 표시돼 있다.

横浜開港資料館 요코하마 개항 자료관

★☆☆☆☆

발음 요꼬하마카이꼬-시료-깐 **개관** 09:30~17:00
휴관 월요일, 연말연시 **요금** 200엔, 중학생 이하 100엔
홈피 www.kaikou.city.yokohama.jp **지도** MAP 25-B3
교통 토큐토요코 선의 니혼오도리 日本大通り 역(MM05) 하차, 3번 출구에서
도보 2분. 또는 JR 칸나이 関内 역(JK10) 하차, 도보 18분.
구글맵 페이지 하단 QR 코드 스캔·클릭

요코하마의 개항 역사를 소개하는 박물관. 일본 개국(開国)의
결정적 계기가 된 미일화친조약이 체결된 장소로도 역사적 의미가
깊다. 안쪽에 있는 3층 건물은 고전주의 양식으로 지은 구 영국
총영사관(1931~1972)이다. 미국 페리 제독의 내항과 더불어
요코하마가 개항하는 과정을 소개한 전시물이 주를 이루며,
1882년에 발간된 요코하마 지도와 그 무렵의 신문이 눈길을 끈다.
정원에는 잎이 무성한 나무가 있는데 바로 이 옆에서 미일화친조약이
체결됐다. 이 조약은 미국에 의해 강압적으로 이루어진 에도 바쿠후
최초의 불평등 국제조약(1854년)이다. 총 12개 조항을 담고 있으며
미국 외교관의 주재 및 최혜국 대우 등을 기본 골자로 한다. 일본이
이를 그대로 흉내내
조선과 강화도 조약
(1876년)을 체결했다.

일본 역사에 관심이
있다면 잠깐 들러보자.

야마시타린코센
프롬나드를 표시하는 명판.

山下臨港線プロムナード
야마시타린코센 프롬나드

★★☆☆☆

발음 야마시따린꼬센푸로무나-도
지도 MAP 25-B3 **교통** 토큐토요코 선의 니혼오도리
日本大通り 역(MM05) 하차, 3번 출구에서 도보 3분.
또는 JR 칸나이 関内 역(JK10) 하차, 도보 23분.
구글맵 페이지 하단 QR 코드 스캔·클릭

야마시타 공원에서 요코하마 아카렌가
창고까지 이어지는 길이 700m의
보도교. 범선 그림과 함께 '개항의 길 開港
の道'이라고 표시된 조그만 명판이 점점이
붙어 있다. 고가도로 스타일로 정비돼 있어
전망이 탁월하니 천천히 걸으며 항구의
풍경을 감상하자. 중간중간 전망 포인트와
휴게시설도 갖춰 놓았다.

横 **浜赤レンが倉庫** 요코하마 아카렌가 창고 ★★★★★

발음 요꼬하마아까렌가소-꼬 **영업** 10:00~19:00
홈피 www.yokohama-akarenga.jp **지도** MAP 25-A4
교통 토큐토요코 선의 바샤미치 馬車道 역(MM04) 하차, 6번 출구를 나와
정면으로 도보 8분. 또는 JR 사쿠라기쵸 桜木町 역(JK11) 하차, 도보 15분.
구글맵 페이지 하단 QR 코드 스캔·클릭

붉은 벽돌(아카렌가)과 육중한 철골 구조물이 로맨틱한 분위기를
자아내는 요코하마 제일의 쇼핑 명소. 1910년대에 지은 세관
건물을 리모델링해 세련된 쇼핑몰로 탈바꿈시킨 탁월한 감각이
돋보이며, 1·2호관 두 동의 건물로 이루어져 있다.
1913년 완공된 1호관은 현재 갤러리와 300석 규모의 극장으로
이용 중이다. 1층에는 생활 잡화와 기념품을 취급하는 숍이 있으며,
바닥에 투명 유리를 깔아 공사 당시 사용된 건축자재를 살펴볼 수
있게 해놓았다. 2호관은 318만 개의 붉은 벽돌을 사용해 1911년에
완공시킨 길이 149m의 대형 창고다. 지금은 창고 분위기를 한껏
살린 고급 쇼핑몰로 탈바꿈해 관광객의 인기를 독차지하고 있다.
내부에는 패션·인테리어 숍과 레스토랑이 가득한데, 눈에 띄는
숍은 원목 인테리어 소품 및 잡화 전문점 Hacoa, 아름다운 음색의
오르골 숍 요코하마 오르골당 横浜オルゴール堂(2층) 등이다.
바로 옆에는 아카렌가 공원 赤レン가파크가 있다. 한 세기
전에는 여기서 도쿄까지 기차가 다녔으며 당시 사용하던 플랫폼과
철로의 일부를 옛 모습으로 복원해 놓았다. 공원 가운데의 허물어진
건물 터는 예전에 창고가 있던 자리다. 여기서는 바다 건너 베이
브리지와 오산바시 국제 여객터미널의 웅장한 모습이 바라보인다.

1 멋진 야경을 뽐내는 요코하마 아카렌가
창고. 2·3 세련된 인테리어 소품은
물론 아기자기한 주방용품도 취급한다.

汽 **車道** 키샤미치 ★★★☆☆

발음 키샤미찌 **지도** MAP 25-B5 **구글맵** 페이지 하단 QR 코드 스캔·클릭
교통 토큐토요코 선의 바샤미치 馬車道 역(MM04) 하차, 2번 출구를 나와 오른쪽으로
도보 7분. 또는 JR 사쿠라기쵸 桜木町 역(JK11) 하차, 도보 4분.

3개의 철교가 연이어진 길이 300m 정도의 다리. 1907년 아메리칸 브리지
컴퍼니에 의해 만들어졌다. 당시에는 각종 화물을 실은 증기 기관차가 분주히
오갔으나 지금은 바닥에 나무와 보도블록이 깔린 한적한 산책로로 탈바꿈했다.
랜드마크 타워(p.413) 쪽을 보면 키 순서대로 나란히 늘어선 건물과 요코하마
코스모월드(p.414)가 조화롭게 배치된 경관을 즐길 수 있다. 또한 해진 뒤에
바닥과 주변 건물에 조명이 들어오면 낭만적 분위기를 팍팍 뿜어내는 야경의
명소로 탈바꿈한다. 여기서 볼 때 퀸즈 스퀘어 요코하마의 3개 건물은 물결치는
파도, 맨 끝에 자리한 반달 모양의 건물은 한껏 부푼 하얀 돛을 형상화한 것이다.

1 한 세기 전에는 도쿄까지 증기기관차가 달리던 철로.
2 100년이란 세월이 무색하리 만치 튼튼한 모습이다.

바샤미치 & 칸나이 명소 탐방

원래 JR 칸나이 역 일대는 개항 무렵 형성된 번화가였다. 1866년 대화재로 잿더미가 된 지역을 재건한 까닭에 도로 정비가 완벽해 걷기는 편하지만 옛 모습이 거의 사라진 평범한 도시의 일부라 여행자의 흥미를 끌 만한 요소가 많진 않다. 이틀 이상의 일정으로 요코하마를 여행할 때 잠깐 들르는 정도로 충분하다.

馬 ★★☆☆☆

車道 바샤미치

발음 바샤미찌 지도 MAP 25-C4
교통 토큐토요코 선의 바샤미치 馬車道 역(MM04) 하차, 5번 출구 바로 앞. 또는 JR 칸나이 関内 역(JK10) 하차, 도보 3분.
구글맵 페이지 상단 QR 코드 스캔·클릭

바닥에 깔린 마차 그림의 타일이나 거리 곳곳에 달린 말 머리 모양의 조형물이 말해주듯 바샤미치는 외국인들이 자가용 마찻길로 이용하던 도로. 외국인의 왕래가 많았던 만큼 이 주변은 이국적 풍물로 가득했다고 한다. 요코하마에서 처음으로

가스등이 설치된 것도 이 길이었고, 일본 최초의 아이스크림 가게가 생긴 곳도 이곳이었다. 그래서 도로 곳곳엔 이러한 역사를 알리는 조형물과 기념비가 세워져 있다.

바샤미치의 가로등 표식.

神 ★☆☆☆☆

奈川県立博物館 카나가와 현립박물관

발음 카나가와켄리쯔하꾸부쯔깐 개관 09:30~17:00
휴관 월요일, 12/28~1/4 요금 300엔, 대학생 200엔, 고등학생 100엔, 중학생 이하 무료 지도 MAP 25-C4
교통 토큐토요코 선의 바샤미치 馬車道 역(MM04) 하차, 5번 출구에서 도보 1분. 또는 JR 칸나이 関内 역(JK10) 하차, 도보 13분.
구글맵 페이지 상단 QR 코드 스캔·클릭

이국적 면모의 카나가와 현립박물관은 원래 도쿄 은행의 전신인 요코하마쇼킨 横浜正金 은행의 본점 건물이었다. 독일 르네상스 양식의 중후한 외관은 지금의 박물관 분위기와도 잘 어울린다. 주로 카나가와 현의 지질·생물·고고학·민속·역사에 관한 자료를 소장·전시한다.

풍격 넘치는 외관의 카나가와 현립박물관.

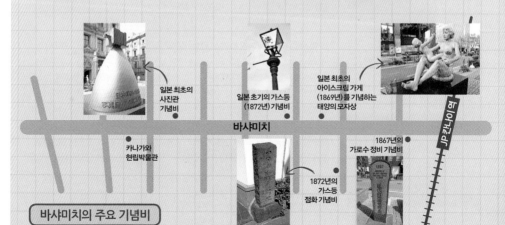

일본 최초의 사진관 기념비

일본 초기의 가스등 (1872년) 기념비

일본 최초의 아이스크림 가게 (1869년)를 기념하는 태양의 모자상

바샤미치

카나가와 현립박물관

1872년의 가스등 점화 기념비

1867년의 가로수 정비 기념비

벤텐도리

바샤미치의 주요 기념비

日本大通り 니혼오도리
- 🔤 니혼오-도-리　🗺 MAP 25-C3
- 🚉 토큐토요코 선의 니혼오도리 日本大通り 역(MM05) 하차, 2번 출구 바로 앞. 또는 JR 칸나이 関内 역(JK10) 하차, 도보 15분. 🔗 페이지 상단 QR 코드 스캔·클릭

칸나이의 중심가를 가로지르는 대로. 원래 요코하마는 개항 초기에 내·외국인 거주지를 엄격히 구분해 왕래하는 통로마저 제한했다. 그러던 중 요코하마를 깡그리 불태운 대화재(1866년)가 발생했고, 당시 잿더미만 남은 이 일대를 정비하는 과정에서 외국인이 내국인 거주지와 연결되는 길을 내달라고 강력히

요구하자 어쩔 수 없이 내준 도로가 바로 니혼오도리였다. 당시 지어진 고풍스러운 건물이 점점이 놓여 있으며, 가을에는 세상을 온통 샛노랗게 물들이는 은행나무 가로수를 볼 수 있다.

로맨틱한 니혼오도리의 가을.

横浜市開港記念会館 요코하마 시 개항 기념회관
- 🔤 요꼬하마시카이꼬-끼넨까이깐　🗺 MAP 25-C3
- 🚉 토큐토요코 선의 니혼오도리 日本大通り 역(MM05) 하차, 1번 출구에서 도보 1분. 또는 JR 칸나이 関内 역(JK10) 하차, 도보 15분. 🔗 페이지 상단 QR 코드 스캔·클릭

요코하마 개항 50주년을 기념해 1917년에 세운 네오 르네상스 양식의 건물. 붉은 벽돌과 흰색 화강암을 켜켜이 쌓아 만든 독특한 외관이 인상적이다. 흔히 '젝의 딥 ジャックの塔'이라고 부르며 건물 끝에 높이 36m의 대형 시계탑이 세워져 있다.

요코하마 근대 건축의 상징으로도 유명하다.

横浜税関資料展示室 요코하마 세관 자료실
- 🔤 요꼬하마제-깐시료-뗀지시쯔　🕙 10:00~16:00
- 🚫 12/29~1/3　💰 무료　🗺 MAP 25-B3
- 🚉 토큐토요코 선의 니혼오도리 日本大通り 역(MM05) 하차, 1번 출구에서 도보 3분. 또는 JR 칸나이 関内 역(JK10) 하차, 도보 15분. 🔗 페이지 상단 QR 코드 스캔·클릭

1934년 로마네스크 양식을 도입해 지은 건물. 한가운데에 있는 높이 51m의 첨탑은 일명 '여왕의 탑 クィーンの塔'이라고 부른다. 내부는 요코하마 세관의 자료 전시실로 이용하고 있다. 주요 볼거리는 세관의 역사와 역할을 소개하는 그림·사진·자료 등이다.

둥근 첨탑의 모습이 이색적인 요코하마 세관 자료실.

神奈川県庁 카나가와 현청
- 🔤 카나가와켄쬬-　🗺 MAP 25-B3
- 🚉 토큐토요코 선의 니혼오도리 日本大通り 역(MM05) 하차, 2번 출구에서 도보 1분. 또는 JR 칸나이 関内 역(JK10) 하차, 도보 15분. 🔗 페이지 상단 QR 코드 스캔·클릭

'왕의 탑 キングの塔'이란 애칭으로 통하는 유럽풍 건물이다. 원래 카나가와 현청으로 사용하던 건물이 관동 대지진으로 파괴되자, 1926년 설계 공모전을 개최해 지금의 모습으로 재건했다. 첨탑은 49m이며, 해가 지면 조명이 들어와 멋진 야경을 뽐낸다.

力 ★☆☆☆☆
ップヌードルミュージアム 컵라면 박물관

발음 캇뿌누-도루뮤-지아무 **개관** 10:00~18:00 **휴관** 화요일, 연말연시
요금 500엔, 고등학생 이하 무료 **지도** MAP 25-B5
교통 토큐토요코 선의 미나토미라이 みなとみらい 역(MM03) 하차, 5번 출구에서 도보 13분. 또는 JR 사쿠라기쵸 桜木町 역(JK11) 하차, 도보 20분.
구글맵 페이지 하단 QR 코드 스캔·클릭

닛신 식품 日清食品에서 운영하는 인스턴트 라면 박물관. 인스턴트 라면은 닛신 식품의 창업주인 대만계 일본인 안도 모모후쿠 安藤百福(1910~2007)가 1958년 발명한 음식이다. 이곳엔 그가 자기 집 뒤뜰의 허름한 가건물에서 인스턴트 라면을 발명할 당시의 모습과 자료를 전시해 놓았으며, 지금의 컵라면이 탄생하기까지의 비화를 소개하는 재미난 전시물도 볼 수 있다. 또한 관람자가 자기 취향에 맞춰 직접 컵라면을 만들어보는 My Cup Noodle Factory(500엔)가 있어 '세상에서 유일한 스페셜 기념품'을 장만할 수도 있다.

1 전 세계에 딱 두 개뿐인 컵라면 박물관이다.
2 입구에 놓인 초대형 컵라면 조형물.

日 ★★★★☆
本丸メモリアルパーク 닛폰마루 메모리얼 파크

발음 닛뽐마루메모리아루파-쿠 **개관** 10:00~17:00 **휴관** 월요일, 12/29~1/3
요금 요코하마 항구 박물관 공통권 800엔, 고등학생 이하 300엔,
초등학생 미만 무료 **홈피** www.nippon-maru.or.jp
지도 MAP 25-C5 **구글맵** 페이지 하단 QR 코드 스캔·클릭
교통 토큐토요코 선의 미나토미라이 みなとみらい 역(MM03) 하차, 5번 출구에서 도보 5분. 또는 JR 사쿠라기쵸 桜木町 역(JK11) 하차, 도보 4분.

요코하마의 심벌인 '태평양의 백조', 즉 닛폰마루 日本丸 호를 중심으로 조성된 공원. 총길이 97m, 총톤수 2,278톤, 29장의 돛이 달린 항해 연습용 범선 닛폰마루 호는 1930년 건조된 이래 운항을 마친 1984년까지 지구를 45.5바퀴(183만km)나 돌며 1만 1,500명의 실습생을 배출했다. 지금은 비록 항구에 묶인 신세지만 내부 설비는 당장 출항해도 지장이 없을 만큼 완벽한 상태를 유지하고 있다. 내부는 좁은 통로를 따라 기관실·선실·의무실·식당 등이 이어진다. 위층은 선장·기관사의 방이며 아래층은 일반 선실인데 크기나 화려함에서 큰 차이가 남을 느낄 수 있다. 비좁은 침대와 방에서는 선원들의 고충이 그대로 느껴진다. 선체를 뒤덮은 금속 부품은 매일 아침 광을 내기 때문에 반짝반짝 윤이 나며 지금도 선박의 기능이 살아 있어 부분적으로 가동되는 모습이 보인다. 여전히 쌩쌩한 엔진은 기네스북에 '범선 역사상 가장 오랜 기간 사용된 엔진'으로 등재돼 있다. 이곳을 찾는 이라면 누구나 한껏 부풀어오른 흰 돛을 높이 세운 닛폰마루 호의 위풍당당한 모습을 기대할 것이다. 하지만 안타깝게도 노후한 선체를 보호하기 위해 돛은 1년에 단 며칠만 펼치니 지나친 기대는 금물! 바로 옆의 요코하마 항구 박물관 橫浜みなと博物館에서는 세계 각국의 자매항 사진과 기증품, 선박 모형, 요코하마 항의 변천사를 소개하는 자료를 전시한다.

1·2 항구 도시 요코하마를 상징하는 닛폰마루 호. 주변에 다양한 조형물이 전시돼 있다.

 구글맵

ラ ★★★☆☆
ンドマークタワー 랜드마크 타워

발음 란도마ー쿠타와ー **영업** 숍 11:00~20:00, 레스토랑 11:00~22:00
홈피 www.yokohama-landmark.jp **지도** MAP 25-B5
교통 토큐토요코 선의 미나토미라이 みなとみらい 역(MM03) 하차, 5번 출구에서 도보 5분.
또는 JR 사쿠라기초 桜木町 역(JK11) 하차, 도보 6분. **구글맵** 페이지 하단 QR 코드 스캔·클릭
스카이 가든 **개관** 10:00~21:00, 토요일 10:00~22:00 **요금** 1,000엔, 고등학생 800엔,
초등학생·중학생 500엔, 초등학생 미만 200엔

미나토미라이 21의 심벌로 유명한 70층짜리 초고층 빌딩. 전체 높이는 296m
이며 일본에서 세 번째로 높은 건물이다. 69층에는 이 일대가 360도로
내려다보이는 전망대 스카이 가든 스카이가든이 있다. 요코하마는 물론
도쿄와 후지 산까지 한눈에 들어올 만큼 발군의 전망을 자랑하며, 최고의 야경을
즐길 수 있는 포인트로 명성이 자자하다.
지하 2층~5층에는 200여 개의 숍이 입점한 요코하마 최대의 쇼핑몰 랜드마크
플라자 랜드마크플라자가 있다. 건물 가운데 부분이 수직으로 뻥 뚫려 있으며
1층의 홀에서는 결혼식·음악회 등의 이벤트가 수시로 열려 색다른 볼거리를
제공하기도 한다. 야외에는 로마 시대의 원형 경기장을 연상시키는 길이 100m,
폭 30m의 도크 야드 가든 도크야드가든이 있다. 원래 1887년에 만든
선박 수리용 도크인데 지금은 일종의 정원처럼 사용한다.

1 하늘을 향해 우뚝 솟은 랜드마크 타워.
2 랜드마크 플라자와 도크 야드 가든에서는 수시로 이벤트가 열린다.

ク ★☆☆☆☆
ィーンズスクェア横浜 퀸즈 스퀘어 요코하마

발음 퀸즈스쿠에아요꼬하마 **영업** 11:00~20:00 **지도** MAP 25-B5
교통 토큐토요코 선의 미나토미라이 みなとみらい 역(MM03) 하차. 5번 출구 쪽의
개찰구를 나와 왼쪽에 Queen's Square Yokohama라고 표시된 에스컬레이터를 타고
올라가면 쇼핑몰 내부와 바로 연결된다. **구글맵** 페이지 하단 QR 코드 스캔·클릭

4개의 대형 빌딩이 나란히 늘어선 복합 공간. 차례로 늘어선 퀸즈 타워
A·B·C와 함께 맨끝에는 팬 퍼시픽 호텔 요코하마가 위치한다. 모든 건물은
퀸즈 몰이란 통로로 연결된다. 멀리서 보면 건물들이 키 순서대로 죽 늘어선
모습이 눈에 띄는데, 이는 넘실대는 파도의 모습을 형상화한 것이다. 내부에는
쇼핑몰·오피스·콘서트홀 등이 모여 있으며 건물 전체를 연결하는 퀸즈 몰
Queen's Mall에는 온갖 숍이 즐비해 쇼핑을 즐기기에도 좋다.

미나토미라이 21은 무엇?

랜드마크 타워, 퀸즈 스퀘어 요코
하마 등 고층 빌딩이 즐비한 미나
토미라이 みなとみらい 21은 약
칭 'MM21'로 통하는 미래형 신
도시다. '21세기의 새로운 요코
하마 탄생'을 목표로 조성된 지역
답게 현대적 건물이 즐비하며, 에
너지 절약형 신도시로 만든 게 특
징이다. 항구 도시 요코하마의 이
미지에 걸맞게 모든 건물이 돛을
상징하는 흰색으로만 칠해진 점
도 흥미롭다.
1965~2010년의 45년 간 공사
가 진행됐으며 총사업비는 1조
5,319억 엔에 달했다.

1 퀸즈 스퀘어 요코하마의 스카이라인.
2 쾌적한 쇼핑몰도 갖췄다.

臨港パーク 린코 파크 ★★☆☆☆

발음 린꼬─파─쿠 **지도** MAP 25─A5 **구글맵** 페이지 하단 QR 코드 스캔·클릭
교통 토큐토요코 선의 미나토미라이 みなとみらい 역(MM03) 하차, 5번 출구에서
도보 8분. 또는 JR 사쿠라기쵸 桜木町 역(JK11) 하차, 도보 15분.

항구 도시 요코하마를 테마로 조성한 해변 공원. 깔끔히 정돈된 녹지와
휴게소가 있어 잠시 쉬어가기에 좋다. 공원 곳곳엔 항구의 이미지를
형상화한 다채로운 조형물을 세워 놓아 두 눈을 즐겁게 한다. 공원 동쪽에
있는 일본·브라질 수교 기념비는 두 나라의 수교 100주년을 기념하는
것이며, 같은 모양의 기념비가 브라질의 상파울루에도 있다. 바로 옆에는
일본인의 페루 이주 100주년을 기념해서 세운 리마짱 リマちゃん이란
지극히 일본스러운 모습의 여자 아이 석상도 있다. 양국의 우호를 기리기
위해 악수하는 모양으로 만들었는데, 하도 손때가 타 오른손이 새까맣게
변해 버렸다. 리마짱 뒤에는 과일과 채소가 나무에 주렁주렁 매달린 재미난
모양의 조각이 있다. 2002년 한일 월드컵을 기념해 우리나라의 최정화
작가가 만든 작품으로 제목은 〈과일 나무 Fruit Tree〉다.
바다를 최대한 가까이에서 느낄 수 있도록 해수면의 높이와 비슷하게 조성한
공원 너머로는 요코하마와 도쿄를 연결하는 베이 브리지 Bay Bridge가
보인다. 그리고 해안선을 따라 사쿠라기쵸 역 방향으로 가면 바다 위에
지어진 녹색 지붕의 건물이 나타난다. 이것은 선착장 겸 수상식당인
푸카리산바시 ぷかりさん橋다. 흥미로운 점은 이 건물이 일본에서
유일하게 기둥 없이 만들어졌다는 사실이다. 즉 바다 위에 둥둥 떠 있다는
뜻! 여기서는 요코하마 주변을 오가는 유람선이 정박해 있는 모습을 종종
볼 수 있다.

1 바다와 바로 이어지는
린코 파크의 산책로.
2 드넓은 녹지가 펼쳐져 있어
현지인들도 즐겨 찾는다.
3 페루 이주 100주년을
기념하는 리마짱.

よこはまコスモワールド 요코하마 코스모월드 ★★☆☆☆

발음 요꼬하마코스모와─루도 **개관** 12~3월 월∼금요일 11:00~20:00, 토·일·공휴일
11:00~21:00, 4~9월 월∼금요일 11:00~21:00, 토·일·공휴일 11:00~22:00,
10~11월 11:00~20:00 **휴관** 목요일(부정기적), 1/1
요금 400~1,000엔(놀이기구마다 다름) **홈피** http://cosmoworld.jp **지도** MAP 25─B5
교통 토큐토요코 선의 미나토미라이 みなとみらい 역(MM03) 하차, 5번 출구에서
도보 4분. 또는 JR 사쿠라기쵸 桜木町 역(JK11) 도보 6분.
구글맵 페이지 하단 QR 코드 스캔·클릭

1 멋진 전망의 대관람차 코스모클록21.
2 갖가지 어트랙션이 가득하다.

바다를 사이에 두고 원더 어뮤즈 존·키즈 카니발 존·부라노 스트리트 존의
3개 구역으로 나뉜 유원지. 30여 개의 놀이기구가 있지만 딱히 흥미로운
요소는 찾아보기 힘들다. 그럼에도 불구하고 이곳이 유명한 이유는 바다
속으로 곤두박질치는(?) 짜릿한 쾌감의 롤러코스터 바닛슈 バニッシュ
(900엔), 그리고 지름 100m, 높이 112.5m의 대관람차 코스모 클록 21
コスモクロック21(1,000엔)이 있기 때문이다. 대관람차는 한 바퀴 도는 데
15분 정도 걸리며, 창밖으로 요코하마의 전경이 시원스레 펼쳐진다. 해가
지면 색색으로 빛나며 아름다운 야경을 뽐내는 것으로도 유명하다.

구글맵

シ ★☆☆☆☆
シーパラダイス 시 파라다이스

[発音] 시-파라다이스 **[開館]** 10:00~17:00, 토 · 일 · 공휴일 10:00~19:00(시즌에 따라 다름)
[料金] 수족관 3,500엔, 초등학생 · 중학생 2,200엔, 초등학생 미만 1,200엔, **전체 이용 1일권** 5,700엔,
초등학생 · 중학생 4,100엔, 초등학생 미만 2,400엔~ **[網]** www.seaparadise.co.jp
[交通] JR 신스기타 新杉田 역(JK05)에서 시사이드 라인 シーサイドライン을 타고 핫케이지마 八景島 역
하차, 도보 5분. **[구글맵]** 페이지 하단 QR 코드 스캔 · 클릭

요코하마 인근 핫케이지마 八景島에 위치한 해양 테마파크. 우미 팜 · 아쿠아 뮤지엄 ·
후레아이 라군 · 돌핀 판타지 등 4개의 수족관이 모인 아쿠아리조트 Aquaresort, 높이 107m의
자이로드롭 등 다양한 어트랙션을 갖춘 놀이동산 플레저 랜드 Pleasure Land, 해수욕을 즐길 수
있는 인공 해변 등으로 이루어져 있다. 그리 큰 규모가 아니라 3~4시간이면 넉넉히 둘러볼 수
있다. 어트랙션은 탈 때마다 요금을 내야 하니 전체 시설을 모두 이용하려면 1일권을 구입하는
게 경제적이다.

짜릿한 스릴을
선사하는 자이로드롭.

한 폭의 산수화를
떠올리게 하는
정원의 풍경.

三 ★★★☆☆
三溪園 산케이엔

[発音] 산께-엔 **[開館]** 09:00~17:00 **[休館]** 12/26~12/31
[料金] 900엔, 초등학생 · 중학생 200엔 **[網]** www.sankeien.or.jp
[交通] JR 사쿠라기쵸 桜木町 역(JK11) 앞의 시내버스 터미널 2번
정류장에서 8 · 168번 버스를 타고 산케이엔이리구치 三溪園入口 하차
(30~40분). 버스 진행 방향 반대편으로 20m쯤 가면 조그만 표지판이
있다. 표지판을 따라 도보 5분. **[구글맵]** 페이지 하단 QR 코드 스캔 · 클릭

여의도 공원 면적인 17만㎡의 정통 일본식 정원. 1906년
일본의 유명한 비단 상인 하라 후쿠타로 原富太郎가 만들고
자신의 아호인 산케이 三溪를 따다가 지금의 이름을 붙였다.
린슌카쿠 臨春閣란 정자와 500년 된 삼층탑이 연못과 조화를
이루며 배치된 아름다운 균형미는 도쿄 근교에서 볼 수 있는
정원 가운데 최고라는 찬사가 아깝지 않다. 봄의 매화와 벚꽃,
여름의 창포와 수련, 가을의 단풍, 겨울의 눈꽃과 설경 등
아름다운 풍경이 주변 건물과 조화를 이루어 계절마다 독특한
멋을 선사하기 때문에 요코하마의 명물로 유명하다.
정원은 외원(外苑)과 내원(内苑)으로 나뉘어 있다. 연못 · 정원을
감상할 수 있는 외원과 달리 내원의 주요 볼거리는
일본 전역에서 수집 · 복원한 10채의 전통 가옥이다.

新 ★☆☆☆☆
横浜ラーメン博物館
신요코하마 라면 박물관

[発音] 신요꼬하마라-멘하꾸부쯔깐
[開館] 11:00~21:00, 토 · 일 · 공휴일 10:30~21:00
[休館] 부정기적 **[料金]** 450엔, 고등학생 이하 100엔
[網] www.raumen.co.jp
[交通] JR 신칸센 신요코하마 新横浜 역 하차, 북쪽 출구
北口에서 도보 5분. 또는 지하철 신요코하마 新横浜 역
(B25) 하차, 8번 출구에서 도보 1분.
[구글맵] 페이지 하단 QR 코드 스캔 · 클릭

1958년 일본의 거리를 재현한 테마 식당가.
1950~1960년대의 분위기를 자아내는 카페 ·
기념품점이 모여 있다. 어둠 속에서 희미한
불빛을 발하는 백열등과 예스러운 조형물,
그리고 손으로 직접 그린 낡은 영화 간판 등이
흥미로운 볼거리를 제공한다. 핵심 명소는
지하 1 · 2층에 위치한 식당가다. 일본에서
내로라하는 라면 맛집을 모아 놓았는데, 식사
시간이면 엄청난 인파로 붐빈다. 입점 업체는
주기적으로 바뀌지만 사람들이 가장 많이 몰리는
식당이 제일 맛있다는 '절대 불변의 진리'만
기억한다면 맛집 찾기는 어렵지 않다.

예스러운 분위기의
박물관 내부.

요코하마의 공짜 야경 포인트 Best 6

요코하마는 일본에서도 손꼽히는 야경의 명소다. 슬슬 어둠이 깔리면 바닷가에 늘어선 건물들이 색색으로 빛나며 화사한 자태를 뽐내기 시작한다. 최고의 야경을 즐길 수 있는 곳은 랜드마크 타워의 전망대(p.413). 그러나 만만치 않은 입장료가 걸림돌이다. 비용 부담이 전혀 없는 공짜 야경 포인트를 공개할 테니 요코하마의 밤을 맘껏 즐겨보자! 해가 지는 시각은 여름 19:00, 겨울 16:30 무렵이다.

오산바시 국제여객 터미널 p.408

옥상 전망대에서 미나토미라이 21과 아카렌가 창고가 연출하는 화려한 야경을 감상할 수 있다. 가을~겨울에는 매서운 칼바람이 몰아치니 따뜻한 옷은 필수!

요코하마 코스모 월드 p.414

저마다 다른 색으로 물든 놀이기구와 쉴새 없이 깜빡이는 대관람차의 불빛이 멋진 대조를 이룬다. 덩치가 큰 대관람차는 살짝 떨어져서 보는 게 멋지다.

관제묘 p.405

강렬한 조명을 받아 더욱 도드라져 보이는 붉은 문과 극채색의 조각들이 인상적이다. 차이나타운에서 저녁 식사를 마친 뒤 가볍게 들러보자.

요코하마 아카렌가 창고 p.409

낡고 음습한 창고의 이미지를 벗어던지고 화려하게 변신하는 야경이 아름답다. 정면보다는 철골 구조가 훤히 드러나 보이는 뒷면이 더욱 멋지다.

닛폰마루 메모리얼 파크 p.412

환한 조명 속에서 하얗게 빛나는 선체가 온통 먹빛으로 물든 밤하늘과 강렬한 대조를 이룬다. 밤늦게까지 불을 밝혀 느지막이 찾아가도 괜찮다.

키샤미치 p.409

철로를 따라 낮게 드리워진 조명과 미나토미라이 21의 고층 빌딩이 뿜어내는 강렬한 불빛이 멋진 조화를 이룬다. 살짝 안개가 낀 날엔 몽환적인 분위기가 더해진다.

HAKONE

箱根 하코네

ACCESS

신쥬쿠 역 ➡ 오다와라 역
오다큐 특급 로망스카 1시간 20분, 1,910엔
오다큐 쾌속급행열차 1시간 25분, 910엔
오다큐 보통열차 2시간 30~45분, 910엔

도쿄 역 ➡ 오다와라 역
신칸센 35분, 3,280엔
JR 보통열차 1시간 30분, 1,520엔

하코네
퀵 가이드

쉽사리 접근하기 힘든 험준한 지형 때문에 때 묻지 않은 자연이 온전히 보존돼 있다. 초록빛 자연과 아름답게 어우러진 미술관·전시관, 쉬지 않고 뜨거운 증기를 뿜어내는 유황 온천, 외마디 비명이 새어나오는 아찔한 협곡은 그 어디서도 경험할 수 없는 하코네만의 비경이다. 자연의 숨결이 가득한 이곳에서 느긋한 휴식의 시간을 즐겨보자.

하코네 요점 정리

여행 포인트
수만 년에 걸친 화산 활동이 만들어낸 경이로운 자연 경관, 그리고 온천의 매력에 푹 빠져 보자.

여행 기간
핵심 명소만 돌아볼 경우 도쿄에서 당일치기로 여행할 수 있다. 여유롭게 보려면 2~3일이 필요하다.

베스트 시즌
봄~가을이 여행의 최적기다. 고원지대인 까닭에 여름에는 피서지로도 인기가 높다.

하코네는 어떤 곳?

하코네는 후지 산 富士山과 마주한 전형적인 복식(複式) 화산지대로 깊은 산과 호수·계곡·고원에 둘러싸여 있다. 과거에는 '천하의 험준한 곳'이라 불릴 만큼 험한 길이 이어졌기에 웬만해서는 이곳에 발을 들이는 것조차 기피했다고 한다. 그러나 본격적인 개발과 더불어 다양한 교통시설이 놓이면서 오히려 험난한 지형은 일본 최고의 관광 상품으로 탈바꿈했다.

역사적으로는 이 길이 수도인 교토와 에도(지금의 도쿄)를 연결하는 주요 육상 통로였기 때문에 교통의 요지이자 숙박지로 개발됐다. 게다가 화산 활동의 부산물인 풍부한 수량의 온천이 도처에 있어 병을 치료하기 위한 온천 휴양지로도 오래 전부터 인기를 끌어왔다.

휴양지로서의 역사는 무려 1,300여 년 전인 738년까지 거슬러 올라간다. 그러나 본격적으로 세간에 명성을 떨치기 시작한 시기는 1590년이다. 당시 일본 통일을 목적으로 오다와라 小田原 정벌에 나선 토요토미 히데요시 豊臣秀吉가 전국의 무사를 이곳으로 집결시키고 그들에게 휴식처로 온천을 제공한 게 지금의 하코네가 탄생하게 된 결정적 계기였다. 이후 온천 휴양지로 명성을 떨쳤으며, 에도 시대에는 일본 최고의 권력자인 쇼군 將軍에게 바칠 온천수를 길어오는 수원지로 이용되기도 했다.

19세기 중반에는 서양 여행자들이 찾아올 만큼 외부에 알려졌고, 1919년 등산 철도가 부설되자 여행지로서의 매력은 더욱 부각됐다. 그리고 1950년대에 들어 사철인 오다큐 선 小田急線이 도쿄와 하코네를 연결하는 직행 노선을 개통하면서 일본을 대표하는 온천 여행지로 자리매김하기에 이른다.

후지 산과 하코네의 로프웨이

하코네 즐기기

볼거리 변화무쌍한 자연을 즐길 수 있는 게 최대의 매력이다. 기세등등하게 활동을 지속하고 있는 화산지대에서는 짙은 유황 연기와 뜨거운 증기가 뿜어져 나오며, 울창한 원시림은 색색으로 옷을 갈아입으면서 변화하는 사계절을 실감케 한다. 유리알처럼 맑은 물이 가득한 산정 호수와 그 위를 유유히 떠다니는 유람선, 여행의 피로를 말끔히 풀어주는 온천, 그리고 이 모든 자연을 편하게 체험할 수 있게 해주는 케이블카·등산철도 등의 온갖 탈거리가 여행의 즐거움을 더해준다. 하코네는 광범위한 지역에 하코네유모토·하코네마치·모토하코네·센고쿠하라 등의 명소가 점점이 흩어져 있다. 부지런히 핵심 명소만 돌아볼 경우 도쿄에서 당일치기로 다녀올 수 있지만, 느긋하게 온천과 쇼핑을 즐기려면 2~3일은 족히 걸린다.

먹거리 도심지처럼 식당이 모여 있지 않으니 적당한 곳이 눈에 띄면 바로바로 배를 채워 놓는 게 밥 때를 놓치지 않는 비결이다. 식당을 이용하기 편리한 곳은 등산열차의 하코네유모토 역, 로프웨이의 오와쿠다니 역, 유람선 토겐다이·하코네마치 선착장 주변이다. 중간중간 위치한 유명 커피숍과 베이커리를 이용해도 좋다.

쇼핑 기념품은 하코네유모토 역 구내의 숍과 주변 상점가에서 손쉽게 구매할 수 있다. 쇼핑에 관심 있다면 잠시 하코네 외곽으로 눈을 돌려보자. 일본 최대의 아웃렛인 고텐바 프리미엄 아웃렛(p.440)이 저렴한 가격과 풍부한 아이템으로 쇼퍼홀릭의 발길을 재촉한다.

도쿄에서 하코네로

하코네까지의 교통편은 사철인 오다큐 선과 JR이 있는데, 요금이 저렴한 것은 물론 하코네 프리패스를 사용할 수 있는 오다큐 선을 이용하는 게 현명하다. 하코네는 험준한 지형을 깎아 만든 관광지라 등산열차 · 케이블카 · 유람선 · 버스 이용이 필수적이며, 이들을 경제적으로 이용하려면 반드시 오다큐 선의 하코네 프리패스를 구매해야 한다.

하코네 행 교통편 요점 정리

오다큐 선
저렴한 요금이 매력이다. 하코네 프리패스를 구매하면 더욱 경제적으로 이용할 수 있다.

JR
오다큐 선보다 빠르지만 요금이 비싸다. 더구나 하코네 안에서의 교통비를 감안하면 큰 메리트는 없다.

주의하세요
하코네에는 '하코네'라는 역이 없다. 오다큐 선 · JR 모두 오다와라 小田原 역에서 내린다.

오다큐 선

🌐 www.odakyu.jp

신쥬쿠 역→오다와라 역
보통열차 2시간 30~45분, 910엔
급행열차 90분, 910엔
쾌속급행열차 85분, 910엔
특급 로망스카 80분, 1,910엔

하코네 프리패스

🎫 2일권 6,100엔
　3일권 6,500엔

디지털 하코네 프리패스

스마트폰으로만 구매 가능. QR 코드 방식이라 이용 · 휴대가 편하다. 가격과 기본적인 이용법은 하코네 프리패스와 동일하다.

🌐 www.emot.jp

오다큐 선 小田急線

신쥬쿠를 출발해 하코네의 관문인 오다와라 小田原 역까지 운행하는 사철이다. JR의 절반에 불과한 저렴한 요금과 하코네 여행의 '필수 아이템'으로 통하는 하코네 프리패스 箱根フリーパス를 이용할 수 있어 여행자에게 인기가 높다.

열차 종류는 보통 普通 · 급행 急行 · 쾌속급행 快速急行 · 특급 로망스카 特急ロマンスカー가 있는데, 보통 · 급행 · 쾌속급행 열차는 요금이 모두 동일하니 무조건 속도가 빠른 급행 · 쾌속급행 열차를 이용하자.

1 역 찾아가기

오다큐 선 열차가 출발하는 곳은 JR 신쥬쿠 新宿 역과 연결된 오다큐 신쥬쿠 역(MAP 8-E3)이다. JR 신쥬쿠 역 서쪽 출구 西口의 경우 개찰구를 나와 왼쪽, 남쪽 출구 南口의 경우 개찰구를 나와 오른쪽으로 가면 오다큐 신쥬쿠 역의 매표소와 개찰구가 있다.

2 하코네 프리패스 구매

경제적으로 오다큐 선을 이용하려면 하코네 프리패스 箱根フリーパス부터 구매하는 게 순서다. 이 패스 한 장이면 오다큐 선 열차로 신쥬쿠~오다와라 역을 1회 왕복할 수 있는 것은 물론, 하코네에서 반드시 이용하게 되는 등산열차 · 케이블카 · 버스 · 유람선 등 비싼 요금의 교통편을 무제한 탈 수 있어 경비 절약에 큰 도움이 된다. 게다가 주요 미술관 · 관광 시설의 할인 혜택까지 주어지는 것도 매력! 단, 신쥬쿠~오다와라 역 구간을 운행하는 열차는 보통 · 급행 ·

 구글맵

하코네 프리패스 구매법 ※동영상 하단 QR 코드 스캔 · 클릭

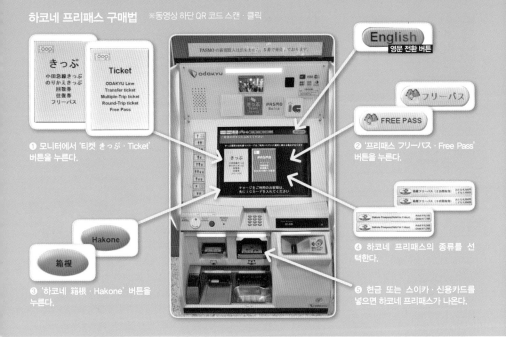

きっぷ Ticket
小田急線きっぷ
のりかえきっぷ
回数券
往復券
フリーパス

Ticket
ODAKYU Line
Transfer ticket
Multiple-Trip ticket
Round-Trip ticket
Free Pass

English 영문 전환 버튼

FREE PASS / フリーパス

Hakone / 箱根

❶ 모니터에서 '티켓 きっぷ · Ticket' 버튼을 누른다.

❷ '프리패스 フリーパス · Free Pass' 버튼을 누른다.

❸ '하코네 箱根 · Hakone' 버튼을 누른다.

❹ 하코네 프리패스의 종류를 선택한다.

❺ 현금 또는 스이카 · 신용카드를 넣으면 하코네 프리패스가 나온다.

쾌속급행만 이용할 수 있고, 특급 로망스카 特急ロマンスカー를 타려면 추가로 1,000엔(편도)을 내야 한다.

하코네 프리패스는 매표소의 티켓 자판기 또는 오다큐 여행 서비스 센터에서 구매한다. 티켓 자판기를 이용할 때는 모니터에서 '티켓 きっぷ' 버튼을 누르고, 오른쪽 중간쯤의 '프리패스 フリーパス' 버튼을 선택한다. 모니터에 그림 지도가 나타나면 '하코네 箱根' 부분을 누른다. 그리고 '하코네 프리패스 2일권 箱根 フリーパス(2日間有効)' 또는 '하코네 프리패스 3일권 箱根フリーパス(3日間有効)' 버튼을 누른 다음, 현금 또는 스이카 등의 교통카드나 신용카드를 넣으면 하코네 프리패스가 나온다.

일본어에 익숙하지 않을 때는 모니터 오른쪽 상단의 'English' 버튼을 눌러 메뉴를 영어로 바꾼 뒤 사용한다. 우선 'Ticket' 버튼을 누르고, 오른쪽 중간쯤의 'Free Pass' 버튼을 선택한다. 모니터에 그림 지도가 나타나면 'Hakono' 부분을 누른다. 그리고 '하코네 프리패스 2일권 Hakone Freepass(Valid for 2 days)' 또는 '하코네 프리패스 3일권 Hakone Freepass(Valid for 3 days)'을 누른 다음, 현금 또는 스이카 등의 교통카드나 신용카드를 넣으면 하코네 프리패스가 나온다.

3 열차 탑승

하코네 프리패스를 개찰기에 집어넣으면 사용이 개시된다. 이제 오다큐 선 열차를 탈 차례. 급행 · 쾌속급행 열차는 4 · 5번 플랫폼, 특급 로망스카는 2 · 3번 플랫폼에서 출발한다.

오다큐 여행 서비스 센터
Odakyu Sightseeing Service Center

하코네 프리패스와 관련된 업무를 취급한다. 당일권 · 예매권 모두 구매할 수 있으며 특급 로망스카의 예약도 해준다. 한국어 · 영어가 통해 일본어를 몰라도 맘 편히 이용할 수 있다.
영업 08:00~16:00
교통 JR 신주쿠 역 서쪽 출구 西口의 개찰구를 나와 왼쪽으로 도보 2분. 신주쿠 역 지하 1층에 있으며, 오다큐 선 표지판을 따라가면 쉽게 찾을 수 있다.

특급 로망스카

좌석이 우리나라의 지하철 수준인 보통 · 급행 · 쾌속급행 열차와 달리 특급 로망스카는 등받이가 뒤로 젖혀지는 안락한 좌석과 쾌적한 시설을 갖췄다. 단, 예약 필수이며 하코네 프리패스 소지자는 추가요금(편도 1,000엔)이 필요하다.
홈피 www.web-odakyu.com/e-romancecar

하코네유모토 행 열차

4 하코네 도착

하코네 행 열차는 대부분 오다와라 역(OH47)의 7~10번 플랫폼에 도착한다. 열차 진행 방향 머리 쪽으로 가면 '하코네 등산전차 · 하코네유모토 방면 箱根登山電車 · 箱根湯本方面' 표지판이 보인다. 그쪽으로 가서 11번 플랫폼에서 출발하는 하코네 유모토 箱根湯本 행 열차를 탄다.

이 열차는 하코네유모토 箱根湯本 역이 종점이다. 진행 방향 머리 쪽(출구 방향)에 위치한 3 · 4번 플랫폼으로 가서 고라 · 소운잔 強羅 · 무운산 方面 등산열차로 갈아타면 본격적인 하코네 여행이 시작된다.

할인권을 챙겨라

등산열차 · 케이블카 매표소와 상점에는 하코네의 관광명소 · 온천의 입장료 할인 쿠폰이 비치돼 있다. 무료로 가져갈 수 있으니 최대한 활용하자.

디지털 하코네 프리패스

스마트폰에서 디지털 하코네 프리패스를 활성화하면 QR 코드와 유효기간이 표시된다. 열차 · 등산열차 · 케이블카를 탈 때는 QR 코드를 개찰구의 리더기에 스캔시킨 후 통과한다. 버스를 탈 때는 운전사에게 유효기간이 표시된 화면을 보여준다. 단, 화면 캡처 본은 이용 불가능하니 주의하자.

5 하코네 프리패스 사용하기

하코네 프리패스 사용법은 간단하다. 열차 · 등산열차 · 케이블카를 탈 때는 지하철처럼 개찰기에 패스를 집어넣고 통과하면 된다. 별도의 개찰기가 설치돼 있지 않은 버스 · 유람선에서

하코네 프리패스의 로고

는 운전사나 검표원에게 유효기간이 찍힌 패스의 겉면을 보여주고 타면 된다. 하코네 프리패스를 이용할 수 있는 교통수단에는 하코네 프리패스 로고가 붙어 있다는 사실도 알아두자.

전시관 · 식당 · 온천 이용시 하코네 프리패스를 제시하면 입장료가 할인되는 곳도 있으니 패스 구매시 제공되는 자료를 꼼꼼히 살펴보자. 잘 모를 때는 입장권을 살 때 창구에 하코네 프리패스를 제시하고 할인 가능 여부를 물어봐도 된다.

여행의 필수품 하코네 교통 시각표

신주쿠 역 · 오다와라 역에서 하코네 프리패스를 구매한 뒤 반드시 챙겨야 할 것은 '하코네 교통 시각표 箱根の交通時刻表'다. 하코네 프리패스로 이용 가능한 모든 교통편의 노선도와 운행 시각표가 상세히 기재돼 있어 이동과 일정 짜기에 큰 도움이 된다. 특히 운행 간격이 뜸한 하코네 유람선과 센고쿠하라 · 고텐바 프리미엄 아웃렛 방면 버스를 이용할 때 유용하다.

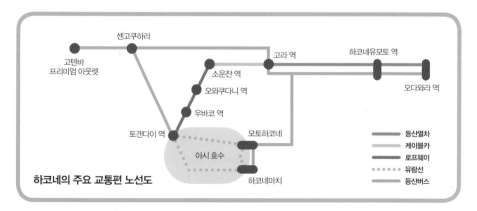
하코네의 주요 교통편 노선도

제이알 JR

도쿄와 근교를 연결하는 전철이다. 토카이도 선 東海道線의 보통열차 또는 토카이도 신칸센 東海道新幹線을 이용할 수 있다. 경제적으로 여유가 되거나 JR 패스 소지자라면 40분밖에 안 걸리는 고속열차 신칸센, JR 도쿄 와이드 패스 소지자는 추가요금 없이 이용 가능한 보통·쾌속 열차를 타고 간다.

속도가 빠른 고속열차 신칸센

신칸센은 도쿄 東京 역(MAP 5-D3) 14~19번 플랫폼에서 코다마 こだま 호를 탄다. 히카리 ひかり·노조미 のぞみ 호는 오다와라 小田原 역에 정차하지 않으니 주의하자. 보통·쾌속 열차는 토카이도 선 東海道線이라고 표시된 도쿄 역 7·8번 플랫폼과 시나가와 品川 역 7~12번 플랫폼에서 출발한다.

1 오다큐 오다와라 역 찾아가기

JR 오다와라 역

JR 오다와라 역에 도착하면 하코네 여행의 출발점인 오다큐 오다와라 역으로 간다. 이 역은 JR 오다와라 역과 같은 건물에 있는데, 신칸센을 타고 갔을 때는 개찰구를 나간 다음 '오다큐 선 小田急線' 표지판을 따라 오른쪽의 에스컬레이터를 타고 올라가면 금방 찾을 수 있다. 보통열차를 타고 갔을 때는 '서쪽 출구·오다큐 선 西口·小田急線' 표지판을 따라간다. 개찰구를 등지고 왼쪽으로 조금만 가면 오다큐 오다와라 역이 보인다.

2 하코네 프리패스 구매

오다큐 오다와라 역에 도착하자마자 할 일은 '경제적인 여행의 동반자' 하코네 프리패스 구매다. 오다와라 역부터는 오다큐 선의 등산열차·케이블카·유람선·버스를 차례로 이용해야 하는데, 각각의 교통편을 이용할 때마다 티켓을 구

오다큐 오다와라 역

매하려면 비용이 상당히 많이 든다. 따라서 이들 교통편을 무제한 이용할 수 있는 하코네 프리패스 구매는 기본 중의 기본! 하코네 프리패스를 파는 곳은 오다큐 오다와라 역의 매표소다. 여기서 파는 하코네 프리패스는 오다큐 신쥬쿠 역에서 파는 것과 이름·사용법이 똑같다. 차이가 있다면 신쥬쿠 역~오다와라 역 구간의 왕복 교통편이 빠져 있기 때문에 요금이 싸다는 것. 따라서 오다와라 역까지 JR을 타고 간 여행자에게는 이 패스만큼 경제적인 게 없다.

3 하코네 여행 시작

오다큐 오다와라 역의 11번 플랫폼으로 가서 하코네 유모토 箱根湯本 행 열차를 탄다. 그리고 종점에서 내려 열차 진행 방향 머리 쪽(출구 방향)에 위치한 3·4번 플랫폼으로 가서 고라·소운잔 強羅·무운산 早雲山 방면 등산열차로 갈아타면 본격적인 하코네 여행이 시작된다.

JR

도쿄 역→오다와라 역
JR 보통열차 1시간 30분, 1,520엔
신칸센 35분, 3,280엔

JR 패스

일본 전역을 운행하는 JR 열차와 신칸센을 자유로이 이용할 수 있는 프리패스. 우리나라의 여행사에서 판매한다.
요금 7일권 5만 엔
14일권 8만 엔
21일권 10만 엔.

JR 도쿄 와이드 패스

도쿄와 인근 지역을 운행하는 JR 열차와 신칸센(토카이도 신칸센은 탑승 불가)을 자유로이 이용할 수 있는 프리패스. 나리타 국제공항과 도쿄 시내의 주요 JR 역에서 판매한다.
요금 3일권 1만 5,000엔
홈피 www.jreast.co.jp

하코네 프리패스

요금 2일권 5,000엔
3일권 5,400엔
홈피 www.odakyu.jp

오다큐 여행 서비스 센터
Odakyu Sightseeing Service Center

하코네 프리패스 판매 및 여행 정보를 제공한다. 영어가 통해 일본어를 몰라도 이용하기 편리하다.
운영 08:30~16:30
위치 오다큐 오다와라 역의 매표소 맞은편에 있다.

best course

하코네는 지역이 넓고 다양한 교통편을 이용해야 해 하코네 프리패스(p.420)를 구매하는 게 경제적이다. 또한 당일치기로 여행할 경우 07:00~08:00에는 도쿄에서 출발해야 일정에 무리가 없다. 유람선을 이용할 때는 운항 시각에 유의하자. 40~50분 간격으로 운항해 자칫하면 중간에 허비하는 시간이 커진다. 08:00쯤 도쿄를 떠났을 경우 마지막 여행지인 모토하코네에는 17:00쯤 도착한다. 도쿄로 돌아가기 전에 온천을 즐기려면 유넷산·하코네유모토로 가야 하는데, 어느 쪽이든 모토하코네에서 버스로 20~50분 걸린다는 사실을 기억하자.

출발점 사철 오다큐 선의 하코네유모토 역
예상 소요시간 10시간~

▼ 하코네유모토 역에 도착하면 이렇게 보여요.

하코네유모토   출구   등산열차 플랫폼   오다와라 역 방면 플랫폼

산기슭을 오르내리는 등산열차.

로프웨이

오와쿠다니 역

로프웨이

start

| 1 | 바로 앞 | 2 | 등산열차 40분 | 3 | 케이블카 10분 | 4 | 로프웨이 8분 | 5 | 바로 앞 | 6 | 로프웨이 16분 |

하코네유모토 역

등산열차

케이블카

로프웨이를 타고 공중유람을 즐기자.

오다와라 역

하코네유모토 역 ❶
등산열차 ❷ ⑫온천 즐기기

고라 역
케이블카 ❸ • 유넷산
• 소운잔역
로프웨이 ❹   모토하코네 ⑪   삼나무
          온시하코네 공원 ❾   가로수 길
 ❺ 오와쿠다니 역   ⑩
로프웨이 ❻   하코네마치 · ⑧
           하코네세키쇼 유적
토겐다이 · ❼ 유람선

MAP 27 참조

1 호수 너머로 후지 산이 보인다.
2 단풍 드는 가을 풍경도 멋지다.
3 도차에서 증기가 뿜어져 나온다.

아시 호수의 푸른 물살을 가르는 유람선.

온시하코네 공원

삼나무 가로수 길

붉은 토리이가 우뚝 서있는 모토하코네.

모토하코네

❼	유람선 30분	❽	두부 10분	❾	도보 2분	⑩	도보 12분	⑪	등산버스 20~50분	⑫

유람선

하코네마치 · 하코네세키쇼 유적

하코네 여행의 백미는 자연과 하나 되는 노천온천이다.

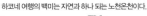

온천 즐기기

SIGHTSEEING

하코네의 볼거리는 화산 활동으로 만들어진 장대한 자연 경관, 후지산과 어우러진 산정 호수의 아름다움, 그리고 다채로운 전시 공간이다. 이와 더불어 각각의 명소를 연결하는 등산열차·케이블카·로프웨이·유람선 등의 교통편도 훌륭한 볼거리 역할을 한다.

Best Spot in Hakone

★★★★★ 등산열차, 로프웨이
　　　　 삼나무 가로수 길, 아시 호수
　　　　 오와쿠다니 역, 유람선
　　　　 오와쿠다니 자연 연구로
　　　　 온시하코네 공원, 케이블카
★★★★☆ 조각의 숲 미술관
★★★☆☆ 어린왕자 박물관
★★☆☆☆ 200계단, 고라 공원
　　　　 나루카와 미술관, 오다와라 성
★☆☆☆☆ 모토하코네, 하코네 구도로
　　　　 하코네 미술관, 하코네 신사

★★☆☆☆
小田原城 오다와라 성

발음 오다와라쬬― **개관** 09:00~17:00 **휴관** 12월 둘째 수요일, 12/31~1/1
요금 원내 무료, **텐슈카쿠** 510엔, 중학생 이하 200엔 **지도** MAP 27-B1
교통 오다큐 선의 오다와라 小田原 역 하차, 동쪽 출구 東口를 나와
오른쪽으로 도보 10분. **구글맵** 페이지 하단 QR 코드 스캔·클릭

1495년에 세워진 이래 하코네의 관문 역할을 해온 성(城). 한때는 칸토 関東(도쿄를 포함한 일본 중부 지역) 남부의 정치적 중심지 역할을 하기도 했다. 원래 9km 길이의 해자(垓字)를 갖춘 위풍당당한 면모를 과시했으나, 중앙집권화가 진행된 메이지유신 당시 철거되고 말았다. 지금의 성은 1960년에 콘크리트로 옛 모습만 흉내내 재건한 것이다. 성의 중심부인 텐슈카쿠 天守閣에는 창과 갑옷 등이 전시돼 있으며 4층에는 이 일대가 내려다보이는 전망대가 있다. 그러나 전시 내용이 부실해 굳이 안으로 들어갈 필요는 없으며, 무료 개방된 원내를 구경하는 정도로 충분하다.

성의 꼭대기에는 조그만 전망대가 있다.

★☆☆☆☆
箱根湯本 하코네유모토

발음 하꼬네유모또 **지도** MAP 27-B2·28-D1 **구글맵** 페이지 하단 QR 코드 스캔·클릭
교통 오다큐 선의 오다와라 小田原 역 11번 플랫폼에서 출발하는 하코네유모토 행 열차를 타고 종점인 하코네유모토 箱根湯本 역 하차(16분). 또는 오다와라 역에서 버스를 타고 하코네유모토 箱根湯本 하차(20분).

일반적으로 하코네 여행을 마치고 도쿄로 돌아가기 전에 들르는 온천 마을이다. 하코네 최대의 온천 명소인데, 눈에 띄는 거의 모든 건물이 온천·여관·호텔이라고 봐도 무방하다. 처음 온천지로 알려진 때는 730년 무렵. 그러나 결정적으로 주목받기 시작한 시기는 1590년이다. 당시 오다와라 성 공략에 나선 토요토미 히데요시 豊臣秀吉가 이곳으로 전국 각지의 무사를 불러 모으면서 휴식과 치료 목적으로 이용하기 시작한 것. 그리고 20세기 초 등산열차가 개통되면서 지금과 같은 대형 온천 휴양지로 개발되기에 이르렀다. 자세한 온천 정보는 p.438 참조.

하코네유모토는 온천의 천국.

 구글맵

登 山鉄道 등산열차 ★★★★★

영업 토-잔데쯔도- **운행** 05:50~23:09, 운행 간격 11~22분 **지도** MAP 27-B3
교통 오다큐 선의 하코네유모토 箱根湯本 역 3·4번 플랫폼에서 출발한다.
구글맵 페이지 하단 QR 코드 스캔·클릭

하코네 국립공원의 울창한 삼림을 헤치고 달리는 전철. 원래 말이 끄는 마차 철도였다가 1900년 전철화됐다. 하코네유모토~고라 強羅의 9km 구간을 달리는 동안 13개의 터널과 26개의 교량을 통과하며 아름다운 자연 경관을 보여준다. 그 사이 표고차가 445m나 높아진다는 사실에 주목! 워낙 가파른 경사면을 달리기 때문에 열차가 일직선으로 운행하지 못하고 도중에 진행 방향을 바꾸며 '之'자 모양으로 산을 오르는 모습이 흥미롭다. 이런 스타일을 스위치 백 방식이라고 하는데, 일본에서도 극히 일부 지역에서만 경험할 수 있는 이색 철도 구간이다. 참고로 진행 방향은 토노사와 塔ノ沢 역(해발 165m)~미야노시타 宮ノ下 역(해발 448m) 구간에서 총 세 번 바뀌며, 그때마다 운전사가 열차 양끝을 오가며 기관차를 변경한다.
등산열차의 차량은 길이가 15m밖에 안 된다. 급커브 구간을 안전하게 통과할 수 있도록 일부러 짧게 만든 것인데, 이보다 차량이 길면 탈선의 위험이 있다.

1 아찔한 높이의 철교를 달리는 등산열차. 2 1919년부터 운행을 시작했다.

彫 刻の森美術館 조각의 숲 미술관 ★★★★☆

영업 쵸-꼬꾸노모리비쥬쯔깐 **개관** 09:00~17:00 **요금** 2,000엔, 고등학생·대학생 1,600엔, 초등학생·중학생 800엔 ※홈페이지에서 입장료 할인권 다운로드 가능
홈피 www.hakone-oam.or.jp **지도** MAP 27-B3
교통 등산열차 쵸코쿠노모리 彫刻の森 역 하차, 출구를 나와 왼쪽으로 도보 3분.
구글맵 페이지 하단 QR 코드 스캔·클릭

싱그러운 대자연의 숨결을 만끽할 수 있는 야외 미술관. 초록빛 구릉을 따라 전시된 100여 점의 조각이 주변의 높은 산들과 그림 같은 조화를 이룬다. 메인 전시품은 미로·로댕·부르델 등 친숙한 작가의 작품이다. 그 가운데 최고의 컬렉션은 영국 출신의 조각가 헨리 무어 Henry Moore(1898~1986)의 작품으로 총 26점이 소장돼 있다. 미술관 제일 안쪽에는 피카소의 작품 3000여 점이 소장된 피카소 관도 있다. 대지에 우뚝 선 모습으로 강인한 여성상을 묘사한 니키 드 생 팔 Niki de Saint Phalle의 〈미스 블랙 파워 Miss Black Power〉, 팔과 다리를 활짝 벌린 채 대지에 드러누운 사람의 형상을 통해 지구의 일부인 인간을 표현한 안토니 곰리 Antony Gormley의 〈밀착 Close〉, 높이 18m의 탑 내부로 들어가면 오색찬란한 빛의 향연이 펼쳐지는 가브리엘 루와르 Gabriel Loire의 〈행복을 부르는 심포니 조각 Symphonic Sculpture〉, 페가수스를 타고 괴물 키마이라를 무찌르러 가는 그리스 신화의 영웅 벨레로폰을 묘사한 칼 밀레스 Carl Milles의 〈인간과 페가수스 Man and Pegasus〉 역시 이 미술관의 대표작으로 꼽힌다.

1 니키드 생 팔의 〈미스 블랙 파워〉.
2 가브리엘 루와르의 〈행복을 부르는 심포니 조각〉.

ケ －ブルカー 케이블카 ★★★★★

발음 케-부루카- **개관** 07:40~19:05, 운행 간격 15~35분
지도 MAP 27-B4 **구글맵** 페이지 하단 QR 코드 스캔·클릭
교통 등산열차의 종점인 고라 強羅 역의 개찰구를 나와
오른쪽으로 가면 케이블카 타는 곳이다.

가느다란 강철 케이블에 매달린 채 고라 역~소운잔
霧雲山 역의 1.2km 구간을 운행한다. 소요시간은
고작 10분이지만, 그 사이 표고차는 무려 214m나
높아진다. 케이블카는 등산열차의 종주국 스위스에서
수입한 것인데, 계단식으로 만든 좌석 구조가 이채롭다.
케이블카가 산등성이를 오르는 동안 높은 산에 둘러싸인
하코네의 풍경이 발 아래로 펼쳐진다. 참고로 경치를
감상하기에 가장 좋은 자리는 차량 맨 아래쪽이다. 이
주변은 인기 별장지인 까닭에 케이블카 선로를 따라 고급
주택이 많이 모여 있다는 사실도 알아두면 좋을 듯!

1921년 운행을 개시한 케이블카.

일본 미술 마니아라면 잠시 들러볼 만하다.

箱根美術館 하코네 미술관 ★☆☆☆☆

발음 하꼬네비쥬쯔깐 **개관** 4~11월 09:30~16:30,
12~3월 09:30~16:00 **휴관** 목요일, 연말연시
요금 1,430엔, 고등학생·대학생 660엔, 중학생 이하 무료
홈피 www.moaart.or.jp/hakone **지도** MAP 27-B4
교통 케이블카 코엔가미 公園上 역(고라 역에서 두 정거장) 하차,
도보 1분. **구글맵** 페이지 하단 QR 코드 스캔·클릭

고대에서 근대에 이르기까지의 일본 도자기를 소장·
전시하는 전문 미술관. 시대별로 분류된 본관의 5개
전시실에서 150여 점의 도자기를 전시한다. 그 가운데
6~7세기에 만든 토용 〈천관을 쓴 남자 天冠をつけた男
子〉와 17세기에 제작된 이마리 伊万里 도자기
〈염부초화문병 染付草花文瓶〉은 중요문화재로 지정돼
있다. 이와 함께 봄~가을에 걸쳐 단아한 멋을 뽐내는
이끼 정원도 이곳만의 자랑이다. 미술관 안쪽에는
고즈넉한 정원의 풍경을 감상하며 일본 차를 마실 수
있는 다실 신와테 真和亭도 있다.

強羅公園 고라 공원 ★★☆☆☆

발음 고라꼬-엔 **개관** 09:00~17:00
요금 650엔, 하코네 프리패스 소지자 및 초등학생 이하 무료
지도 MAP 27-B4 **구글맵** 페이지 하단 QR 코드 스캔·클릭
교통 케이블카 코엔시모 公園下 역(고라 역에서 한 정거장) 하차,
출구를 나와 정면으로 도보 2분

1914년 개관한 4만 5,000㎡의 프랑스 식 정원. 사시사철
시원한 물줄기가 뿜어져 나오는 분수를 중심으로 9개의
식물원과 온실이 조성돼 있어 한가로이 쉬어갈 수 있는 게
나름의 매력이다. 장미가 만발하는 5월이면 은은한 향기가
후각을 자극한다. 시간이 허락하면 각종 열대 식물을 키우는
열대 식물관과 전통 일본 다실(茶室) 하쿠운도 白雲洞에도
잠시 들러보자.

1 주변 산악지대와 멋진
조화를 이룬다.
2 장미향이 가득한 장미
정원.

구글맵

□ —プウェイ 로프웨이(소운잔~오와쿠다니) ★★★★★

발음 로-푸웨- **영업** 09:00~17:00, 12~1월 09:00~16:15
홈피 www.hakonenavi.jp/hakone-ropeway **지도** MAP 27-B4
교통 케이블카 종점인 소운잔 역의 개찰구를 나와 오른쪽으로 가면 로프웨이 타는 곳이다. **구글맵** 페이지 하단 QR 코드 스캔·클릭

하코네 제일의 흥미진진, 스릴 만점 코스! 소운잔 早雲山 역을 출발한 로프웨이가 높다란 산등성이를 넘어서는 순간 괴물처럼 입을 쩍 벌린 장엄한 오와쿠다니 大涌谷 협곡이 펼쳐진다. 붉은 속살을 드러낸 대지와 하얗게 피어오르는 수증기의 모습은 지옥 그 자체. 오와쿠다니의 별명이 '지옥 계곡 地獄谷'인 것도 이 때문이다. 그 너머로는 머리에 새하얀 눈을 뒤집어쓴 후지 산이 봉긋 솟아올라 강렬한 대조를 이룬다.

이 협곡은 약 3,000년 전에 발생한 두 차례의 화산 폭발로 형성됐으며 지금도 화산 활동이 지속되고 있다. 여기서 분출되는 온천수는 하코네 각지에 위치한 온천의 원천수로 이용된다. 즉 불모지를 재활용해 '황금알을 낳는 관광자원'으로 탈바꿈시킨 것. 로프웨이를 타고 8분간 (총 길이 1,472m)의 공중유람을 마치면 종점인 오와쿠다니 大涌谷 역에 도착한다.

1 가느다란 케이블에 매달린 채 공중을 가른다.
2 발밑으로 아찔한 협곡이 펼쳐진다.

大 涌谷駅 오와쿠다니 역 ★★★★★

발음 오-와꾸다니에끼 **영업** 로프웨이 운행 시간과 동일 **지도** MAP 27-B4
교통 로프웨이 오와쿠다니 大涌谷 역 하차.
구글맵 페이지 하단 QR 코드 스캔·클릭

수많은 관광객들로 북적이는 오와쿠다니 역.

하코네에서 대중교통을 이용해 올라갈 수 있는 가장 높은 역. 높이는 해발 1,044m다. 역을 나와 왼쪽으로 가면 조그만 전망대가 있는데 여기서 지금까지 타고 온 로프웨이 구간을 바라볼 수 있다. 가느다란 케이블에 매달린 채 130m 높이의 허공을 오가는 로프웨이를 보고 있노라면 직접 탈 때와는 다른 묘한 전율이 느껴진다.

케이블카 이용 및 하코네 여행시 주의사항

케이블카가 소운잔 역에 도착하면 슬슬 사람들이 밀리기 시작한다. 케이블카나 열차는 한 번에 많은 사람을 태울 수 있지만 로프웨이는 한정된 수만 탈 수 있기 때문. 즉 케이블카에서 늦게 내리는 만큼 로프웨이로 갈아타기 위해 기다리는 시간은 길어지게 마련이니 주의!

로프웨이에 타는 순간부터 볼거리는 후지 산과 어우러진 하코네의 자연, 그리고 화산 활동으로 생성된 대협곡으로 바뀐다. 안개가 끼거나 비 오는 날은 협곡은 커녕 아무것도 안 보이니 가기 전에 일기예보 확인은 필수다.

하코네에는 식당이 별로 없다. 식사가 가능한 곳은 오와쿠다니 역, 오와쿠다니 자연 연구로, 토겐다이 역, 하코네마치 유람선 선착장 주변의 식당뿐이니 밥 때를 놓치지 않게 주의하자. 음식 가격은 1,500~3,000엔 수준으로 도쿄 시내보다 조금 비싼 편이다.

大 涌谷自然研究路 오와쿠다니 자연 연구로

★★★★★

발음 오-와꾸다니시젠껜뀨-로 개관 10:00~14:30 지도 MAP 27-B4
교통 로프웨이 오와쿠다니 大涌谷 역 하차, 정면으로 도보 5분.
홈피 www.hakone.or.jp/od-booking(온라인 예약 필수) 요금 800엔

오와쿠다니의 황량한 화산 지형을 온몸으로 체험할 수 있다. 여기저기서
끊임없이 뿜어져 나오는 수증기가 기세등등하게 살아 숨쉬는 화산의 모습을
유감 없이 보여준다. 오와쿠다니 역 앞의 주차장 쪽으로 이어진 길을 따라
죽 걸어 올라가면 고쿠라쿠차야 極楽茶屋란 매점이 있으며, 그 너머로 흔히
지고쿠 地獄라고 부르는 오와쿠다니 자연 연구로가 이어진다.
입구가 위치한 계단 윗쪽에는 1,100년 전에 코보 대사 弘法大師가 지옥에
빠진 중생을 구제하고자 세웠다는 조그만 불당이 있다. 바로 옆에는 온천수를
끼얹으며 소원을 비는 지장보살이 있으니 한 번쯤 효험을 기대해 봐도
재미있을 듯. 오와쿠다니 자연 연구로의 입구를 통과하면 '화산 가스를
조심하라'는 살벌한 경고판이 공포 분위기를 조성한다. 게다가 여기저기
흉물스럽게 드러난 바위와 메마른 초목, 그리고 뭉게뭉게 피어오르는 수증기는
이곳이 도저히 사람이 살 만한 동네가 아니란 생각을 절로 들게 한다. 이 때문에
이곳의 별명도 지고쿠, 즉 '지옥'이라 붙여진 것!
언덕 꼭대기에는 부글부글 끓어오르는 온천수로 달걀을 삶아서 파는
타마고차야 玉子茶屋란 가게가 있다. 새까맣게 구워져(?) 나오는 달걀
쿠로다마고 黒タマゴ(4개 400엔) 1개를 먹을 때마다 수명이 7년씩 늘어난다니
여기서 불로장생을 꿈꿔 보는 건 어떨지?

1 쉬지 않고 증기가 뿜어져 나온다.
2 계란을 삶아서 파는 타마고차야.

로프웨이
너머로 후지
산이 보인다.

ロープウェイ 로프웨이(오와쿠다니~토겐다이)

★★★★★

발음 로-푸웨- 운행 09:00~17:00, 12~1월 09:00~16:15 지도 MAP 27-B5
교통 오와쿠다니 역의 토겐다이 桃源台 행 로프웨이 승강장에서 출발한다.
구글맵 페이지 하단 QR 코드 스캔·클릭

오와쿠다니~토겐다이 桃源台 역 구간을 운행하는 로프웨이.
총길이는 2,563m에 달하며 이동 소요시간은 16분이다.
이 구간에서는 완만한 산의 경사를 타고 내려가며 우뚝 솟은
후지 산과 푸른 물결이 반짝이는 아시 호수 芦ノ湖, 그리고 이 일대를
동그랗게 에워싼 외륜산(外輪山)의 멋진 풍경을 감상하는 게 포인트!
경치를 제대로 감상하려면 로프웨이 맨 앞에 앉아야 한다.

달걀의 변신은 무죄?

오와쿠다니 자연 연구로 입구의 매점에
서 타마고차야까지 '전용 로프웨이'를 타
고 올라온 달걀들은 쇠틀에 담겨 부글부
글 끓는 온천수에 몸을 담근다. 이때 온
천수의 온도는 무려 80℃. 동시에 달걀
노른자에서 배어 나오는 미량의 철분과
온천수의 황화수소가 격렬한 화학반응
을 일으키며 뽀얀 피부(?)가 점차 까맣게
물들어간다. 한 번 삶은 달걀은 바로 옆
의 찜통에서 95~100℃의 온도로 한 번
더 쪄내는데 이때 확실한 깜둥이로 대
변신한다. 색은 날씨
가 맑을수록 더욱 짙
어진다.

구글맵

芦ノ湖 아시 호수 ★★★★★

[발음] 아시노꼬 **[지도]** MAP 27-D4
[교통] 로프웨이 토겐다이 桃源台 역 하차. 또는 하코네
등산 버스 토겐다이 정류장 하차.
[구글맵] 페이지 하단 QR 코드 스캔·클릭

오와쿠다니와 더불어 하코네 여행의 백미로
꼽는 호수. 하코네의 한가운데에 위치하며
40만 년 전의 화산 활동으로 생성된 해발
724m, 둘레 17.5km, 깊이 42m의 칼데라 호다.
수정처럼 맑은 물이 가득한 호수 주위는
울창한 숲과 높은 산에 둘러싸인 천혜의
비경을 자랑한다. 특히 쾌청한 날이면
북서쪽에 있는 후지 산이 호수 너머로
빠끔히 고개를 내민 채 아름다운 자태를
뽐낸다. 수온이 4℃ 밑으로 내려가지 않아
한겨울에도 얼지 않으며, 봄 벚꽃, 여름 신록,
가을 단풍, 겨울 설경의 명소로도 인기가 높다.

하코네의 청정자연이 펼쳐진다.

1·2 해적선과 전함 등 재미난 모습으로
치장된 유람선.

箱根海賊船 하코네 유람선 ★★★★★

[발음] 하꼬네카이조구센 **[운영]** 토겐다이 → 하코네마치 3/20~11/30
09:30, 10:10, 10:45, 11:25, 12:00, 12:40, 13:15, 13:55, 14:30,
15:10, 15:50, 16:25, 17:00 12/1~3/19 10:00, 10:30, 11:40,
12:20, 13:30, 14:00, 14:50
[홈피] www.hakonenavi.jp/hakone-kankosen **[지도]** MAP 27-C5
[교통] 로프웨이 토겐다이 桃源台 역 하차. 아래로 이어진 계단을 따라
내려가면 유람선 선착장이 나온다.
[구글맵] 페이지 하단 QR 코드 스캔·클릭

아시 호수의 경관을 감상하기에 제일 좋은 방법. 흔히
해적선이라고 부르는 범선 세 척이 호수 양끝을 오가며
관광객을 실어 나르는데, 선체의 생김새가 제각각이라 구경하는
재미가 남다르다. 유람선은 토겐다이를 출발, 하코네마치 箱根
町와 모토하코네 元箱根를 경유해 토겐다이로 돌아오는 순환
코스를 운항한다. 호수 일주에는 1시간 정도 걸리며 하이라이트
코스인 토겐다이~하코네마치의 편도 30분 코스가 가장 인기가
높다. 유람선을 탈 때는 전망이 좋은 갑판으로 올라가자. 물 위를
가르는 유람선 양쪽으로 그림 같은 풍경이 스쳐 지나간다.

箱根ビジターセンター 하코네 비지터 센터 ★★☆☆☆

[발음] 하꼬네비지타-센타- **[개관]** 09:00~17:00 **[휴관]** 매월 둘째·넷째 월요일, 12/28~1/3
[요금] 무료 **[지도]** MAP 27-B5 **[교통]** 로프웨이 토겐다이 桃源台 역 하차. 바로 앞의 버스
정류장을 등지고 왼쪽으로 보면 산 위로 이어지는 길이 있다. 그쪽으로 도보 10분.
[구글맵] 페이지 하단 QR 코드 스캔·클릭

하코네의 자연과 역사를 소개하는 미니 자료관. 이 일대의 지형을 정밀
축소시킨 모형과 사진 자료가 전시돼 있으며 하코네의 사계를 담은 영화도
상영한다. 건물 남쪽 부분은 대형 통유리가 벽을 대신해 훌륭한 전망을
자랑한다. 바로 앞에는 잘 정돈된 녹지가 있어 잠시 쉬어가기에도 좋다.

창 너머로 아시 호수가 보인다.

箱根関所跡 하코네세키쇼 유적 ★★☆☆☆

빌음 하꼬네세끼쇼아또 **개관** 3~11월 09:00~17:00, 12~2월 09:00~16:30
요금 500엔, 초등학생 250엔(하코네세키쇼 자료관 공통권)
홈피 www.hakonesekisyo.jp **지도** MAP 27-D5 · 29-A1
교통 유람선 하코네마치 箱根町 하선, 선착장을 나와 왼쪽으로 도보 8분.
또는 하코네 등산 버스 하코네마치 箱根町 정류장 하차, 도보 6분.
구글맵 페이지 하단 QR 코드 스캔·클릭

하코네세키쇼 검문소(1619~1869)의 모습을 복원한 유적. 일본의
권력자들에게 하코네는 철통같은 경비가 요구되는 지역이었다. 교토와
에도(지금의 도쿄)를 연결하는 교통의 요지인 하코네를 통해 반란군의
조총이 반입되거나(이리뎃포 入鉄砲), 볼모로 잡아놓은 지방 호족의 처자가
탈출(데온나 出女)할 가능성이 높았기 때문. 그래서 세워진 검문소가 바로
하코네세키쇼다. 통행증 없이 무단 통과를 시도한 사람은 무조건 사형에
처했다는 사실만 봐도 경비가 얼마나 삼엄했나 쉽게 짐작이 갈 듯.
건물 안에는 검문 과정과 여기 거주하던 관리들의 생활상을 소개하는 자료,
당시 모습을 재현한 마네킹이 전시돼 있다. 가장 흥미로운 볼거리는
데온나를 방지하기 위해 검문하는 과정을 재현한 마네킹인데, 히토미온나
人見女라는 직책의 노파가 이곳을 통과하는 여성의 몸을 샅샅이 검사하는
모습을 담고 있다.

1 옛 모습으로 복원된 하코네세키쇼 유적.
2 꼼꼼히 몸수색을 하는 히토미온나.

箱根町 하코네마치 ★☆☆☆☆

빌음 하코네마찌 **지도** MAP 27-D4 · 29-A1
교통 유람선 하코네마치 箱根町 하선. 또는 하코네 등산
버스 하코네마치 箱根町 정류장 하차.
구글맵 페이지 하단 QR 코드 스캔·클릭

에도 시대에 하코네세키쇼 箱根関所란 이름의
삼엄한 검문소가 있던 곳. 지금은 유람선 선착장과
보트 정박장, 그리고 식당·호텔이 모인 관광
거점으로 탈바꿈했다. 마을 자체로는 큰 볼거리가
없으며 주변에 하코네세키쇼 유적·온시하코네
공원·삼나무 가로수 길 등의 명소가 있다.

각기 다른 개성의 유람선 3인방

하코네 유람선은 1960년대 미국의 디즈니랜드를 시찰하고 돌
아온 유람선 회사 사장의 아이디어로 탄생했다. 현재 빅토리·바
사·르와얄 II 호 등 세 척의 배가 운항 중이며 모두 17~18세기
유럽의 전함을 복제해서 만들었다.
'서해의 여왕'이란 애칭의 빅토리 빅토리-호는 18세기 영
국에서 대활약한 전함 빅토리 호가 모델이다. 선체에는 동물·
별자리·꽃 등의 조각을 새겨 놓았으며, 뱃머리의 황금 기마
상은 평화를 상징한다. '북구의 사자' 바사 バーサ 호는 17
세기 초 스웨덴 국왕의 명으
로 건조된 전함이 모델인 까
닭에 두 마리의 사자가 왕관
을 떠받친 모습의 왕실 문장
(紋章)을 배 뒤에 새겨 놓았다.
'남구의 태양' 르와얄 ロワイ
ヤル II 호는 18세기 프랑스
함대의 상징 르와얄 루이 호
를 모방해서 만들었다. 애칭
에 걸맞게 타오르는 듯한 붉
은색의 선체는 화려한 장식으
로 가득하다.

화려한 황금 장식이
돋보이는 빅토리 호

구글맵

겉모습만 봐도 충분한 하코네세키쇼 자료관.

箱 ★☆☆☆☆
根関所資料館 하코네세키쇼 자료관
발음 하꼬네세끼쇼시료-깐 **개관** 09:00~17:00, 12~2월 09:00~16:30 **요금** 500엔(하코네세키쇼 유적 공통권) **지도** MAP 27-D4·29-B1 **교통** 유람선 하코네마치 箱根町 하선, 선착장을 나와 왼쪽으로 도보 11분. 또는 하코네 등산 버스 하코네마치 箱根町 정류장 하차, 도보 9분. **구글맵** 페이지 하단 QR 코드 스캔·클릭

하코네세키쇼의 역사와 제도를 소개하는 미니 갤러리. 옛날 통행증·무기·지도 등이 전시돼 있다. 다이묘의 행렬을 재현한 디오라마와 무사·평민·궁인 (宮人) 등 신분에 따라 달리 발급된 통행증이 흥미롭다. 규모가 작아 10~20분이면 충분히 관람할 수 있다.

★★☆☆☆
百階段 200계단
발음 니햐꾸까이단 **지도** MAP 29-B2 **교통** 온시하코네 공원의 호반 전망관을 등지고 오른쪽으로 도보 1분. **구글맵** 페이지 하단 QR 코드 스캔·클릭

울창한 숲을 따라 200개의 돌계단이 이어진다. 하코네 별궁과 함께 만든 계단에는 지난 세월의 흐름을 말해주듯 초록빛 이끼가 두껍게 덮여 있다. 계단을 다 내려가면 끝 쪽에 조그만 다리가 걸려 있는데, 이 다리는 카나가 현 神奈川 현에서 뽑은 아름다운 다리 100개 가운데 하나다. 다리를 건넌 다음 차도를 넘어가면 삼나무 가로수 길(p.434)이 이어진다.

이끼가 융단처럼 깔린 200계단.

1 2층 테라스의 전망이 훌륭한 호반 전망관. 2 테라스에서 바라본 아시 호수와 후지 산.

恩 ★★★★★
賜箱根公園 온시하코네 공원
발음 온시하꼬네꼬-엔 **개관** 09:00~16:30 **휴관** 12/29~1/3 **요금** 무료 **지도** MAP 29-B1 **구글맵** 페이지 하단 QR 코드 스캔·클릭 **교통** 유람선 하코네마치 箱根町 하선, 선착장을 나와 왼쪽으로 도보 12분. 또는 하코네 등산 버스 하코네마치 箱根町 정류장 하차, 도보 10분.

아시 호수와 후지 산의 전경이 제일 잘 보이는 특급 뷰 포인트. 호수를 향해 불쑥 튀어나온 조그만 언덕 전체를 공원으로 만든 곳이라 하코네에 이만큼 경치가 좋은 곳이 없다. 이런 연유로 여기에는 일왕가의 별장인 하코네 별궁 箱根離宮이 세워져 있었다. 1887년 완공된 별궁은 서양관과 일본관으로 구성된 으리으리한 규모를 자랑했으며 왕족 피서지 및 해외 귀빈용 숙소로 즐겨 이용됐다. 그러나 1923년과 1930년의 대지진으로 모조리 무너져버려 지금은 사진으로만 옛 모습이 전해올 뿐이다. 공원 정상에 세워진 호반 전망관 湖畔展望館은 하코네 별궁의 서양관을 흉내내 최근에 재건한 건물로 2층 테라스에서 후지 산과 호수가 한데 어우러진 멋진 경치를 감상할 수 있다. 공원의 역사를 소개하는 1층 전시실에는 옛날 사진과 하코네 별궁을 세우는 데 일조한 이토 히로부미 伊藤博文의 사진이 크지막하게 걸려 있다. 공원 안에는 호젓한 산책로가 정비돼 있어 느긋하게 산책을 즐기기에도 좋다.

箱根杉並木 삼나무 가로수 길 ★★★★★

발음 하꼬네스기나미끼 지도 MAP 29-B2 교통 유람선 하코네마치 箱根町
하선, 선착장을 나와 왼쪽으로 도보 13분. 또는 하코네 등산 버스 하코네마치
箱根町 정류장 하차, 도보 11분. 구글맵 페이지 하단 QR 코드 스캔·클릭

412그루의 아름드리 삼나무가 만들어낸 로맨틱한 오솔길. 하늘을
찌를 듯 높이 치솟은 삼나무의 빽빽한 가지가 지붕처럼 하늘을
가리고 있다. 따가운 햇살과 매서운 눈보라로부터 여행자를
보호하기 위해 도로변에 삼나무를 심기 시작한 게 유래인데, 아무리
눈이 많이 쌓여도 일렬로 나란히 늘어선 삼나무의 모습만 보면
쉽게 길을 찾을 수 있었다고 한다. 원래는 이보다 세 배 이상 긴
오솔길이었으나 1904년 하코네유모토에서 아시 호수까지의 도로
공사 당시 부족한 공사비를 메우기 위해 1,000그루가 넘는 삼나무를
벌채하는 바람에 지금처럼 규모가 줄어들었다. 삼나무의 평균 수령
(樹齡)은 350년 이상인데 안타깝게도 30% 가까운 삼나무가 고사
위기에 처해 있어 한 세기 뒤에는 규모가 지금의 ⅓ 이하로 줄어들
가능성이 높다고 한다.

1 아름드리 삼나무가 줄지어 선 오솔길.
2 입구에는 도로명이 적힌 조그만 비석이 세워져 있다.

1 붉은 토리이가 눈길을 끄는
모토하코네. 2 여러 불상을 모시는
사이노카와라.

元箱根 모토하코네 ★☆☆☆☆

발음 모또하꼬네 지도 MAP 27-D4 · 29-D2
교통 삼나무 가로수 길에서 도보 4분. 또는 유람선 모토하코네 元箱根 하선.
아니면 하코네 등산 버스 모토하코네 元箱根 정류장 하차.
구글맵 페이지 하단 QR 코드 스캔·클릭

1,200년 역사를 간직한 하코네 신사를 중심으로 번영을 누리던 유서 깊은
마을이다. 그러나 지금은 여관·식당·기념품점이 모인 관광 거점에 지나지
않는다. 모토하코네가 가장 인기 있는 시기는 7월 31일에 열리는 '아시노코스이
마츠리 芦ノ湖水祭' 때로, 수천 개의 등불과 아름다운 불꽃이 호반을 장식하는
광경이 하코네 여행의 즐거움을 더해준다. 단, 이 마츠리는 하코네에서
1박해야만 볼 수 있다.
붉게 빛나는 이치노토리이 一ノ鳥居 바로 뒤에는 여러 불상을 모신 사이노카와라
賽ノ河原 유적이 있다. 카마쿠라 시대부터 에도 시대에 이르기까지 이 일대는
지장(地藏) 신앙의 성지였기 때문에 지금도 60여 개의 석불과 석탑이 남아 있다.
험한 산길을 넘는 나그네는 반드시 이곳에 들러 석불에 공양을 드리며 무사안녕을
기원했다고 한다. 이치노토리이 앞의 유람선 선착장을 등지고 오른쪽으로 100m쯤
가면 정면에 후지 산과 아시 호수, 오른쪽에 빨간색의 수중 토리이가 보이는 멋진
경관이 펼쳐진다. 물론 기념사진 포인트로도 발군의 위치! 이 앞에는 이 일대에서
유일한 편의점이 있어 간단한 음식과 음료를 구매하기에 좋다.

✦ 구글맵

箱根神社 하코네 신사 ★☆☆☆☆

발음 하꼬네진쟈 **개관** 일출~일몰 **지도** MAP 29–D1
교통 유람선 모토하코네 元箱根 하선. 또는 하코네 등산 버스
모토하코네 元箱根 정류장 하차. 유람선 선착장을 등지고
왼쪽으로 도보 10분.
구글맵 페이지 하단 QR 코드 스캔·클릭

1 산중턱에 위치한
미술관. 2 미술관에서
바라본 아시 호수와
후지산.

울창한 삼나무 숲에 둘러싸인 유서 깊은 신사. 하코네
일대에서 가장 오랜 역사를 지닌 곳으로 757년에
세워졌다. 중세에는 무인(武人)들의 신앙 집결지로
하코네의 핵심적 존재이기도 했다. 경내에는 1,200년의
수령(樹齡)을 자랑하는 아름드리 삼나무가 자라고 있어
눈길을 끈다. 신사 정면의 계단을 똑바로 내려가면
호숫가에 세운 붉은색의 헤이와토리이 平和鳥居가
보인다. 무언가 하코네 신사와 연관이 있어 보이지만,
실제로는 이와 무관하게 1951년 미일 강화조약을 기념해
세운 것이다. 아시노코스이 마츠리 芦ノ湖水祭 때는 이
앞에서 화려한 불꽃놀이가 열려 멋진 경관을 연출한다.

1 유서 깊은 하코네
신사. 2 참배객들의
소원이 담긴 에마.

成川美術館 나루카와 미술관 ★★☆☆☆

발음 나루까와비쥬쯔깐 **개관** 09:00~17:00 **요금** 1,500엔.
고등학생·대학생 1,000엔, 초등학생·중학생 500엔
홈피 www.narukawamuseum.co.jp **지도** MAP 29–C2
교통 유람선 모토하코네 元箱根 하선, 도보 2분. 또는 하코네
등산 버스 모토하코네 元箱根 정류장 하차, 도보 2분.
구글맵 페이지 하단 QR 코드 스캔·클릭

현대 일본화를 중심으로 4,000여 점의 작품을 소장·
전시하는 미술관. 제2차 세계대전 후 일본화의 발전
과정을 살펴볼 수 있다는 점에 의의가 깊다. 미술관은
1·2층으로 이루어져 있으며, 1층에는 대형 전망창을
갖춘 라운지와 뮤지엄 카페가 있다. 아시 호수와 후지
산이 그려내는 그림 같은 풍경을 감상할 수 있는
포인트이니 절대 놓치지 말자. 미술관 앞에는 조그만
정원을 다듬어 놓았으며, 입구에는 수령 3,000년을
헤아리는 거대한 삼나무가 자라고 있어 눈길을 끈다.

箱根旧街道 하코네 구도로 ★☆☆☆☆

발음 하꼬네큐–가이도– **지도** MAP 29–D3 **구글맵** 페이지 하단 QR 코드 스캔·클릭
교통 유람선 모토하코네 元箱根 하선. 또는 하코네 등산 버스 모토하코네 元箱根 정류장 하차.
모토하코네의 이치노토리이를 등지고 왼쪽의 차도를 따라 7분 정도 언덕길을 오르면 입구가 나온다.

하코네와 에도를 연결하던 옛 도로의 일부. 울창한 숲속으로 이어진 이끼 낀 오솔길이
과거의 정취를 물씬 풍긴다. 길이 끝나는 곳은 하코네유모토이며, 도중에 몇 개의 언덕을
넘어야 하는 험한 길이 3시간가량 이어진다. 잠깐 걸을 요량이라면 입구에서 왕복
1시간 이내의 거리를 오가는 정도로 충분하다.

인적 드문 오솔길이 이어진다.

고원 휴양지 센고쿠하라

센고쿠하라 仙石原는 해발 700m의 고지대에 위치한 조용한 휴양지다. 여름에도 비교적 선선한 까닭에 별장과 호텔이 모여 있으며 한가로이 휴식을 취하려는 유한 계층이 즐겨 찾는다. 대표적인 명소는 억새 초원, 하코네 랄리크 미술관, 하코네 가라스노모리 미술관 등이며, 고지대 특유의 자연 경관이 색다른 볼거리를 제공한다.

교통 오다와라 小田原 역 동쪽 출구 東口 앞의 버스터미널에서 출발하는 하코네 등산버스로 50분. 또는 하코네유모토 箱根湯本에서 출발하는 하코네 등산버스로 30분. 아니면 토겐다이 桃源台 로프웨이 정류장 앞의 버스 터미널에서 출발하는 하코네 등산버스로 20분.

仙石原すすき草原 센고쿠하라 억새 초원
★★★★★

발음 센고쿠하라스스끼소-겐 요금 무료 지도 MAP p.437
교통 하코네 등산버스 센고쿠코겐 仙石高原 하차, 도보 2분.
구글맵 페이지 하단 QR 코드 스캔·클릭

아름다운 황금빛 물결이 일렁이는 억새밭. 주변 산세가 한눈에 들어오는 탁 트인 경관과 바람에 흔들리는 억새가 빚어내는 청량한 소리가 때묻지 않은 하코네의 자연을 만끽하게 해준다. 카나가와 현 神奈川県 50대 명승지 가운데 하나로 꼽힐 만큼 아름다운 경관을 자랑하니 가을 억새 시즌이라면 절대 놓치지 말자. 억새밭 사이로 이어진 600m 가량의 산책로를 거닐며 멋진 추억과 인생사진을 남길 수도 있다. 3월 중순~말 사이에는 억새밭에 불을 놓는 야마야키 山焼き가 장관을 이룬다.

억새가 절정을 이루는 시기는 9월 말~11월 초다.

Best course

센고쿠하라는 하코네의 일반적인 여행 코스에서 벗어난 곳에 위치해 하루 만에 하코네와 센고쿠하라를 모두 여행하긴 불가능하다. 이곳까지 돌아보려면 하코네에 이틀 이상 머물러야 한다. 일정은 다음과 같이 짜는 게 효율적이다.
1일 오다와라 역→하코네유모토→등산열차→케이블카→로프웨이→오와쿠다니→로프웨이→토겐다이의 순으로 본다. 토겐다이에서 버스를 타고 센고쿠하라로 가서 억새 초원과 미술관 등을 구경하고 온천을 즐긴다.
2일 토겐다이→아시 호수→유람선→하코네마치→온시하코네 공원→삼나무 가로수길→모토하코네의 순으로 보고 온천을 즐긴 뒤 도쿄로 돌아간다.

箱根ラリック美術館 하코네 랄리크 미술관
★★☆☆☆

발음 하꼬네라릿꾸비쥬쯔깐 개관 09:00~16:00
휴관 매월 셋째 목요일 요금 1,500엔 지도 MAP p.437
교통 하코네 등산버스 센고쿠안나이죠마에 仙石案内所前 하차.
구글맵 페이지 하단 QR 코드 스캔·클릭

프랑스 공예가 르네 랄리크의 작품을 소개하는 미술관. 섬세하게 가공한 보석, 유리 공예품, 인테리어 소품 등 1,500여 점의 작품을 전시한다. 전시품 가운데는 1929년 르네 랄리크가 인테리어 디자인을 담당한 오리엔트 특급 열차의 객차와 20세기 초의 클래식 카도 있다. 오리엔트 특급 열차 안에서 티 타임을 즐기는 이색 체험도 가능하다(2,200엔).

箱根ガラスの森美術館
하코네 가라스노모리 미술관

일본어 하꼬네가라스노모리비쥬쯔깐 **시간** 10:00~17:30
요금 1,800엔, 고등학생·대학생 1,300엔, 초등학생·중학생 600엔
홈피 www.hakone-garasunomori.jp **지도** MAP p.445
교통 하코네 등산버스 효세키·하코네가라스노모리마에 俵石·箱根ガラスの森前 하차.
구글맵 페이지 하단 QR 코드 스캔·클릭

유리 공예품을 전시하는 소규모 미술관. 15~18세기
베네치아의 작품을 중심으로 유럽의 유리 공예품이
소장된 베네치안 글라스 미술관 ヴェネチアン·グラス
美術館과 20세기의 유리 예술품 100여 점이 소장된
현대 유리 미술관 現代ガラス美術館으로 이루어져 있다.
내부에는 유럽풍으로 꾸민 아담한 정원과 뮤지엄 카페,
유리 공예 체험 공방 등의 편의시설도 갖춰 놓았다.

유럽의 다양한 유리
공예품을 소장·
전시한다.

箱根湿生花園 하코네 습지 화원

일본어 하코네시쯔세-까엔 **시간** 09:00~17:00
휴관 12/1~3/17 **요금** 700엔, 초등학생 400엔
지도 MAP p.445
홈피 http://hakone-shisseikaen.com
교통 하코네 순환 버스 箱根施設めぐりバス 또는 고텐바
프리미엄 아웃렛 御殿場プレミアム·アウトレット 행 하코네
등산버스를 타고 시츠세이카엔마에 湿生花園前 하차.
구글맵 페이지 하단 QR 코드 스캔·클릭

하코네의 자연을 체험할 수 있는 생태공원이다.
센고쿠하라는 원래 분화에 의해 생긴 화구호(火口湖)
였다. 물이 모두 말라버린 지금은 사람이 사는
마을이 됐지만 일부 지역은 습지로 남아 과거 이곳이
호수였음을 짐작케 해준다. 여기서는 200여 종의
습지식물과 1,100여 종의 고산식물을 살펴볼 수 있다.

하코네 여행의 마무리, 온천!

하코네가 자랑하는 최고의 오락시설(?)은 바로 온천이다. 다른 지역에 비해 천연온천의 숫자가 많고 교통도 편리해 최상의 조건을 갖췄다. 대형 온천 테마파크는 물론, 호텔·여관에 숙박하지 않고 그곳에 딸린 온천만 이용하는 히가에리온센 日帰り温泉도 많아 부담 없이 온천을 즐기기에 좋다.

箱根湯本 ★★★★★ 하코네유모토

발음 하꼬네유모또 **지도** MAP 27-B2·28-D1 **교통** 등산열차 하코네유모토 箱根湯本 역 하차. 또는 오다와라 역·토겐다이·하코네마치·모토하코네에서 출발하는 등산버스를 타고 하코네유모토 箱根湯本 하차. **구글맵** 페이지 상단 QR 코드 스캔·클릭

하코네유모토는 하코네 최대의 온천 휴양지다. 현재 60여 개에 이르는 온천·호텔·여관이 성업 중이며 히가에리온센을 이용할 수 있는 시설만도 30여 개에 이른다.
온천수는 알칼리성 단순천으로 신경통·관절염·수족냉증·피로회복 등에 효험이 있다.
도쿄로 돌아가기 전에 여기 들러 온천욕을 즐기려면 늦어도 18:00까지는 가야 한다.
온천욕에 적어도 한두 시간은 걸리는데 대부분의 온천이 20:00~21:00까지만 영업하기 때문. 더구나 도쿄로 돌아가는 데 걸리는 시간도 감안해야 하니 일정을 잘 짜야 한다.
또 하나 유의할 점은 수건 사용료를 받는 곳이 많다는 것(300~600엔). 미리 수건을 챙겨 가면 그만큼의 비용을 절약할 수 있다는 사실을 기억하자.

오다와라 역→하코네유모토
등산열차 16분

오다와라 역→하코네유모토
등산버스 15~20분

하코네마치→하코네유모토
등산버스 40~50분

모토하코네→하코네유모토
등산버스 35~40분

하코네유모토의 주요 온천

온천명	요금	운영	시설	위치	교통
캇파텐고쿠 かっぱ天国	900엔, 초등학생 이하 400엔	10:00~20:00	노천온천, 규모가 작고 낡았지만 저렴하게 온천을 즐길 수 있다. 홈피 www.kappa1059.co.jp	MAP 28-D1	하코네유모토 역에서 도보 5분.
하코네노유 箱根の湯	1,250엔, 초등학생 이하 600엔	10:00~22:00	시설이 쾌적하며 폭포탕·수면탕 등 5가지 노천온천을 이용할 수 있다. 홈피 www.hakonenoyu.co.jp	MAP 28-B2	하코네유모토 역에서 하타쥬쿠·큐카이도센 畑宿·旧街道線 행 등산버스를 타고 다이노차야 台の茶屋 하차, 도보 1분.
텐잔 天山	1,450엔, 초등학생 이하 700엔	09:00~23:00	5개의 노천온천과 휴게시설을 갖춘 중급 수준의 온천이다. 홈피 http://tenzan.jp	MAP 28-A2	하코네유모토 역에서 모토하코네 元箱根 행 등산버스를 타고 오쿠유모토이리구치 奥湯本入口 하차(10분), 도보 3분.
하코네유료 箱根湯寮	1,700~2,000엔, 초등학생 이하 1,000엔	10:00~20:00	울창한 숲속에 위치한 호젓한 온천. 노천온천이 딸려 있다. 홈피 www.hakoneyuryo.jp	MAP 28-B1	등산열차 토노사와 塔の沢 역 하차, 도보 5분. 또는 하코네유모토 역에서 무료 셔틀버스로 5분.
유노사토오카다 湯の里おかだ	1,450엔, 초등학생 이하 600엔	11:00~23:00	자쿠지·폭포·플라즈마 탕 등 다양한 시설을 갖춘 대형 온천이다. 홈피 www.yunosato-y.jp	MAP 28-B2	하코네유모토 역에서 도보 30분. 또는 모토하코네 元箱根 행 등산버스를 타고 오쿠유모토이리구치 奥湯本入口 하차(10분), 도보 3분.
유도코로소운 湯処早雲	2,000~2,500엔, 초등학생 이하 1,000엔	12:00~20:00	유모토후지야 湯本富士屋 호텔에 딸린 고급 온천. 노천온천 및 사우나 시설이 완비돼 있다. 홈피 www.yumotofujiya.jp	MAP 28-D2	하코네유모토 역에서 도보 3분.

ユネッサン 유넷산

★★★★★

[입장] 유넷산 **[영업]** 유넷산 10:00~18:00, 토 · 일 · 공휴일 09:00~19:00, 모리노유 11:00~20:00
[요금] 유넷산 2,500엔, 초등학생 이하 1,400엔, 모리노유 1,500엔, 초등학생 이하 1,000엔,
패스포트 パスポート(유넷산 · 모리노유 공통권) 3,500엔, 초등학생 이하 1,800엔,
8/1~8/31 유넷산 3,000엔, 초등학생 이하 1,700엔, 모리노유 1,800엔, 초등학생 이하 1,200엔
패스포트 4,000엔, 초등학생 이하 2,000엔
[홈피] www.yunessun.com **[지도]** MAP 27-B4 **[구글맵]** 페이지 상단 QR 코드 스캔 · 클릭
[교통] 하코네마치 · 모토하코네 · 토겐다이에서 오다와라 · 고라 小田原 · 強羅 행 하코네
등산버스를 타고 코와키엔 小涌園 하차, 도보 2분. 또는 오다와라 · 하코네유모토에서
모토하코네 · 하코네마치 행 버스를 타고 코와키엔 小涌園 하차, 도보 2분.

하코네마치→코와키엔
등산버스 20~30분

모토하코네→코와키엔
등산버스 15~25분

오다와라→코와키엔
등산버스 40~45분

하코네유모토→코와키엔
등산버스 20~25분

하루 종일 놀아도 모자랄 하코네 최고의 온천 테마파크. 유넷산과 모리노유, 두 개의
온천으로 나뉘어 있다. 연인 · 가족 단위 여행자에게는 유넷산, 짧은 시간 집중적으로
온천을 즐기고자 하는 이에게는 모리노유를 강추한다.
유넷산 ユネッサン은 수영복을 입고 들어가는 일종의 온천 풀이다. 지중해의 바다를
테마로 꾸민 실내 온천을 중심으로 26개의 실내 · 노천 온천과 위락시설을 오밀조밀
배치했다. 다이어트 효과가 있는 녹차탕, 피부 미백 효과가 탁월한 와인 · 니혼슈 탕,
그윽한 향기의 커피 탕 등은 여성에게 특히 인기가 높다.
모리노유 森の湯는 알몸으로 들어가는 전형적인 일본 스타일의 온천이다. 삼림욕
효과가 있는 히노키 탕을 중심으로 자연과 하나 되는 기분을 만끽할 수 있는
3개의 노천온천이 매력 만점이다. 서늘한 밤바람을 맞으며 노천욕을 즐기는
기분은 정말 끝내준다.

1 피부가 매끈해지는 녹차탕. 2 · 3 자연과 하나 되는
기쁨의 노천온천. 4 피부 보습 효과가 있는 와인탕.
5 다양한 입욕제도 판다. 6 온수 풀장도 있다.
7 지중해풍의 대욕장.

SPECIAL　쇼핑 천국 고텐바 프리미엄 아웃렛

하코네 북쪽에 위치한 고텐바 프리미엄 아웃렛 御殿場プレミア
ム・アウトレット은 후지 산이 바라보이는 드넓은 부지에 290여
개의 브랜드가 입점한 일본 최대의 아웃렛 매장이다. 주요 취급
품목은 의류・스포츠용품・주방 인테리어용품・액세서리이며,
일본 로컬 브랜드보다 해외 유명 브랜드의 비중이 높고
아웃렛에서 보기 힘든 트렌디한 브랜드가 많다. 가격도 정가의
30~70% 수준이라 유명 브랜드를 동대문 시장 가격에 득템하는
행운을 잡을 수도 있다.

주의하세요 거리가 워낙 멀어 교통비와 이동시간이 많이 들며, 물건이 금방 빠지는 까닭에 원하는 사이즈나 스타일의 상품을
장만하기가 쉽지 않다. 주말・공휴일에는 엄청나게 붐비니 느긋하게 쇼핑을 즐기려면 평일에 가야 한다.

강추 브랜드

다양한 스타일의 명품 브랜드에 주목하자. 보테가 베네타・구찌・프라다・버버리 등
전통적 명품부터 Saint Laurent・Valentino・Loro Piana・Mackintosh・
Moncler 등 새롭게 부상한 인기 브랜드, Alexander McQueen・Alexander
Wang・Margaret Howell・Maison Margiela・Givenchy・비비안
웨스트우드 등 패션 피플이 열광하는 디자이너 브랜드, 이세이 미야케・Y-3・
겐조 Kenzo 등 일본 디자이너 브랜드까지 인기 브랜드가 총집결해 있다.
일본 로컬 브랜드로는 Beams・Urban Research・Journal Standard 등
일본 스트리트 패션을 대표하는 유명 셀렉트 숍과 20~30대 여성에게 인기가 높은
Gelato Pique・Moussy・Snidel・Mila Owen를 눈여겨보자. 트라이엄프와
와코루 등의 여성 속옷은 사이즈가 다양해 선택의 폭이 넓다. 스포츠 및 운동화
브랜드로는 나이키・아디다스・푸마의 상품이 풍부하다.

고텐바 프리미엄 아웃렛 기본 정보 및 교통편

매장이 은근히 넓어 무작정 갔다가는 시간만 낭비할 뿐이
니 다음 페이지의 매장 안내도에서 가려는 숍을 미리 체크
해 놓고 돌아보는 '치밀한 계획'이 필수!

영업 10:00~20:00, 12~2월 10:00~19:00
휴업 2월 셋째 목요일
홈피 www.premiumoutlets.co.jp/gotemba
교통 등산열차 고라 強羅 역, 코와키엔 小涌園, 센고쿠하라 仙石
原, 하코네유모토에서 출발하는 고텐바 아웃렛 御殿場アウトレ
ット 행 등산버스를 타고 종점 하차(하코네 프리패스 사용 가능).
평일 09:00, 09:10, 14:15, 토・일・공휴일 08:45, 09:00,
09:10, 14:15 운행, 1시간~1시간 20분 소요.
또는 로프웨이 토겐다이 桃源台 역 앞의 2번 버스 정류장이나
센고쿠하라에서 출발하는 오다큐 고속버스를 타고 토메이고텐바
인터체인지 東名御殿場 IC 하차(하코네 프리패스 사용 가능.
09:25~18:00, 30분~2시간 30분 간격 운행, 35~40분 소요).
고텐바 프리미엄 아웃렛 행 무료 셔틀버스로 갈아타고 10분.
구글맵 페이지 상단 QR 코드 스캔・클릭

도쿄 → 고텐바 프리미엄 아웃렛 고속버스
아웃렛 인근의 토메이고텐바 인터체인지 東名御殿場 IC
까지 고속버스를 타고 간 다음(1시간 40분~2시간 10분),
무료 셔틀버스로 갈아탄다(10분).

신주쿠 新宿 출발(신주쿠 고속버스 터미널)
운행 06:35~22:05, 30분~1시간 간격 운행
요금 편도 1,800엔, 왕복 3,300엔

도쿄 東京 역 출발(야에스 남쪽 출구 八重洲南口)
운행 06:20~20:00, 20분~1시간 간격 운행
요금 편도 1,800엔, 왕복 3,300엔

하네다 국제공항 출발(7번 정류장)
운행 14:30　요금 편도 2,300엔

※하코네 프리패스 소지자는
고텐바↔신주쿠 방면 오다큐 고속버스
이용 가능(추가요금 1,000엔)

West Zone

East Zone

Hill Side
Zone

하코네 · 고라 역 방면
버스 정류장

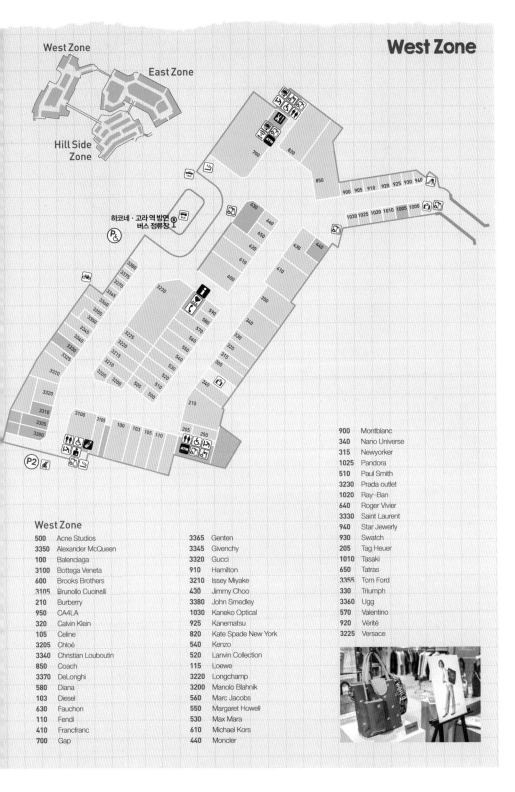

900 Montblanc
340 Nano Universe
315 Newyorker
1025 Pandora
510 Paul Smith
3230 Prada outlet
1020 Ray-Ban
640 Roger Vivier
3330 Saint Laurent
940 Star Jewerly
930 Swatch
205 Tag Heuer
1010 Tasaki
650 Tatras
3355 Tom Ford
330 Triumph
3360 Ugg
570 Valentino
920 Vérité
3225 Versace

West Zone

500	Acne Studios	3365	Genten
3350	Alexander McQueen	3345	Givenchy
100	Balenciaga	3320	Gucci
3100	Bottega Veneta	910	Hamilton
600	Brooks Brothers	3210	Issey Miyake
3105	Brunello Cucinelli	430	Jimmy Choo
210	Burberry	3380	John Smedley
950	CA4LA	1030	Kaneko Optical
320	Calvin Klein	925	Kanematsu
105	Celine	820	Kate Spade New York
3205	Chloé	540	Kenzo
3340	Christian Louboutin	520	Lanvin Collection
850	Coach	115	Loewe
3370	DeLonghi	3220	Longchamp
580	Diana	3200	Manolo Blahnik
103	Diesel	560	Marc Jacobs
630	Fauchon	550	Margaret Howell
110	Fendi	530	Max Mara
410	Francfranc	610	Michael Kors
700	Gap	440	Moncler

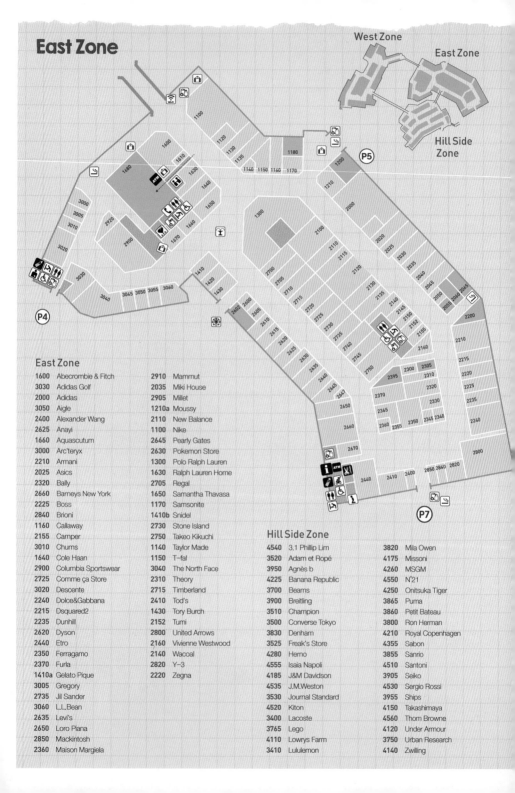

East Zone

East Zone

1600	Abercrombie & Fitch	2910	Mammut
3030	Adidas Golf	2035	Miki House
2000	Adidas	2905	Millet
3050	Aigle	1210a	Moussy
2400	Alexander Wang	2110	New Balance
2625	Anayi	2645	Pearly Gates
1660	Aquascutum	2630	Pokemon Store
3000	Arc'teryx	1300	Polo Ralph Lauren
2210	Armani	1630	Ralph Lauren Home
2025	Asics	2705	Regal
2320	Bally	1650	Samantha Thavasa
2660	Barneys New York	1170	Samsonite
2225	Boss	1410b	Snidel
2840	Brioni	2730	Stone Island
1160	Callaway	2750	Takeo Kikuchi
2155	Camper	1140	Taylor Made
3010	Chums	1150	T-fal
1640	Cole Haan	3040	The North Face
2900	Columbia Sportswear	2310	Theory
2725	Comme ça Store	2715	Timberland
3020	Descente	2410	Tod's
2240	Dolce&Gabbana	1430	Tory Burch
2215	Dsquared2	2152	Tumi
2235	Dunhill	2800	United Arrows
2620	Dyson	2160	Vivienne Westwood
2440	Etro	2140	Wacoal
2350	Ferragamo	2820	Y-3
2370	Furla	2220	Zegna
1410a	Gelato Pique		
3005	Gregory		
2735	Jil Sander		
3060	L.L.Bean		
2635	Levi's		
2650	Loro Piana		
2850	Mackintosh		
2360	Maison Margiela		

Hill Side Zone

4540	3.1 Phillip Lim	3820	Mila Owen
3520	Adam et Ropé	4175	Missoni
3950	Agnès b	4260	MSGM
4225	Banana Republic	4550	N°21
3700	Beams	4250	Onitsuka Tiger
3900	Breitling	3865	Puma
3510	Champion	3860	Petit Bateau
3500	Converse Tokyo	3800	Ron Herman
3830	Denham	4210	Royal Copenhagen
3525	Freak's Store	4355	Sabon
4280	Herno	3855	Sanrio
4555	Isaia Napoli	4510	Santoni
4185	J&M Davidson	3905	Seiko
4535	J.M.Weston	4530	Sergio Rossi
3530	Journal Standard	3955	Ships
4520	Kiton	4150	Takashimaya
3400	Lacoste	4560	Thom Browne
3765	Lego	4120	Under Armour
4110	Lowrys Farm	3750	Urban Research
3410	Lululemon	4140	Zwilling

NIKKO

日光 닛코

ACCESS

아사쿠사 역 ➡ 토부닛코 역
특급열차 1시간 50분, 3,050엔
쾌속열차 2시간 20분~, 1,400엔

키타센쥬 역 ➡ 토부닛코 역
특급열차 1시간 40분, 3,050엔
쾌속열차 2시간 10분~, 1,400엔

도쿄 역 ➡ 닛코 역
JR 신칸센+보통열차 1시간 40분, 5,150엔
JR 쾌속열차 2시간 40분, 2,640엔

닛코
퀵 가이드

'닛코를 보지 않고 멋있다고 하지 말라'는 속담까지 있을 만큼 일본이 자랑하는 관광명소다. 토쿠가와 이에야스의 사당 토쇼구, 유리알처럼 맑은 츄젠지 호수, 웅장함을 뽐내는 케곤 폭포 등 볼거리가 풍부해 1년 내내 여행자의 발길이 끊이지 않는다. 또한 해발 2,000m를 넘는 닛코의 연봉(連峰)이 계절마다 연출하는 다채로운 경관 역시 놓치기 아까운 볼거리 1순위로 꼽는다.

닛코 요점 정리

여행 포인트

유네스코 세계문화유산으로 지정된 사찰과 신사, 그리고 싱그러운 자연에 포커스를 맞추자.

여행 기간

핵심 명소만 돌아볼 경우 도쿄에서 당일치기로 여행할 수 있다. 여유롭게 보려면 2~3일은 걸린다.

베스트 시즌

봄~가을이 여행의 최적기다. 겨울에는 눈이 많이 내려 여행에 불편을 초래할 가능성이 높다.

닛코는 어떤 곳?

깊은 산중에 사찰과 신사가 있다

닛코는 11만 4,908㏊의 광활한 닛코 국립공원 日光国立公園을 무대로 펼쳐진 여행지다. 격렬한 화산 활동이 만들어낸 험준한 산세와 호수·습지·원시림이 아름답게 조화를 이룬 천혜의 자연 경관은 닛코를 내로라하는 관광 명소로 만들어낸 일등공신이다. 더구나 해발 600m의 고원 지대인 까닭에 한여름에도 선선해 도쿄 근교의 피서지로도 각광받고 있다.

지리적 배경과 더불어 오늘날의 닛코를 만들어낸 또 다른 요인은 독특한 역사적 배경이다. 닛코는 나라 奈良 시대 말기인 8세기 경 쇼도 쇼닌 勝道上人이란 승려가 시혼류지 四本龍寺와 후타라산 신사 二荒山神社를 세우면서 역사에 등장하기 시작했다. 카마쿠라 鎌倉와 무로마치 室町 시대로 대표되는 중세 시대를 전후해서는 바쿠후 幕府의 비호 아래 산악 불교의 영지로 막강한 세력을 과시하기도 했다. 그러나 일본 통일에 성공한 토요토미 히데요시 豊臣秀吉가 불교를 기반으로 한 잔존 세력의 반란을 우려해 이 일대의 사찰을 강력히 탄압하면서 급격히 쇠퇴하고 말았다.

그 뒤 토요토미 히데요시에게 반기를 든 토쿠가와 이에야스 德川家安에게 실권이 넘어가자 다시금 닛코의 역사는 제자리를 찾게 된다. 오늘날의 닛코는 토쿠가와 이에야스 사후 그의 무덤이 손자인 토쿠가와 이에미츠 德川家光에 의해 이곳으로 이장되고, 토쇼구가 세워지면서 그 모습을 갖춘 것이다. 오랜 역사성과 빼어난 건축미를 인정받아 1999년에는 토쇼구·후타라산 신사·린노지 등의 사찰과 신사가 유네스코 세계문화유산으로 지정됐으며 이를 보려는 여행자들로 언제나 인산인해를 이룬다.

닛코 즐기기

볼거리 토쇼구 · 후타라산 신사 · 린노지 등 오랜 역사를 자랑하는 사찰과 신사
가 대표적인 볼거리다. 세월의 깊이가 느껴지는 예스러운 건물은 물론, 경내를 화
려하게 장식한 조각 · 공예 · 미술품들이 닛코의 울창한 원시림과 잘 어우러져 두
눈을 즐겁게 한다. 이와 함께 광활한 호수와 웅장한 폭포, 드넓은 습지를 따라 이
어지는 호젓한 트레킹 코스 등의 아름다운 풍경도 놓치기 아쉬운 볼거리다.
닛코는 토쇼구 등의 사찰 · 신사가 모여 있는 닛코 시내, 츄젠지 호수와 케곤 폭
포 등의 명소가 위치한 츄젠지온센 中禅寺温泉, 온천 휴양지이자 여러 테마파
크가 위치한 키누가와온센 鬼怒川温泉 등 크게 세 지역으로 이루어져 있다. 닛
코 시내와 츄젠지온센의 핵심 명소만 볼 경우 도쿄에서 당일치기로 다녀올 수 있
지만, 전체를 모두 둘러보려면 2~3일의 시간이 필요하다.

먹거리 닛코에서 한 번쯤 맛봐야 할 먹거리로는 유바소바 ゆばそば가 유명하
다. 유바는 콩물을 끓일 때 표면에 생기는 얇은 막을 걷어서 건조시킨 것인데 부
드러우면서도 달콤한 맛이 특징이다. 원래 절에서 먹던 수행용 음식이었지만,
지금은 닛코 시내 어디서나 손쉽게 맛볼 수 있다. 관광지인 까닭에 음식값은 도
쿄 시내보다 비싸다.

쇼핑 닛코 시내와 츄젠지온센 버스터미널 부근에 기념품을 파는 약간의 상점
이 있을 뿐 세련된 숍은 찾아보기 힘들다. 크게 매력적인 쇼핑 아이템은 없으니
쇼핑에 대한 미련은 잠시 접어두는 게 좋다.

도쿄에서 닛코로

닛코는 도쿄에서 북쪽으로 120km가량 떨어져 있다. 이용 가능한 교통편은 토부닛코 선과 JR 등의 전철인데, 거리가 먼 까닭에 이동시간과 비용이 많이 드니 주의하자. 특히 당일치기로 여행하려면 아침 일찍 서둘러 움직여야 한다. 교통비를 절약하기 위해서는 토부닛코 선의 닛코 전지역 패스 또는 JR 도쿄 와이드 패스 등의 철도 패스를 구매하는 게 현명하다.

닛코 행 교통편 요점 정리

토부닛코 선

닛코 전지역 패스를 구매하자. 열차는 추가금이 들지만 갈아 탈 필요가 없는 특급열차가 빠르고 편리하다.

JR

고속열차 신칸센을 탈 수 있는 게 매력. 최대한 싸게 이용하려면 JR 도쿄 와이드 패스를 구매하자.

주의하세요

닛코를 당일치기로 여행하려면 도쿄에서 05:11~08:30에 출발하는 열차를 타야 한다.

토부닛코 선

www.tobu.co.jp

아사쿠사 역→토부닛코 역
특급열차 1시간 50분, 3,050엔~
쾌속열차 2시간 20분~, 1,400엔

키타센쥬 역→토부닛코 역
특급열차 1시간 40분, 3,050엔~
쾌속열차 2시간 10분~, 1,400엔

아사쿠사 역→키누가와온센 역
특급열차 2시간, 3,240엔~

닛코 전지역 패스

유효기간 4일
4,780엔, 12/1~4/19 4,160엔
https://tobutoptours.com/ko

토부닛코 선 東武日光線

토부닛코 선은 아사쿠사 浅草~닛코 구간을 운행하는 사철이다. 열차는 특급 特急 · 쾌속 快速 · 급행 急行 · 보통 普通의 네 종류가 있다. 이 가운데 닛코까지 바로 가는 열차는 요금이 비싼 특급열차뿐이다. 교통비를 절약하려면 새벽에 출발하는 두 편의 쾌속열차를 이용하는 수밖에 없는데, 도중의 미나미쿠리하시 南栗橋 역(TN03)에서 열차를 갈아타야 한다(오른쪽 페이지의 철도 시각표 참조). 나머지 열차는 운행 간격이 뜸한 것은 물론, 닛코까지 두세 번씩 열차를 갈아타야 하며, 특급보다 30~80분 이상 시간이 더 걸려 이용하기가 무척 불편하다.

닛코 전지역 패스 Nikko All Area Pass

토부닛코 선으로 닛코를 여행할 때 유용한 철도 패스다. 단순히 아사쿠사~닛코 구간만 왕복하면 별 이득이 없지만, 츄젠지온센 中禅寺温泉 · 키누가와온센 鬼怒川温泉처럼 토부 버스 · 열차 이용이 필수적인 여행지를 함께 돌아볼 때는 이 패스를 구매하는 게 훨씬 경제적이다.
포함 내역은 아사쿠사~닛코 구간의 쾌속열차 1회 왕복 이용, 특급권 예약 20% 할인, 닛코 전역의 토부 버스 무제한 이용, 닛코~키누가와온센의 토부닛코 선 무제한 이용, 츄젠지 호수 유람선 1회 이용, 아케치다이라 케이블카 등 주요 관광지의 10% 할인 혜택 등이다(할인 시설과 내용은 시즌에 따라 다름).
외국인 전용 패스라 우리나라의 여행사, 토부닛코 선 홈페이지 또는 토부아사쿠사 東武浅草 역(MAP 19-B4) 1층의 토부 여행자 인포메이션 센터 Tobu Tourist Information Center Asakusa에서 구매해야 한다.

구글맵

토부닛코 선 이용법

토부아사쿠사 역으로 간다.

인포메이션 센터에서 패스 구매 또는 교환.

열차 시각을 확인한 뒤 개찰구 통과.

특급열차를 탄다.

특급권과 패스를 검사한다.

3·4번 플랫폼을 찾아간다.

1시간 50분 뒤 토부닛코 역 도착.

버스로 갈아타고 목적지로!

welcome to NIKKO

1 아사쿠사 역 찾아가기

토부닛코 선이 출발하는 토부아사쿠사 東武浅草 역(MAP 19-B4)은 지하철 긴자 선 銀座線·토에이아사쿠사 선 都営浅草線의 아사쿠사 浅草 역(G19·A18) 7번 출구와 바로 연결된다. 매표소는 1층, 개찰구는 2층이다.

2 닛코 전지역 패스 교환

우리나라 또는 인터넷에서 닛코 전지역 패스를 구매한 경우 '패스 교환권'만 발급되므로 토부 여행자 인포메이션 센터에서 실제 사용할 패스로 교환해야 한다. 이때 특급열차의 좌석을 예약하는 것도 잊지 말자. 패스 소지자는 특급권을 20% 할인된 요금(열차에 따라 다름 830~1,160엔)으로 예약할 수 있다.

3 특급열차 탑승

개찰구를 통과해 왼쪽으로 가면 4번 플랫폼 옆에 조그만 인포메이션 부스가 있다. 여기서 특급권과 패스를 제시하고 좌석을 확인한 뒤 3·4번 플랫폼에서 출발하는 특급열차를 타면 된다.

4 토부닛코 역 도착

열차의 종점은 닛코 시내 한복판에 위치한 토부닛코 東武日光 역(MAP 33-D2)이다. 역 1층에는 인포메이션 센터와 매점·화장실 등의 편의시설이 있다. 하나뿐인 출구를 나와 정면의 횡단보도를 건너면 바로 앞에 신교·토쇼구·츄젠지 온센 등 주요 명소를 연결하는 버스정류장과 상점이 있다.

토부 여행자 인포메이션 센터

운영 07:20~19:00
※운영 시간이 제한적이라 아침 일찍 닛코로 출발하려면 늦어도 하루 전에는 패스를 교환 또는 구매해 놓는 게 좋다.

철도 시각표

아사쿠사 역→토부닛코 역
쾌속열차
05:11→06:05(환승)
06:07→06:17(환승) 06:33→08:09
06:13→07:35(환승) 08:03→09:18
06:50→07:43(환승) 07:45→07:56
(환승) 08:03→09:18
특급열차
06:30→08:25, ※07:00→08:54
07:30→09:23, 07:50→09:39
08:30→10:23, 09:00→10:50
09:30→11:22, 10:00→11:47
※10:30→12:21, 11:00→12:51
11:30→13:17, 12:30→14:22
13:00→14:47
※표시 열차는 토·일·공휴일 운행

JR

도쿄 역→닛코 역
JR 신칸센+보통열차
1시간 40분, 5,150엔
JR 쾌속열차 2시간 40분, 2,640엔

JR 도쿄 와이드 패스

도쿄와 인근 지역을 운행하는 JR
열차와 신칸센(토카이도 신칸센은
탑승 불가)을 자유로이 이용할 수 있는
프리패스. 나리타 국제공항과 도쿄
시내의 주요 JR 역에서 판매한다.
요금 3일권 1만 5,000엔

알아두세요

JR 도쿄 와이드 패스 소지자는
JR 신쥬쿠 역→JR 이케부쿠로 역→
토부닛코 역을 운행하는 토부닛코 선의
특급열차, 토부닛코 역~시모이마이치
역~키누가와온센 역 구간의 토부닛코
선 열차도 무료로 이용할 수 있다.

키타센쥬 역→토부닛코 역
쾌속열차
05:30→06:05(환승)
06:07→06:17(환승) 06:33→08:09
06:11→07:01(환승) 07:03→08:18
07:08→07:43(환승) 07:45→07:56
(환승) 08:03→09:18
특급열차
06:43→08:25, ※07:13→08:54
07:43→09:23, 08:03→09:39
08:43→10:23, 09:13→10:50
09:43→11:22, 10:12→11:47
※10:42→12:21, 11:12→12:51
11:42→13:17, 12:42→14:22
13:12→14:47
※표시 열차는 토·일·공휴일 운행

제이알 JR

닛코 행 열차는 신칸센 新幹線·쾌속 快速·보통 普通이 있다. 쾌속·보통 열차는 토부닛코 선의 쾌속열차보다 느리고 비싸며, 신칸센은 속도가 빠른 대신 닛코까지의 직행편이 없고 요금이 무척 비싼 게 흠이다.
하지만 JR 도쿄 와이드 패스 Tokyo Wide Pass를 구매하면 저렴하고 편하게 JR을 이용할 수 있다. 더구나 패스의 유효기간인 3일 동안 닛코와 함께 신칸센으로 갈 수 있는 근교 도시를 묶어서 여행한다면 본전은 충분히 빠진다.

1 도쿄·우에노 역 찾아가기

도쿄 역 20~23번 플랫폼, 우에노 역 19·20번 플랫폼에서 출발하는 토호쿠 신칸센 東北新幹線의 야마비코 やまびこ 호 또는 나스노 なすの 호를 탄다. 단, 닛코 직행편이 없어 우츠노미야 宇都宮 역의 5번 플랫폼에서 JR 닛코 선 日光 線 쾌속·보통 열차로 갈아타야 한다. 도쿄→우에노→우츠노미야는 신칸센으로 50분, 우츠노미야→닛코는 쾌속·보통열차로 50분쯤 걸린다.

2 닛코 역 도착

쾌속·보통 열차가 도착하는 곳은 JR 닛코 日光 역(MAP 33-D2)이다. 소박하기 이를 데 없는 조그만 역이라 편의시설은 전무하다. 하나뿐인 출구를 나와 오른쪽으로 300m쯤 가면 토부닛코 역, 그리고 닛코의 주요 명소를 연결하는 버스정류장이 있다.

키타센쥬 역 이용하기　토부아사쿠사 역은 도쿄 시내에서 지하철로만 연결되는 게 흠이다. JR 야마노테 선 주변 또는 미나미센쥬 南千住의 숙소를 이용할 때는 오히려 JR 키타센쥬 北千住 역(JJ05)에서 토부닛코 선을 타고 가는 게 편하다. JR 야마노테 선의 경우 닛포리 日暮里 역(JY07)까지 간 다음, 4번 플랫폼에서 죠반 선 常磐線으로 갈아타고 키타센쥬 역에서 내린다(8분). 미나미센쥬에서는 죠반 선을 타고 한 정거장만 가면 키타센쥬 역이다(3분).
키타센쥬 역의 북쪽 개찰구 北改札口를 나와 오른쪽으로 가면 토부키타센쥬 東武北千住 역이 있다.
단, 닛코 전지역 패스의 교환 및 판매, 특급권 할인 예약은 토부 여행자 인포메이션 센터(p.447)에서만 가능하다는 사실에 유의하자.

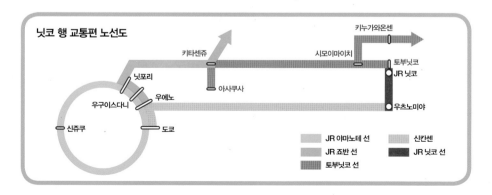

닛코 행 교통편 노선도

키누가와온센
키타센쥬
시모이마이치
토부닛코
닛포리
JR 닛코
아사쿠사
우에노
우츠노미야
우구이스다니
신쥬쿠
도쿄

JR 야마노테 선　신칸센
JR 죠반 선　JR 닛코 선
토부닛코 선

닛코 시내 교통

닛코 시내에서는 튼튼한 두 다리가 최고! 대부분의 볼거리가 가까이에 모여 있어 굳이 별도의 교통편을 이용할 필요가 없다. 하지만 츄젠지온센처럼 멀리 떨어진 곳을 찾아갈 때는 반드시 버스를 이용해야 한다. 닛코 전지역 패스 소지자는 버스를 무료로 이용할 수 있다. 닛코 전지역 패스가 없을 때는 이 지역에서 사용 가능한 버스 패스를 구매하는 게 싸고 편리하다.

닛코 시내 교통 요점 정리

도보

닛코 시내 끝에서 끝까지의 거리는 고작 3㎞. 느긋하게 걸어다녀도 구경하는 데 전혀 지장이 없다.

버스

츄젠지온센·센죠가하라·유모토온센 등 닛코 안쪽의 명소를 찾아갈 때는 토부 버스를 이용한다.

버스 패스

버스 요금이 비싸다. 닛코 전지역 패스 또는 토부닛코 역에서 파는 버스 패스를 구매하는 게 경제적이다.

버스 バス

닛코 시내는 규모가 워낙 작아 슬렁슬렁 걸어다녀도 된다. 그러나 츄젠지온센 등의 명소까지는 거리가 멀어 버스 이용이 불가피하다. 버스는 앞문으로 타고 내린다. 닛코 전지역 패스 소지자는 버스 이용시 운전사에게 패스를 보여주기만 하면 된다. 직접 요금을 낼 때는 교통카드인 스이카(p.136)를 사용할 수 있다. 현금으로 낼 경우에는 버스를 탈 때 운전석 옆의 발권기에서 '세이리켄 整理券'이란 번호표를 뽑는다. 내릴 때 번호표와 운전석 왼쪽 위의 전광판에 표시된 번호를 대조해보고 같은 번호가 표시된 칸의 요금을 내면 된다.

닛코 전역을 운행하는 버스

버스 패스 구매

버스 요금이 은근히 비싸므로 올 닛코 패스가 없을 때는 토부닛코 역의 인포메이션 센터에서 파는 토부 버스 패스 東武バスパス를 구매하는 게 경제적이다. 패스의 종류는 아래와 같은데, 당일치기로 닛코 시내와 츄젠지 호수만 볼 요량이라면 츄젠지온센 프리패스, 유모토온센·센죠가하라까지 모두 볼 계획이라면 가장 넓은 범위를 커버하는 유모토온센 프리패스를 구매한다.

츄젠지온센 프리패스 中禅寺温泉フリーパス

닛코 역~츄젠지온센 구간(닛코 시내 포함)의 토부 버스 자유 이용 가능.

유모토온센 프리패스 湯元温泉フリーパス

닛코 역~유모토온센 구간(닛코 시내 포함)의 토부 버스 자유 이용 가능.

세계유산 순환 버스 世界遺産めぐり

닛코역~토쇼구 구간(닛코 시내 포함)의 토부 버스 자유 이용 가능.

버스 패스

츄젠지온센 프리패스(유효기간 2일)
요금 2,300엔

유모토온센 프리패스
요금 3,500엔

세계유산 순환 버스(유효기간 1일)
요금 600엔

best course

고색창연한 사찰과 신사, 그리고 싱그러운 자연을 경험하는 코스. 경제적인 철도 패스인 닛코 전지역 패스(p.446) 구매는 필수다. 닛코까지는 이동시간이 무척 오래 걸리며 열차 운행도 뜸하다. 당일치기로 다녀오려면 아사쿠사에서 05:11~08:30에 출발하는 열차를 타야 한다. 닛코에 도착하면 버스를 타고 신쿄까지 간 다음 주변의 명소를 돌아보고 케곤 폭포까지 버스로 이동한다. 그리고 닛코 시내로 돌아가는 버스와 도쿄 행 열차 시각을 확인한 다음 주변을 구경한다. 버스 · 열차 운행이 뜸해 자칫하면 도쿄로 돌아가기 힘들 수 있으니 주의!

출발점 토부닛코 선의 토부닛코 역
예상 소요시간 9시간~

▼ 토부닛코 역을 나오면 이렇게 보여요.

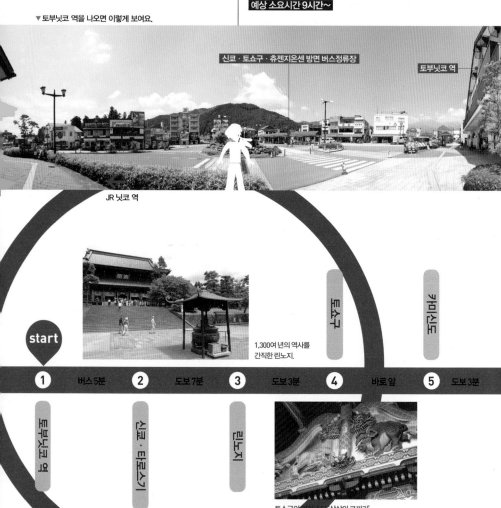

신쿄 · 토쇼구 · 츄젠지온센 방면 버스정류장

토부닛코 역

JR 닛코 역

start

1,300여 년의 역사를
간직한 린노지.

1 버스 5분 2 도보 7분 3 도보 3분 4 바로 앞 5 도보 3분

토부닛코 역

신쿄 · 타로스기

린노지

토쇼구

카미신도

토쇼구의 인기 스타 상상의 코끼리.

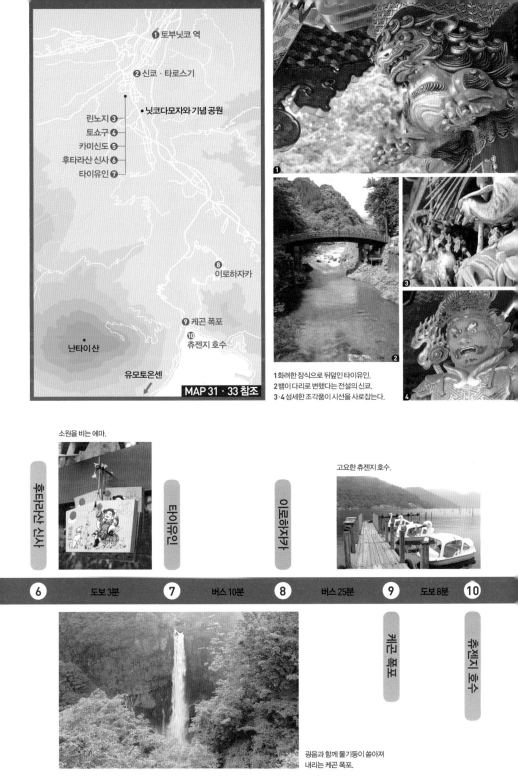

지도 (상단)

- ① 토부닛코 역
- ② 신쿄 · 타로스기
- 닛코다모자와 기념 공원
- ③ 린노지
- ④ 토쇼구
- ⑤ 카미신도
- ⑥ 후타라산 신사
- ⑦ 타이유인
- ⑧ 이로하자카
- ⑨ 케곤 폭포
- ⑩ 쥬젠지 호수
- 난타이산
- 유모토온센

MAP 31 · 33 참조

1 화려한 장식으로 뒤덮인 타이유인.
2 뱀이 다리로 변했다는 전설의 신쿄.
3·4 섬세한 조각품이 시선을 사로잡는다.

소원을 비는 에마.

고요한 쥬젠지 호수.

후타라산 신사

타이유인

이로하자카

케곤 폭포

쥬젠지 호수

| ⑥ | 도보 3분 | ⑦ | 버스 10분 | ⑧ | 버스 25분 | ⑨ | 도보 8분 | ⑩ |

굉음과 함께 물기둥이 쏟아져
내리는 케곤 폭포.

SIGHTSEEING

세계문화유산으로 지정된 유서 깊은 사찰과 신사가 대표적인 볼거리다. 오랜 역사와 전설이 깃든 건물이라 의미심장하며, 울창한 원시림에 둘러싸여 있어 도쿄에서 경험하기 힘든 싱그러운 자연을 만끽할 수 있는 게 매력이다.

Best Spot in Nikko

★★★★★ 린노지, 타이유인
　　　　　츄젠지 호수, 케곤 폭포, 토쇼구
★★★★☆ 이로하자카, 키누가와 급류타기
　　　　　이탈리아 대사관 별장 기념공원
★★★☆☆ 센죠가하라
　　　　　아케치다이라 전망대
★★☆☆☆ 상륜탕, 신쿄, 오층탑
　　　　　에도 원더랜드 닛코 에도 마을
　　　　　이치노토리이, 카미신도
　　　　　토부 월드 스퀘어, 원숭이산
★☆☆☆☆ 타로스기, 역사 산책로
　　　　　닛코다모자이와 기념공원
　　　　　다이고마도, 무녀석, 츄젠지
　　　　　후타라산 신사

神橋 신쿄 ★★☆☆☆

발음 신쿄 **개관** 08:30~16:30 **요금** 300엔 **홈피** www.shinkyo.net **지도** MAP 32-C2
교통 토부닛코 선의 토부닛코 역(TN25)에서 도보 25분. 또는 토부닛코 역 앞의 2A·2B·2C번 버스정류장에서 토부 버스를 타고 ⑦신쿄 神橋 하차(5분), 버스 진행방향 정면으로 도보 1분. **구글맵** 페이지 하단 QR 코드 스캔·클릭

실질적인 닛코 여행의 출발점. 8세기 무렵 닛코에 불법(仏法)을 전파하러 온 쇼도 쇼닌이 勝道上人이 다이야가와 大谷川의 급류에 가로막혀 오도가도 못하는 처지에 놓인 순간 기도를 드리자 홀연히 신이 나타나 파란 뱀과 빨간 뱀을 던져 이 다리를 만들어 주었다. 이 때문에 '뱀 다리(蛇橋)'란 별명으로도 불린다. 실제로는 1636년 토쇼구 東照宮 공사 당시 닛코의 영주가 만들어 바친 것인데, 당시에는 장군·승려·칙사가 아니면 이 다리를 건널 수 없었다. 지금의 다리는 1907년 화재로 소실된 것을 재건한 것이다.

신쿄는 중간까지만 올라갈 수 있다.

太郎杉 타로스기 ★☆☆☆☆

발음 타로스기 **지도** MAP 32-B2
교통 신쿄 앞의 다리를 건너 왼쪽으로 도보 1분.
구글맵 페이지 하단 QR 코드 스캔·클릭

도로를 향해 툭 불거져 나온 이 나무는 560살이나 먹은 이 지역의 터줏대감이다. 높이 43m에 둘레가 6m에 이르는 엄청난 위용을 자랑한다. 이 주변의 삼나무 가운데 가장 덩치가 커 일본어로 장남을 뜻하는 '타로'란 이름이 붙었다. 1960년 도로 확장 공사 당시 벌목될 뻔했으나 지역 주민과 환경 단체의 활약으로 나무는 그대로 둔 채 오히려 도로의 모양이 바뀌었다. 나무 밑의 조그만 신사는 쇼도 쇼닌에게 신쿄를 선물한(?) 신, 진자 대왕 深沙大王을 모시는 곳이다.

타로 스기 옆에는 유네스코 세계문화유산 표석이 세워져 있다.

구글맵

輪王寺 린노지 ★★★★★

유네스코 세계문화유산

발음 린노-지 **개관** 일출~일몰 **요금** 경내 무료 **홈피** www.rinnoji.or.jp
지도 MAP 32-B1 **구글맵** 페이지 하단 QR 코드 스캔·클릭
교통 토부닛코 역(TN25) 앞의 2A·2C번 버스정류장에서 토부 버스를 타고
⑧야스카와쵸 安川町 하차(7분), 도보 3분. 또는 2B번 정류장에서 토부 버스를 타고
⑫쇼도쇼닌조마에 勝道上人像前 하차.
산부츠도 개관 08:00~17:00, 11~3월 08:00~16:00 **요금** 400엔, 초등학생·
중학생 200엔. **타이유인 공통권** 900엔, 초등학생·중학생 400엔

오래 전부터 산악신앙의 영지로 숭앙받아 왔으며 지금도 수행자들의 필수
답사 코스로 꼽히는 사찰. 766년 쇼도 쇼닌이 창건한 이래 일왕가의
비호를 받으며 사세(寺勢)를 확장해 왔다. 토요토미 히데요시 豊臣秀
吉에게 반기를 들어 폐쇄될 위기에 처하기도 했으나, 토쇼구의 창건과
더불어 세력을 되찾아 오늘에 이르고 있다.
가장 유명한 것은 선명한 붉은색으로 빛나는 린노지의 본당인 산부츠도
三仏堂다. 848년에 세워졌으며 폭이 33.8m에 이르는 닛코 최대의
목조 건물이다. 안에는 오래된 불상이 여럿 있지만 압권은 불당 가운데에
모신 8.5m짜리 금박 목조 불상 3개다. 오른쪽부터 천수관세음보살·
아미타여래·마두관세음보살이다. 산부츠도란 이름도 이 3개(三)의
불상(仏)에서 유래했다. 이 불상들은 닛코 삼산 日光三山인 난타이산 男
体山·뇨보산 女峰山·타로산 太郎山의 신체(神体)를 상징하는 것이자
아버지·어머니·자녀가 모인 한 가족을 의미한다. 때문에 가정의 평안을
기원하는 불자들이 즐겨 찾는다. 아미타여래를 자세히 보면 연꽃 좌대 밑에
조그만 불상이 놓여 있는데, 오른손이 하늘, 왼손이 땅을 가리키고 있다.
이것은 석가모니가 태어나자마자 '천상천하유아독존 天上天下唯我独尊'
을 외치는 장면을 묘사한 것이다.

산부츠도의 색다른 만질거리(?)는 출구 쪽에 놓인 조그만 불상이다.
몸이 아프거나 안 좋은 부위가 있을 때 불상의 같은 부분을 쓰다듬으면
낫는다는 속설이 있어 누구나 한 번씩 손을 대고 지나간다.
산부츠도 정면에는 둘레 5.8m의 대형 벚나무 콘고자쿠라 金剛桜가 있다.
500년 이상 절의 역사를 지켜봐 온 터줏대감이며 4월 무렵 흐드러지게
피는 벚꽃으로 유명하다.

1 산부츠도란 명칭의 유래가 된 3개의 불상.
2 린노지를 창건한 쇼도 쇼닌.
3 닛코의 역사가 담긴 본당.

相輪橖 상륜탱 ★★☆☆☆

발음 소린또- **지도** MAP 32-B1 **구글맵** 페이지 하단 QR 코드 스캔·클릭
교통 린노지와 동일. 산부츠도를 정면으로 바라볼 때 왼쪽으로 돌아가면 있다.

1643년 토쿠가와 이에야스의 손자인 이에미츠 家光의 명으로 세운 높이 15m의 청동
공양탑. 평온한 세상이 찾아오기를 기원하고자 탑 내부에 1,000부의 경전을 안치했다.
정면에 두 개의 청동 등롱을 세워 놓았는데, 토쿠가와 이에야스의 허가로 중국의 생사
(生糸) 수입권을 따낸 상인들이 감사의 뜻으로 1648년에 바친 것이다. 당시에는
미천한 상인의 물건을 감히(!) 토쇼구 앞에 놓을 수 없었기에 여기에 놓았다고 한다.

大 護摩堂 다이고마도 ★☆☆☆☆

발음 다이고마도− **지도** MAP 32−B1 **교통** 토부닛코 역(TN25) 앞의 2A · 2C
번 버스정류장에서 토부 버스를 타고 ⑧야스카와쵸 安川町 하차(7분), 도보 3
분. 또는 2B번 정류장에서 토부 버스를 타고 ⑫쇼도쇼닌조마에 勝道上人像前
하차. 린노지 뒤에 있다. **구글맵** 페이지 하단 QR 코드 스캔 · 클릭

헤이안 시대(794~1185)에 만든 오대명왕상 五大明王像을 본존으로
모시는 불당. 개인의 소원을 비는 곳이라 많은 이들이 예불을 드리고
간다. 비록 최근에 지은 건물이라 특별한 볼거리는 없지만 천장에
그린 용 그림만은 눈길을 끈다. 가로 8m, 세로 4m의 대형 천장화로
토쇼구의 혼지도 本地堂에 있는 나키류 鳴竜를 모사(模寫)한 것이다.

거대한 용 그림이 그려진 다이고마도.

화려한 단청이
눈길을 끈다.

五 重塔 오층탑 ★★☆☆☆

발음 고쥬−노또 **지도** MAP 32−B1
교통 토부닛코 역(TN25) 앞의 2A · 2C번
버스정류장에서 토부 버스를 타고 ⑧야스카와쵸
安川町 하차(7분), 도보 9분. 또는 린노지에서
도보 5분. **구글맵** 페이지 하단 QR 코드 스캔 · 클릭

화려한 단청을 입힌 높이 36m의 목조 탑.
1650년에 처음 지어진 것으로 1층 처마에는
용 · 토끼 · 호랑이 등 십이지신이 섬세하게
조각돼 있다. 흥미로운 사실은 1~4층과
5층의 건축 양식이 서로 다르다는 것.
자세히 보면 처마를 따라 서까래가 수직으로
흘러내리는 1~4층(일본식)과 달리
5층(중국식)의 서까래는 방사상으로 퍼져
있는데, 벼락으로 불탄 탑을 1818년에
재건하면서 이렇게 됐다. 건축 당시 완벽한
내진 설계를 해 지진이나 강풍에도 절대
쓰러지지 않는다고 한다.

一ノ鳥居 이치노토리이 ★★☆☆☆

발음 이찌노토리이 **지도** MAP 32−B1
교통 토부닛코 역(TN25) 앞의 2A · 2C번 버스정류장에서 토부 버스를 타고
⑧야스카와쵸 安川町 하차(7분), 도보 8분. 또는 린노지에서
도보 4분. **구글맵** 페이지 하단 QR 코드 스캔 · 클릭

토쇼구의 정문에 해당하는 일본 최대의 석조 토리이. 1618년에
만들었으며 높이 9m, 돌기둥의 둘레만도 3.6m에 달한다. 제작에
사용된 돌은 서쪽으로 1,600km 이상 떨어진 후쿠오카 福岡에서
가져왔다. 토리이 바로 앞의 넓은 공터는 유사시에 1,000명의
병사를 모을 수 있는 공간이라 해서 센닌마스가타 千人枡形라고
부른다. 이치노토리이의 기둥 사이에서 린노지 쪽을 바라볼 때
열 번째에 놓인(간혹 아홉 번째라고 우기기도 함) 넓적한 돌을
테리후리노이시 照降の石라고 하는데 자세히 보면 대각선으로
갈려 양쪽의 색이 다르다. 색의 차이가 또렷하면 다음 날 날씨가
나빠진다고 한다.

1 날씨를 알려주는
테리후리노이시. 2 이치노토리이
너머로 토쇼구가 보인다.

구글맵

東照宮 토쇼구 ★★★★★

발음 토-쇼구- **개관** 09:00~17:00, 11~3월 09:00~16:00 **요금** 1,600엔, 초등학생·중학생 550엔 **홈피** www.toshogu.jp **지도** MAP 32-B1 **교통** 토부닛코 역(TN25) 앞의 2A·2C번 버스정류장에서 토부 버스를 타고 ⑧야스카와쵸 安川町 하차(7분), 도보 8분. 또는 린노지에서 도보 4분. **구글맵** 페이지 하단 QR 코드 스캔·클릭

자타가 공인하는 닛코 여행의 하이라이트. '닛코에 사당을 세운 뒤 자신을 일본을 지키는 신으로 섬겨달라'는 토쿠가와 이에야스 德川家康(1542~1616)의 유언에 따라 시즈오카 静岡에 묻힌 그의 시신을 닛코로 이장하면서 지은 신사다. 그는 일본 근세사에 있어 가장 강력한 무사 정권인 에도 바쿠후를 세운 인물이며, 토쇼구의 공사를 주도한 이는 토쿠가와 이에야스의 신봉자인 그의 손자 이에미쓰였다. 호화찬란하다는 표현 이상 적절한 수식어가 없는 이 신사는 121종, 5,173개의 동물 조각이 35채의 건물을 화려하게 장식하고 있다. 1년 5개월에 불과한 기간 동안 공사를 끝내고자 454만 명의 인력이 동원됐으며, 금 21.3톤, 은 375kg, 나무 14만 그루가 자재로 사용됐다. 그 가치를 현 시세로 환산하면 무려 3,400억 원! 내부는 불교와 신도의 건축 양식이 혼합된 화려한 건물로 가득해 막강하던 토쿠가와 가문의 재력과 권력을 유감 없이 보여 준다. '닛코를 보지 않고 멋있다고 하지 말라'는 일본의 속담도 울창한 숲에 둘러싸인 아름다운 토쇼구의 모습에서 비롯됐다. 자세한 내용은 p.456를 참조.

1 토쇼구에서 가장 화려한 건물인 요메이몬.
2 석비가 세워진 토쇼구의 입구.

史跡探勝路 역사 산책로 ★☆☆☆☆

발음 시세끼딴쇼-로 **지도** MAP 32-B1
교통 토부닛코 역(TN25) 앞의 2A·2C번 버스정류장에서 토부 버스를 타고 ⑧야스카와쵸 安川町 하차(7분), 도보 9분. 또는 린노지에서 도보 5분. 토쇼구의 정문인 오모테몬을 바라볼 때 오른쪽으로 이어진 길을 따라간다.
구글맵 페이지 하단 QR 코드 스캔·클릭

울창한 숲에 둘러싸인 산책로를 걸으며 호젓한 시간을 보낼 수 있다. 원래 신쿄에서 시작해 산중턱까지 이어지는 3.2km의 코스지만 토쇼구 안쪽의 카이산도 開山堂부터 타키오 신사 滝尾神社까지 이어지는 800m 정도의 길이 하이라이트다. 가을에 단풍 들 때가 특히 멋지다.

석등롱이 줄지어 선 카미신도.

돌로 포장된 산책로 끝에는 조그만 신사가 있다.

上新道 카미신도 ★★☆☆☆

발음 카미신도 **지도** MAP 32-B1
교통 토부닛코 역(TN25) 앞의 2A·2C번 버스정류장에서 토부 버스를 타고 ⑧야스카와쵸 安川町 하차(7분), 도보 8분. 또는 린노지에서 도보 4분.
구글맵 페이지 하단 QR 코드 스캔·클릭

토쇼구에서 후타라산 신사로 이어지는 참배 도로의 일부. 쭉쭉 뻗은 삼나무에 가려 햇빛도 제대로 들지 않는 길을 따라 이끼가 낀 석등롱이 줄지어 있다. 분위기가 고즈넉해 기념사진 배경으로 안성맞춤이다.

SPECIAL
토쇼구 퍼펙트 가이드

토쇼구는 닛코의 하이라이트로 손꼽히는 명소. 신불습합(神仏習合)의 원칙에 따라 화려하게 치장된 건물이 가득한데 그 숫자가 20여 채에 이른다. 더욱 놀라운 사실은 121종, 5,173개에 달하는 새·동물·식물 조각으로 모든 건물을 화려하게 치장했다는 것이다. 즉, 조각만 구경해도 하루 해가 꼴딱 넘어갈 지경!

❶ 오모테몬 表門

실질적인 토쇼구의 입구다. 나라 奈良의 토다이지 東大寺에 있는 난타이몬 南大門을 모방해서 만들었다. 문 양쪽에는 험상궂은 표정의 인왕상이 놓여 있는데, 크기는 4m이며 전형적인 사찰 건축 양식을 잘 보여준다. 인왕상을 문 앞에 세운 이유는 그들이 불교에서 사찰과 불탑을 수호하는 수문장이기 때문이다.

옛날에는 이 인왕상 때문에 문의 이름도 '인왕문'이라고 불렀다. 하지만 신도와 불교를 분리하는 작업이 한창 진행되던 1871년, 인왕상을 타이유인 大猷院(p.462)으로 옮겨놓으면서 이름이 정문을 뜻하는 오모테몬으로 바뀌었다. 인왕상이 원래의 자리로 돌아온 때는 1897년이다.

문에는 사자·호랑이·기린 등 82가지 성수(聖獸)가 조각돼 있다. 흥미로운 볼거리는 문 뒷면의 호랑이 조각이다. 오른쪽에서 두 번째 것을 자세히 보면 다른 조각과 생김새가 다른데 이것은 표범을 조각한 것이다. 옛날에는 표범을 호랑이의 암컷이라고 생각했기 때문에 이렇게 만들었다고 한다. 문 뒤에는 신사에서 흔히 보이는 코마이누 狛犬가 놓여 있어 불교와 신도의 건축 양식이 혼합됐음을 단적으로 보여준다.

1 우락부락한 얼굴의 인왕상. 2 토쇼구의 화려함이 시작되는 오모테몬.

❷ 산진코 三神庫

역시 나라의 쇼소인 正倉院을 모방해서 만든 창고다. 상·중·하 3개의 창고가 있으며 센닌무샤교레츠 千人武者行列 축제 때 사용하는 1,200개의 갑옷이 소장돼 있다. 평소에는 문이 굳게 잠겨 있지만 축제가 시작되기 1주일 전부터는 창고를 개방한다.

산진코의 볼거리는 산자루 三猿, 네무리네코 眠猫와 함께 토쇼구의 3대 조각으로 꼽히는 상상의 코끼리 想像의 象이다. 하지만 축 늘어진 귀와 강아지 같은 꼬리를 가진 모습에서 코끼리다운 면모는 찾아볼 수 없다. 이렇듯 괴이한 형상이 된 까닭은 일본에 코끼리가 살지 않았다는 사실을 떠올리면 이해할 수 있다. 즉, 작가의 풍부한 상상력을 바탕으로 만든 것. 그래서 조각의 이름도 상상의 코끼리라고 붙여졌다.

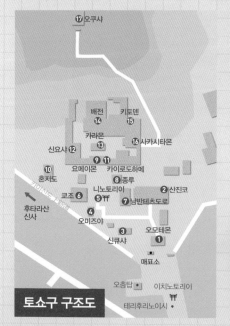

토쇼구 구조도

⑰ 오쿠샤
배전 ⑭
키토덴 ⑮
카라몬
⑬
신요샤 ⑫
⑯ 사카시타몬
⑩
⑨ 요메이몬
카이로도하메
혼지도
⑧ 종루
쿄조 ⑥
니노토리이
⑤
⑦ 남반테츠도로
후타라산 신사
오미즈야
③
신큐샤
오모테몬 ①
매표소
오층탑
이치노토리이
테리후리노이시

1 지구상에 단 두 마리밖에 없는 상상의 코끼리.
2 축제 때 사용하는 갑옷이 보관된 산진코.

❸ 신큐샤 神厩舎

원래 신마(神馬)를 기르던 마구간이라 지금도 안에는 백마가 살고 있다. 토쇼구의 다른 건물과 달리 일체의 장식이 없는 게 특징이다. 하지만 처마 밑을 돌아가며 말의 수호신인 원숭이 조각이 건물 정면에 5개, 오른쪽에 3개가 있다. 하나하나의 이야기가 담긴 이 조각은 출생에서 결혼에 이르는 인간사를 은유적으로 묘사한다.

제일 왼쪽의 첫 장면은 새끼를 품에 안은 어미 원숭이. 모든 위험에서 자식을 보호하려는 모성애를 상징한다. 두 번째는 토쇼구의 간판 스타인 산자루 三猿. 원숭이 세 마리가 눈·입·귀를 막고 있다. 이는 나쁜 것은 보지 않고(미자루 見ざる), 말하지 않고(이와자루 言わざる), 듣지 않는다(키카자루 聞かざる)는 의미로 우리나라의 시집살이 삼계명과 비슷한데, 사람이 살아가는 데 필요한 처세술을 은유적으로 표현한 것이다. 참고로 일본의 '자루'란 단어는 원숭이란 뜻 외에 '~하지 않는다'는 의미도 갖고 있다.

세 번째는 홀로 서기 직전의 원숭이. 고독하게 쪼그리고 앉아 앞으로 어떻게 살아야 하나 고민하는 모습이 역력하다. 네 번째는 홀로서기에 성공한 원숭이로 한 단계 성숙한 모습을 보여주고자 조각도 조금 높은 곳에 만들었다. 지긋한 눈길로 위를 쳐다보는 원숭이의 오른쪽에는 '청운의 뜻'을 암시하는 파란 구름이 걸려 있다. 다섯 번째는 인생의 갈림길에서 심각하게 좌절하는 모습이다. 왼쪽에는 따뜻하게 위로하는 친구가 있다.

이제 시련을 극복한 의미로 조각의 장면은 건물 오른쪽으로 넘어간다. 여섯 번째는 사랑에 빠진 두 마리 원숭이를 보여준다. 일곱 번째는 둘이 결혼했음을 의미하는데, 파랗게 조각한 한 겹의 파도가 앞으로 다가올 파란만장한 인생역정을 암시한다. 마지막 여덟 번째는 새끼를 밴 모습이다. 드디어 성인으로서의 삶이 시작됨을 의미한다. 이 장면은 맨 처음의 새끼를 품에 안은 어미 원숭이 조각과 연결돼 끝없이 반복되는 이야기를 만들어간다.

1 새끼를 품에 안은 어미 원숭이. 2 진지하게 홀로서기를 고민하는 원숭이.
3 홀로서기에 성공한 원숭이. 4 인생의 갈림길에서 심각하게 좌절하는 모습.
5 눈·입·귀를 막고 있는 세 마리의 원숭이, 산자루.

🙋 불교와 신도의 짬뽕, 신불습합

신사의 입구를 지키는 코마이누

닛코를 비롯한 일본의 절과 신사를 제대로 이해하려면 '신불습합 神仏習合'이란 독특한 종교관을 알아야 한다. 이는 일본의 토착 신앙인 신도(神)와 불교(仏)의 엑기스만 뽑아 하나로 추려낸(習合) 것을 말한다. 6세기 무렵 한반도에서 유입된 불교를 토착화시키는 과정에서 신도의 종교 양식을 슬그머니 접목시킨 게 유래이며, 특징은 신도와 불교의 신을 모두 동일시한다는 점이다. 예를 들어 천수관음을 일본 고유의 신인 오나무치노 미코토 大己貴命와 같다고 생각하는 것이다. 이 때문에 신사에 불상을 모시거나 거꾸로 절에 신사가 세워진 모습을 쉽게 볼 수 있다. 또한 비슷한 시기에 도교가 유입된 까닭에 신사에 도교적 장식 요소를 추가한 것도 눈에 띄는 특징이다. 대표적인 예가 토쇼구의 요메이몬 陽名門과 카라몬 唐門을 뒤덮은 화려한 신선·성인 조각이다(p.459).

하지만 메이지 유신이 단행된 19세기 말에는 신도에 입각한 일왕체제의 확립을 위해 신도와 불교를 분리시키는 작업이 강행되면서 신사와 절이 따로 독립하게 됐다. 이 무렵 상당수의 절에서 승려들이 강제 환속당하거나 불상이 파괴되는 등 많은 피해를 입었다. 닛코도 예외가 아니었는데 하나의 사찰로 성장해 온 린노지·토쇼구·후타라산 신사가 셋으로 나뉘게 된 것도 바로 그때다.

❹ 오미즈야 御水舍

12개의 화강암 기둥과 화려한 금빛 장식으로 치장한 우물. 이곳은 참배자가 몸을 청결히 하기 위해 손과 입을 씻는 곳이다. 음료수가 아니니 마시지 않게 주의하자. 지금은 모든 신사에 이와 같은 용도의 우물이 있지만, 이러한 우물이 설치된 것은 토쇼구가 최초라고 한다.

오미즈야가 만들어진 때는 1618년이다. 당시로서는 획기적 기술인 사이폰의 원리(고지대의 물을 파이프로 끌어다 샘솟게 하는 방식)를 응용해 만들었다. 지붕 아래에는 아름다운 비룡(飛竜) 조각이 있는 것으로도 유명하다. 비룡은 물을 다스리는 성스러운 동물이다.

❺ 니노토리이 二ノ鳥居

높이 6m의 청동 토리이. 일본 최초로 청동을 사용해 만든 것인데, 여기 사용된 비용만 우리 돈으로 150억 원 정도라고 한다. 토리이 아래에는 연꽃 문양을 새겨 놓았다. 이는 불교의 영향을 받았음을 단적으로 보여준다.

❻ 쿄조 経蔵

처마와 테두리를 장식한 화려한 금박 때문에 금방 눈에 띄는 건물이다. 내부의 팔각형 회전 서가에는 6,323권의 경전이 보관돼 있다. 하지만 안타깝게도 내부 관람은 불가능하다.

❼ 종루 鐘楼

계단을 올라가 오른쪽에 보이는 독특한 모양의 큰 건물이 바로 종루이다. 바로 앞에는 조선통신사가 가져왔다는 조선종 朝鮮鐘이 걸려 있고, 맞은편에는 네덜란드의 동인도회사에서 기증한 상들리에 모양의 등롱인 마와리토로 廻灯籠가 있다.

마와리토로 윗부분에는 세 잎 클로버 모양을 한 토쿠가와 가문의 문장(紋章)이 있는데 어찌된 영문인지 위아래를 거꾸로 새겨 놓았다.

종루 오른쪽 누각에 조선종이 걸려 있다.

❽ 난반테츠토로 南蛮鉄灯籠

요메이몬으로 오르는 계단 바로 오른쪽 밑에 있는 밋밋한 모양의 등롱이다. 유명 무사 가운데 한 명인 타테 마사무네 伊達正宗가 포르투갈에서 수입한 철로 만든 것이라 '난반 南蛮(서역 오랑캐)'이란 이름이 붙었다. 해외까지 뻗은 토쿠가와 가문의 위력을 상징하는 것이다.

이 등롱을 만드는 데 어마무시한 비용이 들었다. 거짓말 같지만 타테 마사무네의 영지에서 거둬들인 무려 3년치 세금이 사용되었다고 한다. 참고로 토쇼구 경내에 있는 등롱은 대부분 다이묘(지방 영주)들이 헌납한 것으로 그 수가 123개에 달한다.

엄청난 비용을 들여서 만든 난반테츠토로.

❾ 요메이몬 陽名門

일왕가의 궁전인 교토고쇼 京都御所의 동쪽 정문에서 이름을 따온 문이다. 문 전체가 백·금·흑·적·녹색 등 현란한 색채로 치장한 508개의 조각으로 뒤덮여 있어 그야말로 조각 예술의 극치를 보여준다. 이 문에 새긴 조각을 보고 있노라면 해가 지는 줄도 모른다고 해서 '히구라시노몬 日暮門(해가 지는 문)'이란 별명까지 붙었다. 에도 시대에는 아무리 신분이 높아도 예를 갖추지 않으면 이 문을 통과할 수 없었고 일반인은 근처에 얼씬거리지도 못했다.

요메이몬의 조각들을 자세히
보려면 망원경이 필수!

▶ 동물 조각

요메이몬의 지붕 아래에는 모양이 제각각인 조각을 층층이 새겨 놓았다. 잘 보이지 않지만 제일 윗쪽, 토쇼다이곤켄 東照大権現이라고 쓴 현판의 좌우에는 상상의 동물인 기린 麒麟이 조각돼 있다.

그 아래에는 용, 그리고 바로 밑에는 전설의 동물 이키 息가 머리를 내밀고 있다. 이키는 용과 비슷하게 생겼지만, 자세히 보면 수염이 없고 윗입술 쪽에 콧구멍이 뚫려 있으며 어금니가 달려 있다.

바로 아래의 흰색 가로목에는 하늘을 나는 모습의 용, 메누키류 目貫龍가 조각돼 있다. 살아서 날아가지 못하게 일부러 눈을 만들지 않았다는 전설이 전해온다. 메누키류의 양옆에는 상반신은 용이고 하반신은 말인 류마 龍馬가 보인다. 류마는 생김새가 기린과 흡사하지만, 기린과 달리 뿔이 두 개이고 어금니가 달려 있으며 발굽이 통짜로 생긴 게 특징이다.

각기 다른 모습의 동물들이 층층이 조각돼 있다.

▶ 인물 조각

요메이몬의 가로목 밑에는 어린아이들이 눈사람 만들기, 가위바위보, 죽마 타기 등을 하며 노는 모습을 담은 조각 20개가 문을 빙 둘러가며 새겨져 있다. 이는 도교의 영향을 받은 건축 양식으로 태평성대를 의미한다. 그 밑의 인물상은 중국 성현(聖賢)의 모습을 새긴 것이다. 이는 고결한 인물을 본받고자 하는 의미로 토쿠가와 바쿠후의 정치 이념을 표현한 것이다.

▶ 마요케노사카사바시라 魔除けの逆柱

요메이몬에서 가장 유명한 것은 문을 통과하자마자 왼쪽에 위치한 기둥이다. 자세히 보면 이상하게도 양쪽에 있는 3개의 기둥과 달리 이 기둥만 소용돌이 문양을 역방향으로 새겨 놓았다. 이것은 제작자의 실수가 아니라 이 문을 만드는 데 들인 노력과 정성이 신의 노여움을 살까 두려워 일부러 완벽하지 않게 만든 것이다. 기둥이 하얗게 빛나는 것은 조개껍질을 갈아서 만든 호분(胡粉)을 발랐기 때문이다.

1 각각의 조각은 중국의 고사(故事) 등 다양한 이야기를 담고 있다.
2 성현의 지혜를 배우는 어린아이.

사진 제일
오른쪽의 기둥이
마요케노사카사바시라.
자세히 보면 기둥에 새긴
문양의 방향이 다름을 알
수 있다.

⑩ 혼지도 本地堂

토쿠가와 이에야스의 수호불인 약사여래를 모시는 사찰이라 야쿠시도 薬師堂라고도 한다. 가장 유명한 볼거리는 천장을 가득 메운 가로 6m, 세로 15m의 거대한 용 그림과 나키류 鳴竜(용의 울음). 정확히 용의 눈 밑에서 나무 막대를 두드리면 '뚜르르…'하고 울리는 독특한 반향(反響)이 들리는데 이를 나키류라고 한다.

혼지도는 1948년 화재로 불타버려 사라지고 7년 뒤인 1955년에 재건됐다. 출구 쪽에는 십이지신의 불상이 있으며 자기 띠에 해당하는 불상을 찾아가 무병장수를 기원하는 풍습이 있다.

⑪ 카이로도하메 廻廊胴羽目

요메이몬 좌우로 뻗은 붉은색의 회랑이다. 가로 2.3m, 세로 1m의 조각 25개가 연이어 연결돼 있으며 하나하나의 조각마다 새·꽃·나무가 입체적으로 묘사돼 있다. 색이 바랠 것을 염려해 노출 부위가 큰 부분에는 모조리 금박을 입혀 색이 바래는 것을 방지했다.

⑫ 신요샤 神輿舎

요메이몬을 지나자마자 왼쪽에 있는 조그만 건물이다. 센닌 무샤교레츠 때 사용하는 가마인 오미코시 御神輿를 보관하는데, 한가운데에 놓인 것이 이 신사의 주인인 토쿠가와 이에야스의 신위(神位)가 담긴 오미코시다. 오른쪽에는 토쿠가와 이에미츠가 존경하던 인물인 토요토미 히데요시, 그리고 왼쪽에는 일본에서 무사(武士) 정치의 서막을 연 미나모토노 요리토모 源頼朝의 오미코시가 있다.

원래의 오미코시는 1636년에 만들었는데, 개당 무게가 1,120kg에 달해 짊어지기가 무척 힘들었다고 한다. 때문에 지난 1965년 좀더 가볍게 만들어 사용하고 있다. 그러나 무게를 줄였다고는 해도 800kg이나 나가기 때문에 오미코시 하나를 짊어지는 데 55명의 장정이 필요하다.

⑬ 카라몬 唐門

611개의 조각으로 장식된 폭 3m의 조그만 문이다. 제일 안쪽 건물인 배전으로 들어가는 정문이지만 일반인은 출입이 철저히 금지돼 있다.

이 문은 흰색 기둥에 새긴 검은 용의 모습이 무척 인상적이다. 또한 지붕에 조각된 용이 날아가지 못하게 지느러미를 잘라냈다는 재미난 전설도 전해온다. 처마 밑의 가로목에는 총 27명의 인물이 조각돼 있는데, 이는 중국의 성현을 묘사한 것이다. 한가운데에는 요순 시대의 성왕(聖王)으로 추앙받는 순제(舜帝)가 알현 받는 모습을 새겨 놓았다. 순제가 남긴 '내평외성 内平外成(세상의 평화를 바람)'이란 말에서 일본의 연호 '헤이세이 平成(1989~2019년)'가 탄생했다는 사실을 알고 보면 더욱 흥미로울 듯!

1 카라몬 제작에는 동남아에서 수입한 목재가 사용됐다. 2 처마 밑의 가로목에 새겨진 27명의 성현상. 3 카라몬의 기둥에는 승천하는 용과 하강하는 용이 조각돼 있다.

⑭ 배전 拜殿

카라몬 오른쪽으로 돌아가면 입구가 나온다. 안으로 들어가면 금빛 찬란한 방이 있는데 다른 곳보다 먼저 천장을 눈여겨보자. 모양과 표정이 제각각인 100마리의 용을 그려 놓았다. 여기에 용을 그린 까닭은 토쇼구를 세운 토쿠가와 이에미츠가 용띠여서 때문이다.

배전 내부는 총 3개의 방으로 이루어져 있는데, 오른쪽이 쇼군, 왼쪽이 일왕의 자리였다. 그리고 가운데의 방에는 알현을 목적으로 찾아온 다이묘가 앉을 수 있었다. 안쪽에 앉을수록 서열이 높은 다이묘였다고 하니 기왕에 앉을 거라면 최대한 안쪽으로 들어가길!

배전의 오른쪽에는 기린, 왼쪽에는 상상의 동물인 하쿠타쿠 白沢가 그려져 있다. 하쿠타쿠는 덕이 많은 왕에게만 나타나 충언을 고한다는 성스러운 동물이다. 굳이 여기에 하쿠타쿠를 그린 것은 토쿠가와 이에야스가 그만큼 덕이 많은 군주였음을 나타내고자 했기 때문이다.

배전 안쪽, 계단을 내려간 곳에는 이시노마 石の間이 있다. 배전과 본전을 연결하는 방으로 천장에는 극채색을 입힌 43마리의 봉황이 그려져 있어 화려한 멋을 뽐낸다.

배전에서는 건물의 유래와 내부 구조를 설명하는 무료 가이드를 들을 수 있다.

⑮ 키토덴 祈祷殿

에도 시대에 천하태평을 기원하는 법회를 열던 불당이다. 불교 관련 건물을 철거하던 메이지 유신 때 사라질 위기에 처하기도 했으나 토쇼구의 사무실로 사용한다는 명목으로 목숨(?)을 부지할 수 있었다. 때문에 '카미샤무쇼 上社務所'란 이름으로 불리기도 한다.

19세기 말 사라질 위기에 처했던 키토덴.

⑯ 사카시타몬 坂下門

토쿠가와 이에야스의 무덤이 있는 오쿠샤 奥社의 입구다. 안쪽 회랑에는 에도 시대에 '신의 손'이라 불리던 히다리 진고로 左甚五郎가 조각한 네무리네코 眠猫(잠자는 고양이)가 있다. 원래 눈을 뜨고 있었지만 고양이가 선(禅)의 경지를 깨달은 뒤 지금처럼 눈을 감고 잠자는 모습을 하게 됐다는 재미난 전설이 전해온다.

바로 뒷면에는 대나무 숲에서 한가로이 날아다니는 두 마리의 참새를 새겨 놓았다. 이 조각은 참새가 고양이에게 잡아 먹힐 걱정 없이 지낼 수 있을 만큼 평온한 시대가 찾아오기를 염원하는 것이다.

네무리네코는 일본 국보로 지정돼 있다.

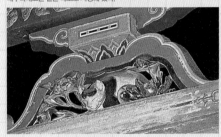

⑰ 오쿠샤 奥社

사카시타몬을 지나 207개의 돌계단을 오르면 울창한 삼나무 숲 속에 세워진 높이 5m의 작은 탑이 나타난다. 바로 여기에 시즈오카에서 이장해온 토쿠가와 이에야스의 시신이 묻혀 있다. 원래 이 탑은 높이 15m의 석탑이었지만, 1683년의 지진으로 무너져 지금의 모습으로 재건했다.

탑은 금·은·동을 섞어서 만들었지만 지금까지 본 화려한 토쇼구의 모습과 달리 형태가 너무 단조로워 무척 수수한(?) 느낌이다. 탑 바로 앞에는 우리나라에서 가져왔다는 향로가 놓여 있다.

1 토쿠가와 이에야스의 묘소. 2 우리나라에서 가져온 향로.
3 소원을 비는 신목.

★☆☆☆☆

荒山神社 후타라산 신사

발음 후타라산진쟈 **개관** 08:00~17:00, 11~3월 09:00~16:00
요금 경내 무료, 본전 300엔, 중학생 이하 100엔 **지도** MAP 32-A1
교통 토부닛코 역(TN25) 앞의 2A · 2C번 버스정류장에서 토부 버스를 타고
⑨니시산도이리구치 西参道入口하차(9분), 도보 8분.
구글맵 페이지 하단 QR 코드 스캔 · 클릭

일본 최대 규모를 자랑하는 신사. 본전(本殿)을 중심으로 츄젠지 호수 中禅寺湖까지가 모두 이 신사의 경내에 포함된다. 예부터 닛코 산악신앙의 중심지로 숭앙받아 왔는데, 여기서 모시는 신은 난타이산 男体山(2,486m), 뇨보 산 女峯山(2,464m), 타로 산 太郎山(2,368m) 등 닛코의 3대 영봉(靈峰)이다. 이 때문에 이 셋을 가리켜 '닛코의 3대 신'이라고도 부른다. 재미있는 사실은 남자인 난타이 산이 여자인 뇨보 산과 결혼해서 낳은 아들이 타로 산이라는 것이다. 또한 난타이 산은 천수관음, 뇨보 산은 아미타여래, 타로 산은 마두관음과 동일시되는데, 이는 신불습합(p.457)이란 일본 특유의 종교관에서 기인한 것이다. 앞서 소개한 린노지에 세 개의 불상을 모셔 놓은 것도 이 때문이다.

경내에는 한 개의 뿌리에서 세 그루로 자란 오야코스기 親子杉와 한 개의 뿌리에서 두 그루로 자란 후후스기 夫婦杉란 이름의 커다란 삼나무가 있다. 오야코스기는 원만한 가정생활, 후후스기는 부부 금실을 의미한다. 눈에 띄는 볼거리는 닛코에서 가장 오래된 건물인 신사의 본전(1619년)과 건물 주위를 한 바퀴 돌면 건강해진다는 히에 신사 日枝神社 등이다.

1 신사의 입구에 있는 오야코스기와 후후스기.
2 조그만 외양과는 달리 닛코 최대 규모를 자랑하는 신사.

★★★★★

大猷院 타이유인

발음 타이유인 **개관** 08:00~17:00, 11~3월 08:00~16:00
요금 550엔, 초등학생 · 중학생 250엔, **린노지 공통권** 900엔, 초등학생 · 중학생 400엔 **지도** MAP 32-A1
교통 토부닛코 역(TN25) 앞의 2A · 2C번 버스정류장에서 토부 버스를 타고 ⑨니시산도 이리구치 西参道入口하차(9분), 도보 7분.
구글맵 페이지 하단 QR 코드 스캔 · 클릭

닛코에서 토쇼구 다음 가는 화려한 건물. '죽어서도 토쿠가와 이에야스를 모시고 싶다'는 이에미츠 家光의 유언에 따라 그의 대를 이은 이에즈나 家綱가 1652년에 조성한 무덤이다. 타이유 大猷는 이에미츠의 법호(法号)를 뜻한다. 전체적인 구조는 토쇼구와 비슷하지만 규모와 건축 스타일에서 많은 차이가 난다. 이유는 할아버지인 토쿠가와 이에야스에 대한 존경이 너무나 깊었던 까닭에 이에미츠 스스로 토쇼구의 모방을 절대 허락하지 않았기 때문. 예를 들어 토쇼구는 흰색과 밝은 금색을 기조로 장식한 반면, 이곳은 검정과 붉은 금색을 중심으로 치장했다. 건물 전체가 토쇼구를 바라보는 방향으로 지어진 것 역시 이에야스에 대한 깊은 존경을 표하기 위함이다. 자세한 내용은 p.464 참조.

구글맵

일본 왕실 문화에 관심 있다면
들러보는 것도 좋을 듯.

日光田母沢御用邸記念公園 닛코다모자와 기념공원
★☆☆☆☆

발음 닛꼬다모자와고요－테－키넨꼬－엔 **개관** 09:00～17:00, 11～3月 09:00～16:30
휴무 화요일, 12/29～1/1 **요금** 600엔, 초등학생·중학생 300엔
홈피 www.park-tochigi.com/tamozawa **지도** MAP 33－C2
교통 토부닛코 역(TN25) 앞의 2A·2C번 버스정류장에서 토부 버스를 타고
⑪닛코타모자와고요테키넨코엔 日光田母沢御用邸記念公園 하차(12분).
구글맵 페이지 하단 QR 코드 스캔·클릭

제2차 세계대전 전까지 일본 왕실 피서지로 사용하던 곳. 19세기 말
한 재벌 은행가의 별장으로 지어졌으나, 1899년 소유권이 일본 왕실로
넘어가면서 지금의 모습을 갖췄다. 미 군정(軍政)이 시작된 1945년
이후에는 박물관·연수원 등으로 이용되기도 했으며, 지난 2000년 복원
공사를 거쳐 일반에 공개되고 있다. 내부에는 알현실·침실 등 27개의 방을
그대로 보존해 놓아 왕실의 호화로운 생활상을 짐작케 한다. 안쪽으로는
일본식 정원을 꾸며 놓았으며 봄에 벚꽃 필 때가 특히 아름답다.

いろは坂 이로하자카
★★★★☆

발음 이로하자까 **지도** MAP 31－D2·D3 **교통** 토부닛코 역(TN25) 앞의
2A·2C번 정류장 또는 니시산도이리구치 西参道入口 정류장에서 출발하는
츄젠지온센·유모토온센 中禅寺温泉·湯本温泉 행 토부 버스로 15분(운행
간격 10～30분). **구글맵** 페이지 하단 QR 코드 스캔·클릭
※주의하세요! 니시산도～이로하자카~츄젠지온센 구간은 봄·가을 행락철의
상습 정체구간이다. 이동시간이 평소보다 두세 배 이상 걸리니 주의하자.

F－1 그랑프리에 등장할 법한 48개의 급커브를 버스로
통과하는 스릴 만점(?) 코스. 츄젠지 호수로 올라가는 도로인
다이니이로하자카 第二いろは坂에 20개, 츄젠지 호수에서 닛코
시내로 내려가는 도로인 다이이치이로하자카 第一いろは坂에
28개의 급커브가 있어 컨디션이 안 좋을 때는 일찌감치 멀미약부터
챙기는 게 좋을 듯! 거의 직각으로 꺾이는 커브를 돌 때마다 발
아래로 아찔한 낭떠러지가 펼쳐지며, 점차 고도를 높이는 동안
창밖으로는 울창한 원시림이 모습을 드러낸다. 10～11월에는 한
달여에 걸쳐 산 아래로 붉게 번지는 화사한 단풍을 즐길 수 있으니
특등석인(?) 버스 맨 앞에 앉아 멋진 풍경을 맘껏 감상하지.

야생 원숭이 주의!

닛코에는 야생 원숭이가 많다. 특히 이
로하자카·아케치다이라 전망대·츄
젠지 호수 인근에서 자주 목격되는데,
먹이를 주는 등의 섣부른 행동은 절대
금물이다. 물리거나 날카로운 발톱에 상
처를 입는 사고가 빈번히 발생한다. 심
지어 물건을 빼앗기는 경우도 있으니 소
지품 보관에도 유의해야 한다.

이로하자카는
일방통행이라 한 번
지나간 길은 다시 갈
수 없다.

닛코의 무법자 야생 원숭이

타이유인 퍼펙트 가이드

타이유인은 관광객으로 북적이는 토쇼구와 달리 조용히 구경할 수 있는 게 매력이다. 전반적인 분위기는 토쇼구에 비해 소박하며 장중한 멋을 풍긴다. 비록 토쇼구의 모방을 허락하지 않은 이에미츠였지만 기본적인 건물 배치는 토쇼구의 흐름을 따르고 있어 이를 하나하나 비교해보는 것도 흥미롭다.

❶ 인왕문 仁王門

토쇼구로 치면 오모테몬에 해당하는 타이유인의 정문이다. 문 양쪽에 3.2m의 인왕상이 세워져 있다. 크기는 일부러 토쇼구의 인왕상(4m)보다 조금 작게 만들었다. 장식은 무척 간소해서 기둥에 사자, 처마에 기린 등의 동물상이 조각돼 있을 뿐이다. 인왕문을 지나면 바닥에 돌을 깔아놓은 포장도로가 이어지는데 이 돌은 모두 카나가와 현 神奈川県(요코하마 부근)에서 가져온 것이다. 비에 젖으면 붉은빛 또는 푸른빛이 감도는 게 특징이다.

우락부락한 표정의 인왕상. 사악한 마음을 버리라는 훈계의 뜻으로 험상궂은 표정을 짓고 있다.

❷ 오미즈야 御水舍

인왕문을 지나 조금 안으로 들어가면 오른쪽에 토쇼구의 오미즈야와 비슷한 모양의 건물이 있다. 건물 이름은 물론 용도(우물)도 동일하다. 차이가 있다면 규모가 상대적으로 작다는 것. 물은 수로를 이용해 계곡에서 끌어다 쓰는데, 수로에 토쿠가와 가문의 문장을 선명히 새겨 놓았다. 지금은 거의 지워진 상태지만 천장에는 용이 한 마리 그려져 있다.

12개의 기둥으로 만들어진 오미즈야. 바람이 잔잔한 날은 수면에 용의 모습이 비치기 때문에 이를 가리켜 '물 마시는 용'이라고 부른다.

❸ 니텐몬 二天門

오미즈야 앞쪽 계단 위에 우뚝 세운 문. 붉은색·검은색·금색으로 치장했으며 니텐 二天이란 명칭의 유래가 된 광목천 広目天(서쪽의 수호신)과 지국천 持国天(동쪽의 수호신)의 목상이 문 좌우에 놓여 있다.

뒤에는 재앙을 물리치는 역할을 하는 바람의 신 風神과 번개의 신 雷神의 목상이 있어 이 문을 '카미나리몬 雷門'이라고 부르기도 한다. 바람의 신의 4개뿐인 손가락은 동서남북, 번개의 신의 3개뿐인 손가락은 과거·현재·미래를 뜻한다. 그리고 이들의 두 개뿐인 발가락은 하늘과 땅을 상징한다.

계단을 오르면 니텐몬이 나타난다.

❹ 고루와 종루 鼓楼·鐘楼

야차몬 앞에 있는 두 개의 거대한 건물. 왼쪽이 북을 치는 고루, 오른쪽이 종을 울리는 종루다. 양쪽에는 다이묘가 헌납한 청동 등롱이 줄줄이 놓여 있다.

토쇼구에서도 똑같은 생김새의 종루를 볼 수 있다.

❺ 야차문 夜叉門

토쇼구의 요메이몬에 해당하는 곳이다. 검은색과 금색을 기조로 장엄한 분위기를 풍기는 건물이지만 상대적으로 장식은 소박하다. 이 문의 특징은 전후좌우에 빨강·초록·하양·파랑의 야차상 4개가 있다는 것이다. 야차는 흉측한 외모와 강한 신통력을 가진 귀신으로 불교에서는 북방의 수호신으로 통한다. 여기서는 무덤을 보호하는 수호신 역할을 한다.

⑥ 카라몬 唐門

타이유인에서 가장 작은 문이다. 크기는 고작 폭 1.8m, 높이 3m에 불과하지만 처마 한가운데에 새긴 춤추는 한 쌍의 학과 하늘을 나는 백룡이 아름다운 조각 예술의 진수를 보여준다.

양쪽에 세워져 있는 커다란 기둥은 느티나무 한 그루를 통째로 깎아서 만든 뒤 번쩍이는 금을 입혔다. 전체적으로 금색과 검은색으로 치장해 화려하면서도 단아한 멋이 느껴진다.

화려한 세공기술을 보여주는 카라몬의 학과 백룡 조각.

⑦ 배전 拜殿

카라몬 안쪽에 위치한 배전의 건축 양식은 토쇼구와 동일하다. 입구에는 토쿠가와 바쿠후의 어용화가인 카노 탄유 狩野探幽가 그린 사자 그림이 있으며, 건물 내부의 천장에는 용 140마리를 가득 그려 놓았다. 용은 하나하나 모양이 다르니 여유를 갖고 찬찬히 살펴보자. 배전 안쪽으로는 본전을 연결하는 아이노마 相の間가 보인다. 해마다 토쿠가와 이에미츠의 기일(忌日)이면 쇼군이 찾아와 여기서 의식을 참관했다고 한다.

타이유인의 중심이 되는 배전.

⑧ 코카몬 皇嘉門

본전 오른쪽에는 묘한 분위기의 중국풍 건물이 있다. 생김새가 마치 용궁 같다고 해서 용궁문이란 별명도 붙었는데, 이 문 너머의 계단 60개를 오르면 토쿠가와 이에미츠가 잠들어 있는 오쿠노인 奧の院이 나온다.

중국 명나라 때의 건축양식을 본떠서 만든 코카몬. 내부는 공개하지 않아 코카몬 앞까지만 볼 수 있다.

⑨ 본전 회랑 本殿廻廊

야트막한 회랑이 본전의 사방을 둘러싸고 있다. 검게 칠한 회랑 벽은 구멍이 숭숭 뚫린 격자 문양과 금색 장신구로 치장했으며, 윗부분은 새·매화·대나무·소나무가 섬세하게 조각된 화려한 멋을 뽐낸다.

벽에는 토쿠가와 가문의 문장이 수 없이 새겨져 있다.

⑩ 본전 本殿

일반인의 출입이 통제된 금단의 구역이라 건물 외관밖에 볼 수 없다. 여기에는 타이유인의 본존과 토쿠가와 바쿠후가 배출한 역대 쇼군의 위패가 안치돼 있다. 사방 10m의 정방형 건물은 배전보다도 규모가 작지만 내부를 금색으로 화려하게 치장해 일명 금각전 金閣殿이라고도 부른다.

타이유인 구조도

明 智平 아케치다이라 전망대 ★★★☆☆

발음 아께찌다이라 **운영** 09:00~15:30 **휴무** 3/1~3/15
요금 케이블카 왕복 1,000엔, 초등학생 이하 500엔 **지도** MAP 31-D2
교통 토부닛코 역(TN25) 앞의 2A · 2C번 정류장 또는 니시산도이리구치 西参道
入口 정류장에서 출발하는 츄젠지온센 · 유모토온센 中禅寺温泉 · 湯本温泉 행
토부 버스를 타고 ㉔아케치다이라 明智平 하차(25~40분 소요).
구글맵 페이지 하단 QR 코드 스캔 · 클릭

닛코에서 가장 멋진 경치를 자랑하는 전망대. 높이는 해발 1,373m
다. 케이블카를 타고 정상에 오르면 탁 트인 전망과 함께 지금까지
올라온 다이니로하자카, 닛코 시내의 모습이 한눈에 들어온다. 그와
함께 서쪽으로 파랗게 빛나는 츄젠지 호수, 한 줄기로 곧게 쏟아져
내리는 케곤 폭포의 물줄기, 듬직하게 북녘 하늘을 가로막아 선 난타이
산 男体山의 웅장한 파노라마가 펼쳐지는데, 이 모습은 닛코에서도
유일하게 여기서만 감상할 수 있는 광경이다. 조용히 귀 기울여
멀찍이서 울려오는 폭포의 굉음을 들어보자. 구불구불한 이로하자카의
모습을 제대로 보려면 난타이 산 방향으로 아래쪽을 주시하자.
지그재그 모양의 길이 이어진 모습과 함께 엉금엉금 기어 내려가는
콩알만한 차량의 물결이 보일 것이다. 단, 날씨가 궂은 날은 한 치 앞도
분간하기 힘드니 가기 전에 일기예보 확인은 필수다.

1 전망대에서 바라본 케곤 폭포와 츄젠지 호수.
2 전망대를 오가는 케이블카.

華 嚴の滝 케곤 폭포 ★★★★★

발음 케곤노따끼 **홈피** http://kegon.jp **지도** MAP 30-D2 · 31-D2
교통 토부닛코 역(TN25) 앞의 2A · 2C번 정류장 또는 니시산도이리구치 西参道
入口 정류장에서 출발하는 츄젠지온센 · 유모토온센 中禅寺温泉 · 湯本温泉 행
토부 버스를 타고 ㉖츄젠지온센 中禅寺温泉 하차(40~45분 소요), 도보 4분.
구글맵 페이지 하단 QR 코드 스캔 · 클릭
엘리베이터 **운영** 08:00~17:00, 12~2월 09:00~16:30
요금 600엔, 초등학생 400엔, 초등학생 미만 무료

낙차가 97m에 달하는 박력 만점의 폭포. 일본의 3대 폭포 가운데
가장 웅장한 멋을 자랑한다. 지축을 울리는 굉음과 함께 바닥으로
곤두박질치는 새하얀 물기둥, 그 주위에서 흘러내리는 열두 가닥의
가느다란 물줄기가 한 폭의 산수화를 연상시킨다.
새하얀 물보라가 이는 폭포의 장엄한 멋을 즐기려면 엘리베이터를 타고
폭포 아래까지 내려가는 게 정석이다. 그러나 주머니 사정이 여의치
않을 때는 엘리베이터 타는 곳 옆의 무료 전망대를 이용하는 것도 방법!
웅장한 맛은 조금 덜하지만 폭포의 모습을 보는 데는 큰 차이가 없다.
이 폭포는 한때 자살의 명소로 유명했다. 첫 테이프(?)를 끊은 이는
18세의 후지무라 미사오 藤村操였다(1903년). 그는 도쿄 대학의
전신인 다이이치 고등학교 第一高等学校에 재학 중 불현듯 이곳을
찾아와 스스로 폭포에 몸을 던졌는데, 그가 남긴 염세주의적 유서가
큰 반향을 불러일으켜 자살 행렬이 줄을 이었다고 한다.

 구글맵

재미난 전설이 얽혀 있는 무녀석.

巫 女石 무녀석

★☆☆☆☆

발음 미꼬이시 **지도** MAP 30-B1
교통 츄젠지온센 中禅寺温泉 버스 터미널에서 츄젠지 호수 쪽으로 250m쯤 가면 붉은색의 대형 토리이 鳥居가 보인다. 토리이 뒤편 오른쪽에 있다.
구글맵 페이지 하단 QR 코드 스캔·클릭

높이 70cm 정도의 기괴한 모양을 한 바위 덩어리. 호기심 많은 신사 神社의 무녀가 남장을 하고 츄젠지 호수까지 올라왔다가 신의 저주를 받아 그 자리에서 돌로 변해버렸다는 전설이 전해온다. 여기 있는 바위가 그 무녀라고 한다.

中 禅寺 츄젠지

★☆☆☆☆

발음 츄-젠지 **개관** 4~10월 08:00~17:00, 11·3월 08:00~16:00, 12~2월 08:30~15:30 **요금** 500엔 **지도** MAP 30-B3·31-C3
교통 츄젠지온센 中禅寺温泉 버스 터미널 26C번 정류장에서 버스를 타고 ㉮타치키칸논·유란센핫차쿠쇼 立木観音·遊覧船発着所 하차(5분). **구글맵** 페이지 하단 QR 코드 스캔·클릭

쇼도 쇼닌이 수도를 목적으로 784년에 세운 절. 당시에는 난타이 산의 입구에 있었으나 1902년의 산사태로 완전히 파괴돼 같은 해에 이 자리로 이축·복원시켰다. 본존으로는 타치키칸논 立木観音이라고 부르는 5.4m의 천수관세음보살상을 모신다. 이 불상은 쇼도 쇼닌이 살아 있는 침나무(일본산 계수나무의 일종)를 깎아서 만든 것인데, 1902년의 산사태 당시 호수에 가라앉았다가 기적적으로 발견됐다.

본당인 고다이도 五大堂의 천장에는 토쇼구의 나키류를 모사(模寫)한 대형 용 그림이 있다.

中 禅寺湖 츄젠지 호수

★★★★★

발음 츄-젠지꼬 **지도** MAP 30-A2·31-C2
교통 토부닛코 역(TN25) 앞의 2A·2C번 정류장 또는 니시산도이리구치 西参道入口 정류장에서 출발하는 츄젠지온센·유모토온센 中禅寺温泉·湯本温泉 행 토부 버스를 타고 ㉮츄젠지온센 中禅寺温泉 하차(40~45분 소요). 도보 4분. **구글맵** 페이지 하단 QR 코드 스캔·클릭

2만 년 전 난타이 산의 화산 분출로 흘러내린 용암이 다이야가와 강 大谷川을 막아 생긴 둘레 25km의 호수. 일본에서 가장 높은 곳에 위치한 자연 호수로 높이는 해발 1,269m, 수심은 무려 163m나 된다. 벚꽃 피는 봄과 단풍 드는 가을이면 주변의 산들이 푸른 물빛과 어우러져 아름다운 경관을 연출한다. 버스 터미널에서 400m 남짓 떨어진 유람선 선착장에서는 호수가 어는 때를 제외한 나머지 기간 동안 유람선이 출항한다. 호수 한가운데에서 주위를 둘러싼 외륜산과 난타이 산의 전경을 즐길 수 있는 게 매력. 낮은 물론, 하늘이 보랏빛으로 물드는 해질녘의 풍경도 무척 아름답다. 츄젠지 호수와 난타이 산은 닛코 산악신앙의 중심지였기 때문에 19세기 초까지 오로지 남성만 출입할 수 있는 '금녀의 구역'이었다는 사실도 알아두면 좋을 듯!

1 츄젠지 호수 뒤로 난타이 산이 보인다. 호수 주위로는 산책로가 정비돼 있다. **2** 호수 유람선이나 보트도 탈 수 있다.

イ タリア大使館別荘記念公園
이탈리아 대사관 별장 기념공원

발음 이타리아다이시깐벳소-키넨꼬-엔 **개관** 4 · 11월 09:00~16:00, 5~10월 09:00~17:00 **휴관** 4월의 월요일, 12~3월 **요금** 300엔, 초등학생 150엔 **지도** MAP 31-C3 **교통** 츄젠지온센 中禅寺温泉 버스 터미널 26C번 정류장에서 버스를 타고 ㊹이타리아 · 이기리스다이시깐벳소키넨코엔이리구치 イタリア · 英国大使館別荘記念公園入口(8분) 하차, 도보 10분. **구글맵** 페이지 하단 QR 코드 스캔 · 클릭

이탈리아 대사관의 별장(1914~1998)으로 지은 건물. 츄젠지 호수는 도쿄 근교에서도 손꼽히는 피서지라 이 주변에는 19세기 무렵부터 세워진 프랑스 · 벨기에 등 각국 대사관의 여름 별장이 모여 있다. 입구 쪽의 국제 피서지 역사관 国際避暑地歴史館에는 이 일대의 역사를 소개하는 자료가 전시돼 있으며, 일반에 자유로이 개방된 본저 本邸에는 침실 · 서재 · 식당 등 별장으로 사용하던 당시의 모습을 고스란히 보존해 놓았다. 1층에는 넓은 창을 가진 전망 테라스가 있는데 여기서 보는 츄젠지 호수의 모습이 무척 아름답다. 고색창연한 닛코의 분위기와 다른 유럽풍의 멋진 경관을 즐길 수 있으니 놓치지 말자!

1 이국적인 외관의 이탈리아 대사관 별장.
2 츄젠지 호수가 보이는 전망 좋은 베란다.

늪지대 위로 목조 보도가 이어진다.

戦 場ヶ原 센죠가하라

발음 센죠-가하라 **지도** MAP 31-B1
교통 츄젠지온센 中禅寺温泉 버스 터미널에서 유모토온센 湯本温泉 행 버스를 타고 ㊴아카누마 赤沼 하차(16분). 또는 토부닛코 역(TN25) 앞의 2A번 정류장에서 출발하는 유모토온센 湯本温泉 행 버스를 타고 ㊴아카누마 하차(1시간). **구글맵** 페이지 하단 QR 코드 스캔 · 클릭

센죠가하라 戦場ヶ原는 해발 1,400m 지점에 위치한 고원지대다. 전설에 의하면 난타이 산과 아카시로야마 赤城山의 신이 싸운 곳이라고 해서 '전쟁터'를 뜻하는 지금의 이름이 붙었다. 지대가 높은 만큼 기온이 낮은 것은 당연지사. 5월 초까지 눈이 남아 있음은 물론 10월 무렵이면 일찌감치 겨울이 찾아온다. 때문에 피서지로도 인기가 높다. 현재 이 일대는 초화화가 진행 중이라 습지 식물과 육상 식물이 공존하는 특이한 자연 경관을 볼 수 있다. 하이킹 코스도 정비돼 있어 광활한 자연을 체험하기에도 좋다. 하이킹 코스를 제대로 밟으려면 최소 반나절에서 하루가 걸린다. 즉, 닛코에서 1박 이상해야만 이곳을 여행할 수 있다는 뜻! 인기 하이킹 코스는 아카누마 버스정류장에서 출발해 유모토온센까지 이어지는 구간이다. 편도 2시간 30분~3시간 걸리며 습지 · 평원 · 호수 등 센죠가하라의 자연을 두루 감상할 수 있다.

코스 곳곳에 방향을 알리는 이정표와 지도가 설치돼 있어 길 잃을 염려는 없다. 하지만 일단 코스로 들어가면 음료수나 먹거리를 구할 수 없으니 반드시 비상식량을 챙겨야 한다. 겨울에는 코스가 폐쇄되며 시기에 따라서는 곰이 출몰하기도 하니 주의하자.

야시오노유

야시오노유 やしおの湯는 닛코 시내에 있는 온천이다. 규모는 작지만 노천 온천도 딸려 있다. 츄젠지온센 버스 터미널 또는 토부닛코 역(TN25)에서 버스를 타고 ⑰키요타키잇쵸메 清滝一丁目 하차(20~30분), 도보 15분.

영업 10:00~21:00
휴무 목요일, 12/29~1/1
요금 700엔 **지도** MAP 33-B2
구글맵 페이지 하단 QR 코드 스캔 · 클릭

온천 휴양지 키누가와온센

닛코 인근의 키누가와온센 鬼怒川温泉은 하코네와 더불어
도쿄 근교의 온천 명소로 각광받는 지역이다. 계곡을 따라 흐르는
키누가와 강 鬼怒川 주변엔 호텔 · 여관이 밀집해 있어
해질녘이면 유카타 浴衣(일본식 욕의)를 입고 산책을 즐기는
관광객의 모습도 쉽게 눈에 띈다. 또한 여러 테마파크가 모여
있어 닛코의 자연을 즐긴 뒤 잠시 쉬어가기에도 적당하다.

교통 사철 토부닛코 역(TN25)에서 기차로 30분. 도중의 시모이마이치 下今市 역(TN23)의 2번 플랫폼에서 키누가와온센 · 아이즈코겐
会津高原 행 열차로 갈아타야 한다. 또는 도쿄의 아사쿠사 · 키타센쥬 역에서 출발하는 토부닛코 선 특급열차로 2시간.
닛코와 키누가와온센을 함께 묶어서 여행할 때는 닛코 전지역 패스 Nikko All Area Pass(p.446)를 구매하는 게 경제적이다.

鬼 怒川ライン下り 키누가와 급류타기 ★★★☆☆

명칭 키누가와라인쿠다리 운영 09:00~15:45, 1일 12편
휴무 12월~4월 중순 요금 3,200엔, 초등학생 이하 2,200엔
예약 0288-77-0531 홈피 http://linekudari.com 지도 MAP p.470
교통 토부닛코 선의 키누가와온센 鬼怒川温泉 역(TN56) 하차, 역을 나와 정면
오른쪽으로 도보 5분. 선착장의 위치를 알려주는 표지판이 중간중간 세워져 있다.
구글맵 페이지 하단 QR 코드 스캔 · 클릭

뱃사공이 모는 길쭉한 나무 보트를 타고 키누가와 강 鬼怒川의
급류를 따라 내려가며 아름다운 자연을 감상할 수 있다. 중간중간
코끼리 · 군함 · 고릴라 바위 등이 나타나는데 이름을 쏙 빼닮은
모습이 무척 신기하다. 40분 정도 걸리며 예약은 필수다. 하선장에서
도보 15분 거리에 에도
원더랜드 닛코 에도
마을(p.470)이 있다.

배를 타고 둘러보는
키누가와온센.

お さるの山 원숭이산 ★★☆☆☆

명칭 오사루노야마 기간 09:00~16:00
요금 1,200엔, 초등학생 이하 600엔
홈피 http://ropeway.kinu1.com
지도 MAP p.470
교통 토부닛코 선의 키누가와온센 鬼怒川温泉 역
(TN56) 하차, 2번 정류장에서 키누가와코엔 鬼怒
川公園 행 버스로 갈아타고 로푸웨이마에 ロープ
ウェイ前 정류장에서 내려 케이블카로 갈아타고
올라간다. 구글맵 페이지 하단 QR 코드 스캔 · 클릭

해발 700m의 마루야마 丸山 정상에
있는 조그만 동물원. 300여 마리의 대만
원숭이와 일본 사슴을 방목한다. 방문객이
직접 먹이를 주며 놀 수 있고, 전망대에서는
키누가와온센 일대가
한눈에 내려다보인다.

1 자유로이 방목된 원숭이.
2 케이블카가 출발하는
원숭이산의 입구.

Best course

볼거리가 띄엄띄엄 떨어져 있고 기차 · 버스 연결이 불편해 여행하
기가 조금 까다롭다. 사철 토부닛코 선을 타고 키누가와온센 역으
로 간 다음, 키누가와 급류타기 →에도 원더랜드 닛코 에도 마을→
토부 월드 스퀘어→키누가와온센 역의 순으로 돌아보는 게 효율적
이며, 6~7시간 정도 걸린다.

입구를 지나면 수백 년 전 과거로의
시간여행이 시작된다.

E DO WONDERLAND 日光江戸村
★★☆☆☆
에도 원더랜드 닛코 에도 마을

발음 에도완다～란도닛코～에도무라 개관 09:00～17:00, 12/1～3/19 09:30～16:00
휴무 수요일, 1월 중순～2월 중순 요금 5,800엔, 초등학생 이하 3,000엔
홈피 www.edowonderland.net 지도 MAP p.470
교통 토부닛코 선의 키누가와온센 鬼怒川温泉 역(TN56) 3번 버스 정류장에서
닛코에도무라 日光江戸村 행 버스로 갈아타고 종점 하차. 또는 토쇼구(p.463)·JR 닛코
역 앞에서 출발하는 무료 셔틀버스로 30~40분. 구글맵 페이지 하단 QR 코드 스캔·클릭

우리나라의 민속촌과 같은 곳으로 에도 시대의 풍경이 볼만하다. 사무라이가
떡 하니 버티고 선 입구를 지나면 길을 따라 상점·무사의 집·여인숙 등
옛 모습을 재현한 건물이 줄지어 있다. 거리를 활보하는 사무라이나 화려한
차림의 게이샤가 신기한 볼거리를 제공하며, 극장·야외 스튜디오에서
상연하는 닌자 쇼와 연극도 흥미롭다.

東 武ワールドスクウェア 토부 월드 스퀘어
★★☆☆☆

발음 토-부와-루도스꾸에아 개관 09:00～17:00, 12/1～3/19 09:30～16:00
요금 2,800엔, 초등학생 이하 1,400엔 지도 MAP p.470
교통 토부닛코 선의 토부와루도스쿠에아 東武ワールドスクウェア 역(TN55) 하차,
도보 4분. 또는 키누가와온센 鬼怒川温泉 역(TN56)의 3번 정류장에서 버스를 타고
토부와루도스쿠에아 東武ワールドスクウェア 정류장 하차(5분).
구글맵 페이지 하단 QR 코드 스캔·클릭

파르테논 신전·피라미드·만리장성·타지마할 등 세계적으로 유명한
102개의 건축물을 25분의 1 크기로 축소시켜 놓았다. 벽돌 하나하나까지
정밀하게 재현한 것은 물론, 각각의 모형 앞에는 표정과 행동이
신기하리만치 제각각인 인형 1만 4,000여 개가 놓여 있어 현실감을
극대화시킨다. 일본·미국·이집트·유럽·아시아의 다섯 개 존으로
나뉘어 있으며 모두 돌아보는 데는 2시간 정도 걸린다. 아시아 존에 전시된
우리나라의 남대문과 경복궁도 놓치지 말자.

1 정교하게 재현한 바티칸 시국.
2 실물과 똑같이 생긴 러시모어 산의 모형.

에도 원더랜드 닛코 에도 마을
Edo Wonderland 日光江戸村

유도코로 스즈카제
すず風

닛코 방면

그란데 이솔라
グランデ·イソーラ

0   500m

원숭이산
おさるの山

우체국

신타카토쿠 역
新高德

코사고에 역
小佐越

토부와루도스쿠에아 역
東武ワールドスクウェア

丸山山頂

토부 월드 스퀘어
東武ワールドスクウェア

우체국

키누가와
골프장

키누가와 급류 타기
鬼怒川ライン下り

키누가와온센 역
鬼怒川

키누가와 그랜드 호텔
鬼怒川グラ
ンドホテル

키누가와코엔 역
鬼怒川公園

키누가와온센
키누가와코엔와후로
鬼怒川公園岩風呂

키누가와온센

구글맵

KAMAKURA
鎌倉 카마쿠라

ACCESS

오다큐 신쥬쿠 역 ➡ 카타세에노시마 역
급행열차 1시간 12분, 650엔
특급 로망스카 1시간 5분, 1,350엔

신쥬쿠 역 ➡ 카마쿠라 역
JR 보통열차 1시간, 950엔

도쿄 역 ➡ 카마쿠라 역
JR 보통열차 55분, 950엔

카마쿠라
퀵 가이드

카마쿠라는 800여 년의 세월을 이어온 역사적 고도(古都)다. 더구나 300여 년에 걸쳐 일본의 수도로 군림하며 화려한 귀족 문화가 번성한 까닭에 도시 곳곳엔 유서 깊은 사찰과 신사가 즐비하다. 인근에는 여름철 피서지로 각광받는 해변 휴양지 에노시마가 위치해 전통과 휴식이란 두 마리 토끼를 동시에 잡을 수 있는 여행지로 인기가 높다.

카마쿠라 요점 정리

여행 포인트

수백 년의 역사를 뽐내는 사찰과 신사, 그리고 푸른 파도가 넘실대는 해변이 대표적인 볼거리다.

여행 기간

핵심 명소만 돌아볼 경우 도쿄에서 당일치기로 여행할 수 있다. 여유롭게 보려면 이틀은 필요하다.

베스트 시즌

기후가 온화해 언제 가더라도 OK! 그중에서도 최적의 시기로 꼽는 때는 봄·가을이다.

고즈넉한 산사가 모여 있는 카마쿠라

카마쿠라는 어떤 곳?

일본의 중세에 해당하는 12세기 초, 권력에 욕심을 품은 미나모토 源 가문은 유명무실한 일왕을 내세우며 일본을 지배하던 타이라 平 가문에 도전장을 던졌다. 그러나 결과는 무참한 패배. 그 후 미나모토 가문이 은밀히 세력을 키우기 위해 카마쿠라에 정착하면서 이 도시의 역사가 시작됐다.

12세기 말 세력을 정비해 단노우라 壇の浦 전투에서 타이라 가문을 누르고 권력을 거머쥔 미나모토 가문은 근거지를 완전히 카마쿠라로 옮긴 뒤 일본 최초의 무사(武士) 정권인 카마쿠라 바쿠후 鎌倉幕府를 세웠다. 그에 따라 조그만 어촌에 불과했던 카마쿠라는 300년 동안 일본 제2의 수도라는 막강한 지위를 누렸다.

하지만 미나모토 가문의 집권기간 동안 각종 내란과 재난, 여몽 연합군의 침공이 이어지며 카마쿠라 바쿠후의 세력이 점차 약화돼 다시금 권력은 교토의 일왕에게 넘어갔고, 카마쿠라는 역사의 무대에서 잊혀진 존재가 됐다. 에도 시대 이후로는 정책적으로 오직 종교와 관광 목적으로만 개발되면서 궁궐과 사찰, 귀족의 저택이 들어섰다.

전성기에 카마쿠라의 정치권력과 함께 급부상한 것은 카마쿠라 문화다. 이 문화의 특징은 의리·충성·용맹이란 이상과 무예를 존중하는 무사 계급의 등장으로 대변되는데, 할복자살 의식과 검(劍)에 대한 숭배가 이 시기부터 나타났다. 이러한 역사적 배경 탓에 카마쿠라에는 옛 분위기가 고스란히 밴 크고 작은 사찰이 수십 개나 남아 있다. 그래서 이곳을 천년고도(千年古都) 교토 京都에 견줘 '리틀 교토'라고 부르기도 한다.

카마쿠라 즐기기

볼거리 카마쿠라는 JR 카마쿠라 鎌倉 역을 중심으로 한 카마쿠라 시내와 사철 오다큐 선의 카타세에노시마 片瀬江ノ島 역을 중심으로 한 에노시마 江ノ島의 두 지역으로 나뉜다.

카마쿠라 시내의 주요 볼거리는 카마쿠라 바쿠후의 집권기에 세워진 여러 사찰과 신사다. 대부분 창건 당시의 모습을 그대로 유지하고 있어 고색창연한 분위기를 즐기기에 좋으며, 신사에서는 시즌마다 다채로운 축제가 열려 재미난 눈요깃거리를 제공한다. 태평양을 향해 툭 튀어나온 섬인 에노시마 역시 1,400여 년의 역사를 자랑하는 유서 깊은 신사가 있는 것으로 유명하다. 화산활동의 결과로 탄생한 에노시마의 검은 모래 해변은 도쿄 인근의 물놀이 명소이자 서핑 마니아의 성지로 잘 알려져 있다.

먹거리 크게 눈에 띄는 먹거리는 없다. 대부분의 식당은 JR 카마쿠라 역과 카타세에노시마 역 주변에 모여 있다. 유명 관광지이지만 음식값은 도쿄 시내와 별반 차이가 없어 이용에 큰 부담은 없다. 단, JR 카마쿠라 역과 카타세에노시마 역 주변을 제외한 지역에서는 식당을 찾아보기 힘드니 주의하자.

쇼핑 일본적인 색채가 짙게 밴 아기자기한 기념품을 장만하기에 적당하다. 숍이 모여 있는 곳은 전차 에노덴 江ノ電의 하세 長谷 역에서 코토쿠인 高徳院으로 이어지는 도로, JR 카마쿠라 역의 동쪽 출구 東口를 나와 왼쪽에 있는 코마치도리 小町通り 상점가 등이다.

도쿄에서 카마쿠라로

카마쿠라는 도쿄에서 남서쪽으로 50km 정도 떨어져 있다. 이용 가능한 교통편은 오다큐 선과 JR의 전철이다. 카마쿠라 시내와 에노시마 전체를 돌아볼 계획이라면 속도가 조금 느리더라도 오다큐 선을 이용하는 게 싸고 편리하다. 하지만 카마쿠라 시내의 주요 사찰만 살펴볼 생각이라면 속도가 빠른 JR을 타고 가는 게 좋다.

카마쿠라 행 교통편 요점 정리

오다큐 선

신쥬쿠~에노시마를 연결하는 사철. 에노시마에서 카마쿠라 시내까지는 8km 정도 떨어져 있다.

JR

도쿄~카마쿠라의 직행편을 운행하는 전철. 오다큐 선보다 조금 비싸지만 속도가 빠르고 편하다.

철도 패스

오다큐 선의 왕복열차와 에노덴을 이용할 수 있는 에노시마 · 카마쿠라 프리패스가 경제적이다.

오다큐 선

홈피 www.odakyu.jp
신쥬쿠 역→카타세에노시마 역
급행열차 1시간 12분, 650엔
특급 로망스카 1시간 5분, 1,350엔~

에노시마 · 카마쿠라 프리패스

유효기간 1일
요금 1,640엔

디지털 에노시마 · 카마쿠라 프리패스

스마트폰으로만 구매 가능. QR 코드 방식이라 이용 · 휴대가 편하다. 가격과 기본적인 이용법은 에노시마 · 카마쿠라 프리패스와 동일하다.
홈피 www.emot.jp

특급 로망스카

좌석이 우리나라의 지하철 수준인 보통 · 급행 · 쾌속급행 열차와 달리 특급 로망스카는 등받이가 뒤로 젖혀지는 안락한 좌석과 쾌적한 시설을 갖췄다. 단, 예약 필수이며 에노시마 · 카마쿠라 프리패스 소지자는 추가요금 (편도 700~750엔)이 필요하다.

오다큐 선 小田急線

신쥬쿠에서 에노시마의 카타세에노시마 片瀬江ノ島 역(MAP 36-C1)까지 운행하는 사철이다. 열차는 보통 普通 · 급행 急行 · 쾌속급행 快速急行 · 특급 로망스카 特急ロマンスカー가 있는데, 보통 · 급행 · 쾌속급행 열차는 요금이 모

오다큐 선의 급행열차

두 동일하니 무조건 속도가 빠른 급행 · 쾌속급행 열차를 이용한다. 카타세에노시마 역에서 카마쿠라 시내까지의 거리는 약 8km이며, 전차 에노덴 江ノ電을 타고 간다.

오다큐 선의 장점은 JR보다 요금이 저렴하며, 경제적인 에노시마 · 카마쿠라 프리패스를 사용할 수 있다는 것이다. 이 패스를 구매하면 신쥬쿠~카타세에노시마 역을 1회 왕복할 수 있는 것은 물론, 에노덴을 하루종일 맘대로 탈 수 있다. 단, 신쥬쿠~카타세에노시마 역 구간을 운행하는 열차는 보통 · 급행 · 쾌속급행만 탈 수 있고, 특급 로망스카를 타려면 추가요금을 내야 한다.

1 역 찾아가기

오다큐 선 열차가 출발하는 곳은 JR 신쥬쿠 新宿 역과 연결된 오다큐 신쥬쿠 역(MAP 8-E3)이다. JR 신쥬쿠 역 서쪽 출구 西口의 경우 개찰구를 나와 왼쪽, 남쪽 출구 南口의 경우 개찰구를 나와 오른쪽으로 가면 오다큐 신쥬쿠 역의 매표소와 개찰구가 있다.

구글맵

에노시마 · 카마쿠라 프리패스 구매법 구매 방법 ※동영상은 페이지 하단 QR 코드 스캔 · 클릭

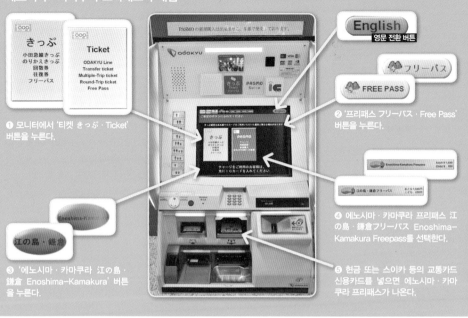

English 영문 전환 버튼

きっぷ 小田急線きっぷ のりかえきっぷ 回数券 往復券 フリーパス

Ticket ODAKYU Line Transfer ticket Multiple-Trip ticket Round-Trip ticket Free Pass

❶ 모니터에서 '티켓 きっぷ · Ticket' 버튼을 누른다.

フリーパス **FREE PASS**

❷ '프리패스 フリーパス · Free Pass' 버튼을 누른다.

❸ '에노시마 · 카마쿠라 江の島 · 鎌倉 Enoshima-Kamakura' 버튼을 누른다.

❹ 에노시마 · 카마쿠라 프리패스 江の島 · 鎌倉フリーパス Enoshima-Kamakura Freepass를 선택한다.

❺ 현금 또는 스이카 등의 교통카드 신용카드를 넣으면 에노시마 · 카마쿠라 프리패스가 나온다.

---

2 에노시마 · 카마쿠라 프리패스 구매

오다큐 선을 경제적으로 이용하려면 에노시마 · 카마쿠라 프리패스 江の島 · 鎌倉フリーパス 구매가 필수적이다. 패스는 매표소의 티켓 자판기 또는 오다큐 여행 서비스 센터에서 구매한다. 티켓 자판기를 이용할 때는 모니터에서 '티켓 きっぷ' 버튼을 누르고, 오른쪽 중간쯤의 '프리패스 フリーパ스' 버튼을 선택한다. 모니터에 그림 지도가 나타나면 '에노시마 · 카마쿠라 江の島 · 鎌倉' 부분을 누른다. 그리고 '에노시마 · 카마쿠라 프리패스 江の島 · 鎌倉フリーパス' 버튼을 누른 다음, 현금 또는 스이카 등의 교통카드나 신용카드를 넣으면 에노시마 · 카마쿠라 프리패스가 나온다.

일본어에 익숙하지 않을 때는 모니터 오른쪽 상단의 'English' 버튼을 눌러 메뉴를 영어로 바꾼 뒤 사용한다. 우선 'Ticket' 버튼을 누르고, 오른쪽 중간쯤의 'Free Pass' 버튼을 선택한다. 모니터에 그림 지도가 나타나면 'Enoshima-Kamakura' 부분을 누른다. 그리고 'Enoshima-Kamakura Freepass' 버튼을 누른 다음, 현금 또는 스이카 등의 교통카드나 신용카드를 넣으면 에노시마 · 카마쿠라 프리패스가 나온다.

3 열차 탑승

에노시마 · 카마쿠라 프리패스를 개찰기에 넣으면 사용이 개시된다. 이제 오다큐 선 열차를 탈 차례. 급행 · 쾌속급행 열차는 4 · 5번 플랫폼, 특급 로망스카는 2 · 3번 플랫폼에서 출발한다. 주의할 점은 카타세에노시마 역까지의 직행

오다큐 여행 서비스 센터
Odakyu Sightseeing Service Center

에노시마 · 카마쿠라 프리패스와 관련된 업무를 취급한다. 당일권 · 예매권 모두 구매할 수 있으며 특급 로망스카의 예약도 해준다. 한국어 · 영어가 통한다.
영업 08:00~16:00
교통 JR 신쥬쿠 역 서쪽 출구 西口의 개찰구를 나와 왼쪽으로 도보 2분. 신쥬쿠 역 지하 1층에 있으며, 오다큐 선 표지판을 따라가면 쉽게 찾을 수 있다.

신쥬쿠→카타세에노시마 직행열차

특급 로망스카
평일 16:20, 17:20, 18:20
토 · 일 · 공휴일 07:20, 08:20, 10:20, 12:20, 14:20, 15:20, 17:20, 18:20, 19:20, 20:20

카타세에노시마 역

JR

🌐 www.jreast.co.jp

신쥬쿠 역→카마쿠라 역
JR 보통열차 1시간, 950엔

도쿄 역→카마쿠라 역
JR 보통열차 55분, 950엔

키타카마쿠라 역

주요 사찰이 모인 키타카마쿠라 역에서
내려 카마쿠라 역까지(한 정거장)
걸어가는 것도 효율적인 여행법이다.
MAP 34에서 볼 수 있는 것처럼
키타카마쿠라 역 주변에는 유명 사찰이
여럿 모여 있다. 게다가 카마쿠라 역
방향으로는 내리막길이라 걷기도
수월하다. 즉, 사찰을 중심으로 여행할
계획이라면 키타카마쿠라 역에서
내려야 편한 것!

알아두세요

JR은 에노시마·카마쿠라 프리패스를
사용할 수 없기 때문에 에노시마로
가려면 별도의 요금을 내고 에노덴을
타야 한다. 즉, 그만큼 비용이 추가로
발생하는 것. 에노시마를 볼 계획이
없다면 JR을 이용하는 게 좋지만,
에노시마까지 일정에 포함시키려면
오다큐 선이 훨씬 경제적이다.

이 무척 드물다는 것이다. 직행이 없을 때는 불편하더라도 도중에 갈아타는 수
밖에 없다. 우선 수시로 출발하는 오다와라 小田原 또는 사가미오노 相模大野
행 열차를 타고 사가미오노 相模大野 역(OH28)으로 간다. 거기서 카타세에노
시마 片瀬江ノ島 행 열차로 갈아타고 종점인 카타세에노시마 역(OE16)까지
가면 된다. 후지사와 藤沢 행 열차가 있다면 종점인 후지사와 역(OE13)까지 간
다음, 카타세에노시마 행 열차로 갈아타고 종점인 카타세에노시마 역에서 내려
도 된다. 자세한 방법은 하단의 노선도를 참고하자.

4 카타세에노시마 역 도착

카타세에노시마 역(MAP 36-C1)은 출구가 하나밖에 없는 조그만 역이다. 출
구를 나와 정면으로 5분쯤 걸으면 검은 모래의 해변과 함께 에노시마 江ノ島가
나타난다. 여기서 카마쿠라 시내까지는 에노덴 전차로 23분 정도 걸리며, 앞서
말한 것처럼 에노시마·카마쿠라 프리패스 소지자는 에노덴을 무료로 탈 수 있
다. 에노덴 이용법은 오른쪽 페이지를 참고하자.

제이알 JR

JR은 요코스카 선 横須賀線과 쇼난신쥬쿠라인 湘南新宿ライン의 두 개 노선
을 이용할 수 있다. 소요시간은 약 1시간으로 동일하니 어느 쪽을 이용해도 상
관없다. 요코스카 선은 JR 야마노테 선의 도쿄·신바시·시나가와 역, 쇼난신
쥬쿠라인은 JR 야마노테 선의 이케부쿠로·신쥬쿠·시부야·에비스·오사키
역에서 갈아탈 수 있으며, 각각의 역에서 해당 노선의 표지판을 따라 가면 플랫
폼이 금방 눈에 띈다.

주의할 점은 반드시 행선지를 확인하고 타야한다는 것! 즈시 逗子·요코스카 横
須賀·쿠리하마 久里浜 행 열차를 타야 카마쿠라 역까지 바로 갈 수 있다. 다른 행
선지의 열차를 탔다가는 도중에 몇 번씩 갈아타야 하니 조심하자. 내리는 곳은 JR
카마쿠라 鎌倉 역(JO07·JS07) 또는 키타카마쿠라 北鎌倉 역(JO08·JS08)이
다. 카마쿠라 역은 시내 한복판에 있으며 주변에 상점가·식당·슈퍼마켓이 모여
있다. 주요 볼거리는 동쪽 출구 東口 쪽으로 연결되며 바로 앞에 주요 명소를 연결
하는 버스터미널이 있다. 서쪽 출구 西口 옆에는 전차 에노덴 江ノ電의 역이 있다.

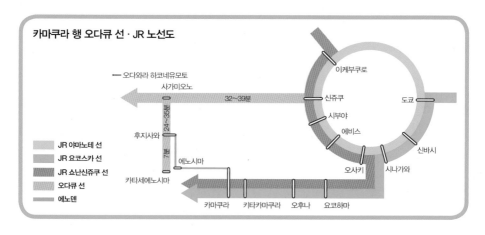

카마쿠라 행 오다큐 선·JR 노선도

- JR 야마노테 선
- JR 요코스카 선
- JR 쇼난신쥬쿠 선
- 오다큐 선
- 에노덴

오다와라 하코네유모토
사가미오노
32~39분
이케부쿠로
신쥬쿠
도쿄
시부야
24~35분
후지사와
에비스
7분
에노시마
신바시
카타세에노시마
오사키
시나가와
카마쿠라   키타카마쿠라   오후나   요코하마

카마쿠라 시내 교통

카마쿠라에서는 튼튼한 두 다리와 대중교통을 적절히 이용한다. 예를 들어 키타카마쿠라 역부터 카마쿠라 역 사이에는 절과 신사 등의 볼거리가 중간중간 놓여 있어 걸어다니며 구경하기에 적당하다. 그러나 카마쿠라 서부의 하세데라 長谷寺 인근과 에노시마, 동부의 사찰 밀집 지역을 찾아가려면 전차인 에노덴 또는 버스 이용이 필수다.

카마쿠라 시내 교통 요점 정리

에노덴
에노시마~카마쿠라 시내를 오가는 전차. 에노시마 · 카마쿠라 프리패스로 무료 이용 가능!

버스
호코쿠지 등 카마쿠라 외곽의 명소를 찾아갈 때 이용할 가능성이 높다. 스이카를 사용할 수 있다.

자전거
중간중간 언덕이 있고 도로가 복잡해 이용하기가 불편하다. 대여소는 JR 카마쿠라 역 옆에 있다.

에노덴 江ノ電

앙증맞은 에노덴

에노시마 방면을 여행하려면 반드시 이용해야 하는 전차다. 만화 《슬램덩크》에도 등장한 카마쿠라의 명물인데, 달랑 2~4칸의 차량만 달고 '후지사와 藤沢~에노시마~하세 長谷~카마쿠라'의 10km 구간을 뒤뚱거리며 달리는 모습이 이채롭다. 도중의 코시고에 腰越(EN07)~이나무라가사키 稲村ヶ崎(EN10) 구간에서는 해안선을 따라 달리며 해변 풍경과 태평양을 향해 툭 튀어나온 에노시마의 멋진 모습을 보여주기도 한다.

에노시마 · 카마쿠라 프리패스 소지자는 에노덴을 맘대로 이용할 수 있다. 이 패스 없이 에노덴을 자주 이용해야 한다면 에노덴 전용 1일권인 노리오리쿤의 りおりくん을 구매하는 게 경제적이다. 에노덴 전 구간을 무제한 이용할 수 있으며 세 번 이상 타면 본전이 빠진다.

버스 バス

다양한 노선의 버스

카마쿠라 동부의 호코쿠지 주변으로 갈 때는 버스를 타고 가는 게 좋다. 걸어갈 수도 있지만 길이 복잡하고 시간도 만만치 않게 걸린다. 버스터미널은 JR 카마쿠라 역 동쪽 출구 東口 앞에 있다. 버스는 뒷문으로 타고 앞문으로 내리며 요금은 내릴 때 낸다. 교통카드인 스이카(p.136)도 사용할 수 있다.

에노덴
요금 200~310엔
홈페이지 www.enoden.co.jp

노리오리쿤
요금 800엔, 초등학생 400엔

자전거
그다지 효율적이진 않지만 자전거를 이용할 수도 있다. 자전거 대여소는 JR 카마쿠라 역의 동쪽 출구 東口를 등지고 오른쪽으로 80m쯤 가면 있다.
운영 08:30~17:00
휴무 1/1~1/3
요금 1시간 600엔, 1일 1,600엔

버스
요금 200엔~

best course

카마쿠라를 구석구석 돌아보는 코스. 일정은 에노시마→카마쿠라의 순서가 되며 사철 오다큐 선을 타고 가기 때문에 에노시마·카마쿠라 프리패스(p.475)를 구매하는 게 경제적이다. 에노시마 신사부터 치고가후치까지는 좁은 계단과 언덕이 반복되는데, 중간중간 멋진 경치가 펼쳐져 걷는 재미가 쏠쏠하다. 하세데라로 갈 때는 에노덴 전차를 이용한다. 전차 진행 방향 오른쪽으로 에노시마의 멋진 해안 풍경이 펼쳐진다는 사실을 기억하자. 후반부의 츠루가오카하치만구에 흥미가 없다면 인근의 유서 깊은 사찰을 찾아보는 것도 좋다.

출발점 오다큐 선의 카타세에노시마 역
예상 소요시간 8시간~

▼카타세에노시마 역을 나오면 이렇게 보여요.

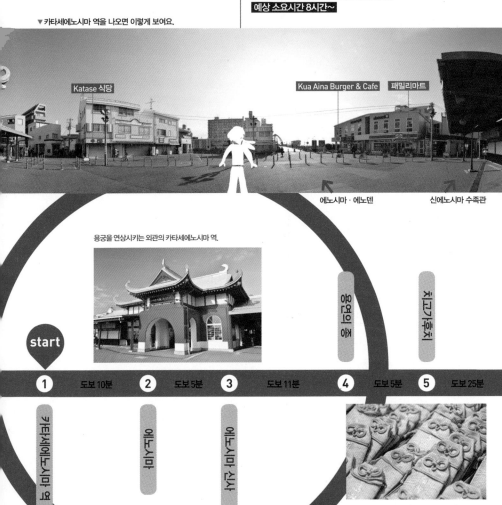

Katase 식당

Kua Aina Burger & Cafe　패밀리마트

에노시마 · 에노덴　　　　신에노시마 수족관

용궁을 연상시키는 외관의 카타세에노시마 역.

start

1	도보 10분	2	도보 5분	3	도보 11분	4	도보 5분	5	도보 25분

카타세에노시마 역　　에노시마　　에노시마 신사　　　　　　　야요이샤　　치고가후치

신사에서 파는 부적인 오마모리.

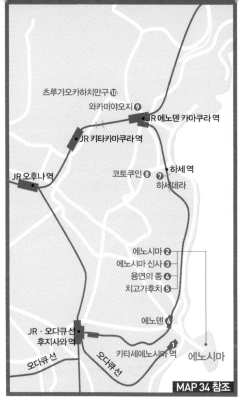

초루가오카하치만구 ⑩
와카미야오지 ⑨
　　　JR 에노덴 카마쿠라 역
JR 키타카마쿠라 역

JR 오후나역
코토쿠인 ⑧ ⑦ ● 하세 역
　　　　　 ● 하세데라

에노시마 ②
에노시마 신사 ③
용연의 종 ④
치고가후치 ⑤

에노덴 ⑥

JR · 오다큐선
후지사와 역
오다큐선
오다큐선
카타세에노시마 역 ①　에노시마

MAP 34 참조

1 기념품으로 좋은 깜찍한 복고양이 인형.
2 세월의 흔적이 아로새겨진 불상.
3 많은 이의 소원이 담긴 에마.
4 흥겨운 축제도 재미난 볼거리.

해변을 따라 달리는 전차 에노덴.

유서 깊은
역사를 뽐내는
츠루가오카하치만구.

⑥	전차 18분	⑦	도보 5분	⑧	도보 7분+전차 5분	⑨	도보 10분	⑩

에노덴

하세데라

코토쿠인

와카미야오지

츠루가오카하치만구

신사의 입구를 지키는
코마이누.

SIGHTSEEING

주요 볼거리는 오랜 역사를 자랑하는 절과 신사다. 워낙 숫자가 많고 분위기가 비슷비슷해 전체를 다 보려고 욕심내기보다는 관심 가는 몇 곳만 골라 느긋하게 구경하는 게 좋다. 이와 함께 에노시마의 아름다운 자연을 살펴보는 것도 잊지 말자!

Best Spot in kamakura

★★★★★ 에노덴, 에노시마
　　　　　츠루가오카하치만구
　　　　　치고가후치, 코토쿠인
★★★★☆ 제니아라이벤자이텐, 켄쵸지
　　　　　하세데라
★★★☆☆ 구카쵸노미야 저택, 쥬후쿠지
　　　　　에노시마 신사, 와카미야오지
★★☆☆☆ 엔카쿠지, 용연의 종, 쵸지치
　　　　　호코쿠지
★☆☆☆☆ 메이게츠인, 스기모토데라
　　　　　신에노시마 수족관
　　　　　에노시마 사무엘 코킹 식물원
　　　　　에노시마타이시, 토케이지

江ノ島 ★★★★★ 에노시마

[발음] 에노시마 [지도] MAP 36−B2 [구글맵] 페이지 하단 QR 코드 스캔·클릭
[교통] 오다큐 선의 카타세에노시마 片瀬江ノ島 역(OE16) 하차, 정면으로 도보 10분.

둘레가 고작 5km에 불과한 조그만 섬이지만 카마쿠라 제일의 절경을 뽐낸다. 전하는 바에 따르면 서기 552년 어느 날, 바다에서 흙더미가 용솟음치더니 21일 만에 섬이 생겼다고 한다. 본격적으로 섬의 존재가 알려지기 시작한 때는 12세기 중반. 일본 무사(武士) 정권의 시조인 미나모토노 요리토모 源頼朝가 섬 안에 벤자이텐 弁才天(음악과 지혜의 여신) 신사를 세우면서다. 이후 참배객이 줄을 이으며 지금까지도 신도 神道의 성지로 추앙받고 있다. 섬 일주는 넉넉잡고 2시간이면 충분하다. 섬 앞의 검은 모래사장은 해수욕과 서핑의 명소라 관광객의 발길이 끊이지 않는다.

1·2 에노시마의 해변은 서핑과 물놀이의 명소다.

新 江ノ島水族館 ★☆☆☆☆ 신에노시마 수족관

[발음] 신에노시마스이조꾸깐 [개관] 09:00~17:00, 12~2월 10:00~17:00
[요금] 2,800엔, 고등학생 1,800엔, 중학생 이하 1,300엔, 초등학생 미만 900엔
[홈페이지] www.enosui.com [지도] MAP 36−B1
[교통] 오다큐 선의 카타세에노시마 片瀬江ノ島 역(OE16) 하차, 개찰구를 나오자마자 오른쪽으로 도보 4분. [구글맵] 페이지 하단 QR 코드 스캔·클릭

에노시마 주변의 해양생물을 소개하는 수족관. 사가미 相模의 바다·심해·해파리·바다거북 등 14개의 테마로 구성된 전시관과 수족관에서 300여 종, 1만 마리 이상의 해양생물을 관찰할 수 있다. 돌고래 쇼 스타디움에서는 돌고래와 바다사자의 재롱 잔치(?)가 벌어진다.

어린이를 동반한 가족단위 여행객이 즐겨 찾는 신에노시마 수족관.

 구글맵

1 토리이 너머로 신사의 입구가 보인다.
2 물에 돈을 씻으면 재물운이 붙는다고.

江ノ島神社 ★★★☆☆ 에노시마 신사

발음 에노시마진자 **지도** MAP 36-B2 **구글맵** 페이지 하단 QR 코드 스캔·클릭
교통 오다큐 선의 카타세에노시마 片瀬江ノ島 역(OE16) 하차, 정면으로 도보 13분.

바다의 신과 세 여신을 모시기 위해 552년에 세운 신사. 에노시마 입구의
다리를 건너 좁은 골목길의 상가를 지나면 붉은 토리이와 함께 입구에
해당하는 헤츠노미야 신사 辺津宮이 보인다. 그리고 동쪽으로 도보 5분 거리에
나카츠노미야 신사 中津宮, 서쪽으로 도보 10분 거리에 오쿠츠노미야 신사
奥津宮가 있는데 이 셋을 통틀어 에노시마 신사라고 한다.
헤츠노미야 신사는 용궁을 연상시키는 독특한 외관 때문에 일명 '용궁성'이라고
부른다. 타기츠히메노 미코토 田寸津比売命를 신으로 모시며, 알몸으로 비파를
연주하는 하다카벤자이텐 상 裸弁財天像가 모셔져 있는 것으로 유명하다. 돈을
씻으면 재물이 불어난다는 연못과 인연을 맺어주는 은행나무도 이곳의 명물이다.
은행나무 주위에는 사랑이 지속되길 기원하는 에마 絵馬가 잔뜩 걸려 있다.
나카츠노미야 신사에서는 이치키시마히메노 미코토 市寸島比売命란 신을
모신다. 에도 시대에는 상인·광대·서민들이 소원을 빌던 곳이다. 오쿠츠노미야
신사는 바다의 여신 타기리히메노 미코토 多紀理比売命를 모신다. 배전 拝殿의
천장에는 어디서 보더라도 자신을 쳐다보는 듯한 모습의 거북, 핫포니라미노카메
八方睨みの亀가 그려져 있다.

江ノ島大師 ★☆☆☆☆ 에노시마타이시

발음 에노시마따이시 **개관** 07:30~18:00 **지도** MAP 36-B2
교통 헤츠노미야 신사에서 도보 6분. **구글맵** 페이지 하단 QR 코드 스캔·클릭

두 눈을 부릅뜬 인왕상이 방문객을 맞이하는 현대적인 외관의
사찰. 1869년 정부 시책으로 이 일대의 절이 모두 철거됐다가
1994년 지금의 모습으로 재건됐다. 본당으로 들어가면 자욱한 향
연기를 뚫고 넓은 창을 통해 햇살이 쏟아져 들어온다. 천장에 잔뜩
걸린 초롱과 본존인 목조 부동상 不動像이 엄숙한 분위기를 풍긴다.

험상궂은 표정의 인왕상이 입구에 놓여 있다.

江ノ島サムエル·コッキング苑 ★☆☆☆☆ 에노시마 사무엘 코킹 식물원

발음 에노시마사무엘루콧킹구엔 **개관** 09:00~20:00 **요금** 전망대 500엔, 식물원 **09:00~17:00** 무료,
17:00~20:00 500엔. **홈피** http://enoshima-seacandle.com **지도** MAP 36-B2
교통 헤츠노미야 신사에서 도보 5분. **구글맵** 페이지 하단 QR 코드 스캔·클릭

거대한 양초처럼 보여 시 캔들이란
애칭이 붙었다.

에노시마 한가운데에 위치한 조그만 식물원. 1883년 영국인 무역상 사무엘 코킹이
이곳에 정원을 꾸미기 시작한 게 식물원의 유래이며, 소철·야자 등의 아열대 식물
750여 종이 자라고 있다. 내부에는 시 캔들 Sea Candle이란 애칭의 전망대가 있다.
높이는 해발 119.6m이며 이 위에서는 파랗게 빛나는 태평양과 볼록 솟은 후지 산의
전경이 한눈에 들어온다.

龍 恋の鐘 용연의 종 ★★☆☆☆

발음 류-렌노까네 **개관** 24시간 **요금** 무료 **지도** MAP 36-B2
교통 에노시마 사무엘 코킹 식물원에서 도보 10분.
구글맵 페이지 하단 QR 코드 스캔·클릭

바닷가의 절벽 위에 세워진 조그만 종루. 전설에 의하면 에노시마는
천녀(天女)가 만든 섬으로 여기 살던 용이 천녀의 아름다움에 반해 끈질긴
구애 끝에 결혼에 성공할 수 있었다고 한다. 이 때문에 '용연 龍恋'이란
로맨틱한 이름의 종루가 만들어진 것. 여기서 종을 울리며 사랑을 고백하면
반드시 이루어진다는 이야기가 전해오는 까닭에 연인들의 필수 답사 코스로
인기가 높다. 종루 앞 난간에는 수백 개의 자물쇠가 매달려 있는데, 이는 둘의
사랑이 굳게 잠긴 자물쇠처럼 영원히 지속되길 기원하는 것이다. 정면으로는
푸른 바다와 수평선이 훤히 내려다보인다.

바다 건너로 후지 산이 보인다.

稚 児ヶ淵 치고가후치 ★★★★★

발음 치고가후찌 **지도** MAP 36-A2 **교통** 용연의 종에서 도보 5분.
언덕 아래로 이어지는 가파른 계단을 내려가야 한다.
구글맵 페이지 하단 QR 코드 스캔·클릭
에노시마이와야 동굴 **개관** 09:00~17:00,
11~2월 09:00~16:00 **요금** 500엔, 중학생 이하 200엔

하얀 파도가 몰아치는 테라스형의 대지. 관동 대지진 때
1m 정도 땅이 솟아올라 지금의 모습을 만들어냈다. 50m
남짓한 길이의 평평한 암초 지대가 해안을 따라 펼쳐지며
썰물 때는 해안까지 걸어갈 수 있다. 날씨가 좋으면 바다
건너 후지 산의 모습이 또렷이 보이는데다 해질 무렵의
노을이 아름다워 데이트 코스로도 인기가 높다.
안쪽에는 유명 승려들이 수행하던 에노시마이와야 동굴
江ノ島岩屋이 있다. 길이 152m의 다이이치이와야 第一
岩屋, 112m의 다이니이와야 第二岩屋의 두 개 동굴로
나뉘는데, 다이이치이와야 안쪽에는 조그만 석불과 무덤,
다이니이와야에는 조잡하게 만든 용의 모형이 있다.

江 ノ電 에노덴 ★★★★★

발음 에노덴 **운행** 05:36~23:49 **요금** 200~310엔
지도 MAP 36-D1 **구글맵** 페이지 하단 QR 코드 스캔·클릭
교통 오다큐 선의 카타세에노시마 片瀬江ノ島 역(OE16)에서
에노덴의 에노시마 江ノ島 역(EN06)까지 도보 7분.

관광명소 이상의 유명세를 누리는 카마쿠라의 '인기
스타'. 1900년 운행을 시작했으니 어느덧 나이는
100살을 넘긴 지 오래다. 뒤뚱거리며 달리는 모습이
은근히 앙증맞은데 이 때문에 CF·드라마·영화에도
셀 수 없이 출연했다. 운행 구간은 카마쿠라 鎌倉 역~
후지사와 藤沢 역의 10km. 이 가운데 해안선을 끼고
달리는 코시고에 腰越 역~이나무라가사키 稲村ヶ
崎 역 구간이 하이라이트다. 철길과 나란히 이어진
모래사장, 하얀 파도가 밀려드는 푸른 바다, 그 위로
볼록 솟아오른 에노시마의 풍경을 맘껏 감상하자.

《슬램덩크》에도 등장한 카마쿠라의 명물 에노덴.

구글맵

長 谷寺 하세데라 ★★★★☆

발음 하세데라 **개관** 08:00~17:00, 10~2월 08:00~16:30 **요금** 400엔,
초등학생 이하 200엔 **홈피** www.hasedera.jp **지도** MAP 34-A4
교통 에노덴의 하세 長谷 역(EN12) 하차, 개찰구를 나와 정면으로 도보 5분.
구글맵 페이지 하단 QR 코드 스캔·클릭

721년에 창건된 절로 오랜 기간 권력자의 비호를 받으며
성장해 왔다. 오랜 역사를 자랑하는 곳답게 곳곳에 볼거리가
가득하다. 입구로 들어가면 차분하게 정돈된 일본식 정원이
눈길을 사로잡는다. 오른쪽에는 벤텐구츠 弁天窟란 암굴이
있는데, 재물의 신 벤자이텐 弁財天을 모시기 위해 판 인공
동굴이다. 내부는 여러 개의 방으로 이루어져 있으며, 벽에
조각된 벤자이텐과 16개의 동자상이 독특한 분위기를 자아낸다.
동자상은 상업·건강·학문의 수호신이라 손에 저마다의 역할을
상징하는 도구를 들고 있다. 제일 안쪽에는 주먹만한 벤자이텐
상을 잔뜩 모셔 놓은 방이 있다. 이것은 소원이 이루어지기를
바라는 뜻으로 참배객들이 갖다놓은 것이다. 내부는 천장이 무척
낮으니 머리를 부딪히지 않게 조심하자.

굴 밖으로 나와 계단을 오르면 절의 본당인 관음당 観音堂이
나온다. 이 안에는 하세칸논 長谷観音이라 불리는 높이 9.18m의
11면(面) 관세음보살상을 모셔 놓았는데, 섬세한 조각과 겉에 입힌
금박이 화려한 멋을 뽐내기로 유명하다. 관음당 옆에는 17세기
무렵의 목불 등을 전시한 보물관 宝物館, 그리고 제일 안쪽으로는
중요한 경전을 보관한 쿄조 経蔵가 있다. 경전은 회전식 서가에
들어 있는데 이 서가를 한 바퀴 돌릴 때마다 경전을 한 번 읽은
것과 같은 공덕이 쌓인다고 해 누구나 한 번씩 돌리고 간다.

1 본존으로 모시는 관세음보살상. 2 관음당 앞에는 이 일대가
내려다보이는 전망대가 있다.

근엄한 표정의 카마쿠라 대불. 뒤쪽으로 돌아가면 불상
안으로 들어가는 입구가 있다.

高 徳院 코토쿠인 ★★★★★

발음 코-또꾸인 **개관** 08:00~17:30, 10~3월 08:00~17:00 **요금** 300엔,
초등학생 이하 150엔 **홈피** www.kotoku-in.jp **지도** MAP 34 A4
교통 에노덴의 하세 長谷 역(EN12) 하차, 개찰구를 나와 정면으로 도보 7분.
구글맵 페이지 하단 QR 코드 스캔·클릭

2.35m짜리 '큰바위 얼굴'을 가진 높이 11m의 카마쿠라 대불
鎌倉大仏로 더욱 유명하다. 절이 창건된 때는 1238년, 그리고
카마쿠라 대불이 완성된 때는 1252년이다. 하지만 어떤 연유로
무게 121톤의 거대한 불상이 만들어졌는지는 지금까지도
수수께끼로 남아 있다. 불상이 야외에 덩그러니 내버려진(?)
이유는 원래 불상을 모시던 건물이 수 차례의 지진과 태풍으로
무너져 버렸기 때문이다. 카마쿠라 대불은 중생을 깨달음의
세계로 인도하는 아미타불이며 직접 불상 안으로 들어가 내부를
구경할 수 있다(입장료 50엔).

銭 ★★★★☆
洗弁財天 제니아라이벤자이텐

빌음 제니아라이벤자이뗀 **기타** 08:00~17:00 **요금** 무료 **지도** MAP 34-A3
교통 에노덴 카마쿠라 鎌倉 역(EN15) 하차, 출구를 나와 정면으로 도보 20분.
또는 JR 카마쿠라 역(JO07·JS07) 하차, 서쪽 출구 西口를 나와 정면으로
도보 20분. **구글맵** 페이지 하단 QR 코드 스캔·클릭

1 동굴을 통과하면 경내로 이어진다.
2 오늘도 대박의 꿈을 꾸며 돈을 씻는 사람들.

샘에서 돈을 씻으면 그 돈이 몇 배로 불어난다는 속설 때문에
참배객의 발길이 끊이지 않는 신사. 원래 이 신사는 꿈에서 '이 물로
공양을 드리면 천하가 태평해진다'는 신의 계시를 들은 미나모토노
요리토모 源頼朝가 세웠으며, 돈이 불어난다는 속설은 후일 이 말이
와전돼 생겼다. 참고로 미나모토노 요리토모는 카마쿠라 바쿠후의
시조(始祖)로 본격적인 무사 정치를 시작한 인물이다.
입구부터 기묘한 분위기가 풍기는데 암벽을 깎아 만든 긴 동굴과
목조 토리이 鳥居 터널을 지나면 신사의 뜰에 도착한다. 여기저기
조그만 사당이 있으며 돈을 씻는 곳은 제일 안쪽의 동굴인 오쿠미야
奥宮다. 우선 경내의 카미노미즈 신사 上之水神宮, 시모노미즈 신사
下之水神宮, 나나후쿠 신사 七福神社에 차례로 향을 피우고 초를
밝힌 뒤 오쿠미야에서 돈을 씻어야 효험이 있다고! 오쿠미야에는
조그만 토리이가 잔뜩 걸려 있어 기이한 분위기를 자아낸다.

1 고즈넉한 참배로가 이어지는 쥬후쿠지.
2 지금도 공동묘지로 사용하는 쥬후쿠지의 야구라.

寿 ★★★☆☆
福寺 쥬후쿠지

빌음 쥬후꾸지 **지도** MAP 34-B3 **구글맵** 페이지 하단 QR 코드 스캔·클릭
교통 에노덴 카마쿠라 鎌倉 역(EN15) 하차, 출구를 나와 정면으로 도보 13분.
또는 JR 카마쿠라 역(JO07·JS07), 서쪽 출구 西口를 나와 정면으로 도보 13분.

미나모토노 요리토모의 극락왕생을 기원하고자 1200년에 세운 절.
고즈넉한 분위기가 일품이며 아무런 장식도 없는 소박한 산문과 본당이
인상적이다. 입구에서 본당 앞까지는 돌이 깔린 참배로가 70m가량
이어진다. 얼기설기 돌을 짜 맞춘 모습이 낭만적인데 봄의 신록과 가을
단풍이 특히 아름답다.
본당을 바라볼 때 왼쪽으로 이어진 길을 따라 올라가면 공동묘지가
나타난다. 이 절을 세운 인물이자 미나모토노 요리토모의 부인 호조
마사코 北条政子의 묘를 비롯해 수백 개의 비석이 산기슭을 가득 메우고
있다. 흥미로운 점은 암벽을 깎아 만든 인공 동굴을 각 가문의 무덤으로
사용한다는 것이다. 야구라 やぐら란 이름의 이 동굴은 원래 불상·석탑을
모실 목적으로 만들었는데, 카마쿠라 시대에는 여기에 유골을 안치해
무덤으로 사용했다. 힘들게 동굴까지 파서 무덤을 만들어야 했던 이유는 이
일대가 온통 산악지대라 묘지터가 부족하기 때문. 게다가 카마쿠라 시대에
들어 인구 급증으로 묘지난이 심화되자 승려·무사·귀족 등이 이런
식으로 잠들 곳(?)을 마련한 것이다. 지금은 그저 휑한 동굴처럼 보이지만
원래 칠·금박으로 내부를 화려하게 장식하는 게 기본이었다.

구글맵

鶴 ★★★★★
岡八幡宮 츠루가오카하치만구

발음 츠루가오까하찌만구- **개관** 일출~일몰 **지도** MAP 34-B3
교통 에노덴 카마쿠라 鎌倉 역(EN15) 하차, 출구를 나와 오른쪽으로 도보 13분.
또는 JR 카마쿠라 역(JO07 · JS07) 하차, 동쪽 출구 東口를 나와 정면으로 도보 11분.
구글맵 페이지 하단 QR 코드 스캔 · 클릭

1년 내내 축제가 열리는 카마쿠라의 상징과도 같은 신사. 특히 새해맞이
행사가 집중되는 12월과 1월이 볼만하다. 단노우라 壇の浦 전투(1185년)
로 일본사의 실세로 등장한 미나모토 源 가문의 수호 신사이기도 한데, 오랜
역사만큼이나 흥미로운 야사가 많이 전해온다.

신사의 입구를 알리는 붉은색의 산노토리이 三ノ鳥居를 지나면 그 뒤로
돌다리가 있다. 일명 타이코바시 太鼓橋라고 하는데, 이 다리를 쉬지 않고
단숨에 건너면 남자는 입신출세, 여자는 순산한다는 말이 전해온다. 다리
양옆에 위치한 연못 겐페이이케 源平池에는 미나모토 가문의 타이라 平 가문
(단노우라 전투의 상대)에 대한 뿌리 깊은 증오가 서려 있다. 연못이 두 개로
나뉘어 있는데 오른쪽의 겐지이케 源氏池에는 3개의 섬을 만들어 미나모토
가문의 번성, 왼쪽의 헤이케이케 平家池에는 4개의 섬을 만들어 타이라
가문의 파멸을 기원했다. 참고로 숫자 '三'과 번성을 의미하는 한자 '産'의
일본어 발음은 모두 '산'이며, 숫자 '四'와 죽음을 의미하는 한자 '死'의 일본어
발음은 '시'다. 즉, 같은 발음을 이용해 연못에 중의적 의미를 부여한 것.
본궁 本宮까지는 엄청나게 가파른 계단이 이어진다. 원래 계단 왼쪽에는
신목(神木)으로 떠받들던 높이 30m, 수령 1,000년의 은행나무가 있었으나
2010년의 태풍으로 쓰러지고 말았다.

1 새해맞이 행사가 열리는 츠루가오카하치만구.
2 소원을 들어주는 타이코바시.

若 ★★★☆☆
宮大路 와카미야오지

발음 와까미야오-지 **지도** MAP 34-B3 · 35-C2
교통 에노덴 카마쿠라 鎌倉 역(EN15) 하차, 도보 5분. 출구를 나와 오른쪽으로 가면
시계탑 뒤에 굴다리가 있다. 굴다리를 지나 정면으로 가면 된다. 또는 JR 카마쿠라 역
(JO07 · JS07) 하차, 동쪽 출구 東口를 나와 정면으로 도보 3분.
구글맵 페이지 하단 QR 코드 스캔 · 클릭

츠루가오카하치만구 鶴岡八幡宮까지 이어지는 길이 1.8km의 도로. 원래
미나모토노 요리토모가 부인의 순산을 기원하고자 교토의 주작대로 朱雀
大路를 모방해서 만든 참배도로다. 중간의 니노토리이 二ノ鳥居부터 487m
의 보행자 전용 도로가 시작되는데, 200여 그루의 벚나무와 진달래가
도로 양쪽을 에워싸고 있어 봄철
꽃놀이의 명소로 인기가 높다.
츠루가오카하치만구 쪽으로
다가갈수록 점차 도로 폭을 좁게
해 원근감을 극대화시킨 것도
흥미롭다.

토리이 너머로
와카미야오지가 이어진다.

사브레의 명가 토시마야

토시마야 豊島屋는 고소한 버
터 향과 바삭한 질감이 일품인
하토 사브레 鳩サブレ의 원
조집이다. 1894년 양과자 기
술을 응용해 만들기 시작했으
며 지금은 카마쿠라의 명물로
인기가 높다.

영업 09:00~19:00 **휴업** 수요일
예산 615엔~ **지도** MAP 35-C2
구글맵 페이지 하단 QR 코드 스캔 ·
클릭

建 長寺 켄쵸지 ★★★★☆

발음 켄쪼–지 **개관** 08:30~16:30 **요금** 500엔, 중학생 이하 200엔 **지도** MAP 34–B3
교통 에노덴 · JR 카마쿠라 鎌倉 역 하차, 도보 20분. 오르막길이라 조금 걷기 힘들다. 또는
JR 키타카마쿠라 北鎌倉 역(JO08 · JS08) 하차, 동쪽 출구 東口를 나와 정면으로 도보 12분.
구글맵 페이지 하단 QR 코드 스캔·클릭

카마쿠라 오산의 제1위인 일본 최초의 선종 사찰. 송나라의 고승 대각선사 大覺
禪師에 의해 1253년 창건됐다. 당시는 일왕을 대신해 카마쿠라의 쇼군이 실권을
휘두르던 시기인데, 쇼군 스스로가 열렬한 불교신자였기 때문에 대각선사를
초빙해 절을 세웠다. 가람 배치는 중국 송나라의 선종 사찰 양식을 그대로 답습해
산문 · 불전 · 법당 등 7개의 건물이 '一'자 형태로 나란히 배치돼 있다.
절의 입구인 소몬 總門은 1783년에 세워졌다. 원래 쿄토의 절에 있던 문을
1943년 옮겨왔으며 현판에 커다랗게 쿄후쿠산 巨福山이라고 쓰여 있다. 자세히
보면 '巨'자 아래에 점이 찍혀 있는데 이는 '크다'는 의미를 강조하기 위함이다.
중요문화재로 지정된 산몬 三門은 높이가 30m나 되는 웅장한 건물로 1775년에
세워졌다. 산몬을 세울 때 이 절에서 키우던 늙은 너구리가 은혜를 갚고자
사람으로 변신해 일했다는 전설 때문에 너구리의 산몬이라고도 부른다.
1647년에 세워진 불전에는 본존인 지장보살좌상이 안치돼 있다. 송나라
양식으로 만든 불전 앞의 정원에는 아름드리 소나무 일곱 그루가 서 있다. 절이
지어진 때부터 이 자리를 지켜온 터줏대감들로 덩치가 큰 나무는 둘레가 7m에
이른다. 뒤쪽으로는 천수관음상을 모신 법당과 방장 方丈이 있다. 방장 역시
쿄토에서 옮겨온 것이며 뒤에 조그만 연못을 가진 일본 정원이 있다. 방장 뒤로
이어진 길을 계속 따라가면 봄에 특히 아름다운 벚나무 길이 나온다. 그 안쪽의
계단을 오르면 이 일대가 한눈에 내려다보이는 신사, 한소보 半僧坊가 있다.

1 웅장한 외관을 자랑하는 켄쵸지. 산몬
오른쪽에는 1255년 이 절의 창건 당시 만든
범종이 놓여 있다.
2 쿄후쿠산이라고 쓰인 현판.

소박한 본당(좌)과 메이게츠인의 입구(우).

明 月院 메이게츠인 ★☆☆☆☆

발음 메–게쯔인 **개관** 09:00~16:00, 6월 08:30~17:00 **요금** 500엔 **지도** MAP 34–B2
교통 JR 키타카마쿠라 北鎌倉 역(JO08 · JS08) 하차, 동쪽 출구 東口를 나와 정면으로 도보 12분.
구글맵 페이지 하단 QR 코드 스캔·클릭

6월 무렵 경내를 화사하게 물들이는 수국으로 유명하다. 1160년에 세워진 유서
깊은 사찰이지만 소박한 산문과 두 개의 불당밖에 없을 만큼 규모가 작다. 경내에는
카마쿠라 10대 우물 가운데 하나인 츠루베노이도 瓶の井와 큼직한 야구라가 있다.
야구라 안에 안치된 불상이 석가여래 · 다보여래이며 주위에 16나한을 조각했다.

카마쿠라 오산

카마쿠라 오산 鎌倉五
山은 1위부터 5위까지의
절을 정하고, 나라에서 임
명한 주지를 점차 상급의
절로 승진시키는 중국의
오산 五山 제도를 모방한
것이다. 절의 순위는 다음
과 같다.

1위 켄쵸지 建長寺
2위 엔카쿠지 円覚寺
3위 쥬후쿠지 寿福寺
4위 죠치지 浄智寺
5위 죠묘지 浄妙寺

구글맵

淨 ^{★★☆☆☆}

智寺 죠치지

발음 죠-찌지 **개관** 09:00~16:30 **요금** 300엔 **지도** MAP 34-B3
교통 JR 키타카마쿠라 北鎌倉 역(JO08 · JS08). 동쪽 출구 東口를
나와 정면으로 도보 8분. **구글맵** 페이지 하단 QR 코드 스캔·클릭

카마쿠라 오산의 제4위에 해당하는 절이다.
1281년 창건 무렵에는 7개의 건물이 늘어선 대가람을
형성했으나 대부분 소실돼 지금은 규모가 엄청나게
줄어들었다. 경내에는 암벽을 파서 만든 야구라가
줄지어 있으며 울창한 대나무 숲이 이어진다. 경내로
이어진 길을 한 바퀴 돌면 바위를 파서 만든 짧은
터널을 지나 반들반들 윤기가 흐르는 배를 가진 석상이
보인다. 이것은 호테이손 布袋尊이란 신상인데 배를
쓰다듬으면 건강해진다는 속설이 있다.

수수한 분위기가 인상적인 토케이지.

울창한 숲속에 위치한 죠치지.
계단을 오르면 입구가 나타난다.

東 ^{★☆☆☆☆}

慶寺 토케이지

발음 토께-지 **개관** 09:00~16:00
요금 무료 **지도** MAP 34-B2
교통 JR 키타카마쿠라 北鎌倉 역(JO08 · JS08) 하차.
동쪽 출구 東口를 나와 정면으로 도보 5분.
구글맵 페이지 하단 QR 코드 스캔·클릭

봄부터 가을에 걸쳐 아름다운 꽃이 피는 절이다. 1285년
카마쿠라 바쿠후의 8번째 집권자인 호조 토키무네 北条時
宗의 묘소가 엔카쿠지에 조성되자 그의 부인이 맞은편에
세웠다. 남편에게 고통받는 여자가 이 절에 들어오면
이혼한 것으로 간주했기에 '인연을 끊어주는 절'이란
별명을 가졌다. 그래서 이혼과 비구니를 법으로 금지시킨
19세기 이전까지만 해도 비구니가 많기로 유명했다.

円 ^{★★☆☆☆}

覚寺 엔카쿠지

발음 엔까꾸지 **개관** 08:30~16:30, 12~2월 08:30~16:00 **요금** 500엔
지도 MAP 34-B2 **구글맵** 페이지 하단 QR 코드 스캔·클릭 **교통** JR 키타카마쿠라
北鎌倉 역(JO08 · JS08) 하차, 동쪽 출구 東口를 나와 정면으로 도보 1분.

전몰자 추모를 위해 중국 오산의 하나인 민수사 萬寿寺를 모방해
1282년에 세웠다. 카마쿠라 오산 가운데 제2위의 사찰로 선종 가람
배치 양식을 따른 최초의 절이기도 하다. 이 절의 기공식 때 땅 속에서
엔카쿠 경 円覚経이 담긴 석궤가 나와 지금의 이름이 붙었다. 전설에
의하면 창건 당시 한 무리의 흰 사슴(瑞鹿)이 나타나 설법을 들었다 해서
즈이로쿠산 瑞鹿山이라 부르기도 한다. 입구를 지나 제일 처음 만나는
산문 山門은 1783년에 세운 것이다. 높이 20m의 목조 건물로 검게
바랜 기둥과 서까래에서 오랜 세월의 흐름이 느껴진다. 그 너머에 위치한
것은 1964년에 재건된 선종 양식의 본당이다. 본존인 석가여래좌상과
천장에 그린 백룡 그림이 유명하다. 산문 오른쪽의 가파른 계단을 오르면
카마쿠라의 3대 명종(名鐘) 가운데 하나인 2.5m짜리 범종이 걸려 있다.

1 가을 단풍의 명소로 인기가 높다. 2 석비가 놓인
엔카쿠지의 입구.

旧 華頂宮邸 구 카쵸노미야 저택

★★★☆☆

발음 큐-카쪼-노미야떼- **개관** 10:00~16:00, 10~3월 10:00~15:00
휴관 월·화요일, 연말연시 **지도** MAP 34-C4
교통 JR 카마쿠라 鎌倉 역(JO07·JS07)하차, 동쪽 출구 東口에서
도보 45분. 또는 동쪽 출구 앞의 버스 터미널 5번 정류장에서
렌 鎌23·24·36번 버스를 타고 죠묘지 浄明寺 하차, 도보 7분.
구글맵 페이지 하단 QR 코드 스캔·클릭

1929년 완공된 카쵸 히로노부 華頂博信 후작의 저택. 제2차
세계대전 전에 만든 양식 건축의 대표작으로 유명하다. 건물은
1층이 석조, 2층이 목조로 지어진 독특한 형태를 취하고 있다.
산 깊숙이 위치해 바람 소리와 새 소리만 들릴 만큼 조용하며
정원이 잘 정비돼 있어 마치 유럽의 어느 한적한 마을에 와
있는 듯한 착각에 빠지게 한다. 건물 안으로 들어갈 수는
없지만 창을 통해 대리석 벽난로와 독특한 실내 구조를 살펴볼
수 있다. 외부에는 벤치·의자 등의 휴게시설도 마련돼 있다.

유럽의 대저택을 연상시키는 구 카쵸노미야 저택.

杉 本寺 스기모토데라

★☆☆☆☆

발음 스기모또데라 **개관** 09:00~16:00
요금 300엔, 초등학생 100엔 **지도** MAP 34-C3
교통 JR 카마쿠라 鎌倉 역(JO07·JS07) 하차, 동쪽
출구 東口에서 도보 30분. 또는 동쪽 출구 앞의 버스
터미널 5번 정류장에서 렌 鎌23·24·36번 버스를
타고 스기모토칸논 杉本観音 하차.
구글맵 페이지 하단 QR 코드 스캔·클릭

734년에 세워진 카마쿠라에서 가장 오래된
천태종 天台宗의 사찰. 이끼 낀 계단을 오르면
짚을 엮어 이은 지붕과 검게 그을린 천장을 가진
본당이 나타난다. 외관상으로는 마치 우리나라
여느 시골의 소박한 초가집처럼 보이기도 한다.
안에는 11면(面) 관세음보살상이 모셔져 있지만
너무 어두워 제대로 보이지 않는다. 뜰에는
오래된 종과 이끼 낀 석탑 등이 놓여 있다.

報 国寺 호코쿠지

★★☆☆☆

발음 호꼬꾸찌 **개관** 09:00~16:00 **휴관** 12/29~1/3 **요금** 400엔
지도 MAP 34-C3 **구글맵** 페이지 하단 QR 코드 스캔·클릭
교통 JR 카마쿠라 鎌倉 역(JO07·JS07) 하차, 동쪽 출구 東口에서
도보 40분. 또는 동쪽 출구 앞의 버스 터미널 5번 정류장에서
렌 鎌23·24·36번 버스를 타고 죠묘지 浄明寺 하차, 도보 2분.

주택가 안쪽에 있는 조그만 절로 1334년에 건립됐다. 하지만 절
자체만으로는 흥미를 끌 만한 요소가 별로 없다. 진짜 볼거리는
본당 뒤편에 조성된 대나무 정원! 1,000그루가 넘는 대나무가
촘촘히 자라는 모습이 대단히 인상적이다. 바람이 살며시 불면
댓잎이 부딪히는 소리와 함께 맑은 기운이 온몸을 훑고 지나가는
상쾌한 기분이 든다. 안쪽의 다실에서는 절벽에서 떨어지는
물소리를 들으며 대나무 숲의 청아한 분위기를 만끽할 수 있다.

명상을 즐기기에 좋은 대숲과 일본식 정원.

 구글맵

Travel Q&A

여행을 떠나기 전 준비해야 할 것들

일본 기초 정보

여행에 앞서 일본에 대한 기초적인 지식을 익혀두는 수고는 필수! 현지에서 실수할 가능성을 줄여주는 것은 물론 현지인과 대화의 물꼬를 트는 좋은 계기가 되기도 한다. 특히 공휴일과 업소·관공서의 운영 시간은 일정 짜기에도 반드시 필요한 필수 정보다.

국명 일본 日本 Japan 일본어로는 니혼·닛폰이라고 읽으며 '해가 떠오르는 곳'이란 뜻이다. Japan이란 영문 표기는 마르코폴로가 자신의 여행기 《동방견문록》에서 일본을 소개할 때 지팡구라고 표기한 게 와전되면서 만들어졌다.

국기 일장기 日章旗 일본에서 공식적으로 일장기가 게양된 시기는 1862년이다. 하지만 실제로 헌법에 국기로 명시된 것은 1999년 8월 9일이다. 일장기는 히노마루 日の 丸라고도 부른다.

면적 및 지형 37만 7,873㎢ 남한 면적의 약 3.8배다. 일본 열도는 홋카이도 北海道·혼슈 本州·시코쿠 四国·큐슈 九州 등 4개의 큰 섬과 수천 개의 작은 섬으로 이루어져 있으며 전 국토의 80%가량이 산악지대다.

인구 및 인구 밀도 1억 2,800만 명, 339명/㎢ 우리나라 인구의 약 2.6배. 그러나 인구 밀도는 우리나라가 1.4배 정도 높다.

인종 일본인 일본의 토착민은 약 1만 년 전부터 일본 열도에 거주한 것으로 알려진 죠몬인 縄文人이다. 이후 우리나라와 중국에서 건너간 도래인(渡来人)에 의한 혼혈이 이루어졌다. 근래에 들어 홋카이도와 오키나와가 일본 영토에 편입됨에 따라 이 지역에 거주하는 아이누 アイヌ족과 남방계 원주민도 일본 민족에 포함됐다.

정치체제 입헌군주제 국가의 상징인 일왕을 중심으로 국회와 내각으로 구성된다. 이 때문에 일본에서는 연도를 표기할 때 서기(西紀) 외에도 독자적인 연호를 사용한다. 현재의 연호는 레이와 令和이며 표기할 때 'R○년'이라고 쓴다. 예를 들어 2019년은 레이와 1년(R1), 2024년은 레이와 6년(R6)이다.
일왕가를 상징하는 문장(紋章)은 대체로 국화 문양이 사용돼 왔다. 이 문양은 궁전·신사는 물론 일왕가와 관련된 모든 곳에 새겨져 있다.

수도 도쿄 東京 혼슈의 중남부, 칸토 関東 지역에 있다. 도쿄는 우리나라의 특별시에 해당하는 '도 都'라는 행정 단위에 속하며 23개 구 区, 26개 시 市, 7개 정 町, 8개 촌村으로 구성돼 있다.

공용어 일본어 日本語 확실한 설은 없지만 우리와 같은 우랄알타이어계로 보는 시각이 지배적이다. 어순은 우리와 같으며 비슷한 단어도 많다.

전기 100V 50·60Hz 11자형의 플러그를 사용한다 (p.531 참조). 주파수는 도쿄를 비롯한 혼슈 동부가 50Hz, 칸사이를 비롯한 혼슈 서부가 60Hz다.

1인당 국민소득 US$ 3만 3,138(우리나라 US$ 3만 4,165)

통화 엔 円(¥) 100엔≒860원(2024년)

공휴일 국경일이 일요일과 겹칠 때는 다음 월요일이 대체 공휴일이 된다.

1월 1일	元日	설날
1월 둘째 월요일	成人の日	성인의 날
2월 11일	建国記念日	건국기념일
2월 23일	天皇誕生日	일왕 생일
3월 20일(또는 21일)	春分節	춘분절
4월 29일	昭和の日	전 쇼와천황생일
5월 3일	憲法記念日	헌법기념일
5월 4일	緑の日	녹색의 날
5월 5일	こどもの日	어린이날
7월 셋째 월요일	海の日	바다의 날
8월 11일	山の日	산의 날
9월 셋째 월요일	敬老の日	경로의 날
9월 23일(또는 24일)	秋分節	추분절
10월 둘째 월요일	体育の日	체육의 날
11월 3일	文化の日	문화의 날
11월 23일	勤労感謝の日	근로 감사의 날

업소 및 관공서별 영업 시간

	평일	토요일	일·공휴일
은행	09:00~15:00	휴무	휴무
우체국	09:00~17:00	휴무	휴무
백화점	10:00~20:00	10:00~20:00	10:00~20:00
상점	10:00~20:00	10:00~20:00	10:00~20:00
회사	09:00~17:00	휴무	휴무
관공서	09:00~17:00	휴무	휴무

여권 어떻게 만드나요?

여권 만들기는 한마디로 누워서 떡 먹기다. 서울의 26개 구청 또는 각 지방의 시·도청 여권과에서 신청서를 작성하고 사진 한 장만 첨부하면 끝. 단, 발급에 은근히 시간이 걸리니 최대한 여유를 두고 신청하는 게 좋다. 특히 여권 발급 신청이 폭주하는 여름·겨울 휴가 시즌에는 하루라도 빨리 신청하자.

여권은 일정기간 횟수에 상관없이 사용할 수 있는 복수여권과 1회만 사용 가능한 단수여권이 있다. 일반적으로는 10년짜리 복수여권(사증 26면 또는 58면 선택 가능)이 발급되지만, 병역 미필자에게는 1년짜리 단수여권만 발급된다.

여권 발급시 필요한 서류
만 25세 이상의 병역 미필자는 ①~④의 기본 서류와 수수료 외에 관할 병무청의 '국외여행허가서'가 추가로 필요하다. 이에 관한 자세한 사항은 병무청 홈페이지를 참조하자(www.mma.go.kr, 문의 1588-9090).

① 여권 발급 신청서 1부(여권과 비치)
② 여권용 사진 1장
③ 신분증(주민등록증·운전면허증 등)
④ 수수료 10년 복수여권(26면 4만 7,000원, 58면 5만 원),
   1년 단수여권(1만 5,000원)
⑤ 국외여행허가서(만 25세 이상의 병역 미필자만 해당)

여권 발급시 주의사항
여권 상의 영문 이름과 서명은 되도록 신용카드와 동일하게 만드는 게 좋다. 여권과 신용카드의 이름·서명이 서로 다를 경우 해외 사용시 문제가 될 가능성이 높으니 주의하자.

여권 유효기간 연장
여권의 유효기간은 6개월 이상 남아 있어야 출입국시 문제가 되지 않는다. 유효기간이 6개월 미만인 경우 유효기간 연장 신청을 한다. 단, 구 여권은 유효기간이 연장되지 않으므로 새로운 전자여권을 발급받아야 한다. 자세한 사항은 여권과에서 확인할 수 있다.

비자는 필요 없다
일본에서 비자 없이 체류할 수 있는 기간은 90일이다. 즉, 여권만 있으면 90일 동안 일본을 자유로이 여행할 수 있는 것. 우리나라로 귀국했다가 일본에 재입국하면 체류 기간이 다시 90일 늘어난다.

전국의 시·도청 여권과

서울
강남구청 3423-5401~6
강동구청 3425-5360~9
강북구청 901-6271~3
강서구청 2600-6301~2
과천시청 02-3677-2139, 2136
관악구청 879-5330~1, 5338
광진구청 450-1352~3
구로구청 860-2681·4
금천구청 2627-2435~7
노원구청 2116-3283
도봉구청 2091-2431·4
동대문구청 2127-4685·90
동작구청 820-9273~4, 9277~9
마포구청 3153-6481~4
서대문구청 330-1909·10
서초구청 2155-6340·49·50
성동구청 2286-5243
성북구청 2241-4501~9
송파구청 2147-2290
양천구청 2620-4350~9
영등포구청 2670-3145~8
용산구청 2199-6580~7
은평구청 351-6431~5, 6438~42

종로구청 2148-1953~5
중구청 3396-4793~4
중랑구청 2094-0603

경기·인천
의정부시청 031-120
경기도본청(수원) 031-120
일산동구청 031-8075-2466
광명시청 02-2680-2600
김포시청 031-980-2700
남양주시청 031-590-8711
부천시청 032-625-2440~5
성남시청 031-729-2381~5
시흥시청 031-310-2158
안양시청
031-8045-2008·2741·2016
연천군청 031-839-2159
인천시청
032-120, 032-440-2477~9
인천 계양구청 032-450-6711~7
인천 남동구청 032-453-2290
인천 동구청 032-770-6330
포천시청 031-538-3138
하남시청 031-790-6131

경상도
경남도청 055-211-7800
사천시청 055-831-2981·3
경북도청 1522-0120
경주시청 054-779-6936~8
영양군청 054-680-6181
대구시청 053-803-2855
대구시 달서구청 053-667-2332
대구시 동구청 053-662-2095
대구시 북구청 053-665-2262
대구시 수성구청 053-666-4651
부산시청 051-888-5333
부산시 금정구청 051-519-4231~7
부산시 동구청 051-440-4731
부산시 동래구청 051-550-4781~2
부산시 부산진구청
051-605-6201~8
부산시 사하구청 051-220-4811~5
부산시 서구청 051-240-4281~7
부산시 수영구 051-610-4681~5
부산시 연제구청 051-665-4284~7
부산시 해운대구청
051-749-5611~6
울산시청 052-229-2592·94·28

울산시 북구청 052-241-7572~4

강원도·충청도·대전
강원도청 033-249-2562
영월군청 033-370-2243
대전시청 042-270-4183~9
대전시 대덕구청 042-608-6704~5
대전시 유성구청 042-611-2990
충남도청 041-635-3681~2
아산시청 041-540-2808
천안시청 041-521-5329

전라도·제주도
광주시청 062-613-2966~8, 2971
광주시 남구청 062-607-3292
광주시 북구청 062-410-6244
전남도청 061-286-2334~8
광양시청 061-797-2247
전북도청 063-280-2253
제주도청
064-710-2171·3·6·7·9
서귀포시청 064-760-2128, 2107

도쿄, 언제 가는 게 좋을까요?

일본의 기후는 우리나라와 흡사하다. 특히 도쿄 일대는 우리나라의 남부 지역과 비슷한 날씨를 보이기 때문에 언제 가더라도 계절적 요인으로 고생할 일은 없다고 봐도 된다. 베스트 시즌으로 꼽는 때는 청명한 날씨가 이어지는 4~5월과 9~11월. 되도록 피해야 할 시기는 6월의 장마철과 9~10월의 태풍 시즌, 그리고 행락철이다.

일본은 우리나라와 마찬가지로 사계절의 변화가 뚜렷하다. 하지만 따뜻한(?) 남쪽 섬나라인 까닭에 겨울은 우리나라보다 따뜻하고 여름은 습도가 무척 높다. 구체적인 월별·계절별 특징은 다음과 같다.

3~5월 꽃이 만발하는 봄

봄나들이에 더할 나위 없이 좋은 시기다. 더구나 벚꽃이 만발하는 3월 말~4월 초에는 벚꽃놀이를 즐기기에도 안성맞춤. 주의할 시기는 1주일가량 연휴가 지속되는 '골든 위크 ゴールデンウィーク(4/29~5/5)'다. 전국 각지에서 밀려드는 관광객들로 도쿄와 근교의 숙소는 일찌감치 객실이 동난다. 더구나 관광지로 유명한 하코네·닛코는 연일 엄청난 인파로 붐벼 교통편 이용에 애를 먹기 십상이다.

파란 하늘을 배경으로 활짝 핀 벚꽃. 3~4월이 최고의 벚꽃 시즌이다

6~9월 중순 끈적한 여름

여름 방학·휴가 시즌과 맞물려 한국 여행자가 가장 많이 찾는 시기다. 저렴한 숙소를 구하기 힘들 가능성도 동반 상승한다. 장마는 우리나라보다 1주일 정도 먼저 시작되는데 보통 6월 중순~7월 중순이다. 비가 많이 오니 되도록 이때는 피하는 게 상책. 장마가 끝나고 8월 말까지

해변을 찾기에 좋은 여름

는 불볕더위가 이어진다. 습도가 높아 우리나라보다 한층 더위가 심하게 느껴질 테니 낮에는 시원한 에어컨 바람이 나오는 쇼핑센터와 실내 시설 위주로 돌아보자.

우리나라의 추석에 해당하는 오봉 お盆(8월 15일)을 전후한 2~3일은 골든 위크에 버금가는 행락철이다. 이때에 맞춰 문을 닫는 명소·식당도 있으니 주의하자.

9월 중순~11월 맑고 쾌청한 가을

가을 단풍의 아름다움도 놓치지 말자

9월 중순을 넘어서면 선선한 가을 바람이 불기 시작한다. 당연히 여행에도 최적의 시즌. 단풍 시즌은 우리나라보다 조금 늦는데 보통 10월 말부터 11월까지가 절정이다. 이 시기의 불청객은 간간이 찾아드는 태풍이다. 일반적으로 8~10월에 두세 개의 강력한 태풍이 휩쓸고 지나간다. 일기예보에 귀 기울이며 여행 일정을 조절하는 게 안전하다.

12~2월 은근히 쌀쌀한 겨울

웬만해서는 영하로 떨어지는 날을 경험하기 힘들다. 더구나 이상 기온이 아니고서는 눈 구경도 어렵다. 하지만 그렇다고 너무 만만히 보지는 말자. 햇살이 내리쬘 동안은 포근한 '봄 날씨'지만, 조금이라도 바람이 불거나 해가 사라지면 뼈에 사무치는 추위가 엄습한다.

여행이라는 특성상 외부에서 보내는 시간이 긴 만큼 목도리·장갑 등의 방한 장구를 단단히 챙기는 게 좋다. 건조한 날씨 탓에 피부 트러블이 발생하기 쉬우니 로션도 넉넉히 챙겨 가자. 연말연시(12/28~1/3)에는 문 닫는 명소·레스토랑·쇼핑센터가 많다는 사실도 잊지 말자.

인터넷 일기예보 확인

도쿄의 날씨가 궁금할 때는 야후 재팬의 '날씨 天気' 항목을 클릭해 보자. 일별·주간별 날씨와 기온을 확인할 수 있다. 일본어를 모를 때는 국내 포털 사이트의 '일본어 번역 서비스'를 이용하면 된다.
야후 재팬 날씨 http://weather.yahoo.co.jp

여행 정보 어디서 구하죠?

인터넷과 가이드북만 있으면 필요한 정보는 얼마든지 구할 수 있다. 남은 과제는 최대한 신뢰도 높은 정보를 골라내는 것뿐! 현지 분위기는 다양한 인터넷 여행기로, 그리고 세부적인 여행 정보는 따끈따끈한 최신 가이드북과 여행 게시판을 통해서 얻는 게 요령이다. 최근에 여행을 다녀온 이를 만나 궁금증을 푸는 것도 좋은 방법이다.

알찬 여행을 위한 필수 정보는 현지의 교통편 · 숙박 · 레스토랑 · 볼거리에 관한 것이다. 이러한 정보를 수집하는 노하우는 다음과 같다.

재미난 여행기가 넘치는 블로그

생생한 현지 이야기로 가득한 곳은 인터넷, 특히 개인 블로그다. 도쿄 · 요코하마 · 하코네 · 닛코 등 구체적인 도시명을 키워드로 검색하면 수천 개의 관련 블로그가 찾아지는데, 이 가운데 가장 최근 것으로 사진이 풍부한 블로그를 차근 차근 살펴보자. 2~3일만 투자하면 인기 스폿은 대충 감이 잡힌다. 동시에 일본 여행 관련 카페 · 홈페이지를 검색하며 정보의 신빙성을 검증하는 과정은 필수다.

항공권 · 호텔 정보도 인터넷으로 알아보자. 실시간 예약도 가능해 발품 파는 수고를 상당 부분 덜어준다. 일본어가 가능하면 일본 현지 사이트에 접속해 필요한 정보를 실시간으로 구할 수도 있다.

클로즈업 시리즈 www.clzup.com
야후 재팬 www.yahoo.co.jp
인스타그램 www.instagram.com/t_ssalon

체계적인 정보의 가이드북

인터넷으로 기본적인 분위기를 파악한 뒤에는 가이드북을 탐독하며 자세한 정보를 구한다. 가이드북에는 명소 · 레스토랑 · 호텔 정보가 체계적으로 정리돼 있어 지리적인 개념과 일정을 잡는 데 큰 도움이 된다. 관련 홈페이지 · 카페를 통해 부족한 정보를 보완하면 자신만의 개성 만점 가이드북도 만들 수 있다.

여행자를 통한 정보 수집

여행 경험자를 통해서는 현실감 넘치는 생생한 여행의 기술을 배울 수 있다. 단, 자기 경험을 하나도 빠짐없이 얘기해줄 수 있는 이는 없으니 기본적인 지식을 먼저 습득하고 궁금한 사항을 조목조목 물어보는 게 현명하다. 또한 볼거리 · 숙소에 관한 평은 주관적 요소가 개입되기 쉬우므로 어디까지나 준비 과정에 참고로만 받아들이는 게 좋다.

일본정부관광국 JNTO

최신 일본 여행 정보와 자료를 가장 확실하게 구할 수 있는 곳이다.

서울 사무소에는 도쿄는 물론 일본 전역을 소개하는 한국어 · 일본어 · 영문 자료, 그리고 각 도시별 자료가 충실히 비치돼 있어 여행 준비에 큰 도움이 된다.

미리 필요한 정보와 브로슈어를 구해 놓으면 편리하다

현지 정보가 충실한 홈페이지도 운영하는데 특히 눈여겨볼 곳은 여행지 · 즐길거리 · 여행 계획하기 코너다. 일반적으로 접하기 힘든 지역 · 도시에 대한 정보가 풍부한 것은 물론, 시즌마다 변동되는 세일 · 축제 · 이벤트 정보를 제공해 일정 짜기에 도움이 된다.

JNTO 공식 페이스북도 놓치지 말자. 식도락 · 문화체험 등 색다른 테마로 여행을 즐기는 방법과 구체적인 코스를 소개하며, 해당 여행지의 다채로운 사진을 살펴보는 재미가 쏠쏠하다.

일본정부관광국 서울 사무소

풍부한 여행 정보를 제공하는 일본정부관광국 홈페이지

운영 09:30~12:00, 13:00~17:30
휴무 토 · 일 · 공휴일
주소 서울시 중구 을지로 16 프레지던트 호텔(백남 빌딩) 2층
전화 02-777-8601
홈피 www.welcometojapan.or.kr
페북 www.facebook.com/joinjroute
교통 지하철 1 · 2호선 시청역 하차, 5번 출구에서 도보 5분. 또는 지하철 2호선 을지로입구역 하차, 8번 출구에서 도보 3분.

나리타 국제공항 관광 안내소

운영 08:00~20:00
전화 제1터미널 0476-30-3383, 제2터미널 0476-34-5877
교통 나리타 국제공항 제1터미널과 제2터미널 1층에 있다.

하네다 국제공항 관광 안내소

운영 24시간 **전화** 03-6428-0653
교통 하네다 국제공항 제3터미널 2층에 있다.

Q&A

여행 경비
얼마나 들죠?

여행 경비는 자신의 여행 스타일과 시즌에 따라 천차만별로 달라진다. 평균적으로 볼 때 저렴한 숙소와 음식에 만족하는 저예산 배낭여행에는 1일 1만 엔, 안락한 호텔과 식도락을 즐기고자 하는 품격 여행에는 1일 2만 엔, 그리고 초호화 럭셔리 여행에는 사용한도 무제한의 신용카드가 필수다.

여행 경비를 계산할 때는 막연한 금액을 떠올리기보다 구체적인 비용을 조목조목 따져 보는 게 좋다. 제아무리 '무전여행'이라 해도 기본적인 비용은 들어가게 마련이니까. 경비에 포함되는 대표적인 항목은 항공 요금·숙박비·식비·교통비·입장료 등이다. 예상 경비를 기준으로 약 1.3배의 비용을 준비하면 현지에서 쪼들리는 일 없이 즐거운 여행을 할 수 있다.

항공 요금은 여행 경비에서 가장 큰 부분을 차지한다

❶ 항공 요금 30~75만 원
우리나라와 도쿄를 오가는 데는 비행기를 이용해야 한다. 요금은 시기·항공사·좌석 종류에 따라 변동이 무척 심한데 이코노미석을 기준으로 할 때 30~75만 원(세금·유류 할증료 포함)을 예상하면 된다. 정확한 요금은 티켓을 예약할 때 확인할 수 있다. 저렴한 항공권 구매 요령은 p.496을 참조하자.

❷ 공항↔시내 교통비 330~3,070엔
앞서 공항 이용법에서도 다룬 것처럼 나리타 국제 공항에서 도쿄 시내로 들어가려면 1,060~3,070엔, 하네다 국제 공항에서 도쿄 시내로 들어가려면

공항에서 시내로 들어갈 때는 저렴한 전철을 이용한다

330~1,300엔의 교통비가 필요하다. 자세한 내용은 p.122의 공항에서 시내로 들어가는 방법을 참조하자.

❸ 숙박비 1박 5,000~2만 5,000엔
여행 스타일에 따라 천양지차로 달라지는 변수. 한인민박의 다인실에 묵는다면 1박 5,000엔으로 충분하지만, 프라이버시가 확실히 보장되는 안락한 비즈니스 호텔은

저렴하고 쾌적한 시설을 원한다면 비즈니스 호텔을 이용하자

1박 1만 ~2만 5,000엔으로 예산이 껑충 올라간다. 럭셔리한 고급 호텔의 숙박비는 1박 3만 엔 이상을 예상해야 한다.

❹ 식비 1일 2,500~1만 엔
숙박비와 마찬가지로 목적과 스타일에 따라 차이가 커진다. 라면·우동과 같은 면 종류는 500~1,500엔, 밥 종류는 500~2,000엔이면 적당히 먹을 수 있다. 햄버거 등의 패스트푸드는 세트 메뉴가 700~1,000엔 수준. 하지만 가격 대비로 보면 패스트푸드보다 밥 종류가 훨씬 싸고 양도 푸짐하다. 좀 더 고급스럽

도쿄에서는 먹는 즐거움을 놓칠 수 없다

게 또는 식도락을 즐기려면 한 끼에 적어도 3,000엔 이상을 예상해야 한다. 물론 상한선은 무제한!
이상의 내용을 기준으로 예산을 세우면 아침 식사는 간단히 해결해 500엔, 점심과 저녁은 메뉴 선택의 폭을 넓힐 수 있도록 최소 2,000엔씩의 예산을 책정하는 게 현실적이다. 이렇게 할 경우 1일 3식 최저 예산은 4,500엔 정도. 물론 그 이하로도 세 끼 식사를 해결할 수 있지만, 예산이 줄어들면 줄어들수록 여행의 즐거움은 반감할 수밖에 없음을 상기하자. 참고로 적당히 식도락을 즐기려면 1일 3식 1만 엔 정도의 비용을 예상하는 게 좋다.

❺ 교통비 1일 400엔~
일본의 물가가 우리나라보다 높다는 사실은 살인적인 교통비에서 체감할 수 있다. 전철·지하철 위주로 돌아다닐 경우 교통비는 1일 400~2,000엔 정도. 짧은 거리만 이동해

도 우리나라의 두세 배에 달하는 요금을 지불해야 한다. 교통비 부담을 줄이려면 도쿄 시내의 대중교통을 자유로이 이용할 수 있는 1일권(600~1,600엔)을 활용하는 것도 방법이다. 해당 정보는 p.138에서 다룬다.

근교 여행시 교통비를 절약하려면 경제적인 철도 패스를 구매하는 게 바람직하다. 자세한 내용은 각 도시까지의 이동 교통편 부분을 참고하자.

❻ 입장료 1회 400엔~

박물관 · 미술관 · 전시관 · 사찰 입장료는 1회 400~2,500엔 수준이다. 특히 미술관과 사찰이 풍부한 하코네 · 닛코에서 입장료가 많이 든다. 일정을 짤 때 미리 가고자 하는 명소를 꼼꼼히 추려본 다음 입장료 예산을 세워야 예상치 못한 지출을 막을 수 있다.

흔치는 않지만 학생 할인이 되는 사찰 · 박물관 · 미술관도 있으니 학생증을 준비해 가자. 일본에서는 국제학생증은 물론 우리나라의 학생증도 통용된다. 대학생의 경우 학생증에 영어로 University 또는 한자로 대학 大學이라고 쓰여 있어야 일본에서 자유로이 사용할 수 있다.

❼ 잡비 1일 1,000엔~

커피 한잔과 함께 여행의 피로를 풀자

푹푹 찌는 여름에는 시원한 음료수, 찬 바람이 부는 겨울에는 따뜻한 커피 한잔이 그리워진다. 간간이 지친 다리를 쉬어 가기 위해 커피 전문점에 들르거나 국제전화를 건다면 이에 따른 비용도 증가한다. 이런 비용을 통틀어 1일 평균 1,000엔 정도를 예상하면 적당하다.

❽ 여행 준비 비용 5~15만 원

여행을 준비하면서 지출하는 비용으로 여권 발급비, 가이드북 구매비, 기타 물품 구매비, 각종 증명서 발급비, 여행자 보험료 등이 여기에 해당한다. 비용은 자신의 상황에 따라 천차만별이다.

기본 예산 짜보기

여행 준비 비용을 제외한 7개 항목 가운데 도쿄 행 항공 요금은 목돈으로 들어가고 나머지 숙박비 · 식비 · 교통비 · 입장료 · 잡비 등은 하루 생활비로 계산된다. 숙박은 민박, 식사는 최대한 저렴하게 해결한다는 전제하에 산출할 수 있는 여행자의 1일 평균 기본 생활비는 1만 엔 정도. 따라서 인천↔나리타 왕복 항공편을 이용해 1주일간 도쿄를 여행한다면 대략적인 비용은 다음과 같다.

도쿄 왕복 항공 요금 40만 원
공항 왕복 교통비 2,120엔
생활비 1만 엔×7일=7만 엔
총합 40만 원+7만 엔 2,120엔 =102만 원(100엔≒860원)

물론 소비 스타일은 저마다 개인차가 있으므로 실제로는 이보다 적게 들거나 그 이상이 들 수도 있다. 그러나 여행 경비를 되도록 여유 있게 가져가야 한다는 사실만큼은 모든 이에게 동일하게 적용된다. 없는 상태에서 아끼는 듯 쪼들려 지내기보다는 여유 있는 가운데 절약하는 게 현실적으로 부담 없고 마음 든든하며, 필요할 때 쓸 수 있는 호기도 부릴 수 있으니까!

여행 경비는 최대한 넉넉히

입국 심사대를 통과할 때는 너무 긴장하지 말 것!

여행 경비를 여유 있게 가져가야 하는 또 다른 이유는 입국 심사대를 '무사 통과'하기 위해서다. 공항에서 입국 심사를 심하게 하는 편은 아니지만, 입국 심사관에게 찍히면(?) 여행 경비를 보여 달라고 요구 당하는 불상사가 발생하곤 한다. 특히 남자보다는 여자에게, 복장이 깔끔한 사람보다는 어딘지 후줄근해 보이는 사람에게 그런 경우가 많다고 하니 조금은 신경 쓰는 게 좋을 듯. 여행 경비는 1주일 일정에 7~10만 엔을 제시하면 별 탈 없이 통과시켜준다. 여행 경비로 충분하지 않을 때는 귀국 항공권을 보여줘야 하는 경우도 있다.

Q&A

저렴한 항공권
어디서 사나요?

발품 팔며 항공권을 알아보던 건 선사시대 이야기! 정보의 바다 인터넷을 적극 활용하자. 포털 사이트에서 '할인 항공권'으로 검색하면 저렴한 항공권을 취급하는 여행사를 금방 찾을 수 있다. 적어도 6~7군데 여행사의 요금을 비교해 보는 건 기본, 요금이 저렴한 비수기를 노리는 센스는 필수다.

현재 도쿄 행 항공편은 13개 항공사에서 운항하며 도쿄까지의 소요시간은 2시간~2시간 30분이다. 항공사마다 요금·스케줄·서비스에 차이가 있으니 꼼꼼히 비교해보고 자신의 일정과 스타일에 맞는 항공사를 선택하자.

취항 노선별 특징

우리나라와 도쿄를 연결하는 항공 노선은 인천~나리타, 김포~하네다, 김해(부산)~나리타, 청주~나리타, 대구~나리타, 제주~나리타의 6개가 있다. 가장 많은 항공사가 취항하는 노선은 인천~나리타와 김포~하네다 구간이며, 저렴한 할인 항공권도 이 구간에서 제일 많이 나온다. 시내에서 거리가 먼 나리타 국제공항(전철로 1~2시간 소요)과 달리 하네다 국제공항은 시내에 인접해 있어(전철로 13~20분 소요) 이용하기가 한결 수월하다. 따라서 서울 및 수도권 거주자는 김포~하네다 구간의 항공편을 이용하는 게 편리하다. 흠이라면 인천~나리타 구간보다 요금이 비싸며 저가 항공사는 취항하지 않는다는 것이다. 13개 항공사 가운데 요금이 가장 저렴한 것은 티웨이항공 등의 저가 항공사이며, 스케줄이 편리한 것은 아시아나항공·대한항공·전일본공수·일본항공 등의 대형 항공사다. 특히 이들 4개 대형 항공사는 인천·김포 오전 출발, 나리타·하네다 오후 출발편을 운항해 짧은 도쿄 여행시 이용하기 편리한 게 매력이다.

도쿄 노선 운항사
저가 항공사
이스타항공 www.eastarjet.com
에어부산 www.airbusan.com
제주항공 www.jejuair.net
티웨이항공 www.twayair.com

대형 항공사
아시아나항공 http://flyasiana.com
대한항공 http://kr.koreanair.com
일본항공 www.kr.jal.co.jp/krl/ko
전일본공수 www.ana.co.jp/ko/kr

저렴한 항공권을 구매하려면 저가 항공사의 홈페이지부터 찾아보자

할인 항공권 구매 & 주의사항

할인 항공권에는 정가가 없다. 같은 노선, 같은 항공편일지라도 여행사에 따라 적게는 몇 천 원에서 많게는 몇 만 원까지 차이가 나는 게 현실. 따라서 가격 비교는 필수 사항이다. 오프라인보다 온라인 여행사가 훨씬 저렴하며 항공사에서 인터넷 판매를 전제로 특가 항공권을 내놓기도 한다는 사실 역시 잊지 말자. 여기 더해 '비수기에, 저가 항공사를, 서둘러 예약'하는 기본 원칙과 몇 가지 주의사항만 지키면 저렴한 항공권은 의외로 쉽게 구해진다.

❶ 비수기를 노려라

비수기에는 항공 요금도 내려간다. 기본적으로 12~2월, 6~8월의 방학 기간과 설·추석 연휴를 제외한 나머지 시즌이 비수기다. 성수기에 비해 10~20% 요금이 저렴하며, 여행자가 적어 항공권 구하기도 수월하다.

❷ 저가 항공사를 선택하라

시기와 조건에 따라 다르지만 대체로 도쿄 노선의 요금은 티웨이항공 등의 저가 항공사가 가장 저렴하며, 일본항공·전일본공수·대한항공·아시아나항공 등의 대형 항공사는 저가 항공사보다 10~30% 요금이 비싸다. 따라서 저렴한 저가 항공사의 요금부터 알아보는 게 순서. 파격적인 이벤트 요금이 등장하기도 하니 항공사 홈페이지를 수시로 들락거리는 수고도 마다해서는 안 된다.

❸ 서둘러 예약하라

일정이 잡히자마자 항공권 예약을 서두르자. 저렴한 항공권은 순식간에 팔리기 때문에 조금이라도 미적거리면 곤란하다. 더구나 성수기와 주말·연휴를 낀 시기에는 여행자가 폭증해 항공권 구하기가 더욱 어려워진다. 항공권 예약시 필요한 것은 자신의 영문 이름과 연락처뿐! 실제 구매는 예약 후 여행사에서 지정한 날까지 하면 된다.

❹ 공동구매를 활용하라

항공 요금도 뭉치면 내려간다. 개별 요금보다 단체 요금이 훨씬 싸기 때문. 일부 인터넷 여행 카페나 여행사에서는 공동구매를 진행해 싼 항공권을 내놓기도 한다. 원하는 날짜나 일정을 선택하기 어려운 단점도 있지만 저렴하게 항공권을 구하는 방법이 되기도 하니 눈여겨보자.

❺ 할인 항공권의 조건을 확인하라

저렴한 할인 항공권에는 유효기간이 짧은 것, 특정 기간에만 이용 가능한 것, 출발·귀국 일시 변경이 불가능한 것 등 다양한 조건과 제약이 붙는다. 싼 가격에 현혹되지 말고 자신의 일정과 항공권의 조건이 맞는지 꼼꼼히 점검하자.

❻ 운항 스케줄에 주의하라

최악의 항공 스케줄은 우리나라에서 오후 늦게, 도쿄에서 오전 일찍 출발하는 것이다. 하는 일 없이 꼬박 이틀을 공항에서 허비하게 되니 운항 스케줄을 꼼꼼히 살펴보자. 일정이 짧으면 짧을수록 우리나라에서는 오전 일찍, 도쿄에서는 오후 늦게 출발하는 항공편을 이용해야 현지에서 여행하는 시간을 최대한 벌 수 있다.

❼ 수하물 무게에 주의하라

일반적으로 대형 항공사의 무료 수하물 무게는 20~23kg다. 하지만 저가 항공사는 15kg까지만 무료이며, 초과된 무게에 대해 1kg당 편도 1~3만 원의 비용을 추가로 받는다. 수하물 무게가 많이 나갈 경우 오히려 저가 항공사가 대형 항공사보다 항공 요금이 비싸지는 황당한 결과를 초래하기도 하니 주의하자. 특히 쇼핑에 목적이 있다면 더욱더!

항공권을 고를 때는 운항 스케줄과 요금을 꼼꼼히 따져보자

❽ 항공권에 기재된 날짜와 이름을 확인하라

흔하지는 않지만 항공권에 출발·귀국일이 잘못 기재되는 경우가 있다. 여행 일정이 완전히 헝클어질 수 있으니 예약할 때, 그리고 항공권을 넘겨받을 때 다시 한번 확인한다. 항공권에 영문 이름이 잘못 기재된 경우는 사태가 더욱 심각해진다. 항공권과 여권상의 영문 이름은 반드시 일치해야 하는 게 원칙. 만약 알파벳 '한 자'라도 틀리면 애써 구매한 항공권이 휴지조각이 돼 버리니 주의하자. 사고를 방지하는 확실한 방법은 예약 시 정확한 영문 이름을 알려주는 것과 항공권을 받았을 때 꼼꼼히 확인하는 것뿐이다.

도쿄 왕복요금(2024년)

노선	항공사	요금(원)
인천~나리타	제주항공	40만 원~
	티웨이항공	40만 원~
	진에어	40만 원~
	이스타항공	40만 원~
	대한항공	50만 원~
	아시아나항공	50만 원~
	일본항공	50만 원~
김포~하네다	전일본공수	40만 원~
	일본항공	40만 원~
	대한항공	40만 원~
	아시아나항공	40만 원~
김해~나리타	제주항공	40만 원~
	일본항공	40만 원~
	에어부산	40만 원~
	대한항공	50만 원~
	아시아나항공	50만 원~
제주~나리타	대한항공	50만 원~

※ 공항 이용료·유류할증료 포함.
※ 할인 항공 요금은 주 단위로 변동될 만큼 유동적이니 정확한 요금은 여행사 또는 항공사에 문의하자.

호텔 예약
어떻게 하나요?

숙소를 고를 때는 시설·요금도 중요하지만 위치와 교통이 얼마나 편한지 꼼꼼히 따져 봐야 한다. 적당한 곳이 눈에 띄면 망설이지 말고 예약하자. 특히 싸고 좋은 숙소는 금방 자리가 차기 때문에 예약을 서두르는 게 좋다.

도쿄의 대표적인 숙박 시설은 한인민박·비즈니스 호텔·에어비앤비·게스트하우스·여관·유스호스텔 등이다. 경제적인 배낭여행을 목적으로 한다면 한인민박·유스호스텔, 세계 각국의 여행자와 소통하고 싶다면 게스트하우스, 일본의 정취를 만끽하려면 전통 여관, 무조건 편한 곳을 원한다면 안락한 시설과 완벽한 사생활이 보장되는 비즈니스 호텔을 추천한다. 예약은 인터넷·전화로 한다.

비즈니스 호텔 ビジネスホテル

안락한 시설을 갖춘 비즈니스 호텔

우리가 일반적으로 생각하는 호텔보다 규모가 조금 작은 호텔이라고 보면 된다. 다른 숙소에 비해 요금이 살짝 비싸지만 중급 이상의 호텔에 비하면 상대적으로 저렴하다. 흔히 객실 크기를 보고 경악(?)을 금치 못하는데, 일반적으로 싱글 룸이 서너 평 정도라고 보면 된다. 비좁은 객실에는 침대·TV·전화·냉장고 등의 편의시설이 오밀조밀 배치돼 있다. 화장실·욕실은 대부분 객실에 딸려 있으나 요금이 싼 곳은 공용인 경우도 있다.

아주 싸구려 비즈니스 호텔이 아닌 이상 비누·샴푸·칫솔·치약·수건은 모두 무료로 제공된다. TV는 공중파에 한해 무료로 시청할 수 있으며 성인 방송은 유료다. 실내에서는 유카타 ゆかた라는 잠옷을 입고 지낸다. 호텔스닷컴·아고다·호텔스 컴바인 등 인터넷 예약 사이트 또는 한국내 여행사를 통해 저렴하게 예약할 수 있으며, 개인이 직접 예약할 때보다 숙박비가 10~30% 할인된다.

예산 싱글 6,000엔~, 세미더블 8,000엔~, 더블 1만 엔~

한인민박

도쿄에는 적지 않은 수의 한인민박이 있다. 대부분 일반 주택을 개조해서 민박으로 영업하기 때문에 시설과 서비스는 떨어지지만, 요금이 저렴하고 한국어가 통하는 게 장점이다.

아는 게 힘! 숙소 용어

도미토리 Dormitory ドミトリー
한 방에서 여럿이 자는 스타일의 숙소. 한인민박에서는 다인실이라고도 부른다.

싱글 Single シングル
침대 한 개를 혼자서 쓰는 방.

더블 Double ダブル
침대 한 개를 둘이서 쓰는 방.

세미더블 Semi-double セミダブル
침대가 하나인 싱글룸을 둘이서 사용하는 것. 더블보다 요금이 조금 싸지만 그만큼 불편을 감수해야 한다. 특히 폭 140cm 이하의 침대를 사용하는 세미더블은 둘이 같이 자기가 쉽지 않다는 사실을 기억할 것!

트윈 Twin ツイン
침대가 두 개 있는 방.

스도마리 素泊まり
숙소에서 제공하는 식사 없이 잠만 자는 것. 여관·유스호스텔은 아침·저녁 식비를 포함해서 숙박비를 받기도 하는데, 스도마리로 예약하면 식비가 빠지는 만큼 숙박비가 저렴해진다.

트리플 Triple トリプル
침대가 3개 있는 방. 또는 3인이 함께 머물 수 있는 객실.

엑스트라 베드 Extra Bed エキストラベッド
보조 침대. 1인실 또는 2인실에 보조 침대를 설치해 두세 명이 함께 이용할 수 있다. 약간의 추가요금이 필요하다.

객실은 도미토리 스타일 또는 취사시설이 딸린 콘도 스타일로 운영한다. 기본적으로 TV·냉난방기가 완비돼 있으며 자유로이 음식을 해 먹을 수 있다. 주요 포털 사이트에서 '도쿄 민박'으로 검색하면 쉽게 민박 홈페이지를 검색할 수 있으니 사진과 게시판의 글을 확인하고 예약하면 된다. 우리나라의 연휴·휴가·방학 기간에는 한국인 여행자가 몰리는 만큼 예약을 서두르는 게 좋다.

예산 도미토리 4,000엔~

에어비앤비

도쿄 시내 전역에 산재한다. 현지인이 거주하는 집을 빌려주는 것이라 로컬 분위기를 만끽할 수 있는 게 매력이다. 다만 호텔에 비해 편의시설·서비스가 떨어질 가능성이 높고, 교통이 불편할 수 있으며, 종종 불미스러운 사고가 발생하니 주의해야 한다.

예산 1인당 5,000엔~

초저가 비즈니스 호텔

초저가
비즈니스 호텔의 싱글룸

우리나라의 고시원을 연상시키는 초저가 비즈니스 호텔은 저렴한 요금이 유일한 장점이다. 싱글룸은 딱 한 사람이 누우면 꽉 찰 만큼 비좁으며, 편의시설은 TV·냉난방기·냉장고가 고작에 욕실·화장실은 공용이다. 대신 요금은 일반적인 비즈니스 호텔의 절반 수준이다. 원래 일용직 노무자가 이용하는 곳이라 깔끔한 시설은 기대하기 힘든 곳도 많다. 체크아웃 시간도 09:00~10:00로 이른 편이니 주의하자. 초저가 비즈니스 호텔이 모여 있는 곳은 도쿄의 미나미센쥬 南千住다.

예산 싱글 4,000엔~, 더블·트윈 7,000엔~

게스트하우스 ゲストハウス

시설이 조금 떨어지지만 배낭여행자에게 이만큼 경제적인 숙소도 없다. 외국인 배낭여행자가 주고객이며 도미토리 객실에 욕실·화장실은 공용이다. 취사시설을 갖춘 곳도 많다. 일반 주택을 개조해서 운영하는 곳이 대부분이라 일본다운 면이 강하며, 비교적 영어가 잘 통하는 것도 장점이다. 여기 더해 다양한 국적의 친구를 사귀기에 좋은 것도 큰 매력!
게스트하우스는 도쿄 시내 곳곳에 있다. 단, 교통이 불편한 경우가 많으니 반드시 전철·지하철역에서의 거리를 확인하고 예약하는 게 좋다.

예산 도미토리 3,500엔~, 1인실 5,000엔~, 2인실 8,000엔~

여관 旅館

'료칸 旅館'이라고 부르는 여관은 일본의 주거문화 체험이란 측면에서 한 번쯤 이용해볼 만하다. 대부분 전통 스타일의 다다미 방이며 바닥에 요를 깔고 잔다. 시설은 천차만별인데 싸구려 여관은 좁은 객실에 TV·냉난방기가 시설의 전부이며 욕실·화장실도 공용인 경우가 많다. 하지만 1만 엔 이상의 고급 여관은 비교적 널찍한 객실에 깔끔하고 세련된 서비스가 기본! 여기 더해 그 여관만이 자랑하는 전통 코스요리를 맛볼 수 있는 등 독특한 체험도 가능하다. 세면도구는 무료로 제공하며 객실에서는 유카타라는 잠옷을 입고 지낸다. 전통 여관은 도쿄의 아사쿠사, 하코네·닛코에 많다.

예산 1인실 1만 엔~, 2인실 2만 엔~

유스호스텔 ユースホステル YH

유스호스텔의 더블룸

경제적인 여행을 목적으로 하는 일본인과 외국인이 주로 이용한다. 젊은 층의 이용 비율이 높아 분위기도 활기차다. 객실은 대부분 2층 침대가 구비된 방을 4~8명이 함께 이용하는 도미토리 스타일이다. 냉난방기 등의 기본적인 시설만 갖춰져 있으며 TV는 별도의 휴게실에서 시청할 수 있다. 욕실·화장실은 공용이지만 숫자가 넉넉해 그리 불편하지는 않다. 대부분의 유스호스텔은 별도의 요금으로 푸짐한 아침·저녁 식사를 제공한다.

예산 도미토리 4,000엔~

캡슐 호텔 カプセルホテル

지극히 일본적인 숙박시설. 똑바로 눕거나 앉을 수 있는 공간의 기다란 캡슐이 층층이 놓여 있고, 그 안에 한 사람씩 들어가서 잔다. 심한 표현으로 하얀 관이 질서정연하게 놓인 모습을 떠올리면 이해가 쉬울 듯.
체크인 때 프런트에서 키를 주는데 여기 적힌 번호가 자신이 이용할 로커와 캡슐의 번호다. 로커는 이 키로 열고 잠근다. 캡슐 안에는 미니 TV·라디오·알람시계 등이 설치돼 있다. 세면도구는 모두 무료로 제공된다. 단점은 일단 체크인하면 외출이 불가능하며 연속으로 숙박할 수 없다는 것, 그리고 대부분 남성 전용이라는 것이다. 자정을 넘기면 만실(滿室)이 될 가능성이 높으니 가기 전에 인터넷·전화로 자리가 있나 확인하는 게 좋다. 캡슐 호텔은 주로 신쥬쿠 등 유흥가와 JR 역 주변에 많다.

예산 1인당 4,500엔~

숙소에서 인터넷 사용

대부분의 숙소에서 무선 인터넷을 자유로이 사용할 수 있다. 인터넷 속도는 우리나라보다 느린데, 저렴한 숙소일수록 인터넷 속도가 느리거나 불안정할 가능성이 높다.

엔화 환전은 은행의 외환 코너 또는 사설 환전소에서 한다. 필요한 것은 신분증(여권·주민등록증 등)과 환전할 액수에 상응하는 원화뿐이다. 현지에서 원화를 엔화로 환전해도 되지만 적용 환율이 나쁘고 은행을 찾아가는 것도 은근히 번거롭다. 필요한 만큼 우리나라에서 엔화를 준비해 가는 게 경비도 절약하고 몸도 편해지는 지름길이다.

일본에서 사용 가능한 결제수단은 현금·여행자수표·신용카드·직불카드·전자 페이의 5가지가 기본이다. 각기 장단점이 있으니 자신의 여건과 여행 스타일에 맞춰 적절한 결제수단을 선택하자.

❶ 현금 Cash

글자 그대로 돈다운 돈이다. 여행자수표처럼 은행에서 환전하거나 신용카드처럼 긁어대는 번거로움 없이 어디서나 자유로이 사용할 수 있다. 현금은 1만 엔짜리가 빈번히 사용되므로 1만 엔 권 위주로 환전해 현지에서 소액권으로 쪼개서 쓰면 편하다.

단점은 너무 많은 현금을 소지할 경우 부피가 커서 보관하기 까다롭고 분실·도난시 아무런 보상도 받을 수 없다는 것. 다량의 경비가 필요할 때는 여행자수표와 신용카드를 적절히 섞어서 사용하자.

화폐 종류 동전 1·5·10·50·100·500엔
지폐 1,000·2,000·5,000·1만 엔

1만 엔권 지폐

❷ 여행자수표 Traveller's Check

여행자수표는 현지 은행에서 현금으로 재환전한 다음 사용해야 하는 번거로움이 있다. 하지만 동일한 금액을 현금보다 0.5% 정도 싸게 구매할 수 있으며, 도난당하거나 분실해도 재발행이 가능한 게 장점이다(p.507의 분실시 대처법 참조).

여행자수표에는 소지자 서명란이 두 개 있다. 하나는 은행에서 수표를 구매하는 즉시 서명하는 난이고, 나머지는 '카운터사인 Countersign'이라고 해서 환전할 때 서명하는 난이다.

수표상의 두 서명은 당연히 일치해야 하고 여권의 사인과도 같아야 한다. 부당한 사용을 막기 위한 안전장치지만, 간혹 3개의 서명이 달라 보이면 지급을 거절당할 수도 있으니 반드시 자기 손에 익숙한 서명을 해야 한다.

여행자수표를 현지 화폐로 교환할 때 수수료를 떼는 나라도 있지만, 일본에서는 수수료를 떼지 않고 여행자수표상의 액면가와 동일한 금액을 준다.

여행자수표 권종 2만·5만·10만 엔

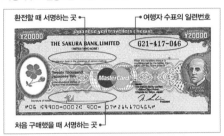

환전할 때 서명하는 곳 → / → 여행자 수표의 일련번호 / 처음 구매했을 때 서명하는 곳

❸ 신용카드 Credit Card

신용카드의 장점은 편리한 휴대성이다. 사용 가능한 카드는 VISA·MASTER·DINERS·AMEX·JCB 등이 있다. 주의할 점은 우리나라에서 발행된 신용카드를 사용할 수 없는 업소도 있다는 것. 번거롭지만 레스토랑·숍을 이용할 때 신용카드 사용이 가능한지 확인하고 들어가는 게 좋다.

신용카드의 단점은 해외 사용에 따른 수수료 부담이 은근히 크다는 것이다. 수수료·환가료 등의 명목으로 실제 사용 금액의 2% 정도를 추가 부담해야 한다. 예를 들어 신용카드로 100만 원을 사용하면 우리나라에서 실제로 결제해야 하는 금액은 102만 원 정도가 된다.

또 하나 단점은 우리나라에서 발급된 신용카드를 가지고 현금 자동지급기에서 현금 서비스를 받기가 은근히 어렵다는 것. 현금 서비스를 받으려면 은행의 환전 창구에서 직원에게 현금 서비스를 신청하거나, 우체국·공항·편의점 세븐일레븐의 현금 자동지급기를 이용해야 한다. 현금 서비스를 받을 수 있는 최저 단위는 1만 엔부터다.

❹ 직불카드 Debit Card

국내 주요 은행에서 발행 된 것 가운데 뒷면에 'International' 표시와 함께 'PLUS' 또는 'Ciruss' 로고가 인쇄된 직불카드는 현지의 현금 자동지급기에서 사용할 수 있다. 동일한 로고가 찍힌 현금 자동지급기를 찾아 직불카드를 넣고, 안내(한국어 · 영어 · 일본어)에 따라 기기를 조작하면 원하는 금액이 인출된다.

일본의 현금자동지급기는 우리나라와 사용법이 비슷하다

인출 가능 금액은 자신의 통장 잔고 범위 내에서 결정되며 1일 한도액이 정해져 있으니 주의하자. 한도액은 직불카드 발행 은행에 문의하면 확인할 수 있다. 단점은 신용카드와 마찬가지로 인출액에 비례해 수수료 · 환가료가 추가되기 때문에 우리나라에서 환전할 때보다 환율이 좋지 않다는 것이다.

직불카드를 사용할 수 있는 현금 자동지급기는 우체국 · 공항 · 편의점 세븐일레븐 등에 설치돼 있으며 1만엔 단위로 돈을 인출할 수 있다. 프레스티아 은행 지점 위치는 왼쪽 페이지를 참조하자.

❺ 전자 페이 Pay

카카오 페이 · 네이버 페이 · 애플 페이를 일본에서도 사용할 수 있다. 모든 업소에서 사용 가능한 것은 아니지만, 결제 가능 업소가 점차 증가하는 추세라 보조 결제수단으로 활용하기에 적당하다.

키오스크 또는 계산대에서 페이 사용 가능 여부를 확인하고, 우리나라와 마찬가지로 QR 코드를 스캔하면 자동 결제된다. 현재 환전 수수료는 없으며(향후 부과 예정), 결제 시점의 전신환 환율이 적용된다. 환율이 상승할 때보다 하락하는 시점에 사용하면 득이 된다.

돈 버는 환전 요령

환전에 앞서 환율과 은행 할인 쿠폰부터 검색한다

여행 경비가 정해지면 인터넷에서 환율을 검색한다. '현찰 살 때(현찰 매도율)'라고 표시된 환율이 있는데, 이것이 우리가 엔화를 구매할 때 적용되는 환율이다. 여기 맞춰 필요한 원화와 신분증(여권 · 주민등록증 · 운전면허증)을 갖고 은행 또는 사설 환전소로 간다. 환율이 수시로 바뀌어 정확한 금액의 원화를 맞춰가기는 힘들다. 예상 금액보다 좀 더 여유 있게 가져가는 센스를 잊지 말자. 말자.

❶ 시중은행

현찰 매도율은 은행마다 조금씩 다르다. 이유는 은행마다

각기 다른 비율의 환전 수수료를 적용하기 때문. 따라서 무작정 아무 은행이나 찾아가기보다 좀 더 나은 환율의 은행을 찾는 게 환전을 잘하는 비결이다. 사전에 은행 홈페이지도 살펴보자. 모바일 뱅킹으로 5~30%의 환전 수수료 우대를 해주기도 한다.

❷ 사설 환전소

서울 · 인천 · 부산 등 대도시 거주자는 사설 환전소 이용이 유리하다. 시중 은행보다 100엔당 5~20원 싸게 엔화를 구매할 수 있어 환전 금액이 커질수록 이득도 늘어난다. 사설 환전소는 네이버 · 다음에서 '환전소'로 검색하면 쉽게 찾을 수 있다.

❸ 엔화 동전 구매

일부 은행에서는 엔화 동전을 매매기준율보다 20~30% 저렴하게 구매할 수 있다. 무게가 조금 부담스럽지만 금액상 메리트가 큰 게 장점. 수량이 한정적이라 환전 가능 여부를 미리 확인하고 가야 한다.

일본에서 여행자수표 및 은행 이용하기

아주 짧은 일정, 예를 들어 3~5일 정도 일본을 방문해 경비가 5만 엔을 넘지 않는다면 여행자수표보다 전액 현금으로 바꿔 가는 게 편하다. 하지만 장기체류 · 쇼핑 등의 이유로 큰 금액이 필요할 때는 환율이 유리한 여행자수표로 환전하는 게 좋다. 물론 도난 · 분실에 대한 대비책도 된다.

공항에서 여행자수표 환전하기

나리타 · 하네다 국제공항에는 입국장 바로 옆에 은행 영업소가 있어 여행자수표를 손쉽게 현금으로 환전할 수 있다. 여기서 필요한 만큼 여행자수표를 현금화하면 시내에서 은행을 찾느라 시간을 버릴 염려도 없고 처리 시간도 빨라 편리하다. 공항의 은행 영업소는 항공편의 운항 시간에 맞춰 운영하기 때문에 아무리 밤늦게 도착해도 걱정 없다.

은행 영업 시간에 주의

시내에서 환전할 때는 '환전 両替 · Exchange' 표시가 붙은 대형 은행이나 우체국을 찾아간다. 여행자수표 환전에는 보통 15~20분 걸린다. 단, 은행은 평일 09:30~15:00, 우체국은 평일 09:00~17:00에만 영업한다는 사실에 주의하자. 은행 · 우체국이 문을 닫았을 때는 환전 코너를 운영하는 대형 호텔이나 백화점에 가보는 것도 요령이다.

시내에서는 사진과 같은 환전 표시가 붙은 은행 · 우체국을 찾아간다

Q&A

전화 · 인터넷 · 우편 어떻게 사용하죠?

어디서나 공중전화를 쉽게 찾을 수 있으며 기본적인 이용법은 우리나라와 같다. 국제전화는 요금이 무척 비싸니 전화비를 아끼려면 카카오톡 · 라인 등의 메신저 또는 국제전화 선불카드를 이용한다. 대부분의 숙소에서 무선 인터넷을 무료로 개방해 놓아 스마트 기기만 있으면 자유로이 인터넷을 사용할 수 있다.

전화 · 인터넷 · 우편을 적절히 활용하면 여행이 편해짐은 물론 우리나라에서 애태울 누군가에게 큰 위안을 안겨줄 수 있다. 또한 현지에서 띄운 편지나 엽서는 기념품 이상의 가치가 있으며 훗날 추억으로 간직할 수 있는 소중한 기억이 되기도 한다.

일본 국내전화

공중전화는 연두색 · 회색 · 오렌지색의 세 가지 모델이 있다. 연두색 · 회색 전화기는 10 · 100엔 주화와 NTT의 구형 전화카드, 오렌지색 전화기는 IC 칩이 내장된 NTT의 신형 전화카드만 사용할 수 있다.

시내 통화 요금은 45초당 10엔이며 핸드폰(국번이 080 또는 090으로 시작)과 시외 전화 요금은 시내 통화보다 2~4배 비싸다. 전화 쓸 일이 많을 때는 연두색 · 회색 전화기에서 사용 가능한 NTT의 구형 전화카드를 구매하는 게 좋다. 전화카드는 전화기 근처에 있는 전화카드 자판기 또는 편의점에서 판매한다. 일본어로 전화카드는 테레혼카도 テレホンカード 또는 줄여서 테레카 テレカ라고 부른다는 사실도 알아두면 좋을 듯.

전화카드는 500 · 1,000엔짜리가 있으며 사용 가능 횟수는 '도수 度數'로 표시된다. 예를 들어 1,000엔짜리 전화카드 뒷면에는 '105度数'라고 쓰여 있는데, 이것은 45초 통화를 105회 할 수 있다는 뜻이다. 주의할 점은 실제 가격보다 사용 가능 횟수가 적은 전화카드도 있다는 사실. 특히 관광지에서 기념품으로 파는 전화카드가 그런데, 1,000엔짜리임에도 사용 가능 횟수는 '50도수'밖에 안 된다. 반드시 카드 뒷면에 적힌 도수를 확인하고 구매하자.

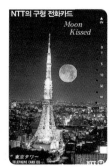

NTT의 구형 전화카드

한국→일본 국제전화

우리나라에서 일본으로 국제전화를 걸 때는 국제전화 회사의 번호를 누르고, 일본 국가번호인 81과 지역번호에서 0을 뺀 나머지 번호, 수신자의 전화번호를 차례로 누르면 된다. 예를 들어 KT의 001로 도쿄(지역번호 03)의 1234-5678로 전화를 건다면 다음의 순서로 누른다.

예) 001-81-3-1234-5678

일본→한국 국제전화

가정 · 회사에서 사용하는 일반 전화를 이용할 때는 먼저 국제전화 회사의 번호와 010을 누른 다음, 우리나라의 국가 코드 82, 지역번호에서 0을 뺀 나머지 번호, 수신자의 전화번호를 차례로 누른다. 예를 들어 KDDI의 001을 이용해 서울의 1234-5678로 전화를 건다면 다음의 순서로 누른다.

예) 001-010-82-2-1234-5678

일본의 국제전화 회사

회사마다 요금이 조금씩 다른데 KDDI가 제일 비싸다.

KDDI 001   NTT 0033   Soft Bank Telecom 0061

❶ 공중전화로 국제전화 걸기

일부 회색 공중전화로 국제전화를 걸 수 있다. 100엔 이상의 금액을 넣어야 국제전화가 걸리며 전화카드는 사용할 수 없다. 모든 오렌지색 전화기로는 국제전화를 걸 수 있지만 IC 칩이 내장된 신형 전화카드로만 사용할 수 있다. 전화를 거는 방법은 '일본→한국 국제전화'의 예와 동일하다. 단, 국제전화 회사는 NTT의 0033만 이용할 수 있다.

❷ 컬렉트 콜 Collect Call

컬렉트 콜, 즉 수신자 부담 통화는 거는 사람은 요금 부담이 전혀 없지만 받는

연두색 · 회색 전화기는 동전과 구형 전화카드, 오렌지색 전화기는 신형 전화카드만 사용할 수 있다

사람은 분당 1,000~1,800원의 비싼 요금을 내야 하는 치명적(?) 약점이 있다. KT의 컬렉트 콜 접속 번호를 누르면 한국어 안내 방송이 나오며 이를 따라 하면 통화하고자 하는 번호로 연결된다.

연두색 전화기로는 컬렉트 콜이 안 걸릴 때도 있는데, 이때는 10엔 동전이나 사용할 수 있는 전화카드를 집어넣고 번호를 누르면 된다. 집어넣은 동전이나 카드는 통화가 끝나면 고스란히 반환된다.

컬렉트 콜 접속 번호
KT 0066-35-821, 00539-821, 0034-811-082, 004-41-1821

❸ 국제전화 선불카드

NTT의 전화카드가 아닌 별도의 국제전화 전용 카드를 말한다. 일본어로는 코쿠사이테레카 国際テレカ, 또는 코쿠사이테레혼카도 国際テレホンカード라고 부르며 편의점이나 할인 티켓 전문점에서 판다.

주의할 점은 발행사에 따라 사용 가능 시간이 천차만별이라는 것. KDDI의 카드는 1,000엔짜리로 10분 남짓 사용할 수 있는데 비해 할인 티켓 전문점에서 파는 카드는 1,000엔짜리로 30~60분 통화할 수 있다. 반드시 사용 가능 시간을 확인하고 구매하자.

사용법은 다음과 같다. 구매한 선불카드 뒷면의 은박을

일본에서 파는 국제전화 선불카드 뒷면에 핀 넘버가 적혀 있다

긁어내면 '핀 넘버 Pin Number'가 나온다. 선불카드에 적힌 접속 번호로 전화를 걸면 안내 방송이 나오는데, 시키는 대로 언어를 선택하고 핀 넘버, 우리나라의 국가 코드 82, 0을 뺀 지역 번호, 그리고 수신자의 전화번호를 입력하면 전화가 연결된다.

핸드폰 로밍

자신의 핸드폰을 일본에서도 그대로 사용할 수 있다. 일본에서 핸드폰을 켜면 자동으로 로밍 기능이 활성화된다. 로밍 서비스 이용시 통화요금은 통신사마다 다른데 보통 1분당 500~2,000원이며, 전화를 걸 때는 물론 받을 때도 요금이 나간다. 문자 메시지 발신은 건당 150~500원이며 수신은 무료다. 정확한 요금은 통신사 홈페이지에서 확인 가능하다.

데이터 로밍

자동 로밍 서비스 이용시 '데이터 로밍·셀룰러 데이터' 기능을 활성화하면 한국에서와 동일하게 인터넷을 사용할 수 있다. 자세한 요금·사용법은 통신사 홈페이지에서 확인할 수 있다.

요금 1일 5,000원~1만 3,200원

❶ 데이터 유심 카드 구매

데이터 로밍 요금을 절약하려면 국내 인터넷 쇼핑몰에서 판매하는 '일본 유심 카드'를 구매한다. 유심 카드를 갈아 끼우는 방식과 e-심을 다운로드 받는 방식이 있으니 자신의 스마트폰에 맞는 것을 선택한다. 가격은 판매처와 데이터 용량, 사용기간에 따라 천차만별이니 꼼꼼히 비교해보자. 지도 검색 위주로 이용시 1일 300~500MB면 적당하며, 동영상 시청 등 데이터 사용량이 많을 때는 대용량 또는 무제한 요금제를 선택하는 게 좋다.

요금 1일 2,000원~

❷ 포켓 와이파이 대여

포켓 와이파이를 빌려 여럿이 함께 사용하는 것도 가능하다. 국내 인터넷 쇼핑몰에서 '포켓 와이파이'로 검색하면 된다. 이용료는 판매처와 데이터 용량, 사용기간에 따라 천차만별이니 꼼꼼히 비교해보고 결정한다.

요금 1일 1,500원~

인터넷

일본의 PC는 우리나라와 키보드 배열이 조금 다르다

대부분의 호텔·한인민박·게스트하우스에 유무선 인터넷 설비가 갖춰져 있어 노트북 컴퓨터 또는 스마트 기기를 가져가면 무료로 인터넷을 사용할 수 있다. 또한 휴게실이나 프런트에 인터넷 전용 PC를 갖춘 숙소도 있다. 단, 고급 호텔이나 일부 게스트하우스에서는 인터넷 사용료를 받기도 하니 숙소 예약 시 확인하고 이용하는 게 좋다. 우리나라와 달리 PC 방이나 인터넷 카페는 찾아보기 힘들다. 유흥가·상점가에는 만화방을 겸한 PC 방인 망가킷사 まんが喫茶(1시간 300~600엔)가 있지만, 키보드와 프로그램이 일본어 일색이라 일본어를 모르면 이용이 불가능하다.

우편

도쿄 시내의 우체통

한국으로 편지나 엽서를 보낼 때는 반드시 받는 이의 주소 위나 아래에 큰 글씨로 'Seoul, Korea'라고 써야 한다. 단순히 'Korea'라고만 쓰면 북조선의 누군가와 펜팔을 하게 될지도…. 받을 사람의 주소는 한글로 써도 된다. 들고 다니기 부담스러운 물건은 소포로 부친다. 비용이 들어도 갖고 다니느라 고생하는 것보다 낫다. 우편·소포는 항공편으로 1주일 안에 도착한다. 만약 시간을 다투는 일이라면 EMS(Express Mail Service)·DHL·FEDEX 등의 특급 우편 제도를 활용한다.

여행 노하우 어떤 게 있나요?

일본을 현지인처럼 돌아다닐 수 있는 최상의 여행 노하우는 바로 꼼꼼한 준비다. 특히 일정이 짧으면 짧을수록 확실한 준비가 필수! 준비가 부족하면 현지에서 까먹는 시간도 늘어난다는 사실을 잊지 말자. 가장 확실한 정보와 여행 노하우는 가이드북에 담겨 있다. 책을 정독하며 자신에게 필요한 정보를 정리하자.

기본적인 여행 노하우만 알아도 한결 편한 여행을 즐길 수 있다. 초보자가 기억하면 '피가 되고 살이 되는' 일본 여행 테크닉 십계명을 알아보자.

일정을 짤 때는 현지에서 열리는 이벤트에도 신경을 쓰자

❶ 일정 관리는 꼼꼼히

1주일 미만의 짧은 여행은 한마디로 시간과의 싸움이다. 도쿄에는 수많은 명소가 모여 있으며, 여행자의 발길을 유혹하는 음식점ㆍ쇼핑센터가 가득해 항상 부족한 시간에 쫓길 수밖에 없다. 따라서 구체적인 일정을 미리 세워야만 1분 1초를 알뜰히 사용하는 알찬 여행을 즐길 수 있다. 헛걸음하지 않도록 명소ㆍ레스토랑ㆍ쇼핑센터의 휴무일을 꼼꼼히 체크하는 것도 잊지 말자.

❷ 무거운 짐은 숙소에

무거운 짐을 짊어지고 돌아다닐 수는 없는 노릇이니 숙소에 짐을 맡긴 다음 가벼운 차림으로 움직이자. 자신이 묵을 호텔ㆍ민박ㆍ게스트하우스 등에 부탁하면 대부분 무료로 짐을 맡아준다. 체크인 시간 전에 도착한 경우는 물론, 체크아웃을 했어도 당일에 한해 짐을 보관해 주니 잠시 맡겨두고 가볍게 돌아다니자.

코인로커 이용
일본은 코인로커의 천국이다. 지하철역ㆍ전철역 어디서나 쉽게 코인로커를 발견할 수 있다. 사용료는 크기에 따라 다른데, 중간 사이즈의 배낭이 들어가는 코인로커는 300~400엔, 대형 트렁크가 들어가는 것은 500~600엔이다. 자정을 넘기면 요금이 추가되니 주의하자.

❸ 쉽게 길 찾는 요령

주요 명소는 대부분 JRㆍ지하철역을 중심으로 모여 있어 역을 기점으로 움직이면 쉽게 찾아갈 수 있다. 역을 나가기 전에 목적지의 위치, 그리고 목적지와 가장 가까운 출구 번호를 확인하면 길을 헤맬 가능성도 현저히 줄어든다. 지도를 볼 때는 기준이 되는 건물 몇 개를 체크해 놓고 그 건물들을 중심으로 길을 찾으면 된다. 예를 들어 지도상에서 눈에 띄는 호텔ㆍ쇼핑센터ㆍ전철역을 두세 개 찾은 다음 그 건물들의 위치와 똑같이 지도를 펼쳐 놓으면 현재 자신이 위치한 곳과 가야 할 길이 금방 찾아진다. 길을 찾기 힘들 때는 우리나라의 파출소에 해당하는 코반 交番으로 가자. 주소나 지명만 말하면 친절하게 길을 알려준다.

도로 표지판 읽는 법
○○도리 ○○通り 우리나라의 ○○거리에 해당
○○초메 ○丁目 우리나라의 ○○번지에 해당

❹ 호텔ㆍ쇼핑센터를 안방처럼

일본의 여름은 우리나라를 능가하는 찜통더위를 자랑한다. 겨울 또한 우리나라에 비해 따뜻하다고는 하나 슬며시 파고드는 찬바람은 온몸을 꽁꽁 얼리기에 충분하다. 더위나 추위에 지쳤다 싶으면 주저 없이 가까운 대형 호텔이나 쇼핑센터로 들어가자. 항상 에어컨과 난방기가 가동되기 때문에 편히 쉬어갈 수 있다. 호텔 로비에는 누구나 이용 가능한 소파, 쇼핑센터의 화장실 근처에는 의자와 휴게시설이 갖춰져 있다는 사실도 알아두면 좋을 듯!

안락한 휴식 공간이 마련된 쇼핑센터도 있다

➎ 식사 시간은 눈치껏

식당이 가장 붐비는 시간은 12:00~13:00, 18:00~19:00. 이 시간대에는 밥 한 끼를 먹기 위해 30분 이상 기다려야 하는 사태도 빈번히 발생한다. 예약을 받지 않는 식당도 많으니 피크 타임보다 조금 일찍, 또는 조금 늦게 가는 게 시간도 절약하고 느긋하게 식사를 즐기는 비결이다.

➏ 잔돈은 그때그때 처분

일본의 식당·숍을 이용하다 보면 1·5·10엔짜리 동전이 끊임없이 늘어난다. 무의식적으로 지폐를 사용하는 사이 주머니가 불룩해지기 십상이니 잔돈, 특히 1·5엔짜리 동전은 수시로 써서 없애자. 음료수나 가벼운 군것질거리를 구매할 때 잔돈 위주로 사용하면 된다.

잔돈을 효율적으로 사용하려면 조그만 동전 지갑을 준비해 가는 게 좋다. 짬짬이 지갑을 열어보고 어느 정도 모였다 싶으면 그때그때 처분한다. 참고로 엔화 동전을 우리나라에서 환전할 때는 지폐 환율의 50%밖에 쳐주지 않는다.

남은 동전을 제때 처분하는 것도 여행의 기술!

➐ 쾌적한 화장실 이용법

화장실 인심은 무척 후하다. 공중 화장실은 JR·지하철·전철역과 주요 관광명소에서 쉽게 찾을 수 있다. 쾌적한(?) 시설을 원한다면 대형 호텔이나 쇼핑센터에 딸린 화장실을 이용하자. 호텔·쇼핑센터가 눈에 띄지 않을 때는 맥도날드 등 가까운 패스트푸드점을 찾으면 된다.

➑ 자판기 활용

기계화·자동화의 천국 일본에서는 자판기 사용이 보편적이다. 음료수·티켓·신문·잡지 등 대부분의 생필품을 자판기에서 살 수 있으며 식당의 식권도 자판기에서 구매한다. 특히 음료수 자판기는 주택가 골목부터 사람이 다니지도 않을 것 같은 외딴 산길에까지 세워져 있어 가게를 찾는 것보다 자판기를 찾는 게 더 쉬울 때도 많다. 자판기에는 1,000엔 시폐와 10·50·100·500엔 주화를 사용할 수 있다. 지갑에 1,000엔 지폐를 한두 장 넣어두면 은근히 요긴하게 쓰인다.

음료수나 캔맥주를 구매할 때는 자판기를 이용하는 게 편리하다

➒ 관광 인포메이션 센터를 활용하자

부정기적으로 열리는 행사·축제에 관한 가장 확실한 정보는 관광 인포메이션 센터에서 제공한다. 우리나라에서 미리 일본정부관광국 JNTO(p.493)의 홈페이지에 접속해 필요한 정보를 챙겨놓고, 궁금한 사항은 현지의 관광 인포메이션 센터에서 물어본다. 현지인이 아니면 알기 힘든 생생한 정보도 쉽게 손에 넣을 수 있다.

필요한 정보가 있을 때는 언제든지 관광 인포메이션 센터를 찾아가자

➓ 일어 완벽하지 않아도 된다

일본어를 하면 일본 여행이 더욱 편해지는 게 자명한 사실. 하지만 일본 여행이라고 해서 일본어를 완벽히 구사해야 할 필요는 없다. 어떤 언어든 자기 의사를 전달할 수만 있으면 그것으로 충분하다.

어설픈 일본어로 질문하면 되돌아오는 따발총 같은 일본어를 알아들을 수 없어 오히려 난감해질 뿐이다. 안 되는 일어는 간단한 영어 단어로 메워나가자. 일본인이나 우리나라 사람이나 영어 구사 능력이 비슷해 단어만 나열해도 서로 뜻이 통한다. 단, 간단한 인사말 정도는 배워가자. 상대방에게 도움을 청하거나 고마움을 표할 수 있는 기초적인 일본어 몇 마디는 대화의 윤활유 구실을 한다.

한글이 병기된 표지판이나 안내판도 많다

박물관·미술관 휴관일에 주의

대부분의 박물관·미술관은 월요일 또는 화요일이 휴관일이다. 단, 월·화요일이 공휴일일 때는 그 다음 날이 휴관일이 된다. 또한 전시품 교체 등의 이유로 임시 휴관하는 경우도 있으니 헛걸음하지 않으려면 미리 홈페이지에서 휴관일을 체크하고 가는 게 안전하다.

Q&A
사고가 났을 때는 어떻게 하죠?

일본은 세계에서도 손꼽히는 치안 대국이다. 강력사건이 발생할 가능성은 '제로'에 가까우니 안심해도 좋다. 단, 여행자의 부주의로 인한 분실사고가 종종 발생하니 마냥 들뜬 기분으로 돌아다니는 건 금물! 사고가 발생하면 당황하지 말고 차분하게 행동하자. 일본어를 모를 때는 주위에서 영어 · 한국어가 가능한 사람부터 찾는다.

사건 · 사고 발생시 가장 큰 도움을 받을 수 있는 곳은 현지 사정에 밝은 숙소의 주인 또는 호텔의 프런트다. 부수적인 사건 관계 서류는 경찰서 또는 파출소인 코반 交番에 요청한다.

분실 · 도난
가장 흔한 사건이 바로 분실과 도난이다. 유일한 예방책은 스스로 주의하는 것뿐. 분실사고는 전철 · 지하철 등의 혼잡한 대중교통과 쇼핑센터 · 레스토랑 · 호텔에서 자주 일어난다. 자리에서 일어날 때 소지품을 제대로 챙겼나 꼼꼼히 확인하자. 호텔에서는 체크아웃 직전에 다시 한 번 객실을 둘러보고 잊어버린 물건이 없나 확인하는 게 좋다.

전철 · 지하철을 이용하다가 물건을 잃어버린 경우에는 역무원에게 자신이 이용한 열차의 행선지와 운행 시각을 알려주면 대부분 물건을 되찾을 수 있다. 흔하지는 않지만 러시아워 때의 지하철 · 전철에서 소매치기 사건이 발생하곤 한다. 귀중품은 항상 몸에서 떨어지지 않게 보관하는 게 좋다.

여행자 보험에 가입한 경우 도난사건이 발생하면 가까운 경찰서에서 '도난 증명서 Police Report 盜難證明書'를 발급받는다.

우리나라에 돌아와서 도난 증명서와 함께 보험사에 보험금을 신청하면 피해 금액중 일부를 보상받을 수 있다.

분실 · 도난 사건이 발생했을 때는 곧장 경찰서나 파출소로 간다

도난 증명서 작성 요령
도난 증명서에는 자세한 사건 경위와 함께 도난당한 물건의 구체적인 모델명까지 기록해야 한다. 도난 증명서를 기준으로 보상금이 지급되기 때문인데, 예를 들어 카메라의 경우 단순히 'Camera'가 아니라 'Camera, Nikon D4S'라고 상세히 적어야 한다.
도난 증명서를 작성할 때는 단어 사용에도 주의하자. '분실 Lost 紛失'은 본인 부주의로 물건을 잃어버렸다는 뉘앙스가 강해 보상이 어려워질 수 있다. 도난은 반드시 'Stolen 盜難'이란 표현을 써야 한다.

여권 분실
여권을 분실하면 여행은 물론 귀국마저 불가능해진다. 유일한 해결책은 도쿄의 우리나라 대사관 또는 요코하마의 대한민국 총영사관을 찾아가 여권을 재발급 받거나 귀국용 여행증명서를 받는 것뿐이다.

필요한 서류는 여권 발급 신청서 1장(총영사관 비치), 주민등록번호가 기재된 국내신분증(주민등록증 · 운전면허증 등), 여권용 사진 2장, 여권 분실 확인서 1장(총영사관 비치), 일본 경찰서의 분실 신고 접수증, 그리고 수수료 1,950엔이며 발급 소요기간은 5~8일이다. 미리 여권의 사진이 인쇄된 부분을 복사해서 가져가면 여권 분실시 간이 신분 증명용으로 활용할 수 있다.

대한민국 대사관 영사과
영업 09:00~16:00
휴무 토 · 일 · 공휴일 및 우리나라의 삼일절 · 광복절 · 개천절
주소 東京都 港区 南麻布 1-7-32
전화 03-3455-2601~3
교통 지하철 난보쿠 선 · 토에이오에도 선의 아자부쥬반 麻布十番 역(N04 · E22) 하차, 2번 출구에서 도보 3분.

요코하마 총영사관
영업 09:00~17:00
휴무 토 · 일 · 공휴일 및 우리나라의 삼일절 · 광복절 · 개천절
주소 神奈川県 横浜市 中区 山手町 118
전화 045-621-4531
교통 토큐토요코 선의 모토마치 · 츄카가이 元町 · 中華街 역 하차, 5번 출구를 나와 오른쪽으로 도보 10분.

총영사관의 홈페이지에서는 여권 발급 등의 민원 정보도 제공한다

현금 분실

현금만 분실한 경우 신용카드 · 직불카드로 현금 서비스를 받는 게 최선이다. 우체국 · 편의점 세븐일레븐의 현금 자동지급기를 사용하면 된다. 현금은 물론 신용카드 · 직불카드마저 분실했다면 돈을 빌리거나 우리나라에서 송금받는 수밖에 없다. 송금 서비스를 받으려면 우선 KEB 하나은행 도쿄 지점에서 여권을 제시하고 임시 계좌를 개설한다. 그리고 한국으로 연락해 송금을 부탁하면 2시간 내에 돈을 찾을 수 있다.

KEB 하나은행 도쿄 지점

영업 09:00~15:00
휴무 토 · 일 · 공휴일, 12/31~1/3
주소 東京都 千代田区 丸の内 3-4-1 新国際ビルディング 1/F
전화 03-3216-3561
교통 JR 야마노테 선 · 케이힌토호쿠 선의 유라쿠쵸 有楽町 역 하차, 도보 1분. 신코쿠사이 빌딩 新国際ビルディング 1층에 있다.

신용카드 도난 · 분실

분실 신용카드로 인한 위조 사건이 종종 발생한다. 분실사고 발생 즉시 카드 발행사에 연락해 신용카드 거래 중지 요청을 하는 게 급선무. 신용카드 번호와 발행사의 전화번호를 따로 기록해 두면 비상시에 손쉽게 대처할 수 있다.

여행자수표 분실

사용하지 않은 여행자수표의 일련번호를 알면 재발행이 가능하다. 여행자수표 발행사에 분실 신고를 하고 현지 지점을 찾아가 미사용 여행자수표의 일련번호, 여행자수표 구매 영수증을 제시한 뒤 재발행 신청을 한다. 빠르면 당일, 늦어도 2~3일 안에 여행자수표를 받을 수 있다

몸이 아플 때

각자 알아서 자기 몸을 관리해야 한다. 무리한 일정은 무리한 결과를 낳게 되므로 몸이 피곤할 때는 쉬어주고, 혹시라도 심각한 병이 의심되거나 큰 상처를 입었을 때는 곧장 병원을 찾아간다. 말이 통하지 않을 때는 교민이나 현지 유학생에게 도움을 청하자.

여행자 보험에 가입했다면 진료비를 지불한 다음 의사의 진단서와 진료비 영수증을 받아두었다가 귀국 직후 보험사에 보험금을 청구한다. 만약 개인적으로 처리하기 힘든 상황이라면 보험사의 현지 연락처나 한국으로 전화해 사고 사실을 알리고, 적절한 대응법을 지시 받는다. 조그만 상처가 생겼거나 가벼운 감기에 걸렸을 때는 약국을 찾아간다. 처방전 없이 구매 가능한 연고나 종합 감기약을 살 수 있다.

드러그 스토어(약국)에서는 간단한 의약품을 판매한다

도쿄의 긴급 연락처

경찰 110	아시아나항공 0570-082-555
소방서 119	대한항공 0088-21-2001
제주항공 0570-001132	일본항공 03-5460-0511
에어부산 0570-029777	전일본공수 03-6741-6685

만일의 사태에 대비하는 여행자 보험 가입 요령

도난 · 질병 등의 사고가 염려될 때는 여행자 보험에 가입하자. 가입시 눈여겨볼 사항은 기간 · 보험료 · 보상 한도액이다. 보험 가입 기간이 자신의 일정과 일치하지 않을 때는 짧은 것보다 조금 긴 기간을 선택하는 게 안전하다. 사고는 언제 발생할지 모르니까.

보험료는 기간과 보상 한도액에 비례해서 올라간다. 무조건 싼 것보다는 적절한 수준의 보험료와 보상 한도액을 선택하는 게 좋다. 사망에 이르는 심각한 사고의 발생 비율은 상대적으로 적은 만큼 이와 관련된 보상 한도액은 작게, 도난 · 질병 사고는 비교적 빈번히 발생하므로 이와 관련된 보상 한도액은 조금 크게 설정된 보험 상품을 고르는 게 요령이다.

참고로 휴대품 보상 한도액은 지급되는 보험금의 총액을 뜻한다. 예를 들어 휴대품 보상 한도액 30만 원짜리 보험에 가입했다면 100만 원짜리 물건을 도난당해도 실제 지급되는 금액은 최대 30만 원까지다.

여행자 보험은 보험 대리점 · 여행사 · 공항 · 인터넷에서 가입할 수 있다. 여행사 · 공항에는 보험료가 비싼 상품밖에 없으므로 원하는 보험 상품에 저렴하게 가입하려면 인터넷을 이용하는 게 현명하다. 보험 상품을 찾을 때는 '여행자 보험'으로 검색하면 된다.

Q&A

짐은 어떻게
챙기나요?

짧은 여행에 무거운 짐은 절대 금물. 옷가지·양말·가이드북만 가져가도 충분하다. 세면도구는 숙소에 비치돼 있고 자잘한 생필품은 현지에서 얼마든지 구매할 수 있다. 몸이 가벼워야 여행도 즐거워진다는 사실을 꼭 기억하자. 사용 가능성 '50%' 미만인 물건은 무조건 제외시키는 게 짐을 줄이는 최선의 요령이다.

세계 어딜 가나 짐 꾸리기의 기본 원칙은 '작게' 그리고 '가볍게'다. 다음에 소개할 필수 항목에 해당하는 짐을 우선적으로 챙긴다.

트렁크·여행용 배낭
짐이 많을 때는 트렁크나 여행용 배낭을 가져가는 게 좋다. 등산용 배낭처럼 입구가 좁은 배낭은 짐을 넣고 빼기가 불편하다. 트렁크는 되도록 바퀴가 크고 튼튼한 것으로 선택하자. 도로 포장 상태는 양호하지만 은근히 울퉁불퉁한 곳이 많아 바퀴가 고장나기 쉽다. 도난 사고를 방지하려면 배낭·트렁크에 항상 열쇠를 채워놓는 게 안전하다.

바퀴가 튼튼한 트렁크를 준비하자

조그만 가방 또는 배낭
트렁크, 큰 가방과는 별도로 조그만 가방이나 배낭을 하나 챙겨간다. 여행할 때 옷가지나 기타 잡다한 물건은 트렁크 또는 큰 가방에 넣어 숙소나 코인로커에 보관하고, 자주 꺼내 봐야 하는 가이드북·지도·음료수 등은 작은 가방이나 배낭에 넣어서 갖고 다니며 필요할 때마다 꺼내 쓴다.

옷가지
도쿄의 기후는 우리나라, 특히 남부 지방과 비슷하다. 따라서 옷가지는 우리나라에서 입던 것과 똑같이 가져가면 된다. 여행 기간이 짧을 때는 빨래할 필요가 없게 양말과 속옷을 넉넉히 준비하면 편하다.

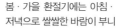

계절에 맞는 옷과 충분한 양말은 여행의 필수품

봄·가을 환절기에는 아침·저녁으로 쌀쌀한 바람이 부니 여벌의 긴옷을 챙기자. 고지대란 특성상 겨울철의 하코네·닛코는 도쿄 시내에 비해 추위가 한층 강하게 느껴지므로 두툼한 겨울옷을 챙기는 것도 잊어서는 안 된다.

세면도구
숙소에 따라 비치된 세면도구가 다르다. 유스호스텔·한인민박 등의 저렴한 숙소에서는 비누·샴푸만 제공된다. 수건·칫솔·면도기 등은 각자 준비할 몫. 비즈니스 호텔급 이상에는 수건·칫솔·샴푸·비누·샤워캡·면도기·헤어드라이어 등 거의 모든 세면도구가 완벽히 갖춰져 있어 맨몸으로 가도 전혀 문제가 없다.

여행 기본 준비물

체크	품목	내용
	여권	여행의 기본적인 준비물. 없어지면 오도가도 못할 처지에 놓이고 만다. 항상 안전한 곳에 보관하자.
	항공권	해외여행시 반드시 필요한 것 가운데 하나. 스마트폰에 저장해 놓으면 편리하다.
		스마트폰 고장·분실 등 만일의 경우에 대비해 e-티켓을 프린트해 놓는 것도 좋다.
	여행 경비	최대한 안전하게 보관할 것. 비상사태에 대비해 1장 정도의 신용카드·직불카드는 준비해 가자.
	옷가지	무겁지 않게 필요한 만큼 챙겨간다. 일본에서 구매할 옷의 양도 한 번쯤 고민해 볼 것.
	카메라	자기 손에 익은 편한 카메라를 준비하자. 디지털 카메라는 여분의 배터리·충전기·메모리 카드를 챙겨야 한다.
		메모리 카드가 부족할 때는 가전 양판점이나 전자상가인 아키하바라(p.366)에서 구매할 수 있다.
		하지만 우리나라의 1.5~3배 정도 가격이 비싸다. 충전기에 사용할 100V용 변환 플러그도 잊지 말자.
	세면도구	자신이 이용할 숙소의 수준에 맞춰 수건·비누·샴푸·면도기 등을 준비한다.
	비상약품	꼭 필요한 만큼만 비닐봉지에 잘 포장해서 가져간다.
	우산	작고 가벼울수록 좋다. 깜빡했을 때는 편의점·100엔 숍에서 파는 비닐 우산(200~500엔)을 이용한다.
	여행자 보험	여행자 보험 증서는 집에 놓고 가도 된다. 보험 가입시 받은 현지 비상 연락처와 안내 책자만 챙겨가자.

화장품

기초 화장품은 필요한 만큼 덜어서 가져가면 편하다. 작은 샘플을 여러 개 준비해서 쓰다 버리는 것도 짐을 줄이는 좋은 방법. 외부 활동이 많은 만큼 자외선 차단 기능이 충실한 화장품을 챙기는 센스는 필수다. 가을·겨울에는 날씨

가 건조해 피부나 입술이 트기 십상이니 로션·립크림도 준비하자. 피부 손상이 우려될 때는 영양 크림을 가져가 중간중간 마사지를 해줘도 좋다. 부족한 화장품은 마츠모토 키요시 マツモト·キヨシ 등의 약국 Drug Store에서 구매한다.

신발

장시간 걸어도 탈이 없는 익숙한 신발로 가져가는 게 기본. 운동화나 스니커즈가 가장 무난하다. 멋쟁이 여행자라면 의상에 맞춰 가벼운 구두를 준비하는 센스를 발휘해도 좋을 듯. 특히 고급 레스토랑에 갈 때 유용하다.

플러그

디지털 카메라·핸드폰·노트북 등의 가전제품을 사용하려면 100V용 11자 플러그가 필요하다. 일본의 가전 양판점에서도 살 수 있지만 은근히 찾기 힘들고 값도 비싸다. 우리나라의 다이소·전파사에서 단돈 몇 백 원이면 구매할 수 있다는 사실을 알아둘 것!

비상약품

의외로 유용한 준비물이다. 모양만으로 확연히 구별되는 일반 의약품이 아닌 이상, 현지에서 약국을 이용하기란 여간 힘든 일이 아니다. 보험 드는 셈 치고 간단히 챙겨가자. 종류는 두통약·진통제·1회용 밴드·상처에 바르는 연고·종합 감기약 정도면 충분하다.

여성용품 & 식염수

생리대 등의 여성용품은 편의점·슈퍼마켓에서 손쉽게 구매할 수 있다. 우리에게 친숙한 유명 메이커 제품을 구매하면 불편함이 없다. 액체류의 기내 반입이 금지된 까닭에 우리나라에서 콘택트렌즈 세척용 식염수를 가져가기가 힘들다. 수하물 탁송이 가능한 만큼만 가져가거나 현지의 약국에서 구매한다.

빨래방 이용하기

비즈니스 호텔·유스호스텔 등의 숙소에는 어디나 유료 세탁기가 있다. 빨래는 1회 200~300엔, 건조는 10분당 100엔. 세제는 1개 30~50엔 정도이며 500~600엔이면 웬만한 빨래는 건조까지 가능하다. 숙소에 세탁 시설이 딸려 있지 않을 때는 우리나라의 빨래방에 해당하는 '코인란도리 コインランドリー'를 이용한다. 숙소에 물어보면 가까운 코인란도리의 위치를 알려준다.

가져가면 도움되는 것들

체크	품목	내용
	선글라스	햇살이 강렬한 여름에 꼭 필요한 기본 아이템.
	모자	더위와 추위를 막는 데 유용하다. 패셔너블한 모자는 액세서리 역할도 한다.
	자외선 차단제	야외활동이 많다는 사실을 기억할 것. SPF 20 이상의 제품 강추! 현지의 편의점·슈퍼마켓·약국에서 사도 된다.
	필기도구	일본어가 전혀 안 통할 때는 구세주가 되어줄지도…
	수영복	온천이나 해변에서 사용할 일이 은근히 생긴다.
	반짇고리	단추가 떨어지거나 옷이 찢어지는 난감한 상황을 해결한다.
	비닐봉지	물건 분류 또는 속옷이나 젖은 옷을 보관하는 데 유용하다.
	화장지	조그만 여행용 티슈 하나면 충분하다. 역이나 유흥가 주변을 걷다 보면 엄청난 양의 업소 홍보용 티슈를 선물(?)로 받게 된다.
	멀티 플러그	숙소에 콘센트가 부족한 경우가 많다. 가져가는 가전제품 수에 비례해 3구 이상의 멀티 플러그를 1~2개 챙겨두면 편리하다. 한국의 다이소 등에서 저렴하게 판매한다.

클로즈업 시리즈 02

도쿄 TOKYO

해리포터 테마파크 · 도쿄 디스니 리조트 · 요코하마 · 하코네 · 닛코 · 카마쿠라

개정증보 9판 1쇄 2024년 7월 25일

초판 1쇄 2007년 12월 24일
개정증보 1판 1쇄 2008년 7월 5일
개정증보 2판 1쇄 2009년 7월 27일
개정증보 3판 1쇄 2015년 5월 15일
개정증보 4판 1쇄 2016년 7월 16일
개정증보 5판 1쇄 2017년 7월 16일
개정증보 6판 1쇄 2018년 7월 16일
개정증보 7판 1쇄 2019년 7월 16일
개정증보 8판 1쇄 2023년 6월 7일

지은이 | 유재우 · 손미경
펴낸이 | 승영란 · 김태진
표지 · 본문 디자인 | 장수비
지도 | 장수비 · 디자인 스튜디오 203(02−323−2569)
교정 | 김혜경
마케팅 | 함송이 · 이보혜

펴낸곳 | 에디터
주소 | 서울 마포구 만리재로 80 예담빌딩 6층
전화 | 02−753−2700 · 2778
팩스 | 02−753−2779
출력 | 블루엔
인쇄 | 다라니인쇄
제본 | 경문제책사
등록 1991년 6월 18일 제 1991−000074호

값 18,000원
ISBN 978−89−6744−099−2 13910
978−89−92037−18−1(세트)